중한관계사

근대편

Zhong Han Guanxishi
by Wan Min Xu
(中韓關係史)

중한관계사

근대편

쉬완민 지음
전홍석 · 진전바오 옮김

일조각

일러두기

1. 지명과 인명은 국립국어원에서 제시한 외래어 표기법에 따랐다. 단 익숙한 한자어는 한자음으로 표기했다.
2. 서울, 한성, 경성 표기는 시기와 상황별로 구분해야 하나 편의에 따라 서울로 통일했다.
3. 이 책은 중국 측 시각에서 쓰였다. 그러므로 잘못된 용어라도 이 책을 한국에서 발간하는 의미를 고려해 원문의 표기를 최대한 따랐다.(예 : 이조, 도문강, 일본해)
4. 도문강圖們江은 외래어 표기법에 따라 투먼강[tú mén]으로 표기해야 하나, 토문강土門江의 표기 투먼강[tǔ mén]과 혼동되므로 각각 한자음 표기하였다.

글쓴이 서문

근대의 중한관계사는 1860년대에 시작하여 1945년 항일전쟁 승리로 끝을 맺는다. 중 · 한 양국이 연합하여 일제의 침략에 맞서고 민족의 독립과 국가의 영토, 주권의 완전성을 지키기 위해 겪었던 파란만장한 분투사가 바로 근대 중한관계사의 핵심이다. 공동의 적에 대항하는 투쟁 속에서 두 나라 국민은 고락을 함께하고 환난을 서로 도와 극복했으며 생명과 선혈로 만고에 길이 남을 우정의 금자탑을 세웠다. 이것은 일단의 역사가 우리에게 남겨준 소중한 유산이다.

중 · 한 양국 국민이 연합하여 일본과 싸워온 길은 한마디로 굴곡의 역사라 할 수 있다. 양국의 전통적인 종번宗藩관계는 근대 식민침략에 대응하는 걸림돌로 작용하였다. 따라서 양국의 평등관계 구축이 무엇보다 시급하였다. 또 한편으로 일본 침략자들은 조선을 통치하려는 그들의 음흉한 목적을 달성하기 위해 갖은 책략으로 중 · 한 양국 사이를 이간질하였다. 그럼으로써 두 나라 국민이 협력하여 일본에 대항하는 것을 방해하였다. 이상은 두 나라 국민의 우호협력에 부정적 영향을 미쳤다. 물론 이러한 부정적인 요소들이 근대 중한관계의 주류를 이룰 수는 없다.

중 · 한 양국의 민족해방운동에는 공산주의파와 민족주의파라는 두 파가 존재한다. 애국이라는 기치 아래 항일구국의 전쟁터에서 양국의 민족주의 전사들과 공산주의 전사들은 귀중한 목숨을 바쳤다. 최후의 승리를 위해 희생함으로써 자손만대에 영원히 남을 공헌을 한 것이다.

역사는 중 · 한 양국의 운명이 서로 같다는 사실을 거듭 증명해준다. 지난

날 우리는 일제의 침략과 혹독한 강제노역을 똑같이 당했고, 민족부흥을 위한 힘든 세월을 똑같이 겪으면서 결국에는 함께 승리의 기쁨을 맛보았다. 또한 전쟁 이후에는 민족 분열이라는 가슴 아픈 시련도 겪었다. 현재, 21세기는 이미 우리 눈앞에 펼쳐졌다. 나는 앞으로 하나로 통일되어 번영과 부강을 누릴 중국 그리고 한국이 어깨를 나란히 하고 세계의 동방에 우뚝 서리라 확신한다. 동시에 완전히 평등을 이룬 기초 위에 세워진 양국 국민의 우정 역시 반드시 더욱 높은 경지로 발전할 것이라 믿어 의심치 않는다. 과거를 돌아보면 오늘과 다가올 미래를 알 수 있다. 나는 바로 21세기 중·한 양국의 우호관계라는 아름다운 염원을 품고 근대의 중한관계사를 거슬러 올라가려 한다.

중한관계사 연구에 많은 업적을 남긴 수많은 덕망 높은 선배 학자들과 견주어볼 때 나는 이 분야에서 신출내기에 불과하다. 1993년에 한국의 교육자이며 역사학자인 김준엽金俊燁 박사가 베이징대학교 명예교수로 초빙되었다. 김 교수는 한때 한국광복군 총사령관이었던 지청천池青天 장군의 수하에서 청년 군관으로 있었다. 그야말로 항일에서 중·한협동 역사의 산증인이라 하겠다. 그의 감동어린 연설은 인인지사仁人志士들이 대를 이어 어렵게 맺어온 중·한우호의 발자취를 회고하게끔 만들었고 내게도 깊은 깨달음을 안겨주었다.

그해 베이징대학교 한국학연구센터의 주임 양퉁팡楊通方 교수의 따뜻한 격려와 세심한 지도 아래 나는 근대 중한관계사 연구에 비로소 발을 들여 놓기 시작하였다. 1994년 한국 고려대학교에서 강의할 당시 동양사학과의 이춘식李春植 교수, 신승하辛勝夏 교수, 박원호朴元熇 교수의 관심과 배려로 중한관계사와 관련된 많은 귀중한 역사 자료들을 수집할 수 있었다. 집필과정에서도 베이징대학교 역사학과 송청유宋成有 선생과 쉬융徐勇 선생의 친절한 도움을 받았다. 두 제자인 편충범片忠范, 왕성화이王生懷도 적지 않은 사료들을 수집하고 번역해주었다. 또한 중국 사회과학문헌출판사의 위샹간陸象淦 선생, 투민주屠敏珠 선생 역시 이 책의 출판을 위해 수고를 아끼지 않았다. 이 자리를 빌려 도움을 주신 모든 분들께 거듭 깊은 감사의 마음을 전한다.

쉬완민徐万民

1999년 12월

옮긴이 서문

한국과 중국은 동아시아 문화 형성의 주체자로서, 또한 지정학적 · 문화적 운명공동체로서 밀접한 관계를 맺어왔다. 그러나 지난 반세기 동안 동서냉전이데올로기로 양국의 교류가 단절되고, 공감대 형성에 긴 공백이 생겨 상호이해를 위한 건강하고도 올바른 학술적 · 문화적 데이터베이스 축적이 차단되어왔다. 모든 분야가 그렇듯이 학문과 사상 또한 당시의 정치권력과 그 상황에 예속된다는 사실을 감안할 때 과거 한국의 인문학계는 적대적 이데올로기의 잣대로 실제로 현존하는 대륙의 국가 실체와 그 학문적 이론들을 도외시했고, 중국 역시 그들대로 극좌적 과학사회주의로 일관하여 한국과의 괴리감을 심화해왔던 것이 사실이다.

이제 한국과 중국이 국교를 정상화한 지도 벌써 17년이라는 세월이 흘렀다. 그동안 양국 사이에는 정치 · 경제 · 문화 · 학문 등 다방면에 걸쳐서 빈번한 교류가 이루어졌다. 학술 또는 인적 자원 교류를 통하여 최근 양국 간 이해에 대한 지평이 넓혀졌고 역사적 특수성 때문에 소외되고 외면 받았던 학자들의 사상이 새롭게 인식되고 있는 점은 실로 다행스러운 일이다. 이제 우리들은 종래의 극우 · 극좌적 태도에서 벗어나 좌우의 균형 잡힌 시각으로 화합과 공동번영이라는 인문학적 이론체계의 출현을 독려하여 21세기 바람직한 한중관계를 구현해나가야 할 것이다.

더욱이 과거 북방의 중국 문화는 역사적으로 우리 한민족 문화의 외래적 활력원이었으며, 세계 문화의 매개자 및 문화의 정화자로서 우리에게 미치는 영향력은 절대적이었다. 현재 역시 중국의 급부상과 그에 따른 세계 질서에 미치는 막대한 영향력 등을 감안한다면 우리 민족의 미래 생존전략 차원에서 중국학의 데이터베이스 구축은 더욱 중요하다. 그리고 이러한 노력은 중국 내 한국학 연구방향에 대한 이해와 함께 이루어져야 효과를 극대화할 수 있다. 이런 점에서 베이징대학교 한국학연구센터는 중국 한국학 연구의 현주소라 할 수 있다. 『중한관계사』는 한국학연구센터의 기념비적 연구 성과물로서 한중관계에 대한 중국 입장에서의 역사인식이라는 점에서 상당한 의미를 갖는다.

이 책의 원서는 대우학술재단의 지원으로 베이징대학교 한국학연구센터의 교수진이 중심이 되어 집필한 것으로, 중국 사회과학문헌출판사에서 '고대편', '근대편', '현대편' 총 3권으로 출판되었다. 이 역서는 그중에서 쉬완민 교수의 '근대편'을 번역한 것이다. 사실 이 『중한관계사』의 번역본이 한국에서 출판되기까지는 많은 우여곡절이 있었다. 최초 이 책에 대한 번역을 기획한 것은 한국 한세대학교 교수로 재직했던 중국인 진전바오金鎭寶 박사였다. 그는 1992년 한중수교 이후 10년에 가까운 한국 유학생활, 교학 활동, 한·중 문화교류 사업에 투신해왔던 유한留韓 박사이다. 중국인의 입장에서 한중관계사를 일목요연하게 정리하여 한국 국민들에게 소개하고 싶은 열망을 가지고 있던 차에 이 책의 중요성과 적절성을 발견하고 번역 기획을 결정했다고 한다. 그러나 적격한 한국인 공동 번역자의 선택, 중국 판권 계약의 혼란, 한국 출판사 선정의 어려움 등으로 난관에 봉착하여 출판이 지연되고 말았다. 그러던 중 2006년도 비재菲才한 본 역자와의 만남 그리고 인문학 분야의 명문 출판사인 일조각 가족들의 넓은 식견과 도움을 통해서 결국 그 결실을 맺어 이렇게 한국에서 빛을 보게 되었다.

주지하다시피 근대는 제국주의와 식민주의가 득세한 시대이다. 강권주의자들의 국가권력 장악은 세계의 분란과 침략전쟁으로 이어졌다. 그 대표적인 예가 서구열강의 동양침탈이며 동아시아에서는 서구의 식민정책을 모방한 일본 군국주의의 한국과 중국에 대한 기만적인 침략행위였다. 이처럼 근대 한중관계는 국권을 뒤흔드는 외세침략이라는 공동운명에 처해 있었다. 더 정확히 말해서 그것은 야만적인 일제 식민침략의 마수에 맞서 국가와 민족의 완전한 자주독립을 위해 함께 공조하고 대처하는 우호투쟁의 역사였다. 이러한 격동의 시기를 겪으면서 양국은 차등적인 전통적 종번관계를 청산하고 진정한 의미의 평등관계를 확립할 수 있었다. 이 같은 근대 외세 극복이라는 공동의 목표 달성을 위해 양국이 보여주었던 뜨거운 우정과 유대의 역사 전범典範은 한국과 중국을 비롯한 21세기 새천년 동아시아 문화권의 조화와 평화의 모색이란 차원에서 시사하는 바가 크다.

쉬완민 교수는 한중관계의 근대사를 재조명함으로써 건강한 한중 교류의 미래상을 제시하고자 하였다. 그리고 국가적 · 민족적 환란을 함께 나누었던 근대 양국 우호의 발자취를 상기시킴으로써 이를 미래지향적인 한중관계의 문화유산으로 승화시키고자 했다. 이러한 역사기술 태도는 현재 양국 간의 대립 양상을 극복할 수 있게 하는 화합의 동기를 일깨워준다. 2006년, 이 책의 역서 출판을 위해 두 차례에 걸쳐서 쉬완민 교수의 베이징 자택을 방문한 적이 있었다. 당시 그와의 대화를 통해 공감했던 부분은 평화 지향적 한중관계의 새로운 역사관 구축과 더욱 발전된 형태의 한중 교류 가능성이었다. 그리고 번역서 명칭을 '한중관계사'가 아닌 원서의 취지대로 '중한관계사'로 해달라는 요청은 자칫 민감하고도 미묘한 역사인식의 차이가 불러올 한국 국민들의 심리적 상해를 위한 배려의 뜻으로 받아들였다.

화합과 공존을 위한 사상의 구축은 본래 우리는 하나라는 인도주의적이고 보편적인 인류애의 공감 속에서만 가능한 일이다. 생명 존중의 호혜적 각성은 상대의 입장에서 상대의 이질성을 감싸 안을 줄 아는 상호이해에서 비롯되며, 이러한 의식이 공고화되었을 때 화합과 조화의 인류애적 보편진리를 실현할 수 있다. 인도주의를 무시한 정복 야욕은 타국은 물론 자국 역시 파멸로 몰고갈 뿐이다. 다시 말해서 국제질서 구조상 한 국가의 권력자가 일방적인 강권주의를 앞세워 주변국과의 대결 의식만을 고취한다면 이것은 전쟁과 파괴를 부를 따름이다. 우리는 그 불행의 역사를 동아시아 근대사, 즉 인권과 평화의 이념을 상실한 일본 군국주의자들이 권력화되었을 때 타국민은 물론 자국민에게마저 심각한 위해를 가한 역사 사실에서 확인할 수 있다.

이로 볼 때 바람직한 한중관계는 인권과 평화의 이념을 지향하는 세력이 국가 이념의 주체가 되었을 때 견고해질 수 있다. 이제 정치 권력자와 기득권자의 이익 수단으로서 그릇된 국가 관념이 아닌 타자와 화합하는 평화주의적이고 상호 교류 주체적인 국가관 형성이 필요할 때이다. 동아시아의 공동 번영과 미래의 희망을 위해 상대에 대한 몰이해에서 비롯된 편협한 이기주의와 그로써 형성된 분쟁의 역사 퇴보적인 의식의 어두운 잔영들을 거둬내야 한다. 그리고 국가적 재난을 함께 나누고 분쟁을 해소할 수 있는 화합의 이념을 마련해야 한다. 그러기 위해서 한중관계사는 물론 동아시아와 세계를 아우를 수 있는 올바른 역사관이 새롭게 재정립되어야 할 것이다. 그뿐만 아니라 국가 간 고차원적인 자유와 평화 실현의 의지를 갖춘 세력 간의 결속도 공고해져야 한다. 역자는 국가강권주의를 대체할 21세기 문화인도주의적인 평화 연대체의 출현을 꿈꾼다. 그 사상적 기반이 '평화공동운명체적 세계인도주의'가 되기를 희망한다.

이제 동아시아 국민들은 대결적인 배타적 민족주의와 국가주의를 초월할 만큼 정신적 지혜의 성숙기에 접어들었다. 인권과 평화 보장을 위한 초국가적 연합체 강화는 양국 인권주의자와 평화주의자의 상호 빈번한 교류와 공감 속에서만 가능하다. 한·중의 국민들은 근대에 겪었던 역사 교훈을 거울삼아 여기에 동참하고 협력할 만한 충분한 문화적 역량을 갖추었다고 본다. 이런 의미에서 이 책은 중국 측 역사 시각을 이해하고 그에 따른 양국의 새로운 역사관과 문화관의 정립을 위한 일차적 중국 문헌이라는 점에서 중요하다. 과거의 아픈 역사와 교훈 그리고 그 속에서 꽃피웠던 한·중 간의 뜻깊은 우정은 동아시아의 미래를 밝혀줄 귀중한 보고寶庫가 되어줄 것이다. 아무쪼록 이 책이 우리 학계 그리고 국민들의 한중관계에 대한 역사의식을 고양시켜 이성적이고 합리적인 분석과 토론을 위한 밑거름이 되기를 바란다. 이와 함께 잠시 잊혔던 한·중 간의 유대와 우정을 되찾고 왜곡된 중국의 모습을 재발견하는 데 일조하기를 희망한다.

끝으로, 이 책이 발간되기까지는 외우畏友 장청저張成哲 선생 이하 많은 중국인 유학생들의 노고가 있었다. 이 자리를 빌려 깊은 감사의 말을 전한다. 아울러 오랜 인내심으로 교정과 편집의 수고를 아끼지 않은 일조각출판사 가족들에게도 감사의 마음을 전한다.

2009년 3월 10일

전홍석

차례

제1부

일제의 조선 침략과 전통적인 중조관계의 변화

1장 구미 열강에 대한 대응과 중·조 양국의 협력

쇠약해진 두 왕조

1860년대에 발생한 일련의 사변들은 근대 중한관계사의 서막을 열었다. 우선, 두 나라의 정권이 교체되었다.

1860년 10월, 영국·프랑스 연합군이 베이징北京을 점령하자 함풍황제咸豊皇帝는 러허熱河(지금의 허베이성河北省 청더시承德市)로 도피하였다. 이에 조선 국왕은 베이징에 사신을 파견하여 위로의 뜻을 전하였다. 함풍황제는 몹시 감동을 받았지만 조선 사신에게 비참한 모습을 보이기 싫어 대신을 베이징에 보내어 대신 접견하게 하였다. 예부禮部에서는 관례대로 연회를 열고 조선 사신에게 여의如意, 단자緞子, 자기瓷器, 칠기漆器 등을 하사하였다.[1]

1861년 8월, 함풍황제가 병으로 붕어하자 당시 여섯 살이던 재순載淳이 그 뒤를 이었다. 11월, 재순의 생모인 자희태후慈禧太后(서태후)와 함풍황제의 황후인 자안태후慈安太后(동태후)는 함풍황제의 동생인 공친왕恭親王 혁흔奕訢과 결탁하여 정변을 일으키고 함풍황제가 임명한 고명대신 8명을 파직하였다. 그리고 연호를 '동치同治'로 개정하였다. 당시 26살이던 자희태후는 이때부터 근 반세기 동안 수렴청정과 훈정訓政 생애를 시작한다. 동치황제(1862~1874), 광서황제光緖皇帝(1875~1908)는 모두 자희태후가 조종하는 꼭두각시에 지나지 않았다. 이 시기 중국과 조선 관계의 모든 중대한 정책 결정은 모두 그녀가 주도하였다. 1862년, 자희태후는 겨우 마흔 살의 리훙장李鴻章을 장쑤성江蘇省 순무巡撫로 임명했고 1870년에는 그를 즈리直隸(허베이성의 옛 이름으로, 1928년에 개명—옮긴이) 총독 겸 북양대신北洋大臣으로 승진시켰다. 즈리 총독으로 지낸 25년 동안 리훙장이야말로 중앙의 지도 아래 중한관계를 직접 처리하는 제일 중요한 정부 고관이었다. 동치 원년, 중한관계사에서 중요한 역할을 하게 될 위안스카이袁世凱는 당시 허베이성 샹청項城이라는 농촌 마을의 3살배기 장난꾸러기였다.

동치 2년(1863) 조선의 철종哲宗이 병으로 세상을 떴다. 철종에게는 대를 이을 후사가 없었으므로 왕족의 직계인 흥선대원군 이하응李昰應의 둘째 아들 이희李熙가 대통을 이었는데 그가 바로 고종高宗(1864~1907)이다. 고종은 즉위할 당시 겨우 12살이었으므로 조대비趙大妃(신정왕후)가 수렴청정을 하였다. 그러나 조대비가 직접 정사에 간섭하지는 않았고 나라의 모든 대사는 고종의 생부인 이하응이 맡아보았다. 1866년 조대비는 수렴청정을 거두고 정권을 국왕에게 돌려주었다. 그러나 고종의 친정은 이름뿐이었고 실권은 여전히 대원군이 장악하였다. 고종의 왕비인 민비閔妃(명성황후)는 1866년 책봉되었을 당시 겨우 16살에 불과하였다. 하지만 그녀는 대원군과 권력을 다툴 정도로 총명하고 능력 있는 여인이었다. 중국과 조선의 관계는 당연히 이러한 정쟁의 적지 않은 영향 속에 있었다.

청조와 이조는 모두 날로 쇠퇴해가는 말기 왕조였다. 멸망으로 치닫는 두 왕조 내부에서는 후궁, 왕비, 외척이 오랜 기간 정사에 간여하는 부패정치적 현상이 나타났다. 이것은 중국과 조선 두 나라의 불행일뿐만 아니라, 두 나라 국민의 불행이었다.

청조가 표방한 동광중흥同光中興과 조선 대원군의 개혁정책으로도 이미 쇠퇴해가는 국운을 되살릴 수 없었다. 이처럼 극히 불리한 조건에서 전통적인 중국과 조선의 관계는 열강의 도전에 직면하게 되었다.

대외관계 차원에서 중국과 조선 양국 모두는 오래도록 쇄국정책을 펼쳤다. 1801년, 조선 국왕은 천주교를 탄압하였다. 또한 국경 관리가 도망자들을 엄격히 조사하도록 지시해줄 것을 청정부에게 요청하였다. 가경황제嘉慶皇帝(1797~1820)는 "국경의 관리들을 모두 엄격히 조사하라. 법을 어긴 자는 즉시 조선 국왕에게 넘겨 스스로 처리하게 하라"[2]라고 명하였다. 1832년, 영국의 간첩선 암허스트호는 마카오에서 출발하여 중국의 광둥廣東, 푸젠福建, 저장浙江, 장쑤江蘇, 산둥山東 연해 항구를 정찰하며 군사·정치·경제에 관한 정보를 수집하였다. 그들은 웨이하이威海에서 하루 머무른 다음에 다시 조선으로 향하여 군산항群山港에 침입하였다. 조선 국왕은 다음과 같이 보고하였다. "영국 상선이 조선 고대도古代島에 들어와 통상을 요구했지만 단호하게 거절하였다. 십여 일 동안 서로 대치한 끝에 영국 상선은 비로소 떠나갔다."[3] 도광황제道光皇帝(1821~1850)는 충성을 장려한다는 뜻에서 비단을 상으로 내렸다.

아편전쟁 후 중국은 압력에 못 이겨 문을 열고 통상했지만 조선의 쇄국정책에 대해서는 여전히 지지하는 입장이었다. 1845년 예부에서는 "조선 국왕의 말에 따르면 '영국 상선이 여러 번 경내에 정박하여 상황을 정찰하고 교역하려는 의사를 내비쳤다'고 한다."[4]라고 상주하였다. 이에 도광황제는 양광兩廣 총독 치잉耆英을 파견하여 영국 사신에게 이미 체결한 조약을 지키고 병사를 태운 영국 군함이 또다시 조선 내에 들어가 그들을 놀라게 하는 일이 없도록 하라는 뜻을 전했다.

관문을 봉쇄하는 쇄국은 어느 나라 이익에도 해가 되지 않았다. 그러나 조선정부는 불행한 처지의 외국인에 대해서는 아낌없이 도와주었는데 이것은 '예의지국'이란 이름에 손색이 없었다. 1855년 조난당한 4명의 미국 선원이 조선 해안에서 표류하다가 구조되었다. 조선 국왕은 따로 사람을 파견하여 그들을 베이징까지 호송해주었다. 예부는 조선 난민의 호송 선례대로 병부兵部에서 그들을 창저우常州까지 호송하고, 양강兩江 총독 이량怡良이 소송태도蘇松太道에게 넘겨 조사·처리할 것을 주청하였다. 1856년 2월 14일, 이량은 "신이 화기국花旗國(미국)을 조사해본 바에 따르면 상하이 지방에 본국의 통상 사무를 관리하는 우두머리가 있어, 이미 명을 내려 그 조난자들을 우두머리에게 인도하게 했더니 다른 배편으로 자기 나라로 돌려보냈다고 합니다. 이로써 성스러운 천자께서 먼 곳에서 온 사람들을 따뜻하게 대해주시려는

뜻에 어긋남이 없게 되었습니다."라고 말했다.[5]

프랑스 · 미국의 조선 침략과 청정부의 소극적 대응

1787년, 두 척의 군함으로 조직된 프랑스 극동탐험대가 조선의 제주도와 울릉도 일대에 침입하여 동남 연해의 뱃길을 측량하였다. 그 후 1835년부터 프랑스 선교사가 조선에 잠입하여 선교활동을 하였고 1846년과 1847년에는 천주교 선교사의 직접적인 안내로 프랑스가 두 차례나 조선에 침입하였다. 1847년, 프랑스 군함 세 척이 충청도 홍주洪州(오늘날의 홍성洪城—옮긴이) 외연도外煙島와 고군산古群山 신치도薪峙島 부근에 침입하여 1839년에 일어난 프랑스 선교사 피살 사건을 구실 삼아 무력으로 위협하며 강압적으로 통상을 요구하였다. 그러나 배가 암초에 부딪히는 바람에 어쩔 수 없이 물러났다. 그 후 1851년, 프랑스 상선이 또다시 제주도 대정현大靜縣에 침입하였다. 1855년에는 프랑스 군함이 두 차례나 조선의 영해를 침범하여 부산에서 도문강圖們江(두만강의 중국식 이름—옮긴이) 어구까지의 해안선을 측량하였다. 1856년, 프랑스는 수백 명의 군을 실은 군함을 몰고 홍주 고대도 앞의 장고도長古島에 상륙하여 총과 대포를 쏘면서 약탈과 살인을 자행하였다. 이 해적들은 또한 황해도 풍천豊川 연안에서도 잔인한 행위를 서슴지 않았다.

1866년 1월, 대원군은 명을 내려 전국적으로 대수색을 실시하였다. 몇 달 사이에 서울과 기타 지방에서 수만 명에 이르는 천주교 신자들이 체포되거나 처형당했고 프랑스 신부 아홉 명도 참수되었다. 조선에서 가까스로 도망쳐 나온 프랑스 신부는 베이징에 도착하자 중국 주재 프랑스 대리공사 벨로네와 주중 프랑스 함대사령관 로즈에게 급히 이 소식을 전하였다. 프랑스는 조선에 죄를 묻고, 조선이 본래부터 중국의 속국이라는 이유로 청나라의 총리각국사무아문總理各國事務衙門에도 각서를 보냈다. 그러나 총리아문은 이에 대해 "중국은 조선의 내정과 외교에 간섭할 권리가 없다"라고 답하였다. 7

월 13일, 프랑스는 청정부에 강력히 항의하면서 "프랑스 황제 폐하는 절대 이런 폭행을 용서하지 않는다. 장차 부근 수역에 함대를 파견하여 이 나라(조선)를 멸망시킬 것이다. 현 국왕을 폐출하고 본국 황제의 칙령으로 새 국왕을 옹립할 것이다. 조선이 중국의 속방屬邦이기는 하나, 내정과 외교는 이전부터 이 나라에서 자주적으로 처리해온 이상 중국은 이의를 제기하지 못할 것이다."[6]라고 공언하였다.

청은 천주교도에 대한 조선의 진압 규모가 너무 컸다는 사정을 뒤늦게 알고 사태의 심각성을 감지하였다. 프랑스가 이를 빌미로 무력으로 보복할까 두려워 총리아문은 중국 주재 프랑스공사를 만나 병사를 황급히 움직이지 말라고 권하였다. 동시에 예부로 하여금 프랑스의 뜻을 조선에 알리고 사전에 미리 준비하게끔 조치하였다. 9월 1일, 해군 사령관 로즈는 세 척의 군함을 이끌고 프랑스 신부의 안내로 한강 하류의 물길을 측량함은 물론 강을 거슬러 올라가 서울 부근의 양화진楊花津 서강西江에 침입하였다. 그러나 프랑스의 움직임을 이미 청나라에게서 들은 조선의 군인과 백성은 빈틈없이 진을 치고 침입하는 적들과 싸울 만반의 준비를 해놓고 있었다. 대원군은 관원을 보내어 프랑스군에 강력히 항의함과 동시에 한강 연안의 방위 태세를 강화하였다. 프랑스는 자신들의 힘이 너무 약함을 느끼고 뱃길과 지형만을 정찰한 뒤 원래의 출발지인 산둥 옌타이煙臺로 돌아갔다. 9월, 일곱 척의 프랑스 함대가 2,500여 명의 관병을 싣고 다시 조선에 침입하였다. 그들은 한강 하류와 서해안 봉쇄를 선포하고 강화도와 통진通津 해안에 상륙하였다. 이번에도 조선은 침략자들의 무리한 요구를 거절하였다. 프랑스군은 여러 차례 패배하자, 종국에는 조선은 쉽게 정복할 수가 없다는 사실을 깨달았다. 그들은 강화성을 약탈하고 여러 곳을 불태운 뒤 10월 중순이 되어서야 물러났다. 이 사건을 조선근대사에서는 '병인양요'라 부른다.

1866년 6월, 미국의 서프라이즈호가 조선 해안에서 조난을 당했는데 배에 있던 선원들은 후한 대접을 받았다. 같은 해 7월 미국의 무장 상선 제너럴셔먼호가 대동강에 침입하였다. 선상의 수병들은 조선 관원을 구류함은 물론, 물자를 약탈하고 부녀자를 능욕하였다. 또한 포를 쏴 10여 명의 무고한 백성을 살상하였다. 평양 부근의 백성들은 현지의 주둔군과 연합하여 적들의 배를 불태우고 침입한 해적들을 전멸시켜버렸다. 중국 주재 미국공사는 제너럴셔먼호 사건을 놓고서 청정부에 책문하였다. 하지만 청정부는 조선이 비록 중국을 주인으로 섬기지만, 선전포고를 하거나 화해하는 일에 대해서는 간섭을 받지 않는다고 회답하였다. 1867년 1월, 미국은 삼등포함三等砲艦 한 척을 파견하여 제너럴셔먼호의 종적을 알아보려 했지만 결국 아무런 소득도 얻지 못하였다.

1868년 3월, 중국 주재 미국공사는 청정부에 재작년 9월에 본국의 상선 두 척이 조선에서 좌초하여 해를 당하였고 아직 네 명이 조선에 남아 있으니 조선 측에 알려 구해주기를 바란다고 통지하였다. 청은 조선에게 자체적으로 조사해서 밝힌 후에 회답해줄 것을 요청하였다. 이와 관련해 그해 7월 미국은 함대를 파견하여 조선의 영해에 침입하였고 국왕은 이를 청에 알렸다. 중국은 자세히 알아본 다음에 조선은 결코 미국인을 감금·구류한 사실이 없음을 중국 주재 미국공사에 대신 해명하였다. 그러자 미국공사는 말없이 미국 군함을 철수시켰다.[7]

1868년 봄, 상해 주재 미국총영사관의 통역 일을 하던 미국인 젠킨스는 독일인 오페르트, 프랑스 선교사 페롱과 공모하여 '조선에 대한 해적식 침략'을 개시하였다.[8] 그들은 120여 명의 큰 해적단을 조직하여 무장 상선을 이끌고 덕산군德山郡에 침입, 대원군의 생부인 남연군南延君의 능묘를 도굴하였다. 그리고 유골과 부장품을 이용해 조선정부에 배상금, 통상, 선교 등의 조건을 홍정하고자 하였다. 그러나 이에 분노한 조선의 백성들은 후안무치한 이 강도들을 쫓아냈다.

1871년 봄, 중국 주재 미국공사는 군함을 파견하여 일을 상의하러 가겠다는 예고 서한을 중국이 조선에 대신 전해줄 것을 요청하였다. 청은 임시변통으로 서한을 조선에 전달해주었다. 조선은 이 공문을 접수한 뒤, "미국에서는 조선으로 와서 배가 조난당한 사실을 조사하겠다고 하나, 조선은 미국 군함을 손상시킨 사실이 없기에 미국의 요구를 들어줄 수 없다."라고 하였다. 동시에 중국이 중국 주재 미국공사에게 성지를 내려 잘 말해줄 것을 부탁하였다. 이에 대해 미국공사는 성지를 내려 교화함은 속국에나 하는 행위이므로 결코 받아들일 수 없다고 하였다.[9] 5월, 미국공사 로와 아시아함대 사령관 로저스는 다섯 척의 군함과 1,230명의 관병을 이끌고 강화도에 침입하였다. 조선은 미국과의 담판을 거절했고, 다만 그들에게 조선 국왕이 청의 예부에 보내는 공문의 사본만을 보냈다. 조선 국왕은 그 공문에서 청이 조선과 미국 양국의 갈등을 조정해줄 것을 요청하였다. 6월 10일, 미군은 강화도의 다섯 포대를 점령·파괴함은 물론, 250여 명의 조선 병사를 살상하였다. 이때 미군의 손실도 적지 않았다. 그러나 조선은 여전히 담판을 거절하였다. 서울의 크고 작은 거리에는 척화비가 세워졌다. "서양 오랑캐가 침범했는데도 싸우지 않으면 화친하는 것이다. 화친을 주장하는 것은 매국 행위이다. 우리들의 만대 자손에게 경고하노라."[10] 7월 3일, 결국 미국이 조선의 바다에서 물러남으로써 그들의 침략은 수치스러운 참패로 끝나고 말았다. 이 사건을 조선근대사에서는 '신미양요'라고 한다.

프랑스와 미국의 침략 실패는 조선의 군인과 백성이 용감하게 저항하여 거둔 승리임에 틀림없지만 영토를 침범한 적의 힘 역시 상대적으로 미약했기 때문이기도 하다. 또한 그들의 목적이 통상에 있었지 조선의 국토병탄이 아니었다는 점도 중요하다. 한편, 대원군 정권은 이 결과 적을 가볍게 여기는 의식이 싹텄고 계속해서 시대착오적 쇄국정책을 고수함으로써 조선 민족의 자주적 개방이라는 역사적 기회를 놓치고 말았다.

구미 열강들은 중국과 조선 양국 간 종번관계의 진상을 잘 이해하지 못하여 그것과 근대적 식민지 관계와의 차이를 잘 몰랐기 때문에 중국에서 체결한 불평등조약을 속국인 조선에까지 확대하려고 하였다. 그러나 청은 열강들이 조선반도를 넘보는 것을 원치 않았다. 따라서 "조선의 내정과 외교는 이전부터 자주적이었다"라는 성명을 거듭 발표하였다. 이것이야말로 중국과 조선 관계의 실제 상황을 정확히 표현한 것이다. 종번관계의 틀 속에서 조선은 본래 하나의 독립된 자주국가였다. 그러므로 중국에서 누리는 열강들의 침략적 특권이 자동적으로 조선까지 효과를 미칠 수는 없었다. 청은 조선이 능히 자주적으로 정세에 대응할 것이라는 믿음을 전제로 비교적 은폐된 외교활동으로 조선의 군사적 저항에 호응해주었다. 이것은 결코 방관하거나 무책임한 행동이 아니었다. 그러나 중국과 조선 양국의 이러한 중세 봉건적 종번체계는 '병인양요'와 '신미양요'로 대표되는 근대 자본제국주의적 식민체계와 맞서는 과정에서 그 약점이 처음으로 드러났다.

조선 기민의 월경과 옌볜 개간

쇄국정책은 중국·조선 양국의 국경선과 국경지역의 경제활동에 대한 엄격한 관리에도 적용되었다. 숭덕崇德 2년(1937), 청조정은 공물을 바칠 때 평황청鳳凰城으로 출입하도록 정하였다. '변경호시규약邊境互市規約'의 내용은 다음과 같다. "평황청 각 부서 관원 등의 사람이 의주義州에 가서 장사하는 횟수를 매년 두 번, 즉 봄철 2월과 가을철 8월로 한정한다. 닝구타寧古塔 사람이 회령會寧에 가서 장사하는 횟수는 매년 한 번으로, 쿠얼카庫爾喀 사람이 경원慶源에 가서 장사하는 횟수는 2년마다 한 번으로 한정한다. 조선통사관 두 명과 닝구타 관가의 기병 장교(관효기교官驍騎校), 보조 서기관(필첩식筆帖式)을 각기 한 명씩 파견하여 감시하게 하고 20일 내에 돌아가게끔 기한을 정한다.

1711년 강희황제康熙皇帝는 대학사大學士에게, "장백산(백두산) 서쪽은 중국과 조선이 이미 압록강을 경계선으로 하며, 토문강土門江은 장백산 동쪽에서 동남쪽으로 흘러 바다와 만나게 되는데 토문강 서남쪽은 조선에 속하고 동북은 중국에 속하므로 역시 이 강을 경계선으로 한다. 하지만 압록 · 토문 두

강 사이에 있는 지방은 자세히 알지 못한다."[11]라고 하였다. 이에 대학사는 무커덩穆克登을 파견하여 국경선을 조사하게 하였다. 그해 무커덩은 조선의 접반사接伴使 박권朴權, 관찰사 이선부李善溥와 함께 소백산(함경북도에 있는 산—옮긴이)에 정계비를 세웠다. 국경선이 확정되자 조선조정은 도문강圖們江에 봉금령封禁令을 내려 강을 몰래 건너려는 자는 극형에 처한다고 하였다.

그 후 중국과 조선 양국의 국경 일대는 짐승들과 조류들의 지상낙원으로 변해갔다. 단지 사냥을 하거나 약재를 캔다든지, 혹은 탐관오리의 등쌀에 못 이겨 위험을 무릅쓰고 몰래 강을 건너는 사람들만이 있었을 뿐이다. 펑황청, 닝구타와 조선의 의주, 회령 등 변경지역 무역에도 역시 엄격한 관리 규정이 있었다. 대원군이 쇄국을 단행할 때 의주 세관을 통해 들어오는 중국 물건에 대해 엄격히 감독함은 물론 통관세도 징수하였다.

1868년, 시랑 옌쉬延煦 등은 조선 위원을 접견하고 펑황, 아이양靉陽 두 변경 도시 밖의 전반적인 상황을 조사하였다. 동치황제는 공친왕에게 명하여 대학사 등과 공동으로 상의하게 하였다. 공친왕 등은 다음과 같이 상주하였다. "사사로이 일군 여러 곳의 황무지를 살펴보면 이제는 대체로 황폐한 곳이 많지 않으나 조선에서 염려하는 것은 다른 나라 백성들이 한데 섞이는 것입니다. 혼잡함의 폐해를 없애려면 국경지역을 엄하게 다스려야 합니다."[12] 공친왕 등은 옌쉬, 이룽奕榕 등과 함께 옌볜의 일체 일을 상의하고, 성경장군盛京將軍에게 명을 내려 실지 답사자인 옌쉬 등과 전심전력으로 조사 · 처리하게 하였다. 동치황제는 옌쉬, 이룽을 펑톈奉天〔선양瀋陽의 옛 이름, 만주어명은 무크덴Mukden이다. 명나라 말에 만주족이 발흥하자 1625년 태조 누르하치가 여기에 도읍하고 성징盛京이라 했으며 44년 베이징으로 천도한 후에는 배도陪都(행정조직상 수도에 준하는 취급을 받던 도시)라 하였다. 1931년 9·18 만주사변 후 일본에 의해 펑톈시로 개명되었다. 1949년 신중국 성립 이후 다시 선양으로 개명, 이에 따라 성경장군이 설치되었고 따로 민정 기관으로 펑톈부를 설치하였다.—옮긴이〕에 파견하여 성경장군 두싱아都興阿와 함께 변경에 나가 조사·처리하도록 하였다.

황제는 다음과 같이 말하였다. "일은 시초부터 핵심을 파악하여 그 밖의 것은 여기에 맞춰 해결해야 한다. 또한 외국과 교섭할 때는 더더욱 금령을 명확하게 해야만 오래 지속될 수 있다. 지난번 옌쉬가 접견한 조선 대신의 문답이 모두 극히 명석한 것으로 보아, 국왕의 깊고 명철한 면모를 충분히 엿볼 수가 있다. 예부에서는 조사가 끝나고 논의가 결정된 뒤에는 엄하게 명하여 그 나라 변경의 관리들이 모든 것을 어김없이 준수할 수 있도록 하라고 조선 국왕에게 전하라."[13]

지린성吉林省 옌볜 일대는 청조의 발상지로 원래부터 금지구역으로 정해졌다. 1869년, 조선 함경북도 여섯 진鎭(경원慶源, 경흥慶興, 온성穩城, 종성鐘城, 회령會寧, 부령富寧)에 큰 우박이 내려 기근이 들었다. 조선 백성들은 양국의 금령을 어기고 너도나도 중국과 조선 국경선인 도문강을 건너 훈춘琿春 등지에서 살길을 찾아 헤맸는데, 조선 유랑민들이 땅 개간을 위해 국경을 넘은 것은 이때가 시작이다. 1870년, 조선 국왕은 경원부 농포사민農圃社民 이동길李東吉이 훈춘으로 도망가 집을 짓고 황무지를 개간하여 무뢰한들을 긁어모은다고 하면서 조사해 잡아줄 것을 요청해왔다. 동치황제는 지린 부도통副都統 위푸毓福를 비밀리에 훈춘에 파견하여 여러 차례 수색하게 하였다. 그리고 국경을 넘은 자를 붙잡으면 조선 국왕에게 넘겨 처벌받도록 하였다. 이처럼 국경선을 넘어 개인적으로 황무지를 개간한 많은 수의 조선 난민들을 조선에 다시 되돌려 보내 엄하게 단속하게 하고, 중국 측에서도 직접 데려다가 금령을 확실히 각인해 또다시 국경을 넘지 못하게 하였다. 그러나 난민들이 대부분 다시 돌아가기를 바라지 않았기 때문에 지린 지방의 중국 관원들도 차마 강제로 쫓아낼 수는 없었다. 이것이 이후 중한관계사에서 하나의 큰 현안으로 남아 있는 간도문제의 유래이다.

2장 중국과 조·일 강화도조약

정한론의 출현

구미 열강이 동북아시아에 침입하기 이전부터 중국, 조선, 일본 세 나라는 몇 천 년 동안 이 지역에서 함께 살며 찬란한 동아시아 문명을 창조해왔다. 14세기부터 16세기에 걸쳐 왜구는 끊임없이 중국과 조선의 연해지구에서 약탈을 감행해왔는데, 1592년부터 1598년까지 일본 군벌 도요토미 히데요시豊臣秀吉는 조선 침략을 시도하였다. 이에 중국은 침략 전후 7년에 걸쳐 수십만의 대군과 수백만의 군비를 소모하면서 조선을 지원하여 끝내는 전쟁에서 승리를 거두었다. 그 후 중국과 일본 양국은 통상관계를 회복하였다. 조선과 중국은 여전히 종번관계를 유지하여 조선과 중국의 외교를 '사대事大'라 칭하였다. 일본과는 '통신通信' 관계를 구축하였고, 조선과 일본의 외교는 '교린交隣'이라 불렀다.

근대 초기만 하더라도 일본은 중국과 조선 두 나라처럼 구미 열강들의 침략 대상이었고 일본 역시 불평등조약의 해를 많이 입었다. 일본은 1868년 메이지유신 이후 자본주의가 신속히 발전하여 동아시아에서 가장 선진적인 국가로 발전하였다. 중일관계사 전문가인 왕윈성王芸生은, "당시 일본이 선택할 수 있는 길은 두 가지였다. 하나는 중국, 조선과 우애하고 단결하여 아시아 각국의 민족 독립을 쟁취·유지하여 각자가 근대화된 국가를 건설하는 길이었으며, 다른 하나는 구미 열강들과 결탁하여 중국과 조선을 침략함으로써 구미 열강의 조종을 받는 앞잡이가 되는 것, 즉 아시아인이 아시아인을 치는 길이었다. 아시아 각 민족의 독립과 번영을 위해서라면 일본은 첫 번째

길을 선택했어야 하였다. 그러나 영국, 미국 등 서방 국가들은 일제히 일본이 후자의 길을 가기 원하였고 그들은 일본을 부추겨 중국과 조선을 침략하게 하였다. 당시의 메이지 천황과 그 신하들은 모두 일본을 위하여 이 길을 선택하였다."[14]라고 하였다.

일본은 한편으로 구미 식민주의자들이 강요한 불평등조약에 굴복하고, 다른 한편으로는 같은 문자를 쓰는 같은 인종이며 오랜 이웃 나라인 조선과 중국에 대한 침략을 감행하였다. 신흥 일본은 도요토미 등 고대 군벌의 침략적 본성을 계승함과 동시에, 구미 제국주의자들에게 근대 식민침략, 식민착취, 식민통치의 전반적인 수완을 배웠다. 이 두 요소의 결합은 매우 야만적이고 잔혹할 뿐만 아니라 극히 발광적인 제국주의의 변종, 즉 '일본군국주의'를 출현시켰다.

일본 바쿠후幕府 말기 시대의 사상가 하야시 시헤이林子平, 혼다 도시아키本多利明, 사토 노부히로佐藤信淵, 아이자와 야스시會澤安, 요시다 쇼인吉田松陰 등은 중국과 조선 침략을 이미 노골적으로 선동한 바 있다. 그중 요시다 쇼인은 메이지유신에 가장 큰 영향을 미친 사상가로서 1851년 『유수록幽囚錄』에서 다음과 같은 주장을 하였다. "여러 작은 소수 민족들을 개화해 제후로 봉하고 기회를 보아 캄차카와 오호츠크해 두 지구를 탈취해야 하며, 류큐琉球를 타일러 그들로 하여금 내지內地의 제후들과 똑같이 조정에 들어와 천황을 배알하게 해야 한다. 또한 조선이 인질과 조공을 바치도록 함으로써 옛날의 강성하던 때와 똑같이 해야 한다. 북으로는 만주 땅을 떼어내고 남으로는 타이완臺灣과 여송呂宋(필리핀의 루손섬—옮긴이)의 여러 섬을 점령하여 점진적으로 기세를 드러내야 한다." 그는 또 "우리가 러시아, 미국과 강화한 것은 이미 결정된 일이므로 우리 측에서 먼저 조약을 어겨서 오랑캐들에게 신임을 잃어서는 안 된다. 다만, 규칙을 엄격히 하고 신의를 두텁게 함으로써 이 사이에 국력을 길러 쉽게 얻을 수 있는 조선, 만주, 중국을 차지해 굳게 지켜야 한다. 무역에서 러시아, 미국에게 손해를 본 것은 반드시 조선과 만주의 토지로 보상받아야 한다."[15]라고 하였다. 이후의 '대륙정책', '대동아공영권' 등 여러 침략확장계획은 모두 이 창시자의 울타리를 벗어나지 않는다.

조선을 합병하는 것은 일본이 실시할 대륙정책 중에서 첫 번째 목표였다. 메이지 정권이 성립되기 무섭게 기도 다카요시木戸孝允, 사이고 다카모리西鄕隆盛, 에토 신페이江藤新平, 소에지마 다네오미副島種臣 등은 서둘러 '정한론征韓論'을 들고 나왔다. 기도는 일본이 만약 조선의 부산을 무력으로 점령하면 수많은 사람들의 시선을 바꾸어놓을 수 있으며 해군과 육군의 각종 기술에 실질적인 진전을 가져올 수 있다고 여겼다. 그는 또 황국을 떨쳐 일으켜 천세만세 유지하고자 한다면 이 길 말고는 다른 대책이 없다고 여겼다. 외무대승外務大丞 야나기하라 사키미쓰柳原前光는 "황국은 망망한 대해의 외로운 섬이므로 이후에 상응한 군사력을 갖춘다고 해도 시종 주위가 바다인 이 땅을 만세에 보전하고 각국과 병립하여 천황 폐하가 나라의 위세를 떨치기는 아주 어려운 일이다. 그러나 조선은 북으로는 만주와 닿아 있고 서쪽으로는 몽골, 청나라 땅과 잇닿아 있기 때문에 조선을 항복시킨다면 이는 실로 황국을 보존하는 기초이며 후에 만국을 탈취하는 책략의 근간이 될 수 있다. 만약 다른 나라가 먼저 손을 쓰면 국가의 대사를 그르치게 될 것이다. 게다가 근래 여러 나라에서 조선의 국정을 잘 알고 있으므로 빈번하게 기회를 엿보는 자가 적지 않다. 바로 러시아가 지금 만주 동북부를 잠식하고 그 기세로 조선을 삼키려고 항상 노리고 있다. 이러한 상황에서 황국이 어찌 하루라도 소홀히 대할 수가 있겠는가? 하물며 열성列聖이 보살펴주는 땅이 아닌가?"[16]라고 하였다.

1869년 1월 23일, 일본은 쓰시마對馬의 번주藩主 소요시타쓰宗義達로 하여금 사신을 부산에 파견하여 조선에 다음과 같이 통고하게 하였다. "우리 나라 황제는 즉위해서 나라의 기강을 다시 정돈하고 친히 국가의 대사를 처리함에 있어 인근 나라와 화목하게 지내기를 극히 바라노라." 이에 대해 조선에서 대일對日 외교를 주관하던 왜학훈도倭學訓導는 이 서신이 조선과 일본 양국이 체결한 '기유조약己酉條約'에서 규정한 문체와 인새印璽를 바꾸어 번번이 황皇, 칙敕 등 오직 중국 황제만이 쓸 수 있는 칭호를 사용하였다는 이유로 편지를 거절하였다.

1870년, 일본은 사다 하쿠보佐田白茅를 조선에 파견하여 재차 사신 왕래를 청하였으나 거절당하고 말았다. 조선은 하나의 독립된 자주국가로서 어느 국가, 어떤 수준에서 교류할지를 결정할 권한이 있었다. 그러나 사다는 귀국한 다음에 즉시 이러한 사실을 정부에 보고하여 정한론을 크게 고취하였다. 사다는 조선에 사신을 파견하여 죄를 물으면 조선은 반드시 명을 거절하고 사죄하지 않을 것이니, 그때 황제가 이를 빌미로 대군을 보내어 곧바로 쳐들어가야 한다고 하였다. 또한 "만일 청나라에서 군대를 보낸다면 청나라에 사절을 파견하여 우리가 조선에 출병한 이유를 알려야 한다. 만약 그들이 기어코 지원병을 보내려고 한다면 청나라와 조선을 같이 토벌해야 한다"고 하였다.[17] 사이고를 우두머리로 하는 급진파 군인들은 조선에 출병할 것을 강력하게 주장하였다. 그러나 이와쿠라 도모미岩倉具視, 오쿠보 도시미치大久保利通를 우두머리로 하는 온건파들은 먼저 내정을 정돈해야 하며 대외에 군대를 파견하는 일은 잠시 늦추어야 한다고 주장하였다.

중국과 조선의 종번관계에 대한 일본의 부인

일본은 중국이 조선을 침략하는 데 피할 수 없는 장애물이라는 사실을 잘 알고 있었다. 일본은 먼저 중국에 사신을 파견하여 우호조약을 체결하고자 하였다. 만약 청과 평등관계를 구축한다면 자신들이 조선보다 상위에 위치하므로 당연히 조선은 일본의 요구를 받아들이리라 믿었다. 만약 조선이 거절한다면 화해와 전쟁의 가능성을 다시 검토하기로 하였다.

1870년 8월 25일, 일본은 외무대승 야나기하라를 중국에 보내 통상조약 체결을 요구하였다. 중국의 총리아문은 이에 다음과 같이 답하였다. "귀국은 그 전에도 자주 상하이에 와서 통상을 했으니 이후에도 여전히 전과 같이 처리할 수 있다. 피차 서로 신임한다면 조약을 다시 체결할 필요가 없다. 예부터 이르기를 큰 신임은 약정하지 않는다고 하였다."[18] 그러나 즈리 총독 리훙장과 북양삼구통상대신三口通商大臣 청린成林은 일본과 조약을 체결할 것을 주장하였다. 그리하여 총리아문은 일본 사신에게 내년에 특별 파견한 정부 요원이 올 때 다시 황제에게 상주하여 조약을 체결할 것이라고 재차 대답을 주었다.

1871년 1월 21일, 리훙장은 황제에게 상주하여 일본과 조약을 체결해야 하는 이유를 설명하였다. "일본은 우리와 지극히 가까이 있어 영원한 우환거리입니다. 듣자하니, 이 나라는 서양인들과 조약을 체결한 후부터 기계와 군함을 대량 사들이고 서양의 총포와 철로를 모방할 뿐만 아니라 사람을 서양 각 나라에 파견하여 각종 기술을 배워오게 한다고 합니다. 그 뜻은 자신의 힘을 키워 외부의 침략을 막으려는 데 있습니다. 일본이 중국과 가깝고 서양 각 나라와는 멀기 때문에 우리가 달래서 이용해야지, 거절하면 필경 반드시 우리의 원수가 될 것입니다."[19] 양강 총독 쩡궈판曾國藩도 상주하여 일본과의 조약 체결을 주장하였다. 그러나 조약 속에 서양 각국의 선례에 비추어 처리한다는 등의 말이 없어야 하며, 더욱이 은혜와 이익을 베풀어 각국이 똑같이 그 덕을 입게 한다는 등의 말은 절대로 기재해서는 안 된다고 하였다.

1871년 6월 11일, 일본은 대장경大藏卿 다데 무네나리伊達宗城를 흠차전권대신欽差全權大臣으로 임명하고 외무대승 야나기하라를 부관으로 중국에 파견하여 조약 체결을 의논케 하였다. 청조정은 리훙장을 전권대신으로 임명하여 일본과의 통상조약 체결 사무를 처리하게 하였다. 조약의 초안을 토론할 때 일본 측은 서방 각국의 선례를 적극 인용하면서 여러 불평등 특권을 조약에 넣으려고 했으며 그렇게 하지 않는다면 이것은 일본을 우습게 여기는 행위라고 주장하였다. 그러나 중국은 이미 불평등조약의 많은 폐해를 경험했던 까닭에 '이익을 똑같이 나누어 갖는다'와 같은 어구를 조항에 써넣는 것을 단호하게 반대하였다. 그럼으로써 가장 해로운 일방적인 최혜국 대우 조항을 배제하려 하였다. 조항마다 여러 차례 수정을 거쳐 끝내 1871년 9월 13일 '중일수호조약'이 체결되었다. 이것은 역사적으로 볼 때 처음 체결된 중일조약이다. 그러나 조약은 여전히 일본이 영사재판권, 관세협의결정권 등을 소유함으로써 여러 가지 불평등 권리를 담고 있었다. 다만 이익을 똑같이 나누어 갖는다는 조항만은 없었다. 리훙장은 영국, 러시아, 프랑스 등 여러 나라가 중국의 속국들을 강점하고 변방의 영토를 잠식하는 상황에 비추어 일본이 조선, 류큐 등 중국의 속국 및 중국 영토를 침략하는 것을 미연에 막기 위하여 '중일수호조약' 제1조에, "이후에 대청국 대일본국은 우의를 하늘땅처럼 돈독하고 무궁하게 하여 양국에 속하는 속방의 영토는 서로 예의로 대하고 조금이라도 경계선을 범하는 일이 없어야 하며, 이로써 영구한 안전을 도모하여야 한다."[20]라고 명시하였다. 일본은 이 조항에 아무런 이의 없이 중국과 공동으로 이 장엄한 조약의 의무를 지기로 하였다.

그러나 '중일수호조약' 체결이 중·조 두 나라에 대한 일본의 침략계획 속도를 결코 늦추지는 못하였다. 1873년 4월, 일본의 외무대신 소에지마는 중국에 와서 조약을 바꾸고 조선, 중국의 타이완 침략을 위한 준비를 서둘렀다. 5월 1일, 그는 톈진天津에서 리훙장을 만나 장시간 회담을 가졌다. 5월 3일, 리훙장은 편지로 총리아문에 다음과 같이 보고하였다. "사절이 이르기를, '조선은 조상 대대로 본국 쓰시마 제후와 통상을 해왔다. 국주가 정치를 맡아 제후의 속국 제도를 철회한 다음부터 조선 사절도 점차 끊어졌다. 수차 사람을 파견하여 설득해왔으나 이 나라는 방치할 뿐만 아니라 편지의 언사 또한 상당히 오만하다. 지금도 계속 사절을 보내 우리는 영원히 원한 없이 우호적으로 지내기를 바랄 뿐이지 실제로 침략하거나 무력을 사용할 뜻이 없음을 깨우쳐주려 하고 있다.' 이에 본인(리훙장)은 다음과 같이 분명히 말하였다. '주변에 있는 나라는 더욱 화목하게 지내야 한다. 조선은 서양을 거절할 수 있다. 이른바 나라는 작지만 체제는 완전하다. 프랑스와 미국의 생각은 모두 여기에 있지 않다. 귀국(일본)은 이미 서양과 통상을 시작한지라 만약 조선과 마찰이 생긴다면 사람들이 강자의 위세를 가지고 작은 나라를 업신여긴다고 말할 것이다. 이 또한 듣기 좋은 말은 아니다. 더구나 중국과의 조약 내용에도 부합하지 않는다.' 사절도 이 말에 수긍하였다."[21] 이것은 메이지유신 이후 중·일 두 나라 간에 최초로 이루어진 조선 문제에 관한 토론이다. 리훙장의 말은 뜻이 분명하고 엄숙하였다. 소에지마의 조선에 대한 비난도 이치에 맞지 않았다. 이른바 조선에 대한 '실제로 침략하거나 무력을 사용할 뜻이 없다'는 표명은 완전히 사람을 기만하는 수작에 불과하였다.

6월 20일, 소에지마는 야나기하라를 총리아문에 파견하여 청의 정령政令이 조선에 영향을 미치는지의 여부를 문의하였다. 총리아문은 오직 책봉과 공물을 바치는 문제에 대해서만 관례대로 예절을 지킬 뿐이지 그 외의 기타 국정은 중국에서 관할하지 않는다고 회답하였다. 소에지마는 이로써 중국과 조선의 관계를 정확히 파악하였다고 여겼으며, 또한 중국의 간섭을 배제하고 조선을 마음대로 침략할 수 있는 자유를 가졌다고 판단하였다.

일본은 끊임없이 트집을 잡아 싸움을 걸고 문제를 일으켰기 때문에 조·일관계는 급속히 악화되었다. 급진파는 계속해서 정한론을 드높였고, 온건파는 먼저 내치정돈, 부국강병을 이룬 다음에 천천히 중국과 조선을 도모해야 한다고 주장하였다. 그러던 중 1873년 10월, 정한파가 정치분쟁에서 세력을 잃고 정권에서 쫓겨났다. 정권을 잡은 온건파는 외교모략과 군사위협을 함께 이용해 먼저 중국과 조선 사이의 제후관계를 중단시키고자 하였다. 그럼으로써 임진왜란 때처럼 중국이 조선에 출병하여 원조하지 못하도록 막고 다시 조선을 점령하려고 한 것이다.

1873년 11월, 조선의 정세는 급변하였다. 10년 동안 집정해오던 대원군 정권이 무너졌으며 대원군은 삼계동三溪洞 산장山莊에 들어가 칩거하였다. 민비 일파는 정권을 잡은 후 이전의 '척왜양이斥倭攘夷' 정책을 전면 부정하였다. 영의정 이유원李裕元은 "우리나라와 일본은 결린통신結隣通信관계를 맺은 지 300년이 되었지만 그동안 한번도 사변이 일어난 적 없이 백 년 동안 우호 관계를 유지해왔다. 하지만 근 3년 동안에 까닭 없이 간격이 생겨 지금은 문을 닫고 조약을 다 폐지한 것과 다름없게 되었다."[22]라고 말하였다. 민비 정권은 직접 대일교섭 관리를 해임함으로써 일본에 대한 우의의 뜻을 나타냈다. 새로운 정권은 또 의도적으로 대중관계를 멀리하였다. 예컨대 명령을 반포하여 '청전금수淸錢禁輸', 즉 청나라 화폐에 대한 운수금지 실행, '숭명주의崇明主義' 고창 그리고 중국 주재 일본공사를 통한 청조정의 조선 왕세자 책봉 추진 등을 들 수 있다.

일본은 조선 통치집단의 내부분쟁을 틈타서 무력으로 조선의 문호를 열었다. 1875년 9월 20일, 일본 군함 운요호雲揚號는 조선의 강화도 부근에 와서 바다 입구를 자세히 측량하였다. 일본 군함은 강화도에 접근하여 작은 배로 수병을 육지에 상륙시켜 담수를 구해오게 하였다. 일본 군함이 아무 이유 없이 조선 영토의 수역을 침범하자 강화도 수비군은 포를 쏘아 경고하였다. 이에 운요호는 즉시 포로 응사하여 강화도에 진공하였다. 그들은 포대를 폭파하고 영종도에 상륙해 함락시킴으로써 제멋대로 방화, 살인, 약탈을 자행하였다. 22일, 운요호는 빼앗은 재물을 가득 싣고 돌아갔다. 이것이 바로 그 유명한 '운요호 사건'이다.

일본 군함이 귀국한 후에 성명을 발표하자 또다시 정한론이 곳곳에서 일어났다. 10월 5일, 기도 다카요시는 정부에 상서하여 자신을 조선에 사절로 보내달라고 요구하였다. 그는 의견서에 다음과 같이 썼다. "조선은 현재 중국을 섬겨 서로 간에 우의가 친밀하고 환난을 함께하는 상황이라고 하나 실제로 그러는지는 알 수 없다. 하지만 종속관계인 것만은 사실이다. 조선 사건(운요호 사건)의 시말을 들어 먼저 중국에 질문하여 그들로 하여금 중간에서 대행토록 해야 한다. 중국이 속국에 의무를 다하는 도의를 지켜 우리를 대신하여 조선에 죄를 물어 우리 나라에 사과하게 하고 적당한 조치를 취한다면 우리도 적당한 선에서 그칠 수가 있다. 그러나 만약 중국 자신이 중간

조정을 회피하고 우리 제국에서 하는 대로 내버려둔다면 우리는 가히 사건의 책임을 조선에 물어 적당한 처분을 요구할 수 있다. 만약 조선이 시종 이에 응하지 않는다면 우리는 부득이 그 죄를 묻지 않을 수 없다." 일본정부는 이 의견서를 받아들여 즉시 그를 특파처리대신으로 임명해 조선에 보냈다. 그러나 뜻밖에도 그가 갑자기 풍으로 쓰러져 그 직책을 수행할 수 없게 되었다. 상황이 이렇게 되자 육군 중장이며 참의參議 겸 개척開拓 장관이었던 구로다 기요타카黑田淸隆를 특명처리대신으로, 원로원의관元老院議官인 이노우에 가오루井上馨를 부전권副全權 처리대신으로 임명하였다.

또한 일본은 조선·일본의 담판에 대한 중국의 간섭을 배제하기 위해 외무소보外務少輔 모리 아리노리森有禮를 중국 주재 전권공사로 임명하여 중국 조정과 조선문제를 교섭하게 하였다. 1876년 1월 10일 모리는 베이징에 도착하였다. 그는 11일에 총리아문에 가서 공친왕을 직접 알현하고 문서를 올려 지금까지 수차례에 이르는 조선·일본 두 나라 간 교섭의 경과를 진술하였다. 그러면서 조선을 이유 없이 질책하며 일본의 해도海盜 행위를 위한 변론을 하였다. 1월 14일, 총리아문은 모리 아리노리에게 다음과 같이 회답하였다. "중국은 예전부터 조선의 정사에 억지로 간섭한 적은 없었지만 그 안전만큼은 간절히 바란다. …… 귀 대신이 모든 처사는 조약에 따라 해야 한다고 말한 바 있으니, 우리는 다만 귀 대신이 귀국 정부에 군사를 일으킬 필요까지는 없을 뿐만 아니라 사절을 파견하여 문죄하는 절차마저도 반드시 심사숙고하고 계획을 잘 세워야 한다는 우리의 의사를 잘 전달해주기를 희망한다. 또한 양국의 요구에 모두 맞는 방안을 선택하여 두 나라 국경지역을 안정시키고, '수호조약' 내용대로 두 나라가 영토를 서로 침범하지 않는다는 약속을 끝까지 지키는 것이 본 왕과 대신들이 바라는 바이다."[23]

1월 17일, 공친왕 등은 일본 사절과의 담판 내용을 다음과 같이 조정에 보고하였다. "신 등의 생각에는 조선이 비록 중국에 예속되었다고는 하지만 조선의 일체 정교금령政敎禁令은 모두 자국에서 스스로 주관해왔고 중국은 이

전부터 간섭한 적이 없었기 때문에 오늘날 일본이 조선과 수호조약을 맺으려고 한다면 역시 조선이 자주적으로 처리해야 한다고 본다. 다만 모리 아리노리가 아문에 와서 문서를 올리고 면회를 한 이상 이 소식을 응당 조선에 알려야 한다. 만약 황제가 허락한다면 즉시 일본 사절과 주고 받은 문서와 조회 내용 등을 예부에 보내 조선에 전하도록 하겠다."[24] 이에 청조정은 이 건의를 비준하였다.

모리는 1월 17일, 또 총리아문을 방문하여 다음과 같이 말하였다. "귀국 왕과 대신의 말대로 조선이 비록 중국의 속국이긴 하지만 땅은 중국에 예속되지 않은 까닭에 중국은 이전부터 그 내정을 간섭한 적이 없었고 조선과 외국과의 교섭도 역시 조선이 자주적으로 처리하게 하고 억지로 간섭하지 않았다고 한다. 이것으로 볼 때 조선은 하나의 독립국가이며 귀국이 조선을 속국이라 함은 허명에 지나지 않는다. 피차간에 모두 이웃인데도 조선은 일본에 대해 태도가 불손하니 오늘 불가피하게 사절을 보내어 죄를 묻지 아니할 수 없다. 더욱이 조선과 일본 사이는 청국과 일본국 사이에 체결한 조약과는 관계가 없다. 이에 본 대신은 우리 나라에 이와 같이 결심한 뜻을 전하였으니 상응한 문서들을 귀국의 왕과 대신은 찾아볼 수 있을 것이다."[25]

1월 18일, 총리아문은 모리를 조회하여 다음과 같이 말하였다. "본 왕과 대신이 알기로는 조선은 중국의 속국이다. 예와 속은 다 같은 말이다. 현재 속국이라 하는 것은 예속되지 않는다는 말이 절대로 아니니다. 게다가 며칠 전 귀 대신에게 보낸 회답에도 '중국에 예속되지 않는다'고 말을 한 적이 없다. '수호조약'에 기재한 '소속방토'는 곧 조선이 중국의 속국 중 하나라는 말로 해석해야 한다. 이것은 모르는 사람이 없는 일이다."[26]

1월 19일, 일본 사절은 또 총리아문에 다음과 같이 알려왔다. "귀 대신이 조약의 규정을 인용하여 속국 간에는 서로 침입하지 말아야 한다고 하였으니, 장래 우리 나라와 조선이 교섭할 때에 이 나라가 우리에게 행한 모든 사무에 대한 책임은 모두 귀국에서 져야 할 것이다. 만약 귀국에서 책임을 지지 못하겠다면 속국이라 함은 허명에 지나지 않으니, 우리 나라는 당연히 그 이치를 묻지 않을 수 없다. 그리고 이것이 조약과 무슨 상관이 있겠는가?"[27]

총리아문과 일본 사절 간의 왕복 변론이 계속 진행될 때, 모리 아리노리는 또 일본 관원에게 여권을 발행함과 동시에 중국 관원 한 사람이 동행하여 같이 조선에 가줄 것을 총리아문에 요구하였지만, 총리아문은 여태까지 이런 법은 없었다고 대답하였다. 그러자 일본 사절은 중국이 일본을 대신하여 조선에 편지를 보내줄 것을 요구하였다. 하지만 총리아문은 이 또한 완곡히 거절하였다.

1월 19일, 리훙장은 총리아문에 서신을 보내 조선과 일본 관계에 대한 견해를 다음과 같이 피력하였다. "두 나라 간에 분쟁이 계속된다면 군사적 충돌이 일어나기 쉽다. 조선은 빈약한 나라이므로 실제로 전쟁이 일어나면 일본의 상대가 될 수 없다. 앞으로 이 나라가 옛 명나라 시기와 같이 우리 나라에 구원을 청한다면 우리는 어떻게 이에 대응하겠는가? 지금 우리는 조약 내용에 근거하여 일본이 우리 속국을 침략해서는 안 된다고 나서고 있지만, 일본이 본토와 속국 문제를 제기한 이상 중국이 책임을 회피하고 관계하지 않는다면 조선을 침략할 것이 분명하니 또한 어떻게 침략을 저지할 것인가? 우리가 계속 관여하지 않는다면 조선은 실망할 것이고 일본은 점점 침략할 뜻을 굳힐 것이다. 더욱 두려운 것은 만일 조선이 일본의 억압을 받거나 점령되기라도 하면 동북 3성이라는 우리의 근본적이고 중요한 땅이 직접적으로 울타리를 잃게 되고 말 것이라는 점이다. 이렇게 되면 우리는 순망치한의 상황으로 치달아 그 후환을 이루 다 말로 할 수 없게 될 것이니, 이에 대비하지 않을 수 없다. 또한 일본이 이번에 중국에 온 뜻을 가만히 살펴보면 조선과 화해를 구하려는 데 있고 선불리 무력을 사용하지 않을 것을 밝혔으니 참과 거짓을 따지기에 앞서 좋은 기회이므로 우리는 잘 처신해야 한다. 우리가 비록 일본의 요구를 명확히 거절하고 회신을 하지 않았지만, 속히 조선조정으로 비밀리에 편지를 보내 작은 분노는 참고 예의로 일본 사절을 대하고,

또한 사절을 일본에 파견하여 일본 군함을 포격한 원인을 해명함으로써 긴장감이 고조되고 있는 양국의 분위기를 완화하라고 권해야 한다. 그리고 일본과 통상 교류를 할지에 대한 조선의 판단은 조선의 내정이므로 본래 중국에서 간섭할 바가 아니다. 이렇게 우리가 솔직히 말한다면 역시 체면은 잃지 않을 것이다. 만약 조선이 순응한다면 군사적 침략을 잠시 모면할 수 있을 것이요, 만약 조선이 응하지 않는다 하더라도 우리 중국 측에서는 이미 조선을 보살펴주는 의무와 성의를 다한 것이다. 장래에 양국 간에 전쟁이 일어나 조선이 우리에게 원병을 요청하고 일본이 비난할지라도 우리는 할 말이 있게 된다."[28]

1월 24일, 모리 아리노리는 바오딩保定에 있는 총독부에 가서 리훙장과 중국·조선·일본 관계에 대하여 장장 7시간 동안이나 회담했다. 우선 조선이 중국의 속국인가 아닌가 하는 문제에 대해서 모리는 "각국에서 모두 조선은 다만 조공과 책봉에 관하여 중국과 교섭이 있을 뿐이며 중국은 조선의 세금과 양식을 받지 않고 정치 사무에 간섭하지 않기 때문에 속국이라 할 수 없다고 말한다."라고 하였다. 리훙장이 답변하기를, "조선이 중국에 몇 천 년 동안 예속되어온 일을 누가 모르는가? 중국·일본 조약에 기록되어 있는 '소속방토所屬邦土'에서 토土자는 곧 중국의 각 직속 성省을 가리키며, 이것은 내지內地로서 안에 있는 속국인 것이요, 우리는 이들에 대해 세금을 징수하고 양식을 거두어들이며 정사를 관할한다. 방邦자는 고려를 비롯한 여러 나라들을 가리키며 이것은 외번外藩으로서 밖에 있는 속국을 가리킨다. 세금, 양식, 정사 등은 모두 각기 그 나라가 스스로 관리한다. 그동안 이렇게 해왔고 이는 결코 우리 청조에서 시작한 것이 아니다. 그러니 어찌 조선을 속국이라 하지 않겠는가?" 이에 모리는 대답할 말이 없었다. 그 다음은 운요호 사건에 대한 옳고 그름을 변론하였다. 리훙장은 조선을 위하여 다음과 같이 변호하였다. "(조선이) 귀국과 우호적으로 지내려 하지 않는 것은 아니다. 조선은 스스로 자기 나라가 작은 것을 알기 때문에 엄수하고 감히 교제하지 않는 것이다. 다른 나라에 대해서도 이런 정책을 펴왔으며 유독 일본에게만 그런 것이 아니다.", "조선은 서양 나라들과도 무역 통상을 할 엄두를 내지 못하였다. 일본이 지금 제도를 고쳐 서양식대로 하고 있는 까닭에 조선은 자연히 의심이 생겨 만약 일본과 교류한다면 그 후로 서양 각국이 뒤따라 들어올까 두려워하는 것이다.", "일본 군함은 조선에 가서 바다 물길을 측량하였다. 하지만 국제법대로 한다면 육지에서 10리 안에 있는 곳은 본국의 국토에 속하므로 일본은 아직 조선과 통상을 시작하지 않았기 때문에 함부로 가서 측량을 해서는 안 된다. 조선이 나와서 소란을 피우지 않는데, 일본이 먼저 가서 그들을 어지럽힐 필요가 무엇인가?" 이에 대해 말이 궁해진 모리는 엉뚱한 고집을 내세웠다. 심지어 "조선은 조약을 체결하지 않았기 때문에 국제법을 적용할 수 없다."라고까지 우겨댔다. 일본의 통역원 정융닝鄭永寧은 "일본의 신하와 국민은 모두 분노하여 조선과 대결을 결심하고 있다."라고 하였다. 격분한 리훙장은 다음과 같이 말하였다. "무릇 일이란 자기가 강하다고 위세를 부려서는 안 된다. 지나치게 우쭐대면 사람은 물러설지 모르지만 하늘은 절대로 관용을 베풀지 않을 것이다. 하늘도 땅도 두려워하지 않으면 필경 천지가 용납하지 않을 것이다." 그는 또 다음과 같이 경고하였다. "조선은 땅이 척박하므로 탈취한다 해도 큰 이익은 없을 것이다. 게다가 지금 러시아는 일본이 조선을 치려고 한다는 소문을 듣고 군대를 파견하여 헤이룽강黑龍江 어구에 주둔시키려 하고 있다. 러시아뿐만 아니라, 중국도 군대를 파견하지 않는다고 보장할 수 없다. 그때가 되어 난이 일어난다면 좋을 일이 없을 것이다." 리훙장은 또 "화목한 감정만 상할 뿐이지 추호의 이익도 없다〔徒傷和氣毫無利益〕"라는 여덟 글자를 일본 사절에게 주었다.[29]

조선과 일본의 강화도조약

모리와 담화를 한 후 리훙장은 총리아문에 편지를 보내 이제는 중국이 손을 떼고 조선과 일본이 직접 교섭하게 해야 한다고 주장하였다. 2월 24일, 총리아문은 "모든 문서들과 회담기록 및 문답요지 등 문건을 예부에서 조선에 보내 조선 국왕이 보도록 해야 할 것"[30]이라고 황제에게 상소문을 올렸다.

모리가 베이징에 사절로 와 있는 동안 일본은 조선에 대한 전쟁 준비를 서둘렀다. 일본은 시모노세키에 '정한사무국征韓事務局'을 설치하고 육군경陸軍卿 야마가타 아리토모山縣有朋를 파견하여 일본 사무를 관리케 함은 물론, 많은 운수 선박과 육군 부대를 집결해 명령을 기다리게끔 하였다. 1876년 1월 25일, 구로다 기요타카는 군함 5척, 수병 800명을 거느리고 조선 강화만에 도착하였고 2월 10일에 일본군은 강화도에 상륙하였다. 조선조정은 어영대장 신헌申櫶, 예조판서 윤자승尹滋承을 전권 대표로 파견하여 일본과 담판을 시작하였다. 구로다는 여러 차례 외교관계 단절, 전쟁 등으로 위협하면서 일본이 제출한 조약 초안에 조선이 완전히 동의하도록 협박하였다. 그리하여 2월 26일, '조일수호조약', 즉 '강화도조약'이 정식으로 체결되었다.

'강화도조약'이 체결된 이후 조선 국왕은 중국 예부에 다음과 같이 보고하였다. "작은 나라 조선이 성조聖朝 중국의 막대한 은혜를 입은 일은 한두 가지로 헤아릴 수가 없다. 오늘 인근 나라와 수호조약을 맺었는데 총리아문 및 부당대인部堂大人이 계획에 만전을 기하여 각기 강토를 안정시키기를 간절히 바라는 뜻에서 상국 황제에게 급히 그 결과를 올린다. 작은 나라 조선에 대한 청조의 인의는 하늘·땅같이 두터우니 그 무엇으로 보답하랴. 지금 일본과 조약을 체결한 과정과 그 내용들을 상세하게 적어 삼가 올리니 비록 번거롭더라도 예부에서는 그대로 상국 황제 폐하에게 상주하여 주기 바란다."[31] 사실 중국의 청조정은 조약 체결 전 조선에 몇 가지 건의를 했던 것 외에는 조선과 일본 간 담판의 구체적 과정에는 관여한 적이 없었다. 일본은 조선의 대신이 국제 대세와 외교 관례에 어둡다는 약점을 이용하여 속임수로 강탈하여 조선의 이익을 최대한 갈취하였다.

'강화도조약'은 근대 조선이 외국과 체결한 첫 번째 불평등조약이다. 이

조약은 조선의 주권을 심각하게 파괴했을 뿐만 아니라, 조선이 일본의 부속국가로 전락하고 일본 제국주의가 조선에서 식민통치를 확립하기 시작했음을 의미한다.[32] 조약의 첫째 조항은 "조선은 자주국가로서 일본국과 평등한 주권을 갖는다. 이후에 만약 양국이 화친의 결실을 맺으려 한다면, 반드시 서로가 동등한 예의로써 대해야 하며 조금이라도 침범하고 질시해서는 안 된다. 우선 그전에 있었던 조·일 양국 간의 교제에 걸림돌이 되는 모든 예규는 일체 배제해야 하며, 반드시 상호 원활히 통할 수 있는 법을 세움으로써 영원한 안정을 도모해야 한다."[33]라고 명확히 밝혔다. 이 조항은 무엇보다도 조선과 중국 간의 전통적인 관계를 단절시켜 조선을 고립·침략하기 위해 설정된 것이었다. '강화도조약'은 일본이 무력으로 조선에 강요한 조약이다. 조약의 규정에 따라 조선은 일본에 부산, 인천, 원산을 개방했으며 일본의 치외법권과 무관세 무역을 승인하였다. 이른바 '자주', '평등'을 운운한 것은 완전히 일본 침략자의 기만에 불과하였다.

모리와 리훙장의 논쟁은 근대 자본주의 식민 체계와 동양 전통의 국제관계 체계 간의 싸움이었다. 일본은 구미 열강들을 모방하여 조선에서 식민통치를 구축함으로써 중국·조선의 전통적 종번관계를 대체하기로 결심하였다. 그리고 초보적이나마 성공을 거두었다.

조선에 대한 리훙장의 '이이제이' 건의

리훙장이 이유원에게 보낸 편지

'강화도조약'이 체결된 후로 일본이 조선에서 갖는 영향력은 급속히 강화되었다. 경제면에서 일본 상인들은 무관세 무역과 조선 통상항구에서의 일본 화폐 자유유통이라는 특권을 이용하여 조선의 금융과 대외 수출을 통제하였으며 조선 수입품 비율을 높였다. 정치면에서는 조선신사방문단을 요청하고 수신사들을 초대함으로써 조선 통치집단 내부의 친일세력을 확장해나갔다. 그리고 군사면에서는 일본 군인을 파견하여 조선의 새로운 군인인 별기군을 창설하여 훈련시켰다. 그럼으로써 조선과 외부세계와의 교류를 확대했으며 조선 상류층 인사들의 시야를 넓혀주었다. 일본의 침략은 또한 조선의 근대민족의식 형성을 촉진했다. 식자층 인사들은 민족 구원의 길을 찾기 시작하였다. '강화도조약'은 또한 청조정을 자극하였다. 전통적 종번관계로는 이미 복잡다변해진 국제 형세에 대처할 수 없었다. 청의 대조선 정책은 종전의 소극적인 대응에서 적극적인 간섭으로 변하였다. 청은 점차 조선의 쇄국정책을 찬성하는 태도를 바꾸어 조선이 적극적으로 구미 각국과 조약을 체결하게 함으로써, '이이제이以夷制夷'(중국의 기본적인 외교 전술로 외국과 분쟁이 야기되었을 때 주변의 오랑캐끼리 싸움을 붙여 해결하는 것을 말한다. 오랑캐로써 오랑캐를 제압한다는 뜻이다.—옮긴이)의 효과를 거두고자 하였다. 1879년 여름, 딩르창丁日昌은 해상 방위 업무를 진술할 때 다음과 같이 말하였다. "조선이 이미 부득이한 상황에서 일본과 조약을 체결한 바에는 서양 각국과 모두 조약을 체결하는 것이 좋다. 일본은 조선을 삼킬 마음이 있지만 서양 각국은 다른 나라를 멸망시킨 사례가 없다. 장래에 양국 사이에 전쟁이 발생한다면 조선과 조약을 체결한 국가들이 모두 일어나서 시비를 의논할 것이다. 그리하면 일본은 제멋대로 행패를 부리지 못할 것이다. 만약 서양 각국이 여전히 조선과의 통상을 요구한다면 조선에 권유하여 그들의 요구에 응하게 해야 하며, 조선으로 하여금 조약 체결 국가들과의 관계를 소홀히 하지 말고 왕래를 자주 하면서 일본에 대처할 준비를 하게 해야 한다."[34] 8월 21일, 군기처軍機處는 비밀조서를 리훙장에게 내려 청조정은 조선이 각국과 통상우호조약을 맺는 것에 대해 동의한다고 하였다. 조서에는 "다만 이 나라의 정치 사무에 대해서는 우리 나라에서 이전부터 간섭한 적이 없기 때문에 조정에서 이 일에 관해 조선에 명시하기는 불편하다. 그러나 조선이 우리의 번봉藩封인 것을 생각하면 또한 묻지 아니할 수도 없다. …… 리훙장은 금년 5월에 딩르창이 진술한 내용을 개인의 뜻으로 조선에 전하여 여러 외환에 대처하게 하라."[35]라고 기록되어 있다.

조선 대신 이유원李裕元은 1875년에 사절로 베이징에 온 일이 있었다. 귀국 도중 그는 융핑永平 지부에 리훙장에게 보내는 편지 한 통을 부탁하여 그를 존경한다는 뜻을 전하였다. 그 후 두 사람은 해마다 편지를 주고 받으면서 러시아를 이용해 일본에 대처하는 방법에 관해 계속 논의하였다. 리훙장은 황제의 조서를 받은 후 8월 26일 편지 한 통을 써서 성경장군아문盛京將軍衙門에 보내 치위안퉈岐元妥 장군으로 하여금 속히 이유원에게 전하게 하였다. 리훙장은 편지에 다음과 같이 썼다. "일본이 근래 서양의 방법을 숭상하여 여러 가지로 개혁을 진행하고 있는데 스스로는 이미 부강의 기술을 얻었다고 하지만 이 때문에 국고가 텅 비고 국가 채무가 산더미같이 쌓여 주위 나라들에서 그 경비를 모색하지 않을 수 없게 되었다. 일본 땅에서 바라볼 수 있는 것은 북으로는 귀국(조선)이고 남으로는 중국의 타이완이니, 반드시 주의를 돌려야 한다. …… 오늘날 류큐는 이미 망하였으므로 일본의 침략 초점은 중국과 조선에 있다. 중국의 재정력과 군사력은 일본의 열 배인지라 한동안 지탱할 수 있겠지만, 조선은 나라가 작고 가난하니 일본과 맞서기 어렵다. 만약 일본이 암암리에 구미 열강들과 결탁한다면 조선은 반드시 고립될 것이니 우려가 이루 말할 수가 없다. 그러므로 조선조정은 쇄국정책을 철회하고 각국과 조약을 체결하여 이른 시일 안에 통상해야 한다. …… 분쟁을 그치고 서로 편안히 지내려면 관문을 닫고 외부와 왕래를 끊는 것보다 더 좋은 방법이 없겠지만, 지금 서양 사람들은 발달한 기술을 가지고 왕래하지 않는 곳이 없다. 이것은 실로 천지가 개벽한 이래 기이한 형세로 자연의 운행은 사람의 힘으로 막지 못한다. 귀국이 부득이하게 일본과 조약을 체결하고 통상을 시작하였으니 각국에서도 생각이 있을 것인데 일본은 오히려 그것을 이상하게 생각한다. 지금 할 수 있는 방법은 독으로써 독을 물리치고 적으로써 적을 제압하는 정책을 펴 서양 각국과 조약을 체결하는 것이다. …… 만약 귀국이 먼저 영국·독일·프랑스·미국과 교류한다면, 일본을 견제할 수 있을 뿐만 아니라 러시아의 야심도 막을 수 있을 것이니 러시아 역시 화해하고 통상하는 길밖에 없으리라." 그는 마지막에 중국과 조선은 "한집안과 같으며 조선은 또한 중국 동북 3성의 병풍으로서 입술과 이와 같은 존재이다. 귀국의 우환이 곧 중국의 우환인 것이다. 그렇기 때문에 우리는 조선 내정을 간섭한다는 의심이 있을 줄 알면서도 가슴속의 말을 직접 털어놓는 것이다. 귀국의 왕이 자세히 조사하고 여러 신하들의 깊은 생각을 모아서 비밀리에 숙고해 가능성을 연구하기 바란다."[36]라고 강조해 말하였다.

황쭌셴의 『조선책략』

1880년 7월 25일, 조선은 예조참의禮曹參議 김홍집金弘集을 대표로 하는 수신사 절단을 일본에 파견하여 조선과 일본 간에 인천 개항, 양곡 운수 금지, 세관 세칙 개정 등의 현안들을 해결하게 하였다. 그러나 일본은 조선의 합리적인 요구를 거절하였다. 김홍집은 여러 차례 일본 주재 중국공사관을 방문하여 공사 허루장何如璋, 참찬參贊 황쭌셴黃遵憲과 국제 형세 및 조선 외교정책에 관해 토론하였다. 9월 6일, 허루장은 황쭌셴에게 『조선책략朝鮮策略』을 편찬하라고 명하고 그중 한 권을 김홍집에게 증정하였다. 『조선책략』은 조선을 위협하는 가장 큰 국가를 러시아로 보고, "오늘날 조선에게 러시아를 방위하는 것보다 더 중요한 일은 없다. 러시아를 어떻게 방어해야 하는가? 중국과 친하고 일본과 사귀며 미국과 연합하여 자기 자신을 강하게 만드는 길뿐이다."[37]라고 하였다.

당시 조선 통치세력의 대다수 사람들은 여전히 국제 형세를 제대로 파악하지 못하고 있었다. 그들은 중국과 조선의 종번관계 체계하에서 쇄국으로 되돌아 가자고 주장하였다. 김홍집은 리훙장의 '이이제이' 외교정책을 찬성하는 사람이었다. 그는 "조선의 쇄국 제도는 이미 타파되었으며 구미 열강들과의 국교 수립은 피할 수 없다. 게다가 열강들의 이해관계도 모두 같은 것은 아니다. 조선 본국의 평화와 이익을 위한 리훙장의 계책에 통감하며 반드시 적당한 외교정책을 확립해야 한다."[38]라고 인정하였다. 10월 2일, 김홍집은 귀국하여 『조선책략』과 자신이 쓴 『수신사기록』을 고종에게 올렸다. 10월 11일, 고종은 대신을 불러 『조선책략』에 대한 의견을 묻고 청의 건의를 받아들여 구미 열강들과 외교관계를 맺기로 결정하였다.

청조가 중재한 조선과 구미 열강들의 조약 체결

'강화도조약' 체결 이후 정식으로 가장 먼저 조선에 진입한 국가는 미국이다. 조선과 미국의 조약 체결은 중국과 조선의 외교정책 협조의 결과였다.

1878년 미국은 해군 중장 슈펠트를 조선에 파견하여 통상조약을 체결하자는 요구를 제기했으나 조선은 이를 거절하였다. 이에 따라 슈펠트는 일본에 가서 중재 역할을 해줄 것을 부탁하였다. 일본은 조선을 독점하고자 했기 때문에 서방 나라가 조선과 통상하는 것을 원치 않았다. 외무경 이노우에 가오루는 형식적으로 조선의 예조판서에게 편지를 보내서 대체적인 소개를 하며 미국과 조약을 체결하도록 권하였다. 그러나 조선은 일본에 대해 호감이 없었던 탓으로 그 중재를 거절하였다. 6월 12일, 슈펠트는 나가사키長崎 주재 중국영사관에 청하여 청의 협조를 부탁하였다. 리훙장은 미국과 일본이 결탁하여 조선을 침략하는 국면 전개를 방지하기 위하여 7월 23일 슈펠트에게 톈진 방문을 요청하였다. 8월 25일, 리훙장은 슈펠트를 회견하는 자리에서 조선조정에 편지를 써서 소통해보겠다고 하였다. 그러나 미국 국무원은 여전히 일본을 통한 조선 진입을 고수하였다.

1880년 8월, 슈펠트가 극동에 왔다. 그는 톈진에 도착해 리훙장을 방문하여 조선과 미국이 소통할 수 있도록 협조해줄 것을 요청하였다. 10월 6일에는 조선이 밀사 이동인李東仁을 일본에 파견하여 중국의 일본 주재 공사 허루장에게 조선과 미국의 관계를 조정해줄 것을 청하였다. 10월 25일, 리훙장은 조선 관원 변원규卞元圭를 접견하고 조선이 시급히 계책을 세워 미국과 연합해서 러시아를 방어하라고 권하였다. 12월 16일, 리훙장과 총리아문은 허루장이 보낸 "조선이 근일 차츰 계책을 바꾸어 미국과 조약을 맺을 일을 상의하며 중국이 대신 중재해줄 것을 요청하였다."[39]라는 전보를 받았다. 26일, 허루장은 일본 주재 미국공사 피언을 방문하여 담판하려는 뜻을 전했으며 조선이 제시한 미국과의 조약 초안을 내보였다. 그러나 피언은 미국 국무원에서 권한을 주지 않았기 때문에 허루장의 건의를 받아들일 수 없었다. 이와 동시에 조선 국내에서는 보수파 유생들의 『조선책략』 반대, 김홍집 탄핵, 개화정책을 반대하는 상소운동이 일어났다. 상소자들은 '위정척사론衛正斥邪論', '왜양일체론倭洋一體論'을 표방하면서 외국인과의 무역을 반대하였다. 1881년 초에 조선은 중국에서 군대 장비를 학습한다는 명분으로 이용숙李容肅을 중국에 파견하였다. 이용숙은 리훙장에게 영의정 이최응李最應의 서한을 건네면서 구미와의 조약 체결 의사를 밝혔다.

중국, 조선, 미국의 반복적인 협상을 거쳐 1882년 3월 25일에 슈펠트는 다시 리홍장을 방문하여 정식으로 조선과 미국의 통상조약에 대한 담판을 시작하였다. 리홍장은 조선조정이 작성한 약정안이 미국의 그것과 차이가 심하다는 것을 알고 조선의 초안 중 일부를 삭제하고 고쳐서 협의가 쉽게 이루어지도록 하려고 하였다. 쌍방은 슈펠트와 진해관도津海關道 저우푸周馥가 함께 초안을 작성하면 다시 리홍장이 수정키로 결정하였다. 리홍장은 "조선은 옛날부터 중국의 속방이기는 하지만 그 내정과 외교의 각 사무는 본래부터 자주적으로 처리하였다."[40]라고 강조하였다. '강화도조약'을 체결함으로써 조선은 큰 손실을 보았기 때문에 미국과의 조약은 절대로 '강화도조약'의 선례를 따를 수 없었다. 슈펠트는 리홍장에게 관원 한 명을 더 파견하여 같이 조선에 가서 의논할 것을 요청하였다. 리홍장은 "이번 조약 체결은 반드시 공평하고 타당해야 한다. 그래야만 뒤따르게 될 다른 나라와의 조약 체결에 본보기가 될 수 있다. 미국은 원래부터 도의를 잘 지키는 나라이고 또 귀 총병總兵도 대세에 밝다. 조선은 풍속이 고루하고 중국과 관계가 깊고 고락을 함께하는 까닭에 반드시 심사숙고하여야 한다."[41]라고 강조하였다. 슈펠트는 미국의 배가 조선에 도달한 후 잠시 부산에 머무를 것이며 인천에는 정박하지 않겠다고 하였다. 슈펠트의 말에 리홍장은 조선의 바다 지도를 그에게 주면서, "일본은 이미 올해 8월에 인천항을 개항했는데, 조선은 미국이 일본보다 먼저 인천에 오기를 바라고 있다"[42]라고 하였다.

리홍장은 미국과의 조약 과정에서 조선이 중국의 속방이라는 것을 명확하게 밝힘으로써, '강화도조약'에서 입은 손실을 만회해보려고 하였다. 그러나 슈펠트는 이에 결코 동의하지 않았다. 결국 리홍장이 양보하여 슈펠트와 다음과 같이 약정하였다. "만약 조선이 중국의 속국이라는 것을 이 조약에 밝히지 못한다면 조약 체결 후 조선에서 다시 미국 외교부에 각서를 보내 조선은 중국의 속국이고 내정과 외교는 자주적으로 처리한다는 성명을 발표하며 장래에 조약 문서를 중국 조정에 알려 조선이 중국의 속국이라는 문제를 위반하지 않도록 한다."[43] 조약 끝에 날짜를 '광서 8년'이라는 중국 연호를 써서 중국과의 정통관계를 나타냈다. 1881년 겨울, 조선은 여러 번에 걸쳐 중국에 사람을 보내 중국이 조선에 사람을 파견하여 조약을 의논할 것을 요청해왔다. 총리아문은 이에 동의하여, "우리가 맹주로서 만약 사람을 파견하지 않는다면, 주인과 손님 사이에 틈이 생길 것 같아 두렵다. 그러면 마찰이 생기기 쉽고 다른 사람이 옆에서 부추길지도 모르니 조약이 제대로 이루지지 못할까 우려된다. 게다가 일본과 러시아라는 강대한 이웃나라가 그들의 침략 목적을 달성하기 위해 이간책을 쓴다면 이 또한 동방의 형세를 살필 때 우환거리가 아닐 수 없다."[44]라고 하였다. 1882년 3월 27일, 조선 승상총리기무부丞相總理機務部의 이최응은 중국에 편지를 보내어 "미국 사절이 온다고는 하지만 오로지 리훙장만을 존경하고 믿는다."라고 함으로써 은연중에 동맹을 맺을 뜻을 비쳤다.

1882년 4월 22일, 리훙장은 이최응에게 다음과 같이 회답하였다. "미국은 다른 나라를 침략하는 습속은 없다. 오늘날 저들과 평화조약을 체결하면 일본의 욕심을 막을 수도 있고 계속해서 타국과 통상을 의논할 때에 본보기가 될 수 있으므로 후에 다른 나라들에 조선도 원하는 바를 요구할 수 있는 구실이 될 것이다."[45] 이에 대해 이최응은 일체 준비를 할 수 있도록 이미 이응준李應浚을 파견하여 배편으로 조약안의 초고를 가지고 중국에 가서 알리도록 하였다."라고 다시 회답했다.

리훙장은 조선정부가 4월 중에 밀사를 톈진에 파견하여 슈펠트와 먼저 직접 만나 의논하게 하고, 실마리를 찾은 다음에 다시 본국에 가서 의논하면 일이 성사되기 쉬울 것이라고 조선에 전하였다. 3월 21일, 이최응은 편지를 중국에 보낸 다음 어윤중魚允中, 이조연李祖淵 두 사람을 톈진에 보내 예비회담을 진행하게 하였다. 그러나 4월 22일, 어윤중과 이조연이 톈진에 도착하기도 전에 슈펠트는 이미 옌타이에 가고 없었다. 리훙장은 이품함후선도二品銜候選道 마젠중馬建忠, 북양수사제독北洋水師提督 딩르창을 군함에 태워 8월 8일 조선 한강 어구에 도달하게 하였다. 마젠중은 인천 행관行館에 도착한 후 그날로 조선 반접관伴接官 조준영趙準永, 김경수金景遂, 이응준 등을 접견하였다. 그러나 매번 조약에 관한 일을 논의할 때마다 그들은 대답을 얼버무렸으며 그 뜻이 모호하였다. 마젠중은 대의大義를 지적해 개진하는 그들의 태도에 성의가 부족함은 물론 속방을 보호하려는 대황제의 뜻을 크게 저버렸다고 질책한 후 곧바로 행관을 나서서 배로 돌아가버렸다. 그제야 김경수 등은 황급히 상황을 만회하고자 사절들을 공손히 대하였다. 5월 11일, 슈펠트가 인천에 도착하였다. 마젠중은 재차 그와 조약 초안 제1조를 협의하였다. 그러나 슈펠트는 단호히 속국이라는 글자를 써넣기를 거절하였다. 그러나 쌍방은 조선 국왕이 따로 각서를 준비하여 조약을 맺기 전에 성명을 발표하는 데는 합의하였다. 중국 측은 성명을 먼저 발표한 후에 조약을 체결하는 것은 미국 측에서 조선이 중국의 속방임을 인정하는 것이기 때문에 톈진에서 결정한 조약을 체결한 후 성명을 발표하기로 한 것보다는 낫다고 여겼다. 5월 14일, 조선 국왕은 전권대신 신헌申櫶, 김홍집을 배에 파견하여 담판케 하였다. 1882년 5월 22일, 중국·조선·미국 삼국은 반복적인 협상 끝에 신헌·김홍집·슈펠트의 서명으로 '조미수호통상조약朝美修好通商條約'을 체결하였다.

조약의 제1조에는 '강화도조약'처럼 '조선은 자주적인 나라'라는 말도, '조선은 중국의 속국'이라는 말도 써넣지 않았다. 조선은 조약을 체결하기 7일 전, 즉 5월 15일에 미국에 각서를 보냈는데 그 내용은 다음과 같다. "대조선 군주 각서 사항 : 조선이 예로부터 중국의 속국이라 하지만 그 내부 통치와 외교는 모두 대조선국 국왕이 자주적으로 처리해왔다. 오늘 대조선과 대미국이 서로 조약을 체결함에 있어 모두 평등해야 한다. 대조선국 군주는 조약의 각 내용이 모두 자주적인 통례에 따라 진지하게 제정되기를 바란다. 대조선국이 중국의 속국이라는 사실과 관련하여 내부적으로 시행되는 여러 세부사항들은 대미국과 추호도 관계가 없다. 사람을 파견하여 조약을 의논하는 것 외에 각서를 작성하여 보내는 바이다."[46] 6월 5일, 조선 국왕은 조미통상조약 문건 및 각서 초고, 양국 전권대사의 문서 초록을 청에 보내라고 전차부사專差副司 이응준에게 명하였다.

'조미통상조약'이 톈진에서 논의될 때 리훙장은 여러 차례 조선의 영선사領選使 김윤식金允植과 필담을 나누며 조약의 조항들을 상의하였다. 김윤식은 "매번 담론이 끝나고 숙소에 돌아올 때마다 그 내용을 정리하여 본국에 보내 후에 볼 수 있게 하였다."[47]라고 하였다. 필담한 종이가 무더기로 쌓였는데, 대부분은 조약에 대한 논의였다. 리훙장은 이최응에게 보내는 편지에서 "봄이 온 이래로 나는 저우푸, 마젠중과 함께 20여 일 동안 미국과 담판을 하면서 조약안에 관한 원고를 수십 번이나 바꾸었는데 마침내 조금씩 두서가 잡히는 것 같다. 귀국과 일본이 체결한 조약을 중국과 미국이 체결한 조약과 비교하건대 이익을 도모하고 손실을 방지한다는 차원에서는 더 세밀한 듯하다."[48]라고 하였다. 조약을 체결할 때 리훙장이 모친의 병환으로 자리를 비웠기 때문에 장수성張樹聲이 즈리총독, 북양대신의 신분으로 서명하였다. 6월 9일, 장수성은 청조정에 상주하여 각 조약 세부조항들을 상세히 열거하면서 "모두 서양 나라들과 통상한 선례에 따라 잘 다듬어 처리하였다. 이익을 도모하고 손실을 방지하는 면에서는 계획이 아주 면밀하다."[49]라고 하였다. 조선과 일본의 '강화도조약'에 비해 '조미통상조약'은 확실히 일정부분 개선됨은 물론 조선의 주권 독립에 대한 손해를 줄였다. 그러나 그 역시여전히 불평등조약이었다.

리훙장이 가장 의기양양해하고 조선이 제일 중시한 것은 조약 제1조의 규정인 "만약 그 어떤 다른 나라가 조금이라도 공리에 어긋나는 경망한 행동을 한다면 서로간에 반드시 도와주고 중간 입장에서 타당하게 조정하여 우의와 관심을 표명해야 한다."[50]였다. 이 말은 1858년 '중미톈진조약'에서 베껴온 것이었다. 슈펠트는 이 조항이 원조를 요구하는 내용이라 생각하고 통상조약에 넣기에는 적합하지 않다고 여겼다. 그런데도 리훙장이 이 조항을 넣기 고집했던 까닭은 미국의 힘을 빌려 조선에 대한 일본의 침략을 견제하기 위함이었다. 하지만 미국은 이를 중시하지 않았다.

이후의 사태는 리훙장의 예견을 증명이라도 하듯이 진행되었다. '조미통상조약'은 조선이 유럽 열강들과 국교를 수립하는 통용 규범이 되었다. 조약이 체결되자마자 영국인이 조선에 들어왔고 영국인이 조약을 번역해 읽기도 전에 프랑스가 그 뒤를 이어 조선에 왔다. 영국은 프랑스가 자신들보다 유리한 조건을 차지할까 봐 '조미통상조약'에서 한 글자도 고치지 않고 즉시 '조영통상조약'을 체결하였다. '조미통상조약'을 체결한 지 불과 15일밖에 되지 않은 시기였다. 계속하여 독일이 조선과 통상조약을 체결하였다. 조·미, 조·영, 조·독 간의 세 조약은 모두 마젠중, 딩르창의 소개와 주관하에 체결되었다.[51]

그때 일본은 조선의 외교 동향을 면밀히 주시하고 있었다. 마젠중이 탄 군함이 한강 어구에 정박했을 때 일본 공사 하나부사 요시모토花房義質는 군함을 타고 이곳에서 기다렸다가 배에 올라 마젠중을 만나서 '조미통상조약'의 내용을 알아내려고 시도한 적도 있었다. 중국, 조선, 미국 세 나라는 그것을 모두 비밀에 붙였다. 그 후의 역사로 보아 조선과 구미 각국이 체결한 통상조약들이 일본의 조선 침략에서 일정한 견제 작용을 했던 것은 사실이다. 그러나 서방 각국은 더욱 넓은 범위로 조선과의 관계에 대처했고, 그들은 절대로 작은 나라인 조선의 이익을 위하여 자신의 이익을 희생하려 들지 않았다. 오히려 자신의 이익을 위해 조선의 이익을 희생하는 대가로 일본과 합작을 시도하기도 하였다. 하늘은 스스로 돕는 자를 돕는다고 하였다. 조선이 그에 합당한 자위自衛 역량을 갖추었을 때라야 비로소 '이이제이' 정책도 효과를 거둘 수가 있는 것이다.

4장 중국과 임오군란

서울 군인들의 폭동

'강화도조약' 체결 이후 일본 침략자는 조선에 대한 경제적인 침투와 군사적 통제를 무서운 속도로 밀어붙였는데, 이것은 조선 민중의 강한 반감을 불러일으켰다. 이때 조선 통치세력 내부에서는 민비와 대원군 간의 정권투쟁이 점점 더 치열해지고 있었다. 통치세력은 백성의 피와 땀을 제멋대로 착취하였고 백성의 생활은 더욱 궁핍해져만 갔다. 고향을 등지고 중국의 동북 지역과 러시아 연해주로 도피한 파산 농민들이 갈수록 늘어났다. 1881년 초, 유생 만여 명이 연명으로 상서하여 "오늘날 천하의 대세는 실로 대국이 천하를 호령할 수 없고 러시아, 프랑스, 미국, 영국에 대응해 그 힘이 위축되었습니다. 동방 소국인 우리나라는 지금 태산 벼랑 위에 놓인 달걀 신세로 위험한 궁지에 빠져 있습니다. 국내 형세를 살펴보면 또한 팔도의 도백道伯과 360주州의 수재守宰들은 어진 정치는 알지 못하고 가혹한 정치만을 일삼아 나라의 온 백성들을 환난 속에 빠뜨리고 있습니다. 참으로 '저 해가 언제 없어지려나? 우리도 너와 함께 망하겠구나!時日曷喪, 予及汝偕亡' 라는 말 그대로입니다."[52]라고 한탄하였다.

1882년 7월(임오년 6월), 서울의 군인들은 이미 13개월이나 군량을 배급받지 못하였다. 그러나 일본 장비를 사용하고 일본 교관에게 훈련받는 새로 창설된 별기군別技軍은 아주 좋은 대우를 받고 있었다. 이에 더는 참을 수 없었던 군인들은 암암리에 반란을 준비하였다. 위험을 직감한 당국은 먼저 1개월분의 군량을 배급하기로 결정하였다. 그러나 7월 19일, 군인들은 군량 중에 대량의 모래알과 겨가 섞여 있는 것을 발견하고는 군량 배급을 거절하였다. 7월 23일, 서울에서는 대규모 군인폭동이 발발하였다. 이때 대권을 탈취하려고 기회를 엿보던 대원군은 암암리에 그들을 부추겼다. 폭동을 일으킨 병사들은 민씨 외가친척 관원의 처소를 습격하였으며, 별기군의 일본인 교관 호리모토 레이조堀本禮造 소위를 처형하고 일본 공사관을 포위하였다. 그날 한밤중에 하나부사 요시모토 공사는 스스로 공사관에 불을 지르고 사람들을 데리고 인천으로 도망가 영국 군함을 타고 귀국하였다. 24일, 봉기한 군인들이 창덕궁으로 쳐들어갔으나 민비는 이미 궁녀 차림으로 변장해 도망가고 없었다. 고종은 25일 대원군을 궁으로 불러 나라의 정무를 주관하게 하였다. 이렇게 되자 병사들이 무기를 놓고 궁에서 물러갔다.

이와 같은 서울 군인들의 폭동은 동정할 만한 일이다. 그러나 이 사건을 계기로 당시 진보세력은 앞장서서 이끌고 지도할 만한 역량을 갖추지 못했기 때문에 보수의 대원군이 정권을 탈취케 됨은 물론, 일본도 이 기회를 틈타 일을 꾸며 조선 침략을 확대해나감으로써 조선은 중대한 국가적 위기에 직면하게 되었다.

일본의 출병 간섭

7월 31일, 일본 내각은 긴급회의를 열고 보병 일개 대대, 150명의 해군 육전대陸戰隊 및 4척의 군함을 파견하고 하나부사 요시모토를 조선에 보내 조선이 일본에 사죄하고 하수인을 엄벌하며 물질적으로 위로하고 배상할 것 등을 요구하기로 결정하였다. 그리고 만약 조선 당국이 반란 군대를 암암리에 부추겼다는 확실한 증거를 잡기만 한다면 평화적 처분 범위를 벗어나는 조치도 배제하지 않겠다고 하였다. 즉, 거제도와 울릉도를 분할점거하거나 필요하다면 인천도 점령하겠다는 것이었다.[53] 8월 9일, 일본은 하나부사 공사에게 명령하여 조선에 4개 항의 보충조건을 제시하게 하였다. "첫째, 함흥·대구·서울 부근의 양화진 등 내지를 개방한다. 둘째, 일본 외교관의 내지 여행권을 승인한다. 셋째, 안변부安邊府에서 일어난 일본 상인 살해 사건의 범인을 엄하게 다스리고 배상한다. 넷째, 조일통상장정을 수정한다."[54] 일본은 외교 공세를 위해 일부 일본 군대를 동원하였고, 동시에 전국 병력을 동원할 준비를 하고 있었다.

7월 31일, 일본 주재 중국공사 리수창黎庶昌은 즈리총독아문에 전보를 보내어, "일본의 외무대보大輔가 전하는 말에 따르면 음력 6월 9일에 조선의 반란자 일당이 돌연히 일본 공사관을 습격하여 한 명을 죽이고 여러 명을 다치게 하였다고 한다. 일본 공사는 인천으로 달아나는 도중에 재차 조선 반군의 습격을 받았으며 그 후 영국의 구원을 받아 나가사키에 돌아왔다고 한다. 이에 일본은 군함 3척을 파견하여 이 사건을 처리하고 있다."[55]라고 전하였다. 8월 1일, 리수창은 두 번째 전보를 보내어 "일본 병선이 이제 곧 조선으로 들어갈 것이다. 중국도 병선을 파견하여 사태 변화를 주시해야 할 것이다."[56]라고 하였다.

청군의 조선 원조

당시 리훙장은 모친상 때문에 안후이성安徽省으로 돌아가 상복을 입고 근신 중이었다. 즈리 총독 서리 장수성은 총리아문에 편지를 보내 군대를 조선에 파견할 것을 청하고자 하였다. 이때 막료 쉐푸청薛福成은 이와 같이 편지로 상의하면 시일이 걸릴 것이며, 지금 만약 일본군이 조선에 먼저 도달하여 왕을 가두고 수도를 점령한다면 시기를 놓치고 말 것이기 때문에 시간이 촉박하다고 하였다. 그는 차오융호超勇號, 양웨이호揚威號, 웨이위안호威遠號 세 척의 군함을 그날로 옌타이 항구를 떠나 조선으로 향하게 하는 한편, 총리아문에 편지를 올려 의논할 것을 제의하였다. 7월 29일, 청조정은 "장수성은 수륙 양군을 할당하여 신속하게 사태에 대처하라"[57]고 명령을 내렸다. 이에 장수성은 도원道員 마젠중, 수사제독 딩르창을 파견하였다. 이들은 군함 세 척을 몰고 8월 7일에 출발하여 8월 10일에 인천에 도착하였다. 이때 이미 일본 군함 금강호金剛號가 벌써 와 있었다.

조선조정은 같은 시기에 청에게 도움을 청했다. 충주에 숨어 있던 민비가 가장 먼저 청에게 간섭을 요청할 방침을 내놓았다. 고종은 민비의 계획에 동의하여 대신 조영하趙寧夏에게 톈진에 있는 조선 영선사 김윤식, 문의관問議官 어윤중과 연락하게 하였다.

그 두 사람은 톈진에서 장수성의 출병계획에 참여하여 청군이 신속히 움직여줄 것을 요구하였다. 8월 2일, 어윤중은 저우푸를 만나 다시 출병을 재촉했고 중국 군대와 함께 조선으로 가겠다는 의사를 밝혔다. 8월 11일, 마젠중은 인천 선상에서 어윤중과 군인난동사건(임오군란)의 경위에 대해 필담을 나누었다. 어윤중은 폭동의 주모자는 대원군이라고 지적하면서, "오늘 우리가 급히 중재하지 않는다면 일본이 반드시 보복하여 백성들은 도탄에 빠지고 종묘사직은 전복될 것이다. 그런데 저 대원군이 또 널리 포병을 모집해 요충지를 지키기로 결심하였으니, 국내의 백성들을 보호할 수 없게 되었을 뿐만 아니라 어찌 정사를 보존하고 난을 평정하겠는가?"[58]

8월 12일, 딩르창은 마젠중의 편지를 가지고 군함 웨이위안호를 타고 톈진으로 돌아와서 조정에 그 해결 방안을 물었다. 마젠중은 신속히 육군 6개 대대를 뽑아서 번개처럼 서울로 진격해 들어가 반란군 우두머리를 잡아야만 성공할 수 있다고 건의하였다. 그때 하나부사 요시모토는 일본 군함과 육해군 1,000여 명을 거느리고 조선에 진입하여 500명을 한양에 주둔시킨 상태였다. 그리고 요구 조건 일곱 가지를 제출하여 조선조정과 담판 중이었는데 서로 버티며 결론을 맺지 못하고 있었다. 8월 20일, 우창칭吳長慶은 회군淮軍 6개 대대를 거느리고 남양만南陽灣에 상륙하였다. "(조선의) 백성들은 중국 군사가 들어왔다는 소리를 듣고 기뻐하지 않는 이가 없었다. 남양부南陽府에서는 10여 척의 배를 준비하여 바다 어구에서 명령을 기다렸다. 조영하, 김홍집도 다행히 아직 생존해 있어서 국왕이 남양에 파견하여 군의 일을 돌보게 하였다." [59] 조선조정은 중국 대군이 원조하러 오자 일본과의 담판에서 태도가 더욱 강경해졌다. 8월 23일, 하나부사는 인천으로 철군하였는데 이는 회담이 결렬되었음을 나타냄으로써 조선을 압박해 굴복시키려는 의도였다. 우창칭은 이 기회를 틈타서 서울 부근까지 진군해 주둔하였다. 8월 26일, 마젠중 등은 대원군을 유인 체포하여 병선을 이용해 톈진으로 압송하였다. 9월 5일, 명을 받고 급히 톈진에 돌아온 리훙장은 대원군이 나라의 대업을 이어갈 존엄은 없고 나라를 위험에 빠뜨린 죄는 있다고 하면서, "위엄을 부려 군주를 위압하고 그 주위에 도당이 많아 국왕, 왕비와 각 대신들과 오래도록 마찰을 빚어왔다. 만약 다시 본국으로 돌려보낸다면 간당들을 선동해 원한을 갚고자 다시 난을 도발할 것이니 이는 필시 후환이 될 것이다. 이렇게 되면 빈번히 토벌해야 하는데 매번 군대를 요청할 수는 없다. 게다가 빈약한 소국이 어찌 다시 변고를 견딜 수 있겠는가? 하응이 돌아가지 않는다면 많은 사람과 나라가 평안하고 그들 부자간의 정도 깨뜨리지 않을 것이다. 하응이 돌아가면 부자간에 끝내 상처를 주고 반드시 가정과 나라에 해와 불행을 준 후에야 그칠 것이다." [60]라고 하였다. 그는 임금에게 청하여 대원군을 베이징 근처의 바오딩保定에 유폐해 본국에 돌아가지 못하게 하였다.

흥선대원군이 체포된 후 그 일당은 해직되거나 체포당하였다. 고종은 조영하에게 명하여 마젠중을 방문해 청이 왕심리枉尋里(왕십리), 이태원리梨泰院里(이태원)의 폭동 사병을 진압해줄 것을 요구하였다. 그리하여 170여 명이 체포됨은 물론 10여 명의 우두머리가 참수되었다. 이로써 민비 일파는 다시 집정하였다.

난이 신속히 평정되자 일본군은 사건을 만들어낼 구실이 없어졌다. 청의 군사가 많고 세력이 강하다 보니 일본 해륙군은 시종 눈치만 보며 인천을 점령하려던 계획을 행동에 옮기지 못하였다. 마젠중은 고종을 설득하여 일본 사절에게 편지를 보내 다시 그 전의 우호관계를 회복할 뜻을 전하고 이유원,

김홍집을 파견하여 일본사절과 제물포에서 만나게 하였다. 마젠중은 중국이 공개적으로 조선과 일본의 담판에 간섭하는 것은 적합하지 않으나, 각 조약 내용의 가부에 대해서는 미리 지시해야 한다고 생각하였다. 8월 30일, 조선과 일본은 '제물포조약'을 체결하였다. 조약에는 죄인을 벌하고 배상금을 문다는 등의 조항이 들어갔다. 제5조에는 일본이 약간의 호위병을 공사관에 파견할 수 있으며 병영의 설치와 수리는 조선에서 부담해야 한다고 규정하였다. 한편 일본 측은 원래 제시했던 영토의 할양, 광산 개발, 육로 통상 등의 요구는 철회했는데 이는 중국의 간섭이 두려웠기 때문이다.

9월 2일, 조선의 고종은 즈리 총독에게 글을 보내어 난을 평정해준 데 대해 고마움을 표하고, "현재 중국이 파견한 대인들이 군사를 서울에 주둔시켜 일을 분명하게 조사하고 엄하게 처리하였다. 소국의 못된 자들이 악습을 버리지 않고 다시 창궐한다면 삼가 즉시 아뢰어 언제나 보살펴준 은혜를 고맙게 여길 것이다."[61]라고 하였다. 9월 15일, 조선의 전권대신 조영하, 부관 김홍집은 톈진을 방문하여 청이 출병해 난을 평정해준 것에 대해 거듭 감사의 뜻을 전하고 사후대책을 지시해줄 것을 요청하였다.

청조정의 대조선정책 토론

청의 임오군란 처리방식은 전통적인 종번관계의 틀을 벗어난 것이었다. 따라서 이는 청조정 내부에서 대조선정책에 관한 토론을 야기하였다.

조선조정과 백성들은 벌써부터 불평등한 종번관계에서 벗어나 완전 독립의 주권국가 건설에 대한 염원을 나타냈다. 1880년 12월에 조선은 통리기무아문統理機務衙門을 설립했는데 그중 사대사事大司를 12사司 중 제일 관청으로 두어 대중관계를 처리토록 했고, 교린사交隣司가 그 다음으로서 대일 외교를 맡게 하였다. 1881년 11월 9일, 조선은 통리기무아문을 개편하여 사대사와 교린사를 동문사同文司로 통합하였다. 1882년 5월에는 또 중국과의 통상 개방과 베이징 주재의 사절 파견을 요구했지만, 이러한 정당한 요구는 청에게 거절당하고 말았다.

중국과 조선 양국 국민의 근본 이익을 위하여 청은 응당 주동적으로 전통적인 종번관계를 종결하고 조선 주권 독립을 존중하는 기초 위에서 우호적이고 평등한 중국·조선관계를 건립함은 물론, 더 나아가 일본 침략을 반대하는 전략적인 동맹관계를 맺었어야 했다. 그러나 유감스럽게도 당시 청에게는 이러한 의식이 없었다.

우창칭의 막료 장젠張謇은 조선의 사무에 대한 적극적인 개입을 주장하면서 『조선선후육책朝鮮善后六策』이라는 책을 저술하였다. 그는 또 리훙장에게 상서하여 한사군漢四郡의 예를 들어 조선을 군현郡縣으로 만들어야 하며, 주周의 전례대로 감국監國(천자天子가 일시적으로 권한을 대행시키던 기관—옮긴이)을 설치해야 한다고 주장하였다. 그는 조선에 많은 군사를 두어 바다 어구를 지키고 내정을 개혁하거나, 또는 조선이 자체적으로 개혁해 새로운 군대를 훈련시킴으로써 동북 3성과 하나로 연결해야 한다고 주장하였다. 또한 군사를 세 길로 나누어서 일본을 토벌해 류큐를 되찾자고도 주장하였다.[62] 그러나 리훙장은 장젠의 계책을 거절했고 또한 호되게 비난하였다.

한림원 시독侍讀 장페이룬張佩綸은 일본이 타이완을 침략하고 류큐를 병탄하고 조선을 위협하는 등의 여러 죄상을 들어 남북양의 수군을 집결하고 중조연합군을 조직하여 일본을 토벌하자고 건의하였다. 뒤에 또 조선선후책 여섯 가지를 밝혔는데, 상무와 정사 관리〔理商政〕, 병권 관여〔預兵權〕, 일본 조약의 구제〔救倭約〕, 병선 구입〔購師船〕, 펑톈 방위〔防奉天〕, 영흥 쟁취〔爭永興〕[63]가 그것이다.

청조정은 리훙장에게 전체적인 계획을 세우라고 명하였다. 리훙장은 이에 "지금 이치를 논하자면 우리가 옳고 그들이 틀렸고, 세를 논하자면 우리가 강하고 그들은 약하다. 중국이 만약 정말로 군비를 잘 갖추고 자강을 도모한다면 서양 각 나라도 경거망동하지 못할 것인데 하물며 일본이 그러하겠는가? 다만 근심되는 것은 일본이 우리가 동정東征할 뜻을 먼저 알고서 군신 상하가 일심협력하고 서양인과 연계하여 군정軍政을 강구하는 것이다. 그러면 승패를 예측하기 어려워진다. 일을 꾀하는 자가 병기도 없으면서 그 뜻을 드러내는 것은 병가兵家의 금기이다. 만일 반드시 수천 리 바다를 건너 일본과 승부를 내고 그들을 사경에 몰아넣어야 한다면 신은 감히 확실한 성공 가능성이 있다고 말할 수 없다. 그러나 지금 당장 동정을 하지 않더라도 그 결심은 필요하다. 중국의 수군 양성은 하루도 늦출 수 없는 일이다."[64]라고 하였다.

중조상민수륙무역장정

임오군란 이후로 청은 더욱 적극적으로 조선의 외교에 간섭하였다. 1882년 10월 1일, 리훙장은 조선의 봉정사奉正使 조영하, 봉부사奉副使 김홍집, 부의관部議官 어윤중과 '중조상민수륙무역장정中朝商民水陸貿易章程'을 체결하였다. 장정의 서언에는 다음과 같은 글이 있다. "조선은 오랫동안 중국의 번봉이었으며 예절에 관한 모든 것은 규정한 제도가 있으니 이에 대해서는 다시 의논할 필요가 없다. 다만, 현재 각국이 모두 수륙통상을 하고 있으므로 하루라도 빨리 해금海禁령을 철회하여 양국 상인들 모두가 서로 무역을 통해서 함께 이익을 얻도록 해야 하고, 국경에서 외국 통상의 예는 또한 때에 맞게 변통해야 한다. 이번에 수륙무역장정을 제정하는 목적은 중국이 속방을 우대하려는 뜻에서이지 다른 나라들과 마찬가지로 공동의 이득을 얻고자 하는 데 있지 않다."[65]

장정의 주요 목적은 중조관계를 강화하는 데 있었다. 전통적인 종번관계를 강조하는 것 외에도 중국 측의 북양대신이 조선의 개항 항구에 상무위원을 파견하여 상주시킴으로써 중국의 상인을 전문적으로 돌보도록 규정하였다. 조선 역시 고관을 톈진에 파견해 상주시킴은 물론, 별도의 관리를 중국의 개항 항구에 파견함으로써 상무위원으로 충당하였다. 조선의 평안도, 황해도와 중국의 산둥, 펑톈 등 연해지방에서는 양국 어선이 서로 오가면서 어업 활동을 할 수 있도록 규정하였다. 또한 조선 상인이 베이징에서 교역하고 중국 상인이 양화진, 서울에서 숙소를 개설할 수 있다고도 하였다. 양국의 국경무역을 확대하기 위하여 원래 있었던 의주, 회령, 경원 세 곳 말고도 압록강 기슭의 자먼柵門과 의주 두 곳을 추가로 개방했으며, 도문강 기슭의 훈춘琿春과 회령에서 국경 주민들이 수시로 교역을 할 수 있게 하였다. 동시에 이전의 여관·창고·사료·양식의 운송 등에 부가되던 비용을 모두 없애버렸다. 또한 두 나라 간에 항로를 개설하고 윤선초상국輪船招商局(1872년 이홍장이 중국 상하이에서 설립한 중국 최초의 근대적 윤선회사—옮긴이)에서 선박을 보내어 매달 한 번씩 정기적으로 왕복하게 하였다. 방위를 목적으로 중국 병선이 조선 연해에서 자유로이 항해할 수 있고 각 항구에도 수시로 정박할 수 있다고 하였다. 한편 조약에는 영사재판권, 관세협정권 등 불평등 조항들도 있었는데 이러한 것들이 중국과 조선의 관계에 큰 영향을 미치지는 않았다.

1883년 3월, 펑톈 동볜다오東邊道의 천번즈陳本植는 조선의 어윤중과 중강中江에서 '펑톈·조선국경주민교역장정〔奉天與朝鮮邊民交易章程〕'을 토의해 결정하였다.[66] 9월에는 전前 형부낭중刑部郎中 펑광위彭光譽와 조선의 어윤중이 '지린·조선상민무역지방장정吉林朝鮮商民貿易地方章程'을 체결하였다.[67] 이 두 규약은 이전의 국경 정기무역을 폐지하고 비교적 근대화된 자유무역으로 바꾼 형태였다. 아울러 국경 육로무역은 단지 중국과 조선 두 나라 상인의 수시 왕래만 허락하고 다른 나라는 불허한다고 규정하였다. 리훙장은 청이 응당 조선을 은밀하게 보호해야 한다고 일관되게 주장하였으며, 구태여 관원을 보내어 조선 정치에 공개적으로 참여할 필요는 없다고 보았다. 그러나 장페이룬과 리수창은 모두 조선에 관원을 선발·파견하여 외교를 관리해야 한다고 주장하였다. 청조정 역시 그럴 뜻이 있었다. 그러나 리훙장은 "조선은 동북 3성의 병풍과 같다. 조선의 위망危亡은 곧 중국의 형세를 더욱 긴박하게 할 것이다. 지금 아무 일도 없을 때를 틈타 사신을 파견해 상주시킴으로써 통상을 주관한다는 명분과 그 나라 정권과 일체를 상의해 처리한다는 구실로 조선을 보호해 우리의 국경을 굳건히 하는 것은 구미 속국의 예와 다를 바 없다. 조선의 국내 정치에 대해서는 중국과 조선은 원래부터 묻지 않았다. 갑작스럽게 권력을 조종하려고 해도 풍토가 다르고 인재가 없기 때문에 조치를 취하고 실행함이 반드시 우리 뜻대로 되지는 않을 것이다. 만일 그들이 겉으로만 받들거나 혹은 다른 사람의 부추김으로 사이가 벌어진다면 조정은 또 어떻게 처리할 것인가? 이것이 바로 금후의 난제인 것이다. 신이 아무리 반복해서 숙고해보아도 이 책략은 성급히 결정할 일이 아니다. 마땅히 아래 군기대신軍機大臣들과 총리아문이 함께 전체적으로 계획하고 상의해서 결정한 다음에 다시 상서해야 할 것이다."[68]라고 하였다. 하지만 결국 청조정은 관원의 조선 파견을 결의하였다. 조선 국왕 역시 다음과 같이 공문을 보내왔다. "작은 나라인 우리는 외교 사무를 잘 몰라 각 나라와의 규약을 교체할 때가 되었는데도 일체 상업에 관계되는 일을 어떻게 착수해야 할지 망연할 뿐이다. 귀 대신이 우리가 해야 할 일들을 헤아려서 현명하고 숙달된 지사들을 동쪽으로 보내어 수시로 지도해주기를 바란다."[69] 청은 마침내 전 샌프란시스코 주재 영사 천수탕陳樹棠을 조선 주재 상무위원으로 임명해 파견하기로 결정하였다. 리훙장은 톈진 주재 독일영사로 있었던 묄렌도르프를 추천하여 조선을 도와 해관 세무를 협력해 처리하게 했을 뿐만 아니라 마젠창馬建常을 함께 보냈다.

임오군란이 평정된 후 '제물포조약'은 일본이 조선에 군사를 주둔시켜 영사관을 보호할 수 있도록 규정하였다. 이 때문에 조선이 위협받는 것을 방지하기 위해 우창칭은 명을 받들어 6개 대대를 거느리고 조선에 잠시 주둔해 있었다. 11월, 리훙장은 서울에 주둔하고 있는 일본군이 많지 않다는 이유로 1883년에 이 중 3개 대대를 철수시키고자 했다. 그러나 조선 국왕은 내란이 방금 평정되었고 외부의 모욕이 여전하므로 철수계획을 중단해줄 것을 요청해왔다. 중국은 그 건의를 받아들였다. 그러나 1884년 중불전쟁이 시작되자 북양 연해 방위가 긴박해졌고 리훙장은 우창칭에게 일러 3개 대대는 그대로 조선에 남겨두되 3개 대대를 거느리고 철수하게 했다.

조선판 양무운동

이 시기 중국에서는 양무운동이 이미 10여 년 동안 진행되고 있었다. 리훙장은 병사를 훈련시키고 무기를 제조하는 일련의 방법들을 조선으로 확대해 그야말로 조선판 양무운동을 전개하고자 하였다.

1881년 9월, 조선은 영선사 김윤식, 종사관從事官 윤태준尹泰駿, 별견당상別遣堂上 변원규 등이 인솔하는 유학생 38명(학도 25명, 공인 13명)을 톈진에 파견하여 기계 제조법을 배우게 하였다. 조선 학생들은 각기 톈진 기계국, 수뢰水雷 학당, 수사水師 학당 등에 가서 서방 각국의 언어와 군사공업 제조기술을 배웠다. 그러나 많은 수의 학도들이 기후와 풍토가 맞지 않아 병에 걸려 일찍 귀국했고 1년 기한이 차자 모두 돌아갔다. 조선 학생들은 귀국하면서 많은 과학 서적, 기계 모형과 설계도를 가져갔다. 그들은 중국의 기술자를 초빙하고 별도로 기계를 사서 서울 삼청동三清洞에 기계공장을 세웠다.

1882년 9월, 조영하와 김홍집은 톈진에 있을 때 중국이 대신 군제를 정돈해줄 것을 청하였다. 리훙장은 즉시 우창칭에게 명령을 내려 서양식 훈련 방법에 능한 군관을 뽑아 조선군을 훈련시키게 하였다. 아울러 영국산 보병총 1,000자루, 구리 대포 10문을 탄약과 함께 조선 신군新軍에게 주어 무장시켰다. 11월, 영무처營務處의 위안스카이는 총병總兵 왕더궁王得功과 함께 새로 창건한 근위병 1개 대대 500명을 훈련시켰다. 나중에 500명을 다시 선발하여 주셴민朱先民을 교관으로 파견해 훈련시켰다. 이 2개 대대를 '신건친군좌우영新建親軍左右營'이라고 불렀다. 또한 강화에서 1개 대대를 훈련시켜 이름을 '진무영鎭撫營'이라 하였다. 리훙장은 훈련이 효과를 보게 되면 편제를 확대하여 조선이 자신의 국방을 보위할 수 있는 자위 역량을 갖추게 함으로써 중국 주둔군을 철수시킬 수 있는 조건을 마련하고자 하였다. 그는 우창칭에게 비밀리에 분부하였다. 이를테면, 후에 마땅히 조선과 상의해서 종전대로 계속 훈련할 수 있도록 조선 국왕이 따로 사람을 파견하여 이 부대를 관리하게끔 조치하여 우창칭 부대가 내륙으로 철군하더라도 훈련이 해이해지지 않도록 하라고 하였다.

조선은 재정 상황이 어려웠다. 세관 개설, 군사 훈련, 무기 제조는 모두 거액의 돈이 필요하였다. 더군다나 '제물포조약'에 따라 일본에 55만 원을 배상해야 했다. 리훙장은 조선이 일본에서 차관을 할까 염려하여 윤선초상국의 탕팅수唐廷樞에게 명하여 은 50만 냥을 빌려주되 연이자는 8리로 하여 여러 해에 걸쳐서 조선 관세와 광산 이윤으로 물게 하였다.

임오군란 이후 리훙장이 청을 위해 계획한 조선정책은 종래의 종번관계에서 벗어나 점차 구미 열강의 약간의 식민지정책을 차용한 것이었다. 이러한 변화는 조선 측의 불만을 초래했을 뿐만 아니라 일본이 중국과 조선의 관계를 이간질하는 하나의 구실을 제공하였다. 하지만 중국의 대조선정책을 그렇게 간단하게 부정할 수만은 없다. 더욱이 중국과 일본 양국의 대조선정책을 똑같이 보아서도 안 될 것이다. 일본은 겉으로 조선을 '자주국가'라고 했지만 실상은 조선을 삼키려는 이리 같은 야심을 품고 있었다. 비록 중국의 일부 인사가 조선을 중국의 군현으로 개조하자고 건의하기는 했어도 그들의 주장은 시종 중국의 결정적인 책략이 되지는 못하였다. 중국의 대조선정책에 다소 불평등한 요소가 있는 것은 사실이지만, 근본은 조선의 주권 독립과 영토 보전이었다.

5장 중국과 갑신정변

임오군란으로 민비파와 대원군파 간의 정권 쟁탈이 잠시 잠잠해졌지만, 이 때문에 사대당과 개화당 사이의 갈등은 급격히 격화되었다. 일본의 음모와 책동 아래 친일적인 개화당은 일본 공사와 공사관 위병들의 지지를 얻어 1884년(갑신년)에 유혈 정변을 일으켰다. 이로써 조선은 또 한 차례의 재난을 겪게 되었다.

개화 사조의 발흥

'개화'라는 단어는 중국의 유가 경전 『역경易經』「계사전繫辭傳」의 '개물성무開物成務'와 『예기禮記』「학기學記」의 '화민성속化民成俗'에서 나온 말이다. 사상의 원류를 따지면 개화파는 18세기 후기에 출현한 북학파北學派와 직접적인 계승관계가 있다.

고려 말기에 정주이학程朱理學이 한반도에 전파되었다. 조선에서는 이것을 '주자학'이라 하였는데, 유교를 숭상하고 불교를 배척하는 이씨 왕조는 관학으로서 높이 받들었다. 병자호란 이후 이씨 왕조는 명조를 중화의 정통으로 보고 이적夷狄이 세운 청조를 증오하여 북벌론北伐論을 고취하였다. 이것은 당시 청조의 통치하에 있는 중국과 문화교류를 하는 데 큰 장해가 되었다. 주자학은 점차 장황한 스콜라 철학과 경직된 교조주의로 변하기 시작하였다. 이러던 중 서구의 근대문화가 점차 중국을 통하여 들어옴으로써 지식인 계층의 사상과 시야를 넓혀주었다.[70] 그리고 이로 인해 주자학과 대립되는 유학의 새로운 유파인 실학, 즉 실사구시實事求是의 학문이 출현하게 되었다. 18세기 후기에 실학은 새로운 발전을 가져왔다. 이조와 청조의 관계가 전면적으로 개선됨에 따라 홍대용洪大容 등 진보적 사상가들은 북학론北學論을 주장하기 시작하였다. 북학파들은 청대 한학가漢學家의 송명이학宋明理學 비판, 경세치용經世致用 추구, 금석학, 음운학, 문헌학, 어원학, 교감학校勘學의 연구방법 그리고 명말청초에 중국에 전해진 서방 과학기술을 받아들였다. 홍대용, 김정희金正喜, 이규경李圭景, 박규수朴圭壽 등이 북학파의 저명한 인물들이다. 함풍·동치 년에 중인 출신 학자 오경석吳慶錫은 여러 차례 조선 사절의 통역관을 맡았던 기회를 통해서 아편전쟁 이후 중국사회의 거대한 변화를 읽을 수가 있었다. 또한 당시 중국에서 출판된 신서, 예컨대 웨이위안魏源의 『해국도지海國圖志』, 쉬지위徐繼畬의 『영환지략瀛環志略』 등을 통해 서방 자본주의 국가 상황도 어느 정도 알게 되었다. 오경석은 부패하고 무능한 조선의 양반귀족제도야말로 국가가 빈궁하고 낙후하게 된 근원이라고 여겼기 때문에 반드시 이것을 바로잡아야 한다고 생각하였다. 그의 유신사상維新思想은 '백의정승'으로 유명한 유홍기劉洪基에게 영향을 주어 두 사람은 함께 개혁을 선전·주장하였다. 박규수도 중국에 사절로 나갔을 때 청말 유신사상을 반영한 서적들을 구입했는데, 거기에도 웨이위안, 쉬지위의 저작들이 포함되어 있었다. 이와 같은 새로운 서적과 지식의 조선 반도 유입은 현실에 불만을 가진 일군의 청년귀족사상에 영향을 주었다.

1874년을 전후하여 향반鄕班의 가난한 집안 출신인 청년 김옥균金玉均은 유홍기와 박규수를 사귀게 되었다. 그는 유홍기에게서 문명개화와 유신변법의 사상을 계승하고, 박규수에게서 자주개국론을 받아들여 실학과 구별되는 초보적 단계의 개화사상을 형성하였다.[71]

1876년에 '강화도조약'이 체결된 이후 개화파는 '온건개화파'와 '급진개화파'로 나뉘었다. 황쭌셴의 『조선책략』을 소개한 김홍집, 김윤식, 어윤중 등은 중국의 양무파를 모방하여 '동도서기東道西器'를 주장하며 중국과의 전통적인 관계를 유지하면서 점진적인 변혁을 도모했다. 그들을 일러 '온건개화파'라고 한다. 김옥균을 대표로 하는 '급진개화파'는 메이지유신 이후 급부상한 일본에 매료되어 처음으로 유가사상의 가치를 부정하여 중국으로부터 벗어난 독립을 주장하였다. 그들은 일본을 본보기로 삼아 조선의 개혁을 추진하고자 하였다.

개화당과 일본의 동맹

조선의 정치 동태를 면밀히 주시해오던 일본은 친일세력을 양성하는 데 주력하였다. 일본은 몇 차례 일본을 방문한 조선의 수신사단과 신사유람단을 친절하게 접대하였다. 제물포조약이 체결된 후에 조선은 금릉위錦陵尉 박영효朴泳孝를 수신 정사로, 김옥균을 수행원으로 하여 그들을 일본에 파견하여 사죄하게 하였다. 이때 일본 천황이 직접 조선사절단을 접견하였다. 일본은 조정과 재야의 영향력 있는 인사들을 동원하여 그들을 우대하고 지도해줌은 물론 50만 엔의 배상금을 10년 연장하여 지불하는 데에도 동의하였다. 아울러 정부의 위임장이 없는 상황에서 부산 관세와 단천 금광을 담보로 요코하마 세이킨橫濱正金은 17만 엔이라는 거액의 돈을 차관해주어 5만 엔은 전쟁배상금으로 지불하고 12만 엔은 개화사업을 하는 데 사용하게 하였다. 1883년 10월 1일에는 일본의 자금과 인력 지원으로 개화당의 목소리인 『한성순보漢城旬報』가 정식으로 창간되었다. 일본은 개화당이 선발해서 파견한 유학생을 받아들였는데 그 수가 61명에 이르렀다. 또한 조선에서 신식군대인 2개 대대 1,000명을 훈련시키기 위해 일본 군관과 일본에서 유학한 사관생을 파견하였다. 일본은 천황의 이름으로 조선 국왕에게 보병총 425자루와 탄약 5만 발을 기증하였다.

일본의 지지를 얻기 위하여 개화당은 국가 이익을 서슴없이 내걸었다. 1883년, 일본은 조선과 일련의 불평등조약, 즉 '조일케이블부설조약', '조일통상장정과 세관세무조목', '인천·일본조계조약' 등을 체결하였다. 이 일과 관련해 외무협판外務協辦 홍영식洪英植과 외아참의外衙參議 김옥균은 회피할 수 없는 책임이 있다.

1884년 중불전쟁이 발발하자 청은 조선에 주둔시킨 6개 대대 중 3개 대대를 귀국시켰다. 나머지 3개 대대는 계속 서울에 주둔시켜 기명제독 우자오유吳兆有로 하여금 관할하게 했고 위안스카이는 영무처를 전체적으로 관리하게 하였다. 8월에 청군이 마장馬江에서 프랑스에 전패하였다는 소식이 전해지자 개화당은 더욱 중국을 경시하여 적극적으로 폭동의 음모를 꾸몄다. 11월 12일, 리훙장은 위안스카이가 조선에서 보낸 긴급 전보를 받았다. "조선의 군신들이 일본 사람의 이간질에 넘어가 어리석은 줄도 모르고 매양 왕에게 참소하고 있다. 왕마저도 거기에 깊이 물들어 중국에서 벗어나고자 다른 마음을 품고 있다. 그 근원을 따지자면 프랑스와의 전쟁으로 중국은 병력을 나누기가 어렵다는 것, 즉 조선에 군대를 증강할 수가 없을뿐더러 러시아를 자극할 수 없다고 생각한 까닭이다. 조선은 이 시기를 틈타서 강한 이웃인 일본을 등에 업고 스스로를 지키고자 한다. 이렇게 되면 자주적으로 어깨를 나란히 할 수 있어서 중국의 통제를 받지 않아도 될 뿐만 아니라 다른 사람에게도 고개를 숙이지 않아도 된다고 생각한다. 조선의 많은 권력자들이 이와 같은 생각을 갖고 있다. 다만, 김윤식, 윤태준, 민영익閔泳翊의 의견은 조금 다른데 왕은 자신의 뜻에 거슬린다고 하여 그들을 멀리하고 있다. 이러한 정황은 3, 4년 후에는 반드시 그 실체를 드러낼 것이다. 조선은 중국의 병풍과 울타리와 같아서 실로 우리 문호의 관건이라고 할 수 있다. 그런데 지금 다른 민족의 위협을 받고 있으니 우환이 크다. 이 나라 국왕은 성격이 고집스럽고 놀기를 좋아할 뿐만 아니라 변덕스러워 조석으로 명령을 바꾼다. 최근에는 다른 사람의 농간에 빠져 그것을 굳게 믿고 있으니, 만일 다른 뜻을 품고 있는 조선 국왕의 마음을 바로잡지 않는다면 뒷날 큰 우환거리가 될 것이다. 비천한 신이 중임을 맡아 위험을 무릅쓰고 밤낮으로 고심하여 최선을 다해 관계를 유지하려고 애쓰고 있다. 처음에는 비유해서 말하면 잘 깨달았으나, 중불전쟁 이후로 인심이 점차 분산되고 행동이 점점 달라지고 있다. 백방으로 달래보고는 있지만 설득하기가 어렵다. 날로 초조해지고 침식을 잊을 정도이다. 대세가 관건인지라 공포한 법령을 감히 막을 수 없는 상황이다. 요즘 들리는 소문에 따르면 푸저우福州, 타이완이 동시에 위급하게 되었다고 한다. 일본은 잘못된 소문이 가장 많은 곳이므로 한인韓人이 머지않아 간사한 음모를 새로 꾸밀지 모르겠다. 외서外署가 일본인과 가깝지는 않지만 좌우를 다 이용하는 왕의 계책에 따라 어떻게 될지는 알 수 없다. 다케조에 신이치로竹添進一郎가 병사를 더 데리고 와서 위병衛兵을 교체하기로 했는데 8, 9일 내에 도착할 것이다. 슈펠트는 이미 일본에 있으며 그와 함께 온다고 들었다. 이후의 소식은 다시 비밀리에 전하겠다."[72]

리훙장은 위안스카이에게 내색하지 말고 제자리를 굳게 지키면서 수시로 정세를 정탐하여 비밀리에 상세하게 보고하라고 명령하였다.

10월 30일, 다케조에 신이치로는 조선 주재 일본공사로 임명된 후 즉시 개화당과 행동계획을 협상하였다. 그러나 이 두 반反중국세력의 전략목표는 결코 일치하지 않았다. 김옥균이 "나는 3년 전부터 우리나라를 독립시키고 낡은 제도를 개혁하려면 일본의 힘을 빌리는 것 외에는 달리 방법이 없다고 생각하여 시종 노력하였다."[73]라고 말한 것처럼 개화당은 일본의 힘을 빌려 중국과 조선 간의 종번관계를 끝맺고 조선의 독립과 내정개혁을 꾀하고자 하였다. 그러나 일본은 개화당이 경거망동하다고 여겨 함께 논의하고 싶어 하지 않았다. 다만 중국 군대를 몰아내고 조선병탄을 위해 청이라는 걸림돌을 제거하는 데 개화당을 이용할 생각이었다. 11월 12일, 일본공사관은 갑, 을 두 안을 정부에 제출하였다. 개화당과 관련한 갑 안은 다케조에가 실행코자 한 방안으로, 내용은 다음과 같다. "우리 일본은 중국정부와 정치노선이 다르기 때문에 결코 친목을 기대할 수가 없다. 차라리 중국과 전쟁을 하여 그들의 헛되고 교만한 마음을 없애버리는 것이 좋을 것이다. 하지만 우리는 지금까지 전쟁을 선포할 이유가 없었다. 만일 지금 일본당을 선동하여 내란을 일으켜 조선 국왕이 우리에게 의뢰하는 형식으로 왕궁을 지킨다면 중국 군대는 국왕을 탈취하기 위해 필연코 왕궁에 쳐들어올 것이다. 그때 이것을 명분으로 중국 군대를 격퇴하겠다고 나선다면 어떠한 불합리함도 없을 것이다."[74] 여기서 '일본당'이란 곧 개화당을 말한다. 다케조에의 안에 따르면 개화당은 다만 방화범의 역할에 지나지 않았다. 11월 19일, 김옥균은 왕의 부름을 받고 입궁하였다. 고종은 그의 말에 넘어가 밀령을 내려 그에게 생사여탈권을 주었다. 11월 25일, 다케조에와 김옥균은 정변계획을 상의하였다. 12월 1일에는 개화당의 주요 성원들이 박영효의 집에서 행동의 세부사항을 정하고 책임분담에 관한 계획을 세우고 12월 4일에 거사하기로 결정하였다.

갑신정변 발발

12월 4일 밤, 개화당인 우정국郵政局 총판總辦 홍영식이 연회를 열었다. 중국의 상무총판商務總辦 천수탕, 각국 공사, 조선 관원들은 참가하였으나, 일본공사 다케조에만은 병을 핑계로 오지 않았다. 김옥균은 비밀리에 사람을 시켜 우정국 부근 민가에 불을 지르게 하였다. 금위대장 민영익이 떠들썩한 소리에 밖에 나갔다가 매복한 일본 병사들의 칼에 찔려 부상을 당하였다. 연회에 참석했던 사람들은 뿔뿔이 흩어졌다. 김옥균은 창덕궁에 뛰어들어가 중국 군대가 난을 일으켰다고 거짓말을 하였다. 그는 고종에게 일본으로 하여금 군사를 거느리고 들어와 보위케 하자고 청하고 국왕을 경우궁景佑宮으로 유인하였다. 고종은 사후 발표한 포고에서, "다케조에가 곧바로 군사를 이끌고 입궁해 어좌를 둘러쌌다. 또 사관생도 10여 명을 보내 문을 지키게 하여 우리나라 사람의 출입을 금지하여 드나들지 못하게 하였다."[75]라고 하였다. 5일 새벽, 개화당은 일본 병사의 힘을 빌려 좌영사左營使 이조연李祖淵, 전영사前營使 한규직韓圭稷, 후영사後營使 윤태준, 보국輔國 민태호閔台鎬, 조영하, 총관해방

總管海防 민영목閔泳穆, 중관中官 유재현柳在賢 등 7명을 사살하였다.

개화당은 자체적으로 관직을 봉하고 정부를 조직하였다. 홍영식, 김옥균, 박영효, 서광범徐光範, 서재필徐載弼 등 당수들은 모두 요직을 차지하였다. 그들은 정부의 시정강령을 반포하였는데, 제1조는 며칠 내로 대원군을 조선에 돌아오게 하고, 제2조는 조공이라는 허례를 폐지하는 것이었다. 이 두 조목은 청조와의 종번관계를 청산하려는 조치였다. 그 외의 내용은 문벌 폐지와 백성의 평등한 권리 확립, 능력에 따른 인재 등용, 토지 세법 개혁, 탐관오리 처벌, 백성이 국고에 진 실물 채무 감면, 모든 재무의 호조戶曹 관리, 경찰제도 실행, 혜상공국惠商公局 혁파 등이었다. 새로운 정치강령은 주로 민비와 사대당을 공격함은 물론, 국왕과 조정의 권력을 제한하고 사회·경제 개혁의 내용을 담고 있어 분명한 진보성을 띠었다.

청군의 반란 진압

개화당이 일본인과 결탁하여 국왕을 납치하고 대신을 살해한 사건은 사람들을 크게 놀라게 하였다. 조선 대신 남정철南廷哲 등은 모두 조선 주재 청군에게 다음과 같은 편지를 보내 구원을 청하였다. "우리나라가 국운이 불행하여 변란이 끊이지 않아 모후는 놀라서 돌아가셨고 나라의 충신들이 모두 죽었다. 종묘사직의 존망뿐만 아니라 왕의 생사 여부도 알 수가 없다. 인정은 흉흉하여 백성들이 안심하고 생활할 수가 없다. 나라의 명맥은 한줄기 희망에 의지할 수밖에 없다. 모든 이가 오로지 중국에서 구해주기를 간절히 바라고 있을 뿐이다. 엎드려 우리의 딱한 실정을 알리며 움츠려 감히 뵙지는 못하고 통곡할 뿐이다."[76]

4일 밤, 우정국의 변고 이후 조선 주재 중국 상무위원 천수탕은 공서公署로 도망해 황급히 위안스카이에게 편지를 보내 진압해줄 것을 요청하였다. 이에 위안스카이는 즉시 군대를 거느리고 우정국에 가보았으나 한 사람도 보이지 않았다. 또 궁문으로 가서 둘러보았지만 궁중에도 동정이 없었다. 서울의 거리, 궁궐 주위 역시 한 사람도 눈에 띄지 않았다. 날이 밝자 청의 군대는 진영을 거두어 돌아갔다. 5일, 조선 대신들이 분분히 중국 병영 앞에 와서 원조를 구하였다. 위안스카이는 궁중의 일본군과 마찰이 생길까 두려워 망설이다가 제독 우자오유, 총병 장광첸張光前과 함께 조선 국왕에게 편지를 보내어 궁궐에 들어가 호위할 뜻을 밝혔으나, 중간에 거짓으로 김옥균이 조서를 거짓으로 꾸며 허락하지 않았다. 우자오유와 위안스카이 두 사람은 리훙장에게 편지로 조선의 병란을 알려 대책을 상의하였다. 6일, 인심은 점점 흉흉해져 군민 수십만이 집결 · 입궁하여 왜놈들을 모두 죽이려고 하였다. 그러나 궁중에서는 민비가 이미 죽고 왕의 생사는 모른다고 하였다. 홍영식 등이 아홉 살 난 국왕 서자를 데리고 입궐하여 왕으로 책봉한 후 왕이 어리다는 구실로 정사를 틀어쥐고 중국을 버리고 일본과 합작하려 한다는 소문이 나돌았다. 위안스카이 등은 "사태가 아주 위급함을 느꼈다. 만일 일본 군대가 조선 국왕을 납치하고 따로 새 국왕을 세운다면, 보호 · 진압의 책임이 있는 청군이 한 나라와 한 국왕을 잃고 마는 형국이 되므로 큰 잘못이 아닐 수 없다."[77]라고 하였다. 정오 12시에 위안스카이는 다케조에에게 군사를 거느리고 입궐해 보위하겠지만 일본 병사는 보호할 것이라고 알렸으나 저녁 8시가 되어도 회답이 없었다. 위안스카이는 과감히 청과 조선 군대를 거느리고 궁중에 들어가서 국왕을 구하기로 마음먹었다. 일본 병사와 개화당들은 총을 쏘며 저항했지만 그들은 청군과 조선군을 당하지 못하고 퇴각하였다. 때는 이미 어두워져 궁중에는 조선 국왕의 종적이 보이지 않았다. 청군은 혹 조선 국왕의 신변을 염려하여 더는 총포를 쏘지 않고 군영에 돌아와서 상금을 내걸고 국왕의 행방을 수소문하였다.

일본 병사가 패퇴한 후 무장한 개화당도 뿔뿔이 흩어져 도망쳤다. 김옥균도 패색이 짙어지자 국왕을 납치해 인천으로 도주할 것을 다케조에와 상의했으나 조선 국왕이 이를 강하게 거부하였다. 상황이 이렇게 되자 다케조에는 개화당을 배반하고 병사를 거두어 공사관으로 돌아가버렸다. 게다가 7일에는 공사관에 불을 지르고 인천으로 도망쳤다. 정변 전에 김옥균은 영국 공사에게 "만일 일이 생긴다면 응당 국왕과 생사를 함께할 따름이다."[78]라고 결의에 차서 말한 적이 있었다. 그러나 국왕이 위급한 처지에 빠져 신하의 절개가 필요할 때 김옥균, 박영효, 서광범, 서재필 등 개화당의 주요 인물들은 도리어 국왕을 버리고 일본 사절을 따라 함께 인천으로 도주하여 해외로 망명하였다. 오직 홍영식만이 조선 국왕의 측근에서 시중을 들며 조금도 곁을 떠나지 않았다. 그러나 그는 결국 조선 병사에게 살해당하고 말았다. 깊은 밤, 청병은 북문의 관제묘關帝廟 부근에서 조선왕을 영접해 돌아갔다. 개화당의 '3일 정권'은 이렇게 끝나고 말았던 것이다. 8일, 조선 국왕은 위안스카이의 군영에서 각국 공사들을 접견하면서, "불의를 품은 신하들이 일본 군대를 등에 업고 병란을 일으켰다. 그리고 일본군은 그 반역의 무리를 도와 대신을 주살하고 핍박하였다. 현재도 박영효, 김옥균, 서광범, 서재필 등을 은닉하고 있는데 실로 억지스럽기 그지없다. 그러나 그들이 반란 주모자들을 넘겨준다면 앞으로도 우호관계를 유지할 수 있다."[79]라고 말하였다. 조선인들은 일본을 원수처럼 미워했던 탓에 일본인만 보면 구타하였다. 일본 영사관도 불에 탔다. 다케조에가 일본 병사를 거느리고 인천으로 도주할 때도 서울 주민들이 추격했으나 청군은 이를 제지하였다. 길가의 백성들은 칼과 돌을 던져 일본군을 습격하였다. 성 안에는 일본 관리들이 내버리고 간 자녀와 상인이 많았는데, 청병은 그들을 인천까지 호송하여 다케조에에게 넘겨주었다.

이 사변으로 중국의 군인 10명이 전사하였다. 조선은 대신 10여 명이 피해를 입었음은 물론, 사병 10여 명이 전사했고 백성은 91명이나 죽었다. 또 대장군 민영익이 중상을 입었다. 한편, 일본군은 사상자를 33명 냈고 대위 이소바야시 신조磯林眞三는 혼란 중에 맞아 죽었다. 개화당도 9명이 죽었다.

청군은 10일 조선왕을 호송하여 환궁시켰다. 또, 11일에는 민비와 세자가 환궁하였다. 조선 국왕은 "김옥균 등 다섯 역적들이 타국의 군사를 빌려 왕을 납치한 죄는 용서 못한다." 고 선포했으며, "일본공사가 역적 도당의 말을 그대로 듣고 반란을 도왔으니 실로 생각 밖이다."[80]라며 일본공사를 질책하였다.

갑신정변은 일본의 조종으로 개화당이 발동한 조선의 최고국가권력 탈취를 목표로 한 군사반란이었다. 반란은 백성들의 동정과 지지를 얻지 못했고 전 국민의 단호한 반대에 봉착하였다. 이것이 개화당이 실패한 근본 원인이다. 개화당은 일본 침략자의 지원에 의지해 조선 독립을 도모하고자 하였다. 하지만 이것은 호랑이에게 가죽을 달라고 하는 것과 다름이 없었다. 정변이 성공했더라도 조선이 식민지로 전락하는 과정을 가속화할 뿐이었다. 비록 개화당 정권이 반포한 강령이 다소 진보적인 의미를 담고 있기는 하지만 주권과 독립을 상실한 국가에서 모든 사회·경제 개혁의 이상적인 염원은 빈말에 지나지 않는다.

조선 주재 중국 군대는 조선의 합법적인 요청을 받고 조선인과 군대의 협력하에 반란을 평정함으로써 조선 국왕과 국가를 위험에서 구하였다. 이 행동은 정확했고 중국과 조선 양국의 근본적인 이익에도 부합되었다.

다케조에가 일본정부로부터 갑신정변에 대한 계획을 비준받기도 전에 12월 4일 먼저 반란을 일으켜 주재국의 정권을 전복하려고 한 것은 일본의 국법을 위반한 것일 뿐만 아니라 국제법의 기본준칙을 유린한 행위였다. 일본정부도 그 일이 이치에 맞지 않음을 알았다. 게다가 사변이 너무 갑작스럽게 일어나 군사적 준비도 부족했기 때문에 외교로써 사태를 수습하기로 결정하였다. 일본은 외무경 이노우에 가오루를 전권대신으로 조선에 파견하여 교섭하게 하였다. 12월 18일, 이노우에 가오루는 서울에 도착하여 조선의 전권대신 김홍집과 담판을 진행하였다. 조선 측에서는 다케조에의 책임을 묻고 김옥균을 조선에 넘겨줄 것을 요구하였다. 하지만 일본 측은 사변의 책임은 묻지 않고 뒤처리에 대해서만 의논할 것을 주장하였다. 결국 조선은 이에 굴복하여 1885년 1월 9일에 '조일한성조약'을 체결하였다. 이 조약에서 일본은 갑신정변의 장본인이었는데도 도리어 피해국인 조선에게 사죄를 받아냄은 물론 배상금을 물고 죄인을 벌할 것 등을 요구하였다.

중·일 톈진회담 특별조항

1885년 4월 3일, 일본 전권대신 이토 히로부미伊藤博文는 중국 톈진에서 중국의 전권대신 리훙장과 조선 갑신정변의 뒤처리를 논의하였다. 일본 측은 중국의 조선 주둔군 철수, 조선 주재 중국 고급 장교 조사, 일본 난민의 손실에 대한 배상의 세 가지 조건을 제시하였다. 리훙장은 이에 "피차 군대를 철수하는 일은 분쟁 제거에 관계되는 중요한 일이므로 심사숙고해 토론해볼 수 있다. 그러나 관리를 처벌하고 난민에게 배상하는 이 두 조목은 도리에 맞지 않을뿐더러 근거도 없어 우리는 허락하기 어렵다."라고 하였다. 일본 측은 만일 이 두 가지를 허락하지 않는다면 회담을 중지하고 돌아가겠다고 하였다. 리훙장은 불끈하여 "조선의 일에 대해 중국은 조금이라도 잘못 처리한 것이 없다. 잘못은 모두 다케조에에게 있다. 만약 이 때문에 결렬된다면 우리도 전쟁을 준비하겠다."라고 하였다. 이와 같은 강경한 태도는 일본으로서는 예상 밖의 일이었다. 4월 10일, 중국과 일본은 제4차 회담을 가졌고 이토의 태도는 다소 누그러져 있었다. 회담에서 쌍방은 군대를 철수하기로 합의하였다. 이 담판이 끝나기 직전에 리훙장은 이토에게 정중하게 말하였다. "나에게 한 가지 의논할 것이 있어 미리 밝혀두고자 한다. 나는 현재 귀국이 조선을 침범할 뜻이 없다고 생각한다. 그러나 만일 이후에 일본이 조선을 침범한다면 중국은 반드시 군사를 보내어 일본과 전쟁을 치를 것이다. 반대로 중국이 조선을 침범한다면 일본 역시 파병하여 전쟁을 해도 좋다. 만일 다른 나라가 조선을 점거하려고 한다면 중국과 일본 두 나라는 모두 출병하여 조선을 도와야 한다. 조선과의 관계는 귀국에게나 우리에게나 울타리처럼 중요하기 때문에 고려하지 않을 수 없다. 지금은 변고가 없는 까닭에 잠시 철수문제만 토론함이 좋을 성싶다." 이토는 "귀 대신의 말씀은 공명정대하고 극히 식견이 있다. 이것은 나의 의견과도 부합되므로 명기해 잊지 않도록 하겠다."[81]라고 하였다. 리훙장이 이 석상에서 한 말은 조선에 대한 중국의 전통적인 의무를 재차 언급한 것이다. 즉, 중국은 반드시 조선의 안전과 이조 정권의 지속성을 보장해야 한다는 것이다. 또 그 외에 중국과 일본 두 나라는 공동으로 조선을 보호해야 한다는 숨은 뜻도 담겨 있었다.

4월 18일, 중국과 일본의 '톈진회담 특별조항'이 체결되었다. 그 주요 내용은 다음과 같다.

첫째, 중국은 조선에 주둔한 병사를 철수하고 일본은 조선에서 영사관 호위 병사를 철수한다. 체결한 날부터 4개월 이내에 각각 철수함으로써 양국에 있을 수 있는 불필요한 마찰을 막는다. 중국군은 마산포를 통해, 일본군은 인천항을 통해 철수한다.

둘째, 양국은 모두 조선 국왕이 병사를 훈련시키도록 권하여 충분히 스스로의 안전을 보호할 수 있게 해야 한다. 아울러 조선 국왕은 다른 나라의 군 장교를 한 사람 또는 여러 사람을 고용하여 군사 훈련을 맡길 수 있으며, 이후로 중국과 일본 양국은 모두 조선에 교관을 파견하는 일이 없어야 한다.

셋째, 장래에 조선에 어떤 중대한 사건이 발생한다면 중국과 일본 양국 또는 한 나라가 군사를 파견해야 한다. 마땅히 먼저 서로 소식을 알리고 일이 평정되면 즉시 철군하여 군대를 조선에 남겨 두어서는 안 된다.[82]

톈진회담에서 이토는 두 가지 목적, 즉 군사장교 처벌과 난민 배상 문제를 해결하지는 못했지만, 중국이 조선에서 철군하도록 하였고 조선에 대한 일본의 출병권出兵權을 얻어냈다. 이제 조선은 중국과 일본 양국이 공동으로 보호하는 나라가 되었는데, 이것은 일본 외교의 큰 성과였다.

1885년 5월 4일, 리훙장은 조선 국왕에게 편지를 보내 중·일 톈진회담의 결과를 통보하였다. "이후 조선과 일본 사이에 크게 어려운 점은 없을 것이다. 오직 여러 열강들이 주변에서 노리고 있는지라 매사에 조심해야 한다. 희망컨대, 전하가 군사를 훈련시켜 조선의 안정과 평화를 도모하기 바란다. 조선이 5개 대대를 훈련시킬 때에는 중국과 일본 양국이 모두 교관을 보냈으나, 오늘날 양국이 모두 철군해야 함에 따라 마찰을 피하기 위해 교관들도 마찬가지로 귀국시켜야 한다. 우리 조정 대신들은 황제가 동쪽 번방을 걱정하는 지극한 뜻을 받들어 전하를 위해 두 책략을 계획하였다. 첫째는 수천 명의 총을 가진 부대를 창건하여 서양 나라들의 교관을 초빙해 훈련시키는 것이다. 둘째는 귀국에서 하급 무관을 톈진 군영에 파견하여 학습하게 하는 것이다. 이 두 가지는 지금 시급히 해결해야 할 문제들이다."[83]

청군의 철수

리훙장은 오래전부터 조선에서 청군을 철수시키려는 생각이 있었다. 그는 이미 갑신정변 전에 3개 대대를 회군시켰다. 그러나 갑신정변이 평정된 후 일본이 중국의 철군을 요구하자, 리훙장은 이를 거절하였다. 조선 국왕 역시 "철군은 중국이 큰 국면을 돌보는 일임을 알고 있지만 우리나라가 수년 동안 내우외환 때마다 오로지 중국 군대가 와서 진압해주었는데 하루아침에 철군한다면 누구를 믿겠는가? 만일 얼마 동안이라도 더 머물러 만민의 마음을 위로한다면 큰 행운이 아닐 수 없다."[84]라며 청군을 계속 조선에 주둔시켜줄 것을 건의하였다. 중·일 톈진회담 전에 리훙장은 총리아문에 편지를 써서, "우리 군대가 조선에 있는 3년 동안 장병들의 고생도 많고 원성도 높았다. 형세가 나아지면 응당 철군해야 할 것이다. 다만, 바다를 사이에 두고 있어 원정하기에 불편함이 많다. 서울은 각국 관리와 상인들이 많이 모여 사는 곳이라서 구설도 많고 일본 또한 계속 농간을 부린다. 이런 곳에서 우리 장교들이 굳셈과 부드러움을 조절해가면서 일을 처리하기도 힘든데 다른 사람의 존경까지 받는다는 것은 실로 쉬운 일이 아니다. 일본 군대가 모두 철수한다면 우리 군도 잠시 철수하는 것이 좋을 것 같다. 대신 우리가 덕이 높은 사람을 찾아 조선에서 군사를 훈련시키게 하여 조선의 군대를 점점 강하게 만들어 스스로 보위할 수 있게 해야 한다. 천천히 정세를 살펴 수시로 일을 처리하고 항상 병선을 파견하여 조선을 순찰해야 한다."[85]라고 하였다.

톈진회담 결과, 중국과 일본 두 나라는 동시에 조선에서 군대를 철수하는 원칙을 확정했을 뿐만 아니라, 또한 중국이 출병권을 보유하게 되었다. 리훙장은 7월 18일 전에 중국 군대를 마산포에 집결시킨 후에 배로 철군할 계획을 세웠다. 그는 또 "조선은 국세가 약하고 열강이 주위에 둘러싸고 있기 때문에 내우외환이 매우 많다. 중국 군대가 잠시 분쟁을 없애려고 부득이하게 철수하지만, 지원군을 배치하지 않을 수 없으므로 멀리서 준비해야 한다. 일전에 총리아문에서 조선의 차후대책을 상의했는데, 뤼순旅順에서부터 평황鳳凰문 밖에 이르기까지 수륙 두 갈래 길에 모두 준비를 해두어야 한다. 그리고 군대가 귀국한 후 응당 이동하여 어딘가에 주둔해 있어야 한다. 신이 조사한 바에 따르면 국경 도시에서 조선 왕성王城까지의 천리 길이 험난하여 위급한 일이 생기면 빠른 시간 내에 원조하기 어렵다. 하지만 뤼순에서 마산포까지 배를 타고 가면 이틀밖에 걸리지 않는다. 마산, 수원에서 서울로 가는 길은 우리 군에게는 익숙한 길인지라 위험한 곳과 요충지를 모두 잘 안다. 내가 보기에는 북양군 병선과 한 곳에 주둔해 있으면서 수륙군이 서로 지원해주는 것이 좋다. 그러니 뤼순으로 이동해 주둔함이 마땅하다."[86]

1885년 7월 21일, 세 척의 중국 병선이 일제히 마산포에 정박하여 경군慶軍 4개 대대의 관병과 군장, 말과 탄약 등을 싣고 뤼순으로 향했다. 그들은 항구 내의 동서 양안 포대에 나누어 주둔하고 그곳에 원래 있던 각 대대와 연대하여 방위하였다. 그럼으로써 발해渤海라는 이 문호門戶를 지키고 통제하면서 수시로 조선을 지원할 수 있게 준비하였다.

같은 날, 일본도 조선 주둔군을 철수시켰지만, 조선에 각서를 보내어 "(철군은) 메이지 15년 '제물포조약'의 조례에 따라 경비가 필요하지 않을 때 잠시 병사를 철수하는 것이라고 생각한다. 하지만 장래에 다시 보호가 필요할 때는 언제든 파병할 것이다. 이번에 호위 병사들을 철수한다고 하여 이전의 조약이 폐지되었다고 오인해서는 안 된다."[87]라고 하였다. 이와 같은 일본의 성명은 중국과 조선 두 나라에 분명히 불길한 징조였다.

제2부

갑오전쟁 전 십 년간의 중·조 종번관계 강화

1장 강화정책 선택과 실행

갑신정변 때 조선을 식민지로 만들고자 했던 일본의 음모를 청군이 좌절시켰지만, 일본의 조선 침탈에 대한 위협만은 여전히 존재하였다. 1860년 이후에 러시아는 우쑤리강 동쪽의 광활한 중국 영토를 강점했는데, 그 연해 지구와 조선 함경북도는 도문강을 사이에 두고 서로 마주하고 있었다. 당시 러시아는 일본 다음으로 조선 침략에 대한 야심을 가지고 있었다. 또한 영국과 미국 두 나라도 자신들의 사욕을 채우기 위해 번번이 조선 일에 간섭하였다. 청은 조선반도를 둘러싼 열강들의 야욕에 대응하기 위하여 갑신정변 승리의 여세를 몰아 일련의 조치를 취함으로써 중조 종번관계를 강화해나갔다.

조선의 정국과 국제 형세의 영향 속에서 청 내부에서는 중조관계를 놓고 감국監國설치론, 조선중립론, 종번관계강화론의 세 가지 구상안이 대두했다.

리훙장의 조선 '감국설치론' 부정

1884년 12월 15일, 위안스카이는 리훙장에게 갑신정변의 경과를 상세히 보고하고 그의 스승 장젠張謇의 건의를 다시 제기하였다. "지금 조선문제를 고려해보면 전쟁을 하든 화해를 하든 중국으로서는 아주 쉬운 일이다. 그러나 서방 국가들은 지금 막 강해지고 있어 몇 년 지나지 않아 반드시 다른 음모를 꾸밀 것이다. 그때가 되면 중국은 방어하기가 어려워질 것이다. 지금 조선의 백성들이 감복할 때 특파원을 파견하여 감국을 설치해야 한다. 그리하여 군대를 통솔하고 내정과 외교 사무를 모두 대신해서 처리해야 한다. 이번 기회를 놓쳐서는 안 된다."[1] 그러나 리훙장은 사태를 확대하고 싶지 않았기 때문에 위안스카이의 건의를 받아들이지 않았다.

조선 통치집단 내부에서도 감국 설치를 강력하게 주장하는 사람이 있었다. 1885년, 대원군은 귀국할 때 비밀리에 청정부에 청하여 원나라 때 고려에 행성行省을 설치하고 감국을 파견한 사례를 본받아서, "흠차대신 한 명이 내왕하면서 국내외의 크고 작은 사무를 처리해주고 행성이 함부로 행동하지 못하게 한다면 자연히 나라를 보호하고 백성은 안정될 것이다. 그렇지 않으면 이 위기를 결코 벗어날 수 없다."[2]라고 하였다.

이에 대해 리훙장은 "이 논의는 신중하게 고려해야 한다. 원나라 때에도 여러 번 감국을 설치했지만 권리와 행동이 일치하지 않아 소동이 일어났다. 만약 조선 국왕을 폐지하고 행성으로 바꾼다면 너무 눈에 띄는 행동이다. 더구나 조선은 지금 여러 나라와 조약을 맺어 통상을 약속하였고 러시아가 옆에서 노리고 있어 틀림없이 기회를 틈타 교란할 것이다. 사실상 실행하기 어려운 일이다."[3]라고 하였다.

1886년, 위안스카이는 조선과 러시아가 밀약하였다는 소문을 듣고 조선이 러시아와 연합하여 중국을 배반할까 두려워 8월 6일에 "먼저 육군을 실은 수군을 파견해야 한다. 황제의 명령을 받들어 속히 강을 건너 정사에 어두운 조선 국왕을 폐하고 이씨 중 현자를 세워야 한다."[4]라고 건의하였다. 리훙장은 위안스카이의 과장된 말을 듣고 조선에서 "반대파를 없애고 왕을 폐하지 않으면 국면을 돌려세울 수 없을 것"[5]이라고 여겼다. 그렇지만 대세와 관계되는 일이라 망설이며 쉽게 결정을 내리지 못하였다. 8월 14일, 그는 순친왕醇親王에게 편지하여 합당한 방법을 가르쳐줄 것을 요청하였다. 청의파清議派의 일부도 조선 국왕을 폐하고 감국을 설치할 것을 강력히 주장하였다. 9월 15일, 리훙장은 재차 순친왕에게 편지를 보냈다. "조선 감국 설치에 관해 밖에서 매번 논의되고 있지만, 공께서는 경솔하게 동조하지 않고 심사숙고해왔다. 공의 그러한 직무 태도에 탄복하는 바이다. 원조元朝에서 여러 번 관원을 파견하여 감국 정치를 실시한 것을 조사해보면 끝내 재난으로 끝났다. 그때는 각국과 서로 통상한 일이 없었지만 지금은 여러 면에서 걸리는 일들이 많다. 우선 러시아가 동의하지 않아 언쟁을 벌일 것이다. 일본은 최초로 조선과 조약을 체결하여 조선이 자주 독립의 나라임을 승인함으로써 다른 나라가 간섭해서는 안 된다고 명확히 밝혔다. 일본과 조선은 작은 바다를 사이에 두고 있는 까닭에 국경이 제일 가깝다. 원나라 초기에 세 갈래로 나눠 일본 정벌을 위해 출병한 적이 있는데 그 대군 중 한 갈래가 조선 땅을 지나 쓰시마섬을 건너 일본에 타격을 주기도 했다. 지금 일본은 조선이 우리의 속국임을 뻔히 알면서도 자주국으로 인정하여 우리의 침략을 방비하는 한편, 조선이 빈약한 시기를 이용하여 뒷날 병탄코자 한다. 그 뜻이 극도로 잔인하고 악독하다. 그러므로 만일 우리가 관원을 파견하여 감국을 설치한다면, 조선 국왕과 신하들의 반대 여부에 관계없이 적당하게 조종하기가 쉽지 않을 것이다. 일본은 틀림없이 먼저 관계를 끊고 암암리에 각 나라와 연합해 방해함으로써 진퇴양난에 빠질 것이다. 허명虛名을 따르며 실제 효과를 거두는 나라는 사실 찾기 어렵다. 이것이 이른바 '말하기란 쉬워도 행동하기란 어렵다'는 것이다."[6]

1886년 12월 4일, 총세무사總稅務司인 영국인 허드는 한 통의 편지에서 "내 개인적인 견해로는 중국이 공개적이고 대담하고 철저하게 조선을 합병한다면 그것이야말로 영민한 처사이다."[7]라고 하였다.

리훙장은 장젠, 위안스카이와 조선 통치세력인 이시응李是應, 민영익 등의 수차례에 걸친 건의를 배척하였다. 그는 조선 국가를 보호하고 이조 정권을 보호하겠다는 단호한 입장을 견지하였다. 청조는 리훙장의 결정을 비준하였다. 이것이 바로 중국과 일본의 대조선정책에서 가장 근본적인 차이점이었다.

청의 '조선중립론' 부정

리훙장을 매료시킨 것은 조선 중립에 대한 건의였다.

중·일 톈진회담 전에 조선 주재 독일 대리공사 버틀러는 외무독판外務督辦 김윤식에게 이 회의에서 대국이 조선의 영구적인 국외局外 중립을 보호하도록 약정할 것을 건의하였다. 조선은 이것이 중조 종번관계 규약과 제도에 부합하지 않기 때문에 거절했다. 버틀러는 다시 그 뜻을 그대로 리훙장에게 전하였다. 버틀러는 이렇게 말하였다. "지금의 조선 정세를 보면 청국이 군사를 파견하여 양식과 군비를 지급하되 한 해 동안의 경비가 엄청났지만 방위를 맡아주었다. 이는 아마도 번방이라는 울타리를 지금 지키지 않는다면 강한 인근 나라가 와서 문을 열 테고 그러면 그때는 망연할 뿐 어떤 대책도 소용이 없을 것이기 때문이다. 조선은 청나라를 뒤뜰로 하고 러시아와 일본 국경선에 잇닿아 있기 때문에, 형세가 서로 조화하지 않으면 필연코 분쟁이 일어날 것이다. 그러므로 아무리 많은 군대가 조선에 주둔해 지킨들 무슨 소용이 있겠는가? 내가 생각하건대, 서양의 기존 법에 따라 청, 일본, 러시아가 서로 영원히 조선을 보호할 규약을 약정하는 것이 좋을 성싶다. 훗날 다른 나라의 공격을 받더라도 조선의 길을 내주어서는 안 된다. 그리고 조선도 자체적으로 수천 명의 병사를 파견하여 국경을 순찰하고, 나라 안에서는 변함없이 조약을 체결한 여러 나라와 통상해야 한다. 이것은 조선의 입장에서 영원한 이득임은 물론 청국도 타국이 조선의 길을 빌리는 행위를 막을 수 있어 또한 좋지 않겠는가? 일본 사절 이노우에 가오루도 전에 조선에 있을 때 이 방법이 절묘하다고 했으니 일본 역시 이를 원하는 듯하다." 또한 버틀러는 일본인의 언약을 경솔하게 믿고서 "오늘날 조선에 있는 청의 군사만으로도 국왕을 보호하고 내란을 막기에 충분하다. 일본은 조선에 와서 땅을 점거할 생각이 전혀 없기 때문에 일본을 방어할 필요가 없으며 또한 하지 말아야 한다. 작년에 이미 다시 우호수교를 맺었으며, 그들은 다만 통상 이익을 취하고자 할 뿐이다. 게다가 청국이 조선에서 일본을 방어한다면 오히려 일본은 조선에 와서 청군을 공격할 것이다."[8] 리훙장은 독일인이 이처럼 일본을 두둔하는 것을 보고 일본과 공모하지 않았나 의심이 들기도 하고 또한 이것은 중국과 조선 양국 모두에게 불리한 제안이므로 거절하였다.

1886년, 러시아 주재 중국공사 류루이펀劉瑞芬이 리훙장에게 편지를 보냈다. "조선은 본디 중국에 공손했고 중국도 겨우 이 속국만 남았다. 우리의 동북 3성과 인접해 있는 까닭에 그 의미가 매우 크다. 하지만 이 나라의 간사한 당파들이 오래 전부터 두 마음을 품고 있어 독약을 스스로 먹으려는 것과 같으니, 이미 고치기 어려운 병이 되었다. 중국이 조선 전체를 행성으로 삼는 것이 상책이라고 본다. 그런 다음에 영국, 미국, 러시아 등 여러 나라에 공동 보호를 요청하고 타인이 한 치의 땅도 침범해 차지하지 못하게 한다면 조선은 다행히 나라를 보존할 수 있을 것이다. 그렇지 않으면, 창졸간에 일이 일어나 타인에게 약탈당할 것이고 그 후환은 이루 다 말할 수가 없게 될 것이다. 이런 의사를 미국, 러시아 외무부에 전해보았는데 모두 찬성하였다."[9] 리훙장은 조선 중립에 대한 건의에 찬성하며 류루이펀에게 전보로 다음과 같이 회답하였다. "영국과 러시아와 연합하여 조선을 보호하는 것은 아주 주도면밀한 계획이다. 여기서 이미 그러한 뜻을 총리아문에 전달하여 허락을 요청하였다. 그런데 이에 대해 조정은 조선을 속국으로 보고 인근 국가의 보호를 청하는 것은 체제와 관례에 부합하지 않는 것으로 여기고 있다. 이는 놓치기 아쉬운 기회이다."[10]

캉유웨이康有爲 역시 조선중립화를 건의하였다. 이를테면, "조선을 보호하는 방법에는 세 가지가 있다. 첫째는 우리에게 힘이 있으면 내지內地로 만들고 집정하는 것이다. 이것은 중책中策에 속한다. 둘째는 우리에게 힘이 없으면 만국의 공지公地로 내놓아 벨기에를 지원한 예와 같이 각국이 공동으로 보호하는 것이다. 이것은 상책에 속한다. 셋째는 속국이라 칭하기는 하지만 실제로는 자주적으로 통상하게 하는 것이다. 이것은 하책에 속하며 실은 현재로서는 이렇게 할 수 있는 방법이 없다. …… 조선은 나라가 작고 백성이 가난하다. 즉, 변법자강할 수 있으려면 적어도 30년은 있어야 하는데, 침략자들이 교대로 몰려오니 어찌 30년을 기다릴 수 있겠는가? …… 멸망하는 것을 보면서도 구하지 못하여 심히 수치를 느끼기보다는 공동으로 보호하여 우리가 덕을 쌓는 것이 낫다."[11]

이때 일본은 조선의 독립을 찬성한 것과 같이 말로는 조선의 중립을 찬성했는데, 그것은 모두 중국을 배척하려는 수단과 허위에 불과하였다. 후에 갑오전쟁과 러일전쟁이 일어났을 때 일본은 조선 중립을 불허했는데, 그것이 바로 명확한 증거이다.

종번관계 강화정책의 대두

청은 조선에 행성과 감국 설치를 반대했을 뿐만 아니라 조선의 중립도 반대하였다. 이 때문에 낡은 제도를 답습하여 중조 종번관계를 강화하는 하책을 취하였다.

한편, 일본 외교정책의 변화 또한 청과 조선의 중조 종번관계를 강화시키는 중요한 요인이었다.

1880년대, 러시아는 강경한 태도로 조선의 외교 각축에 끼어들었다. 일본은 갑신정변 중에 중국에 패한 데다가 이제는 중국보다 더욱 강대한 적수 러시아를 만나게 되었다. 이노우에 가오루 외상은 만약 정세가 변해 러시아가 조선을 통제하게 된다면 일본은 심각한 위협을 느낄 것이라고 생각하였다. 그러나 일본은 러시아의 조선 침입을 막을 수 없었다. 일본의 입장에서는 차라리 두 나라의 세력을 비교해보건대 좀더 연약한 청과 잠시 타협하여 중국의 조선 통제를 고무시켜 그 힘으로 러시아의 조선반도 남하를 통제하는 것이 상책이었다. 그렇게 되면 중국과 러시아가 연합하여 일본에 대항하는 국면을 방지할 수도 있었다. 그런 다음에야 군비를 확충하여 기회가 주어지면 단번에 중국을 꺾고 조선을 독점할 수도 있었다.

1885년 6월 5일, 이노우에는 일본 주재 중국공사 쉬청쭈徐承祖를 만나 조선 주재 일본대리사신의 비밀편지 두 장을 보여주었다. 그 내용은 중일톈진조약을 논의하고 있을 때 묄렌도르프가 조선 국왕을 선동하여 블라디보스토크에 사람을 파견해 러시아군의 보호를 청하게 하였다는 것 등이었다. 러시아는 보호를 해주겠다고 회답함과 동시에 자신들에게도 병사를 파견하여 조선에 주둔할 권리가 있다고 주장하였다. 이노우에는 "나는 일찍이 중국이 예로부터 속국의 관리등용 등 행정에 크게 관여하지 않았다고 알고 있다. 그러나 지금은 형세가 다르니 조금 융통성 있게 해보는 것이 좋을 것이다. 조선이 잘못된다면 우리 두 나라는 모두 손해가 크다. 내 생각에는 이후에 조선조정에서 사람을 쓰거나 행정을 할 때에 중국의 동의를 거쳐야 바꿀 수 있게 해야 한다. 리 재상(리훙장)은 덕망이 높아 조선 국왕과 백성들이 전부터 그의 뛰어난 능력에 탄복하고 있다. 리 재상이 조선 국왕에게 편지를 보내어 윤웅열尹雄烈 등 여섯 간신의 직무를 해임하고 정직한 사람들을 등용하게끔 하기를 부탁한다. 만약 리 재상이 그 나라의 어떤 사람이 믿을 만하다고 느껴지면 즉시 조선 국왕에게 추천하여 등용하게 해야지 그들 마음대로 인원 조절을 하게 해서는 안 된다. 묄렌도르프에 관해서는 조선 국왕에게 부탁하여 그를 빨리 조선에서 내보내게 해야 할 것이다. 이후부터는 조선조정이 미국인을 등용하더라도 리 재상이 조선 국왕에게 추천해주는 사람이어야 한다. 이렇게 되면 조선 국왕은 마음대로 못할 것이고 권력을 거머쥔 간신들도 감히 음모를 꾸미지 못할 것이다. 조선의 사직과 동방의 큰 국면은 모두 귀국이 우리의 말을 듣고 얼마나 일을 잘 처리하느냐에 달려 있다."라고 하였다. 또한 "지금 귀국은 조선에 주재시킬 사람이 부족한데 이는 심히 긴요한 일이다. 내가 살피건대 천수탕은 후덕하고 충실하지만 지혜가 모자라 이른 시일 내에 민첩한 사람으로 바꾸는 것이 좋을 듯하다. 만약 귀국이 새로 관원을 바꾼다면 우리 나라에 한번 와보게 하는 것이 좋겠다. 그리하면 귀국 공사에게 타당한 방법을 가르쳐줄 수 있는 한편, 내가 그 사람과 담화하여 우리 나라의 뜻을 알게끔 할 수 있다. 취임한 후에도 중요한 일은 자연스럽게 조선 주재 우리 나라 공사와 공동으로 일을 처리할 수 있다."[12]라고 하였다.

7월 2일, 중국 주재 일본공사 에노모토 다케아키榎本武揚는 톈진에 가서 리훙장을 만나 이노우에가 입안한 '조선외무방법 8조항'[13], 즉 쉬청쭈와의 담화 요점을 전해주었다. 그 전문은 다음과 같다.

"조선의 외무방법은 일본, 중국의 이익과 긴밀한 관계가 있다. 만약 그들 자신에게 맡겨둔다면 필시 외교가 엉망이 되어 중국과 일본 양국의 이권에도 큰 누가 될 것이다. 이노우에 외무대신이 기획한 방법은 다음과 같다.

첫째, 리훙장과 이노우에가 조선 외무에 관한 견해와 방법을 비밀리에 의논한다. 이미 결정된 후에는 리훙장이 조선에 명령하여 그대로 처리하게 한다.

둘째, 조선 국왕은 내감內監과 국정을 상의하지 못하게 한다. 내감이 국정에 참여하는 권리를 없앰으로써 모든 국사에 관여하지 못하게 해야 한다. 국왕은 관례대로 위임한 대신들과 상의해야 한다.

셋째, 조선 대신 중 반드시 가장 충직한 사람을 골라 국정을 맡긴다. 국왕이 만약 중요한 대신을 임명하고자 한다면 어쨌든 반드시 리훙장과 상의해야 한다. 리훙장은 다시 이노우에와 토론하여 결정한다. 김홍집, 김윤식, 어윤중 등은 국가 대사를 맡겨도 무방한 사람들이다.

넷째, 국사의 가장 중요한 외무부, 호부戶部, 병부兵部의 일은 모두 위에 열거한 충직한 중신에게 맡겨서 처리하게 해야 한다.

다섯째, 미국에서 유능한 인물을 골라 조선이 등용하게 하여 묄렌도르프를 대체해야 한다.

여섯째, 중국의 서울 주재 국정정탐고관은 이른 시일 내에 지금보다 더 뛰어난 사람으로 바꿔야 한다.

일곱째, 중국이 파견한 국정정탐고관과 묄렌도르프를 대체할 미국인은 반드시 리훙장에게 상세한 훈시를 받아 금후 일처리를 어떻게 해야 할지 알게 해야 한다. 그리고 조선으로 떠날 때 일본에 들러 이노우에 가오루를 만나야 한다.

여덟째, 중국의 국정정탐고관은 반드시 일본 서리공사와 정의가 돈독해야 하며 중요한 일이 있을 때면 서로 상의하고 결정해야 한다."

7월 6일, 에노모토가 리훙장에게 의사를 물어왔다. 리훙장은 다음과 같이 회답하였다. "이 일은 중대한 일로 이노우에의 지론은 매우 옳다. 중국은 본래부터 속방의 인재등용과 행정에 관여하지 않았다. 일본도 조선과 우호국으로서 조선의 외교와 내정을 간섭해서는 안 된다. 다만 일체를 주관해줌으로써 중국과 일본의 울타리를 보호하고자 한다면 그 뜻이 대단히 좋아 양국은 이런 의미에서 마음이 다르지 않으므로 중국은 융통성 있게 처리할 것이다. 총리아문과 비밀리에 상의한 후 성지에 따라 처리하겠다."[14] 7월 8일, 리훙장은 총리아문에 서한을 보내어 이노우에의 8조항을 논평하면서 '내감의 정치 간여 금지', '충신 등용', '중·일 양국 조선 주재 사절의 상호 협상 처리' 등의 조례에는 찬동하였다. 그러나 "모든 중요한 정책은 리훙장이 원격 조종한다고 했는데 그럴 만한 권한이 나에게 있을지 걱정이다. 만약 조선 국왕이 시키는 대로 따르지 않는다면 모든 일을 제대로 처리하기가 어려울 것이다. 하물며 조선 외무에 관해 이노우에와 비밀리에 서로 의논하고자 해도 거리가 매우 먼데 어떻게 만나서 방법을 강구한단 말인가? 인재를 등용할 때는 중국이 상의해 결정하고 또 이노우에와도 의논해야 하는 것으로 이것은 국경 밖까지 권한이 미쳐야 하니 일이 제대로 되기 어렵다." 리훙장은 조선 내정과 외교에 대한 일본의 간섭을 거부함과 동시에 중국의 조선 주재원 파견에 대해서도 반대하였다. 그 이유는 다음과 같다. "조선은 속국인 까닭에 만약 큰 관리를 파견한다면 조선 국왕은 핍박당한다고 여겨 꺼릴 것이다. 그리고 체제 역시 타당치 못하다. 더군다나 각국 공사가 모두 서울에 주둔해 있으므로 시간이 지나면 말썽이 일어나기 쉽다. 조선의 정세는 복잡하기 때문에 암암리에 간섭할 수밖에 없다. 황제에게 '조선은 이후에 외국과 조약을 맺을 때에는 먼저 꼭 중국과 상의해야 하며, 외무·군부·호부 등 각 부서의 대신들은 반드시 우리의 심의를 거쳐 동의를 얻어야만 실행할 수 있다'는 내용을 담은 성지를 내릴 것을 청하고, 이를 내세워 은밀하게 조선 국왕에게 명해야 한다. 무릇 황제의 위엄으로 눌러 수시로 조종하고 순종하게끔 해야 한다."[15] 이로써 중국의 조선에 대한 간섭정책은 한층 더 강화되었다. 그리고 이와 관련해 초기에 시행한 두 가지 조치가 바로 바오딩에 감금되어 대원군을 귀국시키고 위안스카이를 조선 주재 총리로 임명하여 통상과 교섭에 관련된 일을 관리케 한 것이다.

대원군의 귀국

이하응은 1882년 임오군란 후에 중국에 압송되었다. 리훙장은 그를 베이징 인근의 바오딩 성내에 가두어 영원히 조선에 돌아가지 못하게 하였다. 생활은 풍족했으나 출입은 엄하게 단속하였다. 다만 조선 국왕이 설날에 사람을 보내 안부를 묻는 것만은 허락하였다. 청의 동의 아래 대원군은 바오딩의 옛 칭허淸河 지역 관공서에서 거주하였다. 그 후에 조선 국왕은 대원군이 나이가 많아 기력이 없고 병도 많은 데다가 만리타향에서 외로우니 돌려보내줄 것을 여러 번 요청하였다. 하지만 청은 조선 정세의 안정을 위하여 매번 허락하지 않았다. 민씨세력은 대원군의 귀국을 반대했지만, 갑신정변 때 개화당이 반포한 정강에는 대원군 귀환 요구가 들어 있었다.

리훙장은 대원군이 조선에서 여전히 일정 부분 명망과 세력이 있다는 사실에 주목하였다. 또한 위안스카이 숙질인 위안바오링袁保齡도 이하응을 석방하여 조선에 돌려보낼 것을 건의하였다. 이에 이하응 석방에 대한 칙명을 내려달라고 주청하였다. "조선에 내란이 일어나 군사를 파견하여 평정한 후부터 문무 관원들 가운데 서울에 주둔했던 많은 사람들이 조선 내정內政의 홍폐興廢 원인을 잘 알게 되었다. 이전의 이하응이 권력을 잡은 십년 동안에는 비록 그의 행동거지가 탐욕스럽고 포악한 점은 있었지만, 자유자재로 국사를 돌보아 그 재능은 사실 다른 사람이 미칠 바가 아니었다. 갑술년이 되면 민비가 친정의 민씨 일가를 등용한 지 8년 6개월이나 된다. 당시 관군들의 반란(임오군란)을 평정할 때 다시 난을 일으킬까 우려해 부득이 이하응을 중국에 압송해왔다. 이후 리훙장은 조선 국왕에게 글을 보내어 정치개혁과 외교를 통한 자강 도모를 권고하였다. 그런데 의외로 조선 국왕이 우둔하고 나약하여 민씨가 정사를 독단할 뿐만 아니라 조선 신하의 한쪽 말만 일방적으로 들어 우롱 당하고 있다. 더구나 일본은 옆에서 조선은 자주국가이므로 다른 나라의 속국이 되어서는 안 된다고 부추기고 있다. 이 때문에 겉으로는 아직 상국上國을 섬기는 예를 따르지만 안으로는 점차 딴 생각을 품고 경시하는 마음이 생겨나고 있다. 올해 프랑스가 국경을 범하여 사태가 급해졌을 때, 이 나라 군신들이 낭설에 더욱 미혹되어 일본과 결탁함으로써 나라를 방비하려고 하였다. 조선에서 온 사절들은 모두 조선 사병과 민중들이 이하응이 돌아오기를 바란다고 하였다. 게다가 지금과 같은 변란의 시기에는 그것이 인심을 수습하는 좋은 기회가 될 수 있다." "이하응은 감금된 지 이제 3년이 되었다. 리훙장도 원래 10월에 베이징에 들어가 이하응을 돌려보낼 것을 직접 청하려고 했었다. 그런데 지금 갑자기 사변이 일어나 재삼 고려해보아도 이하응을 귀국시켜 수습하게 하는 수밖에 없다. …… 지금 민씨 당파가 전부 제거되었고 이하응은 조선과 별로 원한도 없다. 또한 국왕과는 부자의 천륜이 있어 예상 밖의 위기는 없을 듯하다."[16]

일본의 외무대신 이노우에도 리훙장이 황제에게 이하응을 조선에 돌려보내도록 청하였다는 말을 들었다. 그는 편지에서, "이하응은 본디 재간이 많은 사람이지만 외교를 싫어한다. 만일 이미 마음이 달라져서 다시 문제를 일으키지만 않는다면 귀국시켜 왕을 돕게 하려는 생각은 좋은 계책이다."[17]

그리하여 리훙장은 후보도候補道 쉬치안선許鈐身과 세관도稅關道 저우푸를 파견하여 이하응과 정책밀담, 조선책략에 관해 토론하게 하였다. 뜻밖에 이하응은 청조가 조선 국왕을 폐하고 조선을 행성으로 바꿀 것을 주장하였다. 다시 말해 원조의 정동행성을 설치한 선례를 모방함으로써 대신을 파견해 감국을 실시하기를 바랐다. 저우푸는 대신을 파견해 감국을 실시한다면 다른 나라의 불만을 불러일으킴은 물론 조선도 복종하지 않을 것이라고 생각하였다. 이하응은 "조선은 중국의 속국이고 다른 나라도 아마 이견이 없을 것이다. 본국에서도 모두 그렇게 생각하고 있으며 이 명을 들으면 모두 좋아할 것이다. 리훙장이 전후로 비호해준 은혜를 어찌 잊을 수가 있겠는가"[18]라고 대답하였다. 리훙장은 그의 뜻밖의 태도에 놀랐다. 그리고 한편으로는 "왕비가 정치에 간섭하고 민씨 당이 권력을 장악했으니 물러나 피할 겨를도 없는데 어떻게 앞장서서 일을 맡을 수가 있겠는가" 하는 그의 소극적인 태도에 실망을 느꼈다.

이하응의 귀환 준비는 진행되었다. 리훙장은 "이하응은 원래 큰 죄가 없다. 처음에 나라를 떠나게 한 것은 일시적인 편의를 위해서였으며 이미 3년을 감금한 상태이다. 지금은 나이 칠순에 늙고 병들었다. 숨기지 않고 말한다면 후회만 남는 일이다. 이제 은혜를 베풀어 돌려보내기는 하지만 잠시 국정에 간섭하지 못하게 하여 내란을 막아야 한다. 왕비는 그가 비록 정치에서 은퇴했지만 아직도 위풍과 기세가 있음을 보고 다소 조심스러워 제멋대로는 하지 못할 것이다. 국왕은 부자간의 천륜을 생각하여 혹시 암암리에 도와줄지도 모른다."[19]라고 생각하였다.

1885년 7월 30일, 리훙장은 이하응과 톈진에서 담화한 후 위안스카이를 파견하여 그를 귀국시키기로 결정하였다. 8월 하순에 위안스카이는 톈진에 도착하였다. 원래는 민씨세력들이 겁을 먹고 예상치 못한 일을 저지를까봐 북양수사제독 딩르창, 총병 황진즈黃金志, 왕융성王永勝 등을 파견하여 육·해군을 거느리고 보호하게 하려고 하였다. 그러나 결국에는 위안스카이 혼자서 해군 소대 수십 명을 데리고 가기로 결정하였다.

위안스카이는 먼저 민씨 당의 우두머리인 민영익으로 하여금 이하응과 만나게 하여 원한을 풀고 친선을 도모해 등용하도록 권하였다. 9월 19일, 청은 이하응의 귀국에 동의하였다. 10월 3일, 위안스카이와 총병 왕육성이 이하응을 인천까지 호송하였다. 위안스카이는 고종에게 전보를 보내어 선친을 존경하는 예의와 길러준 혈육의 정을 보아서라도 대원군을 속히 영접하라고 전하였다. 또 위안스카이는 서울에서 민비와 대원군을 화해시키려고 했다. 그러나 효과가 별로 없었다.

이 당시 조선 통치세력 내부에서는 친일파, 친러파, 친중파(사대당)가 서로 다투고 있었다. 친중파를 제외하면 그들은 삼천리 산하가 중국에 신하로 굴복하는 것을 수치로 여겼다. 일본을 끌어들여 중국에 반대했던 일이 실패한 후에도 다시 러시아와 영합해서 중국을 외면하려고 하였다. 청이 대원군을 귀국시킨 것은 친중파의 역량을 강화시켜 민비세력을 견제함으로써 조선의 정국을 안정시키기 위해서였는데 조선의 상황이 이렇다 보니 대원군은 귀국한 즉시 민비세력의 엄격한 감시와 통제를 받았다. 예를 들면 정부 관원과 대원군 간의 왕래나 사적인 편지는 모두 엄금되었다. 또한 임오군란의 반란자 일당을 처벌한다는 명분으로 대원군 측근 수십 명을 살해하였다. 대원군은 잠시 문을 닫아걸고 손님을 사절했지만, 그 마음만은 죽지 않아 언제든지 재기할 준비를 하고 있었다.

조선 주재 사절 위안스카이

위안스카이를 조선 주재 사절로 파견한 것은 중소관계에 큰 영향을 미칠 또 하나의 결정이었다.

위안스카이는 임오군란과 갑신정변을 처리하는 과정에서 탁월한 담력과 식견 그리고 재능을 보여 리훙장의 눈에 들었다. 1885년 9월 6일, 리훙장은 총리아문에 다음과 같은 서한을 보냈다. "전에 경군 영무처에 있던 위안스카이는 두 차례나 병사를 이끌고 가서 조선 국왕을 구하고 여러 번 전공을 세웠기 때문에 조선의 군신과 백성들은 그를 깊이 존경하며 따르고 있다. 그가 재능과 학식이 뛰어나며 기민하고 충성스럽다는 것을 조선에서는 모두 익히 알고 있다. 지난번에 톈진에 왔을 때 민영익에게 이하응을 만나보게 하여 원한을 풀고 등용하라고 권한 일이 있는데 이에 대해 그들 두 사람 모두 깊은 은덕을 느끼고 있다. 그는 집권층인 김윤식, 김병시金炳始 등과 막역한 친구이기도 하다. 이하응, 민영익 등은 위안스카이의 조선 파견을 재삼 요구함으로써 그가 조선의 분쟁을 막고 내환을 해결해주기를 바라고 있다. 그들 간의 우정으로 반목을 잠재울 수 있을 듯하다. 이제 성지를 받들어 이하응을 사면하는데, 위안스카이로 하여금 호송해 보내고자 한다. 장래에 특별히 은혜를 베풀어 벼슬을 높여 천수탕 차사와 교체한다면 중요한 역할을 할 수 있을 것이다."[20]

위안스카이가 명을 받아 대원군을 호송하여 귀국할 때 리훙장은 조선 국왕에게 서한을 보냈다. "황제의 명을 받들어 위안스카이, 왕융성을 파견해 병선을 이끌고 대원군을 조선으로 호송하게끔 하였다. 동시에 조정에 긴요한 일이 생기면 대원군에게 직접 알리라고 조선조정에 전달하게끔 하였다. 위안스카이는 재식을 겸비했을 뿐만 아니라 영민하고 노숙한 젊은이다. 게다가 이전에 귀국 방위전쟁에서 공을 세운 적이 있어 귀국과는 의기가 통할 것이다. 또한 귀국의 상황을 잘 알고 있어 중요한 도움을 줄 것이다."[21] 당시 중국의 조선 주재 총판상무위원總辦商務委員 천수탕은 나약하고 무능하여 서울 외교계의 인사들에게 '무골해삼'이라 놀림을 받고 있었고 리훙장도 진작부터 그를 해임할 생각이 있었다. 때마침 천수탕이 휴가를 얻어 귀국해서 병 치료를 받게 되자 리훙장은 10월 28일에 위안스카이가 조선의 일을 넘겨받도록 허락해줄 것을 주청하였다. "살피건대 천수탕은 영을 받고 조선에 가서 2년여 동안 통상 사무를 처리하는 과정에서 아직까지 잘못 처리한 일이 없습니다. 그러나 과도한 피로로 병이 들어 지금 휴가를 내서 병을 치료해야 하기 때문에 다른 관원을 파견하여 그를 대신하게 해야 합니다. 위안스카이는 담력과 지혜를 겸비하고 있으며 전반적인 국면을 돌볼 줄 압니다. 게다가 전에 우창칭을 따라 병사를 거느리고 동해 바다를 건너 가 서울에서 오랫동안 주둔해 있으면서 임오, 갑신 두 차례의 난을 평정하였기 때문에 그 당시 상황에 대하여 누구보다도 잘 알고 있으며 조선의 신·구 당인들의 한결같은 존경을 받고 있습니다. 이번에 이하응을 호송해 조선에 갔는데 그 나라의 군신들이 모두 그를 간곡히 달래어 머무르게 하고 있습니다. 어제 받은 서한에서 조선 국왕도 위안스카이의 도움이 필요하므로 그를 조선에 남게 해달라고 요청해왔습니다. 만약 위안스카이가 모든 일을 넘겨받아 처리한다면 당연히 대처하는 데 여유가 있을 것입니다. 천수탕이 조선에 부임했을 때는 상업 활동이 초기 단계였으나 현재는 통상 항구가 점차로 증가하여 무역이 날로 번성하고 있습니다. 또한 각국 공사들이 서울에 모여 있어 모든 일을 상황에 맞춰 처리해야 합니다. 그러므로 그가 특히 옆에서 일을 도울 필요가 있는데, 그의 업무 권한을 높여주어 조선 주재 총리아문의 통상 업무를 책임지게 함으로써 '여문외교與聞外交(참여하는 외교—옮긴이)를 발휘케 해야 합니다. 서양에서는 속국에 관리를 파견할 때는 언제나 외무부가 증서를 발급해준다고 하는데, 허락해주신다면 신이 재차 그를 조선에 파견하고 총리아문이 공문을 내려 이 일이 정식으로 집행되기를 바랍니다. 위안스카이의 관직은 비교적 비천하니 이룩한 공적을 봐서라도 직급을 높여주어야 할 것인데, 직위를 높여주는 방법은 은혜를 베풀어 파격적으로 하되 체제를 중시하면서도 위엄을 갖추도록 해야 합니다."[22]

1885년 11월 15일, 위안스카이는 리훙장이 조선 국왕에게 보내는 밀서를 가지고 서울에 도착하여 새로운 직무를 맡았다. 밀서에는 위안스카이가 "황제의 영을 받들어 서울에 주재하며 일체의 일을 도울 것이다. 이후 귀국의 내정과 외교상의 중요한 일은 수시로 위안스카이와 숨김없이 서로 의논할 것이며 이것은 전반적인 대세에 유리하다."[23]라고 쓰여 있었다.

그때 위안스카이는 26세 밖에 되지 않았지만 원래 관직에서 삼품을 승진한 지부知府의 신분으로 조선 주재 총리교섭통상사무대신에 임직되었다. 이러한 파격적인 조치는 한 젊은이에게 벼락출세나 다름없었다. 그러나 담당해야 할 중대한 정치적 책임에 비하면 관직은 그래도 약소한 편이었다. 그는 북양대신 리훙장의 하급 관리로서 매사에 리훙장에게 의견을 물어야 하였다. 조선문제에 관해 리훙장은 온건파였다. 그는 공개적으로 또는 강압적으로 조선의 내정과 외교에 대한 간섭을 반대했기 때문에 위안스카이에게 '여문외교'의 권한만을 주었다. 하지만 위안스카이는 급진파였고 혈기왕성하였다. 그는 조선 침략세력인 일본과 러시아를 배척하고 조선의 정치 국면을 안정시킴으로써 중국의 종주국 지위를 강화하고자 하였다. 이러한 목적을 실현하기 위한 그의 행동은 때때로 자신의 권한을 벗어나 여러 면에서 불만을 샀으며 특히 리훙장에게 견책을 받기도 하였다. 순친왕은 심지어 리훙장에게 기회를 봐서 위안스카이를 해임하라고까지 하였다. 이에 대해 리훙장은 1886년 9월 9일 순친왕에게 편지를 보내어 "위안스카이는 사리에 밝지만 성미가 급해서 나 역시 매사에 침착하라고 여러 번 당부하였다. 하지만 그는 임오·갑신 두 차례의 반란을 평정했고 조선에 있는 동안 조선인에게 많은 덕을 쌓았다. 게다가 현지 상황에도 비교적 익숙하기 때문에 이와 같은 권한을 준 것이다. 유독 양무에 대한 경력과 훈련이 모자라서 자격이 좀 부족한 것은 사실이다. 어명에 따라 훗날 적합한 사람을 뽑아서 교체하겠다. 그러나 이 직무는 감당하기가 어려워서 합당한 사람을 찾기도 쉽지가 않다."[24]라고 대답하였다.

1888년 10월 말, 조선 국왕은 편지를 보내어 위안스카이가 조선에 있은 지 오래되었으나 여전히 서로 어울리기 어렵다며 그의 2년 임기가 끝날 무렵에 교체해줄 것을 요구해왔다. 그러나 리훙장이 생각하기에 위안스카이는 비록 성미가 급하고 충동적이기는 하지만, 능력과 공로가 있음은 물론 온갖 고생과 좌절도 마다하지 않는 사람이었다. 여러 차례 훈시함으로써 이제는 의기가 많이 평정되어 신중하고 자제할 줄도 알았다. 아울러 현지 상황에도 익숙해서 문제를 상세하게 보고할 뿐만 아니라, 조선 국왕을 견제하는 데도 그가 아니면 안 되었다. 이처럼 조선문제를 처리할 때 그를 떠나서는 생각할 수가 없다고 판단한 리훙장은 그의 교체를 단호히 반대하였다.

1888년 11월, 조선 대신 김명규金明圭는 조선 국왕의 명을 받들고 리훙장을 만나서 위안스카이와 조선 군신 간의 갈등에 관해 논의하였다. 그는 쌍방이 전혀 어울릴 수 없어 대세를 그르칠까 우려된다고 하면서 재차 다른 사람으로 대체해줄 것을 요구하였다.

장젠, 장페이룬 등도 위안스카이가 우쭐거리고 허세를 부리는 상태로 조선에 오래 머물러 있으면 대세에 무익하다고 공격하였다.

하지만 리훙장은 여러 사람의 의견을 단호하게 배척하고 위안스카이를 조선에서 계속 직무하게 하였다. 이뿐만 아니라, 1890년 2월에는 위안스카이에게 "목숨 바쳐 충성하고 재능과 식견이 뛰어나 영민하며 힘써 대세를 지키느라 홀로 그 어려움을 감당한다."[25]라는 평어까지 써주었다. 또한 그는 위안스카이를 보지부補知府에서 물러나게 하고 도원道員으로 우선 등용할 것과 2품 벼슬을 높여줄 것을 주청하여 허락을 받았다. 1892년 8월, 리훙장은 "조선에 재차 난이 일어난 뒤로 민심은 공포에 떨고 러시아, 일본은 침략을 노리고 있습니다. 더구나 조선 국왕은 '자주自主'라는 말에 미혹되어 있습니다. 좀도둑이 이를 틈타 선동하여 조선 주재 외국인들과 맞장구를 치고 있으며 그 술수가 변화무쌍하여 종잡을 수가 없습니다. 이럴 때에 위안스카이는 먼저 종주국의 이름을 바로 세우고 그 범위에서 이탈하는 것을 방지하였고 또 외교적인 방법으로 침입과 능욕을 막았습니다. 무릇 체제와 이해에 관계되는 일은 사전에 미리 준비하고 임기응변에도 능했으며, 사후에 보완해야 할 중요한 일들도 빈틈없이 처리하였습니다. 위안스카이는 8년과 10년 전 두 차례 병사를 이끌고 난을 평정할 때 조선에 있었으므로 조선의 정세에도 익숙합니다. 조선의 개명한 대신들은 그에 대해 탄복하지 않는 사람이 없고 어려움에 부딪히면 그에게 보고합니다. 소인배들이 그의 행동에 불편을 느껴 여러 번 계략을 꾸며 그를 모함하려고 하였지만 위안스카이는 그것에 넘어가지 않고 여러 당파 사이를 이어주고 각 사절과 연락해서 대책을 세워 방어하고 지켜냈습니다. 끝내는 작은 빈틈도 없게 했는데 그 마음과 의지력이 매우 탁월합니다. 조선은 약소국으로 외부로는 강대한 적들에게 핍박을 당하고 있지만 아직 자신의 이익과 권리를 보호할 수 있을 뿐만 아니라 신하의 절개도 잃지 않고 있습니다. 위안스카이가 조선에 주재한 후로는 그 나라의 일들을 모두 자세히 들을 수 있었고, 그 덕택에 일이 생기면 신은 총리아문과 상책을 논의할 수 있었습니다. …… 위안스카이는 담력과 지혜를 겸비했고 목숨을 바쳐 충성한다는 사실을 계속해서 상주한바 있습니다. 최근 그의 도량과 식견을 보면 더욱 침착 세밀하며 평온함을 되찾아 여러 가지를 고루 겸비한 상태입니다. 교섭의 복잡한 정세를 틀림없이 잘 감당해낼 것입니다."[26]라고 하였다. 위안스카이는 '해관도海關道'로 특명되었다. 1893년 5월, 리훙장은 재차 위안스카이를 저장浙江 온처도溫處道 도원道員으로 급을 높여 여전히 조선에 남게 하였다.

1882년 조선에 가서 1894년 귀국하기까지 위안스카이는 조선에서 13년이나 머물렀다. 성미가 급하고 급진적이어서 조선 국왕과 일부 대신들의 불만을 사기도 했지만, 일본과 러시아의 조선 침략을 막아내고 조선 왕실의 안전을 수호하는 등 중조관계 개선을 위한 여러 가지 면에서 그 공적이 탁월하였다. 청일전쟁에서의 중국 패전과 중조관계의 변화는 위안스카이의 과오가 아니었다.

2장 중·조관계의 우여곡절

1880년대 후기 거문도 사건을 발단으로 열강들의 조선에 대한 쟁탈전은 더욱 치열해졌다. 객관적인 형세로 보면 중국과 조선 양국은 우호합작을 강화하여 공동으로 외부의 침략을 막아내야 했다. 그러나 조선과 러시아의 밀약, 조선 사절의 서방 국가 파견은 두 나라의 관계를 한층 더 악화시켰다.

거문도 사건

거문도는 영어로 해밀턴Hamilton인데 조선 남해 가운데 있는 섬이다. 이 섬은 제주 해협의 요충지이며 쓰시마섬으로 통하는 문호이다. 크고 작은 세 개의 섬이 하나의 해만海灣을 이루었는데, 이 해만은 물이 깊어 거대한 군함을 수용할 수 있었다. 1885년, 아프가니스탄에서 국경분쟁이 일어나 영국과 러시아 간에 긴장이 고조되었다. 러시아 군함은 블라디보스토크에 집결하여 동남아에서 영국의 이익을 위협하고 있었다. 그러자 영국은 먼저 손을 써서 군함을 파견하여 조선의 거문도를 점령하고 포대를 쌓고 병영을 설치하였다. 거문도 사건은 중국, 조선, 영국, 러시아, 일본 간의 외교 각축을 불러왔으며 중국과 조선의 관계를 밀접하게 하는 아주 좋은 기회를 마련해주었다.

1885년 4월 5일, 영국 주재 중국공사 쩡지쩌曾紀澤가 먼저 전보로 "조선의 제주는 오래전부터 러시아가 탐내고 있었는데 지금은 불시에 영국이 차지하고 있으니 반드시 다툼이 있을 것이다."[27]라고 총리아문에 알렸다. 4월 12일, 리훙장은 영국과 러시아의 충돌과 거문도 사건의 국제적 의미를 완전하게 이해하지 못한 채 경솔하게, "영국이 잠시 그곳에 머물러 러시아와 대치 상태에 있지만 이것은 조선과 중국에 모두 손해가 없다."[28]라고 총리아문에 전보를 보냈다. 4월 24일, 중국 주재 영국공사 오코너는 청에 각서를 보내 잠시 거문도를 지키겠다고 성명을 발표하였다. 쩡지쩌는 이에 관해 영국 외교대신에게 다음과 같이 밝혔다. "거문도는 조선에 속한 땅이고 또 조선은 청나라의 속방이다. 만약 외부인이 거문도를 점령한다면 중국은 묵인할 수 없다. 조회 각서에 따르면 귀국이 잠시 이 섬을 점령한다고 하였다. 만약 귀국의 결정이 우리 나라의 권익에 피해를 주지 않는다면 우리 나라도 항거할 의사는 없다."[29]

5월 1일, 쩡지쩌는 영국정부에 전보를 보내어 거문도를 점령한 날로부터 만 1년이 되면 매년마다 이 섬의 세입歲入 금액을 조선에 주도록 건의하면서 조선이 중국에 공물을 바칠 때, 이 섬이 분담할 부분은 이 세금에서 떼어내 바쳐야 한다고 하였다.[30] 또한 영국은 조선 백성의 특권과 권리에 결코 피해를 끼쳐서는 안 된다고도 하였다.

청은 "속국의 땅을 점령하는 것을 우리가 어찌 허락할 수 있겠는가? 더욱이 거기서 이익을 얻는 것은 체제에 맞지 않는다. 만약 이 일이 성사되어 다른 나라의 구실이 된다면 폐단이 더욱 많아질 것이다."[31]라고 생각하였다. 리훙장은 청조정의 의견에 동의하였다. 그는 "만약 영국이 이 섬을 점령하는 것에 동의한다면 러시아는 영흥만을 점령하려고 할 것이다. 그리고 일본도 반드시 말썽을 일으켜 후환이 더욱 크게 될 것이니 잠시 놔두는 것이 좋겠다. 영국이 만약 점령하고자 한다면 반드시 조선과 협상해서 처리해야 한다. 조선이 비록 약소한 나라이기는 하지만 아무런 사유 없이 동의하지는 않을 것이다. 설사 동의한다고 할지라도 중국에 보고해야 한다. 이렇게 해야만 책임을 따질 때 명분이 정당하고 말도 이치에 맞을 것이다."[32]라고 자신의 의사를 밝혔다. 중국 주재 러시아공사는 중국과 영국이 교섭한다는 소문을 듣고 총리아문에 "만약 영국이 거문도를 점령하는 것을 중국이 승인한다면 우리 러시아는 다른 섬 또는 조선 왕국의 일부를 점령할 필요가 있다."[33]라고 성명을 발표하였다. 5월 6일, 쩡지쩌는 영국 외상에게 다시 각서를 보내어 러시아와 일본도 이 일을 구실로 요구사항을 제시했음을 알리면서 다음과 같이 강조하였다. "중국은 이러한 분쟁을 피하기 위해 귀국과의 조약에 서명할 수 없으니 희망컨대 귀국은 거문도를 점령하지 않기를 바란다."[34]

5월 4일, 리훙장은 조선 국왕에게 편지로 다음과 같이 전하였다. "귀국의 제주 동북쪽 백여 리에 바다 가운데에는 거마도巨磨島(거문도)가 불쑥 솟아 있습니다. 서양에서는 해밀턴이라고 부릅니다. 근일에 영국과 러시아 간에 아프가니스탄 국경문제로 분쟁이 일어나 러시아의 군함이 블라디보스토크에 집결해 있습니다. 영국인은 그들이 남하하여 홍콩을 침범할 우려가 있다며 거마도에 군함을 주둔시켜 그 길을 막고 있습니다. 이 섬은 조선의 관할구역이기 때문에 영국 사절이 귀국에 수군의 정박 장소로 차용하려고 상의를 하였는지 모르겠습니다. 만약 잠시 동안 군함을 주둔시키고 있다가 일정한 기일을 정하여 병사를 철수한다면 논의해 동의할 수 있을 것입니다. 하지만 오래도록 돌아가지 않는다면 사든 빌리든 쉽게 허락할 수 없는 일입니다. 유럽인들이 남양南洋(태평양)을 병탄할 때도 처음에는 모두 비싼 값으로 빌렸다가 후에 그들을 내쫓고 자기들의 소유로 만들어버렸습니다. 거마도는 황폐한 섬이라고 들었는데 귀국이 혹시 그다지 소중하게 생각하지 않을 수도 있습니다. 홍콩 일대와 비교해보아도 영국인들이 차지하기 전에는 어민들의 초가집 몇 채가 있을 뿐이었습니다. 그러나 지금은 점차로 영국인들이 경영하여 중요한 섬이 되었고 이미 남양의 요충지로 자리 잡았습니다. 더욱이 거마도는 동해의 큰 길목에 위치해 있어 중국의 웨이하이威海와 즈푸芝罘(옌타이煙臺의 옛 지명—옮긴이), 일본의 쓰시마, 귀국의 부산과 거리가 아주 가깝습니다. 영국인은 비록 러시아를 방어한다는 구실을 내세우고 있지만 그 의도가 무엇인지는 아무도 모릅니다. 이토 히로부미가 전에 본인과 담화한 바에 따르면 영국이 거마도에 오래 머물러 있을수록 일본에 특히 불리하다고 합니다. 만약 귀국이 영국에게 거마도를 빌려준다면 반드시 일본이 힐난할 것입니다. 러시아는 문죄를 하지 않는다 해도 역시 근처의 다른 섬을 점령하려 할 것입니다. 이렇게 된다면 귀국은 어떻게 대처하겠습니까? 이것은 도둑을 끌어들여 인근의 나라에 폐를 끼치는 격이므로 실책에 속합니다. 아울러 큰 국면에 장해가 되는 일이니 전하는 일정한 견해를 견지하여 금전과 달콤한 말에 현혹되지 않기를 바랍니다."[35]

5월 5일, 리훙장은 딩르창으로 하여금 차오융호, 양웨이호 두 척의 군함을 이끌고 뤼순에서 조선으로 가 신중하게 의논하도록 하였다. 엄세영嚴世永을 대표로 하는 조선의 교섭사절단은 중국 군함을 타고 5월 16일에 거문도에 도착하여 영국의 수군 장교들과 교섭하였다. 영국인은 두 사람에게 나가사키에 가서 영국의 해군사령과 상의할 것을 건의하였다. 5월 18일, 딩르창은 다시 엄세영과 함께 나가사키에 가서 영국의 해군사령과 교섭한 끝에 겨우 서신 한 통만을 받았다. 그 서신에는 다음의 내용이 쓰여 있었다. "어제 회담한 내용을 이미 본국 정부에 전보로 알렸다. 이제 회신이 오는 즉시로 귀 대신에게 편지로 회답할 것이니 귀국의 대군주에게 전하라."[36]

5월 20일, 조선의 외무부는 조선 주재 영국영사관에 편지를 보내고 다시 베이징의 영국공사에게 전보를 보냈다. "방금 우리나라의 해밀턴에 잠시 거주하겠다는 귀 사절의 편지를 받았다. 그 섬은 우리나라의 중요한 땅으로서 귀국에게만 불허한 것이 아니라 어느 나라가 요청한다고 해도 허락하지 않을 것이다. 귀국이 우의를 중요시하여 속히 앞의 요구를 취소한다면 다행스러운 일이 아닐 수 없다. 먼저 전보로 알리고 회신을 기다리는 바이다."[37] 같은 날, 조선은 또 중국의 상무총판 천수탕과 각국의 공사에게 각서를 보내어 영국의 거문도 점령에 대한 의견을 널리 들었다. 독일 총영사는 영국의 행위는 용납될 수 없는 일이라 하였다. 일본 대리공사도 조선의 입장을 지지하면서 사건이 중대한 만큼 "영국의 의도를 각국에 알려야 하며 거문도 점령을 귀국이 허락하지 않았으니 각국이 의심을 풀고 공동으로 합의를 보아야 한다."[38]라고 하였다. 오직 미국 대리공사만이 영국이 조선 영토를 강점한 사실을 무시한 채 온갖 방법으로 영국을 변호하면서 억지스럽게 조선을 질책하였다. "해밀턴섬 사건에 관해 조선이 크게 경계하고 있다. 그러나 우리는 영국이 영원히 해밀턴섬을 자기 소유로는 하지 않을 것이라고 생각한다. 영국 역시 그 섬을 사용할 의도가 없다. 오늘 베이징 영국공사의 편지를 보았다. 그런데 영국의 의도는 조선의 땅을 점령하고자 함이 아니라 자신을 방어하고자 하는 데 있었다. 지금 영국이 군함을 거문도에 보낸 것은 우의를 잊어버린 것이 아니다. 조선은 영국의 행위를 비난하지 말아야 한다."[39]

중국과 조선 쌍방이 영국과 교섭하여 거문도를 되돌려줄 것을 요구했지만 영국은 늑장전술로 대응했다. 러시아는 중국이 조선을 도와 그 섬을 되찾아 줄 것을 거듭 독촉하였다. 1886년 봄, 쩡지쩌는 영국의 외교부에 각서를 보냈다. "러시아가 영국의 거문도 철수를 중국에 거듭 요구해왔다. 영국이 계속 그곳을 점령한다면 러시아도 조선의 한 지역을 점령하겠다고 하는데 귀 정부의 의견은 어떠한가?" 영국은 다음과 같이 회답하였다. "그 섬을 점령한 것은 중국과 그 속국의 권리와 이익에 결코 손상되지 않음은 물론 영국도 그 섬을 점령할 생각이 없다. 다만, 이 섬이 다른 나라에 귀속된다면 중국과 영국 두 나라에 불리할 것이다. 그러므로 중국이 어떠한 나라도 이 섬을 점령하지 못하도록 보장한다면 영국은 안심하고 그곳에서 철수할 것이다."[40] 영국의 진정한 뜻은 러시아가 그 섬을 침범하지 못하게 중국이 보증한다면 철수할 수 있다는 것이었다.

그리하여 중국은 방향을 바꾸어 러시아와 교섭하였다. 1886년 9월 25일, 중국 주재 러시아공사는 도문강 국경선문제 때문에 톈진에 왔다가 리훙장과 거문도 사건을 토론하였다. 그는 "본국에서 보낸 전보를 받았다. 중당中堂(재상)에게 우리 러시아는 거문도 혹은 조선의 기타지역을 침범할 뜻이 없음을 보장한다."[41]라고 말하였다. 리훙장은 이 의논을 간단한 문서로 써줄 것을 요구하였다. 그러나 러시아 사절은 면전에서 보증할 수는 있으나 서면으로는 쓸 수 없다고 하였다. 리훙장은 중국이 러시아의 뜻을 결코 의심해서가 아니라, 다만 영국이 자신들이 거문도에서 철수하면 러시아가 차지할 것이라는 구실로 철수하지 않기 때문이라고 하였다. 그는 러시아가 간단한 요지를 써서 절대로 조선 항구를 침범하지 않을 것이라고 보증만 하면 즉시 영국의 입을 막을 수 있다고 하였다. 그러나 러시아공사는 여전히 서면 보증을 거절하였다. 9월 29일, 쌍방은 서로 각서를 바꾸는 방식으로 중국과 러시아 쌍방이 모두 조선 땅을 침범하지 않는다고 약정하고, 또 제3국이 조선 땅을 침범하는 것도 반대한다는 데 합의하였다. 한편 회의에서 일본이 외교적인 수단을 써서 중국과 러시아 두 나라가 서로 싸우도록 부추겨 그 중간에서 이익을 얻으려는 음모도 밝혀냈다. 양국 모두가 조선 땅을 침범하지 않기로 담보하면 일본도 그 다른 지역을 침범할 수는 없었다. 리훙장은 "조선은 중국의 속방으로 중국은 자연히 조선을 보호할 권리가 있지만, 러시아는 동등한 통상국가로서 보호할 권리가 없다. 단지 러시아는 그 땅을 침범하지 않는다고 명문으로 보장해주기만 하면 될 것이다."[42]라고 강조하였다.

10월 1일, 러시아공사가 러시아의 각서 초고를 보내왔다.

"러시아는 안정된 국면을 바라는 만큼 조선 경내가 영원히 조용하기를 희망한다. 조선은 러시아의 인근 나라인 까닭에 러시아와 밀접한 관계가 있다. 원컨대 다음과 같은 세 가지 조항을 지키기 바란다.

첫째, 조선과 중국, 조선과 각국의 교제는 변하지 않는다.

둘째, 조선 경내의 모든 땅은 완전성을 준수한다.

셋째, 조선 국왕에게는 자주적 권한이 있어야 함은 물론, 그 평화와 안정을 보위하고 백성에게 유리한 일을 해야 한다.

조선 경내에서 만일 현재의 모든 상황이 간섭, 변경, 변화되어 조선 경내에서 러시아의 응당한 권리에 장애가 생기고 문제가 발생한다면, 이것은 곧 러시아가 인근 나라와 평화롭게 지내고자 하는 본의와 어긋나게 된다. 만약 이후에 뜻밖의 일이 큰 영향을 미쳐 조선이 반드시 변법을 실시해야 한다면,

중국과 러시아 양국, 피차의 정부, 양국의 조선 주재 관리가 공동으로 방법을 상의하고 결정하여 오해가 생기지 않게 해야 한다. 만약 조선의 현재 모든 상황을 바꾸는 일이 발생한다면, 피차 양국은 반드시 사사로이 처리해서는 안 된다. 이것은 중국과 러시아 양국의 화목을 지키기 위해서이다. 중국과 러시아 양국의 조선 주재 고관은 모두 어명을 받들어 조선 국왕과 대신이 마땅히 해야 할 일만을 바로 잡아야지 이유를 막론하고 참여해서는 안 된다. 오해를 일으킬 만한 일은 신속히 처리하지 않으면 이후에 어떤 문제가 발생할지를 예측하기 어렵다. 중국의 동북 3성인 지린과 조선의 국경을 하루 빨리 확정하기 바란다."[43]

리홍장은 각서의 초고가 번잡하여 쉽게 오해를 불러일으킬 수 있다고 판단하여 따로 간명한 각서를 작성할 것을 주장하였다. 즉, 러시아가 이후 조선 땅을 침범하지 않겠다는 것을 주요한 내용으로 하고 기타 지엽적인 것은 삭제하자고 하였다. 10월 6일, 러시아는 두 번째 각서를 보내왔다.

"첫째, 중국과 러시아 양국은 피차 오해할 일이 없도록 조선의 일체 상황을 이후에도 변경 없이 모두 이전이나 혹은 지금의 방법대로 처리한다. 모든 일체의 변법은 조선의 지금 상황에 장애가 되거나 또 다른 문제를 발생시킬 수가 있으니, 중국과 러시아 양국의 안정을 바라는 뜻에 부합되지 않는다.

둘째, 러시아는 평화의 담보 외에 결코 다른 뜻이 없을 뿐만 아니라 조선의 땅도 침범하지 않을 것이다. 그러므로 중국 역시 그러한 일을 해서는 안 된다.

셋째, 금후에 만일 뜻밖에 예상하지 못한 일이 발생하여 조선의 현재 상황에 큰 영향을 미치거나 조선에서의 러시아 이익에 차질이 생기면 어쩔 수 없이 조선의 현재 상황을 바꾸어야 할 것이다. 그때는 중국과 러시아 양국, 양국의 정부, 양국의 조선 주재 고관이 공동으로 상의하고 결정해야 한다."[44]

이 각서에는 러시아가 조선 일에 간섭하고자 하는 야심이 드러나 있었다. 청조정은 10월 11일 리홍장에게 칙령을 내려 러시아 사절과 상의하여 각서 초고를 수정함은 물론 상세하게 따져 한 글자도 대충대충 넘어가서는 안 된다고 하였다. 10월 14일, 청조정은 또 다시 영을 내렸다. "오늘 군기대신이 순친왕에게 올린 편지에 따르면, 중국과 러시아는 조선의 일 때문에 약정하는 데 러시아가 다른 뜻을 품었을까 두렵다고 하였다. 만약 이 때문에 러시아의 견제를 받아야 한다면 오히려 약정하지 않는 것이 나을 것이다. 러시아가 조선을 침범하지 않는 것은 당연한 일이다. 어찌 우리 상국을 그들과 같은 자리에 놓고 말할 수 있겠는가? 물론 견제할 수 있다면 약정할 수 있다. 군현감국은 물론하고 본래 하고자 하지 않았거니와 실시할 수도 없어 이번과 같은 책문 조항 역시 이루어질 수 없다. 거문도를 얻음은 일시적인 허명이지만 이로써 이후에 조선 전체를 잃는 큰 국면에 처한다면 우리에게는 설상가상이며 이는 공론에 부친다고 해도 다를 바가 없다. 프랑스가 베트남에, 영국이 미얀마에, 일본이 류큐에 침입한 것도 다 러시아로부터 질책을 받았다. 중국은 이처럼 다사다난한 시기, 망한 나라를 다시 일으켜 세우는 일에 힘이 못 미치기도 했지만 그래도 아직 수치를 느끼지는 않는다. 만약 러시아와 약정함으로써 터무니없는 날조가 우리에게서 발단되어 결국 그들의 함정에 빠져 속국을 멸망케 한다면 어찌 후세의 웃음거리가 되지 않겠는가? 각서에는 대체로 조선은 중국의 속국인 까닭에 주도면밀하게 보호해주어야 한다는 말을 몇 마디만 적어 넣고, 진실로 명예에 저촉되지 않으면 결단코 다른 말을 쓰지 말아야 할 것이다. 또한 러시아는 조선과 통상하고 화목하게 지내며 침략할 마음이 없다는 등의 말을 적어 넣음이 좋을 것이다. 명목으로 국경을 나누는 일은 아직도 분명한 느낌이라는 등의 말은 그 논함이 적중하고 정확해야 한다. 리훙장은 거듭 심의·고려해 결정함으로써 후환을 없게 해야 할 것이다."[45]

리훙장은 지시대로 러시아 사절과 각서 개정을 상의했지만 러시아는 이에 동의하지 않았다. 러시아는 다음과 같이 전보를 보내왔다. "중러 양국은 조선의 실질적인 안정을 바라며, 오해를 불러일으킬 일이 없도록 조선의 지금 상황을 바꾸지 않을 것과 영원히 조선 경내의 땅을 침범하지 않을 것을 약정하는 바이다."[46] 총리아문은 이를 근거로 중국 주재 영국공사에게 각서를 보내어 병선을 거문도에서 철수할 것을 요구하였다. 12월 24일, 영국사절은 총리아문에 와서 경친왕慶親王 등을 만나 영국정부의 전보를 전하면서 즉시 거문도에서 철수하겠다고 하였다. 동시에 조선에 보내는 각서 하나를 청이 대신 전달해줄 것을 부탁하였다. 중국 주재 영국공사가 조선 통상아문독판通商衙門督辦에 보낸 각서에는, "광서 12년 6월 3일에 보낸 문건에 잠시 거문도를 지키는 일을 언급하였는데, 본 대신이 문건 중의 각 세부사항들을 우리나라에 전달하여 조사하게 하고 7월 6일에 회답이 와서 문건으로 등록하였다. 지금 각서대로 회답한다. 즉, 그때 섬을 점거했던 특별한 사정이 이제 다행히 더는 존재하지 않으므로 본래의 의도대로 거문도에 주둔한 일을 멈추어 달라는 말이 있는데, 이 말은 이치에 맞으니 부탁대로 즉시 시행할 것이다. 이 일을 살피자니 중국이 다른 나라에서 거문도 혹은 귀국의 다른 곳을 침범하지 못하게 하겠다고 담보한 것이 우리의 거문도 철수에 대한 의지를 더욱 굳게 만들었다."[47]라고 되어 있었다. 1887년 2월, 2년 동안 거문도를 점령했던 영국이 마침내 물러났다. 조선 국왕은 베이징에 사절을 파견하여 사의를 표하였다.

왕윈성王芸生은 거문도 사건에 관해 다음과 같이 평가하였다. "청의 이 교섭은 순리적이었다고 할 만하다. 첫째, 러시아의 항의를 구실로 영국 군대를 철수하게 하였다. 둘째, 러시아 제국으로 하여금 조선영토를 침범하지 않겠다는 선언을 하게 하였다. 셋째, 사실상 조선은 중국의 속방임을 영국과 러시아 양국이 승인하게 하였다. 넷째, 이번 교섭을 통하여 청조의 군신은 조선 일에 대한 간섭을 더 한층 강화할 수 있게 되었다."[48]

거문도 사건은 조선의 국가이익을 수호하였다. 이로 볼 때 중조관계 역시 더욱 강화되어야 마땅하였다. 하지만 현실은 이와 정반대로 진행되었다. 조선은 겨우 거문도 하나를 되찾는 작은 일조차도 이처럼 어려운 것을 보고 청의 보호능력에 도리어 크게 실망하였다. 이 때문에 거문도 교섭과 거의 동시에 중조관계에는 중대한 변화가 일어났다.

조러밀약 사건

1882년 '조미수호통상조약'이 체결된 후 중국 주재 러시아공사는 일찍이 리훙장에게 러시아도 조선과 조약을 체결할 수 있도록 소개해달라고 요구하였다가 거절당한 적이 있었다. 이에 러시아는 톈진 주재 영사 베베르를 파견하여 독자적으로 조선과 교섭하게 하였다. 베베르는 조선의 외교 고문 묄렌도르프의 소개로 결국 1884년 7월 7일에 '조러수호통상조약'을 체결하였다. 이것은 러시아 세력의 조선 진입을 위한 기초가 되었다. 묄렌도르프는 리훙장의 추천으로 조선에 협조하여 세관 업무를 돌보았는데, 그는 음흉하고 교활한 인물로서 사실상 열강들의 조선침략 도구로 이용되었다.

1884년 갑신정변 이후 중국과 일본 간에는 긴장된 관계가 조성되었다. 묄렌도르프는 이 기회를 틈타 조선 국왕에게 중일전쟁은 조선에 해가 될 수 있으므로 러시아와 연합해 청을 막는 정책을 실행함으로써 자신을 보호해야 한다고 진언하였다. 조선 국왕과 민비세력은 이 건의를 받아들였다. 1885년 2월, 묄렌도르프는 조선 국왕의 위임을 받고 일본에 가서 일본 주재 러시아공사 다비도프, 서기관 스페이에르와 '제1차 조러비밀협정(조러밀약)'[49]을 맺었다. 그 주요 내용은 다음과 같다.

첫째, 중일전쟁이 벌어지면 조선은 영토 보전을 위해 중립을 견지한다.

둘째, 이를 위하여 조선은 러시아의 보호를 받아야 한다.

셋째, 조선정부에서는 약간의 군사 교관을 초빙한다.

1885년 5월, 묄렌도르프는 엄세영을 따라 나가사키에 가서 거문도 귀환 교섭을 할 때, 다비도프에게 조선 국왕이 이미 '조러밀약'을 허락한 사실과 중조 양국이 거문도 사건을 해결하기 위해 협상한 실정을 통보하였다. 그 전에 다비도프는 이미 러시아 황제가 '조러밀약'을 체결하도록 허락하였다는 소식을 듣고 스페이에르를 서울에 보내어 소식을 전달하려고 했었다.

조선 국왕은 권동수權東壽, 김용원金鏞元 등을 블라디보스토크에 파견하여 러시아 황제가 조선을 보호해주기를 바란다는 국서를 전하였다. 이에 러시아는 중국·일본 두 나라와 동등하게 병력을 조선에 파견할 수 있는 권리를 요구하였다. 조선독판교섭통상사무대신朝鮮督辦交涉通商事務大臣인 김윤식은 사태의 심각성을 깊이 느끼고 즉시 조선 주재 중국상무총판 천수탕과 일본 대리공사에게 러시아의 요구를 통보하였다. 리홍장은 조선 국왕에게 편지를 보내어 의견을 확실히 정하여 '조러밀약'을 부인하라고 권하였다. 일본도 몹시 경계하는 태도로 중국과 협력하여 러시아를 방어하고자 하였다.

'톈진조약'에서 중국과 일본은 동시 철군을 결정하였다. 그런데 러시아가 이 기회를 노려 조선에 침입하고자 한 것이다. 1885년 6월 20일, 조선 주재 러시아공사관 참찬 스페이에르는 조선의 외무독판서外務督辦署에 가서, 러시아가 교관을 파견하여 병사를 훈련시키는 것을 조선이 받아들이라고 강요하였다. 동시에, 러시아가 조선을 보호하고자 하는데 조선 외무독판서는 무엇 때문에 '조러밀약' 같은 중대한 일을 중국에 알렸는지를 추궁하였다. 외무독판은 다음과 같이 대답하였다. "이 일이 비밀리에 상의되었는지는 잘 모른다. 중대한 일이라면 숨길 필요도 없이 반드시 광명정대하게 내놓고 널리 의견을 들어보아야 후회가 없을 것이다. …… 나는 역문譯文을 보고서야 교관에 관한 일을 알게 되었다. 그리고 묄렌도르프에게 이것은 중대한 일로서 중국·러시아·조선은 땅이 서로 이어져 있는 나라들이다. 예전에 조선과 중국은 무슨 일이든 서로 상의해서 결정하였다. 오늘의 이 일도 숨길 수 없으며 반드시 중국과 상의한 다음에 확정하고 결정을 내려야 한다."[50]고 말했다.

고종은 러시아의 요구를 거절하고 대신 남정철을 톈진에 보내어 리홍장을 만나게 함으로써 러시아 대처방침에 관해서 상의·결정하고 조선 주재 중국 군대 철수를 잠시 늦춰줄 것을 요구하였다. 리홍장은 조선 국왕에게 러시아와 조약을 맺고자 한 무리를 징벌하고 러시아와 맺은 밀약을 파기함은 물론, 러시아를 멀리하고 묄렌도르프를 파면할 것을 권하였다. 데니 등 미국인 두 명이 묄렌도르프를 대신하여 조선의 세관총세무사와 외교 고문으로 각각 임명되었다. 1885년 7월 8일, 리훙장은 총리아문에 서신을 보내어 조선과 러시아 관계에 대해 논급하였다. "천수탕에 따르면 조선이 러시아와 밀약하여 보호를 받으려고 한 일은 이미 시들해진 듯하다. 내가 영을 내려 대책을 강구해 타개토록 하였다. 어제 천수탕에게 받은 소식에 따르면 조선은 이미 묄렌도르프를 파면하였다고 한다. 이것은 공론에 부합하는 처사이다. 조선과 러시아 사이에 정말로 밀약이 있었더라도 조선은 아직 전권대신을 파견하지 않았을 뿐만 아니라 비준도 하지 않았기 때문에 국제법에 따라 이 밀약은 폐지할 수 있다. 그러므로 묄렌도르프의 일은 우려할 필요가 없다. 러시아가 만일 섬을 요구한다고 해도 절대로 허락하지 말아야 한다. 천수탕은 이러한 사실을 정부에 비밀리에 보고하고 조선 국왕에게 전해주길 바란다고 하였다. 영국영사와 중국 주재 일본공사 에노모토 다케아키는 모두 조선 측의 전보를 받았는데, 러시아가 교관을 파견하여 조선 병사를 훈련시키고자 한다는 요구를 조선 국왕이 거절하였다고 한다. 또한 조선 국왕이 묄렌도르프를 파직했는데도 여전히 러시아는 묄렌도르프를 통해 선약한 바가 있다며 큰 섬을 요구하고 있다고 한다. 러시아세력이 날로 핍박해오므로 은밀하게 조선을 도와 적들의 음모에 대처함으로써 조선의 뜻을 굳히고자 한다. 러시아는 동방의 우환거리로서 프랑스를 능가한다. 펑톈의 국경도시, 압록강, 지린의 훈춘에 이르기까지 강한 군대를 주둔시켜 동정을 잘 살펴야 한다. 조선과 러시아의 육로는 도문강 수십 리에서만 통하므로 우리 군이 가로막는다면 뒤에서 치는 것을 두려워하지 않을 수 없다. 바라건대 이 점을 유념하여 후회하는 일이 없도록 해야 할 것이다."[51]

제1차 조러밀약 사건이 끝난 지 꼭 1년 만에 제2차 조러밀약의 풍파가 또 다시 덮쳤다. 1886년 7월 25일, 조선교섭 통상사무를 총관하는 위안스카이는 리훙장에게 민영익과 나눈 밀담을 보고하였다. "조선 조정은 소인배들의 간교함에 넘어가 사람을 파견하여 러시아 대신 베베르를 만나 보호와 도움을 요청하였습니다. 아울러 거문도에 배를 파견하여 조선을 도와 영국의 침략을 막아낼 것을 원하였습니다. 러시아 공사는 이 기회를 틈타 그들을 기만하여 밀약을 맺으려고 하고 있습니다. 민영익이 아무리 간하여도 소용없고 한 손으로 손뼉을 칠 수도 없는 일이니 대세는 이 일로 결렬될 듯합니다."[52] 위안스카이는 서둘러 대응방법을 강구할 것을 청하였다. 8월 5일, 위안스카이는 다시 전보를 보내 민영익에게서 전해들은, 즉 조선이 중국을 배반하고 러시아에 도움을 청하였다는 소식을 리훙장에게 알렸다. 8월 6일에는 러시아에 기대자고 주장하는 자들은 김가진金嘉鎭, 정병하鄭秉夏 등 소인배들이라고 보고하였다. 그는 "이런 소인배들만 처치해서는 그 뿌리를 깨끗이 제거할 수 없을 뿐만 아니라 후환도 막을 수 없습니다. 조선 국왕이 조선 보호와 동등한 지위를 바라며 삼천리 산하가 중국의 신복임을 수치로 여기던 차에 소인배들이 여기에 맞장구치며 미혹시키니, 사태가 날로 심해지고 있습니다."[53]라고 하면서 중국이 파병하여 대원군 이하응을 도와 조선 국왕을 폐하고 이씨 성을 가진 다른 현명한 이를 군주로 세울 것을 주장하였다.

8월 13일, 위안스카이는 연속 다섯 번이나 소식을 보내왔다. 조선정부가 러시아에 보내는 조회 문서를 민영익이 이미 베꼈다고 보고하였는데, 그 문서 내용은 다음과 같다. "비밀리에 알림—우리나라는 편벽한 한 모퉁이에 자리하고 있습니다. 비록 자주독립의 국가라고는 하지만 타국의 통치를 면하지 못하고 있습니다. 우리나라 군주는 이것을 부끄럽고 답답하게 여깁니다. 오늘날 힘을 다해 나라를 진흥시키고 이전의 제도를 개혁하여 영원히 타국의 통제에서 벗어나고자 하지만 근심을 떨쳐버릴 수가 없습니다. 우리나라와 귀국은 화목하고 우정이 돈독하여 마치 입술과 이의 관계와 같아서 다른 나라와는 다릅니다. 귀 대신이 귀 정부에 잘 말하여 우리나라를 힘껏 보호하고 영원히 이 약속을 어기지 않을 것을 허락해주기를 바랍니다. 우리나라 군주는 천하 각국의 군주와 평등합니다. 혹시나 다른 나라가 위협한다면 귀국이 군함을 파견해서 도와줌이 마땅하며 우리는 귀국을 깊이 존경하고 있습니다. 숙연히 글을 올리며 삼가 칭송합니다. 대조선 개국 495년 병술 7월 10일, 내무총리대신 심순택沈舜澤이 성지를 받들어 대러시아 흠명대신欽命大臣 베베르 각하께 올림."[54] 민영익에 따르면 연월에 조선의 옥새가 찍혀 있었고 심순택의 이름에도 도장이 찍혀 있었다고 한다.

같은 날, 리훙장은 러시아 주재 중국공사 류루이펀에게 전보를 보냈다. "방금 전에 조선 주재 위안스카이가 보낸 비밀전보에 따르면 조선정부가 러시아에 보호를 요청하는 밀지를 이미 베베르에게 발송하였다고 한다. 그리고 베베르도 이것을 러시아 조정에 전하여 군대와 배를 파견해서 도와주는 것에 대해 동의하였다고 한다. 조선이 수천 년 동안 중국의 속국이었다는 것은 천하가 다 아는 사실이다. 러시아와 중국의 관계도 비교적 좋은 만큼 비밀리에 러시아와 상의해서 이 문서를 받지 않도록 하기를 바란다. 더욱이 조선에는 현재 아무런 사건도 일어나지 않았으므로 파병하지 말아야 한다."[55] 그 다음날, 리훙장은 해군을 총관하는 대신 순친왕에게 상서문을 올려 조선과 러시아의 동맹에 대응할 책략을 상의하고 시의에 적합한 대책을 내려줄 것을 청하였다. 리훙장은 "이 일은 비록 비밀이지만 이미 노출되어 이제 타협할 수도 없다. 반역의 무리를 멸하고 임금을 폐하지 않는다면 형세를 만회할 수가 없다."[56]고 생각하였다. 그러나 중국은 관병을 파견하는 일만은 신중을 기하였다. 우선 먼저 천원이陳允頤를 조선에 파견하여 비밀리에 위안스카이, 대원군과 함께 모든 일을 상의하게 하였다. 그는 대원군에게 만약 반역자들을 제거할 힘이 있다면 명분을 분명히 하여 그들을 제거하라고 부탁하는 한편, 북양에 전보를 보내어 리훙장에게 기회를 보아 처리하라고 하였다. 영국과 일본은 러시아의 조선 보호를 원치 않았기 때문에 중국을 난처하게 만들지는 않을 것이었다. 8월 17일, 청 조정은 다음과 같은 지시를 내렸다. "순친왕이 리훙장에게 바친 여러 차례의 서한을 자세히 보았다. 지금 아무런 사건도 아직 일어나지 않은 만큼 우선 군대를 정돈하여 러시아 방어에 주력해야 한다. 리훙장은 군 업무를 조정하여 조선에 하루 만에 도착할 수 있게 준비하라. 이 일은 신중히 처리해야 하며 절대로 소홀히 해서는 안 된다. 그러나 일에 임할 때는 과감하게 결단을 내리고 머뭇거려서는 안 될 것이다. 한편 병선을 조선 해안에 보내어 수시로 순시하면서 기세를 돋우어야 한다. 동시에 천원이에게 전보를 보내 일의 진행을 재촉하고, 류루이펀은 어떤 형세인가를 알아보고 확실한 동정이 있으면 즉시 전보로 알려 지시에 따라 처리해야 한다."[57]

8월 20일, 리훙장은 하루 저녁에 위안스카이로부터 잇달아 7차례나 소식을 전해 들었다. 위안스카이는 조선의 여러 대신들이 왕과 정부는 이 일에 대해 자신들은 다 모르는 일이고 필시 소인배들이 날조한 것 같다고 말했다고 보고하였다. 한편 위안스카이는 조선 조정에 이 일을 모르고 있었다면 그 문서를 시급히 되돌려오고 만약 날조된 것이라면 소인배들을 조사할 것을 요구하였다. 조선 조정은 이미 관원을 파견하여 러시아에게 문서를 돌려줄 것을 요구하였는데 러시아공사는 그러한 일은 없었다고 말하였다. 8월 22일, 러시아 주재 중국공사 류루이펀은 "조선이 보호를 청했다는 말은 들어보지도 못하였다."[58]는 러시아 외교대신의 말을 전해왔다. 리훙장은 그날로 류루이펀에게 회답을 보내어 "만약 이런 일이 있었다면 문서를 무효화한다."라는 성명을 러시아 외교부가 발표하게 하라고 분부하였다. 중국 주재 러시아 대리공사도 리훙장에게 "본국의 외교부에서 서신을 보내왔는데, 나로 하여금 조선의 근거 없는 소문은 듣지 않아도 된다고 중당에게 전하라고 하였다."고 정중히 성명을 발표하였다. 조선과 러시아의 밀약이 실제로 존재했는지에 관해서는 역사학자들은 오늘날까지도 정확한 판단을 내리기 어려워한다. 그러나 이번 외교분쟁이 중조관계를 흔들 만한 영향을 미쳤음은 틀림없다.

이 사건이 발생한 후에 조선정부는 서상우徐相雨 등을 중국에 파견함으로써 잠시나마 중조관계의 균열을 메우고자 하였다. 청정부와 리훙장은 조선 국왕에게 현명한 신하를 가까이하고 소인을 멀리하라고 권하였다.

서양사절 파견 사건

조선정부의 자주독립 쟁취에 대한 정의로운 요구는 결코 사라질 수 없었다. 1887년 7월, 서양사절 파견 논쟁이 일었다. 리훙장이 추천한 미국 국적의 외교 고문 데니는 고종에게 반드시 각국에 공사를 파견해야만 자주적인 면모를 갖출 수 있다고 여러 차례 진언하였다. 이에 따라 조선정부는 중국과 미리 상의하지 않고 민영익이 주관하여 박정양朴定陽을 미국 주재 전권대신으로 보내는 한편, 심상학沈湘學(후에 조신희趙臣熙로 고쳤다)을 전권대신으로 삼아 영국, 독일, 러시아, 이탈리아, 프랑스 등의 나라에 사절로 보냈다.

위안스카이는 조선이 사절을 서양의 각 나라에 파견한다는 소식을 처음 들었을 때, 재정상의 원인 때문에 조선이 그 일을 당분간 실행하지 못할 것으로 여겼다. 연이어 그는 리훙장에게 전보를 보내기를, "조선이 각국에 사절을 보내면 조선의 사절이 중국의 각국 주재 대신들과 동등한 지위를 차지할 것입니다. 그러므로 이를 제한하지 않는다면 우리의 체면이 말이 아닐 듯합니다. 조선의 어떤 사신이든 간에 우선 중국 대신에게 공문서를 제출해야 하며, 상호 내왕할 때에는 벼슬 직함이 있어야 합니다. 또한 중국 대신은 편지로써 각서하여 원래 제도에 부합되게 처리해야 한다는 사실을 조선 국왕에게 분명하게 알릴 뿐만 아니라, 청컨대 총리아문이 각국의 주재 대신들과 의논하여 분명하게 정해야 합니다. 조선이 사신을 파견하여 자주국가임을 천하에 알리려고 한다면, 중국은 동등하지 않다는 것을 보여줌으로써 조선이 중국의 속방임을 각국에 알려야 합니다."[59]라고 하였다. 총리아문은 위안스카이의 건의를 받아들여 각국의 중국 공사에게 이와 같은 뜻을 알렸다.

위안스카이는 또 조선정부에 각서를 보냈다. "조선이 큰 일로 교섭할 때면 언제나 나와 먼저 의논했는데, 요즘 들리는 소문에 따르면 전권대신을 여러 나라에 나누어 파견하면서도 미리 상의하지 않고 있다. 그리고 각 나라에는 조선 상인도 없는데 무슨 이유로 파견한단 말인가? 그저 빚만 늘어날 뿐이다. 관원이 그곳에 가서 무슨 일을 처리할 것이며, 어떤 의견을 낼 것인가?"[60] 그는 얼마 후 청정부의 유지를 받았다. "중국은 이미 조선이 각국과 통상하는 것을 허용하였다. 오늘날 사절 파견도 동일한 원칙을 적용하나 반드시 먼저 허락을 받아야 한다. 비준된 다음에 각국으로 파견함이 체제에 부합된다. 지금은 사절 파견을 멈추게 하고 정당하게 처리함은 물론 지시를 기다려 완전히 절차를 밟게 하도록 하라."[61]

조선 국왕은 민영익과 상의하였다. 민영익이 답하기를, "청은 본디 서양을 두려워한다. 우리가 사절을 파견하여 서양과 사귄다면 청은 반드시 우리를 두려워할 것이다. 북양의 전보는 우리를 괜히 위협하는 것이므로 고려할 가치가 없다. 백년대계를 생각하여 완곡히 청을 거절하고 원래대로 속히 사절을 파견해서 서양과 사귀면 청은 속수무책이 될 것이다. 신이 목숨을 걸고 보증하는 바이다."[62]라고 하였다. 끝내, 조선정부는 사절을 파견하겠다는 결심을 꺾지 않았다. 하지만 위안스카이가 끝까지 버티자 조선은 먼저 사람을 중국에 파견하여 협상하게 하였다.

협상의 중심 내용은 사절의 등급문제였다. 리훙장은 중국 주재 각국 사절이 모두 2등급이고 외국 주재 중국 사절도 동일했으므로, 만약 조선이 전권대신을 파견하여 오래 머물게끔 하면 중국 사절과 등급이 같아서 아마 난처해질 것이라 여겼다. 그는 청정부가 조선에 '전권'이란 단어 사용을 금지시키고 서방의 관례대로 3등급을 주면 어떻겠느냐고 제안했다. 그러나 조선은 3등급으로 고치는 데 동의하지 않았다. 조선의 외무독판 조병식趙秉式은 "이번의 사절 파견은 위에서 동의를 얻은 일이니 만약 대신이 이를 3등으로 고친다면 난처한 점이 많다. 또한 '전권'이란 명칭은 이미 공포되었다. 이제 와서 갑자기 바꾼다면 천하가 웃을 일이다. 조선 국왕은 이미 '전권'이란 이름으로 사절을 파견하기로 결정하였다. 그러나 사후에 소환하여 참찬 등 관원이 일을 대신할 수 있다. 그뿐만 아니라, 각 사절에게 명하여 서양에 도착한 후에도 옛 제도를 지켜 중국 대신을 공경하고 조심하라고 하였다."고 말하였다.

이에 대해 리훙장은 "황제의 명을 받들어 외국에 파견된 후에도 체제와 교섭 양자 모두를 힘써 온전하게 해야 한다. 각국에 파견된 모든 인원은 중국과 내왕할 때 모두 속방체제로 해야 한다. 아직 끝나지 않은 일은 수시로 상의해야 하며 합당하게 처결해야 한다. 본 대신은 미리 3가지 조항을 성명하고자 한다. 하나, 조선 사절이 처음 각 나라에 갔을 때, 먼저 중국 공사관에 가서 문서로 보고하고 중국 대신의 인솔에 따라 함께 그 나라 외교부에 가야 한다. 그 후로는 구속받을 필요가 없다. 둘, 공개 연회가 마련된 교제 장소에서 조선 사절은 반드시 중국 대신의 뒤를 따라야 한다. 셋, 대사大事로 교섭하거나 극히 중요한 일을 처리할 때 조선은 마땅히 비밀리에 중국 대신과 상의하고 의견을 들어야 한다. 이러한 것들은 속국으로서 행해야 할 체제로서 각 나라와는 무관하다."[63]라고 답하였다. 뒤이어 리훙장은 각국 주재 중국공사에게 전보를 보내어 조선공사를 돌봐줌은 물론, 일에 봉착하면 지도해주고 한 가족처럼 대하라고 전하였다.

그러나 조선의 전권공사 박정양은 미국 도착 후에 중국 공사관에 가지 않았다. 중국공사 장인환張蔭桓은 미국 국무원에 조선공사를 소개하기로 하고 만날 날짜를 정해놓았지만, 박정양은 병을 핑계로 나오지 않았다. 리훙장이 이에 대해 문제를 제기하자, 조선 국왕은 대신 정병하를 파견하여 위안스카이와 직접 만나서 다음과 같은 말을 전하게 하였다. "중국과 조선이 한집안인 것은 천하가 다 아는 일이다. 조선은 은혜를 알고 영원히 중국을 따를 것이다. 우리가 어려운 일을 당할 때마다 중국은 언제나 우리를 특별히 도와주었다. 그러나 이번에 사절을 서양에 파견한 일과 관련하여 저번에 중국이 내놓은 3조항 중 중국 대신을 알현해 그의 인솔에 따라 그 나라 외교부에 가야 한다는 조항은 조선의 위신에 손상을 주고 있다. 이뿐만 아니라, 각국이 국서를 거절하고 조선을 동등한 국가로 대해주지 않는다면 이 또한 유감스럽고 수치스러운 일이 아닐 수 없다. 박정양이 나라의 체면을 세우기 위해 이미 정한 규정을 위반한 것이다. 청컨대 규정 중 첫 번째 조항을 삭제하여 조선의 위신을 온전하게 해줄 것을 간곡히 부탁하는 바이다."

리훙장은 "조선정부가 첫 번째 조항을 삭제하라고 하였는데, 여태까지 조선이 청에 이처럼 명령한 적은 없었다. 조선 사신이 각 나라에 도착하면 우선 중국 대신과 만나서 상의해 처리해야 한다. 만약 중국 사신이 그 나라 외교부에 조선 대신을 인솔해갈 필요가 없다고 하면 임시로 변통할 수는 있다. 박정양이 중국 사신을 만나지 않은 것은 매우 합리적이지 않은 처사이며 명확한 체제 위반이다."[64]라고 하였다. 청정부는 "3조항은 이미 논의를 거쳐 정한 것인데, 어찌 함부로 변경할 수 있단 말인가? 전보로 이전의 논의를 준수해 처리하라고 조선 국왕에게 분명히 알리라"[65]고 유지를 반포하였다. 위안스카이는 박정양을 소환하여 처벌할 것을 요구하였다. 조신희는 이 상황을 보고 홍콩에 머무르면서 떠나지 않았다.

조선 국왕은 사태의 심각성을 느끼고 오인탁吳仁鐸으로 하여금 미국 사절을 방문하여, 조선의 전권대사가 미국에 간 일로 중국은 3조항을 규정하여 우리나라를 모욕하고 있는데, 미국정부가 방법을 강구하여 조선의 체면을 세워주길 바란다는 내용을 전하게 했다. 이에 대해 리훙장은 강경한 태도로 중국과 조선 사이의 일은 미국에서 간섭할 권리가 없다고 하였다.

1889년 4월 말, 박정양은 서울로 돌아왔고 조선정부는 그를 외무독판으로 임명하였다. 그러자 위안스카이는 이에 단호히 반대하였다. 조선 국왕은 여러 차례 사람을 파견하여 해결하고자 했지만, 아무런 효과도 보지 못한 채 결국 박정양을 해임할 수밖에 없었다.

조러밀약과 서양사절 파견 사건은 모두 국가주권독립과 민족존엄수호를 위한 조선정부의 정당한 행동이었다. 그러나 청정부와 리훙장의 진부한 종속 관념 고수, 우호적인 이웃나라의 내정과 외교에 대한 무리한 간섭, 위안스카이의 경거망동, 미국·일본·러시아 등의 선동과 이간은 중국과 조선의 관계를 심각하게 손상시켰다.

도문강 국경선 분쟁

1860년대 말, 조선의 기아에 허덕이던 백성들은 도문강을 건너 훈춘 등지에서 황무지를 개간하여 살길을 찾기 시작하였다. 광서 초기, 지린 어둬리鄂多哩(지금의 둔화현敦化縣)에서 황무지를 개방했는데, 조선의 무산부茂山府 대안對岸의 동쪽지대인 류다오거우六道溝 여러 곳에서도 조선인들이 금지령을 어기고 사사로이 밭을 일구기 시작하여 점차 만연하기에 이르렀다. 1881년, 훈춘 개간자 모집위원 리진융李金鏞은, "도문강 북쪽 기슭은 사야허嘎牙河 하류에서 고려진高麗鎭까지 대략 2백 리에 걸쳐 황무지가 8곳이 있다. 앞쪽으로는 강물이 흐르고 뒤는 많은 산들로 둘러싸여 있어 인적이 아직 닿지 않은 구역으로서 조선과는 강 하나를 사이에 두고 있다. 그 국경 백성들은 여러 번 수재를 입어 해마다 기근에 시달렸고 땅이 없어 곡식을 심을 수도 없었다. 이 때문에 끊임없이 강을 건너와 황무지를 개간하여 이미 일군 땅이 2,000헥타르나 된다. 그 나라의 가난한 농민 수천 명이 여기에 의탁해서 간신히 생계를 유지하고 있다. 조선 함경도 자사刺史는 통행증을 발급하여 시기를 나누어 등록을 해주었다."라고 조정에 아뢰었다. 지린 장군 밍안銘安은 명을 받들고 변경을 순찰하다가 조선인들의 이주 상황을 목격하고는 조선정부에 공문을 보내어 유랑민들이 모두 본국으로 되돌아가게 조치하였다. 그러나 그들은 이미 온 가족이 이주하여 그 땅에 안주하고 있었기 때문에 대부분이 본국으로 되돌아가기를 원하지 않았다. 밍안이 다시 독판변무대신督辦邊務大臣 우다청吳大澂에게 글을 올려 말하였다. "신들이 지린과 조선 국경지대를 조사한 바에 따르면 지금껏 중국과 조선 양국은 도문강을 그 국경선으로 했고, 오늘날 조선 빈민들이 개간한 황무지 밭은 강의 북쪽 기슭에서 의심할 것도 없이 지린의 관할 지역이다. 그런데 국경선 부근의 넓은 땅을 어찌 속방의 제후가 마음대로 점유토록 용납한단 말인가? 다만 조선 주민들은 이미 농사한 지 몇 년이 되며 그 수도 수천 명을 헤아리기 때문에 만약 관례에 따라 엄격하게 처리하여 국경선 밖으로 쫓아내면 수천 명의 무고한 빈민들이 모두 살 곳을 잃게 되니 그 처지 또한 가련하다. 그러므로 예부에서 조선 국왕에게 공문을 보내어 그들이 관원을 파견하여 지린 위원과 함께 청조와 조선의 국경선을 명확히 하라고 전하길 바란다. 모든 중국 땅에 살고 있는 조선인들은 이미 개간한 황무지에 대해 지린의 원래 규정에 따라 헥타르마다 황무지 개간비 2,200문文, 매년 헥타르마다 토지 세금 660문을 바치게 해야 한다. 신 밍안이 관아에 명하여 통행증을 발급하게 하고 매년 겨울철이면 세금을 내도록 해서 가까운 훈춘의 황무지 개간 위원이 수에 따라 세금을 거두게 했으면 한다. 그 나라가 주조한 돈을 국경 밖으로 나가지 못하게 한다거나 소를 세금으로 저당 잡으면 지린성 황무지 개간에 쓰게 할 수 있다. 또한 함경도 자사가 발급한 허가증은 회수하여 불태우도록 명령해야 한다."[66]

1882년 1월 13일, 청정부는 예부에서 토론한 후 글을 올리게 하였다. 예부는 1827년, 1842년, 1867년, 1877년의 조선민이 국경을 넘는 것을 엄금하던 조선의 규정을 예로 들며, 조선의 금령은 매우 엄격하기 때문에 만약 국경을 넘는 사람을 붙잡아 되돌려 보내면 처형당할 수도 있다는 사실을 고려해야 한다고 하였다. 그들은 조선 빈민의 생명 안전을 염려하는 차원에서 밍안, 우다청의 의견에 동의하였다. 단, 조선 이주민들에 대해 "이미 중원 땅에서 곡식을 심으며 살고 있으므로 곧 중원 사람이며 명령대로 증명서를 발급받고 세금을 바치는 것 외에 반드시 중국에 소속되어 중국의 정치와 종교에 따라야 한다. 이뿐만 아니라, 연한年限을 정하여 우리의 관복으로 바꾸어야 한다."[67]라고 규정하였다. 청정부는 지린 장군의 처리 방안에 비준하였다. 조선 유랑민들은 호적을 자세히 밝힌 후 각각 훈춘과 둔화현에 귀속되었다.

후에 조선 국왕은 예부에 전하여 유민을 돌려보내줄 것을 요구하였다. 지린 장군은 청정부의 비준을 얻고 조선 지방관이 1년 내에 대책을 마련해 황무지 개척 유민을 데려가게 하였다. 그러나 1년이 되어서도 조선은 이들을 데려가지 못했고, 오히려 새로 도강해오는 자들이 끊임없이 계속 몰려들었다. 1885년, 지린에서는 허룽위和龍峪에 통상국을 설립함은 물론, 광지위光霽峪 시부강西步江에 사무분소를 설립하여 전문적으로 지린과 조선의 통상사무를 담당하였다. 또한 월간국越墾局을 설립하고 도문강 북쪽 연안에 길이 700리, 너비 45리를 구획하여 국경을 넘어 황무지를 개간할 수 있는 전문구역을 정해놓았다.

1882년, 예부는 밍안과 우다청이 상주한 "두 나라 관원을 파견하여 명확히 조사·측량하고 국경선을 분명히 나누자"는 건의에 강력하게 반대하였다. 다시 말해서, "만약 강을 국경선으로 한다면 국경선은 본래 분명한 것이니 다시 나눌 필요가 없다. 그러나 새롭게 개척한 땅을 논하는 것이라면 변방의 우리 토지는 날로 줄어들게 된다. 이런 논의가 우리에게 무슨 이익이 있겠는가?"[68]라고 인식하였다. 3월 24일, 밍안과 우다청은 다음과 같이 아뢰었다. "우리가 조사한 바에 따르면 도문강은 사야허 어구부터 그 서쪽의 너비가 같지 않다. 강물의 흐름도 심히 굴곡이 많아서 꺾어 남쪽으로 향하면 강 서쪽은 지린 땅이고 강 동쪽은 조선 땅이다. 혹 꺾어 북쪽으로 향하면 지린 땅은 강 동쪽에 있고 조선 땅은 강 서쪽에 있다. 그 사이에 많은 산들이 빙빙 둘러 있을 뿐만 아니라, 길은 갈래가 많고 계곡과 강물이 뒤엉켜 있다. 대부분이 이름도 찾아볼 수 없고 이 구간이 도문강 원류와 비슷하여 토착민들은 '소小도문강'이라고도 부른다. 현재 조선인들이 개간하고 있는 땅의 북쪽으로도 한 갈래의 지류가 흐르는데 해마다 넓어지고 있다. 그런데 조선의 가난한 사람들이 강 남쪽의 땅 대부분이 물에 휩쓸려서 강북의 백사장에 새로운 땅이 생긴 것을 보고 지류를 원류로 착각하였다. 그리고 이것이 다른 사람들에게도 잘못 전해졌다. 그러므로 함경도 자사의 통행증 역시 일부러 침범할 마음이 있어서 발급한 것이 아니다. 만약 사람을 파견하여 상세하게 지도를 그리지 않는다면, 국경을 엄격하게 할 수 없을 뿐만 아니라 백성들도 복종시킬 수가 없게 될 것이다."[69]

같은 해 10월 1일, '중조상인수륙무역장정'이 체결되었다. 국경무역을 개방한 후 국경선을 엄하게 관리할 필요에 따라서 중국과 조선 쌍방은 모두 사람을 파견해 함께 국경선을 답사해야 한다고 인정하였다. 1883년 1월 18일, 리훙장은 조선 국왕이 사람을 파견하여 국경선을 자세히 조사할 것을 요청하였다고 상주하였다.[70] 조선 경략사經略使 어윤중이 유민을 불러들였지만 조선인 대부분은 돌아가려고 하지 않았다. 그때 사람들은 도문강을 가리켜 두만강豆滿江이라 했고, 도문강 지류 하이란허海蘭河를 도문강이라고도 하였다. 1885년, 조선 국왕이 국경선을 답사하자고 건의하였다. 조선에서는 감계사勘界使 이중하李重夏, 경외주사京外主事 조창식趙昌植을 파견하였다. 중국 측에서는 총리아문의 자위안구이賈元桂, 통상월간국通商越墾局 독리督理 친잉秦瑛을 조선 회령부會寧府에 보냈다. 이번 답사에서 두 나라 대표는 모두 두만강과 도문강이 사실상 하나의 강임을 승인하였다. "도문강은 중국과 조선의 천연적인 국경선으로 오랫동안 공인된 것이며 도문강 하류는 더 묻지 않아도 알 수 있다. 다만 무산 위쪽의 도문강 상류만은 한곳에서 발원한 것이 아니고 여러 갈래로 나뉘어 흐르고 있기 때문에 근원이 멀고 흐름이 길며 물살이 깊고 넓은 것을 원류로 한다."라고 하였다. 합의를 마친 후 두 나라는 도문강 발원지를 거슬러 올라가 두 나라 경계선을 정하기로 하였다. 그러나 두 나라 대표의 도문강 발원지에 대한 인식이 일치하지 않았으므로 양국 정부에 보고하여 결정하기로 하였다. 1887년, 지린 장군 시위안希元은 후보동지候補同知 팡랑方郞, 훈춘협령協領 더위德玉, 친잉을 파견하여 조선의 감계사 이중하와 함께 다시 양국의 국경선을 답사하게 하였다. 중국은 석을수石乙水를 도문강의 발원지, 즉 양국의 분계선으로 인정하였고, 조선 국왕은 홍토수紅土水를 국경선으로 해야 한다고 주장하였다.

그 후로 양국은 1890년까지 이 문제를 질질 끌어왔는데 이때 지린 장군이 상서문을 올렸다. "국경선 때문에 월간越墾 문제의 처리를 늦추어서는 안 된다. 지금 조선 무산부 대안의 동쪽 지대인 광지위, 류다오거우, 스바웨이쯔十八崴子 등에는 강을 건너 땅을 개간하는 조선인들의 수가 대략 수천에 이르고 토지 면적 역시 수만 헥타르에 이른다. 이곳은 도문강을 천연 경계선으로 하는 까닭에 다시 조사할 필요가 없다. 조선이 오늘날까지 시간을 지연한 것은 유민을 모두 불러들이기 어려웠기 때문이다. 마땅히 증명서에 따라 납세하게 하며 우리 나라 호적에 귀속시키도록 명령해야 한다. 먼저 사람을 파견하여 땅을 재고 몇 집을 한 갑甲으로 묶어 과세함으로써 국경의 백성들이 서로 안심하고 지내게 해야 한다."[71]

총리아문은 다음과 같이 상주하였다. 지린, 조선의 국경선에 대해 지난번 두 차례의 연합 조사를 거쳤다. 오직 무산 위쪽에서 삼급포三汲泡에 이르는 이백 여리 구간의 도문강 발원지만을 아직 확정하지 못했을 뿐이다. 무산 아래의 도문강 큰 물줄기는 천연 국경선이다. 강 남쪽 기슭은 조선 함경도에 속하는 무산, 회령, 종성鍾城, 경원慶源, 경흥부慶興府 지역으로서 이에 대해서는 조선 감계사 역시 다른 의견이 없었다. 그러나 "조선인들이 이미 월간한 지 여러 해가 되어 묘지와 살림집이 서로 마주보고 있을 정도이다. 일단 영을 내려 모두 돌려보내면 수천에 이르는 사람이 일자리를 잃게 되어 의지할 곳이 없게 된다. 그 사정이 사실 딱하고 몹시 절박하기는 하지만 별 방도가 없다. 만약 이들을 다른 나라 국민의 신분으로 오랫동안 거주하게 하면서도 주인과 손님을 구분하지 않는다면 이 또한 영구한 계획이 아니다. 게다가 근년에는 조선 관리들까지 국경선을 넘어와 이곳 개간민에게 이중으로 세금을 받아내고 있다. 이처럼 갖가지 가혹한 시달림에 개간민들이 지린에 와서 고발했고 북양대신 리훙장이 총리아문에 말하여 처리하였다. 그전의 글에서 말한 것과 같이 조선 관리들이 백성들의 피땀을 가혹하게 착취하는 까닭에 유민들은 중국의 세금이 가벼운 데 대해 내심 기뻐하며 진실로 복종하고 그 땅에 안주하여 이주하기를 싫어하는 것을 대략 알 수 있다. 지금 강 발원지 국경선은 이미 짧은 기한 내에 구획하기 어려우므로, 답사할 필요가 없는 곳은 제때에 유랑민들을 안정시키고 편안하게 하여 귀속을 바라는 그들의 마음을 잘 위로해주어야 한다. 신들이 이미 리훙장과 여러 번 서한을 주고 받았는데 의견이 같았다. 장군에게 명을 내려 현명한 관원을 신중하게 선발하여 개간지를 상세히 측량하고 과세하는 등 사무를 타당하게 관리하도록 해야 한다. 그리고 그들의 풍속에 따라 다스려 서로 편히 지내게끔 하고 급히 서둘러 문제가 발생하지 않도록 해야 한다. 통행증을 발급하고 납세하는 일은 모두 지방관이 관리하게 하며, 일체 상세한 규정은 마땅히 장군이 실제 상황을 자세히 살펴서 상서해 처리하게 해야 한다."[72] 이리하여 지린 장군 창순長順은 허가증을 발급해주어 조선인 중 떠나고 싶은 자는 떠나게 하고 남고 싶은 자는 상투를 깎고 청나라 옷으로 바꿔 입게 하였다. 또한 그들을 중국인과 똑같이 호적에 백성으로 편입시켜 개간지 세금을 받았다. 그러나 조선인들은 유독 상투를 깎고 청복으로 갈아입는 일만은 끝내 실행하지 못하였다. 1891년, 국경선을 넘어 중국 동북에 온 조선인은 이미 10만여 명에 이르렀다. 지린의 옌지延吉, 훈춘, 허룽, 왕칭汪清 4개 현은 조선 이주민들이 가장 많은 곳이었다. 랴오닝遼寧 동변부東邊道의 안둥, 퉁화, 콴뎬 등 현과 압록강 서북쪽에도 수많은 조선 이주민들이 건너와 집을 짓고 밭을 일구고 있었다. 청조의 지방 변경을 지키는 관리는 처음에는 표면상으로 모르는 척했지만 나중에 인정하였다. 헤이룽장에도 조선 이주민들이 거주하고 있었다.

조선 이주민들은 부지런함은 물론 검약하고 선량하였다. 그들은 현지 중국인들과 좋은 관계를 유지하였다. 최초의 개간과 경작은 임시적인 성질을 띠고 있었기 때문에 겨울만 되면 도문강 대안의 조선으로 되돌아갔다. 그들은 모든 농기구, 종자, 움막을 인근의 중국인 친구들에게 맡겨 대신 돌보게 함으로써 그 다음해 봄에 다시 농사지을 때를 대비했고 나중에야 장기적으로 거주하게 되었다. 조선 이주민들은 현지 농민들에게 논벼 재배기술을 가르쳐주었다. 논은 밭보다 생산량이 몇 배나 높았다. 논벼 재배기술은 널리 보급되어 농업 경제의 발전을 촉진하였다. 조선인이 국경을 넘어 황무지를 개간한 사실과 관련하여 발생한 도문강 국경선 논쟁은 두 주권 국가 사이에 일어난 분쟁의 발단이 되었다. 청정부와 조선정부는 각자가 모두 국경선 구획에 대한 주장을 충분히 피력함은 물론 연합 답사를 여러 차례 조직하여 자세히 토론하였다. 그러나 1905년 이후 일본이 다른 속셈으로 중국과 조선의 국경분쟁에 개입함으로써 옌볜 지역은 한바탕 큰 풍파를 겪게 된다.

3장 중·조 경제관계의 발전

조선이 개항·통상한 이후 1894년 갑오전쟁에 이르기까지 중국과 조선의 경제관계는 자연경제하의 종번무역에서 근대 자본주의 성격의 경제무역 관계로 변화·발전하였다. 경제무역 교류의 발전은 양국 국민의 우호관계를 밀접하게 하는 데 깊은 영향을 미쳤다.

교통·전신 연계

1882년의 '중조상민수륙무역장정'에 따라 양국 연해 항구 사이의 무역이 개방되었다. 그중 제7조의 규정에 따르면, "양국은 지금까지 역로驛路인 자먼柵門을 거쳐 육로로 왕래했기 때문에 불편하고 비용도 많이 들었다. 그러나 현재는 바닷길이 열렸으므로 당연히 이를 이용해서 자유롭게 왕래해야 한다. 다만 조선에는 지금 병선과 상선이 없으므로 조선 국왕은 북양 대신에게 상선을 잠시 파견해달라고 요청할 수 있다. 이 상선은 매달 정기적으로 한 번씩 왕복하는데, 조선정부는 배에 드는 비용을 일부 부담해야 한다."[73] 이로부터 중국과 조선의 해상 수로에는 근대화된 기선과 군함이 다니기 시작하였다. 물론 배는 양국 정부 간의 왕래에만 이용할 수 있었다. 일반 민간 상인들은 대부분 일본 상선에 위탁하여 화물을 운송할 수밖에 없었다. 그런데 중국 상인들은 늘 일본인에게 협박, 기만, 절도를 당하기 일쑤였다. 일본 기선은 심지어 중국 상인의 화물 운송을 거절하기까지 하였다. 1888년, 리훙장은 윤선초상국의 배가 정기적으로 상하이, 옌타이, 인천 사이를 오가며 화물을 운송하게 하였다. 이러한 조치는 민간 상인들의 중·조 무역에 큰 편리를 제공해주었다.

1885년 7월 17일, 중국과 조선 양국은 '중국대판조선육로전선합동中國代辦朝鮮陸路電線合同'을 체결하였다.[74] 계약서의 내용은 중국 전신국電信局이 공금 관평은關平銀(세관에서 세금 징수용으로 쓰던 은돈—옮긴이) 십만 냥을 조선에 빌려주어 인천 항구로부터 서울을 지나 의주, 평황청에 이르기까지 1,300리에 이르는 육로에 전선을 가설해준다는 것이었다. 그리고 5년 후부터 조선정부는 20년에 걸쳐서 매년 5,000냥씩 상환하되 이자는 계산하지 않는다고 하였다. 중국 전신국은 전선에 익숙한 이사理事, 학생, 장인 등을 파견하여 책임지고 일을 맡게 하였다. 조선정부는 중국 전신국이 돈을 대신 내어 전선을 가설해주면 조선의 정무에 적지 않은 도움이 된다는 사실을 알았다. 이 때문에 수륙전선공사가 준공된 후 25년 내에 다른 나라 정부나 회사가 조선의 땅과 바닷가에 전선을 가설하지 못하도록 규정하여 조선의 주권을 침범하거나 중국 전신국의 이익에 손해를 주는 일이 없도록 하였다. 만약 조선정부가 전선을 확충한다든지 보충 가설할 곳이 생기면, 반드시 중국 전신국이 책임을 짐으로써 분쟁을 막기로 하였다.

이 일은 리훙장이 가장 먼저 제안하였다. 그는 "조선은 랴오닝, 선양瀋陽의 울타리이고 러시아와 일본의 변경에 맞닿아 있어 내우외환이 항상 존재한다. 반드시 빨리 전선을 가설하여 제때에 소식을 주고받고 조치하기 편리하게 해야 한다. …… 조선의 전선 가설 권리는 이미 일본에게 빼앗겼다. 다행히 부산 항구까지만 가설되어 아직 해저 전선만 있고 육로는 발전하지 못한 상태이다. 만약 서둘러 계획해 부설하지 않는다면, 아마도 일본이 우리보다 먼저 손을 쓸 것이다."[75]라고 생각하였다. 때마침 조선 국왕으로부터 중국이 출자하여 육로에 전선을 가설해줄 것을 요청하는 협의 서한이 도착하였다. 즉, "중국과 조선 양국이 만리가 하나로 통하여 언제든지 부름에 응할 수 있고 수호군대가 이미 철수한 지금 이것이야말로 족히 믿을 만하다."[76]라고 하였다. 리훙장은 중국정부 측의 조선 육로에 대한 전선 가설은 쉽게 다른 나라의 시기를 불러올 것이라 걱정하였다. 상술한 것처럼 중국 전신국이 대리 차용하는 방식의 계약이 성립된 것은 이 때문이었다. 1886년에는 '중조부산전선조약中朝釜山電線條約'이 체결되었다.[77] 이 조약의 내용은 서울에서 의주까지 전선을 가설하기 위해 차용한 금액에서 남은 돈으로 서울에서 부산까지 전선을 놓기로 한다는 것이었다. 또한 1891년 3월 24일에는 '중조원산전선조약中朝元山電線條約'을 체결하여[78] 조선정부가 자체적으로 원산에 전선을 가설하였다.

특혜 차관

조선은 경제가 낙후하였을 뿐만 아니라 재정 수입 역시 매우 열악하였다. 게다가 일본에 대량의 배상금을 지불해야 했고 왕실과 관아에서도 돈을 물 쓰듯 하였다. 이 때문에 일본·독일·미국·영국 등에 계속해서 채무를 질 수밖에 없었다. 채무 조건은 상당히 가혹하였다. 예를 들면, 높은 이자 외에 세관 관리권 양도, 세관 수입 통제 등의 정부 담보가 있어야 하였다.

리훙장은 조선이 외국 채무를 과다하게 지면 너무 많은 권리를 상실하지 않을까 우려하였다. 1889년 6월, 조선 세관총세무사 데니는 비밀리에 프랑스 공사를 만나 조선 세관을 저당 잡히는 조건으로 프랑스로부터 200만 원을 빌려 외국 채무를 깨끗이 청산하려고 하였다. 위안스카이는 이 소식을 전해 듣고 조선 외무서가 왕에게 간하여 이를 제지시키게끔 하였다. 리훙장은 중국 세관총세무사인 영국인 하트에게 조선의 외국 채무를 해결할 대책을 강구하게 하였다. 하트는 조선이 중국의 속국이지만 조선이 다른 나라의 돈을 빌리면, 돈을 빌려준 나라는 금후 조선에서 반드시 권리가 커질 것이라고 하였다. 그러니 아예 중국에서 200만 원을 빌려주고 조선의 세관 관세로 일부 빚을 물도록 하는 것이 좋겠다고 건의하였다. 그러나 고종은 중국에게 돈을 빌리면 국체 자립을 손상할까 우려하여 결정을 내리지 못하였다. 1890년 3월, 조선정부는 미국인 리센드를 통해 차관 보증서를 주면서 세관을 저당 잡히는 조건으로 미국으로부터 200만 원을 차용하겠다는 의사를 전했다. 총리아문은 각국 주재 공사에게 통보하고 성명을 발표하였다. "각국의 유명 인사와 상인들이 조선과 계약을 체결하고 거액의 돈을 내어주는 것은 합당치 않다. 이후에 만약 빌려준 돈을 받을 수 없더라도 중국은 조선을 위해 책임지지 않을 것이다. 아울러 조선이 빚을 갚을 수 없다고 하여 각국이 조선 세관을 저당 잡는다면 중국은 절대로 허락하지 않을 것이다."[79] 그러자 리센드는 또 일본에게서 돈을 빌리고자 꾀하였다. 일본인들은 차관 조건으로 2할 반의 이자와 평양을 상업도시로 개방할 것을 요구하였다. 리훙장은 상국이라는 이유만으로 차용을 막는다면 조선정부의 반감만 더 사게 될 것이라고 생각하였다. "조선은 실제로 빈곤한 나라다. 추진하는 일을 속박만 하고 다른 계획을 세워주지 않으면 마음이 점점 멀어질 것이다. 이 역시 성스러운 정부가 작은 나라를 사랑하는 의가 아니다."[80] 그는 위안스카이를 시켜 정당한 수요가 있으면 중국에 도움을 청해도 좋다는 뜻을 내비쳤다.

1885년, 조선의 전운서轉運署는 기선을 사기 위해 독일 세창양행世昌洋行에서 연리 10퍼센트로 10만 냥을 차관하였으나, 후에 재정상의 어려움으로 갚을 수가 없게 되었다. 세창양행은 돈을 받지 못하자 빚 대신 수상 운송 중이던 식량을 가로채 차압하였다. 조선의 왕과 대신들은 분개하여 일본 은행에서 돈을 빌리려고 하였다. 일본 은행은 이 기회를 틈타 높은 이자를 요구하였다. 리훙장은 이 일을 총리아문에 알려 사절 파견 경비에서 은 10만 냥을 연리 6퍼센트로 80개월에 나누어 세관세로 상환하도록 하고 조선에 빌려주었다. 이 차용은 1892년 8월에 이루어졌다.

1892년 10월 조선은 일본 은행의 이자와 미국 상선을 산 비용이 누적되어 빚이 14만 원이나 되었다. 리훙장은 "일본은 조선과 지리상 가깝고 내심으로 음모를 꾸미면서도 겉으로는 친한 척 하고 있다. 미국은 민주국으로서 자주를 빙자해 선동한다. 그러나 조선 대신들은 무지몽매하여 매번 쉽게 유혹에 넘어간다. 이 두 나라에 진 빚은 반드시 서둘러 청산해야 한다. 독일 상인들에게 진 빚은 더욱 시급하다. 시간을 오래 끌수록 이자가 점차 많아져 빚 갚기도 훨씬 어려워질 것이다. 이렇게 되면 조선은 더욱 쉽게 통제 당하고 위협받게 될 것이다."[81]라고 인식하였다. 이로 인해 리훙장은 중국 상선 순타이順泰호가 대신 10만 냥을 빌려주고 연 이자는 여전히 6퍼센트로 80개월에 나누어 세관세로 받기로 결정하였다. 이때 조선을 방문한 중국의 상인들은 일본 상인들이 이미 두 척의 작은 배를 한국 배로 사칭하여 한강을 드나들며 물건을 나르고 이익을 독점하고 있다고 전했다. 그리하여 중국은 "이번 차관 계약을 연장하는 기회를 빌려 중국과 조선의 주식으로 작은 기선을 구매하여 한강에서 중국 화물을 중계 운송하는 것을 허용하는 조항을 새로 넣으려고 하였다. 동시에 조선은 매년 10만 석에 이르는 쌀을 여러 번에 나누어 운송해주는 조건으로 배 운임 보조금을 얻기 원했다. 또한 이를 통해서 외국인들의 입을 막고자 하였다. 이 역시 이득과 권리를 회수하기 위한 것이었다."[82] 결과적으로 중국 상선 순타이호는 화한윤선공사華韓輪船公司를 창립할 수 있는 권리를 얻었다.

식량은 조선사회 안정의 기초였다. 일본 상인들은 아주 싼 가격으로 조선의 쌀, 콩 등을 대량으로 약탈해갔다. 이것은 조선 고유의 식량유통체계와 가격체계를 파괴함은 물론 식량결핍을 야기하였다. 1889년 10월, 함경도 감사는 콩 흉년이 들자 방곡령防穀令을 반포하여 콩 수출을 금지하였다. 1890년, 황해도에서도 흉년이 들어 식량이 모자랐기 때문에 방곡령을 내렸다. 그런데 1883년의 '조일통상장정과 세관세무세목'의 규정에 따르면 지방관들은 방곡령을 내리기 한 달 전에 이 사실을 미리 일본 영사관에 통지해야 하였다. 그러나 지방관의 과실로 예고한 기한은 한 달이 되지 못하였고 일본정부는 배상금을 요구하고 나섰다. 조선정부는 일본 상인들의 손실이 많아야 6만 엔에 불과할 것으로 예산하였다. 하지만 일본 측은 14만 엔을 요구하였고 여기에다 이자까지 합쳐 총액 17만 엔을 요구하였다. 동시에 그들은 군함을 출동시켜 인천, 부산 세관을 점령하여 압력을 가하려고 계획하였다. 이때 리훙장이 나서서 중재하였는데 그 결과 이토 히로부미에게 본전만 받고 이자는 면해주겠다는 회답을 받을 수 있었다. 결국 조선은 일본에게 11만 엔의 배상금을 물기로 하고 이 일을 매듭지었다. 1893년 6월, 청정부는 3만 5천 엔을 조선에 빌려주어 방곡령 사건의 배상금 지불을 도왔다.

일본과 독일의 차관과 비교해보면 청정부가 조선에 빌려준 몇 차례의 차관은 조건상 상당한 특혜임이 분명하였다. 이러한 특혜는 조선정부가 난관을 이겨내는 데 힘이 되어 중조 우호관계가 더욱 밀접해지도록 도움을 주었다.

1884년, 조선 원산 지방에 흉년이 들어 기근이 발생하였다. 조선정부는 중국이 상인을 모아 쌀을 대신 구입해줄 것을 청하였다. 청정부는 상하이의 광둥 상인들에게 명하여 이 일을 처리하게 하였다. 원산은 추위가 일찍 찾아와 항구도 일찍 봉쇄되므로 양곡 운송에 어려움이 있었다. 게다가 1885년 봄에는 중불전쟁이 일어나 해안선에 계엄령이 선포되었다. 이 때문에 6월이 되어서야 7,000석의 쌀을 원산으로 운송하여 이재민을 구제할 수가 있었다.

중국과 조선의 무역 발전

조선은 해상무역이 개방된 이후 일본과의 무역량이 신속하게 상승하였다. 만약 중조 양국이 원래의 봉건무역체제를 계속 고수한다면 이익은 타자에게 돌아갈 수밖에 없었다. 조선정부가 먼저 양국 해상과 민간무역 개방을 건의하였다. 청정부는 몇 차례 고심한 끝에 1882년 10월 1일 조선과 '상민수륙무역장정'을 체결하였다. 그럼으로써 해상무역을 개방하고 서로 통상항구에 상무위원을 두어 양국 상인들이 내륙에 들어가서 물건을 구입할 수 있게 하였다. 200여 년 동안 답습해오던 중강, 회령, 경원 등 세 개 국경 도시의 무역을 폐지하고 압록강 대안의 자면과 의주 두 곳 그리고 도문강 훈춘과 회령

두 곳 대안에 세관을 설치하여 그 주변의 백성들이 수시로 왕래하며 무역하게 하였다. 다만 아편과 군사무기 매매는 금지하였다. 조선 홍삼이 중국에 들어오는 세금이 15퍼센트인 것을 제외하고는 나머지 물건은 모두 원가의 5퍼센트 세금이 징수되었다. 규약의 초안 작성을 책임진 저우푸, 마젠중, 리훙장은 지리를 잘 몰랐기 때문에 중국 경내 90리에 깊숙이 들어와 있는 자먼과 압록강 연안의 중강中江을 똑같이 취급하였다. 그러다가 1883년 3월에 들어서야 '펑톈·조선 국경주민교역장정'을 체결함으로써 비로소 자먼 무역을 정지하기로 규정하였다. 펑톈 국경 백성들은 조선 의주에 가서 무역하도록 했으며 조선 변방 주민들은 중강에 가서 무역하도록 규정하였다. 중국은 중강 부근의 주롄성九連城에 세관을 설치해 시장을 열었고, 조선은 의주 서역西城 밖에 세관을 설치해 시장을 열었는데, 이것이 바로 신의주新義州이다.

세관 세금률은 무역을 조절하는 중요한 수단이다. 이전에 중국은 조공 사절의 짐과 화물에 대해서는 일률적으로 세금을 면해주었고 조공 사절 외에 따로 행상인은 없었다. 그런데 펑톈과 조선 국경주민교역장정에서는 조선의 홍삼이나 기타 화물에 대해서도 모두 세금을 받겠다고 규정하였다. 이는 사실상 조공 사절의 화물도 그 안에 포함됨을 의미하였다. 1882년 11월, 예부는 다음과 같이 상주하였다. "각국 조공 사절의 휴대 화물만큼은 세금을 면제하는 특별대우를 해야 한다. 속국에서 순종하고 따르며 경건한 마음으로 공물을 바치는데 조정은 그 성의를 가상히 여겨 재물을 탐하지 말아야 한다. 체제를 중시하고 또 이렇게 하는 것은 그 의의가 극히 크다. 조정이 속국을 보살피는 것은 다른 나라와 현저하게 다르다. 조선은 정성을 다해 동번東藩을 지켜왔으며 신하로서 복종해온 지도 가장 오래되었다. 근년에 변란이 계속되어 날로 왜소해지고 고통 받는 것을 볼 때 더욱 각별히 보살펴주어야 한다. 조선이 각 항구의 통상을 비준한 것은 원래 이익과 권리를 넓히기 위해서가 아니었다. 그러므로 상업 세금으로 받은 것도 틀림없이 얼마 되지 않을 것이며, 조공 사절과 동행하여 무역을 하는 자들도 필시 많지 않을 것이다. 수입이 적은데도 그것을 일률적으로 따지는 것이 국고를 늘리는 데에 꼭 도움이 된다고 할 수 없다. 황제의 은덕을 넓히고 전례를 유지하여 조공 사절에게 세금 면제를 해주는 의미를 널리 알리는 것이 오히려 더 낫다고 생각한다. 이후부터는 조선 조정에서 하례나 상주하러 올 때 사절, 사무관이 가지고 오는 화물들은 관례대로 세금을 면해주기 바란다. 중국 상인들이 조선의 화물을 사고 바꾸는 일과 관련하여 만약 사신들이 지니고 온 것이고 조선 관리가 확실한 증거를 대면 모두 사역관교역성안四譯館交易成案에 따라 세금을 면제해야 한다. 북양대신에게 명을 내려 상세한 규약을 상의하고 결정할 때에는 조선 관원과 함께 전반적으로 계획해 제한을 줄이고 변통할 수 있는 방법을 생각하여 신중하게 처리해야 한다. 조선이 조공하는 데 영원히 방해되지 않도록 해야 한다. 조공로는 예전대로 육로를 이용하게 하고 만약 사신들이 기선에 탑승한다면 화물을 지닐 수 없게 하여 구별해야 한다."[83] 청정부는 예부의 요청을 받아들였다. 그리고 '펑톈 · 조선 국경주민교역장정' 제8조에 다음과 같이 규정하였다. "조선이 베이징에 들어와 조공할 때 예절에 관계되는 모든 것은 정해진 대로 성실히 지키되 공물은 세금을 내지 않는다. 사신, 하급 관리, 시종의 행장이나 소량의 물건들은 부部의 의견에 따르고 크게 제한하지 않는다. 사신이 화물을 휴대하지는 못하지만, 300근 정도의 의복, 행장, 서적, 약물은 지닐 수 있다. 하급 관리와 시종은 화물을 휴대하여 이득을 볼 수 있다. 단, 홍삼은 그 정량을 하급 관리 한 사람에 20근, 시종 한 사람에 10근으로 제한한다. 또한 의복, 행장, 소량의 화물들은 하급 관리 한 사람에 160근, 시종 한 사람에 80근으로 제한한다. 하급 관리와 시종의 수는 등록을 한 실제 인원수로 제한한다. 이외에도 봇짐에 넣은 것이 병풍, 무거운 짐, 도중에 먹을 음식물이면 다시 세금을 면하여 자기 일처럼 생각해준다. 상자에 넣어 묶은 것은 검사하여 그것이 화물인 경우 납세하게 한다. 다른 공무로 하급 관리가 왕래할 경우, 즉 통행증을 소유하였다고 하더라도 휴대한 화물에 대해서는 규약에 따라 역시 세금을 거두어야 하며 면제할 수 없다."[84]

1885년, 조선은 홍삼 무역에 바치는 세금 15퍼센트가 높다고 생각하였다. 그 외에도 기타 화물이나 귀국할 때 가지고 가는 중국 화물에 모두 세금을 내는 데 여러 가지로 장애와 어려움이 많다고 여겼다. 그리하여 1882년 11월 예부가 상서하여 허락받은 성지를 인용하면서 조선에서 조공 사절과 사무관이 오갈 때 휴대하는 행장이나 화물은 원래대로 세금을 면해주고 국경 백성들의 개인적인 상업 무역은 새 규약을 정해 처리해줄 것을 요구하였다. 예부는 조선의 요청이 펑톈·조선 국경주민교역장정과 부합되지 않는다고 여겨 대신 상서하기를 거절하며 문서를 조선에 다시 돌려보내어 조선이 이미 정해진 제도를 따르기 바랐다. 한편 총리아문은 리훙장과 성경장군에게 제정한 규약을 상세하게 심사하여 실시 과정 중에 변통할 곳이 없는지를 살펴보게 하였다. 리훙장은 낡은 제도를 변통하는 것에 찬성했고 중국과 조선 무역의 제한을 줄일 것을 요청하였다. 그러나 성경장군 충치崇綺는 지방의 치안을 염려하여 옛 전례를 엄격히 수호할 것을 주장하였다. 몇 차례의 협상을 거쳐서 청정부는 리훙장의 다음과 같은 건의에 동의하였다. 첫째, 홍삼의 세금을 10퍼센트로 낮춘다. 둘째, 조공 사절과 사무관이 육로로 베이징에 올 때 휴대한 행장과 화물은 일체 세금을 면제하고, 하급 관리나 시종이 지닌 행장과 홍삼의 중량은 '펑톈과 조선 국경주민교역장정'에 정한 양의 2배로 규정한다. 즉, 하급 관리는 행장 320근, 홍삼 40근을, 시종은 행장 160근, 홍삼 20근을 지닐 수 있다. 그 외에 병풍, 양식 등은 세금을 면제하고 기타 모든 상업 화물은 납세한다. 셋째, 다른 공무로 하급 관리가 왕래할 때 지닌 화물 역시 세금을 면제한다. 넷째, 조공 사절과 사무관이 육로로 귀국할 때 가지고 가는 화물이 베이징에서 구매한 것이고 펑톈 경내에서 산 것이 아니더라도 예부의 공문을 갖고 있다면 수량을 제한하지 않고 세금을 면제한다. 1888년, 조선정부는 홍삼이 잘 팔리지 않는다는 이유로 재차 홍삼 세금 면제를 요청해 왔다. 이에 조공 무역의 절반은 옛 규약에 따르고 잡화는 세금을 내는 것으로

〈표 1〉 중국에 수출된 포삼과 미삼

연도	포삼(근)	미삼(근)
1862	11,200	672
1863	13,200	792
1864~1865	30,400	1,824
1866	20,200	1,212
1867	23,200	1,392
1868~1873	121,200	7,272
1874	20,200	2,424
1875	20,200	2,424
1876~1879	80,800	11,701
1880	22,500	2,250
1881	25,200	2,520
1882	20,200	2,020
1883	25,200	2,520
1884	15,200	1,520
1885	20,200	4,040
1886	25,200	2,520
1887~1893	141,400	14,140

결정하였다. 그 외 홍삼은 세금 전부를 면제해주었다. 펑텐과 지린의 육로 무역은 같은 시기에 홍삼 세금을 면제했는데 이는 1894년에 폐지되었다.

고려 인삼은 중국 시장에서 대환영을 받았다. 이것은 중국에 수출하는 조선의 전통상품인 동시에 가장 중요한 상품이었다. 고려 인삼의 수출은 중국과 조선의 무역을 균형 있게 만들고 조선의 재정 수입을 증가시킴은 물론, 농촌 상품경제의 발전을 촉진하며 도시 상업자본의 축적을 가속화하는 데 아주 중요한 역할을 하였다. 조선정부의 동의를 얻어 수출되는 홍삼을 포삼包參이라 하였고 그 외에 미삼尾參이 있었는데 중국에서는 삼수參須라고 불렀다. 동치 원년(1862년)에서 광서 13년(1893년) 사이에 중국에 수출된 포삼과 미삼의 수량을 도표로 나타내보면 다음과 같다(〈표 1〉).[85]

포삼 이외에 밀수로 중국에 들어오는 인삼이 있었다. 육로를 이용해 펑텐,

지린을 통해서 밀수되는 것 말고도 바다에서 배를 이용하여 산둥 옌타이, 장쑤, 상하이, 광둥, 푸젠 등으로 밀수되었다. 중국의 세관 설립 이전에 밀수된 수량은 계산할 방법이 없으며 세관 설립 후에도 세관에 등록된 부분만을 계산할 수 있다. 예를 들면, 산둥 옌타이 동東세관은 1867년에 고려 인삼 100근을 수입하였다고 등록했고 1868년에는 1,588근까지 증가하였다. 중국인과 조선인 외에 일본인도 인삼 밀수에 참여하였다. 1883년 김윤식은 "이 몇 년간 밀수된 인삼은 관삼官蔘보다도 많다. 일본인이 광둥, 푸젠, 상하이 등지에 팔았는데, 이 때문에 베이징의 인삼 가격이 급격히 떨어졌다."[86]라고 하였다. 1890년, 일본 기선은 가치가 80,000여 냥에 이르는 인삼을 한 차례 상하이로 운반해왔다. 그러나 배를 상하이에 댄 다음에도 세관에 알리지 않았기 때문에 차압당하여 조사를 기다려야 했었다. 상하이 주재 조선상무위원은 그제야 이것이 자기 나라의 물건이라고 밝혔다. 그러나 조선 세관이 이것을 금지품으로 정해놓았던 까닭에 일본 배의 운반은 응당 밀수로 판결되었다.

1864년부터 1893년 사이에 수행 사절단과 자문단은 펑황청 자먼을 거쳐 뉴좡牛莊에 이르러 세관 등록을 하였다. 기선으로 운반한 홍삼의 수량과 가치는 가히 천문학적인 수였다. 모든 홍삼의 세관 등록을 전부 뉴좡에서 하는 것도 아니었는데, 1886년 이후에는 뉴좡 한곳에 세관 등록된 홍삼만 하여도 정부가 동의한 수출량을 초과하였다. 그중 대량의 개인 인삼이 포함되어 있음을 알 수 있다. 도표로 나타내보면 〈표 2〉와 같다.[87]

1884년부터 1887년 사이, 중강 세관은 조공 사절이 지닌 소량의 홍삼에 대해서는 세금을 면제하였다. 그 외에 조선에서 수입한 일체 화물에 대한 세금은 모두 징세하였다. 이에 따라서 이 4년 동안 조선이 중국으로 수출한 화물에 대한 기록은 비교적 완전히 남아 있다. 그러나 1888년부터 홍삼은 전부 세금을 면제했기 때문에 더는 통계 숫자가 없다. 아래의 도표를 참고하면 상세한 정황을 알 수 있다(〈표 3〉).[88]

해상을 통한 중국 수출에 관한 세관의 통계에는 1885년에는 9,479냥,

〈표 2〉 세관에 등록된 홍삼

연도	총액(근)	총가치(냥)	연도	총액(근)	총가치(냥)
1864	960		1882	91,360	86,369
1865	1,092		1883	21,440	218,001
1866	922		1884	13,511	114,772
1867	2,275		1885	11,936	119,496
1870	4,170	34,342	1886	15,375	194,548
1871	2,924	24,326	1887	23,136	207,295
1872	5,134	51,026	1888	25,415	203,384
1873	3,097	39,262	1889	25,464	179,675
1874	5,178	50,257	1890	23,631	286,710
1876	7,292	85,776	1891	11,900	182,451
1877	18,126	183,445	1892	21,337	424,613
1878	17,835	172,590	1893	70	1,400
1879	11,670	157,279	1894	50	1,000
1880	17,870	163,400	총계		3,430,646
1881	19,482	249,229			

〈표 3〉 조선이 중국으로 수출한 화물

연도	총가치(냥)	잡화		홍삼	
		화물 가치(냥)	백분율	화물 가치(냥)	백분율
1884	468,667	306,000	65.29	162,667	34.7
1885	487,779	323,505	66.32	164,274	33.68
1886	321,005	160,252	49.91	160,804	50.08
1887	324,474	171,754	52.93	152,720	47.07
1888		144,180			
1889		144,100			
1890		108,340			
1891		118,940			
1892		114,760			
1893		91,960			

1886년에는 15,977냥, 1887년에는 18,873냥으로 나와 있는데 이것은 조선의 중국 수출 총가치 중 아주 낮은 점유율일 뿐이다.

중국의 조선에 대한 수출품은 전통 상품 외에도 서양 상품이 상당히 큰 부분을 차지하였다. 동치년간과 광서 초기에 벌써 상인들은 옌타이 바다에서 다구산大孤山으로 서양 화물을 운반하여 다양허大洋河를 거슬러 올라가 자먼 시장에서 무역을 하였다. 이때 거래된 물품들은 주로 서양 천, 서양 철 조각이 그 대종을 이루었다. 동치 중기에는 서양 물건들이 이미 조선 내에 널리 퍼져 식견 있는 많은 사람들의 우려를 자아냈다. 병인양요 이후 대원군은 서양 물품의 수입을 엄금하여 만약 위반한 자가 있으면 그 자리에서 목을 베어 매달고 후에 보고하게 하였다. 이런 조치로 서양 상품을 조선에 팔기 어렵게 되자 중국 상인들은 영국, 미국에서 생산된 능직천을 가위로 잘라 반폭으로 만든 다음 서양 상표를 없애고 대신 중국 상표를 붙여 중국 포장법으로 운반하였다. 이처럼 서양 물건 유입은 결코 단절되지 않았다.

항구를 개방하기 전 조선과 중국의 연 무역액은 300만 엔 정도였고 조선과 일본의 무역액은 겨우 10만 엔 정도에 그쳤다. 그러나 '강화조약'을 체결한 후 해상무역이 개방되면서 펑톈에서의 육로무역은 점차 쇠퇴하는 한편, 일본 상인들은 조선 해상운수에 대한 독점과 면세무역 특권, 영사재판권을 이용하여 조선의 대외무역에서 독점적인 지위를 차지하였다. 임오, 갑신정변 이후 중국과 조선 양국 정부는 전통적인 육로무역정책을 조정하여 그 제한을 축소하였다. 청정부는 영국인 하트의 방안에 근거하여 조선을 도와 근대세관제도를 마련함으로써 1883년부터 세관을 설치해 세금을 거두기 시작하였다. 이에 따라 조선의 대외무역 가운데 중국의 지위는 상승하기 시작하였다.

〈표 4〉를 보면 일본이 갑오전쟁 전 조선의 수출무역에서 시종 절대적인 우세에 있었음을 알 수가 있다. 일본으로 농산품과 황금이 대량 수출된 것은 조선이 일본의 원료공급기지로 전락하였음을 말해준다. 조선 수입무역 중

〈표 4〉 조선과 중국·일본의 무역 변화

단위: 은원銀元[89]

연도	수출		비율(%)		수입		비율(%)	
	중국	일본	중국	일본	중국	일본	중국	일본
1885	9,479	377,775	2	98	313,342	1,377,392	19	81
1886	15,977	488,041	3	97	455,015	2,064,353	18	82
1887	18,873	783,752	2	98	742,661	2,080,787	26	74
1888	71,946	758,238	9	91	860,328	2,196,115	28	72
1889	109,798	1,122,276	9	91	1,101,585	2,299,118	32	68
1890	70,922	3,475,098	2	98	1,660,075	3,086,987	35	65
1891	136,464	3,219,887	4	96	2,748,294	3,226,468	40	60
1892	149,861	2,271,628	6	94	2,055,555	2,555,675	45	55

일본은 줄곧 우세하였다. 다만 갑오전쟁 전 몇 년 동안만 이러한 우세가 현저하게 약해졌을 뿐이다. 그 원인은 주로 경제적 측면에서 찾아볼 수 있다. 한국 사학자 강만길은 "(일본 상인의) 섬유 상품은 상하이에서 구매하여 일본을 통해 조선으로 운반되었다. 가격 측면에서 상하이로부터 직접 수입하는 청조 상인에 비해 일본인은 상대적으로 불리하였다. 반대로 청조 상인들은 수입 면직품의 가격에서 일본에 비해 유리하다. 그들은 특유의 단결력과 근검성뿐만 아니라 또한 상대적으로 우세한 자금력도 갖추고 있었기 때문에 개항 지구 이외의 교역에서 일본 상인을 압도하여 상권을 장악할 수 있었다."라고 하였다. 그리고 더 나아가 "일본과 청조의 조선무역 쟁탈 중 일본의 우위는 위협을 받았다. 그들은 강제적 수단으로 이 국면을 타개하는 정책을 펼 수밖에 없었고, 이것이 중일전쟁이 폭발한 원인 중의 하나이다."[90]라고 추론하였다.

이 시기에 일부 중국 상인들은 조선에 거주하기 시작하였는데, 1891년에는 그 수가 이미 2,556명에 이르렀다. 중국 상인들은 조선의 각 항구에서 점포를 개설함은 물론 소매무역을 경영하였다. 1890년, 중국 상인들이 서울에서 개설한 점포는 80여 호에 이르렀다.

제3부

갑오전쟁과 종번관계의 종결

1장 상하이 김옥균 암살 사건

중국과 조선에 대한 일본의 전쟁 준비

갑오전쟁 전 중국 주변의 예속 지역은 서방 열강의 식민지로 전락되었고, 중국과 조선의 종번관계는 지속되기 어려운 상황이었다. 량치차오梁啓超는 갑오전쟁 전의 중조관계에 대해 다음과 같이 말하였다. "광서 원년 이전 중국의 보호국이었던 조선은 광서 31년(1905) 이후부터 일본의 보호국으로 전락하였다. 이 과정에는 과도기가 있었는데 그 절정이 바로 톈진조약의 체결이다. 무릇 중국은 상국의 권리를 확실히 보증할 수 없다면 단호히 관계를 끊어 완전히 포기해야만 전반적인 대세에 영향을 받지 않을 수 있었다. 그러나 이미 실력이 없어 다시 헛된 명성에 연연할 수 없는 상황인데도 간섭할 권리가 없음을 스스로 인정하려고 하지 않았고 또한 타인의 간섭을 막지도 못하였다. 이처럼 당시 중국은 우물쭈물하여 결단을 내리지 못하는 추태를 연출하고 있었다."[1] 이는 실로 중국 외교정책에서 또 하나의 실패였다.

조선의 이씨 왕조는 근대 민족주의 사조에 영향을 받아 종번관계의 존재로 고민하는 한편, 전통 관념의 속박과 실제 이익에 대한 타산으로 단번에 중국에 대한 의존에서 벗어날 수 없는 자기모순에 빠졌다.

바로 이때 일본은 갑오전쟁을 일으켜 일본의 군도軍刀로 조선과 중국의 종번관계의 유대를 끊어버렸다. 그들은 조선을 '독립'시킴과 동시에 또 다른 근대 식민주의의 족쇄를 채웠다.

임오군란, 갑신정변은 일본에게 연속 두 차례나 조선 반도에서 체면이 깎이는 실패를 안겨주었다. 메이지의 군신은 와신상담하며 군비를 확장하여 중국, 조선과 싸워 이길 역량을 축적하였다. 외교에서는 자세를 낮추어 은근히 대책을 내놓음으로써 청정부가 중조 종번관계를 강화하도록 종용하였다. 1893년, 일본은 육군과 해군의 확대계획을 기본적으로 완성하였다. 일본정부는 잇따라 '출사저비물자관리위원회조례出師儲備物資管理委員會條例', '전시대본영조례戰時大本營條例', '해군군령부조례海軍軍令部條例'를 반포하였다. 1893년 4월, 참모본부 차장인 육군 중장 가와카미 소로쿠川上操六는 중국과 조선을 여섯 차례나 정찰하고 귀국한 후에 전쟁을 해야 한다고 강하게 주장하였다. 이처럼 일본이 한창 조선반도에서 트집을 잡아 문제를 일으키려고 하고 있을 때, 김옥균 피살 사건과 조선 동학당 기의起義가 발생하였다.

이노우에 가오루의 김옥균 배반

갑신정변이 실패하자 개화당 지도자 김옥균 등은 일본으로 도망하였다. 이후 갑신정변 사후처리를 논의한 조선과 일본 간의 한성조약에서 쌍방이 쟁론한 가장 큰 문제는 바로 조선 측이 제기한 김옥균 등의 인도 요구였다. 일본정부는 국제 공법에 따라 정치범을 넘겨줄 수 없다고 거절하였다. 그 후 김옥균은 일본을 근거지로 조선정부를 뒤엎을 음모를 꾸몄다. 조선정부는 김옥균에 대한 암살을 강구하는 한편, 일본정부와 계속적으로 인도 교섭을 진행하였다. 점차 일본정부에서도 김옥균 등이 이미 이용 가치가 없을 뿐만 아니라 일본 외교에도 부담이 된다고 생각하였다. 이에 이노우에 가오루 외무수상은 일본의 부담도 덜고 악명을 씻을 방안을 계획하였다. 1886년 1월 7일 리훙장은 총리아문에 다음과 같은 전보를 보냈다. "3일 일본 주재 쉬청쭈 사절이 보낸 비밀전보는 이노우에 가오루와 상의해 결정한 내용을 담은 것이다. 그 내용은 '사람을 파견하여 김옥균과 함께 상하이로 가게 한다. 그가 상하이에 도착하면 거짓으로 조차지를 벗어나게 한 후 우리 측이 즉시 붙잡아서 감금한다. 결코 죽이지 말고 먼저 감금한다. 이에 대해 쉬청쭈 공사가 이미 승낙하였다. 그를 속인 다음에 어떻게 처리할지는 다시 알릴 것이다. 이것을 비밀로 하고 조선정부에 부탁하여 절대로 사절을 파견하여 인도할 것을 요구하지 않도록 하라'는 등이다. 다시 전보가 오면 상하이에 알릴 것이다."[2] 하지만 이 계책은 다른 일 때문에 실현되지 못하였다.

홍종우의 김옥균 저격

1894년 3월 27일, 김옥균은 친구 홍종우洪鍾宇와 같이 상하이로 유람하러 왔다. 그는 베이허난루北河南路에서 일본인이 운영하는 동화양행東和洋行이라는 여관에 묵었다. 28일, 홍종우는 조선 관복을 갈아입고 김옥균을 총살하였다. 동화양행 여관 주인은 일본 영사관에 사건을 보고하였다. 하지만 일본 영사는 이를 조선인들끼리 서로 살해한 것으로 여겨 사건 접수를 하지 않았다. 이에 다시 조계지 미국 경찰서에 보고하자 포리의 우두머리는 사람을 시켜 상하이 지현知縣(중국 청나라 때에 둔 현의 으뜸 벼슬아치—옮긴이)에게 보고하게 하였다. 일본 영사는 의사 두 사람을 파견하여 살피게 하였다.

29일 아침, 홍종우는 우쑹커우吳淞口에 있는 한 여관에서 체포되었다. 정오에 상하이 지현은 시체 검시를 주관하였다. 일본 부영사 야마자 엔지로山座圓次郎, 영국과 미국의 조계지 경찰서의 포리 우두머리들이 모두 현장에 도착하여 김옥균이 확실히 총에 맞아 죽었다는 사실을 확인하였다. 이어 홍종우를 심문하였다. 홍종우는 기골이 장대하고 옷차림이 점잖고 부드러웠다. 그리고 당당해 조금도 두려워하는 기색이 없었다. 그는 다음과 같이 진술하였다. "나는 고려인이며 아무런 관직도 없다. 나라를 떠나 서양에서 떠돌아다닌 지 7년이 된다. 지금은 귀국하려던 참이었다. 동양 오사카大阪에서 김옥균과 그의 하인 기타하라 엔지北原延次 그리고 중국인 한 명과 함께 이렇게 네 명이 회사의 기선을 타고 2월 21일에 상하이에 도착하였다. 나와 김옥균 그리고 그의 하인은 동화양행에 들었다. 김옥균은 원래 본국의 관리였지만 조선정부를 배반하고 수백 명을 살해하였다. 나의 친구도 그 때문에 피살되었다. 국왕도 그를 십여 년 동안이나 증오해왔다. 그는 일본에 도망한 후 이름을 이와다 슈사큐岩田周作로 개명하였다. 나와 친구는 동양 오사카에서 국왕의 명을 받았다. 국왕은 우리의 충심으로 김옥균을 살해함으로써 왕의 마음을 편안하게 해주기를 바랐다. 공문은 친구에게 있다. 오늘 나는 그와 만나 상하이에 왔는데 그는 이름을 다시 이와다 상와岩田三和로 고쳤다. 나는 여섯 발을 쏘아 김옥균을 죽이고 우쑹吳淞으로 갔다가 경찰에게 붙잡혔다. 권총은 이미 우쑹강吳淞江에 버렸다. 나는 국가의 대사를 고려하여 그가 총에 맞아 죽은 상황을 본국에 전보로 보냈다. 곧 회답이 올 것이다." 상하이 현령은 일본 통역에게 말하기를, "만약 조선왕이 홍종우에게 명을 내려 김옥균을 살해하게 하였다면 홍종우는 비단 죄가 없을 뿐만 아니라 공을 세운 격이다. 그렇다면 사전에 왜 이 일에 대해 각서를 보내지 않았는가? 홍종우의 몸을 수색한 결과 조선왕이 내렸다는 성지는 발견되지 않았다. 만약 단순한 복수 때문에 살해한 것이라면 응당 법에 따라 처리하고 감금해서 심문해야 한다. 김옥균의 시체는 오늘 바로 납관해야 하며 7일 후에 다시 배에 실어 그의 나라에 보내야 한다."[3] 홍종우는 체포된 후에 독방에 갇혔으나 친구들이 찾아와 담소하는 것이 평소와 같았다. 밥과 반찬은 모두 서양 음식점에서 사다 먹었다. 상하이 주재 조선 관원 조한근趙漢根도 찾아왔었다.

3월 30일, 상하이 현령은 사건의 경위를 강해관도江海關道 녜지구이聶緝槼에게 전하고, 남북양의 통상대신, 총리아문을 통해 조선의 상무대신 위안스카이에게 전달하도록 하였다. 그날 저녁 서울에서 답변이 왔다. 조선정부는 김옥균이 확실히 역신임과 동시에 그가 죄를 피해 도망한 지 오래되었다는 사실을 증명하였다. 그러나 홍종우는 조선 관원이기 때문에 이 사건은 조선이 심사해야 합당하다고 하였다. 이에 홍종우는 경찰서에서 조선 관리 조한근의 저택으로 이송되었다. 그리고 2명의 관원을 파견하여 번갈아 보호하게 함으로써 어느 나라 사람이든 방문하지 못하게 하였다. 4월 1일에는 홍종우를 상하이의 현아懸衙에 거주하게 하고 4명의 병사를 파견하여 보호하게 하였다. 김옥균의 관은 후난湖南회관으로 옮겨졌다.

홍종우를 보호하는 청정부

1894년 4월 6일, 남양대신 류쿤이劉坤一는 웨이징威靖 병선을 파견하여 김옥균의 시체와 홍종우를 조선으로 돌려보냈다. 조선의 정국을 안정시키고 김옥균 사건에 다른 사람이 연루되는 것을 피하기 위해 리훙장은 김옥균이 갖고 있던 모든 자료를 없애버렸다. 4월 12일, 배가 인천에 도착하였고 홍종우와 그의 모든 짐, 김옥균의 시체와 그의 시계, 은전 등 유품이 조선 관원에게 전해졌다.

4월 17일, 조선정부의 영의정 심순택沈舜澤은 위안스카이에게 각서를 보내 "이미 죽은 김옥균은 모든 사람에게 증오를 받는 배반자의 우두머리이다. 법망에서 벗어난 지 여러 해인데 이번에 상하이에서 살해된 것은 당연한 일이다. 그때의 상황은 여러모로 곡절이 많았지만, 다행히 중국과 조선이 동일한 관점을 가짐으로써 기선을 파견하여 홍종우를 귀국하게 하였다. 아울러 김옥균의 시체와 각종 문건을 함께 보내주었는데, 그 주도면밀한 조치를 마음속 깊이 새길 것이다. 이것은 온 나라가 다 같은 마음이다. 반역한 김옥균의 시신을 본국에서 법에 따라 엄격히 처리하는 것 외에 상응한 문건을 만들어 총리에게 각서를 보내는 바이다."[4]라고 하였다.

조선정부는 홍종우를 중용하고 김옥균을 육시戮屍하려고 계획하였다. 이때 일본공사 오토리 게이스케大鳥圭介가 일본정부의 전보를 받고 조선 외무부에 다음과 같이 권유하였다. "김옥균의 죄는 실로 중하여 죽어 마땅하지만 만일 다시 육시한다면 천하 각국이 장차 심하다고 할 것이다."[5] 위안스카이도 육시하지 말 것을 조선에 권유하였다. 그러나 4월 18일, 리훙장이 총리아문에 보낸 전보에는 "위안스카이가 방금 전한 바에 따르면 김옥균의 시체를 육시하지 말 것을 여러 번 권유하여 이미 왕의 허락을 받았다. 하지만 여러 대신들과 원한을 가진 민씨 가문의 여러 사람들이 청하여 갑자기 깊은 밤중에 능지처참하였다고 보고해왔다."[6]라고 하였다.

일본의 광적인 전쟁 선동

김옥균이 피살됨과 동시에 다른 한 명의 개화당 영수 박영효朴泳孝는 일본정부에 이일직李逸稷이 암살을 기도하고 있다고 고소하였다. 일본정부는 이일직을 체포하기 위해 일본 주재 조선 대사관에 들어가 증인 권동수權東壽를 체포하였다. 조선 국왕은 일본정부가 국제법을 위반한 데 대해 항의하는 한편 일본 주재 공사를 대사관에서 철수시킬 준비를 하면서 조선 주재 일본공사에게 항의하였다. 일본 주재 조선공사 유기환兪箕煥은 분노하여 귀국해버렸다.

일본은 이 기회를 빌미로 중국과 조선의 관계를 악화시켰다. 국회의원은 정부에 질문하여 김옥균 사건으로 논쟁하였다. 일본인들은 김옥균의 장례를 치르고 항의시위를 하였다. 낭인조직 현양사玄洋社는 외무수상 무쓰 무네미쓰陸奧宗光에게 중국에 대해 선전포고할 것을 요청하였다. 무쓰는 김옥균의 죽음으로 중국에 선전포고를 한다는 것은 이유가 충분하지 못함을 느끼고 현양사원에게 참모차장 가와카미 소로쿠川上操六를 만나고 오게 하였다. 가와카미는 "군은 현양사의 일원이며 현양사는 원정당遠征黨 사람들이 많이 모이는 곳이라고 들었는데 불을 놓을 사람이 한 사람도 없는가? 만약 불만 놓으면 이후의 일은 내가 책임지고 즐겁게 원대로 할 것이다."[7]라고 하였다. 얼마 후 조선 동학당이 봉기했다는 소식이 전해졌다. 일본인이 기대하던 불이 결국 조선반도에서 타오른 것이다.

2장 조선에 중국과의 적대관계를 요구하는 일본의 협박

조선의 요청으로 출병한 청군

동학당은 1860년대 최제우崔濟愚가 창립하였다. 동학당은 유교, 불교, 도교를 융합한 동학으로써 천주교로 대표되는 서학에 맞섰는데 조선정부는 동학당을 사교로 간주하여 1864년 교주 최제우를 참수하였다. 제2대 교주 최시형崔時亨은 1893년 3월, 복각伏閣상소를 하여 최제우의 억울함을 호소하였다.

청정부는 조선정부의 동학당 진압을 지지하였다. 위안스카이는 리훙장에게 보내는 전보에서, "동학당은 이단적인 종교로서 조선왕에게 연명으로 상서하여 외국 사람을 모두 쫓아낼 것을 청하고 있다. 이뿐만 아니라 늘 포고문을 붙여 서양인들을 질타하고 그들을 쫓아내고 죽이겠다고 위협한다. 서울에 있는 서양인들은 이에 크게 겁을 먹고 있다. 일본인들도 대낮에 군도를 차고 다닐 정도로 상황이 매우 불안정하다. 나는 몇 번이나 조정이 나서 엄하게 징벌하라고 요구했으나 조선정부는 두려워 감히 조치를 취하지 못하고 있다. 그런데 얼마 전 시짜이밍禧在明이 와서 말한 바에 따르면 각국의 서양인들이 모두 군함을 이동하여 방위할 것을 상의하고 있는데, 조선은 이미 중국에게 진압할 책임이 있다고 알리고 조용히 기다리게 하였다고 한다. 그리고 실제로 우리에게 속히 여러 척의 배를 움직여 뜻밖의 불상사를 방지함은 물론 각국의 두려움을 풀어주어야 한다고 청해왔다. 서양인들도 중국이 진압해주기를 기다리고 있는데 이것은 잘된 일이다. 수군에 명령을 내려 배 두 척을 속히 인천에 파견하여 동학당 진압의 책임을 다하기 바란다. 다만 조선은 예로부터 낭설이 많은 나라로 필연코 아무런 수완이 없을 것이니 속히 처리하기 바랄 뿐이다."[8]라고 전하였다. 4월 6일, 리훙장은 총리아문에 이미 징위안호靖遠號, 라이위안호來遠號 2척의 빠른 군함을 인천에 파견하였고 위안스카이와 함께 기회를 봐서 진압하라고 조치하였다고 알렸다. 5월 5일, 2만여 명의 동학교도들과 농민들은 충청도 보은군에 집결하여 '척왜양창의斥倭洋倡義'의 기치를 내걸고 봉기하였다. 조선왕은 청조에게 출병을 요청하는 것이 어떻겠느냐며 대신들에게 의견을 물었다. 그러나 영의정 심순택과 위안스카이가 반대했고 조선왕은 이 일을 그만둘 수밖에 없었다.

1894년 2월 15일, 전봉준은 농민 봉기군을 지휘하여 고부古阜 관아를 점령하였다. 5월에 농민군은 4가지 정치강령을 제시하였다. 첫째, 사람을 죽이지 말고 가축을 잡아먹지 말라(불살인不殺人, 불상물不傷物). 둘째, 충과 효를 모두 겸하며 세상을 구제하고 백성을 편안케 하라(충효쌍전忠孝雙全, 제세안민濟世安民). 셋째, 왜이를 쫓아내 없애고 성스런 도를 깨끗이 하라(축멸왜이逐滅倭夷, 징청성도澄淸聖道). 넷째, 군대를 몰아 서울로 쳐들어가 귀족과 관리를 진멸하고 나라의 기강을 크게 진흥하며 명분을 정함으로써 성스러운 교훈에 따르라(구병입경驅兵入京, 진멸권귀盡滅權貴, 대진강기大振綱紀, 입정명분立定名分, 이종성훈以終聖訓).[9] 각 군현의 농민들이 너도나도 이에 호응하여 봉기했는데, 이것이 바로 그 장렬했던 갑오농민전쟁의 폭발이었다.

조선정부는 홍계훈洪啓薰에게 수도의 병사를 거느리고 전라도에 가서 봉기를 진압하게 하였다. 위안스카이는 군함 핑위안호平遠號를 이동시켜 병사를 운송함은 물론 사람을 파견하여 조선 군대를 따라다니며 관찰하라고 지시하였다. 리훙장은 조선왕이 아직 중국에 파병 원조를 청하지 않았고 일본 또한 파병하였다는 소식을 듣지 못했기 때문에 냉정해지기를 강력히 주장하였다. 그는 산하이관山海關에서 명령을 내려 배로 모제르총 1천 자루와 탄알 10만 발을 조선에 급히 운반하게끔 하여 급한 대로 쓰게 하였다. 전선에서 조선군은 연이어 패배하였다. 5월 31일, 봉기군은 전주를 점령하였다. 6월 1일, 리훙장은 조선의 형세를 다음과 같이 보고하였다. "위안스카이가 여러 차례 보고한 정보에 따르면 조선군은 패하고 무기도 빼앗겨 모두 두려움에 떨고 있다. 어제와 오늘 서울과 평양의 2천여 명을 파견하여 여러 갈래로 나누어 진군하게 하였다. 그리고 조선왕은 '병사가 적어 더는 파견할 수 없고 또 믿을 수도 없다'는 이유로 중국이 대신 토벌해주기를 바라며 지원을 청해왔다. 조선은 중국의 보호하에 있고 그 내란을 스스로 해결할 수 없어 중국에 도움을 청한 것이다. 이것은 상국의 체면상 단호히 거절하기 곤란한 일이다. 이에 이미 그들에게 분부하여 반드시 중국의 병사를 써야 한다면 정부에서 공문을 전보로 보내어 법규대로 처리하라고 하였다. 만약 이에 대해 우리 정부가 허락하지 않는다면 다른 나라 중에 쾌히 승낙할 자가 있을 것이다. 그렇게 되면 중국의 처지가 어떻게 되겠는가? 그러니 거절할 수가 없는 것이다. 공문이 도착하면 응당 총서에서 전령으로 왕싱汪星 대사에게 전하여 조약대로 일본 외무부에 글을 보내어 조선이 파병을 요청한 사실을 알려주어야 한다. 1885년에 청·일 간에 맺은 톈진조약에 따르면 중국과 일본이 군사를 파견할 때 서로 먼저 알리기로 하였고 중국이 파견하지 않아도 일본은 군사를 파견할 수 있다고 되어 있다. 그런데 일본이 참여한다고 하면 대사관을 보위한다는 명분으로 병사 수백 명을 서울에 데려올 것이다. 그러나 서울은 비적(동학군)이 있는 곳과 멀어 일본 병사가 오면 오히려 소동만 일으킬 뿐이다. 이런 이유로 조선 외무부는 응당 이를 저지해야 하며 여러 서양인들도 일본이 먼저 와서 시끄럽게 하는 것을 원하지 않는다." 위안스카이는 조선 주재 일본 관원도 중국의 파병을 부추기고 있을 뿐만 아니라 조선을 대신하여 난을 평정해줄 것을 바라면서 "우리 나라 정부는 다른 뜻이 전혀 없다."라고 말하였다고 전보로 알려왔다.[10]

6월 3일 조선정부는 정식으로 중국에서 군대를 파견해줄 것을 요청하는 글을 위안스카이에게 전하였다. "전라도 태인泰仁, 고부 등 현의 백성들은 성격이 사납고 거칠어 원래부터 다스리기 어려웠다. 근일 동학당 신도까지 그곳에 가서 만여 명의 사람들이 현, 읍 십여 곳을 점령하고 지금은 북쪽으로 올라와 전주성을 점령하였다. 전일에 연군練軍(서양식 군대—옮긴이)을 파견하였는데 비적들이 죽기로 싸워 연군은 패배하고 총포 여러 자루를 잃어버렸다. 이처럼 흉포하고 완고한 자들이 오랫동안 소란을 일으킬까 매우 우려되는 바이다. 하물며 그들이 지금 서울에서 근 4백여 리 떨어진 곳까지 이르렀으니 만약 북쪽으로 더 올라온다면 성문 밖에서까지 소란을 피울 것이고 그로 인한 손해가 적지 않을 것이다. 하지만 우리가 새로 창립한 각 군대는 그 수가 도회지를 보호할 만큼밖에 없고 아직 전쟁을 경험해보지 못했기 때문에 잔인한 적에 대응하기 어렵다. 비적들이 늘어나고 시일이 오래 지나면 중국과 조선의 우환은 더 커질 것이다. 임오, 갑신 두 차례의 내란을 모두 청나라 군대가 평정하였으므로 이번 일도 귀 총리가 북양대신에게 부탁하여 병사를 속히 파견해 토벌하고 우리나라의 병사들이 이 기회에 훈련받도록 함으로써 장래에 나라를 보호할 수 있게 하기를 바란다. 비적을 물리치면 즉시 철수하기를 바라며 천병天兵이 외국(조선)에 오래 머물러 방위해주는 것은 감히 바라지 않는다. 총리가 속히 타당한 방법을 찾아 긴급한 일을 처리해줄 것을 간절히 바란다."[11]

6월 4일, 리훙장은 해군제독 딩르창에게 명령하여 지위안호와 양웨이호를 인천에 보내 상인을 보호하게 하였다. 또한 즈리총독 예즈차오葉志超와 타이위안진太原鎭 총병 녜스청聶士成은 회군淮軍 1,500명을 거느리고 초상국의 기선을 타고 조선에 진군하게 하였다. 일본 주재 공사 왕펑자오汪鳳藻에게는 전보를 쳐 톈진조약에 따라 일본 외무성에 각서를 보내게 하였다. 6월 6일, 왕펑자오는 일본 외무대신 무쓰 무네미쓰에게 각서를 보내어 리훙장의 전보를 전하였다. 리훙장은 전보에서 조선정부의 요구에 따라 출병한 이유를 다음과 같이 상세하게 밝혔다. "본 대신이 조선 측의 요구를 살피자니 절박하기 그지없었다. 군대를 파견해 지원하는 것은 우리 정부의 속국을 보호하는 옛 관례에 부합되는 일이다. 그러므로 성지를 받들어 즈리총독 예즈차오로 하여금 싸움에 능한 군사를 거느리고 속히 조선의 전라·충청 일대에서 비적들을 숙청하도록 파견한 것이다. 그럼으로써 속국을 평안하게 하고 각국의 통상자들이 안심하고 장사할 수 있게 하고자 한다. 일이 끝나면 곧 철수할 것임은 물론 방위를 명분으로 잔류하지도 않을 것이다."[12]

일본 군대의 출병

청정부와 조선정부는 일본이 벌써부터 조선에 대한 출병 준비를 마쳤으며 청하지도 않았는데 찾아올 줄은 전혀 예측하지 못하였다. 1894년 6월 2일, 일본 내각의 총리대신 이토 히로부미는 임시 내각회의를 열어 중국이 어떤 이유로 조선에 파병했든 간에 일본도 즉각 군대를 파견하여 조선에서의 세력 균형을 유지하기로 결정하였다. 6월 5일, 일본은 최고 통치부 즉, 대본영大本營을 구성하였다. 최고 통치부 대본영이 제정한 대중국 작전계획에 따라 일본의 해군 함대 사령은 명령을 받들어 해군 주력을 조선의 인천과 부산에 집중시켰다.

6월 7일, 일본 외무성은 중국 공사 왕펑자오에게 다음과 같은 각서를 보냈다. "귀국의 각서 내용 중에 속국을 보호한다는 말이 있는데, 우리 정부는 지금까지 조선이 중국의 속국임을 승인한 적이 없다."[13] 같은 날, 일본은 총리아문과 조선 외무부에 각서를 보내어 조선 출병을 선포하였다. 조선정부는 즉시 일본 공사관과 교섭하여 파병을 막으려 하였지만 9일 대량의 일본 군대가 인천에 상륙하였다. 10일에 조선 주재 일본공사는 조선 관원이 반대하는데도 서울의 군대 진입을 강행하였다.

6월 9일, 총리아문은 다시 일본에 각서를 보냈다. "중국은 조선의 요청으로 군대를 보내어 비적 토벌을 돕는 것이다. 이것은 속국 보호의 관례이다. 그리고 오로지 내지의 비적만 토벌하며 일이 끝나면 즉시 돌아갈 것이다. 지금 인천과 부산 등 각 항구의 상황은 안전하므로 통상지역에 잠시 군함을 정박하여 보호할 뿐이다. 귀국이 군대를 파견하는 목적이 다만 공사관과 상인을 보호하고자 하는 것이라면 병사를 더 파견할 필요가 없다. 더구나 조선의 요청이 없는 상황이므로 조선 내지로 들어가서 사람들을 놀라게 하거나 의심하게 하면 안 된다."[14]

6월 12일, 중국 주재 일본 대리공사 고무라 주타로小村壽太郎는 총리아문에, "우리 정부는 조선이 청조의 속국임을 승인한 적이 없다. 이번에 우리 나라에서 군대를 파견한 것은 제물포조약과 톈진조약에 근거하여 실시한 것이다. 군대를 얼마나 파견할지는 우리 정부가 자체적으로 결정할 일이다. 어떻게 행동하든 다른 나라가 방해할 수 없다. 우리가 갈 필요 없는 곳이라면 무엇 때문에 가겠는가?"[15]라는 각서를 보냈다. 6월 16일, 인천에 상륙한 일본 군대의 수는 이미 8천여 명에 이르렀다.

중국과 일본 두 나라가 동시에 조선에 파병하는 준엄한 형세하에서 조선 정부와 농민 봉기군은 협상하지 않을 수 없었다. 6월 10일에 '전주협의'를 거쳐 봉기군은 전주에서 철수하였다. 조선 내전은 중국 군대가 들어오기 전에 이미 끝났던 것이다.

조선정부의 중 · 일 철군 요구

6월 13일, 조선정부는 위안스카이에게 편지를 보내어 중국 군대의 철수를 요청하였다. "대군이 오자 비적들이 모두 제거되었다. 크게 싸우지 않고도 이긴 격이라 그 뛰어난 무용이 천하에 크게 드러났다. 천병天兵이 수고스럽게 더 이상 전진하지 않아도 된다. 또한 이 비적들이 숲속에 잠복해 있어 우리나라 병사들이 방법을 바꾸어 토벌하고자 하니 대국의 병사들이 이 책임을 지지 않아도 될 듯싶다. 더욱 위급한 일이 있으면 반드시 정황을 알릴 것이다. 일본이 청나라의 파병을 여러 가지로 의심하여 며칠 전에 갑자기 5~6백 명의 군대를 우리 도읍 주위에 주둔시키고 있다. 우리나라 외교부는 여러 차례에 걸쳐 저지코자 하였지만 끝내 듣지 않았다. 천병이 철수해야만 그들도 비로소 함께 철수할 것이다. 들리는 소문에 따르면 일본 군대 수천 명이 또 뒤를 이어 들어온다는 말이 있다. 우리나라 수도는 가뜩이나 경비가 소홀한데 강대한 적이 난을 일으킬 마음으로 우리나라 깊숙이 들어와 주둔하고 있다. 이에 동토東土의 신민들은 위험에 빠져 어려운 나날을 보내고 있다. 인심도 크게 혼란하여 이후의 일을 상상할 수 없다. 다행히 비적이 이미 제거되어 화를 면할 수 있게 되었다. 귀 총리는 속히 중당에게 전보로 알려 헤아려 도와줄 것을 바란다. 우리가 귀국의 호의를 무례하게 대하는 것이 절대 아니다. 시종 비호를 받은 것과 같이 즉시 철수해주길 간절히 바란다. 사정이 급하므로 간절히 기원하는 바이다."[16] 리훙장은 전보를 받고 바로 예즈차오에게 "군대를 신속히 아산牙山으로 철수하여 정한 기한 내에 강을 건널 수 있도록 준비함으로써 파견한 상선에 오를 수 있게 하라. 한편으로 위안스카이와 상의하여 일본 군대도 동시에 철수하게끔 독촉하라. 더 이상 상황을 관망하면서 주저하지 말라."[17]고 당부하였다. 그러나 일본정부는 여전히 조선에 버티고 눌러 앉고자 결심하였다. 여러 나라의 질책을 받고 외교상에서 피동적인 위치에 처할지라도 군사상에서는 우세를 점하여 상대방을 제압하려고 하였다. 일본 외상 무쓰 무네미쓰는 "상황이 비록 이와 같다고 하더라도 목전에는 급박한 원인이 없고 또 표면상의 적합한 구실이 없는 까닭에 쌍방은 아직 전쟁을 할 수가 없다. 그러므로 이러한 내외적인 형세를 변화시키고자 한다면 일종의 외교 책략을 실시하여 정세를 바꾸는 것 외에는 사실 다른 방법이 없다."[18]라고 하였다.

일본의 조선 내정개혁 압박

전쟁을 일으킬 이유를 만들기 위해 이토 히로부미는 중일 공동 조선 내정개혁안을 내놓았다. 무쓰 무네미쓰는 이토 히로부미의 제안 외에 두 가지 조건을 더 제기하였다. "중국정부와의 협의에서 그 성공 여부를 불문하고 결과를 얻기 전에는 일본은 결코 현재 조선에 있는 군대를 철수시키지 않는다. 만약 중국정부가 일본의 제안에 찬성하지 않으면 일본정부는 독립적으로 조선정부의 개혁을 실시한다."[19] 이 제안은 내각회의를 거친 다음에 내각총리대신이 다시 천황에게 올렸다. 6월 17일, 일본은 정식으로 중국에 다음과 같이 제안하였다. "조선에 지금 변란이 생겼으니 일본과 청은 서로 힘을 합쳐 신속히 난을 평정해야 한다. 일단 난이 평정되면 조선 내정개혁을 위해 일본과 청 양국은 상무위원 여러 명을 보내어 다음의 각 항을 실시한다. 하나, 재정을 조사한다. 하나, 서울의 관리와 지방 관리 중 부적당한 인물을 가려낸다. 하나, 조선정부에 필요한 병력을 배치하여 나라를 보호한다."[20]

조선 내정개혁안은 조선 독립을 존중한다는 일본의 허위성을 철저하게 폭로하였다. 6월 21일, 일본 주재 중국공사 왕펑자오는 일본정부에 다음과 같은 답변의 각서를 보내었다. "하나, 조선의 난이 이미 평정되었으므로 중국병사들이 대신 토벌할 필요가 없다. 따라서 두 나라 군대가 회합하여 토벌한다는 제안은 상의할 여지도 없다. 하나, 금후의 처리 방법은 뜻은 가상하지만 조선이 자체적으로 개혁하도록 해야 한다. 중국은 그동안 조선의 내정을 간섭해오지 않았다. 일본 또한 항상 조선을 자주국가로 인정해왔기 때문에 더욱 내정을 간섭할 권리가 없다. 난이 평정되면 철군한다는 것은 을유년 양국이 정한 조약(톈진조약)에 자세히 있는 바 지금 고칠 수 없다."[21]

중국의 대답은 일본이 예상한 대로였다. 6월 22일, 무쓰 무네미쓰는 왕펑자오에게 각서를 보내었다. 이 각서의 내용은 조선 국가와 그 민족을 모욕함은 물론, 만약 조선이 개혁하지 않으면 일본의 안전에 위해를 줄 수 있음을 논증하는 것이었다. 마지막으로 그는 다음과 같이 언명하였다. "본 대신의 뜻은 이러한바 우리는 중국정부와 견해를 달리하므로 조선에서 군대를 철수하지 않을 것이다."[22] 무쓰는 이 각서가 '중국에 대한 첫 번째 절교서'[23]라고 하였다. 그는 또 이렇게 말하였다. "우리는 이 기회를 빌려 한동안 악화되었던 중일관계를 다시 조절하려 한다. 그러나 만약 끝내 중국이 협조할 수 없다면 아예 완전히 결렬하고자 한다. 어쨌든 이 문제를 이용하여 음침한 날씨를 폭풍우가 불게 하든지, 아니면 명랑하고 맑은 날씨로 만들든지 하여 풍우계처럼 명확하게 표출해낼 것이다."[24] 6월 23일, 일본은 대본영의 명령에 따라 2차로 군대를 파견하고 인천의 일본군 혼성여단 주력은 서울로 진군하게 하였다.

조선 반도에 전운이 감돌자 영국, 러시아, 미국은 서로 나서서 조정하거나 일본에 대해 우의적으로 권고하였다. 그러나 일본은 각 나라가 실제로는 이러한 행동에 관해 간섭하지 못할 것임을 예측하고 고집을 꺾지 않고 내정을 개혁하도록 단독으로 조선에 압력을 가하기로 결정하였다.

6월 26일, 일본공사 오토리 게이스케는 조선 국왕을 만나서 내정개혁을 요구하였다. 또 한편으로는 상서하여 일본이 철수하지 않는 것에 대해 교활하게 변호하였다.

6월 28일, 오토리는 조선정부에 각서를 보내어 조선이 중국의 속국인지의 여부에 관해 질문하고 기한 내에 회답하기를 바랐다. 이에 6월 30일 조선정부는 다음과 같이 회답하였다. "병자수호조약의 제1조를 찾아보면 조선은 자주국가로서 일본국과 평등한 권리를 갖고 있다. 본국은 조약을 체결한 이래 양국에 관한 모든 교섭 사건을 다 자주적이고 평등한 권리로 처리해왔다. 이번의 중국에 대한 원조 요청 역시 우리나라 자체의 권리였으며 조일조약과는 아무런 관련도 없다. 본국은 조일조약을 준수하고 진지하게 지켜왔다. 우리나라의 내정과 외교가 예전부터 자주적이었음을 중국도 잘 안다. 중국 왕평자오 대신의 각서와 차이가 있는지의 여부는 본국과 관계가 없다. 본국과 일본의 관계는 오로지 두 나라 간의 조례에 따라 처리하는 것이 타당하다."[25]

오토리는 위안스카이에게 또 각서를 보내어 아산 주재 중국군 장령將領 녜스청의 포고에 '속국을 보호한다'는 글자가 있음을 질책하였다. 이에 대해 위안스카이는 7월 8일 다음과 같이 회답하였다. "녜스청의 포고는 조청 양국에서 지금까지 내려오던 체제대로 처리한 것으로 수백 년 동안 그렇게 해왔고 그 근거도 찾아볼 수가 있다. 처음 나온 말이 아니다. 조선은 다른 나라와 조약을 맺는 등의 일과 내부 자치, 외교관계에서 언제나 자주적이었는데 일찍이 서방 나라들에 각서를 보내어 이에 관해 성명한 적이 있다. 귀 공사가 성명을 발표하지 않아도 나는 이미 다 잘 알고 있다. 귀 공사가 어떻게 보든 내가 간섭할 바가 아니다."[26]

7월 4일, 오토리는 정식으로 조선정부에 내정개혁강령 26조를 제시하고 전면적으로 조선 내정간섭에 들어갔다. 7월 8일, 조선 국왕은 일본의 핍박으로 조서가 잘못되었다고 선포하였다.

7월 9일, 조선정부는 위안스카이에게 "조선이 중국의 속국으로서 보호받은 지 300여 년이나 된다. 현재 일본이 대사관을 보호한다는 명분으로 1만여 명의 병사를 도읍에 보내어 조선 전체가 그의 손아귀에 든 것과 같다. 그들은 각서를 보내 조선이 중국의 속국이 맞는지에 대해 물어보고 기한 내에 회답하라고 했다. 기한이 지나자 그들은 번역서기를 파견하여 독촉하고 두 차례 편지를 보내 중국과 결렬을 선포하라는 등 여러 가지로 위협하고 핍박했다. 이 때문에 우리나라는 조일조약(강화도조약)에 기록된 대로 대답하였을 뿐 초기에는 속방 보호 여부에 관한 질문에 대답하지 않았다. 이로써 그들이 조약을 위반하였다는 구실로 문제를 일으키는 것을 방지하였다. 지금 주고받은 모든 공문 서신을 베껴서 귀 총리에게 보내니 잘 살펴보고 중국정부에 전달하기 바란다."[27] 같은 날, 영국의 조정 아래 일본공사 고무라 주타로와 총리아문이 직접 담판하였다. 청조는 중일전쟁을 피하기 위해 담판에서 양보하여 일본이 제기한 양국이 공동으로 조선 내정을 개혁한다는 요구에 동의하였다. 그러면서 우선 두 나라가 군대를 철수한 다음에 조선 국왕에게 권고하여 조선 내정개혁에 관한 일을 상의하기를 바랐다. 그러나 일본은 명령을 내려 담판을 중지시켰다. 7월 12일 무쓰 무네미쓰는 오토리 게이스케에게 전보로 다음과 같은 명령을 내렸다. "영국의 베이징 교섭이 실패했는데 지금 결단을 내릴 필요가 있다. 외부에서 지나치게 비난하지 않는 범위 내에서 어떠한 구실을 이용하든 무방하니 즉시 실제 행동에 들어가라."[28] 7월 14일 고무라는 총리아문에 각서를 보내어 다음과 같이 질책하였다. "청국정부는 고의적으로 분규를 만들고 있다. 이것이 문제를 일으키기를 좋아하는 것이 아니고 무엇이랴? 후에 이 때문에 뜻하지 않는 변이 발생하면 우리 정부는 그 책임을 지지 않겠다."[29] 무쓰는 이것을 일본정부의 '두 번째 절교서'라고 하였다.

7월 18일 청정부는 중일관계가 결렬되고 서울이 일본군에 통제되자 리훙장에게 명하여 위안스카이를 귀국하게 하고 모든 일은 탕샤오이唐紹儀가 대신 처리하게 하였다. 19일, 위안스카이는 인천에서 배를 타고 톈진으로 돌아왔다.

바로 이날, 오토리는 일본정부의 명령을 받들어 조선정부에 네 가지 강경한 요구를 제시하였다. "첫째, 서울과 부산 사이에 군용전선을 가설하되 일본정부가 자체적으로 책임지고 진행한다. 둘째, 조선정부는 응당 제물포조약에 따라 일본 군대를 위하여 하루 빨리 필요한 병영을 만들어야 한다. 셋째, 아산에 주둔하고 있는 중국 군대는 출병할 이유가 없으므로 하루 빨리 철수하게 해야 한다. 넷째, 중조통상조약 및 기타 조선 독립을 방해하는 중국과 조선 사이의 일체 조약을 폐지해야 한다."[30]

7월 20일, 오토리는 최후통첩 방식으로 조선정부에 각서를 보내며 3일 내에 회답하라고 하였다. 통첩에는 "귀 정부가 정당하지 않은 명분으로 요청한 청군이 경내에 영원히 주둔하는 것은 귀국의 자주독립권을 침해하는 것이다. 아울러 이는 조일조약에 규정한 조선은 '자주적인 나라이고 일본과 평등한 권리를 갖는다'는 조항을 위반한 것으로 체통이 서지 않는다. 조선정부는 즉시 영을 내려 청군을 국경 밖으로 철수시켜 조약 준수의 책임을 다하여야 한다. 일이 긴급하므로 서둘러 시행하여 일본력 이번 달 22일 전에 확실한 대답이 있기를 바란다. 만약 지연해 회답하지 않는다면 본 공사는 자체적으로 결정할 것이다."라고 선언하였다. 그날 한밤중에 오토리는 조선에 또 각서를 보냈는데, 여기에는 이를테면 '중조상민수륙무역장정', '중강통상장정'과 '지린무역장정' 등은 "귀국의 자주독립권을 침해한 것으로 일본과 조선의 조약에서 선언한 '조선은 자주적인 나라이고 일본과 평등한 권리가 있다'는 조항을 멸시한 것이다. 귀 정부는 자신의 자주권을 보호하고 우리 나라와의 조약 준수 의무에 따라 속히 청국정부에 대해 여러 조례 폐지를 선언하기 바란다. 동시에 그 뜻을 우리 정부에 알려 조약을 분명히 하고 나라를 중히 여기기 바란다."[31]라고 썼다.

조선정부는 일본 공사의 각서를 받고서 어찌할 바를 몰라 7월 22일에서야 비로소 회답하였다. "중국 원병은 본래 철수시키고자 하였으나 톈진조약 때문에 그렇게 하기가 곤란하였다. 장차 이 근심을 탕샤오이 대리에게 전하여 중국정부가 자세히 조사해 처리하도록 요청할 것이다." 일본이 제기한 중국의 속방보호각서와 녜스청의 포고에 대해서는 "우리나라와 무관하다.", "아직 듣지 못하였다."라고 회답하였다.[32] 그날, 오토리는 최후통첩을 내려 "(조선정부의 회답에) 본 공사는 단연코 동의할 수가 없다. 왜냐하면, 지금 귀 정부에게 조약을 준수하도록 하고 만족스러운 해답을 요구하는 것은 사실 우리 정부가 당연히 해야 할 일이라고 생각하기 때문이다. 귀 정부가 만약 만족스러운 대답을 주지 않는다면 우리의 권리 보호를 위해 군대를 동원할지도 모를 일이다."[33]라고 위협하였다.

미국·러시아·영국의 일본 비난

유럽과 미국 등 여러 나라들은 일본에게 중국과 조선 양국에 대한 전쟁을 책동할 뜻이 있음을 알고 성명을 발표하여 전쟁에 관한 태도를 표명하였다.

7월 9일, 미국정부는 일본에 다음과 같이 권고하였다. "조선 변란이 평정되었는데도 일본정부와 중국이 모두 조선에서의 철군을 거부하고 조선정부의 내정에 심도 있는 개혁을 진행함에 대해 미국정부는 유감을 표시한다. 미국정부는 일본과 조선 모두에게 두터운 우의가 있다. 일본이 조선의 독립과 주권을 존중하기를 희망한다. 만약 일본이 이유 없이 군사를 동원하여 방어 능력이 부족한 이웃 나라를 병화에 휩싸인 전장으로 만든다면 미합중국 대통령은 매우 안타까워 할 것이다."[34]

7월 21일, 러시아는 중·일 외교 조정이 실패한 후에 다음과 같은 성명을 발표하였다. "일본정부가 지금 조선에게 도대체 어떤 요구를 하고자 하는지 알 수 없다. 어떤 요구든지 간에 조선이 독립 정부의 자격으로 각국과 체결한 조약을 어긴다면 러시아정부는 그 유효성을 절대로 인정하지 않을 것이다. 이후의 불필요한 분쟁을 피하기 위해 우정 어린 마음으로 재차 일본정부에 주의를 바란다."[35]

영국정부는 이전에 중·일 간의 갈등을 적극적으로 조정했었다. 일본이 중국과의 협상을 거부한 후, 영국 외교대신은 7월 21일 전보를 통해서 일본 주재 대사로 하여금 일본정부에게 비망록을 제시하게 하였다. 그 요지는 다음과 같다. "일본정부가 이번에 중국정부에게 제시한 요구는 이전에 선언한 협상의 기초와 서로 어긋날 뿐만 아니라 그 범위도 넘어선 것이다. 오늘날 일본정부가 단독으로 이 일을 진행하면서 중국정부에게는 조금도 관여치 못하게 함은 톈진조약의 정신을 멸시하는 태도이다. 그러므로 만약 일본정부가 이 정책을 고수함으로써 전쟁이 발생한다면 그 결과에 대해 응당 책임을 져야 할 것이다."[36]

침략자는 누구인가? 갑오전쟁을 일으킨 원흉은 도대체 누구인가? 미국·러시아·영국 세 나라가 전쟁 전야에 발표한 성명은 이 점에 관해서 명확하고도 역사적 검증을 거칠 수 있는 판단을 내리게 한다. 그러나 서방 대국이 작은 나라 조선의 독립을 위하여 동방의 강도强盜 일본과 맞서기를 바랄 수는 없었다. 그렇다고 생사존망의 시련 앞에서 참거나 양보할 수도 없었다. 부패무능한 청조와 이조는 이렇게 영용비장英勇悲壯한 전쟁을 진행했던 것이다.

일본의 조선 침략전쟁 감행

일본의 최후통첩은 조선정부를 압도하지 못하였고 그들은 서슴없이 조선 침략전쟁을 감행하였다.

7월 23일 0시, 서울에 있던 일본 군대는 왕궁으로 진격하였다. 새벽 4시, 일본 군대는 영추문迎秋門을 폭격하고 왕궁에 들이닥쳤다. 동시에 조선 군대는 광화문에서 일본 군대와 격렬한 전투를 벌였다. 오후, 조선 군기영軍箕營은 건춘문建春門에서 일본 군대를 향해서 맹렬하게 반격하였다. 개화당 인물인 안경수安駉壽가 나서서 이를 제지하였다. 기병旗兵들은 분노하여 군복을 벗고 흩어졌다. 저녁 무렵, 일본 군대는 왕궁을 완전히 점령하고 조선 국왕을 사로잡았다. 조선 정사正史는 이 일을 "21일, 일본 병사가 궁궐에 침입하였다. 새벽, 일본군 2개 대대가 영추문으로 들어오자 시위병이 대포를 쏘며 보위하였다. 하지만 상급의 명령으로 곧 중지되고 말았다. 일본군은 마침내 궁문을 수비하였고 오후에는 각 군영에 가서 무기를 거두었다."[37]라고 기록하였다.

오토리 게이스케는 대원군을 입궁시켜 조선 국왕을 핍박하여 대원군을 국정총재國政總裁로 임명하게 하고 민비정권을 전복시켰다. 그리고 민영준閔泳駿, 민형식閔炯植, 민응식閔應植, 김세기金世基, 민치헌閔致憲 등 기존의 정부 관원들을 멀리 낙도로 유배하였다. 7월 25일, 조선의 신정부는 "조선은 이제부터 자주국가이며 더 이상 조공하지 않는다."라고 선포하였다. 그리고 중국과 체결한 모든 조약을 폐지함은 물론 일본 군대로 하여금 아산에 주둔하고 있는 청 군대를 대신 축출하게 하였다. 중국 공사관의 국기 역시 일본군에 의해 철수되었다. 7월 27일, 일본은 김홍집을 영수로 하는 개화당 인물들로 구성된 친일정부를 조직하여 군국기무처軍國機務處라고 명명하였다.

7월 25일, 일본 해군은 선전포고도 하지 않은 채 조선 풍도豊島 해면에서 중국 병력 수송선을 불시에 습격하였다. 가오성호高昇號를 침몰시켰고 광이호廣乙號, 지위안호濟遠號를 손상시켰을 뿐만 아니라 차오장호操江號를 포획하였다. 이를 두고 '풍도해전'이라고 한다. 26일, 일본 육군은 아산에 주둔한 중국 군대를 습격했는데, 예즈차오와 네스청이 거느린 군대는 평양에서 패전해 퇴각하였다.

중일 선전포고 조서

8월 1일, 청정부는 일본에 선전포고 조서를 선포하였다. "조선이 우리 대청의 속국으로서 200여 년간 해마다 조공을 바쳐온 일은 모두가 알고 있다. 근 10여 년 동안 이 나라에는 내란이 빈번하여 본 조정에서 소국을 사랑하는 마음으로 여러 차례 파병하여 평정해줌은 물론 사람을 파견해 이 나라의 도성에 주재시켜 보호하였다. 금년 4월, 조선에서는 또 한 차례의 비적 변란이 일어났다. 조선 국왕이 우리 나라의 군대 지원을 간절히 희망했기 때문에 리훙장에게 파병을 명하여 아산으로 들어가 비적을 토벌하게 하였다. 그러나 비적들은 이미 다 흩어져 도망간 상태였다. 그런데 일본은 아무런 이유도 없이 군사를 보내어 서울에 갑자기 들어왔고, 그 후 또 만여 명을 증병하여 조선을 핍박해 국정을 개변하고 여러 가지로 위협한 것은 이루 다 말할 수가 없다. 우리 조정은 이 속국의 국내 정사는 그 나라 자체적으로 처리하게 해왔다. 일본이 조선과 조약을 맺는 것도 그 나라 일에 속하는 것이다. 그러나 강력한 군대를 동원해 억압하고 정치를 개혁하도록 강압할 권리가 일본에게는 없다. 각 나라에서도 일본의 이유 없는 출병에 대해 옳지 않다고 보고 군대 철수를 권고할 뿐만 아니라 평화롭게 상의할 것을 바란다. 그런데도 돌아보지 않고 제멋대로임은 물론, 도리어 계속해서 병사를 더 파견하고 있다. 이에 조선 백성과 중국 상인이 점점 더 불안을 느끼는 까닭에 우리는 군대를 더 보내어 보호하게 하였다. 그런데 도중에 왜군 군함 몇 척이 우리가 방비하지 않는 틈을 타서 아산 해면에서 포를 쏴 우리 운송선을 손상시켰다. 이것은 그야말로 뜻밖의 상황이다. 일본은 조약과 공법을 준수하지 않을 뿐만 아니라 제멋대로 위세를 부리고 방자하기 이를 데 없다. 또한 오로지 음모를 꾸미는 데 몰두하여 분쟁을 일으키기 일쑤다. 이러한 사실들은 여론에 비추어 봐도 확연하다. 이 때문에 특별히 천하에 포고하여 조정이 이 일에 대한 처리를 명확히 하였다. 청정부는 사실 이미 모든 성의를 다하였지만 일본은 약속을 저버리고 전쟁을 도발하였다. 그들의 행동이 이처럼 억지스럽기 그지없는지라 더 이상은 용납하기가 어렵다. 리훙장을 보내어 각 군에 엄명하여 파병함으로써 신속하게 진주시켜 토벌할 것이다. 더 나아가서, 강력한 군대를 집결하여 연이어 조선에 진격하게 해서 조선 백성들을 도탄에서 구해낼 것이다. 연강沿江, 연해의 각 장군, 총독, 순무, 그리고 군사를 통솔하는 대신들은 군대를 이끌고 가다가 왜놈 기선이 항구에 들어서면 즉시 통렬하게 공격해 모조리 섬멸하고 추호도 후퇴해서는 안 될 것이다. 이를 일깨워 알리는 바이다."[38]

같은 날, 일본 천황도 선전포고를 하였다. "대일본제국 황제는 충성스럽고 용맹한 무사들에게 전하노라. 지금 짐은 청나라에 선전포고를 하는 바이다. 모든 관리들은 짐의 뜻에 따라 해상과 육지에서 청나라와 교전함에 최선을 다하여 국가의 목적에 도달해야 할 것이다. 진실로 국제 공법을 위반하지 않는다는 전제하에서 각자의 능력과 일체 수단을 다하여 실수가 없도록 해야 한다. 짐이 즉위한 지 20여 년 동안 그야말로 문명의 개화를 평화적 통치에서 찾았다. 이웃나라와 친목을 잃으면 아니 되기에, 여러 관리들이 우방과의 우의를 돈독히 할 수 있도록 노력하였다. 다행히 여러 나라와의 교제는 날로 더욱 친선관계를 두텁게 할 수 있었다. 그러나 청국의 조선에 대한 사건은 우리에게 인근 나라에 대한 신의를 잃게 하였다. 조선은 우리 제국이 가장 먼저 계발시켜 열국列國들의 대오에 합류시킨 독립국이다. 그런데 청국은 매번 조선을 속방이라 칭하면서 내정을 간섭하고 내란을 일으킴은 물론, 속방을 구해준다는 구실로 병사를 조선에 파견하였다. 짐은 메이지 15년의 조약에 따라 출병하여 변란에 대비하였다. 더욱이 조선이 영원히 화란을 면하고 미래의 치안을 보장받도록 하여 동양의 전반적인 평화를 유지하고자 하였다. 이에 청국에 먼저 알려 협동하여 일을 처리하고자 하였지만 청국은 이를 거절하였다. 본 제국에서는 조선에게 정치개혁을 하여 대내로는 치안을 든든히 하고 대외로는 독립국의 권익을 보전할 것을 권고하였다. 조선은 이미 허락했지만 청국은 시종 암암리에 천방백계로 방해를 하여 여러 가지 구실을 붙여 시기를 늦추어 수군과 육군을 정돈하여 군사적 준비를 갖추려고 하고 있다. 준비가 끝나면 무력으로 그 욕망을 달성코자 할 것이다. 더욱이 대군을 조선에 파견하여 우리 군함을 조선 해상에서 격파하려고 하는데 방자하고 오만하기 그지없다. 청국의 계략은 조선의 치안이 제대로 서지 못하게끔 하려는 것이다. 살피건대, 조선은 우리 제국이 솔선하여 그들로 하여금 여러 독립국의 대열에 진입하게 하여 얻은 지위와 이것을 위하여 이미 맺은 조약을 모두 무시하였다. 이로 인해 제국의 권리와 이익에 손해를 끼쳤고 영원한 동양의 평화를 보장받지 못하게 하였다. 그 행동에서도 알 수 있듯이 그 책략은 사실 평화를 희생시켜 자기의 욕망을 충족시키기 위한 것이다. 일이 이미 이렇게 되었더라도 짐은 계속 평화가 유지되기를 바라지만, 제국의 영광을 대외에 선양하기 위해서라도 어쩔 수 없이 전쟁을 선포하지 않을 수 없다. 여러분의 충실과 용맹으로써 영원한 평화가 속히 달성되어 전체 제국의 영광이 빛날 수 있기를 바란다."[39]

3장 전쟁 시기의 중·조관계

임진왜란 시기 명조와 이조의 군대는 시종 동맹을 지키며 공동으로 일본에 대적하였다. 이조의 선조는 한양, 개성, 평양을 거쳐 압록강 부근의 의주까지 철퇴하였지만 끝까지 투항하지 않았다. 전쟁은 7년 만에 중국과 조선 두 나라의 승리로 끝났다. 갑오항일전쟁이 시작되자 일본 침략자는 조선정부를 친일파 정권으로 바꾸었고 친일정부는 중국과의 결별을 선포하였다. 하지만 고종과 대다수 정부 관원, 조선 국민들은 중국 군대가 일본을 물리쳐주기 바랐다. 이 때문에 전시 중의 중조관계는 복잡한 양상을 띠었다.

아산 청군의 조선반도 출정

1894년 6월 4일, 리훙장은 지위안호와 양웨이호 두 척의 군함을 인천과 서울에 파견하여 화교 상인을 보호하려고 하였다. 그는 즈리총독 예즈차오, 타이위안진 총병 녜스청에게 1,500명 병사를 거느리고 윤선초상국의 기선을 타고 조선으로 향하게 하였다. 광서황제는 조선 출병에 대해 다음과 같이 반포하였다. "이번 조선의 난은 비적들의 수가 많고 중국이 병사를 파견하여 소탕하도록 도와주고 있지만 지형과 적정敵情이 모두 평소와는 다르다. 그러므로 반드시 만전을 기하고 힘써 필승의 기세를 잡아야지 조금도 경시하거나 소홀해서는 안 될 것이다. 훈련된 병사 1,500명을 출병시키되 만약 소탕하는 데 병력이 부족하다면 더 증강할 것이다. 일거에 평정하여 조선백성들의 마음을 위로하기 바란다."[40]

6월 6일, 녜스청은 800명 군사를 선봉대로 거느리고 루타이蘆臺에서 기차를 타고 톈진까지 간 다음 탕구塘沽에서 기선에 몸을 싣고 바다로 나아갈 준비를 했다. 밤 7시, 녜스청은 기선에 올라 출발을 명령했고 다구大沽 각 포대는 깃발을 올리고 포를 쏘아 배웅하였다. 그날 밤 날씨는 맑고 화창했으며 파도는 잔잔하였다.

6월 8일, 녜스청은 조선의 홍주洪州 항구에 도착하였다. 조선왕은 사람을 보내어 영접하였다. 9일, 그들은 백석포白石浦에 이른 후 육지에 올라 군대를 정돈하고 아산현으로 진군하였다. "읍은 성곽이 없고 주위가 모두 산으로 막혀 있었다. 주민은 수백 호 정도 되었는데 초가집에서 거주하며 사대부 복장을 하고 있어 상고의 유풍이 남아 있었다. 대군이 온 것을 보고 남녀노소가 모두 구경하러 왔다. 관공서 옆 이사청理事廳에 주둔하고 소란을 피우지 않도록 함은 물론 시장을 어지럽히지 않도록 하였다. 조선왕은 외무협판 이중하李重夏를 보내어 병사들을 위로하게 하고 여러 가지 필요한 것을 공급하게 하였다. 저녁에 서울에 있는 위안스카이 총리의 전보를 받았는데 조선군이 비적 토벌에서 작은 승리를 거두었다고 하였다."[41]

셋째 날, 예즈차오는 대군을 거느리고 백석포에 상륙하여 녜스청과 함께 아산에 주둔하였다. 녜스청은 진군할 것을 요청했지만 상부는 허락하지 않았다. 얼마 후 일본 군대가 조선에 도착하였다는 소식이 전해졌다.

6월 12일, 녜스청은 관병 100명과 조선어 통역자를 대동하여 통고문을 가지고 전주로 가서 봉기군에게 투항하라고 종용하였다. 통고문의 내용은 다음과 같다. "조선 국왕이 전보를 보내 조선의 전라도에서 지방 비적들이 난을 일으켜 성 소재지를 점령하고 군민을 살상한다며 그 긴급함을 알려왔다. 우리 나라는 속국을 사랑하고 걱정하는 까닭에 앉아서 구경만 할 수 없었다. 본 통령統領은 북양대신 리훙장의 명을 받들고 총포 대대를 이끌고 토벌하러 왔다. 여러분들은 본래 선량한 사람이었을 것이다. 다만 이 일은 일시적인 실수이거나 핍박 때문에 일어난 것이지 어찌 모두 비적이 되고 싶었겠는가?

서둘러 토벌하여 다 죽이면 가련하기 짝이 없을 것이다. 대군이 도착하였을 때 마음을 돌려 투항한다면 죽음을 면할 수 있다. 주모자를 잡아 바치면 큰 상을 내릴 것이다. 그러나 계속 고집해 저항하면 죽음을 면치 못할 것이다. 이에 본 포고문을 내붙이는 바이다. 본 통령은 규율을 엄격히 하고 명령대로 할 것인즉 늦게 전하였다고 원망하지 말라. 각기 굳게 지켜 어기지 말기를 바란다. 이에 특별히 공포한다."[42]

조선의 동학당 봉기군은 탐관오리와 일본 침략군에 반대했고 본래 중국과는 적대적이지 않았다. 결국 6월 10일, 봉기군과 조선정부는 '전주협의'를 이루어냈다. 6월 14일, 네스청은 봉기군이 철수하고 조선정부군이 전주를 수복하였다는 소식을 접하였다. 15일, "백성들이 길옆에 비석을 세워 찬송하는 글을 지었는데 그 글에서 군대의 명령이 엄한 것이 참으로 좋았다고 하였다."[43] 이번 조선 주재 청조 군대는 농민 봉기군과 싸움을 벌이지 않았다.

이때 일본 군대가 조선에 대거 들어와 전쟁 도발을 기도하였다. 게다가 조선정부는 태도를 바꾸어 청군 파병 정지를 원하였다. 그러자 조선 주재 청군은 목표를 비적 소탕에서 일본군 방어로 바꾸었다. 6월 14일, 리훙장은 "조선군은 비적이 소멸되자 우리 군에게 들어오지 말 것을 요구하였다. 이 문제를 사람과 지방이 낯설고 지세가 복잡한 데다가 인도하는 사람조차 없어 위안스카이가 오토리 게이스케와 철수할 방법을 협상할 때를 기다려 다시 상의해 처리하고자 한다. 만약 일본군이 병사를 남기면 우리도 얼마간 남겨 대치할 것이다. 지금 일본 군대에 대한 방비는 비적 소탕보다 더 중요하다."[44] 라고 보고하였다. 17일, 리훙장은 예즈차오에게 명령을 내려 전체 병력의 5분의 4 정도는 철수할 준비를 하고 400명만 인천에 남기라고 하였다. 이때 서울의 형세가 매우 긴장되자 아산 청군 중 400여 명을 서울에 보내어 중국 관공서를 보호하게 하고, 그 나머지 400여 명은 수원에 남겨 서로 호응하게 하였다. 위안스카이는 지금 일본과 담판을 진행하고 있으니 경거망동하지 말라고 전하였다.

6월 23일, 하이딩海定 기선으로 군사 500명이 백석포에 도착하자 조선에 주재하는 청군은 2,000여 명에 이르게 되었다. 하지만 일본 군대는 10,000여 명에 육박해 청군은 여전히 열세에 처해 있었다.

6월 27일, 녜스청은 리훙장의 명령에 따라 군대를 거느리고 전주로 진군하였다. 안주安州를 지날 때 한 병사가 민간인의 채소를 취한 죄로 귀가 잘려 효시되자 전군이 엄숙해졌다.[45] 녜스청은 안주의 김金 군수, 온양溫陽의 서徐 군수, 초토사招討使 홍계훈洪啓薰, 충청도 관찰사 조병호趙秉鎬와 서한을 주고받음은 물론 술도 같이 마시며 즐길 정도로 사이가 아주 좋았다. 조병호는 금강각錦江閣에서 연회를 베풀어 녜스청을 초대하였다. "술이 거나해지자 조공趙公이 조선의 국사를 언급하며 한숨을 쉬고 눈물을 흘렸다. 모두들 측은한 마음이 들어 그냥 흩어졌다. 다시 돌아와 보니, 한 노옹이 백발을 휻날리며 표연히 와서 소매에서 시 한 수를 꺼냈는데, 청군이 추호도 백성을 범함이 없다는 등 찬송하는 말이었다. 이에 예를 차려 고마움을 표시하였다."[46] 7월 5일, 녜스청은 전주에 도착하였다. "문무백관이 줄지어 성 밖에서 영접하였다. 남문에 들어서니 민가가 잿더미가 되어 백성이 있을 곳이 없어서 몹시 측은하였다. 우리는 주州 관공서에 주둔하였다."[47] 나중에 조사한 바에 따르면 난민은 모두 900호였는데 이들에게 1,806원의 은전을 골고루 나누어 주어 집을 짓는 데 보태게 하였다.

7월 10일, 녜스청은 아산에 돌아와서 예즈차오와 리훙장에게 군대를 철수하여 강을 건너자고 요청하였다. 그 이유는 다음과 같다. "우리 군대는 난을 평정하기 위해 조선에 온 것이지 일본과 힘을 겨루려고 온 것이 아니다. 일본이 기회를 엿보아 수륙 양 방면으로 조선에 들어와 요충지를 점하고 시비를 거는 것은 매우 오래전부터 계획한 일이다. 또 적의 수는 많고 우리는 적으며 지리에도 밝지 못하고 서로 화합하는 것도 그들만 못하다. 만약 싸우게 되면 그들의 계책에 말려들게 될 것이다. 지금 난이 이미 평정되었으니 이 기회에 대오를 정비하여 돌아가면 그들에게 구실을 제공하지 않을 수 있다.

이것은 노자老子의 '상대방보다 먼저 모략을 꾸미지 않는다'는 계책이며, 역시 병가兵家의 '실失을 피하고 허虛를 치는 전술'이다. 하물며 조선은 구미 여러 나라의 통상국인데 어찌 왜인이 혼자 삼키게 놔두겠는가! 만약 일본이 계속 완고히 고집한다면 영국, 러시아 등에 청해 시비곡직을 따지게 하는 한편, 우리의 해군과 육군을 집결하여 베이양北洋, 펑텐 변경에 주둔하게 하고 가을이 되면 우리 육군이 주롄청에서 출격하여 평양에 가서 뒤를 받쳐주면 된다. 동시에 해군 군함이 인천에 들어가 목을 조이면 그때 일본군은 모든 것이 허사가 될 것이고 군졸들은 힘을 잃게 될 것이니 일거에 격파할 수 있다. 이렇게 하지 않는다면 일본이 먼저 우리를 제압할 것이고 시비가 일어나면 국면은 위태롭게 될 것이다."[48] 그러나 리훙장은 녜스청의 요구를 들어주지 않았다. 그는 아산 주둔군이 전략상 일본 군대를 견제하여 평양의 중국 군대를 천천히 배치할 수 있게 되기를 바랐다.

7월 22일, 지원군 일개 대대가 조선에 도착하였다. 리훙장은 24일 아산에 전보를 보내어 협상이 결렬되었으니 속히 전쟁 준비를 하라고 하였다. 25일, 풍도해전에서 지원군을 운송하는 가오성호가 격침되고 차오장호가 일본에 노획되었으며 아산 주둔군은 고립무원의 상태에 빠지고 말았다. 예즈차오는 공주에, 녜스청은 아산에 주둔하여 서로 성원하였다. 29일, 일본 군대는 우세한 병력으로 청군을 공격하였다. 청군은 매우 용감하게 저항하였으나 수적인 열세로 퇴각할 수밖에 없었다. 그들은 천안天安, 청주淸州, 원주原州, 황주黃州를 거쳐 8월 28일 대동강을 건너 평양의 대군과 합류하였다. 한 갈래의 패잔병은 폭염 아래서 30여 일을 걸었고 그 거리가 1,100여 리에 이르렀다. 만약 엄한 규율과 조선민의 뜨거운 구호가 없었다면 군사들은 전부 돌아올 수 없었을 것이다. 녜스청은 『동정일기東征日記』에 많은 감동적인 일들을 기록하였다. 그 일부를 보면 다음과 같다.

"29일, 50여 리를 걸어 청주에 도착하였다. 병사들이 기아에 허덕이기에 돈을 주어 조선 백성에게 밥을 하게 하였다.

7월 1일, 50여 리를 걸어 청안현青安縣에서 묵었다. 조선 읍민들은 대군이 지나간다는 소식을 듣고 환영하며 먹을 것을 보내왔다.

7일, 40리를 가서 황촌荒村에서 묵었다. 노인과 어린이가 모두 몰려나와 구경하고는 채소와 땔나무를 가져다 주었다. 그리고 물도 대신 길어주고 식사도 마련해주었다.

8일, 40리를 지나 원주에 도착하였다. 부상 입은 병사들이 일어나지 못하자 돈을 주어 남아서 치료를 받게 하고 사람을 보내어 보살피게 하였다. 그리고 조선인 관리를 만나서 부상병들을 잘 보살펴줄 것을 당부하였다. 병졸들이 모두 감격의 눈물을 흘렸다.

14일, 행군 도중에 조선인을 만났는데 산 뒤에 왜병 100여 명이 숨어 있다고 하였다. 병사들을 거느리고 수색했으나 찾지 못하였다. 90여 리를 행군하여 금화현金花縣에서 묵었다.

16일, 10여 리를 지나 한 촌락에 이르렀는데 뽕나무, 삼나무가 자라고 닭과 개가 활개를 치며 다녔다. 그 풍경이 꼭 옛 무릉도원과 같았다. 큰 비가 끊임없이 내려 이곳에서 묵기로 하였다. 촌민들이 술과 먹을 것을 내오고 집에서 묵게 하였다. 모두 후하게 상을 주었다."[49]

조일동맹조약

일본군은 아산의 중국 주둔군을 축출하고 난 뒤 근심이 없어지자 천천히 침략 절차를 밟아나갔다. 그 첫째가 조선을 확실하게 제압하는 것이었다.

8월 17일, 무쓰 무네미쓰는 내각회의에서 조선 처리에 관한 네 가지 방안을 내놓았다. 첫째, 조선의 자주 독립은 조선에게 맡긴다. 둘째, 명의상으로는 조선이 하나의 독립국가임을 승인하지만, 제국정부가 직간접적으로 영원히 또는 어느 장시간 동안 그 독립을 육성함과 동시에 외래의 침략과 압박에 대한 방어책임을 대신한다. 셋째, 중·일 양국이 공동으로 조선의 영토 보전을 보장한다. 넷째, 조선을 세계의 중립국가로 만든다."[50]

8월 20일, 오토리 게이스케가 조선을 협박해서 '잠정합동조관暫定合同條款'을 체결함으로써 일본은 조선의 내정 간섭, 철도 개설, 통상항구 확대개방 등의 특권을 얻어냈다. 8월 26일, 또 조선정부를 협박하여 '조일동맹조약'을 체결하였다. "대조선국 정부와 대일본국 정부는 조선력 개국 503년 6월 23일, 일본력 메이지 27년 7월 25일에 조약을 맺음에 따라, 조선정부의 청국 군대 철수에 관한 일은 조선국 서울 주재 일본특명전권공사에게 맡겨 대신 처리하도록 한다. 이후 양국 정부는 조선이 청국과 맺은 진공과 방어 시에 서로 돕기로 한 조약에 대해 여러 일들의 계통을 분명히 하고 시간을 정하여 공동으로 일을 도모하기 위해 양국 대신이 각기 전권을 위임받아 다음과 같이 조약을 체결한다.

제1조, 이 맹약은 청군을 조선의 국경 밖으로 철수시켜 조선의 자주독립을 공고히 하며 조·일 양국의 이익을 확대하는 것을 그 근본으로 한다.

제2조, 일본국은 청국과 공수전쟁, 군량 조달 등의 일을 담당하여 모든 일에서 조선을 반드시 도와주고 편의를 제공하는 데 힘을 아끼지 않는다.

제3조, 이 맹약은 청국과 평화조약이 체결되는 대로 폐지된다.[51]

무쓰 무네미쓰는 '조일동맹조약'에 대해서, "아산전쟁 이래 조선은 이미 우리 나라의 동맹국이 되었지만, 아직도 비밀리에 서울 주재 구미열강 사절들에게 중·일 양국의 군대가 조선에서 철수하도록 주선해줄 것을 요청하는 등 많은 비협조적인 행동을 하고 있다. 장래에 발생할 수 있는 여러 장애 요소들을 미연에 방지하기 위해서라도 하나의 국제조약을 규정할 필요가 있다. 조선이 하나의 독립국임을 알려 어떠한 국가와도 공수동맹조약을 맺을 권리를 갖게 하는 한편, 동시에 조선을 확실히 장악하여 복종하게 함으로써 다른 생각을 못하게 해야 한다. 그러므로 조약을 맺는 이 일거양득의 책략을 취하는 것이다."[52]라고 말하였다.

이른바 동맹조약을 통해 일본 침략자는 조선인들에게서 자신들이 중일전쟁에서 필요한 모든 것을 약탈하였다.[53] 예컨대 양식과 사료, 운송노동자, 군용도로 건설노동자 등이다. 일본은 조선을 핍박하여 중국을 적으로 만들게 하여 중조 두 나라의 전통적인 친선관계를 파괴하였다.

중조관계를 유지시킨 비밀외교

중조관계를 이간하려는 일본 침략자의 욕망과는 반대로 대다수 조선인들은 처음부터 천황이 반포한 전쟁선언조서의 허위성과 기만성을 간파하고 있었다. 형조참의刑曹參議 이남규李南珪는 고종에게 상소하여 일본이 조선의 자주독립을 보호한다는 선언에 이의를 제기하였다. "그 나라는 예의를 모르고 오로지 이득만을 추구해왔습니다. 지금 돌연히 군중을 총동원하고 재물을 다 소모하는 것을 꺼리지 않으면서까지 이웃 나라를 위한 일을 계획하고 있는데, 큰 욕심이 없이 그렇게 할 수 있겠습니까? 과거나 지금이나 일본은 말끝마다 자신들의 힘으로 조선이 자주의 나라가 되었다고 합니다. 이를 빌미로 그들은 우리를 조종하고 유린할 뿐만 아니라 호령하고 강요할 것입니다. 감당하기 어려운 요청과 끝없는 요구가 반드시 뒤따를 것이고, 이것은 날이 갈수록 더욱 심해질 것입니다. 들어주자니 형편에 맞지 않고 안 들어주자니 위력에 맞설 수 없습니다. 그러니 나라가 장차 어떻게 그 뒷수습을 할 수 있겠습니까? 옛 규칙을 따르면 이름은 속인屬人이지만 사실은 자주적이고, 만약 그들의 말을 따르면 이름은 자주적이지만 사실은 속인이 됩니다. 헛된 이름을 탐하여 화를 입어서는 안 되며 자신을 굳건히 해야 합니다. 그들은 우리나라에 뛰어난 사람이 없음을 알고 우롱함은 물론 손바닥 위에 올려놓고 좌지우지하고 있습니다. 겉으로는 우리를 받드는 것 같지만 사실 속으로는 우리를 미천하게 봅니다. 겉으로는 우리를 강하게 만들어주는 것 같지만, 사실 속으로는 우리를 약하게 만들고 있습니다. 겉으로는 우리를 대변하는 것 같지만 속으로는 우리를 욕보이고 있습니다. 겉으로는 우리를 도와주는 것

같지만 속으로는 우리를 고립시키고 있는 것입니다. 우리에게 변고가 생기기를 기다리고 우리가 피로해지는 때를 틈타 어부지리를 얻으려고 합니다. …… 그들은 낡은 것으로 새것을 바꾸고, 작은 것을 위협해 큰 것을 앗아가고 있습니다. 말로는 이것이라고 하지만 실제로는 다른 것을 탐내며, 밖으로는 보호하는 체하지만 안으로는 공격하면서 온갖 간사한 짓만 일삼고 있습니다. 자기들을 위해 이전부터 내려오는 수법을 사용해 나라와 백성들에게 화를 끼치고 있습니다. 멀게는 임진왜란, 가깝게는 갑신정변을 들 수 있습니다. 이전의 이러한 교훈들은 지금에 와서도 똑똑히 증명해줍니다. 그들이 말하는 이른바 자주독립이라는 것은 도요토미 히데요시가 내세우는 구실인 '길을 빌려 명나라에 들어간다'는 책략의 연속이 아닙니까? 그들의 이른바 '방위 주둔병'이란 다케조에 신이치로가 겉으로만 경우궁景祐宮을 보호하던 그 술책이 아닙니까? 생각이 여기까지 미치면 가슴이 얼어붙고 머리칼이 곤두서며 간담이 서늘해집니다."[54]

반면, 서울의 중앙정부로부터 아래로는 평안도, 함경도의 지방관리와 평민 백성에 이르기까지 열성적으로 중·조 친선을 옹호하는 사람들이 아주 많았다. 이와 동일하게 청정부도 중조관계를 유지하기 위해 일련의 조치를 취하였다.

7월 30일, 조선 학사 이병관李炳觀은 대원군과 태보太保 이재면李載冕의 명을 받들고 통역인 조趙 군을 데리고 중국에 가서 원조를 구하면서 조선의 군사 정황을 알렸다. 이병관은 여러 차례 대원군을 만났지만 그때마다 일본 병사의 감시 때문에 국사에 대해 이야기할 수 없었다. 이에 명함 두 장을 간절히 요구하면서 눈물을 흘리며 헤어졌다. 그리고 조선 주재 영국 총영사관의 중국 고용인 쉬인후이許寅輝에게 소개장을 써 달라고 부탁하였다. "황제께서 불쌍히 여기어 강대한 이웃나라를 축출하여 망해가는 나라를 다시 일으켜 세워주시기를 바란다. 혈기 있는 사람이라면 모두 재조再造의 은혜에 감동할 것이다. 그렇지 않다면 리 부상傅相(리훙장)을 만나 몇 마디 여쭈어 소인의 충성을 나타내겠다. 비록 분신쇄골하고 온 집안이 순국하더라도 달갑게 여길 것이다." 이병관 일행은 자비로 육로를 따라 중국에 가기로 하였다. 평양에 도착했을 때 통역인 조 군이 말에서 떨어져 부상을 입었는데 이병관은 정의감을 품고서 혼자 떠났다. 그런데 그가 톈진에 이르렀을 때에는 시대상황이 크게 달라져 있었다. 청정부가 그가 다른 뜻을 품고 있을까 의심하여 그를 모른 체했기 때문에 조선 상관商館에 머물 수밖에 없었다.[55]

중·일 양국이 선전포고 조서를 발표하던 1894년 8월 1일, 톈진 주재 조선의 독리통상사무위원督理通商事務委員 이면상李冕相은 리훙장의 측근인 성쉬안화이盛宣懷와 회견하였다. 그는 "동쪽을 보호하는 것은 바로 상국 청나라를 보호하는 것이다. 만약 조선이 사라진다면 청나라의 울타리를 철거하는 것으로 입술이 없는 이와 다를 바 없다. 또한 문을 열어놓고 도적을 막는 것과 같다."[56] 라고 하면서 조선에 주둔한 중국 군대가 일본을 막아줄 것을 희망하였다. 조선 민심의 지지와 반대에 관해 언급할 때는 "왜놈을 민족의 적으로 보고 모두 이를 갈고 있다."[57]라고 하였다.

8월 5일, 리훙장은 총리아문에 다음과 같이 전보를 보냈다. 조선의 해관세무사海關稅務司 바이줘안栢卓安이 7월 28일 톈진 해관세무사에게 밀서를 보내어 일본군이 조선 왕궁을 점령한 후, 국왕이 내린 조서는 "모두 일본이 태공(대원군)에게 명령하여 쓴 조서로서 그렇게 하지 않으면 죽이겠다고 위협하였다. 조선 관리와 백성의 대다수는 중국을 상국으로 삼기를 원하고 있고 일부 사람만이 조선이 자주국이 되기를 바란다."라고 보고하였다. 조선왕은 또한 민상호閔尙鎬로 하여금 양복을 입고 기선을 타고 톈진에 가서 "5백여 년 동안 중국 조정에서 하사한 인감印鑑과 재물을 일본이 모두 수탈해갔을 뿐만 아니라 무기고에 저장해둔 몇 십 년 동안 구입한 서양의 소총과 포도 모두 약탈해갔다. 정부의 모든 법령을 마음대로 폐지하여 국왕도 어찌할 수가 없다. 이 상황을 자세히 알려 충성과 성의를 다하여 구원을 요청하는 바이다."[58]라고 전하게 하였다.

8월 20일, 조선의 평안감사 민병석閔丙奭이 조선 국왕의 다음과 같은 비밀 전보를 리훙장에게 전달하였다. "나라가 불운하여 신하가 모반하고 왜놈과 결탁하여 강압적으로 원래의 제도를 고치려고 음모를 꾸미고 있으니 그 죄가 하늘에 사무친다. 지금 이 나라의 위급한 형세를 황제 폐하께 알리니 우리나라를 보존하고 백성들을 구원해주기를 바란다. 빠른 회답을 바란다. 조선 국왕 이李."[59] 21일, 청 조정은 즉각 조서를 내렸다. "조선이 명분을 지키고 공물을 바치며 장장 300년간 우리와 고락을 함께 했음을 여러 나라들은 익히 아는 바이다. 앞서 일본은 사관을 보호한다는 명분으로 많은 병사들을 파견해 이 나라 수도를 습격하여 점령하였다. 그들은 겉으로는 자주를 약속하지만 안으로는 교활한 계책을 써서 억지로 정권을 빼앗고 마음대로 억압하고 있다. 조정은 차마 좌시할 수 없어 군사를 보내어 보호하게 하였다. 그러나 어찌 알았으랴! 일본이 우리가 방비하지 않는 틈을 타서 먼저 쟁단을 일으켜 요청을 받고 비적을 숙청하러 간 각 병영을 습격하였다. 돌변하는 상황이 실로 예상 밖이다. 이 때문에 일본에서 사신을 철수해 국교를 단절했으며 대군을 보내어 토벌케 하였다. 앞 군대가 이미 평양에 도착하였고 각 직속 성에서도 시간에 맞춰 연이어 출발하게 하였다. 지금 조선의 국왕이 글을 보내 신하가 나라를 배반하고 일본에 빌붙어 음모를 꾀하고 있다면서 잘못을 빌고 구원을 바라는 상황은 매우 가슴이 아프다. 이미 전후 각 군에 명령을 내려 신속히 집결하여 힘을 합쳐 반격하게 하였다. 제때에 열악한 분위기를 제거해 상황을 회복하기 바란다. 결코 일본을 조선에 남겨서는 안 된다. 리훙장은 민병석에게 전보를 보내 이 내용을 조선 국왕에게 알리라."[60] 22일, 리훙장은 민병석에게 전보를 보내어 그로 하여금 상술한 조서 내용을 두 부 번역하여 심복에게 각기 나누어 주어 서울로 보내게 하였다. 9월 4일, 조선외무부 대신 김윤식은 비밀리에 "왜병 3만여 명이 수륙 방면으로 평양을 향해 몰려가고 있다. 그 외에도 기병 1만 명이 원산에서 평양을 우회해 직접 의주를 향하고 있다. 그들은 합공계획을 위해 압록강을 건너 직접 선양瀋陽

으로 가겠다고 언명하였다."[61]라는 군사 정보를 알려왔다. 9월 16일, 리훙장은 밀서를 받고 17일에 총리아문에 전보로 알렸다. "김윤식은 원래부터 정직한 사람으로 뜻이 굳은지라 반드시 거짓이 없을 것이다. 그가 보낸 밀서의 내용이 비록 왜인의 헛소리라고 하더라도 일이 중대하므로 염려하지 않을 수 없다."[62]

1894년 9월, 자희태후 생일을 맞아 조선정부는 하정사賀正使 이승순李承純, 부사 호조참판戶曹參判 민영철閔泳喆 일행 199명을 베이징에 보내 축하하게 하였다. 축하사절은 공물 진상로를 따라 산하이관에 도착한 후 기차를 타고 톈진에 이르렀다. 톈진 주재 조선 독리상무위원 이면상은 톈진 해관도 성쉬안화이에게 서한을 보내어 축하사절단이 9월 11일에 톈진에서 베이징으로 가는데 80명은 육로로, 119명은 수로로 간다고 통지하였다. 성쉬안화이는 후보비험대사後補批驗大使 서우치壽祺, 후보지현候補知縣 진쭈치金祖祺를 파견하여 같이 떠나게 하였다. 14일, 광서황제는 특별히 조서를 내려 조선 사신 이승순과 민영철에게 중국 전통극을 보게 하였다. 바오타이문保泰門에 들어서자 4명의 역관이 그들을 안내해 궁중에서 접견하고 예를 행한 후에 자리에 앉게 하였다.

조선 대신 민영준은 추방당하자 평양으로 도망쳤다가 중국군에게 구류되었다. 리훙장은 8월 15일에 평양의 각 군 통령에게 전보를 보내었다. "위안스카이의 말에 따르면 민영준은 일본당이 아니며, 일본인에게 쫓겨나 북으로 군대를 청하러 와서 위안스카이와 만나 모든 문제를 상론하기로 하였다. 전에 평안감사로 있을 때 재물을 가혹하게 거두어들여 간혹 백성들에게 원망을 산 적은 있지만, 마땅히 석방해서 호위병을 파견하여 의주로 호송함이 바람직하다."[63] 평양의 중국군이 패전한 후 민영준은 패잔병들과 함께 중국 경내로 철수하다가 일본군에게 붙잡혀 정주定州에 이르렀다. 그러던 중 중국 장령 뤼번위안呂本元이 부하들을 거느리고 일본군을 물리쳤고 민영준은 구출되었다.

청정부가 '조일동맹조약'이 체결되고 조선정부가 중국을 적대적 관계로 이미 선포한 것을 알면서도 중국에 온 조선 관리를 후하게 대한 것은 순전히 먼 장래를 고려한 정치적 생각에서였다.

평양 청군과 평안도 관민의 협력

웨이루구이衛汝貴의 성군盛軍을 따라 전쟁에 참전한 롼수산欒述善은 "압록강을 건너면 곧 조선땅이다. 조선 남자들은 모두 머리를 묶고 여자들은 모두 치마를 입었다. 비록 언어가 다르지만 인정이 순박하고 후덕한 기풍이 있었다. 의주에서 용천龍川, 순안順安 일대에 이르는 연로沿路의 백성들은 늙은이, 젊은이 할 것 없이 나와 음식을 정성껏 장만하여 왕의 군사를 맞이하였다."[64]라고 하였다.

야오스광姚錫光이 쓴 『동방병사기략東方兵事紀略』에서도 평양회전 직전의 일을 다음과 같이 기술하고 있다. "바야흐로 네 대군이 조선 경내에 들어서니 조선 백성들이 왕조의 군사가 도착한 것을 기뻐하여 뛰쳐나와 환호하였다. 때는 무더운 여름이었으므로 다투어 차를 대접하며 우리 군사를 접대하였다. …… 이때에 조선 임금, 신하, 백성들은 일본 병력에 억눌려 있던 터라 우리 군의 승전보를 애타게 기다리고 있었다. 도성에서는 대원군까지 수시로 왜인의 소식을 우리에게 몰래 전해주며 하루 속히 우리 군이 서울에 입성해주기를 날마다 바라고 있었다."[65]

청정부는 조선정부와 백성들의 도움 없이는 평양작전에 많은 어려움이 있으리라는 사실을 잘 알고 있었다. 평양 지방당국의 지원을 받기 위해 리훙장은 8월 3일 평안감사 민병석에게 전보를 보냈다. "듣건대 조선왕이 일본의 협박을 받을 뿐만 아니라 정부의 법령도 일본인에게서 나온다고 하니 혼미한 명령에는 응하지 말아야 할 것이다. 본 대신이 한국에 대량의 지원군을 파견하였으므로 곧 평양에 도착할 것이다. 평안감사는 예전대로 직무를 잘 수행하고 청군 장령들과 일체 중요한 일을 상의하기 바란다. 만약 서울에서 새로운 관리가 오면 청군 장령들에게 보고하고 상의하여 새로운 관리의 취임을 거절하기 바란다."[66]

8월 4일, 리훙장은 또 총리아문에 전보를 보내어 조선 군민과의 연락을 위해 위안스카이를 전선에 파견할 것을 건의하였다. "우리 군이 이미 평양에 도착한 상태이다. 이전의 관리들이 모두 왜당으로 바뀌어 군량 운반이 어려운 데다가 일본의 앞잡이는 더욱 많아졌다. 위안스카이는 조선에 오래 있었기에 각 도의 관리와 백성들 중 그를 믿고 따르는 자가 많다. 또한 그의 현명함을 오래전부터 알고 있으니 속히 그를 평양 일대에 보내어 관군과 연락하고 군량 운반에 협조하게 하라. 평양 동북은 민간 풍속으로 볼 때 용맹하고 늘 자발적으로 전선에 나가 생명을 바쳐왔다. 위안스카이는 정세에 밝기 때문에 인심을 수습하고 대세를 바로잡는 데 유리하다. 위안스카이는 지금 조선 상무를 총관리하고 있다. 일본이 비록 조선을 점거하고는 있지만 우리가 조선을 회복시키고자 하는 이상 조선은 멸망하였다고 할 수 없다. 조선 경내에 들어가서도 응당 원래의 본직을 고수해야 함은 물론 화목을 도모해야 한다. 소요되는 인원과 일체의 경비는 여전히 규칙대로 사신을 파견하는 항목에서 확인하고 지출하도록 한다. 만약 형편이 허락한다면 전선의 정세가 긴박할 때는 베이징에 늦게 들어와도 괜찮을 것이다."[67] 8월 19일, 위안스카이는 "일본이 조선 국왕을 협박하여 각 도에 명령을 내려 이득을 탐내는 나쁜 무리들을 많이 등용하였다. 이에 밀정이 도처에 깔려 우리 군의 큰 우환이 되고 있으며 조선은 큰 혼란에 휩싸여 있다. 군중은 생각이 복잡하고 의혹이 많은 상태이므로 흉악한 무리와 간사한 관리들이 반드시 그들을 부추기고 꼬드겨 말썽을 일으킬 것이다. 대군이 지나는 곳은 꼭 중국의 비적 같은 떠돌이 병사들이 군대를 따라다니며 소란을 피울 것이므로 모조리 붙잡아 탄압해야 한다."[68]라고 하면서, 스스로 병졸 250명을 모집해 조선에 데리고 가서 수사하고 탄압하는 데 배치하겠다고 하였다.

리홍장은 또 톈진 주재 조선 독리상무위원 이면상에게 위안스카이와 대군을 따라 의주, 평양 일대에 가서 각종 사무를 보게 하였다. 이면상은 중국 대군이 조선을 지원한 데 대해 감사를 표하면서, "본인은 약소 국가의 외로운 신하인데 어여삐 여겨 세심히 보살펴주니 목숨을 바치라고 하더라도 위안스카이와 대군을 따를 것이다. 동시에 삼가 여러 사무를 계획하고 실시하며 모든 힘을 다해 길잡이의 역할을 할 것이다. 무슨 일이 있으면 위안스카이와 협상하고 반드시 합당하게 처리하여 청나라의 은혜에 보답하겠다."[69]라고 하였다.

그러나 위안스카이가 압록강도 채 건너지 못한 상황에서 평양의 중국군이 패배하고 말았다. 청군과 주로 협력한 이는 민병석이었다. 그는 이미 서술한 바와 같이 일찍이 비밀리에 청정부와 고종 사이를 오가며 전보문을 전하는 책임을 맡았다. 또한 8월 19일, 8월 23일, 9월 2일 수차례에 걸쳐서 일본군의 동태를 청군에게 통보해주는 한편, 청군에게 군량과 배 다섯 척을 구해주기도 했다. 그런데 불행하게도 대동강에서 일본군에게 납치되었다.

대군이 주둔한 후 평양의 물가는 폭등하여 일체의 식용품은 현금으로 교역해야 하였다. 조선에서는 은이 싸고 돈이 귀하였다. 백은白銀 한 냥을 톈진에서는 돈 1,400문文과 바꿀 수 있었지만, 평양에서는 750문밖에 되지 않았다. 관병들은 한 달 급료로 보름도 버틸 수 없었다. 민병석은 중국에서 은 등의 주전鑄錢 원료를 운송하여 평양에 있는 주전로鑄錢爐로 돈을 만든다면 중국 돈 2문을 만드는 원료로 한국 돈 3문을 만들 수 있다고 건의하였다. 대량의 현금이 유통·사용되면 각 군영의 손해를 막을 수 있을 뿐만 아니라 시장에서는 자금이 유통되고 물가도 점차 낮아져 군무軍務와 지방에 모두 이로울 수 있었다. 리홍장이 이 제안을 9월 4일에 상주했고 광서황제는 9월 6일에 이를 허락하였다. 리홍장은 톈진에 있는 주전 원료를 해상 운송을 통해서 의주로 운송하여 저우푸, 위안스카이에게 보냈다. 그리하여 그들이 구성원과 기능공을 독려하여 신속히 처리하게 하였다. 그렇지만 이 일도 중도에 무산되고 말았다.

성盛·의毅 양군은 처음 의주에 도착했을 때 훌륭한 대접을 받았다. 중국군은 의주 염윤鹽尹에게 각 관청에 공문을 돌려 거룻배를 늘리거나 부교浮橋를 세우게 하였다. 그럼으로써 석교石橋, 박천博川, 안주安州 세 강을 건너는 속도를 빠르게 하고자 하였다. 중국군이 이국 타향에서 행군하는 것은 사람과 지형이 생소할 수밖에 없었다. 처음에 조선 백성들이 해를 입을까 염려하여 중국군 초관哨官(청대의 군제에서 일초一哨의 통솔관—옮긴이)과 공동으로 선택한 합당한 지점에 주둔하였다. 중국군이 염윤에게 부탁하여 땔나무와 물을 준비시킨 것 외에는 조금도 폐를 끼치지 않자 의주의 관민들은 매우 기뻐하였다. 황주는 서울에서 평양에 이르는 큰 길에 위치해 있어 지방 관리가 청군에게 일본군의 정보를 전해주었다. 덕원부德源府의 관원은 원산元山, 양덕陽德의 일본군에 대한 정보를 보고하였다. 그 외에도 일부 조선 인사들은 직접 청군의 정보기관에서 일하였다.

9월, 조선 농민군은 다시 봉기하여 도처에서 일본군을 타격하였다. "관군 중에 적지 않은 수의 병사들도 너도나도 농민군의 행렬에 가담하였다. 심지어는 한때 청조 봉건군벌의 명으로 농민군을 토벌하기 위해 강압적으로 조선에 온 청군 병사들도 농민군에 가담하여 공동의 적인 일본 침략자와 그 앞잡이 조선의 친일정부와 싸웠다."[70] 아산과 평양에서 전패한 후 적지 않은 청군들이 조선에 흩어졌는데 그들은 조선 인민의 구원과 보호를 받았다. 그들과 조선 인민이 어깨를 나란히 하고 싸운 소식은 유럽에까지 전해졌다. 9월 16일, 리훙장이 총리아문에 보낸 전보 속에는 한편의 런던 전보문이 있었는데, "일본은 이미 조선의 경기도, 황해도, 통상 항구를 차지하였다. 중·한 관민은 왜병을 몹시 증오하여 왜병과 싸웠다."[71]라는 내용이었다.

당시 중국은 군관을 파견하여 조선인을 병사로 모집하려고 하였다. 8월 15일, 조선 해관 인천 사무사는 다음과 같은 건의를 하였다. 즉, "지금 중국이 대책을 강구하여 고려병을 모집함이 합당하다. 왜냐하면, 평양의 백성들은 몹시 건강하고 담력도 클 뿐만 아니라, 또한 왜인을 아주 미워하기 때문이다. 만약 그들 가운데서 일이 만 명을 모집하고 그들에게 양총과 대포를 내준다면 반드시 큰 힘이 될 것이다. 어제 왜병이 안주安州에서 군수품을 수색할 때 고려의 백성들이 불복하며 일본군 기마병 70명을 공격해 죽였다. 이 것은 한인韓人 병사를 모집할 수 있는 뚜렷한 증거이다."[72]

상술한 바와 같이 중국과 조선이 협력하여 항일한 역사적 사실은 비록 매우 뜻깊은 것이기는 하지만, 결국 일본이 조선의 중앙정부를 제압하고 '조일동맹조약'을 강제로 체결한 사실은 뒤바꿀 수가 없었다. 더구나 전쟁 진행 과정에서 그 대세에 영향을 미치지도 못하였다.

평양회전 전에 조선 외무아문이 각 지방관에게 내린 공문서에는 다음과 같은 내용이 있었다. "이번에 일본 군대의 파병은 오로지 우리나라의 독립을 확고히 하기 위함이다. 우리의 백성들은 전과 같이 안심하고 놀라지 말아야 서로 도울 수 있다. 일본 공사 오토리 게이스케는 '우리 군대가 평양 부근 지방에 가게 되는데 연도의 각 관리들이 적절히 호송하고 군대가 쌀, 땔나무, 여물을 사거나 혹은 인부와 마차를 고용할 때 수시로 잘 맞이하여 제때에 떠날 수 있도록 협조를 바란다'라고 하였다. 물건을 사는 데 소요되는 각종 비용을 일본 은화로 쓸 수 있게 하고 1원당 조선 화폐 5냥으로 쳐서 유통되게 한다. 연도의 각 관리들은 모두 문서의 내용대로 처리해주기를 바라며 경내의 백성들에게 알려 조금도 놀라지 않게 해야 할 것이다. 일본 군대가 변경을 지날 때 필요한 식량, 사료, 고용 인부, 말 등에 대해서는 그들이 청구한 대로 값을 정해서 팔도록 한다. 그들이 사용하는 은화 통용에 지장이 없게 할 것이며 각국 화폐의 환율에 따라 바꿔 받도록 한다. 그때가 되면 날마다 통보할 것이다. 먼저 이 사실을 알리는 바이다. 이 일은 군사 상황과 아주 밀접한 관계가 있으므로 만일 고의로 오래도록 지체하여 뜻하지 않은 사고를 초래한다면 결단코 책임을 피할 수 없을 것이다. 더욱 경계하여 후회가 없도록 하라."[73]

일본 군대와 친일정부는 조선 관리와 백성을 협박하여 일본군에게 각종 후방 서비스를 제공하도록 함으로써 중국 군대의 상황을 악화시켰다. 평양 회전 전야에 리훙장은 군기처에 전보를 보내 평양 전선의 군사 상황을 통보하였다. "강동현江東縣 지방 관민들이 목재를 준비하여 일본군 부대를 따라 다니며 다리를 놓고 있다. 아울러, 용강현龍崗縣 소속 대동강 어구에 온 민간 배 백여 척에는 모두 왜병들이 타고 있었다. 평양의 관민들은 모두 왜병의 호령을 듣고 우리 군의 심부름에는 응하지 않는다. 그리고 전에 빗물에 무너진 강 어구 부교는 지금도 수리가 되지 않아서 아군의 왕래에 불편을 주고 있으니 조급한 마음만 더해질 뿐이다."[74] 9월 13일, 군기처는 리훙장에게 전보를 보내 평양의 주둔군은 "지금의 쌀로 며칠밖에 지탱할 수 없고 날씨가 추워져 병사들이 추위에 떨고 있지만 아직도 동복이 없다. 이 두 가지 일이 가장 긴박하다. 종래에는 국내에서 병사를 썼고 양식이 없으면 군량과 수당을 자연스럽게 한 곳에 모을 수 있었다. 하지만 지금은 이역에서 행군을 하는 까닭에 그 상황이 다르다. 전에는 종주국 관계로 조선 측에서 대리로 구매해줄 수 있었지만, 지금은 왜인의 압제를 받아 더 이상 그렇게 할 수도 없다. 이후에는 반드시 육로로 운송해야 한다. 그러기 위해서는 펑톈의 병참을 반드시 증설해야 한다."[75]라고 하였다.

저우푸, 위안스카이는 후방에 병참을 세워 평양 주둔군의 공급을 책임졌는데 급료, 총포, 탄약, 양식, 동복을 배에 실어 평황청과 의주로 운송해 보관하였다가 나누어 주게 하였다. 위안스카이는 또 의주 부윤에게 명령을 내려 군량 만 석을 대리구매하게 하였다. 그러나 의주는 평양과 500여 리나 떨어져 있을 뿐만 아니라, 연도의 거주민들이 대부분 도주하여 마차와 짐꾼을 구하기가 어려웠고 일본군의 교란도 있었다. 이 때문에 전선 주둔군에게 군량을 공급하기도 어려웠다.

부패한 청군은 중국 경내에서 이미 군사 규율이 문란해져 백성들을 못살게 굴었던 탓에 펑톈지방 주민들의 큰 불만을 샀고 지방 유지들의 깊은 우려를 자아냈다. 8월 28일, 푸젠다오福建道 감찰어사 안웨이쥔安維峻은 다음과 같이 상주하였다 "예즈차오 군대가 아산을 가까스로 지키다가 위험에서 벗어나 승전을 거두었다고 들었습니다. 이것은 조선 병사와 백성이 길잡이를 하여 많은 도움을 주었기 때문이라고 합니다. 군대가 처음 평양에 이르렀을 때 조선 난민, 의용단이 음식을 정성껏 마련하여 대접하고 끊임없이 기증도 하였습니다. 그 갸륵한 정성이 측은하고 그 충의는 칭찬할 만합니다. 그런데 회군의 규율이 산만하다는 사실은 모든 사람이 다 알고 있습니다. 그러므로 만약 엄격히 통제하지 않는다면 백성들이 견딜 수 없을 것입니다. 게다가 그 상황이 지나쳐 막다른 골목에 이르게 되면 우리에게 이롭지 못할 뿐만 아니라 왜인에게 이용될까 두렵습니다. 신이 보건대 조선은 지세가 험하고 풍속 변화가 무상한데 조선의 토착민은 그 참모습을 깨우쳐 이미 몸에 익어 있습니다. 조선은 비록 오래도록 강대하지 못하여 큰 공로를 세우지는 못하겠지만 그 나라 사람들을 정보 탐지와 길잡이로 쓸 수 있으며 쌀을 주어 은혜를 베푼다면 여정에 필요한 먹을 것은 담보할 수 있을 것입니다. 그들의 의용단은 우리의 기세를 북돋을 수 있고 그들의 관리를 통해 우리의 견문을 넓힐 수 있습니다. 그들을 마땅히 헤아려 보살펴주고 우리 편으로 끌어들인다는 차원에서 상을 주어 공로를 표창한다면 그들의 마음을 붙잡고 사기를 진작시킬 수 있습니다. 절개를 굽히지 않고 떠도는 자에 대해서는 더욱 잘 보살펴주어 청조의 남다른 인의를 보여주어야 합니다. 그렇게 되면 일본 야만족은 고립무원의 처지가 되어 반드시 땅을 할거하려던 음모를 버리게 될 것이며, 아군은 전진과 퇴각을 마음대로 할 수 있어 점차로 마지막 효과를 거둘 수가 있을 것입니다. 응당 각 군의 장수들에게 명령을 내려 규율을 엄하게 하고 군법을 엄숙히 하여 인심을 바로잡아야 합니다."[76]

안웨이쥔의 경고는 근거가 없는 것이 아니었다. 회군이 조선에서 백성들을 참혹하게 살해하고 물건을 부수고 재물을 약탈하며 장정들을 붙잡아 고역에 내몰고 부녀자를 빼앗는다는 등 갖가지 나쁜 소식이 조정과 민간에 널리 퍼져 있었다. 평양 주둔군 중 규율이 가장 나쁜 부대는 리훙장의 측근 웨이루구이가 통솔하는 성군이었다. 8월 16일, 리훙장은 웨이루구이에게 전보를 보내 "앞서 복무하고 돌아온 사람이 말하기를 성군이 간음과 노략질을 일삼으면서 의주에서 조선 백성 한 사람을 강간하고 총살하여 많은 사람의 분노를 샀다고 한다. 정주에서는 또 6명을 죽여 의윤義尹이 평안도에 전보로 알려 그대에게 조사해 처리해줄 것을 바랐는데 회답하지 않았다고 한다. 어찌하여 병졸들을 비호해 방관함으로써 부대의 명성을 땅에 떨어뜨리는가! 심히 분개하고 답답하다. 속히 진지하게 취조하고 처벌하여 민심을 진정시키기 바란다. 봉奉·의毅 양군의 규율이 비교적 엄하다는 사실에 비추어보아 그대는 마땅히 부끄럽게 여겨야 할 것이다."[77]

문란해진 군기를 바로잡기 위해 광서황제가 친히 성지를 내리기도 했지만 큰 효과가 없었다. 8월 29일에 리훙장이 각 군 통령에게 보낸 전보문을 보면 형세가 이미 악화되어 눈 뜨고 볼 수 없는 지경에까지 이르렀음을 알 수 있다. "어제 내린 황제의 성지를 받들어 병졸들이 소란 피우는 것을 엄금하고 황제의 성지를 그대로 준수하기를 바랐다. 방금 입수한 보고에 따르면 의주에서 평양에 이르는 수백 리 사이에 상인과 백성이 모두 도망가고 관리까지도 숨어 회피한다고 한다. 그 연고를 물으니 전에 대군이 지나갈 당시 병사들에게 큰 피해를 당했는데 집을 불태우고 강간하는 일들이 발생하였다는 것이다. 정주에서는 거의 반 리나 되는 거리의 집들이 불타버렸고 연도에서는 가마가 부서지고 밥그릇이 박살나는 일들이 벌어졌다. 이러한 일은 사람들이 듣기만 해도 격분하게 만든다. 각 군대가 의주에서 평양으로 끊임없이 갈 것인데 만약 관리가 숨거나 백성이 도망쳐버린다면 짐꾼을 찾기가 어려울 뿐만 아니라 도중에 밥 먹을 곳도 없게 될 것이다. 이렇게 되면 장래에 수많은 어려움이 생길 것이다. 후방의 운송은 행군을 하는 데 그 생명과 근본이 된다. 만약 저해를 받는다면 그 결과를 감히 상상할 수 있겠는가? 공정한 높은 관리를 파견하여 정에 얽매이지 말고 비밀리에 조사토록 하여 엄히 다스려 바로잡게 해야 한다. 또한 여러 백성들의 고통을 보살펴주고 민심을 안정시켜야 할 것이다. 더 나아가서 연도 백성들의 소 수천 마리가 어느 군영에 있는지 조사하여 지방관이 백성에게 돌려주게 함으로써 연도의 병참에 맞게 교체해 운송에 편리토록 해야 한다. 각 장령들에게 엄히 명하여 속히 병영의 규칙을 바로잡아 조금이라도 백성을 괴롭히는 일이 없도록 해야 한다. 아군이 전진할 때 병사와 백성의 호흡이 척척 맞아 불상사가 발생하지 않는, 그야말로 무쇠와 같은 관계를 만들어야 한다. 각 통령들은 각자 인심을 수습하여 후환이 없도록 함이 극히 중요하다."[78]

9월 12일, 리훙장은 재차 군기처에서 보낸 다음과 같은 글을 받았다. "웨이루구이는 겁이 많고 무능하며 성정이 비열합니다. 평소 그가 군량을 가로채 군대의 사기를 떨어뜨리기 때문에 연도에서 병사들이 소란을 피우는 것입니다. 그는 필시 일을 그르칠 것이니 분명하게 밝혀 엄히 다스리기 바랍니다."[79] 그러나 리훙장은 부대의 위법행위를 바로잡기 위한 준엄한 조치를 내리지 않고 단지 웨이루구이, 예즈차오에게 연이어 전보 두 통을 보내어 경고하는 것으로 그치고 말았다.

이것은 평양의 대패배로 이어졌다. 청군은 철퇴하기에 앞서 스스로 백기를 들고 평안도 감사 민병석을 통해서 일본군에게 편지를 보내 활로를 열어 철수할 수 있게 해달라고 요청했다. "각 군영의 통령들이 서로 돌아볼 새도 없이 각 군 병졸들은 사방으로 흩어져 도망쳤다. 조선 백성의 소, 말, 동기銅器, 의류 들을 모두 노략질하고도 오히려 꺼릴 것이 없었다. 심지어는 자기들끼리 서로 강탈하는 일도 서슴지 않았다. 이러한 일들은 이루 다 헤아릴 수 없었다. …… 조선의 소와 말은 몇 천 마리였다. 노략질해서 팔 때는 한 마리에 겨우 2냥밖에 하지 않았다."[80] 사람들은 회군을 욕했는데 그중에서도 성군 기병旗兵이 가장 문제가 많았다.

청군의 약탈행위는 청군에 우호적이던 조선 백성들의 가슴을 차갑게 만들었다. 하지만 그들은 대의를 깊고 명철하게 이해하고 있었다. 어느 한 종군

막료는 "위안스카이 대사가 조선에 있는 10년 동안 민심을 깊게 얻어 백성들은 무지개를 바라보듯 그를 원했고 부모처럼 공경하여 집집마다 녹위祿位를 모셨다. 이번에 대사가 온다고 하니 연도의 도로를 반듯하게 닦아놓았으며 자그마한 돌멩이가 있어도 노인들과 부녀들이 하나하나 주웠다. 조선의 백성들은 이처럼 온순하고 인정이 두텁다. 어떤 사람이 조선 백성에게 '당신이 빼앗긴 물건 때문에 가슴 아파할 건 없소. 위안 대인이 오시면 배상할 것이오'라고 말하니, 그 백성은 '배상할 것까지는 바라지 않습니다. 다만 조정에서 누구라도 청군이 이렇게 소란을 피웠다는 사실만 알면 우리는 바랄 것이 없소'라고 말하여 듣는 이로 하여금 눈물을 흘리게 하였다. 참으로 가련하고 불쌍하기 짝이 없다."[81]라고 보고하였다.

1894년 11월 2일, 광서황제는 웨이루구이를 면직하고 형부에 넘겨 죄를 묻게 하라는 영을 내렸다. 12월 30일, 우다청에게 전보를 보내어 웨이루구이를 도중에 체류시키지 말고 속히 베이징으로 압송할 것을 명하였다. 여러 차례의 전보 재촉 끝에 1895년 1월 6일 웨이루구이는 결국 베이징에 압송되었다. 1월 16일, 형부상서刑部尙書는 웨이루구이의 죄상을 자세히 심문하였다고 상주하였다. 그날 내각에서는 다음과 같은 황제의 칙서를 내렸다. "이미 면직 당한 총병 웨이루구이는 평소에 병사들을 각박하게 대함은 물론 은혜를 베풀 줄 몰랐다. 그리고 병사들을 전혀 단속하지 않았다. 이번에 성군을 통솔하여 적과의 전투에 임할 때마다 위축되어 전반적인 대세를 그르쳤다. 그는 군량을 가로채고 병사들이 마음대로 노략질하도록 방관했으니 그 죄상이 심히 크다. 만약 엄하게 다스리지 않는다면 무엇으로 군사 규율을 엄히 하고 잘못한 자를 경계하겠는가? 웨이루구이는 법에 따라 목을 치는 것으로 즉시 처결하라. 형부상서 쉐윈성薛允升을 파견해 사형 집행을 감시케 할 것이다. 이를 준수하기 바란다."[82] 그날 오후 3시 사형 집행관은 웨이루구이를 시스西市로 압송해 참수함으로써 그 때문에 피해를 입은 모든 중·조 민중에게 정의를 펼쳐보였다.

옌볜의 청군과 함경도 관민의 협력

지린 옌볜과 조선 함경도는 도문강을 사이에 두고 위치해 있다. 갑오전쟁이 시작된 후 지린의 병사 대부분이 전선으로 나아가 변방이 텅 비게 되었다. 다행히 옌볜지방 군정 당국은 함경도 관부, 군인, 주민들과 우호적으로 협력했기 때문에 결국 쌍방 변경지구의 안녕을 확보하고 전란의 파급을 막을 수 있었다.

옌볜은 동쪽으로는 러시아 연해주, 남쪽으로는 조선과 인접해 있다. 중일전쟁이 일어난 후 러시아가 호시탐탐 기회를 엿보아 불화를 일으켰다. 이곳은 중국·조선·일본·러시아 4개국이 모두 주목하는 곳으로서 자칫하면 복잡한 국제분쟁이 일어날 수가 있었다. 청정부는 주요 전장을 펑톈, 평양 방향으로 잡고 있었다. 이 때문에 지린의 임무에는 병사를 뽑아 주요 전장을 지원하는 것 말고도 변방을 잘 지키는 일도 포함되었다. 8월 7일, 지린 장군 창순長順은 다음과 같은 칙서를 받았다. "지금 리훙장이 지시대로 급히 전쟁 준비를 하느라 많은 군대를 집결시키고 있다. 지린과 조선 북도北道 접경지대부터 우선 정비해야 한다. 창순은 변방의 사무를 엄밀히 기획하되 서두르지 말라."[83] 8월 24일, 창순이 글을 올려 지린 닝구타寧古塔, 싼싱三姓, 훈춘琿春 세 곳은 그 주위가 3천여 리나 되는데, 국경수비군은 17개 대대, 3개 초소밖에 없다고 하였다. 훈춘에는 주둔군 보병대 5개 대대, 기병 1개 대대, 그리고 3개 초소가 있었는데 그중 일부를 허룽위和龍峪, 둔화현敦化縣 등지에 이동·주둔시키고 있었다. 그는 "국경수비군이 조금만 강해도 적들을 초기에 충분히 소멸시킬 수가 있다. 그런데 지금 국경 경비가 매우 허술할 정도로 병사들을 외국 전쟁터로 보내고 있다. 성도省都에 군사 3천이 있다고는 하지만 절반이 이미 조선에 파견되었다. 더구나 길이 너무 멀어서 전쟁이 났을 때 아침에 출발해도 저녁에 도착할 수 없다."[84]고 하였다. 창순은 국경수비군의 각 대대 편제에서 부족한 인원과 그에 상응하는 군비, 무기와 말들을 보충해줄 것을 요청하였다. 10월 11일, 호부에서는 지린에 백은 30만 냥을 조달해주는데 동의하고, 11월에 기병대 2개 대대와 보병대 9개 대대 등 모두 5천 명을 증원하여 군대를 편성하였다. 중국과 조선 변경의 국경수비군은 12개 대대로 늘어 그 수가 대략 6,000여 명에 이르렀으나 그래도 여전히 조금 모자라는 편이었다. 1895년 2월, 훈춘에 8개 대대, 훈춘 서북 량수이취안쯔凉水泉子에 2개 대대, 옌지강煙集岡에 2개 대대, 도문강 내에 수군 1개 초소를 두어 강변을 순찰하게 하였다.

국경수비군 병력 부족을 보충하기 위해 허룽위 통상국 관할하의 안위안安遠, 쑤이위안綏遠, 닝위안寧遠 3보루의 31개 사社에 조선 이주민 지방무장조직을 설치하였다. 보루마다 통역원 1명을 고용하고 월급 4냥씩을 주었다. 그리고 군사 교관 2명을 파견하여 매달 2냥의 수당을 주었다. 11월 초부터 훈련을 시작하여 음력 설 전에 마쳤다. 1895년 3월 3일, 징볜유루靖邊右路의 기마군과 보병 전군 통령 무커덩은 싼바오三堡에 이르러 통사通事, 약갑約甲을 불러 만나보고 말하기를, "각 사에서 만든 이주 조선인 명부를 순서에 따라 하나씩 검열하여 피치 못할 일이 있는 자를 제외하고는 모두 장비를 완전히 갖추도록 하고 진 치는 법 역시 제대로 훈련시켜야 한다. 각 사의 통사, 약갑, 한인 등이 수준에 도달하면 즉석에서 장려한다. 이후에도 계속 이처럼 훈련하고 조선인들도 이를 굳게 지키게 해야 한다."[85]라고 하였다.

조선 함경도 지방 관리들은 수시로 옌볜의 중국 군정 당국에 일본군의 활동 정보를 제공함은 물론 방어책도 건의하였다.

8월 26일, 조선 경흥도慶興都 호부사護府使 겸 육로통상사陸路通商事 김우현金禹鉉은 서기관 박일헌朴逸憲을 훈춘에 파견하여 "나라가 있다고 해도 없는 것이나 진배없다. 백성들은 그저 수일 내로 청군이 와서 구원해줄 것을 기도할 뿐이다. 서울과도 전보가 끊기고 소식이 통하지 않아 하는 수 없이 급히 훈춘아문에 알리니 확실한 계획을 듣고자 한다."[86]라는 내용이 담긴 함경도 안무사按撫使 민종묵閔鍾默의 밀서를 가지고 가서 구원을 청하게 하는 한편, 일본군이 경성, 원산을 점령하였다는 사실을 보고하게 하였다. 훈춘 부도통副都統 언쩌恩澤는 회신을 보내 의병을 모아 훈련시키고 스스로 힘써 버티며 조정의 명령을 기다리라고 권하였다.

9월 4일 김우현은 박일헌을 재차 훈춘에 보내어 중국군을 원산에 주둔시킴으로써 일본군의 서울과 평양 간 군사용 운수노선을 끊을 것을 건의하였다. 그리고 일본군의 조선 점령 상황을 알리는 함경도 안무사 민종묵의 밀서도 전하였다.

9월 5일, 회령 부사 김명기金命基는 경찰 진훙구陣洪九를 훈춘에 파견하여 적정을 보고하였다.

9월 11일, 훈춘 부도통 언쩌는 박일헌의 회답을 받았다. 이 회답에서는 일본군이 덕원 경내에서 소 1,000마리를 사고 1,000명의 사람들을 혹사시켰으며, 조선 관리들은 핍박에 못 이겨 일본군의 일을 하고 있다는 내용을 보고하였다.

10월 10일, 민종묵은 원산항에 날마다 오는 함선, 병사, 무기 종류, 수량, 방향을 은밀히 보고하였다.

1895년 4월 7일, 훈춘의 변방영무처邊防營務處는 김우현이 온귀溫貴 동쪽의 서수라西水羅 바닷가에 일본 기선이 정박해 상륙한 소식을 글로 올렸다.

훈춘의 변방영무처는 병사를 위장시켜 도보로 두만강 남안南岸에 보내어 일본군의 동향을 정찰하게 하였다. 그들은 조선어 통역원과 현지 사람들의 도움으로 활동하였다.

훈춘 주둔군은 조선 이주민의 도움으로 적군 간첩을 수색해 체포함으로써 일본군의 연변지구 정보활동에 심한 타격을 주었다.

1894년 10월 9일, 취안얼圈兒河 주둔 보초장 청샹成祥은 도문강을 도강한 조선인 두 사람을 붙잡았다. 10일, 허룽위 조선 이주민과 나루터 사공은 일본인을 붙잡았다. 훈춘부도통아문이 밝힌 바에 따르면 일본인의 이름은 우지하라 세이사쿠氏原清作였다. 그는 나가사키 사람으로 상업회의소의 위탁을 받고 조선에 와서 지리, 민정, 농업, 상업, 어업을 순찰하던 중 부주의로 도문강을 건너 중국 경내로 들어온 것이었다. 또한 도문강을 도강한 조선인 정운륭鄭云隆, 김륭金隆은 경흥부아문의 하급 관리였는데 블라디보스토크에서 배를 타고 집으로 돌아가려던 차에 월경한 것이었다. 두 조선인은 공문을 갖추어 경흥부로 돌려보냈다. 그러나 일본인에 대해 지린 장군 창순은 지금 비록 정전하여 평화협상을 하고는 있지만, 일본인이 중국에서 무역이나 유람을 할 수 있다는 협의는 아직 받아보지 못했기 때문에 계속 붙잡아두어야 한다고 생각하였다. 그렇지만 국제법에 따라서 교전국은 마땅히 평민을 보호해야 하는 까닭에 그를 경흥부로 보내어 이른 시일 안에 돌려보내게 하였다.

1895년 3월, 일본 간첩선 한 척이 중국 농민으로 위장한 일본 관병 4명, 중국인 2명, 베트남인 1명을 싣고 온귀 해구에서 바닷물의 해빙 여부를 탐지하였다. 그들은 또 서수라에 상륙해서 중국 주둔군의 위치를 탐지하였다. 이 간첩들은 조선 개척민들에 의해 쫓겨났다. 베트남 국적의 간첩 서동력徐東力은 깊은 밤 인적이 드문 틈을 타 어느 민가에서 구걸하다가 개척민들에게 붙잡혀 훈춘부도통아문에 압송되었다. 훈춘부도통아문은 심문 끝에 그의 신분을 밝혀내고 처단하였다.

전쟁 국면이 진전되어 일본의 세력 범위는 함경도에까지 뻗쳤다. 이에 친일파 관리들이 애국 관리들의 자리를 차지해갔다. 민종묵은 마음을 바꿔 일본인에 대한 복종정책을 추진하다가 조선인의 강한 저항을 불러일으켰다.

1894년 11월 7일과 24일, 임시 훈춘 부도통 언샹恩祥은 연이어 전보를 보내 조선 백성들의 반란을 알렸다. 두 번째 전문에서는 "조선 함경북도 일대의 백성들이 크게 반란을 일으켜 삼사 천 명이 모였다. 이 도의 민종묵은 야전 병영으로 도망쳤는데 반란의 기세가 매우 커 큰 화가 되지나 않을까 근심된다. 또 들리는 소문에 따르면 민종묵은 조선 백성에게 일본 복장으로 바꿔 입게 함은 물론 장정을 뽑아 일본식 군사훈련을 하도록 명하였다고 한다. 이 때문에 백성들이 불복하고 반란을 일으켜 그를 쫓아냈다고도 한다."[87]라고 전하였다.

1895년 2월 3일, 임시 지린 장군 언쩌는 허룽위 무간국撫墾局 위원 톈정융田正鏞의 보고를 받고 다음과 같이 전하였다. "도문 강변의 조선 각 성시의 크고 작은 관리들이 모두 바뀌어 평소에 일본과 음모를 꾸미고 사통하던 자들이 백성을 다스리게 되었다. 무산부茂山府에 새로 임명된 관리는 오자마자 일본 연호로 고쳐 쓰고 일본에게 양식을 바치게 하였다. 잘사는 집이든 못사는 집이든 일률적으로 집집마다 쌀 5말, 한국 화폐 10꿰미씩 바치게 하였다. 그러나 백성 모두 이에 따르지 않고 삼사 백 명이 모여 시내에 들어가 관리에게 따졌다. 자칫 사변을 일으킬 기세였다. 민종묵이 먼저 백성들에게 재물을 징수하고 지금은 또 왜복으로 바꿔 입도록 명령한 탓에 민란에 이른 것이다. 그는 압력에 못 이겨 돈을 백성들에게 돌려주었고 돈을 받지 못한 백성들은 지금도 계속 반항하고 있다." 1895년 봄, "민종묵은 이미 일본 옷으로 바꿔 입었고 관리들도 전부 일본 옷으로 바꿔 입었지만 백성들은 여전히 바꿔 입지 않고 있다."[88]

옌볜과 함경도는 갑오전쟁 전체 기간 동안 화목하여 큰 변이 없었다. 두 지역 백성들의 화합은 향후 몇 십 년간 이루어질 항일 중조협력의 시작이었다.

수난을 당하는 조선의 화교들

1894년 7월 18일, 조선 주재 중국 총리교섭통상사무대신 위안스카이는 서울을 떠나 귀국하면서 조선 주재 영국 총영사 가트마에게 중국의 상인, 교민, 관공서의 재산을 보호해줄 것을 위탁하였다. 19일, 리훙장은 탕샤오이로 하여금 교섭통상 일을 대리하게 하였다. 23일, 일본군은 조선 왕궁을 공격함과 동시에 전보총국을 점령하였다. 아울러 중국의 총리공서總理公署와 용산분서龍山分署에 쳐들어가 비축해둔 경비와 은전을 모두 강탈해갔다. 이 때문에 24일 조선 주재 통상 항구 중국이사관中國理事官은 깃발을 내리고 귀국하였다.

25일, 일본은 조선 국왕을 핍박하여 '중조통상장정'을 폐지하게 했으며, 일본 병사들은 27일에 중국 국기의 끈을 끊어 빼앗아갔다. 탕샤오이는 조선 주재 중국 관원들을 데리고 영국 총영사관으로 피신하였다. 28일, 탕샤오이는 영국 관원의 호송을 받으며 인천에 도착해 8월 2일에 인천에서 독일 배를 타고 귀국하였다. 이후 조선에 중국 외교대표는 한 사람도 남지 않게 되었다. 8월 15일, 조선의 외무대신 김윤식은 각 나라에 중국과 맺은 모든 조약을 폐지한다고 통지하였다. 또한 16일에는 중국인의 치외법권을 철회하였다.

일부 중국 상인들은 영국 총영사가 증명서를 발급해주어 영국 상인의 작은 배를 타고 서울에서 인천에 도착한 후 영국 군함을 갈아타고 무료로 옌타이까지 갔다. 그 외에 중국 상인 수백 명은 영국의 총영사관에 피신해 있었다. "아침부터 점심까지 폭염 속에 앉아 있다 보니 배가 고프고 목이 말라 그 고통을 이루 형용할 수가 없었다."[89] 미처 영국 영사관에 피신하지 못한 중국 상인들은 도처에서 일본인들에게 모욕을 받았다. 서울 이외에 거주한 화교들은 일본 군대에게 첩자라는 혐의로 붙잡혀 가거나 집과 재산을 강탈당하여 그들의 생명과 재산은 모두 막대한 손실을 입었다. "뤼순을 잃은 후 유럽 각국들은 모두 일본을 가까이 하고 중국을 멀리하였다. 조선의 부녀자나 아이들조차도 중국인을 보면 청나라 개라고 불렀다. 이를 들을 때마다 매우 통분하였다. 일본인이 중국인을 만나면 손으로 칼 모양을 하여 자기 목을 찍는 시늉을 하며 모두 칼 아래의 귀신이 될 것이라고 하였다."[90]

가장 비참한 것은 풍도豊島, 아산, 평양의 전쟁에서 흩어진 패잔병들이었다. 서울에서 방황하는 패잔병만 하더라도 2백여 명이나 되었다. 그들은 모두 영국 총영사가 여권을 발급해주고 화상회관이 구제해 안치하였다.

1895년 2월 1일, 총리아문은 중국 주재의 영국 공사 와그너에게 다음과 같은 서한을 보냈다. "이전부터 조선에서 살고 있는 중국 상인의 수가 적지 않다. 전쟁이 시작된 후 그들을 보호해줄 책임자가 없어 남들의 무시를 받을까 근심된다. 귀국의 전임 임시 총영사가 조선에 주재할 때 위안스카이의 부탁을 받고 대신 보살펴주었다고 하니, 양국의 우호관계를 확인할 수 있어 심히 감동스럽다. 또한 총영사로 재임명된다는 소식을 듣고 기쁘기 그지없으며 지속적으로 그들을 돌보아줄 것을 간청하는 바이다. 이번에 특별히 서한을 보내는 까닭은 귀 대신이 총영사에게 축하 전보를 보내줄 것을 간곡히 부탁하기 위해서이다. 아울러 본서는 모든 재한在韓 중국의 상인, 백성, 관공서 건물 등도 총영사가 보호해주기를 바란다. 귀국과 중국은 본디 우호적인 관계를 유지해왔다. 다행히 총영사 역시 중국인의 실정에 밝아 반드시 두루 돌보아줌으로써 화교들이 모두 그 은혜를 입을 것으로 생각한다."[91]

2월 5일, 총리아문은 와그너의 회신을 받았다. "앞서 서한을 받아보고 우리나라 전 임시 총영사가 조선에 주재하면서 중국 상인을 보호하였다고 하니 심히 감개무량하다. 본 대신에게 서한을 보내어 총영사관 임명을 전보로 축하해줌은 물론, 모든 재한 중국의 상인·백성·관공서 건물을 수시로 대신해서 보호해줄 것을 부탁해왔는데, 서한의 내용을 초록하여 본국의 외정外政 대신에게 보내 문서의 내용대로 처리해주기를 요청했다. 그리고 총영사관에도 그 뜻을 대신 전하고 예전대로 주도면밀하게 잘 보호해주기를 요청하였다."[92]

재조선 화교들은 위급할 때 영국의 총영사관과 조선인들이 의롭게 보호해주어 많은 고통과 손실을 줄일 수 있었다. 화교들 중에도 대의에 밝은 인사들이 있었다. 예컨대, 서울의 화상 남북반南北班 이사장인 닝보寧波 사람 전더지陳德濟, 영국 총영사관의 중국 고용인 쉬인후이許寅輝 등은 화교들을 조직하여 자구책을 강구하는 한편, 화교를 보호하기 위해 영국 영사관과 교섭하기도 하였다. 그들은 포악한 세력에 위축되지 않고 도리에 입각하여 끝까지 논쟁함으로써 해외 중화 아들과 딸들의 환난을 함께 돕는 고귀한 품성과 강한 응집력을 발휘하였다.

4장 시모노세키조약과 조선의 독립

평양회전 후, 중국 군대는 압록강 서안西岸으로 철수하였다. 전쟁의 불길은 랴오둥遼東, 산둥에까지 미쳤다. 일본 침략군은 이르는 곳마다 방화, 살인, 약탈을 자행하여 평화스럽던 도시와 농촌이 폐허로 변하고 평화롭게 살던 주민들이 도살당하였다. 중국인들은 비로소 순망치한의 고통을 느끼기 시작하였다. 일본군이 계속 진격하여 즈리, 베이징, 톈진이 직접 위협을 받게 되자 청정부는 전쟁의 패배를 인정하고 화해를 요청하였다. 중일전쟁은 조선 문제로 일어났기 때문에 이것은 자연히 교전국 쌍방이 우선으로 해결해야 할 문제였다.

그런데 영국이 가장 먼저 중일전쟁을 간섭하고 나섰다. 10월 6일, 영국정부는 미국, 프랑스, 독일, 러시아 등의 나라가 일치된 외교행동에 나서 중·일 쌍방의 평화회담을 개최할 것을 건의하였다. 평화회담의 기초는 중국이 일본 군비를 배상하고 열강들이 조선 독립을 공동으로 보증하는 것이었다.

일찍이 1894년 8월 9일에 러시아 외교대신은 정부특별회의에서 "이미 발생한 전쟁에 간섭한다거나 어떤 방식으로든 교전 쌍방의 어느 한쪽을 두둔해서는 안 된다. 하지만 러시아는 마땅히 영국과 기타 관계된 나라와 공동으로 노력하여 적대적인 쌍방이 군사적 행동을 멈추도록 촉구해야 한다. 조선 문제에 관해서는 외교적 방법으로 평화협의가 속히 이루어질 수 있게 하고, 그 협의의 기초는 조선의 현 상태를 유지하는 것이다."[93]라고 주장하였다.

일본은 평화회담의 시기가 무르익지 않았다는 이유로 영국의 제의를 거절하였다. 10월 8일, 무쓰 무네미쓰는 일본의 화해 방안에 관한 초고를 작성하였다. 그는 여기서 조선문제는 두 가지 해결방안이 있다고 지적하였다. 첫째 안은 중국이 조선의 독립을 승인하고 조선 내정에 간섭하지 않는다는 규정이었고, 둘째 안은 열강이 조선 독립을 공동으로 보증한다는 규정이었다. 이에 대해 이토 히로부미는 둘째 안은 열강의 세력이 조선에 깊이 침투하게 만드는 것과 다를 바 없다고 하였다. 그는 이 방안은 일본이 전쟁을 시작한 목적과 큰 차이가 있을 뿐만 아니라, 뤼순과 다롄을 점령한 명분을 잃게 만든다고 생각하였다. 이런 이유로 첫째 안에 대한 동의만을 명확히 표명하여 회답하였다.

중국이 조선의 자주독립을 명확히 인정한 것은 1894년 11월 17일이었다. 22일 중국 주재 미국공사 덴비는 일본 주재 공사 탐에게 전보를 보내어, "중국이 이미 직접적인 강화담판 시작에 관한 일을 나에게 위탁해왔다. 강화 조건은 조선 독립 승인과 군비 배상 두 가지 항목이다. 희망컨대 이 뜻을 일본 외무대신에게 전하기 바란다."[94]라고 하였다.

일본은 조선의 개혁을 추진한다는 구실로 각 영역에서 중국의 존재를 전면 청산하였다. 청조 연호를 폐지하고 조선 개국 기원으로 고쳐 쓰게 하는 것 등이 그것이다. 11월, 조선 주재 신임 일본공사 이노우에 가오루는 대원군을 농민 폭동을 선동하고 전에 평양의 청군과 비밀리에 연락을 취하였다는 이유로 핍박하여 자리에서 물러나게 하였다. 또한 군국기무처를 철수하고 권력을 중추원中樞院에 집중시켰다. 12월 17일에 김홍집과 개화당인 박영효가 연합한 내각이 조직되었다. 김홍집 내각에서는 이노우에가 제시한 '내정개혁 강령 20조'에 근거하여 '홍범洪範 14조'의 초안을 작성하였다. 1895년 1월 7일, 조선 국왕은 왕세자, 생부, 백관 대신을 거느리고 종묘를 참배하고 '홍범 14조'를 포함한 선서문을 선포하였다. 그 제1조는 "청나라에 기대겠다는 생각을 단념하고 자주독립의 기초를 확실하게 다진다."[95]는 것이었다. 1895년 1월 27일, 무쓰는 히로시마廣島 어전회의에서 제기한 평화조약 초안의 첫 단락에서 "중국정부가 이번 전쟁의 원인인 조선의 독립을 승인하게끔 한다."[96]라고 밝혔다.

3월 19일, 중국 최고의 전권대신 리훙장 일행이 일본 시모노세키에 도착하였다. 4월 1일, 일본 측은 평화조약 초안을 제시하고 4일 내로 회답할 것을 요구하였다. 제1조항에는 "중국은 조선이 확실히 완전무결한 자주독립국임을 인정한다. 그러므로 자주독립체제를 손상하는, 즉 조선의 중국에 대한 조공 전례 등을 이후부터는 모두 폐지한다."[97]라고 되어 있었다. 이 조항에서 일본은 조선의 자주독립 보장을 위한 자신들의 의무는 전혀 제시하지 않았다. 여기에는 사실상 이후 조선병탄을 위한 일본의 음흉한 계략이 숨어 있었다.

리훙장은 지금이 조선의 운명뿐만 아니라 중국의 운명과도 관련된 중요한 시기임을 명백히 알았다. 4월 5일, 그는 일본 측에 건넨 답변의 첫 부분에서 다음과 같이 조선문제에 관한 중국 측 주장을 밝혔다. "조선의 자주에 대해서는 중국이 이미 수개월 전에 성명을 발표한 바 있다. 조선이 완전무결한 자주독립국임은 물론 그 어느 나라로부터도 자유롭다는 사실을 승인하고자 한다면 이번에 입약하여 조약에 기입해야 한다. 일본 측 역시 반드시 여기에 따라야 한다. 일본이 작성한 조약도 마땅히 적합하게 수정해야 한다."[98] 리훙장의 이 답서에는 두 가지 문제에 대한 중요한 수정사항이 들어 있었다. 첫째는 조선은 마땅히 어느 나라로부터도 자유로운 중립국이 되어야 한다는 것이고, 둘째는 일본 역시도 조선의 자주독립을 명확히 승인해야 한다는 것이었다.

4월 8일, 리훙장이 초안한 의견서와 토론·개정한 조약 발췌문은 중국의 입장을 더욱 명확하게 변론하였다. "조선이 독자적인 자주국이 되려면 반드시 중·일 양국이 공동으로 인정해야 한다. 즉, 이미 조선의 자주를 승인한 이상 중·일 양국은 자연히 그 나라 내정에 조금도 관여할 수 없다. 그 내정에 간섭하지 않는다고 함은 조선이 그 어떤 나라로부터도 자유롭다는 사실을 공동으로 보증한다는 의미이다. 이것은 중·일 양국의 전반적인 정세에도 모두 도움이 된다."[99]

4월 9일, 중국 측은 평화조약의 수정안을 제시하였다. 그 제1조에는 "중·일 양국은 공동으로 조선이 자주국임을 승인하고, 아울러 어느 나라로부터도 자유롭다는 사실을 공동으로 보증한다. 조선의 내정을 간섭하여 그 자주성을 저해하거나 조공 전례를 따르게 해 그 독자성을 방해하는 것은 이후부터는 모두 멈추어야 한다."[100]라고 되어 있었다.

그러나 일본은 조선을 이미 입안에 든 고기로 여겼다. 중국은 일본의 제안에 동의만 할 수 있을 뿐 다른 어떤 주장도 할 수가 없었다. 4월 10일 제4차 회담에서 이토 히로부미는 조약 내용을 개정한 발췌문을 제출하였다. 그는 조선문제에 관해 "일본의 전권대신은 이 조항을 지난번 중국의 전권 대표에게 건네준 조약 초안의 첫째 조항에 따라 처리해야 한다."[101]라고 개괄하면서 리훙장의 수정안을 확실히 거절하여 변론할 여지도 남기지 않았다.

1895년 4월 17일, 중·일의 전권대신은 '시모노세키조약'을 체결하였다. 그 제1조에 "중국은 조선을 완전무결한 자주 독립의 나라로 승인한다. 그러므로 자주독립체제에 손상을 주는 중국에 공물을 바치는 등의 의식을 이후로부터는 모두 폐지한다."[102]라고 규정하였다. 청조와 이조의 종번관계는 이것으로 종말을 고하였다. 이후 중조관계는 하나의 새로운 단계로 진입하게 되었다.

제4부

대청제국과 대한제국

1장 중·한 외교관계의 구축

1895년 4월 17일, '시모노세키조약'의 체결로 중국과 조선의 종번관계는 종식되고 조선은 독립하여 완전히 평등한 기초 위에서 두 나라 관계를 다시 구축할 수 있는 역사적 기회를 맞았다.

국가의 독립을 확보하기 위해 조선정부는 갑오개혁 당시 국왕을 '대군주 폐하', 왕비를 '왕후 폐하'라 칭하였다. 1895년 11월 15일, 서기 기년법을 쓰고 연호를 건양建陽이라 정하여 1896년을 건양 원년으로 삼았다. 1897년 8월, 건양 연호를 광무光武로 고치고 10월 12일에 이희는 황제 자리에 올라 국호를 조선에서 대한제국으로 고쳤다. 이리하여 대한제국 황제는 청조 황제, 일본 천황과 동등한 위치에 놓이게 되었다. 중국과의 관계 재건에 대한 대한제국의 태도는 적극적이었다.

이와는 반대로 청정부는 이전의 속국, 전시 중의 적국이었던 조선과의 정상적인 외교관계를 구축하는 데 신중한 태도를 보였다.

그러나 중국과 한국 양국은 필경 수천 년간 끊을 수 없는 역사적 관계를 가지고 있었다. 양국은 산과 물이 잇닿아 있음은 물론 국민 간의 경제적·문화적 왕래도 나날이 긴밀해지고 있었다. 이것은 그 어떤 힘으로도 막을 수가 없었다. 두 나라는 일본 군국주의라는 공동의 적이 있었고, 러시아와 연합하여 일본을 제압한다는 동일한 대외정책도 실시하고 있었다. 완전평등이라는 기초 위에서의 중한관계 재구축은 각자의 국가 독립을 유지하는 데도 유리했을 뿐만 아니라 양국 국민의 근본 이익에도 부합되었다.

청정부는 상무이사장, 총영사, 공사 파견이라는 3단계를 통해서 중한관계의 정상화를 꾀하고자 하였다.

주한 상무이사장

1895년 12월 1일, 북양대신 왕원사오王文韶는 총리아문에 공문을 올렸다. "작년에 조선에서 일어났던 난(동학농민운동) 때문에 모든 통상항구의 화민華民 상업활동은 한국 주재 영국 총영사가 대리로 맡고 있다. 이제 중국과 일본이 화해했으니 한국에서 무역하는 중국 상인은 반드시 상무이사회가 돌보아야 한다. 그래야만 보호할 수 있고 탄압도 막을 수 있다. 탕샤오이는 한국에 오래 있었고 물정에도 밝아 조선 통상항구의 중국 상인 총이사로 파견하기에 아주 적절하다. 교섭할 일이 있으면 영국 총영사와 상의하여 적절히 처리하게 하고, 수시로 조선에 대출금 상환을 재촉해야 하며, 소요되는 봉급, 공무 비용 등은 다른 장부책에 알맞게 목록을 정하고 조선에서 돌려받은 돈 가운데서 확인해 지불하도록 해야 한다."[1] 중국은 서울에 왕원사오가 요청한 이외에도 위원 1명, 서식書識 1명, 사환 2명, 일본 통역 1명, 조선 통역 1명을 파견하였다. 또한 인천에는 위원 1명, 서식 1명, 사환 3명을, 용산에는 위원 1명, 서식 1명을 파견하였다. 원산, 부산에는 중국 상인이 많지 않았기 때문에 서식과 사환 1명씩만 파견하였다. 정세가 아직 분명하지 않은 시기에 청정부가 정부 측 성격의 상무위원을 민간 성격의 상업이사로 바꾼 것은 확실히 남들의 주의를 끌지 않으면서 중조관계를 다시 건립하기 위해서였다.

일본은 원래 갑오전쟁의 승리에 힘입어 조선을 독차지하고 랴오둥반도를 할거하려고 하였다. 그런데 뜻밖에도 러시아, 프랑스, 독일 세 나라가 간섭하여 랴오둥 반환 사건이 발생하였다. 랴오둥반도의 중국 반환은 일본의 동아시아 대륙확장 야심에 심각한 타격을 가하였다. 조선에서도 소수의 친일파를 제외하고는 온 나라가 일본의 침략 폭행에 이를 갈고 있었는데, 결국 1895년 7월 6일, 조선의 친일내각이 무너지고 친러시아 민비세력이 다시 집정하게 되었다. 그러나 10월 8일, 조선 주재 일본공사 미우라 고로三浦梧樓는 서울에 주둔하고 있는 일본군과 일본에서 훈련시킨 일부 조선 병사들을 이끌고 경복궁에 쳐들어가 궁중 호위대의 저항을 짓밟고 국왕과 왕궁을 제압하였다. 일본군은 옥호루玉壺樓에서 민비를 살해하고 그 시체를 불살라 흔적을 없앴다. 계속해서 미우라는 대원군을 불러들이고 고종을 핍박하여 친일파 정부를 조직하고 왕비폐위조칙을 반포하게 하였다. 이것이 바로 을미사변乙未事變이다. 고종은 일본의 압박을 견디다 못해 1896년 2월 10일에 러시아 공사관으로 피신하여 친일파 대신 5명을 체포토록 명령하였다. 그 결과 총리대신 김홍집, 농공상대신 정병하, 재정대신 어윤중이 사형에 처해졌고 김윤식은 체포되어 유배되었다. 일부 친일파 대신들은 일본으로 도망쳤다. 이후 윤용태尹容泰를 총리대신으로 하는 친러내각이 정세를 장악하였다. 고종은 1897년 2월까지 러시아 대사관에 줄곧 머물렀다. 이것을 역사에서는 '아관파천俄館播遷'이라고 부른다.

1896년 6월 3일, 리훙장은 러시아에서 '어적호상원조조약御敵互相援助條約', 즉 '중러밀약'을 체결하였다. 조약 제1조에 "일본이 만약 러시아의 아시아 국토, 중국의 국토, 조선의 국토를 침범하면, 다시 말해 이 조약에 저촉된다면 즉시 조약에 따라 처리한다. 이와 같은 일이 발생될 경우 양국은 수륙 각 군대, 가용할 모든 이를 즉시 파견하여 상호 원조한다. 이뿐만 아니라 무기, 양식 등도 힘껏 서로 원조할 것을 명확히 약속하는 바이다."[2]라고 규정하였다. '중러밀약'에는 조선과 관련된 내용도 포함되었는데 이로써 러시아 연합을 추진하는 청조와 러시아 공사관에 피신해 있던 이조의 관계는 자연히 더욱 개선될 기회를 얻을 수 있었다.

6월 17일, 조선 국왕은 대신 변원규를 소견하여 중국과의 규약 체결 의향을 밝히고 그가 이 일을 맡아 처리할 것을 명령하였다. 18일, 변원규는 중국어 통역원 박대영朴臺榮을 보내어 조선 상무이사 탕샤오이를 방문하게 하였다. 박대영은 탕샤오이를 만나 "한국이 중국의 속국이라는 사실은 역사적으로도 고증할 수 있다. 오늘날 강대한 이웃 나라가 핍박해 중국으로부터 자주 독립은 하였지만, 이것은 정말 부득이한 경우로 귀 조정이 우리나라를 책망하지 않을 것으로 여긴다. 이제 옛 규약을 폐지하였으니 새 규약을 세우지 않을 수 없다. 귀 조정의 두터운 은혜를 여러 차례 입었는지라 옛것을 없애고 새것을 세우자니 입을 열기가 곤란하다. 그러나 새 규약을 세우지 않으면 여러 나라가 힐문하지 않을까 걱정된다. 귀 조정의 뜻이 어떠한지 몰라 오늘 특명을 받들고 각하께 문의하러 온 것이다."라고 하였다. 탕샤오이는 "우리나라의 대사를 내가 어찌 알겠는가. 다만, 지금 귀국의 국왕이 여전히 러시아 공사관에 있으니 결국은 러시아의 손님일 것이다. 이미 남의 나라 공사관에 거처하고 있으니 어찌 독립이라 할 수 있겠는가? 국왕에게 독립적인 권리가 없는데 어찌 사신을 파견한단 말인가? 이 역시 국제법에 기록된 것이다."라고 답하였다. 이에 박대영은 "지난번에 러시아 황제의 취임을 축하하기 위해 사신 민영환을 러시아에 파견했을 때, 러시아가 많은 돈을 차관해주고 러시아군 3천 명을 한국에 보내어 서울을 보위한다고 들었다. 러시아 병사가 들어오게 되면 국왕은 곧바로 왕궁에 돌아갈 것이다. 그때 중국에 사신을 파견하면 어떻겠는가?"라고 하였다. 탕샤오이는 "타국 병사가 나라 수도에 주둔하는 것은 그 나라가 다른 나라의 보호 아래에 있음을 나타낸다. 러시아 병사가 없으면 독립할 수 없으니 왕은 여전히 자주권이 없다고 할 수 있다. 다른 나라의 보호를 받아야만 나라가 유지될 수 있다면 예속 국가와 다를 게 뭔가? 사신을 파견할 수 없음은 역시 국제법에 따른 것이다. 내가 보기에는 왕이 굳이 중국에 사신을 파견한다고 해도 중국이 예의를 갖춰 대하지 않을 것이 염려되니 서두르지 않는 것이 좋을 듯하다."[3]라고 하였다.

북양대신 왕원사오는 탕샤오이의 보고를 총리아문에 공문으로 올렸다. 7월 16일, 총리아문은 한창 프랑스에 방문 중인 리훙장에게 전보를 보내어 이 일을 토론하였다. 7월 20일, 리훙장은 총리아문에 다음과 같은 전보를 보내왔다. "알아본 바에 따르면, 영국, 프랑스, 독일이 한국에 주재시키고 있는 것은 모두 총영사이다. 남미의 페루, 볼리비아와 같은 작은 나라, 러시아, 오스트리아, 독일 역시도 한국에 총영사를 파견하였다. 국제법에 따라 마땅히 총서總署에서 한국의 외무서外務署에 편지를 보내고 국서國書는 보내지 않아야 한다. 통상 규정을 작성하고 총영사를 두는 것이 합당하다."[4] 27일, 총리아문은 조정에 "신들이 알아본 바에 따르면, 작년 '시모노세키조약'에서 중국이 이미 조선을 자주국가로 인정하였기 때문에 조선이 만약 여러 나라의 통례에 따라 사람을 보내어 규약을 맺으려고 하거나 러시아 주재 대사를 통해 청원해온다면 우리는 거절할 수 없다. 다만 조선이 우리의 속국이었기 때문에 구미 여러 나라와 동등하게 보기는 어렵다. 임시대책이라도 세워야 할 것이다. 신들이 함께 상의한 결과, 만약 한국 국왕이 반드시 자주국 반열에 들고자 한다면 통상 조례를 정하고 영사를 설치하되 조약을 맺는다거나 사신을 파견하는 일은 하지 않을뿐더러 국서 역시 보내지 않고자 한다. 중국은 총영사 한 사람을 서울에 주재시켜 사신의 업무를 대행하게 함으로써 속국의 형식을 보존해야 한다."[5]는 글을 올렸다. 일본, 미국, 러시아는 모두 조선 주재 공사를 파견했기 때문에 중국도 응당 공사를 파견하여 조선의 자주독립에 존중을 표하고 중국의 이익을 도모해야 했다. 그러나 청정부는 '중러밀약'에 환상을 품고서 한동안 천조상국天朝上國의 허세를 버리지 않고 있었다. 그러다가 1896년 11월 18일에야 총리아문은 조선 외무부에 보내는 다음과 같은 각서를 기초하였다. "조선은 중국의 이웃이고 예로부터 상인, 백성의 왕래가 빈번했던 것에 비추어 통상세칙稅則 규정을 상의·결정하여 준수하도록 한다. 3품 직위의 후선지부候選知府 탕샤오이가 형편에 익숙하고 사람이 공정하므로 조선 주재 중국 총영사관으로 조선에 파견할 만하다. 그가 먼저 귀 외무부와 자세한 규정을 상의하여 우리에게 보고하면 심사·결정하여 황제에게 상주하도록 하겠다."[6] 20일, 공문을 광서황제에게 상주하여 24일에 비준을 받았다. 그날 총리아문은 북양대신 왕원사오에게 공문을 보내어 정식으로 탕샤오이를 한국 주재 총영사로 위임하여 파견하였다.

주한 총영사

탕샤오이는 서울에서 중국 상인을 보살피는 일 말고도 청정부에 한국의 정치 동향을 보고하는 임무도 맡았다. 왕의 러시아 공사관 거주, 왕의 환궁을 요청하는 신민들의 상서, 러시아 병사들의 호위를 받은 왕의 환궁, 일본과 러시아의 조선에서의 이익쟁탈 등이 그 예이다.

'아관파천' 이후, 조선에서 러시아세력이 급속히 커짐에 따라 일본세력은 끊임없이 약화되어갔다. 1896년 5월 14일, 조선 주재 양국 공사는 '일본과 러시아 양국 대표의 조선문제에 관한 비망록'을 체결하였다. 6월 9일에는 모스크바에서 '일본과 러시아의 조선문제에 관한 의정서'를 체결하였다. 두 협정에서 일본과 러시아는 조선을 공동으로 관리한다는 원칙을 확정하였다. 탕샤오이는 이 두 협정과 관련한 문서를 청정부에 보고하면서, "엎드려 살피건대, 각 나라에서 일이 발생하는 시초는 모두 협약에 있다. 이전에 우리와 일본이 갑신정변 이후 맺은 톈진조약 탓에 '갑오의 변(동학농민운동)'이 발생하였다. 지금 일본과 러시아가 조선문제로 협약을 했는데, 그것이 후일 변고의 원인이 될까 두렵다."[7]라는 평론을 덧붙였다.

탕샤오이는 한국 국왕이 황제로 개칭한 동기, 이에 대한 일본의 찬성, 이외에도 러시아, 영국, 독일, 프랑스가 모두 냉담한 반응을 보이거나 공개적으로 반대한 사정, 조선의 국호를 처음에는 '대화大華'로 개칭하려다가 나중에 '대한大韓'으로 확정한 사실을 보고하였다. 한국의 외무부 대신 민종묵은 탕샤오이와 이야기할 때, "우리나라 국왕을 '대군주'라고 높여 부르는 것은 역사상 없었던 일이다. 가령, 우리나라가 황제라고 더 높여 부른다면 귀 조정이 어떻게 보겠는가?" 라고 물었다. 탕샤오이는 "갑오 사건 이후에도 우리나라는 조선을 자주 평등의 나라로 인정하지 않았는데, 하물며 국왕을 황제로 인정할 수 있겠는가?" 라고 대답하였다. 민종묵은 "(국왕을 황제로 개칭하는 데 대해) 일본은 우리를 도와주고 러시아는 반대한다. 독일, 프랑스는 우리를 비꼬고 영국은 우리를 업신여긴다. 어떻게 하면 좋겠는가?" 라고 묻자, 탕샤오이는 "남미와 아프리카에는 아직 야만 상태의 작은 흑인 나라들이 있다. 그 나라의 우두머리를 왕 중의 왕, 혹은 황제라고 부르지만 그렇다고 해서 그 나라들이 강대하다는 말은 아직 듣지 못하였다. 게다가, 이 일은 옛날부터 체제와 관련된 일이므로 우리 정부는 조선이 국왕의 칭호를 개칭하는 것에 대해 달가워하지 않을 것이다." 고 대답하였다. 민종묵이 "귀 조정이 나서서 러시아가 우리의 이번 일을 방해하지 않도록 했으면 좋겠는데 가능하겠는가?" 라고 하자, 탕샤오이는 "러시아는 이미 이 일을 저지하고자 하고 우리 나라는 이 일을 달갑게 여기지 않는다. 러시아와 우리 나라의 의향이 이처럼 같은데 무엇을 더 바라는가?" 라고 대답하였다. 민종묵이 "이후 귀 조정에서 다른 의견이 나온다면 알려주기 바란다."[8]고 하였다. 민종묵은 탕샤오이에게 일본과 러시아가 번갈아가며 한국을 핍박한다고 보고하였다. 탕샤오이는 "일본과 러시아의 밀약은 모든 분쟁의 시초이다. 한국을 전쟁터로 만든다면 안타까운 일이 아니겠는가." 라고 하였다. 민종묵이 "중국이 한국을 버리고 방치해두는 것은 좋은 방책이 아닌 듯하다. 중국 조정이 속히 현실을 인정하고 조약을 맺음으로써 다른 나라 때문에 일어날 예측할 수 없는 환란을 막기 바란다." 라고 하였다. 이에 탕샤오이는 "이번의 '일러밀약'은 조선이 자주권이 없는 것으로 보고 있다. 조선 역시도 이 밀약을 감히 무시하지 못해 온 나라의 권리가 일본과 러시아의 손아귀에 있다. 그런데 지금 자주권이 어디에 있단 말인가? 현재 우리 나라와 규약을 맺고자 함은 공연한 억지일 뿐이다."[9]라고 대답하였다.

주한 공사

1898년, 청정부는 마침내 한국 주재 공사를 파견하기로 결정하였다. 처음에는 장헝자張亨嘉를 파견하기로 하였으나 그는 부친이 연로하여 자신이 모셔야 한다는 이유로 사절하고 가지 않았다. 8월 13일, 광서황제는 조서를 내려 안후이 안찰사按察使 쉬서우펑徐壽朋을 한국 주재 흠차대신으로 파견하였다. 10월, 쉬서우펑은 국서를 가지고 부임하였는데, 그 국서에는 "대청국 황제가 대한국 대황제께 삼가 문안을 올린다. 우리 두 나라는 모두 아시아에 위치해 있다. 수로와 육로가 연이어져 있어 수백 년 동안 호흡을 같이하면서 피차 구별이 없었다. 무릇 서로 도울 수 있는 일은 마음과 힘을 다하여 도움으로써 안정을 도모하고 나라를 부강하게 해왔다. 이러한 사실은 옛 전적이 모두 말해주므로 일일이 다 설명하지는 않겠다. 광서 초년, 귀국은 구라파 여러 나라들과 조약을 맺을 때에도 글을 써서 이와 같은 사실들을 서술하였다. 이는 귀국이 오래오래 잊지 않고 있다는 사실을 설명해주는 것이다. 최근 세계 각국은 모두 자주자보自主自保를 공의로 여기고 있다. 이것은 광서 21년, '중일시모노세키조약' 제1조항의 내용이기도 하며 중국은 귀국의 자주독립을 인정한다. 옛 우정을 생각하고 지금의 어려움을 살펴보건대 그동안의 굳은 의리를 함께 더욱 강구해야 할 것이다. 이번에 이품함후보삼품경당二品銜候補三品京堂 쉬서우펑을 서울에 흠차대신으로 파견하여 친히 국서를 올리고 짐을 대신해서 그 뜻을 알리게 하는 바이다. 이 대신은 꾸밈이 없고 충성스러우며 일 처리가 정확하고 능숙하다. 대황제께서 잘 접대하여 그가 귀국 정부와 통상조약을 적절히 상의함으로써 멀리 후세에까지 전해지기를 바란다. 지금으로부터 양국이 친목을 두텁게 다져 태평세월을 함께 누리기를 원한다. 짐은 큰 기대를 가지는 바이다."[10]라고 되어 있다.

쉬서우펑은 부임하자마자 곧바로 한국의 외무부대신 박제순朴齊純과 '중한통상조약'에 관해 회담하였다. 1899년 9월 11일, 모두 15조항으로 이루어진 '중한통상조약'이 체결되었다. 제1조항은 "이후로부터 대청국과 대한국은 영원히 화목하게 지낼 것이다. 양국 상인과 백성 들은 서로 정착해 살 수 있음은 물론 모두 보호, 우대, 이익을 얻을 수 있다. 만약 다른 나라가 불공정하고 업신여기는 일을 행하면, 반드시 서로 돕고 중간에서 잘 조절하여 우의와 관심을 나타내야 한다."라고 규정하였다. 제2조항에서는 "통상우호조약을 맺은 후부터 양국은 상호 병권대신을 파견하여 수도에 주재하게 한다. 이와 동시에 통상항구에 영사 등의 관리를 둘 수 있으며 그 수는 수요에 따른다. 이들 관원이 해당 지방의 관리들과 교섭하고 내왕할 때는 모두 그 품급에 상당하는 예를 갖춘다."라고 규정하였다. 조약에서 최혜국 대우, 관세 세칙, 영사재판권, 교민의 권리에 관한 규정은 모두 평등호리互利 원칙에 부합되었다. 양국의 육로무역과 한국인이 국경을 넘어 황무지를 개간하는 실제 상황을 고려해 제12조항에서는 "이전에 두 나라의 육로 접경 지역 변경 주민들이 줄곧 서로 무역해왔는데, 이번에 약정한 다음에는 다시 '육로통상조례세칙'을 세워야 할 것이다. 변방 주민들이 이미 국경을 넘어 개간한 땅은 그대로 두어 생명과 재산을 보장해야 한다. 이후에 만일 몰래 변경을 넘는 자가 있으면 쌍방이 모두 금지하여 분규를 막아야 한다. 무역 장소는 조례를 토론할 때 함께 토의하여 결정한다."라고 규정하였다. 제15조항에서는 "중국과 한국 양국은 원래부터 문자가 같았다. 이후 규약을 세우거나 공문을 왕래할 때는 모두 한문을 사용하여 간편하게 해야 한다."[11]라고 규정하였다.

이로부터 중한관계는 안정된 발전단계에 들어섰다. 중국의 주한 공사는 모두 세 명이었다. 그들의 재임기간은 다음과 같다.

쉬서우펑 : 1898년 8월 13일~1901년 7월 24일
쉬타이선許臺身 : 1901년 7월 17일~1904년
쩡광취안曾廣銓 : 1904년 12월 7일~1906년 2월 3일

도문강의 경계선과 국경수비조약

1903년, 한국정부는 이범윤李范允을 파견하여 도문강 지역을 관리하게 하였다. 이범윤은 부임한 뒤 중국 월간국越墾局에 공문을 보내어 도문강 부근에

이름이 간도間島라는 땅이 있는데, 그 면적이 5천여 묘나 되고 두 강으로써 구획되며 처음부터 한국 백성이 경작했기 때문에 이 땅은 당연히 한국의 영토라고 보고하였다. 여기서 이범윤이 가리키는 간도란 바로 도문강 가운데 광지위光霽峪 앞의 모래사장(사주砂洲)을 말한다. 이것은 대략 2천여 묘 정도였는데 중국인은 자장假江이라고 불렀다. '자장' 땅은 중국과 한국의 경계강인 도문강 주류의 중국 측에 위치하고 있어 중국 영토임에 틀림없었다. 따라서 월간국은 그곳이 한국 영토임을 승인하지 않았다. 그러자 이범윤은 변경을 넘어 개간하는 한국 백성들을 선동하여 허룽위 일대에서 소동을 일으켰다. 11월 26일, 성경장군 쩡치增祺 등은 외무부에 전보를 보내어 한국 병사가 변경을 넘어와 방화하고 약탈하는 상황을 보고하면서 한국 공사에게 군대를 철수시키도록 함은 물론 관련자를 취조해 처벌해줄 것을 바랐다. 12월 20일, 청 황제는 외무부에 성지를 내려 한국인이 강을 건너와 행패를 부리고 있으니 쉬타이선에게 명을 전하여 그가 한국정부를 찾아가 이러한 일이 다시는 발생하지 않도록 조치하라고 하였다. 1904년 3월 15일, 한국 주재 중국공사 쉬타이선은 한국 외무부에 다음과 같은 내용의 글을 보냈다. "중국과 한국이 접경하고 있는 도문강, 압록강 두 강의 천연적인 국경선은 이미 오래 전부터 존재해왔다. 광서 13년 양국의 공동 탐사가 오래도록 결론이 나지 않아 오늘날의 여러 분쟁이 발생하고 있는 것이다. 수일 내로 사람을 급히 파견하여 지난번의 탐사 결과를 조사해보고 공동으로 재차 측량하여 규정을 정해야 한다. 그런 다음에 다시 육로 규정을 상의하여 영원히 준수하게끔 해야 할 것이다."[12]

6월 6일, 한국 측 변경측량관 최남룽崔南隆은 장소를 택하여 회의를 열자고 요청하였다. 6월 15일, 중국은 지챵쥔吉强軍 통령通領 후디안자胡殿甲, 옌지칭延吉廳 동지同知 천줘옌陳作彦을, 한국은 참령參領 김명환金命煥 등을 파견하여 지린에서 중국과 한국의 변경선 구획과 국경수비문제에 대해 토의하고 '신정획계방변조약新定劃界防邊條約'을 체결하였다. 그 내용은 다음과 같다. "이범윤의 공문 내용을 보면 중국과 한국 사이의 백두산 분수령에 분계선 비석이 있다고 한다. 즉, '서쪽은 압록, 동쪽은 토문(도문강, 곧 두만강), 그 아래에는 토문강(송화강의 한 지류—움긴이)이 있는데, 북쪽은 중국 경계, 남쪽은 한국 경계'라는 글이 있다는 것이다. 이에 다음과 같은 12가지 조약을 의정한다.

1. 양국의 경계 지점은 백산白山 비석의 기록을 그 증거로 한다. 그러나 두 나라 정부가 사람을 파견하여 공동으로 실지 조사할 때까지 기다린다. 답사가 이루어지기 전까지는 여전히 도문강을 중심으로 제각기 각자의 땅을 지키며 병사들이 무기를 들고 몰래 변경을 넘어 문제를 일으키는 일이 없도록 해야 한다.
2. 이범윤이 수차례 분규를 일으켰기 때문에 한국 측 서기관은 즉시 금지시켜야 한다. 다시 변경을 넘는 일이 있으면 한국 측 관리가 계약을 위반하고 도발을 일으키게 허용한 것으로 인정한다.
3. 이범윤의 북간도 관리는 중국정부에서 비준하지 않았다. 중계관中界官은 그것을 인정하지 않으며 한계관韓界官 역시 강요하지 말아야 한다.
4. 이승호李升昊, 김극렬金克烈, 강사언姜仕彦, 성문석成文錫 등이 중국 변경에서 소란을 피웠기 때문에 중국은 그들을 처벌할 권리가 있다. 한국 관리는 속히 그들을 붙잡아 넘겨주어야 한다.
5. 한국 관리는 이범윤을 사면하고 이승호를 붙잡는 등 문제를 반드시 정부에 보고하고 나서야 실행할 수 있다. 이번의 토의결정 이후 만약 이범윤, 이승호 등이 계속 침범하는 일이 있다면 한국의 관아에서 이유 없이 조약을 파괴하고 도발을 일으키게 한 것으로 인정한다.
6. 강 연안의 다리와 배에 대해서는 지금부터 다리를 없애고 배는 그대로 둠으로써 다른 뜻이 없음을 나타낸다.
7. 두 나라 백성은 자유로이 오갈 수 있으며 군인이 무기를 소지하지 않았으면 평민으로 대한다. 무기를 지니고 변경을 건너면서 공문을 지니지 않은 사람은 양측 모두 즉시 사살해도 무방하다.

8. 옛 간도, 즉 광지위 자장 땅에서 중청鐘城의 한국백성들이 예전처럼 소작짓게 한다.
9. 두 나라 백성들 가운데 서기관을 살상하는 사태가 생기면 양측은 속히 범죄자를 붙잡아 법에 따라 처리해야 하며 양민을 모함하거나 붙잡는 시간을 지연시켜서는 안 된다.
10. 중국이 예전부터 쌀 수출을 금지한다는 조항이 중한조약 제6조항에 적혀 있다. 지금은 백성들이 실어다 판매하도록 변통하였다. 만약 흉년이 들면 여전히 수출은 금지한다. 건초도 마찬가지다.
11. 두 나라 국경수비군은 여전히 강 연안에 주재해 순시하되 사정을 봐서 적절한 시기에 철수하기로 한다.
12. 두 나라가 교섭하여 조약에 명기된 것은 그대로 처리하며 조약에 기록하지 않은 것은 국제법에 따라 처리한다.[13]

2장 중국과 일본통감 치하의 한국

1904년부터 1905년 사이에 중국의 동북과 한국을 쟁탈하기 위한 러시아와 일본 간의 전쟁이 발발하였다. 전쟁은 중·한 두 나라 인민들에게 엄청난 재난과 희생을 가져다주었다. 전쟁에서 일본이 승리하면서 중국 동북의 남반부는 일본의 세력범위로 전락했고 한국은 일본이 독점하는 식민지가 되었다. 이에 따라 중한관계도 점차 어려움에 처하게 되었다.

대한제국 주재 중국 공사의 철수

러·일의 조선분할 음모를 타파하고 국가의 독립을 수호하기 위해 대한제국 황제는 열강들이 한국의 중립을 공동으로 보증해줄 것을 주장하였다. 러시아와 미국은 한국의 중립을 지지했지만 한국을 혼자 먹어치우려던 일본은 이에 극구 반대하였다. 1903년 말, 러일회담은 이미 결렬의 막바지에 이르렀다. 1월 23일, 대한제국 황제는 각국 정부에 국외중립局外中立을 선포하였다. 일본정부는 국제법의 기본준칙을 완전히 무시한 채 전쟁이 시작되자 2월 9일에 군대를 인천에 상륙시켜 한반도를 일본군의 완전 점령 아래 두었다. 2월 23일, 일본국특명전권공사 하야시 곤스케林權助와 대한제국 외부대신 이지용李址鎔은 '일한의정서日韓議定書'를 체결하였다. 의정서 전문은 6개 조항으로서 그 구체적인 내용은 다음과 같다. "제1조, 한·일 양 제국 간에 오래도록 변하지 않는 친교를 유지하고 동양평화를 확립하기 위하여 대한제국정부는 대일본제국정부를 확신하여 시정개선에 관하여 그 충고를 용인한다. 제2조, 대일본제국정부는 대한제국 황실을 확실한 친의親誼로 안전, 강녕케 한다. 제3조, 대일본제국정부는 대한제국의 독립과 영토보전을 확실히 보증한다. 제4조, 제3국의 침해나 내란을 당하여 대한제국 황실의 안녕과 영토의 보전에 위험이 있을 경우에 대일본제국정부는 속히 형편에 따라 필요한 조치를 행한다. 대한제국정부는 위의 대일본제국정부의 행동을 용이하게 하기 위하여 충분한 편의를 제공한다. 대일본제국정부는 앞항의 목적을 성취하기 위하여 군사상 필요한 지점을 형편에 따라서 수용할 수 있다. 제5조, 대한제국정부와 대일본제국정부는 앞으로 상호간에 승인을 거치지 않고 이 협정 취지에 위반되는 협약을 제3국 간에 정립訂立할 수 없다. 제6조, 이 협약에 관련되는 미비한 세부조항은 대일본제국 대표자와 대한제국 외부대신 간에 형편에 따라서 협정한다."[14] 일본은 이 의정서를 통해 한국의 내정을 간섭하고 한국의 전략요충지에 대한 군사점령 권한을 획득하였다. 한국은 일본이 독점하는 식민지가 되었다. 이른바 "대한제국의 독립과 영토보전을 확실히 보증한다."라는 말은 완전히 속임수였다.

한국은 일본군이 중국 동북에 대해 작전을 수행하는 전략기지로 변하였다. 근위사단, 제2사단, 제12사단으로 구성되고 구로키 다메모토黑木爲楨가 통솔하는 제1군은 바로 한국을 통해 중국의 동북지역으로 공격해 들어갔다. 한국인의 저항을 진압하기 위해 일본은 한국주둔군을 편성했는데 처음에는 6개 대대의 병력이던 것이 나중에는 2개 사단으로 확충되었다.

1904년 5월 19일, 일본은 대한제국의 황제에게 러시아와 체결한 모든 조약을 폐지할 것을 강요하였다. 8월 22일에는 '제2차 일한의정서'를 체결했는데, 이때 고문을 파견하는 형식으로 한국의 재정권과 외교권을 박탈하였다. 1905년에는 또다시 고문을 파견해 경찰, 학교와 군부 그리고 궁내부宮內府를 장악하였다. 이를 역사에서는 '고문정치'라고 한다.

대한제국정부는 한국과 외교관계를 맺고 조약을 체결한 국가들이 나서서 정의를 지켜 일본의 침략을 제지해주기를 바랐다. 그러나 구미 열강들은 오히려 대한제국에 대한 일본의 야만적인 침략에 찬성하고 있었다. 1905년 7월 29일, 일본은 미국과 '가쓰라-태프트밀약'을 체결하고 필리핀에서 미국의 특수지위를 인정하였으며 미국은 일본이 한국의 종주국이라는 점을 인정하였다. 8월 12일에는 영국과 '제2차 영일동맹'을 맺었는데, 제3조에 "일본은 조선에서 정치상, 군사상, 경제상 특수이익을 영위한다. 영국은 일본에게 조선에서 이러한 이익을 보호하고 증진하기 위해 정당하고 필요하다고 생각되는 조치를 취할 수 있고, 그런 조치로 지도하고 관리하며 보호할 권리가 있음을 인정한다. 다만 이런 조치는 반드시 여러 나라의 상공업기회균등주의 원칙에 위배되지 않아야 한다."[15]라고 규정하였다. 9월 5일, 일본은 다시 러시아와 '포츠머스조약'을 체결하였다. 제2조에 "러시아정부는 일본이 한국에서 정치, 군사, 경제상에서 모두 특별한 이익을 지니고 있음을 인정한다. 가령 지도와 보호, 감독 등이다. 일본정부에서 필요하다고 여기면 즉시 조치를 취할 수 있으며 방해 또는 간섭하지 않는다."[16]라고 규정하였다. 9월 6일, 영국정부는 제2차 영일동맹 사실을 러시아와 프랑스정부에 통지하고 공공연히 한국은 이미 자립능력을 상실하였다고 모독하면서 저들의 비열한 행위에 대해 변호하고 나섰다.

1905년 11월 17일, 이토 히로부미는 완전무장한 일본군대와 헌병으로 무력시위하면서 대한제국에 보호조약을 강요하였다. 서울대학교의 한 사학자가 '을사보호조약乙巳保護條約' 원본을 연구한 결과에 따르면, 거기에는 외부대신 박제순과 일본공사 하야시 곤스케의 사인만 있을 뿐, 대한제국 황제의 사인도 없고 국새 또한 찍혀 있지 않다고 한다. 따라서 이 조약은 국제법상 무효인 것이다.[17]

불법적인 '을사보호조약'으로 인해 대한제국은 외교권을 완전히 박탈당했고, 국가의 통치권을 사실상 일본통감統監에게 넘겨주게 되었다. 일본정부는 이토 히로부미를 초대 통감으로 임명하였다. 1906년 2월 1일, 일본은 서울에 통감부를 설치하였다. 통감부는 대한제국의 외교사무를 관리한다는 구실로 설치했지만, 일본은 그 내부에 경무부警務部, 농산공부農産工部, 총무부總務部 등을 증설하여 사실상 모든 내정과 외교를 장악하였다.[18] 통감정치는 일본이 한국에서 실행했던 식민지배의 한 형식이다.

'을사보호조약'은 대한제국의 외교권을 박탈하였다. 이에 따라 각국은 한국 주재 공사를 철수시켰다. 1906년 2월 3일, 중국정부는 한국에 주재하고 있던 쩡광취안을 철수시킨 뒤, 총영사관을 개설하고 마팅량馬廷亮을 초대 주한총영사로 파견하였는데 이로써 중한관계는 커다란 전환을 맞게 되었다.

일본의 중한관계 처리권 확보

중국의 동북지역은 러일전쟁의 주요 전쟁터가 되었다. 중국정부는 비록 국외중립을 선포했지만 전쟁의 불길이 미치면서 도시와 농촌이 폐허로 변해갔고 백성들의 생명과 재산에 중대한 손실을 입혔다. 러시아와 일본 간의 '포츠머스조약' 제5조에 "러시아정부는 중국정부의 동의로 뤼순커우旅順口, 다롄만大連灣과 그 부근 영토, 영해의 조차권租借權 가운데 일부의 모든 권리와 양도권을 일본정부에 넘겨주며 또한 조차구역 내의 모든 공공시설물과 재산을 일본정부에 이양한다. 두 맹약국은 앞의 결의사항을 중국정부로부터 승낙 받을 것을 약속한다."라고 규정했으며, 제6조에는 "러시아정부는 창춘長春으로부터 뤼순에 이르는 철도 및 모든 지선 그리고 이들 지방의 철도구역에 부속된 모든 권리와 재산 및 이들 철도 연안에 소속되어 있는 모든 탄광 또는 철도의 이익을 위해 경영하는 모든 탄광에 대해 보상받지 못하며 청나라 정부의 동의가 있으면 모두 일본정부에 이양한다. 두 맹약국은 앞의 결의사항을 청나라정부로부터 승낙 받을 것을 약속한다."[19]라고 규정하였다.

그런데 일본의 탐욕은 '포츠머스조약'을 훨씬 넘어섰다. 그들은 한국에서 확보한 우월한 지위를 이용해 중한관계에 해당하는 사무를 처리할 수 있는 권리를 취득하였다. 1905년 12월 22일, 일본은 청나라에 강요해 '중일회의

동3성사의조약中日會議東三省事宜條約' 을 체결하였다. 조약 제1조항에는 "중국정부는 일러조약 제5항과 제6항에 따라 러시아가 일본국에 양도하기로 한 모든 것에 대해 승낙한다."[20]라고 규정하였다. 또한 부약附約 체결을 통해 안평철도(안둥-펑톈) 이용 및 개량권, 압록강 연안의 삼림자원에 대한 약탈권, 한중육로무역 간섭권을 취득하였다.

1906년 3월부터 이토를 위수로 하는 한국통감부는 한중관계 처리에 착수하기 시작하였다. 통감부의 한중관계 처리 기본원칙은 일본의 침략을 수호하려는 것이지 한국의 이익을 위한 것은 아니었다. 일본은 이미 절취한 한중관계 처리권한을 이용해 한국을 중국 침략의 전초기지로 만들어 대륙정책을 실현하려고 하였다. 이에 한·중 양국의 감정을 이간질하고 양국 인민의 전통적인 우호관계를 파괴함으로써 분할하여 다스리려는 음모를 꾀하였다.

안평철도 교섭

1904년 2월, 러일전쟁 발발 이후 일본 임시군용철도부는 한국에서 군수품 운송을 편리하게 하기 위해 경의철도(서울-신의주)를 부설하였다. 4월 하순 일본군은 압록강을 넘어 중국 영토에 침입한 뒤 대러시아 작전을 개시했으며 안평철도를 제멋대로 부설하였다. 안평철도는 단선철도로 레일 사이 간격은 2자 6촌이었고 총 길이는 303.7킬로미터였다. 1904년 8월 10일 시공되어 1905년 12월 3일에 완공되었으며 12월 15일부터 전 선로가 개통되었다.

일본은 안평철도를 군사행동에 필요하다는 이유로 부설하였고 청나라정부의 사전동의를 얻지 않았다. 또한 토지도 무상으로 사용하였고 연안의 수많은 민가와 관아를 강제로 허물어버렸다. 게다가 러시아와의 전쟁이 끝난 뒤 마땅히 철도를 뜯어버리거나 무상으로 청나라에 넘겨주고 청나라에 끼친 손실을 배상해야 했지만 1905년 12월 22일의 '중일회의동3성사의부약中日會議東三省事宜附約' 제6조항에 도리어 이렇게 규정하였다. "중국정부는 안둥현에서 펑톈성 소재지에 이르는 군용철도를 계속 일본정부가 경영하되 각국의 공상화물 운송용으로 바꾸는 것을 허락한다. 이 철도를 개량 준공한(병사의 귀국 운송으로 연기된 12개월을 제외한 2년을 개량 준공기간으로 한다) 날부터 15년, 즉 광서 49년까지를 기한으로 한다. 그때 가서 양국이 함께 공정하게 평가할 만한 제3국인을 청해 철로와 부대시설의 값을 쳐서 중국에 판매한다."[21] 또한 부대조약에서는 안평철도에 대한 개량방법은 일본의 기술자와 중국특파원이 그 타당성과 실용성을 상의해서 결정해야 한다고 규정하였다. 이 철도와 관련되는 모든 사무를 처리할 때 청나라정부는 동성철도계약에 따라 관원을 파견하여 고찰하고 경리하도록 하였다. 그러나 조약체결 이후 일본인들은 조약을 어기고 암암리에 민가와 토지를 점용했으며 남만주철도주식회사도 사사로이 사람을 보내 노선을 측량하고 측량 표지를 설치하였다.

1909년 1월 31일, 베이징 주재 일본공사 이주인伊集院은 외무부에 각서를 보내고 사람을 파견해 안평철도 문제를 논의할 것을 제의하였다. 6월 8일, 동3성의 총독 시량錫良은 외무부에 다음과 같은 공문을 보냈다. "일본이 안평철도를 개량하는 데는 두 가지 의도가 있는데 그들에게는 크게 유리하지만 우리에게는 아주 불리하다. 하나는 경의선과 연결하는 것이다. 요즘 들리는 바에 따르면 일본인의 신문잡지에서는 만한연락滿韓聯絡 정책을 미친 듯이 떠벌리고 있다고 한다. 이 정책을 실행하려면 반드시 안평철도를 넓은 레일로 바꾸어 경의선과 맞물리게 해야만 한다. 레일이 같게 되면 압록강에 다리를 세우려는 교섭이 곧 뒤따를 것이다. 그렇게 되면 국경 구분이 모호해지고 국가방위를 상실하게 될 것이니 그 후환은 일일이 헤아릴 수 없다. 다른 하나는 남만주철도선과 연결하는 것이다. 안평철도와 남만주철도의 성격은 본래 큰 차이가 있다. 남만주철도는 러시아가 일본에 양도한 것이지만 안평철도는 일본이 우리에게서 얻어낸 것이다. 따라서 당시 회의에서 양국의 전권대신이 모두가 구별해서 처리하였다고 성명에 밝혀놓았다. 근래 듣자니 이 철도는 오랫동안 남만주철도회사에서 관리해왔고, 이번 안평철도의 개량

방법 또한 모두 이 회사에서 계획한다고 했으니 저들은 분명 온갖 방법을 다해 안평철도를 남만주철도의 지선으로 삼으려 할 것이다. 만약 상기 두 갈래 철길이 안평철도와 서로 맞물리게 된다면 인천에서 펑톈까지, 펑톈에서 북으로 창춘, 남으로 다롄과 뤼순까지 거침없이 통하게 되어 일본은 점차 우리 인민의 유한한 이익을 침탈하고 내륙의 무궁무진한 보물을 발굴해갈 것이다. 또 만일 갑자기 전쟁이 터진다면 조선에 주둔하고 있는 일본군은 아침에 공격통지를 받으면 저녁에는 전쟁터에 도착할 수 있게 된다. 그렇기 때문에 저들에게 크게 유리하고 우리에게 매우 불리하다고 한 것이다."[22] 청나라정부에서는 우선 일본 측과 철도의 성격문제, 즉 반드시 안평철도와 남만주철도를 구별하여 취급해야 한다는 점에 대해 회담하기로 하였다. 동시에 철도 연선에 군대를 주둔시키고, 경찰과 부속지를 두는 등 외교문제를 해결한 뒤에 철도개조문제를 논의하기로 정하였다.

중국 측에서 강력히 저지하고 조약과 국제법에 의해 도리를 따지고 나오자 일본은 당황하였으나 이내 강경한 태도를 취하기로 정하였다. 6월 22일, 고무라 주타로小春壽太郎 외무대신은 안평철도문제를 내각에 넘겨 논의하게 하였다. 이날 일본내각에서는 "안평철도를 개축하는 것은 조약에서 규정한 우리들의 권한이다. 군사적, 경제적으로 보아도 하루빨리 시행에 옮겨야 한다는 사실은 더 이상 언급할 필요도 없다. 더욱이 이 철도는 한국철도(경의선)와 남만주, 청나라 동부의 두 갈래 철도를 연결하는 철도선으로서 한국철도를 개선하는 데 도움이 된다. 하루빨리 이 철도의 개조공사를 끝냄으로써 부산을 최남단 종점으로 하는 유라시아 횡단철도를 개척하여 제국의 활동을 편리하게 해주어야 할 것이다. 이 또한 두말할 나위 없다."[23]라고 결정하였다. 또한 청나라정부가 철도개량공사를 저지하려 한다고 질책하면서 청나라 주재 일본공사에게 강경한 교섭을 진행함과 동시에 즉각 개량공사에 착수하라는 특명을 내리기로 결의하였다. 그러나 시공 전에 반드시 청나라에 통첩을 보내라고 하였다. 청나라 관가와 백성들의 저항을 면하기 어렵다는 점을 감안했는지 도독부에서는 철도 연선에 경찰을 증파하고 철도수비대를 증파할 준비도 해놓았다.

1909년 6월 24일, 동3성 총독은 선양 주재 일본 총영사에게 비망록을 보내고 안펑철도와 관련한 청나라 측의 열 가지 요구를 제시하였다.

1. 안펑철도는 베이징조약에 의해 축조된 독립적인 철도로 다른 철도의 지선이 아니다.
2. 개량공사는 반드시 베이징조약에 의거해 진행해야 하며 원래 노선에 대해 개량하되 개조해서는 안 된다. 일본 전권대신의 성명에 따라 적당히 개량해야 하며 전체 노선을 개조할 수는 없다.
3. 각 역사는 두 나라에서 파견한 위원이 협의해서 결정한 뒤 편리한 곳에 설치한다.
4. 철도 연선의 토지는 철도부설에 반드시 필요한 건조물에 소요되는 토지 이외에는 나머지 토지를 매입할 수 없다.
5. 안둥 류다오거우의 안펑철도가 점한 토지는 청나라정부에서 제때에 거둬들인다. 이 지역 내에서 이미 땅값을 치른 자가 있다면 지방관이 조사해 돈을 돌려준다.
6. 시공하기 이전에 두 나라에서 공동으로 위원을 파견해 함께 토지를 매입하고 규정에 따라야 하며 공평하게 값을 치러야 한다.
7. 베이징조약에 따라 철도사무를 관리감독하고 경리할 청나라 위원을 반드시 시공하기 전에 파견한다.
8. 베이징조약에 따라 안펑철도 연선의 일본수비대는 즉각 철수시켜야 하며 청나라정부에서 다시 파병해서 보호한다.
9. 베이징조약에 따라 청나라는 안펑철도 연선 지역의 자치권을 갖는다. 따라서 일본경찰은 반드시 모두 철거해야 하며 청나라정부에서 따로 순경을 파견하여 보호한다.
10. 베이징조약에 따라 양국은 하루빨리 위원을 파견하여 운수조례를 상의

한다.[24]

안평철도는 일본이 청나라 영토 내에 불법으로 축조한 것이기 때문에 청나라정부가 주권과 영토의 안녕과 국가의 안전을 수호하기 위해 상기의 요구를 제기한 것은 지극히 정당하고 합법적인 것이었다.

만주철도주식회사는 막무가내로 시공을 결심하고 암암리에 강제로 준비를 하였다. 몰래 사람을 보내 토지를 매입하고 경찰과 철도수비대를 동원해 엄밀한 경비를 펼쳤다. 8월 6일, 일본공사는 중국 외무부에 최후통첩을 내렸다. "안평철도는 청나라와 한국 두 나라 철도를 연결시키는 고리일 뿐만 아니라 유라시아 교통의 요충지이다. 따라서 하루속히 궤도를 개축하여 각국의 상무 수요에 맞춰야 하고 동아시아 교통의 편리를 증진해야 한다. 그러나 교섭이 시작된 지 이미 7개월이 지났건만 아직도 우리의 요구를 승낙하지 않고 있다. 귀국의 진짜 속셈은 철도노선의 개축을 저지하고 조약을 파기하려는 것임이 분명하다. 우리 정부는 유감스럽지만 세계교통의 편리를 위해 부득이하게 조약에서 부여한 권한에 근거해 귀국의 협력을 기다리지 않고, 스스로 안평철도의 개축을 단행한다."[25]

무능한 청나라정부는 타협하기로 결정하였다. 8월 11일부터 회담장은 선양으로 옮겨졌다. 8월 20일 '중일의정안봉철로절략中日議定安奉鐵路節略'이 체결되었다. 청나라는 공식시공, 레일을 넓힐 것 등 일본 측이 제시한 핵심적 요구에 동의하였다. 청나라에서 제기한 요구사항에 대해서는 일본이 질질 끌거나 억지를 부리는 통에 모두 흐지부지되고 말았다. 이로써 남만주철도와 동일한 성격으로 변한 안평철도는 일본이 한국을 거쳐 중국 동북의 깊숙한 곳까지 침략세력을 확장하기 위한 대동맥이 되었다.

압록강 철교가설 협정

압록강은 중·한 양국의 경계가 되는 강이다. 일본이 한국의 경의선과 청나라의 안평선을 연결시키려면 반드시 압록강 철교를 가설해야만 하였다. 청나라의 주권을 줄곧 무시해온 일본은 정당한 외교루트를 통한 청나라와 협상도 하지 않고, 한국 통감부에서 공정대를 파견해 1909년 시공에 들어가 청나라 측에 철교를 세웠다. 청나라정부는 일본공사 이주인에게 서한을 보냈다. "안둥 태수의 상소문에 따르면 일본국이 압록강 철교를 세우기 위해 이미 한국 신의주에 다리말뚝 네 개를 세웠고 우리 측 류다오거우 지방에도 다리말뚝 한 개를 세웠으며 이미 시공에 들어갔다고 한다. 압록강은 중·한 양국의 국경선이기에 철교가설과 관련된 사안은 반드시 양국에서 협상하여 결정해야 한다. 그런데 일본국이 청나라와 그 어떤 협상도 하지 않고 공공연히 우리 측 경내에서 공사를 시작하였다니, 대체 어떻게 된 영문인지 모르겠다. 만약 철교가설 사실이 확실하다면 공사께서 명령을 내려 이 공사를 중지해 주기 바란다."[26] 9월 10일, 이주인은 일본국 외무대신 고무라 주타로小村壽太郞에게 정부 차원에서 속히 공사를 수행하는 부서에 전문을 보내 안둥현에서 이미 진행된 공사를 철거시키라고 지시하라는 전보문을 띄웠다. 그러면서 "만약에 상기의 다리말뚝 철거를 실시하지 않고 청나라의 체면을 돌보지 않는다면 철교가설 공정이 타협될 가망성은 좀처럼 없게 될 것이며, 일본물건의 배척을 선동해 청나라정부로부터 탄압받고 있는 사람들에게 구실을 만들어주게 되어, 양국이 타협정신에 근거해 맺었던 협약도 물거품이 될 수 있다."[27]고 지적하였다.

일본은 자신들의 시커먼 속셈이 백일하에 드러나자 더 이상 억지를 부릴 수가 없었다. 하는 수 없이 한국 주재 통감부에 가설물을 철거하라는 통지문을 내렸다. 이주인은 고무라에게 전보를 보내 언론계를 장악하여 비밀을 엄수해주기를 희망하였다. 고무라는 다시 한국 통감부에 전보를 보내 비밀을 엄수하라고 하였다. 9월 14일 이주인은 청나라의 외무부상서 량둔옌梁敦彦을 회견하면서 일본의 침략행위를 변호하였다. 조사에 따르면 공식 시공에 들어간 것이 아니고 다만 안둥현에 시공표식을 했을 뿐이라는 것이었다. 그러면서 "함부로 청나라 경내에 공사와 관계되는 시설물을 설치하는 행위는 단지 표식을 위한 것이라 할지라도 부당한 일이기 때문에 우리 정부는 매우 미안함을 느낀다."[28]라고 말하였다. 그는 이로써 청나라정부의 반감을 없애고 철교가설공사를 지속할 수 있기를 희망하였다.

그러나 청나라정부에서는 만약 안평철도가 없었더라면 철교가설문제도 발생하지 않았을 것이기에 안평철도 연안 주둔군과 경찰 배치문제와 압록강 철교가설문제를 함께 해결하기를 원하였다. 이러한 중국의 안평철도의 성격에 대한 논점은 아주 정확한 것으로, 일본 측은 이 방안에 대해 애초부터 충분한 근거가 없던 데다가 이번에 철교가설 과정에서 불거진 문제 때문에 교섭에 훨씬 어려움을 느꼈다. 이 상황에서 이주인은 주중공사로서 청나라에 철교가설문제만 단독으로 해결해자고 압력을 행사할 수는 없다고 여겼다. 즉, 외무성에서 청나라 측의 의견을 고려해야 한다고 생각하였다. 그러나 고무라 외무대신은 강경한 태도를 보이면서 안평철도에서 군대와 경찰을 철수시킬 수 없다고 했다. 그는 만약 두 가지 사안을 함께 해결하려고 한다면 회담이 길어질 것인데 압록강 철교가설 공사는 더 이상 지체할 수 없으므로 철교가설과 안평철도가 남겨놓은 문제는 분리해서 해결해야 한다고 주장하였다. 철교의 장래 귀속문제는 전부 한국의 소유로 한다는 방침에 따라 예산과 기타문제를 이미 결정했기 때문에 지금 그것을 변경하는 것은 타당치 않다고 하였다.

1910년 4월 4일, 펑톈교섭사奉天交涉司 한국균韓國鈞과 일본 총영사 고이케 하루조小池張造는 '압록강 철교가설 협정'[29]을 체결하였다. 협정의 주요내용은 다음과 같다.

첫째, 청나라가 주장하는 각국의 통례에 따라 국경에서 열차를 환승하는 문제에 대해서는 마땅히 향후에 만한철도 연결 업무를 협정할 때 서로 적절하게 상의한다.

둘째, 청나라는 마땅히 압록강 서안에다 해관을 두고 열차를 검열해야 하는데, 이에 관한 세칙은 차후에 협상하여 결정한다.

셋째, 강 한복판에서 서쪽 기슭에 이르는 절반의 교량은 안평철도와 함께 15년 뒤에 청나라가 매입해 회수한다. 이 부분의 시공비에 대해 중국검사원은 적절하게 조사 확인해야 한다.

넷째, 청·일 양국의 뗏목 또는 선박이 철교를 지나다 불가항력적인 사고로 철교를 훼손했을 때 뗏목꾼이나 사공에게 배상을 요구해서는 안 된다. 이 항목에 대한 세칙은 차후에 협상하여 결정한다.

압록강 철교가 건설되고 중·한 양국의 철도가 연결되면서 일본의 시모노세키, 한국의 부산, 청나라의 선양이 단숨에 관통되었다. 이로써 일본군국주의가 중·한 양국을 침략하고 자원을 약탈하며 군사를 움직여 새로운 침략전쟁을 도발하기에 유리한 교통 대동맥이 마련된 것이다.

지회철도 교섭

지회선吉會線은 중국 지린성吉林省 지린시吉林市와 조선의 함경도 회령會寧을 연결하는 국제철도이다. 러일전쟁 기간에 일본은 군수품을 운송하기 위해 한반도 동해안의 청진항과 회령 사이에 간이철로를 부설하였다. 일본은 지회선을 곧 이 간이철로의 연장선이라고 여겼다.

만주철도주식회사의 초대 총재인 고토 신페이後藤新平는 부임하면서 이렇게 말하였다. "러시아에서 예정했던 지창선吉長線(지린~창춘) 공사를 북조선의 해안까지 연장시켜 러시아의 블라디보스토크와 대항하게 해야 한다. 유라시아 여객은 별도로 언급해야겠지만 적어도 만주의 물산은 일본인이 경영하는 철도를 이용해 수출하는 대책을 강구해야 한다."[30]

1907년 1월 25일, 일본 육군대신 데라우치 마사타케寺內正毅는 내각총리대신 사이온지 긴모치西園寺公望에게 다음과 같은 서한을 보냈다. "제 생각으로는 한국 북부로부터 청나라 지린에 이르는 철도의 부설은 정략적, 특히 전략적으로 한국에 대한 방어를 확보하고 상기 지역에 대한 개발과 우리 측 세력을 부추기는 데 유리할 것 같습니다. 전략상 지극히 필요합니다. 따라서 일전에 저는 이미 다카사키高崎 소좌 등을 상기 지역에 파견하여 이 철도를 부설할 선로를 비밀리에 조사하게 해 이미 별도로 보고서를 만들었습니다. 적당한 시기에 청나라정부와 교섭을 시작하여 상기 철도의 부설권을 얻어내야 합니다. 지금 상술한 보고를 제출하는 김에 결제를 청하오니 고려해주시기 바랍니다."[31]

만주철도주식회사 조사부에서 펴낸 『만주교통사고滿洲交通史稿』에는 일본이 지회철도를 황급히 부설하려는 동기가 자세히 나와 있다. "당시 일본에서부터 황해를 지나 다롄에 이르는 항로는 안전하지 못할 뿐만 아니라 거리도 멀었다. 반면에 지회선은 이와 달리 쓰시마, 쓰가루津輕 두 해협이 길목을 버티고 있어 아주 안전하였다. 이 때문에 만주에서 안전하게 군수물자를 들여올 수 있었으며, 대륙 쪽에 사변이 생겨 병사를 파견해야 할 때 이 선로를 이용하면 일본 국내에서 신속히 출격하여 적지 내부 깊숙이 쳐들어가 그 후방로를 차단할 수 있기에 먼저 적을 제압할 수 있었다. 또한 이 선로의 경제적 가치에 대해서도 일본은 이미 주목하고 있었다. 지회선은 남만주와 북만주 중부지역을 횡단하였는데, 비록 마적 떼가 출몰하는 등 치안질서가 확고하지는 못하지만 경제적 가치를 고려한다면 무진장한 보물고라 할 수 있었다. 따라서 일단 철길이 건설되면 치안을 안정시키고 지방 개발을 촉진할 수 있는 동시에 임업, 농업, 축산업, 광산업의 진일보한 발전을 도모할 수 있었기에 경제철도로서의 모든 기능을 충분히 발휘할 수 있었다. 특히 이 철도와 일본의 경제적 관계 차원에서 볼 때, 만주에서 북한 지역을 거쳐 일본 국내의 쓰루가항敦賀港에 이르는 교통선로는 이 지회선을 통해 북한의 항만에 진입할 수 있어 장차 더욱 긴밀한 무역관계를 형성할 수도 있었다."[32]

1907년 4월 15일, 청나라와 일본은 '신봉길장철로협약新奉吉長鐵路協約'을 체결하였다. 협약 제2조에는 "현재 청나라정부가 지린성 소재지에서 창춘에 이르는 철도를 자체로 부설하고 있는데, 소요되는 금액의 절반을 남만주철도회사에서 빌릴 수 있게 한다."라고 규정하였다. 이로써 일본은 차관을 통해 지창철도의 통제권을 얻었고, 곧바로 지회선 부설권 탈취에 착수하였다.

1908년 12월 27일, 일본 외무대신 고무라 주타로는 청나라 주재 이주인 공사에게 전보를 보내 지창철도를 회령까지 연장하고 중간에 한국철도를 연결하여 동해에 이르게 하는 것은 일본정부의 오랜 숙원으로 청나라정부와 간도문제를 회담할 때, 먼저 이 문제를 제기하라고 지적하였다. 그러면서 혹여 이번에 목적 달성을 하지 못하더라도 이 문제의 최종해결을 위해 기초를 닦을 수 있기를 바란다고 하였다.

1909년 2월 6일, 이주인은 청나라 동북3성과 관련한 여섯 가지 교섭안을 외무부에 제기하였다. 간도문제에 대한 제5조에는 "지창철도를 한국의 회령까지 부설한다."[33]라고 적혀 있었다. 왕윈성王芸生은 "일본이 간도문제를 논의하다가 갑자기 지창선을 회령까지 연장할 것을 제기하였는데 이는 지회선 문제로 수십 년 동안 뒤엉켰던 중요한 문제이다. 그런데 이 틈을 타서 제기한 점으로 볼 때, 일본의 속셈이 참으로 무섭다."[34]라고 하였다.

그 이후의 쌍방회담에서 중국 측 대표는 지회선을 어떻게 부설할 것인지와 옌지변경문제는 무관한 것으로 함께 논의할 필요가 없다고 주장하였다. 이뿐만 아니라 청나라정부는 최근에 지창선을 국경까지 연장할 계획이 없었으니, 협상이 이루어진다 하더라도 결과적으로는 공언이 될 뿐이었다. 청나라정부는 기존에 각 열강에 철도부설권을 양도하면서 빚었던 각종 외교풍파를 생각하며 이번에는 외국의 원조에 의존하지 않고 자체의 힘으로 철로를 부설하기로 정하였다. 외무부상서 량둔옌은 만약에 청나라에서 국경까지 철도를 부설하고 일본에서도 한국 국경까지 부설하거나 혹은 청나라에서 직접 회령까지 부설하고 각자 자국 쪽 철도를 관리하는 것도 하나의 방법이라는 개인적 견해를 제기하였다. 지회선 통제가 궁극적인 목적인 일본으로서는 당연히 량둔옌의 견해에 동의할 리가 없었다. 결국 일본은 청나라에서 지회선 부설계약을 만족시키지 못한다면 전체 교섭도 성립되기 어렵다고 주장하였다.

이에 청나라정부는 옌볜의 영토주권이 지회선 부설권보다 중요하다고 여겨 양보하기로 결정하였다. 결국 청은 1909년 9월 4일에 '도문강중한계무조관圖們江中韓界務條款'(간도협약)을 체결하였다. 제6조항에 "청나라정부는 장차 지창선을 옌지 남쪽까지 연장시켜 부설하며 한국의 회령지방에서 한국철도와 연결하는데, 모든 방법은 지창선과 동일하게 처리한다. 어느 때에 시작할지는 청나라정부에서 상황을 감안해서 다시 일본정부와 협상한다."[35]라고 규정하였다.

9월 5일, 청나라 외무부는 조약 체결 경과를 보고하면서 "지회선은 지창선 부설조약을 그대로 모방해서 정한 것으로, 여전히 차관해서 우리 스스로 부설하는 경우이기 때문에 조종권이 우리한테 있는 만큼 철도권한을 상실하지는 않았다."[36]라고 주장하였다. 그러나 외무부가 9월 6일에 받은 지린성 전체 상인들의 전보문에는 "철도권이 미치는 곳에 병력이 미치는 것은 감출 수 없는 사실이다. 지린에서 아직 안일을 꾀할 수 있는 곳은 다만 동남쪽 한 곳밖에 남아 있지 않는데 지금 지회선 부설을 허락했으니 참으로 사면초가로 성 전체가 저들의 통제 속에 들어가게 되었다. 차관해서 함께 부설하였다고 우리에게 권한이 주어지는 것이 아니다. 국제교섭에서는 세력의 강약에 따라 주객이 바뀌는데 지창선에서 착오를 범하고 지회선에서도 다시 착오를 범했으니, 차후에 있을 참상을 무엇으로 다 이를 수 있겠는가?"[37]라고 적혀 있었다. 동일한 지회선에 대한 외무부의 보고와 지린 상인들의 평가가 이처럼 현격했으니 참으로 개탄할 노릇이다.

인천, 부산, 원산의 중국 조계지

1909년 3월, 한국 주재 청나라 총영사 마팅량馬廷亮은 통감부의 나베시마 가쓰라지로鍋島桂次郎와 한국에 있는 청나라 조계지와 관련된 규정을 논의하기 시작하였다. 3월 15일, 양측은 통감부에서 작성한 규정초안을 교환하였다. 일본 측에서 넘겨준 초안과 옛 규정을 비교할 때, 가장 현저한 특징은 예전에 한국정부에 속해 한국정부에서 관할하던 사무를 일본의 이사관理事官에 넘겨준 점이다. 예컨대 제4조에는 조계지의 상인들은 세금을 직접 이사관에게 바친다고 규정하였다. 제10조에는 조계지 내의 도로, 하수도, 교량 등을 새롭게 설치하거나 변경할 경우에 청나라 영사관과 일본 이사관이 협의하여 결정한다고 규정하였다. 일부 조항은 청나라의 권한을 제한하기 위한 것으로, 예를 들어 제11조를 보면, 조계지 내의 경찰과 위생 관련 사항은 일본 이사관과 중국 영사관이 협의한 후 한국 경찰이 집행한다고 규정하였다. 4월 10일, 중국 외무부는 마팅량에게 전보문을 보내 한국 조계지에서 경찰, 교통에 관한 두 가지 조항은 중국의 자치권에 장해가 되므로 단호히 거절하라고 하였다. 이 밖에 일본 운수부가 인천의 청나라 조계지 내에서 토지를 점용한 것과 해관의 세무사가 원산의 중국 조계지에서 토지를 매매한 사건을 처리하는데 시일이 꽤 걸렸다. 이 회담은 1년에 걸쳐 진행되다가 1910년 3월 11일에야 일본통감부 외무부장 고마쓰 미도리小松綠와 한국 주재 청나라 총영사가 '인천부산원산청국조계장정仁川釜山元山淸國租界章程'[38]을 체결함으로써 끝이 났다. 제1조에는 "한국의 인천, 부산, 원산 등지에 있는 청나라 조계지의 위치, 구역 및 지구 등급을 표기한 지도를 따로 첨부한다. 장차 조계지가 붐비게 되면 다시 상의해서 확충하여 청나라 백성이 거주할 수 있게 하며 청나라 백성은 임의로 각국 조계지에서 거주하고 무역할 수 있다."라고 규정하였다. 제2조에는 "조계지의 택지는 경매나 또는 세를 주는 방식으로 영원히 청나라 백성에게 빌려준다. 그러나 이 규정을 실행하기 이전에 청나라 백성들이 정당한 수속을 거쳐 취득한 토지는 본 규정에 의거해 영원히 세를 낸 땅과 동일한 것으로 간주한다."라고 규정하였다. 이 밖에도 청나라 조계지의 토지세 납부와 분배, 토지문서, 화교묘지 등의 사항에 대해서도 규정하였다.

한국에서의 영사재판권을 거두어들이려는 일본정부의 계획에 대해 청나라정부 외무부에서는 마팅량에게 다음과 같이 대답하라는 지령을 내렸다. “중국이 원치 않는 게 아니다. 다만 다른 나라보다 먼저 인정하는 것은 원치 않는다.”[39]

3장 옌지경계분쟁

옌지경계문제란, 흔히 말하는 간도문제로 이토 히로부미가 한국인을 보호한다는 명분하에 중·한 국경 사무에 간여함으로써 중국 영토에 대한 침탈을 꽤했던 중대한 교섭 사건이다.

통감부파출소의 옌볜 침입

이토 히로부미의 종용으로 옌볜 침입을 감행했던 인물은 당시 중국 사정을 꿰뚫고 있던 일본 육군의 사이토 쇼지로齋藤季治郎 중좌였다. 사이토는 법학박사 시노다 자사쿠篠田治策를 총무과장으로 임명하고 간도문제의 역사와 법률 연구를 겸하게 했으며, 스즈키 신타로鈴木信太郎는 역사연구를, 오가와 다구치小川琢治는 지질광산조사를, 하타 요시히라八田吉平는 산업조사를, 구스노 준세이楠野俊成는 일반 행정사무를 전담하게 하였다. 한국인 최기남崔基南과 김해룡金海龍은 한국 이민을 유리하게 만드는 책임을 졌다. 1907년 3월, 사이토 일행은 서울에 도착하였다. 4월 7일, 사이토는 상인으로 분장하고 옌볜에 잠입해 비밀정찰을 실시한 뒤, 4월 29일에 중청鐘城에 돌아간 후 다시 곧바로 서울로 향해 이토 히로부미에게 침략계획을 진술하였다. 그 내용은 다음과 같다.

첫째, 한국인을 보호하는 관아의 이름을 통감부파출소로 정한다. 그 위치는 간도의 중심인 난강南崗 서부 마안산馬鞍山 남쪽 평지가 될 것이다.

둘째, 통감부파출소를 교통이 불편한 편벽한 곳에 두기는 하지만 특수임무를 수행해야 하는 만큼 그 권한은 반드시 확대해야 한다. 상황 적응을 위해 기회를 보아 재량할 수 있는 여지를 남기는 등 잠시나마 다음과 같은 권한을 부여하는 것은 실로 합당하다.

① 한국정부에서 파출소에 간도의 일정한 구역 내에서 한국인을 통괄할 수 있는 권리를 위임한다.

② 이 구역 내의 일본인은 이사청理事廳(일제가 각 지방에 설치한 통감부의 지방기관—옮긴이)과 동일한 권리를 갖게 한다.

③ 긴급 사변이 일어나 부득이할 경우에는 가장 가까운 제국수비대에 출병을 요청한다.

셋째, 청나라정부의 현재 시설에 대해 잠시 논쟁을 중단하고 회유방침을 취하고 임기응변하여 우리의 지위를 강화한다.

넷째, 간도가 한국 영토라는 전제 아래 모든 것을 처리한다.

다섯째, 간도의 개발에 대해서는 마땅히 아래와 같은 몇 가지를 실행해야 한다.

① 청진항을 개척하고 쓰루가敦賀 또는 마이즈루舞鶴와의 직항을 장려한다.

② 일본 내지와 교역 방법을 간소화하여 일본상품은 수입하고 곡물과 광물은 수출한다.

③ 간도에 경편철도를 부설하여 회령과 교통하게 한다.

④ 청진—회령 간의 철도를 점차 넓은 레일로 개조한다.

⑤ 통감부파출소와 회령 사이에 전선을 늘인다.

⑥ 통감부파출소 소재지에 시장을 형성할 준비를 한다.[40]

6월 28일, 통감부파출소는 비밀리에 회령에다 전체 인원을 집결시켰다. 8월 18일, 이토 히로부미는 사이토에게 19일 헌병을 이끌고 출발하라는 명령을 내렸다. 19일, 중국 주재 일본 대리공사 아베 모리타로阿部守太郎는 중국 외무부에 각서를 보냈다. "지금 제국정부의 명령을 받들어 고한다. 간도가 중국의 영토인지 한국의 영토인지는 오랫동안 해결되지 않은 문제다. 이곳에 사는 한국 백성 10만 명은 마적과 깡패들의 괴롭힘에 시달리고 있다. 이에 따라 통감부에서 간도에 사람을 보내 보호할 예정이니 속히 이곳의 중국 관리에게 전보를 보내 오해가 생기지 않도록 하기 바란다."[41]

8월 23일, 일본 통감부파출소는 룽징龍井에서 사무를 시작하면서 "우리들이 중국 영토에 침입한 것은 대한제국 황제폐하의 신성한 의지를 받들고 통감각하의 명령에 따라 당신들 한국인의 생명과 재산을 보호하고 복리를 강화하기 위해서이다."[42]라는 포고문을 내붙였다. 통감부는 파출소에 다섯 가지 훈령을 내렸다.

첫째, 간도는 한국의 영토이다.

둘째, 한국인은 청나라의 재판에 복종해서는 안 된다.

셋째, 청나라 관아에서 징수하는 모든 조세에 대해 파출소에서는 일절 승인하지 않으며 청나라 관아의 압박으로 한국 백성들이 마지못해 납부하는 것으로 간주한다.

넷째, 청나라 관아에서 발포한 모든 법령에 대해 파출소는 마찬가지로 승인하지 않는다.

다섯째, 청나라 관아에서 명시한 도향약都鄉約, 향약 등은 한국 백성과 마찬가지로 지킨다.[43]

일본 파출소는 통감부의 훈령에 따라 멋대로 간도의 범위를 확대하여 광지위를 기준으로 동쪽을 동간도, 허룽위 일대를 서간도라 불렀는데, 그 면적은 천수백 평방리나 되며 중·한 양국에서 아직 국경을 정하지 않은 땅이라고 하였다. 그들은 멋대로 도사장都社長 1명을 파견하고, 간도를 41개 사社로 나누어 사장 1명씩 두었고 다시 290개의 촌으로 나누어 촌장 1명씩 두었다. 신싱핑新興坪, 쥐쯔지에局子街, 터우다오거우頭道溝, 후촨푸湖川浦, 위지둥禹迹洞, 차오양촨朝陽川, 푸사핑伏沙坪 등에 14개 헌병 분견소를 두고 한국 경찰을 두었다. 한국인 김해룡 등은 일본 앞잡이가 되어 도처에서 중국 백성을 학대했으며 한국 백성을 선동해 조세납부를 거부하게 하였다. 자신의 꼬임에 응하지 않는 한국 이주민을 구타하기도 하고, 심지어 중국계 순경을 살해하기까지

하였다.

지린변무독판

베이징 외무부는 일본의 각서를 받고 한편으로는 일본과 엄정하게 교섭하는 동시에 한편으로는 동3성의 총독 쉬스창徐世昌, 지린순무 천사오창陳昭常에게 전보로 이 상황을 알렸다. 8월 25일, 쉬스창과 펑톈순무 탕샤오이唐紹儀는 외무부에 전보를 보냈다. "일본인들이 말하는 간도에 대해 알아본 바에 따르면, 간도는 옌지청 소속인 허룽위, 광지위 등지로서 도문강 북쪽 경내에 있으며 중국 영토가 분명하다. 이전에 한국인들이 국경을 넘어와 경작했는데 북양대신, 지린장군이 사무를 처리했던 기록이 있다. 일본인들이 예전에 그린 지도에서도 도문강은 중·한 양국의 국경선이었다. 러일전쟁 이후 일본인들이 음모를 꾸미기 시작했는데, 토문土門과 도문圖們의 역음이 비슷하다는 이유로 공공연히 한국령으로 구분하였다."[44] 쉬스창과 탕샤오이는 외무부에 일본인의 요구를 엄정하게 거절해줄 것을 요청하였다. 9월 21일, 외무부는 일본에 사절로 간 양수楊樞에게 "조사한 데 따르면 간도는 분명히 중국 영토로서 개간을 목적으로 월경한 한국인을 우리 스스로가 보호할 것이기에 일본은 국경을 넘어 군사를 주둔시켜서는 안 된다. 주둔군이 얼마이든 간에 이를 구실로 침입해서는 안 된다. 확실하게 일본 외무부에 알리고 통감부에 전보를 보내 전부 철수시키고 각자 자기의 국경을 지키게 하여 사단을 없애고 이런 일의 발생을 근절해야 한다."[45]라는 전보를 보냈다. 외무부는 양수에게 양국에서 공동으로 사람을 파견하여 국경선을 확정 짓자고 일본정부에 제안하라고 하였다.

동시에 동3성 총독 쉬스창은 정부의 비준을 받고 천사오창을 지린변무독판吉林邊務督辦으로, 우루전吳祿貞을 지린변무방판吉林邊務幫辦으로 임명하여 파견하였다. 두 사람은 쥐쯔지에 변무관공소를 설립하고 군경 4천여 명을 두었다. 중요한 국경지대와 류다오거우, 허룽위, 광지위, 헤이딩쯔黑頂子, 퉁포쓰銅佛寺, 마오얼산帽兒山과 같은 한인밀집 지역에는 조사대를 설치했고 류다오거우, 화이칭제懷慶街, 마파이馬牌, 낭낭쿠孃孃庫 등지에는 11개 파판처派辦處를 세웠다. 그리고 사무위원 1명, 통역 1명씩을 두어 지방행정을 분담처리하게 하되 옌지청에서 총괄케 하였다. 간도 교섭에서 가장 핵심적인 것은 국경 획정이었다. 천사오창과 우루전은 위로는 사료를 뒤지고 아래로는 여론을 살피면서 월경 개간상황을 소상하게 조사했고 변경 사무와 관련된 증거를 널리 수집하였다. 또한 사람을 파견하여 도문강을 거슬러 서쪽으로 백두산, 소백산 정상에 올라 국경지도를 그려내게 했으며 변무처에 측량제도과와 측량제도속성학당을 특설하고 측량제도원을 연길 경내와 중·러, 중·한 국경지에 보내 구간에 따라 차례로 측량하고 설명을 상세히 적어 넣도록 하였다. 또한 옌지 강역 형세 및 국경사무의 연혁을 담은 『연길변무보고서』 세 권을 만들어 국경 사무의 확증으로 삼았다. 외교투쟁은 특히 실력이 뒷받침되어야 한다. 천사오창과 우루전은 순방대대 4대대, 육군 제3진 상비군 1대대, 지린육군 제1표標를 옌지의 요충지 및 중·한 국경선 도문강 북안에 각기 주둔시키고 일본인이 반란을 선동하거나 무력으로 국경의 현주소를 개변하지 못하도록 엄밀히 감시하였다. 일본인은 한인을 보호한다는 구실로 변방의 요충지마다 헌병을 대거 배치하고 중국의 경찰권을 빼앗으려 하였다. 천사오창과 우루전은 이에 맞서 펑톈, 지린의 경찰서에서 경찰 백여 명을 선출해 각 파판처를 순시구역으로 삼아 치안을 유지하고 중·한 양국 인민의 생명과 재산을 보호하였다. 또한 옌지청에 학무공소學務公所를 세우고 옌지와 훈춘에 소학교 두 개를 세웠으며 각 향에도 초등소학과 권학소 및 강습소를 세웠다. 한인이 세운 사립학교에 대해서는 지방관리가 학교 규칙을 확인하고 학무공소에서 교과서를 검열하였다. 한인이 세운 계몽학교는 관립소학교로 고쳤다. 중·한 양국의 자제들에게는 동등한 교육권이 부여되었다. 이러한 조치 이외에도 둔전영屯田營을 세우고, 교통을 발전시켰으며, 부대병영과 행정기구용 주택을 건설하는 등 무릇 일본침략을 저지하고 한인들의 정서를 안정시킬 수 있는 것이라면 힘써 실행하였다.

도문강중한계무조관

1909년 1월, 중국 주재 일본공사 이주인은 외무부에 각서를 보내 중·한 국경에 대해 온갖 궤변을 늘어놓았다. 2월 6일에는 외무부에 동3성 관련 여섯 가지 교섭안을 제기하였다(신법新法철도문제, 대영大營지선문제, 경펑京奉철도를 펑톈성까지 연장하는 문제, 푸순과 옌타이의 탄광문제, 안펑철도 연선의 광산채굴 문제, 간도문제). 간도문제에 대해 일본 측은 "도문강 이북지역을 한국에 귀속시킨다고 결정하면 일본정부는 중국정부가 이곳에 영사관을 세우는 것을 허락한다. 만약 이곳을 중국에 귀속시킨다고 결정하면 중국정부에서는 일본정부가 쥐쯔지에 및 기타 중요한 지방에 영사분관을 세우는 것을 허락하고 일본정부 관리가 일본과 한국 상인과 백성을 관할하고 보호하게 한다." 라고 하였다.[46]

2월 10일, 외무부 상서 량둔옌은 일본공사 이주인과 회담을 가졌다. 이주인은 "만약 귀국에서 푸순 탄광을 양보한다면 우리도 옌지문제에서 최대한 양보하겠다." 라고 하였다. 이에 량둔옌은 다음과 같이 입장을 밝혔다. "옌지는 자고로 중국 영토이다. 하지만 통상항구는 아니다. 만약 이곳에 영사관을 두겠다는 일본의 요청을 우리가 허락한다면 다른 나라들도 분분히 모방할 것이니 이는 쌍방 모두에게 이득이 안 된다".[47]

2월 17일, 량둔옌과 이주인은 재차 회담을 가졌다. 이주인은 어제 "양국의 우호를 고려해서, 만약 중국에서 통상과 같은 기타문제를 협상할 때에도 융통성을 보인다면 일본은 중국이 옌지지방에 대한 영토권을 소유하고 있음을 인정하겠다."[48]는 정부의 회신을 받았다고 전하였다. 일본은 옌지를 중국의 영토로 승인하면서도 영사재판권과 경찰권을 가지려 했으며, 3월 1일에는 이러한 요구를 공식으로 제기하였다. "첫째, 이하 여섯 곳을 통상지로 개방하며 일본은 룽징촌에 영사관을 설립하되 기타 다섯 곳에는 영사분관을 세울 것을 허락할 것(여섯 곳이란 룽징촌, 쥐쯔지에, 터우다오거우頭道溝, 바이차오거우白草溝, 상취안핑上泉坪, 퉁포쓰이다). 둘째, 일본이 앞에서 제기한 여섯 곳 이외에 각지에 경찰서와 경찰관 주재소를 세워 한국 교민에 대한 보호와 단속 사무를 전담하게 하는 것을 허락할 것. 셋째, 모든 일본인이 각 통상구에 거주할 수 있도록 허락할 것."[49] 일본의 이 같은 무리한 요구를 중국 외무부는 즉각 거절하였다.

3월 18일, 중국 외무부는 장문의 각서를 일본에 보냈다. 우루전과 저우웨이전周維楨 두 사람이 만든 이 서류는 상세하고 확실한 증거를 나열해가면서 옌지지방이 분명 중국의 영토에 속한다는 점을 증명하였다. 중·한 국경은 원래부터 분명했던지라 일본이 제출한 허위증거를 모조리 뒤집었으며 동시에 한인에 대한 관할권문제를 헤이그 국제법정에 넘겨 공정한 판결을 받자고 주장하였다. 여섯 가지 교섭방안에 대해서는 "토지, 국민, 주권은 영토 주권의 세 가지 요소이다. 지금 귀국에서는 중국의 영토권은 인정하면서도 이 지역의 백성을 중국의 재판권에 넘기지 않으려고 하는데 이는 중국 영토 내에서 중국의 주권을 제한하는 것과 다름없다. 중국정부는 절대로 승낙할 수 없다."[50]라고 지적하였다.

옌지문제 교섭과정에서 일본은 여전히 일방적으로 행동하였다. 예컨대 주한 통감부에서는 간도사무관 1명, 기사 1명, 통역관 2명, 기사에게 딸리는 통역 5명을 불법으로 두는 등 공공연히 중국 경내에서 행정조직을 운영하였다. 이 밖에도 일본 물건을 대량으로 들여다 시장을 점령하고 한국에서 옌볜에 이르는 철도선과 자동차도로 부설을 다그치는 등 경제적 침투도 강화하였다. 일본 헌병은 옌지에서 중국 군경과 끊임없이 충돌을 일으켰는데, 먼저는 불여우골에서 중국 경찰에 의해 일본 병사가 살상되는 사건이 있었고 뒤이어는 허룽위에서 일본 병사가 멋대로 관아에 들어가 중국 관리에게 부상을 입히고 중국 병사를 살해한 사건이 일어났다. 이 문제를 오래 끌수록 피해가 크다고 인식했던 중국정부는 8월 7일에 일본공사에게 각서를 보내 다섯 가지 제안에 대해서는 양보할 수 있지만 옌볜에 있는 한인의 재판권과 일본이 경찰을 두는 것은 절대 양보할 수 없다고 하였다. 8월 13일, 일본공사는 중국의 양보에 기쁨을 표시하면서 간도문제에 대한 일본 측의 양보의사도 밝혔다. 17일, 외무부는 일본공사에게 월경 개간 한인에 대한 재판권에 대해 통상구역 내에 속하는 것은 일본영사가, 통상구역 밖의 것은 중국에서 처리하며, 목숨과 관계되는 큰 사건에 관해서는 일본영사에게 알려 심문과정을 보게 하며 영사관에 사법경찰을 두는 것을 허락한다는 각서를 보냈다. 거듭되는 회담 끝에 1909년 9월 4일, '도문강중한계무조관'이 체결되었다. 그 전문은 다음과 같다.

"대청제국정부와 대일본국정부는 친근하고 우호적인 관계를 고려해 도문강을 중·한 양국의 국경으로 상호 인정하며 모든 방법을 다해 적절하게 협상함으로써 중·한 양국 변경의 백성들이 영원히 안정되고 행복한 삶을 누리게 하기 위해 아래와 같은 조약을 체결한다.

제1조, 중·일 양국 정부는 도문강을 중·한 양국의 국경선으로 삼기로 공동 선포한다. 그 발원지역은 국경확정비로부터 석을수石乙水를 분계선으로 한다.

제2조, 청나라정부는 이 협약을 맺은 뒤 속히 아래의 여러 곳을 개방하여 각국 사람들이 그곳에 거주하고 무역하게 해야 하며, 일본국 정부는 그곳에 영사관이거나 영사분관을 설치할 수 있다. 이들 지역에 대한 구체적 개방 시기는 따로 정한다. 개방할 곳으로는 룽징촌, 쥐쯔지에, 터우다오거우, 바이차오거우이다.

제3조, 청나라정부는 여전히 한인이 도문강 이북에서 토지를 개간하고 거주하는 것을 허락한다. 그 범위는 별도의 도면으로 설명한다.

제4조, 도문강 이북의 잡거지역 내에서 개간하면서 거주하고 있는 한인은

청나라 법률에 복종해야 하고 청나라 지방관의 관리와 재판을 받는다. 청나라 관리는 이곳 한인을 중국인과 동등하게 대우해야 하며 납세항목과 모든 행정상의 처분도 중국인과 동일해야 한다. 이들 한인과 관련되는 민·형사 등 소송 안건에 대해서는 마땅히 청나라 법률에 따라 공정하게 심판해야 하며 일본국 영사관리 또는 영사관에서 파견된 관리는 자유롭게 재판정에 나와 심문 과정을 청취할 수 있다. 만약 일본국 영사관리가 법에 따라 재판하지 않은 점을 발견하였다면 청나라는 다른 사람을 보내 재심함으로써 판결을 공정하게 한다.

제5조, 도문강 이북 잡거지역 내에 거주하는 모든 한인들의 토지와 가옥 등 재산에 대해 청나라정부는 자국인의 재산과 마찬가지로 확실히 보호해야 하며, 도문강 연안의 적당한 곳에 나루터를 만들어 양안의 백성들이 자유롭게 오갈 수 있게 한다. 다만 여권이나 공문 없이 무기를 소지하고 월경할 수는 없다. 잡거지역 내에서 생산된 양곡은 한인들이 내다 팔 수 있지만, 흉년이 들면 이를 금지한다. 건초도 마찬가지로 처리한다.

제6조, 청나라정부는 장차 부설할 지창선을 옌지 남쪽 변경까지 연장해 한국의 회령지방에서 한국철도와 연결한다. 모든 방법은 지창선과 마찬가지로 처리한다. 어느 때 개시할지에 대해서는 청나라정부에서 상황을 판단해 다시 일본정부와 상의·결정한다.

제7조, 이 협약이 체결된 뒤, 각 조항은 즉시 시행한다. 이곳의 일본통감부 파출소 및 문무관원은 두 달 안에 모두 철수한다. 일본 또한 제2조에 따라 두 달 안에 각 통상구역에 영사관을 설립한다.[51]

9월 5일, 외무부는 도문강중한계문조관이 체결되었음을 황제에게 아뢰었다. 9월 6일, 외무부는 지린성의 유지들과 백성들이 보낸 전보를 받았는데, 일본인들이 회령에서 지린에 이르는 철도를 연결하는 것, 다섯 곳의 통상항구를 개방하는 것, 재판을 함께하는 것, 톈바오산天寶山 탄광을 개발하는 것 등에 반대한다는 내용이었다. 9월 12일, 외무부는 동3성 총독, 펑톈순무, 지린순무에게 서한을 보내 협약을 체결한 이유를 진술하였다. "그 가운데 가장 핵심적인 것은 옌지 사건인데, 도문강과 스이수이를 중·한 국경으로 공인한 점이다. 개간지역의 납세와 행정 처분상 한인은 중국 백성과 동일하게 처리한다고 선포하였다. 모든 소송은 중국 관리가 청나라 법률에 따라 심판한다. 이곳의 영토관할권은 모두 우리에게 귀속되므로 우리는 손해를 보지 않았다. 통상구역에 대한 우리의 본의는 이곳을 각국의 공공영업장소로 삼아 일본을 견제하는 자본금을 축적하기 위한 것으로, 통상구역 내의 경찰, 건축공사 등은 우리 자체로 처리하니 폐단이 없을 듯하다. 재판정에서 심문과정을 청취할 수 있게 한 데 대해서는 쟁론하다가 어쩔 수 없이 그렇게 되었는데, 저들이 한인을 보호한다는 체면을 세워준 것이다. 중한계무조약에 한인들더러 생업에 안주하라고 언급했을 뿐 중국인과 동등하게 재판할 수 있는지 여부는 명문으로 규정하지 않았다. 그러나 한인이 중국에 거주할 때 반드시 한국 관리가 한국 법률에 따라 재판한다고 명문으로 규정해놓았다. 지금 분쟁이 생기면 중국 관리가 청나라 법률에 따라 재판하고 일본 영사관에서 방청하게 했으므로, 조약에 따라 저들이 가져야 했던 영사재판권은 순식간에 사라지는 셈이다. 이는 한인들과 관련된 조항 또한 그 관할권이 우리에게 귀속되어 있음을 증명한다."[52]

외무부는 옌지 교섭에서 중국 측이 거둔 두 가지 수확을 진술하였다. 하나는 옌지지역의 영토주권을 수호하였다는 것이고 다른 하나는 개간지 한인에 대한 행정과 사법관할권을 쟁취하였다는 것이다. 10월, 일본통감부의 지령에 따라 옌지지역에 침입했던 파출소 인원과 헌병들이 잇달아 철수하였다. 이로써 3년 동안 지속되었던 외교분쟁은 잠시나마 해결을 보았다. 월경 개간 한인들은 계속 그곳에 안착할 수 있었고 한인 애국자들은 일본의 직접적인 통치가 미치지 않는 독립운동의 근거지를 가질 수 있게 되었다.

하지만 청나라정부의 타협과 양보의 결과도 좋지만은 않았다. 동3성의 총독 시량錫良, 지린순무 천사오창, 옌지변무도독 우루전은 상소문에서 "옌지

전 지역은 남쪽으로 조선과 이웃하고 동쪽으로는 블라디보스토크를 통제할 수 있는 지린 남부의 중요한 지역입니다. 러·일 양국이 유사시 그러한 형세 때문에 반드시 쟁탈하게 되는 곳입니다. 이번에 일본이 조약에서 개통하기로 한 통상구역 네 곳은 모두 옌지 경내의 유리한 지역을 차지하고 있는데, 이는 군사적 계획을 위한 것이 틀림없습니다. 명색이 개방이지만 교통이 불편하여 서양인들의 발길이 미치지 못하니 실은 일본인들의 조계지나 다름없습니다. 지금 옌지 주재 총영사가 막 도착했는데 허락도 없이 군경을 여럿이나 데리고 왔습니다. 이는 분명 조약을 위반한 행위입니다."[53]라고 지적하였다.

일본 영사에게는 재판 과정을 방청할 수 있는 권리가 주어졌는데, 이는 영사재판권의 내륙 침입을 초래하였다. 일본 영사관에 사법경찰을 부설한 것은 일본 군경이 중국 주권을 침범하고 중·한 양국 인민들의 항일운동을 탄압하는 데 한층 편리를 제공하였다.

옌지에 대한 후속 조치

옌지에 대한 후속 조치로 가장 중요한 것은 국경수비였다. 동3성 총독 시량은 옌지 일대에 최소한 육군 1개 진鎭이 주둔해 있지 않으면 국경을 수비한다고 할 수 없기에 전반적으로 계획하여 중앙에서 해마다 백은 100만 냥을 지급하고 내외로 협조할 때 비로소 육군 1개 진을 편성·훈련할 수 있다고 보았다. 그러나 재정부에서는 1909년에 지린변무 비용으로 30만 냥을 조달했는데 이것도 겨우 모은 것으로 해마다 백은 100만 냥을 조달하라는 요청은 실제로 무리라 하였다.

두 번째는 월경 개간 한인들의 국적문제를 적절히 해결하는 것이었다. 대량의 한인들이 도문강을 건너 국경 너머에서 황무지를 개간하기 시작한 것은 1870년(동치 9년)부터였다. 이들 개간민은 오래 전부터 청나라의 법률과 행정 관할에 복종하였다. 1890년에 지린장군 창순長順은 한인 개간민을 모조리 백성의 호적에 편입시키고 허가증을 주고 조세를 받아들이자는 상소문을 올려 조정의 허락을 받았다. 실제로 이들은 중국인과 다를 바 없었다. 청나라정부는 오래전부터 이들을 자국백성과 동일하게 여겼다. 그런데 당시 청나라에는 국적법이 없었기 때문에 일본인들이 틈새를 엿볼 수 있었다. 1909년 3월 18일, 일본공사 이주인이 제공한 자료에 따르면 "한인은 서간도에 7만 명, 동간도에 4만 명이 있었다."라고 하는데, 합이 11만 명이 되었다.[54] 4월 22일, 동3성 총독 쉬스창은 외무부에 올린 보고서에 일본통감부에서 제공한 수치를 인용했는데, "간도에는 한인이 약 10만 명, 중국인은 2만여 명, 일본인은 3백 명가량 거주한다. 지금 중국의 압력이 덜해지니 한인의 세력이 점차 커지고 있다. 한국의 재정부와 공상부에서는 최근에는 연달아 자금을 조달해 이곳에 거주하는 한인들에게 보급하고 있다."[55]라고 하였다. 또한 '도문강중한계문조관'에서는 일본 영사가 재판과정을 방청할 수 있게 했는데 이는 일본 영사의 한인 보호를 허락한 것으로, 월경 개간자를 여전히 한국교민으로 묵인한 셈이었다. 청나라 법률에 따르면 오직 자국 공민에게만 토지소유권이 있다. 국경을 넘어 개간에 뛰어든 한인은 옌지 인구의 80퍼센트 이상을 차지하는데, 이들은 중국 공민이 아니면서도 토지를 소유하고 있었으니 중국은 다만 영토라는 허명만 지녔을 따름이었다. 지린순무 천사오창은 이런 상황을 바꾸려면 "'현행 국적법에 따라, 지방 관리로 하여금 월경한 한인 개간민이 우리 나라 국적에 가입하도록 권유하는 방법을 강구하되 한인들의 자원에 맡겨야 한다. 그러면 일본인은 어쩔 수 없을 것이다. 조사에 따르면 이곳 한인들 가운데 우리 나라 국적에 가입하기를 원하는 사람이 적지 않다. 형세에 따라 제대로 인도하면서 한인들이 국적에 가입할 때 적게나마 특별 이익을 주고 은혜를 베푼다면 몇 년이 지나지 않아 너나 없이 우리 나라 국적에 가입하게 될 것이다. 하지만 사전에 반드시 일본인과 '한인이 자발적으로 우리 나라 국적에 가입하였다면 즉시 그의 한국 국적을 취소한다. 일본인은 더 이상 한인 보호라는 명분으로 재판을 방청하는 조항을 인용하지 못한다.'라고 약정해야 한다. 월경 개간자의 대다수가 우리 나라에 귀화할 때만이 그나마 우리의 주권을 회수할 수 있을 것이다."[56]라고 하였다.

일본은 한국 교민을 보호한다는 구실로 한국 독립운동을 진압하고 중국의 내정에 간섭하였는데 온갖 협박과 회유의 수단을 동원해 한인들의 중국 국적 취득을 방해하였다. 이에 천사오창이 주목하던 한국 교민의 국적문제는 적절히 해결할 수가 없었다. 그 외의 후속 조치는 어느 정도 진전을 보였다.

첫째, 스스로 통상구를 열었다. 1909년 11월 2일, 룽징촌(류다오거우), 옌지청(쥐쯔지에), 바이차오거우, 터우다오거우 등 통상구 4곳이 제 기한에 열렸다. 룽징촌은 일본인들이 오랫동안 경영했던 탓에 일본상인들이 제법 많았고 지역도 넓었다. 쥐쯔지에는 옌지청 소재지로서 화상華商들이 집중해 있었고 이미 시가지를 형성했는데 통상 지구는 시가지의 서쪽으로 구획되어 있었다. 일본 총영사는 옌지청 시가지의 중심거리를 통상구 범위에 넣어달라고 여러 차례 강력히 요청하였다. 중국의 자주권을 파괴하는 이러한 요구를 중국 측은 단호히 거절하였다.

둘째, 심판을 조직하였다. 옌지청 소재지에 지방 심판청과 지방 검사청을 설립하고 초등심판 검사청을 부설했으며 류다오거우, 바이차오거우, 터우다오거우, 허룽위, 와이류다오거우外六道溝, 훈춘에 각기 초등심판 검사청을 두었다. 땅이 얼어붙었기에 미처 청사를 건축하지 못해 민가를 세내기로 하였다. 11월부터 개방하고 한인과 관련되는 안건들을 심판하였다.

셋째, 순경을 배치시켰다. 변무파판처를 철거한 뒤 옌지에 동로순경총국을 세우고 허룽, 왕칭, 훈춘에 각기 순경분국을 하나씩 세웠는데, 관할구역 상인의 수에 따라 다시 구역을 세분하여 사회치안을 유지하고 한인의 이익을 보호함으로써 일본인들이 한인 보호를 구실로 삼지 못하게 만들었다.

넷째, 관청을 재정비했다. 옌지청은 부府의 소재지로, 허룽위는 현소재지로 승격시키고 왕칭현, 훈춘청을 증설하기로 하였다. 룽징촌에는 분방부分防府 경력經歷을 두었고 도문강 북쪽기슭의 닝위안寧遠, 쑤이위안綏遠 두 마을을 허룽현에 귀속시켰다. 안위안푸安遠堡의 와이류다오거우에는 분방순검分防巡檢을 두어 장바이산(백두산) 동쪽 도문강 발원지 일대를 다스리게 하였다. 이위안푸鎰遠堡는 훈춘청에서 관할하게 하였다. 훈춘 동쪽 골짜기와 러시아가 인접한 곳에는 분방순검을 두고 터우다오거우에는 분방부 지사知事를 두었다.

일본 통감부파출소에서 옌지에 침입한 기간 동안 일본은 중국 영토에서 제멋대로 회령에서 룽징촌에 이르는 전선을 설치했고 한인 가옥과 토지를 사들였으며 각종 사무소와 주택을 건설하였다. 나중에 중국은 자금을 모아 이것들을 회수함으로써 주권을 되찾았다.

다섯째, 세관을 설립하였다. 옌지는 중국, 한국, 러시아, 일본의 통상요충지로서 통상구로 된 이후 상업이 날로 번창해갔다. 이에 세관을 세우고 조사와 세금징수를 담당하였다.

여섯째, 교통을 개선하였다. 옌지는 변경지역에 위치해 있어 한·일 양국과는 교통이 편리하지만 중국의 동북 등 내륙과는 교통이 아주 불편하였다. 내륙과의 우편, 전보와 교통을 개선하여 더 많은 내륙 상인과 농민들을 유입해야만 하였다. 천사오창은 "육지로는 옌지에서 평톈에 이르는 철도를 부설하여 관내와 관외의 철로를 연결하고 중간으로는 지린성에 도달하게 하고 동쪽으로는 철도를 더욱 늘여 훈춘에까지 통하게 해야 한다. 수로로는 훈춘에서 남쪽으로 도문강 하구를 통해 바다로 나가는 항로를 개척하여 남북해양과 연결시켜야 한다. 이렇게만 된다면 각국의 상인과 우리 내륙성의 백성들이 너도나도 새로운 사업을 개척하려고 할 것이다. 일본인들이 음모를 꾸미고 있다지만 혼자서 승리를 독점하기도 어렵고 제멋대로 할 수 없을 것이다. 상호 견제하면 일본은 저들의 야욕을 조금이나마 거두어들이게 될 것이다."[57]라고 하였다.

4장 대한제국 멸망과 중국의 강렬한 반응

대한제국의 멸망

1905년 11월 18일, 일본은 불법적으로 '을사보호조약'을 체결함으로써 통감정치를 대한제국에 강요했는데 이는 대한제국을 멸망시키는 결정적인 조치였다. 1907년 7월, 일본은 고종을 핍박하여 퇴위시킨 뒤 그의 아들 이척李拓에게 왕위를 계승하게 했는데 그가 바로 순종이다. 같은 해 8월에는 한국 군대를 해산시켰다. 1909년 1월 6일, 일본내각은 적당한 시기에 한국과 일본을 합병하기로 결정하였다. 1910년 6월, 일본은 한국에 강요해 '경찰권양도조약警察權讓渡條約'을 체결하였다. 8월 22일, 일본통감 데라우치 마사타케寺內正毅와 한국내각총리대신 이완용李完用은 '일한합병조약'을 체결하였다. 이 조약의 제1조는 "한국 황제폐하는 한국과 관계되는 모든 통치권을 완전히 영구도록 일본국 황제폐하에게 양도한다."였고, 제2조는 "일본국 황제폐하는 앞서 제기한 양도를 수용하며 한국을 완전히 일본제국에 합병하는 것을 승낙한다."[58]였다. 8월 29일에 '일한합병조약'을 공포하고 '일한합병선언서'를 발표하여 한·일 양국인과 한·일 통상사무에 관련된 처리방침을 다음과 같이 표명하였다.[59]

첫째, 한국이 각국과 맺은 모든 조약은 마땅히 폐지되어야 한다. 일본국과 각국 사이에 현재 실행할 수 있는 조약은 조선에서도 실행하게 한다. 따라서 한국에 거류 중인 각국 사람들은 일본 법률의 범위 내에서 상황에 따라 처리할 수 있는 한 모두 권리와 우대정책을 누릴 수 있으므로, 일본에 거류 중인 각국 사람들과 다를 바 없다. 또한 기득권도 보호받을 수 있다.

이 합병조약이 시행될 당시 이미 각국 재판소에 계류 중인 안건에 대해서는 마지막 결정이 있을 때까지 계속해서 심판하는 것을 허락한다.

둘째, 한국에서 외국으로 반출되거나 외국에서 한국으로 반입되는 화물 및 한국 통상구에 들어오는 각국의 선박은 수·출입세와 선박세를 납부해야 한다. 일본정부는 향후 10년 동안은 기존의 규정에서 정한 비율에 따라 세금을 받아들일 것이다. 하지만 이 부분은 전게 조약과는 무관하다는 점을 성명한다.

한국에서 일본으로 반출하거나 일본국에서 한국으로 반입해온 화물 및 한국 통상구에 입항한 일본 선박은 향후 10년 내에 화물과 배에 대한 앞 조목의 선례에 따라 수·출입세와 선박세를 납부해야 한다.

셋째, 일본과 조약관계에 있는 각국의 선박에 대해 일본정부는 향후 10년 동안은 한국의 각 통상구를 오가거나 혹은 한국의 각 통상구와 일본의 각 통상구 사이에서 연안무역을 할 수 있도록 허락한다.

넷째, 모든 한국 통상구 가운데서 마산포를 제외한 기타 통상구를 계속 통상지로 유지하고, 신의주를 새로운 통상구로 추가해 국내외 선박들이 입항해 화물을 수송할 수 있게 한다.

같은 날, 일본천황은 칙령을 내려 한국 국호를 폐지하고 조선총독부를 설치함으로써 한국에서 잔혹한 군사독재통치를 실시하였다. 전임 일본통감이며 육군대장이던 데라우치 마사타케를 초대 총독으로 임명하였다.

한국의 신용하愼鏞廈 교수는 다음과 같이 지적하였다. "일본제국주의는 1905년, 체결도 하지 않은 이른바 '을사5조'를 일방적으로 선포한 뒤, 한국의 외교권을 박탈하고 통감부를 세웠으며 한국의 내정을 강탈하였다. 따라서 '을사5조' 이후 일본통감부에서 한국과 체결하였다고 여기는 조약은 모두 무효다. '을사5조'와 직접 관계되고 그 영향 아래 체결된 이른바 '한일합병조약'(경술국치조약庚戌國恥條約)도 이에 따라 무효다."[60]

대한제국 멸망에 대한 열강들의 반응

일본의 한국 멸망 조치가 차례로 진행되고 있을 때 한국정부는 미국, 러시아, 영국 등 자국과 국교를 맺은 나라들에 누차 국제적 정의를 호소했지만 번번히 멸시와 거절을 당하였다.

1907년, 네덜란드의 수도 헤이그에서 만국평화회의가 열렸다. 고종은 전 의정부 참찬 이상설李相卨, 전 평리원 검사 이준李儁과 전 러시아 주재 공사관 서기 이위종李瑋鍾에게 자신의 위임장과 친서를 주면서 비밀리에 만국평화회의에 참석해 한국을 침략한 일본의 죄상을 공개하고 한국의 독립 염원을 만방에 알리며 국제사회에서 한국을 성원해줄 것을 호소하라고 지시하였다. 그런데 평화회의는 사실상 일본 대표를 포함한 국제 열강들의 집회였고, 회의에 참가한 열강들은 이미 한국에 대한 일본의 보호권을 승인한 상태였다. 평화회의는 고종으로부터 한국 대표들의 분명한 신분을 확인받기 전까지는 이들의 회의 출석을 거절한다는 입장을 밝혔다. 그러나 이들의 신분에 대한 확인 전보는 일본통감 이토 히로부미의 수중에 들어갔다. 그는 사절단을 보낸 적이 없다는 전보문을 보냈다. 회의 참석이 좌절되자 이준은 헤이그에 피를 뿌리며 스스로 목숨을 끊어 순국하였다. 이 사건을 빌미로 일본은 다시 군사를 보내는 한편 한국에 전쟁도 불사하겠다면서 고종에게 왕위를 내놓으라고 협박하였다.

일본은 조선병탄을 공식으로 선포하기 이전에 벌써 서구 열강들의 양해를 구하였다.

1910년 7월 14일, 영국의 외교대신 그레이는 일본의 가토 대사를 회견하면서 "한국에서 일본세력을 증강하는 데 대해 영국은 아무런 반대도 하지 않는다."[61]라고 하였다. 다만 한국에서 얻는 영국의 경제이익을 일본이 개변하지 말 것을 요구하였다.

미국정부는 "일본은 한국의 행정에 대해 선의로 충만해 있으며 한국 국민의 행복을 위해 노력하는 흔적이 역력하다."[62]라고 하였다. 뉴욕의 한 잡지에서는 "한국과 이해관계가 있는 모든 국가는 일한합방으로 나타난 변화에 아무런 불안도 느낄 필요가 없다. 일본정부는 외국의 모든 권리를 면밀하게 보호할 것이다."[63]라고 하였다.

러시아는 일찍이 한국을 쟁탈하기 위해 일본과 대전쟁을 치렀다. 러시아 신문에서도 "러일평화조약에서 이미 조선의 운명은 결정되었다. 그때 일본은 사실상 이미 조선을 합병하였다. 이번은 단지 형식상의 선포일 뿐이다. 합병은 조선과 이해관계가 있는 각국의 동의를 얻어서 진행된 것으로, 러시아도 이에 대해 반대할 이유가 없다."[64]라고 평론하였다.

대한제국 멸망에 대한 청나라정부의 반응

'시모노세키조약'에서 조선의 자주독립을 인정한 이후, 청나라정부는 줄곧 일본의 침략을 경계하면서 한국의 운명을 예의주시하였다. 1910년 7월 7일, 일본 주재 대리공사 우쩐린吳振麟은 외교부에 이렇게 보고하였다. "일본인들은 처음에 일한합병 때문에 구미 각국에서 불평하는 목소리가 나오지 않을까 걱정했으나 지금은 러시아와 동맹을 맺었고 독일 등의 나라는 멀리 있어 영향력이 여기까지 미치지 못한다. 미국은 먼저 호놀룰루(하와이왕국)를 병탄하고, 다시 필리핀을 병탄하는 등 두 번이나 남의 나라를 병탄했으니 어찌 타국의 병탄을 막을 수 있겠는가? 루스벨트 미국 전 대통령도 한 달 전에 유럽을 두루 돌아다닐 때, 영국과 이집트의 관계에 대해 연설하면서 '영국은 마땅히 이집트를 평정하고 다스려야 하며 그렇지 못할 경우 다른 문명국이 나서서 다스릴 것이다. 문명국이 반개화국을 다스리는 것은 천직이다'라고 하였다. 이 말을 통해서도 미국은 일한합병에 절대 이의가 없음을 알 수 있다. 러시아, 독일, 미국이 별다른 의견이 없으므로 다른 나라들은 자연 묵인할 수밖에 없을 것이다." 보고에서는 일본이 한국의 사법권과 경찰권을 탈취하였다고 진술하였다. 일본 경찰은 한국의 13개 도에 널려 있었는데, 이름만 경찰이지 사실은 헌병이었다. 따라서 육군소장 아카시明石가 헌병사령관과 경시총감을 겸임하였다. 우쩐린은 일본이 신의를 저버리고 어떻게 조선을 침략했는지를 낱낱이 서술하였다. "청일전쟁에서 일본은 조선을 독립국으로 만들려고 했고 러일전쟁에서 일본은 조선을 보호국으로 만들었다. 조약이 모두 있는데 어느 때부터인가 자기 것으로 만들려고 하였다. 메이지유신 이래 처음에 류큐琉球를 멸망시키고 이어서 타이완을 할양받았고 사할린까지 떼어 가졌으며 지금은 조선을 병탄하려고 한다. 이제부터는 일본의 야욕이 좀 수그러들지, 아니면 더 심화될지 참으로 짐작해서 단정하기 어렵다. 이처럼 일본이 야금야금 먹어 들어오니 어찌 위기감이 없겠는가?"[65] 이는 한 중국외교관의 분노와 우려였다.

8월 26일, 즉 일한합병조약이 체결된 지 나흘째이자, 공포되기 사흘 전에 해군을 시찰하던 해군대신 자이쉰載洵은 군기처에 "일본의 한국에 대한 병탄이 현재 이미 현실화되었다. 한국 황제는 폐위되어 이왕李王으로 전락하였고 그의 토지는 모두 일본에 넘겨졌다. 반대하던 한국인은 모두 무참하게 살해되었고 심지어 몇 마디 말을 주고받는 것조차도 금지되어 서로 안부조차 전할 수 없다. 대체로 이토 히로부미가 한국에 간 뒤, 암암리에 사단을 파견했으니 협박을 획책한 것이 하루 이틀은 아닌 듯하다. 조사에 따르면 일본인들이 곧 우리에게 크게 불리한 행동을 할 것이라고 한다. 생사존망이 위급하다. 이런 사태가 더 이상 진전되어서는 안 된다. 우리 나라 정무를 개혁하고 시급히 준비하지 않는다면 나라가 무너질까 근심되고 화가 눈앞에 닥칠까 참으로 두렵다. 이 소식은 비교적 확실한 것으로 죽음을 무릅쓰고 진술하니 황제폐하께 대신 아뢰주기를 바란다."[66]라는 전보를 보냈다.

일한합병조약이 공포되기 직전, 일본 통감부는 마팅량 총영사에게, 그리고 베이징주재 공사는 베이징에서 외무부에 해당서류를 넘겨주었다. 일본 공사 이주인은 "중대 사건 하나를 귀국 정부에 알리는바, 즉 일한합병문제이다. 4년 전 한국이 일본의 보호 아래 들어온 뒤부터 우리는 한국의 내정을 개조하려 하였다. 무릇 사법, 군사, 정무, 경찰 등 권한을 모두 일본에서 처리하였다. 그러나 수년 동안 진보 속도가 아주 느리고 지방 기풍도 불안해 제대로 보호하기 어려웠다. 이에 일한합병을 결심하고 영원한 평화를 수호하기로 하였다. 이미 양국에서 전권대신을 파견하여 조약에 서명하기로 하고 내일 곧 선포하기로 하였다."[67]라고 말하였다. 일본공사는 '일한합병선언서'의 요지를 전달하였다. 청나라정부 외무부대신은 "조선과 각국 간의 조약은 폐지하되 각국은 조선과의 통상을 계속할 수 있다고 했는데 무엇을 기준으로 통상을 하는가?" 라고 물었다. 일본공사는 "잠시 예전의 조례를 따르되 계속 그 조약을 근거로 할 수는 없다." 라고 답했다. 다시 "중·한 국경은 서로 이어져 있어 자연히 다른 나라의 상황과 다르다. 이후 중·한 국경과 관련된 여러 사안, 예컨대 옌지특별방안과 같은 것은 여전히 중·일 양국이 맺은 조약에 따라 처리했으면 한다." 라고 하자 일본공사가 "물론이다. 중일조약은 여전히 유효하다." 라고 대답했다.[68]

8월 29일, 외무부는 마팅량에게 다음과 같은 전보를 보냈다. "어제 일본공사가 직접 넘겨준 합병조약과 선언서 내용은 보내온 전보문과 비슷하다. 또한 마산포를 통상구로 삼지 않고 기타 각국의 이익에 대해서는 경찰재판권 이외에 잠시 원래대로 집행한다고 하였다. 이 조약이 선포된 이후, 다른 나라에서 처리하는 방식에 따라 우리도 마찬가지로 처리할 것이다."[69]

청나라정부는 일본이 한국을 멸망시킨 데 대해 극히 격분하고 깊이 우려했지만 어찌할 수 없었다. 심지어 일본이 중·일 간의 '시모노세키조약'을 위반했음에도 항의조차 하지 못하였다. 청나라정부는 이씨 조선과 마찬가지로 부패하고 무능했으며 멸망시기도 겨우 한 해가 늦었을 뿐이다. "다른 나라에서 처리하는 방식에 따라 우리도 마찬가지로 처리하겠다." 이것이 바로 일본이 한국을 멸망시킨 데 대한 청나라정부의 공식적인 반응이었다.

'일한합병선언서'에 따라 1898년 대청제국과 대한제국 사이에 체결된

'중한 통상조약-세관세칙'이 폐지되었다. 한국 주재 중국 총영사도 일본국 주재 공사에 예속되었다. 1913년 11월 22일, 한국 주재 중국 총영사 푸스잉富士英과 조선총독부 일본 통감부 외사국장 고마쓰小松祿는 '조선내중국거류지폐지협정장정中國在朝鮮居留地廢止協定章程'[70]을 체결하고 인천, 원산, 부산의 중국 조계지를 폐지하였다.

한국 멸망에 대한 량치차오의 논의

『량치차오연보장편梁啓超年譜長編』의 1910년 편에는 "조선이 일본에 병탄되자 선생은 「조선망국의 원인」, 「일본의 조선병탄기」 등 두 편의 글과 「조선애사朝鮮哀詞」 5언율시 24수를 지었다."[71]라고 적혀 있다. 『음빙실전집飮氷室專集』의 권17에는 「조선망국사략」(1904년), 『음빙실전집』의 권20에는 「조선멸망의 원인」, 『음빙실전집』 권21에는 「일본의 조선병탄기」가 수록되었으며, 「조선의 우리 나라에 대한 관계 변천」이 덧붙어 있다.

량치차오는 한국 멸망의 최대 원인은 왕실에 있다고 논하였다. "조선의 고종 태황제는 50년간 재위하면서 위로는 부모에게 간섭을 받았고 안에서는 처첩의 구속을 받았으며 아래로는 왕실 친척들의 간섭을 받았다. 이런 여러 가지 간섭 때문에 정치 역시 여러 갈래로 갈라져 갈팡질팡하게 되었다. 이에 나라의 원기가 결국 쇄진했던 것이다. 한국의 멸망은 사실상 한국 황제의 멸망이다." 둘째 원인은 양반 귀족에 있다고 보았다. "양반은 모든 죄악의 근원이다." 셋째로는 어둡고 부패한 정치 때문에 망하였다고 하였다. "매산眉山 소씨蘇氏(『육국론六國論』의 작자)는 '여섯 나라를 멸한 자는 여섯 나라 스스로지 진나라가 아니며, 진나라를 멸망시킨 것은 진나라 자신이지 천하가 아니다'라고 말하였다. 남의 나라를 삼키려고 꾀한 지 오래고 정신적·물질적 준비를 갖추어 진실로 남의 나라를 망하게 할 실력을 갖춘 일본이 왜 하필 다른 나라를 꾀하지 않고 조선만을 꾀했으며 다른 나라를 멸망시키지 않고 조선만을 멸망시켰는가? 설사 조선이라 할지라도 멸망시킬 방법이 없다면 백 개의 일본이라도 조선을 어찌할 수 없었을 것이다 …… 때문에 조선을 멸망시킨 것은 조선이지 일본이 아니다."[72]

량치차오는 한국의 멸망에 가슴 아파했으며 무한한 비애의 뜻을 전하였다. "아! 지금부터 조선은 명실이 전무하다. 중국의 동쪽, 일본의 서쪽, 황해와 일본해(동해) 사이에 돌출되어 있던 반도는 더 이상 없구나! 더 이상 국가가 없고 군주도 없으며 정부가 없고 민족이 없으며 언어가 없고 문자가 없으며 종교가 없고 법률과 문물제도가 없구나. 2천 년의 모든 것이 도도히 흐르는 압록강 강물을 따라 동쪽으로 흘러가고 더럽고 피비리고 어둡고 비참한 치욕의 역사 궤적만 남아 오랫동안 백두산의 하얀 눈을 더럽히겠구나. 이로써 슬픔과 애도의 뜻을 알린다."[73]

량치차오는 이씨 조선과 청나라를 비교하면서 양자 사이에 수많은 공통점을 발견하였다. 그가 한국의 멸망 원인을 탐구했던 것은 중국인들이 각성하여 조선 망국의 전철을 밟지 않게 하기 위해서였다. "옛사람이 말하기를, 치세와 궤를 같이하면서 번영하지 않은 나라 없고 난세와 궤를 같이하면서 망하지 않은 나라 없다고 하였다. 우리 나라 정부와 정치인들도 이웃나라 조선의 형편에 자신을 비추어 반성해야 하지 않겠는가. 만약 조선과 같은 문제가 우리에게 한두 개라도 있다면 우리는 조선을 위해 애도할 시간이 없다."[74]

량치차오는 일본이 40년 동안 꾸준히 경영해서 한국을 멸망시킨 원인을 다음과 같이 총괄하였다. "성공한 원인은 좋고 나쁨을 속이지 않는 데 있었다. 조선은 항상 나라의 좋은 것에 대해서만 말하고 나쁜 것은 말하지 않았다. 조선은 좋은 형편만 생각하고 남의 환심을 사려하였다. 그러고 있는 것이 어찌 조선뿐이라고만 하랴. 조선의 멸망을 보니 간담이 서늘해진다."[75] 일본이 조선을 멸망시킨 이후의 30여 년간 동아시아의 역사는 량치차오의 선견지명과 탁월한 학식을 증명하였다.

제5부

일한합병 초기의 중한관계

1장 일본의 중국 침략기지로 변한 한국

'일한합병조약'의 전문에는 "일본 황제폐하와 한국 황제폐하는 양국 사이가 아주 특수하고 친밀한 관계에 있기 때문에 상호간의 행복을 증진하고 동양의 평화를 도모하기에는 한국을 일본에 합병하는 것이 가장 효과적이라고 깊이 느껴 합병조약을 체결하기로 결정하였다."라고 되어 있다. 그 역사의 전개는 일본의 한국합병 목적이 결국 저들의 대륙정책을 실현시키기 위한 행보였음을 입증하였다. 합병의 결과는 한국인에게 행복을 가져다준 것이 아니라 잔혹하고 피비린내 나는 식민통치로 인한 노역과 착취 그리고 학살이었다. 한국을 합병한 목적이 대륙으로 통하는 교두보 마련이었기에 일본정부는 한국합병 이후 곧바로 더 큰 규모의 중국 침략전쟁을 획책하기 시작하였다. 한국은 그들이 전쟁을 준비하고 진행하는 전초기지가 되었다.

이민정책

조선학자 최창익崔昌益은 이렇게 말하였다. "일본은 일본인을 조선에 이주시키고 조선인을 해외로 몰아내는 악랄한 이민정책을 통해 조선인의 단체생활과 지역의 일원성을 파괴하고 조선의 정치·경제·생활에서 분열을 조성하여 조선민족을 서둘러 멸망시키려고 하였다." "일본 군국주의가 조선인을 해외로 몰아냈던 것은 조선인이 자신들을 대신해 또 다른 식민지를 개척하게 하려는 것이었다. 이런 이민정책은 아주 악랄한 것이었다. 동시에 일제는 중국의 동북지방에 거주하는 조선인과 중국인 사이에 민족적 적개심을 선동하여 상호간에 충돌을 야기하였다. 이런 상황은 동북을 침략한 사실을 통해 증명된다. 이렇게 조선은 명실공히 일제 착취의 식민지, 이민의 식민지, 군사의 식민지로 변하였다."[1]

일본이 일본인을 한국으로 대거 이주시킨 목적은 새로 점령한 식민지를 확고하게 통제하기 위해서였다. 1906년 2월, 통감부는 한국의 토지를 정리한다고 선포하고, 1908년 8월에 동양척식주식회사를 설립하였다. 회사는 각종 특권을 누렸다. 예컨대 토지의 매매와 임대, 경영과 관리, 가옥 건축물 조성과 매매와 임대, 일본 이주민 모집, 개간 자금 대여, 수산업 경영 등이었다. 일본인들은 한국의 국유지, 삼림과 황야를 대거 강점하였다. 한국 농민의 토지를 교묘한 수단으로 탈취한 뒤 이를 다시 일본의 파산 농민 또는 낭인에게 나누어 주었다. 1896년에는 한국에 거주하는 일본인이 1만 5,062명이었으나 1910년 7월에는 14만 3,000명으로 급증하였다. 1910년 초, 일본인은 토지조사국을 설치하고 1910년 3월부터 1918년 11월까지 8년 10개월 동안 토지조사를 실시하였다. 그 결과 수많은 한국 농민들은 토지를 잃게 되었고 일본인 지주가 대거 나타났다.

땅을 잃은 농민들과 망국노가 되기를 거부하던 애국자들은 고향을 등진 채 식구들을 거느리고 중국 동북지역으로 유랑해갔다. 1909년 6월까지 옌볜으로 이주한 사람만 8만 2,900명[2]에 이르렀다. 1916년, 동북으로 이주한 조선 이주민은 31만 4,000명, 1926년에는 65만 명으로 증가하였다.[3] 1936년 이전까지 매년 평균 5만 명이 이주했는데 1935년에는 10만여 명에 이르렀다.[4]

9·18사변 이후 일본은 점령지 동북지역으로 일본인을 대거 이주시키면서 조선인의 이주를 점차 제한하였다. 1936년 8월, 일본은 조선 이주민들에게 옌볜과 펑톈의 동쪽 일대에 집거하도록 강요했고, 일본의 군사적인 수요와 일본인 이주에 지장을 주지 않는다는 전제 아래 기타지역으로의 집단 이주를 허락하였다. 1936년 12월, 위만주국 국무원 총무청은 일반적으로 동쪽

국경 40킬로미터 이내의 지역에 조선인을 이주시키지 못한다고 규정하였다. 1937년 4월, 일본 관동군은 펑톈, 안둥 두 성의 치안유지회가 펑톈성의 솽산雙山, 랴오위안遼源, 멍장濛江, 후이난輝南, 류허柳河와 안둥성의 지안輯安, 퉁화通化, 린장臨江, 창바이長白 등의 현에 산재해 있는 조선 이주민들에 대해 치안 통제를 실시한다고 규정하였다.

1937년부터 1940년 5월 말까지 조선인 1만 1,477호의 6만 103명을 집단 이주시켰고, 1937년부터 1939년 10월 말까지 9,600호의 4만 9,600명을, 1940년 4~5월 사이에는 2,827호의 5,478명을 집단 이주시켰다. 1941년부터 1944년 6월 말까지는 5,400호의 2만 4,321명을 집단 이주시켰고 1,428호 6,715명의 이주민을 모집하였다. 또한 의용대를 조직했는데 1943년도에는 카이위안開原에 잉청개척단英城開拓團, 1944년도에는 류허에 펑청개척단豊城開拓團을 세워 합이 127호(127명)였다.[5]

한인 이주민들은 대체로 농업, 특히 벼농사를 지었는데 일부는 장사나 품팔이를 하면서 지내기도 하였다. 농민 사이에도 계급분화가 일어났다. 1934년 9월, 훈춘의 8개 향, 왕칭汪清의 2개 향과 옌지의 1개 향의 한인 농민을 상대로 조사한 결과에 따르면 지주가 5.2퍼센트, 자작농이 20.9퍼센트, 자작 겸 소작농이 22퍼센트, 소작농이 51.9퍼센트를 차지하였다.[6]

옌지국경교섭에서 두 나라는 한인 이주민의 국적문제를 반복하여 논의하였다. 1909년에 '도문강중한계문조관'이 체결될 때까지 통상구에 거주하는 한인뿐만 아니라 월경하여 개간하던 한인들 모두 한국국적을 보류하고 있었다.

지린순무 천사오창은 일한합병 이후 중국으로 이주해오는 한인이 점차 늘어난다는 사실에 주목하였다. "옌지, 훈춘, 미산密山 일대에는 이주자가 길에 끊이지 않는데, 손님이 주인 노릇을 할 정도로 심하다. 이범윤李范允 도당들이 무리를 지어 오가면서 사사로이 무기를 나르고 러시아 변경에 접근하여 서로 소식을 주고받으면서 기회를 엿보아 움직인다. 변경 일대에서는 하룻밤에도 여러 번씩 놀란다. 식견이 있는 사람은 옌볜의 한국 교민이 반드시 만주의 우환거리가 될 것이라는 점을 알고 있다. 지금 형세가 또다시 변하여 향후에 교섭하려면 더욱 분쟁이 클 것이다. 만약 여전히 도문강중한계문조관에 따라 처리한다면 거류 중인 한인 이주민들이 모두 일한합병 이후 일본인과 동등한 권리를 누리게 될 것이니 지린성에 닥칠 우환은 상상조차 할 수 없다. 영국에서 전례대로 미얀마 사람들에게 윈난 남부를 개간하게 하고 프랑스에서 전례대로 베트남 사람들에게 광시 서쪽의 토지를 개간하게 했지만 전 세계 어느 나라에도 이러한 통례는 없었다."[7] 천사오창은 일한합병 이후 중·한 간의 원래 조약이 모두 폐지되었으니 도문강중한계문조관도 마땅히 폐지되어야 하고, 이 조약에서 언급된 한인들이 현재 사라졌으니 자연히 무효로 보아야 하며 '대청국적조례大淸國籍條例'에 따라 국경을 넘어 개간하려고 온 한인들은 중국 국적 가입 수속을 하되 그렇지 않으면 토지를 반납하고 통상구로 이주하게 해야 한다고 여겼다. 그는 "먼저 일본공사가 이 조약을 폐지한다고 성명을 발표한다면 그 갈등을 없앨 수 있다. 일본공사가 승낙하지 않더라도 한국 교민들이 월경하여 개간하는 문제를 조건으로 제시하고 일본공사와 협상하여 적절히 제한할 수 있는 대책을 마련해야 한다."[8]라고 하였다.

1910년 9월 27일, 동3성 총독 시량은 외무부에 서한을 보내 일한합병 이후 일본은 "이미 통일적인 식민지정책을 실시하기로 결정하고 동3성의 재력을 흡수해 조선에 대한 경영을 보충하고 또한 동3성의 변두리에 거주하고 있는 한인 이주민을 이용하여 세력을 확장하려 한다."[9]고 보고하였다. 일본정부는 중국 주재 영사에게 한인 이주민 상황을 자세히 조사하라는 명령을 내림으로써 그들을 일본인과 동일하게 보호하려고 하였다. 11월 11일, 시량은 또다시 "일한합병 이후 조선 변경의 백성들이 일본의 핍박에 못 이겨 우리 나라 경내로 이주하려 한다. 옌지 한 곳만 해도 이주민이 너무 많아 제어하기 아주 어렵다. 일본의 정책을 보면 조선인을 우리 나라로 몰아내 그 세력을 키우고 다시 일본인을 조선에 이주시켜 국경을 공고히 하려는 것 같은

데 그 음모야말로 교활하고 악랄하다. 한국 교민을 단속하는 문제는 하루 속히 해결하는 것이 좋을 듯하다."[10]라고 보고하였다.

일본은 한인을 '교민'으로 간주하면서 이들이 중국 국적에 가입하는 것을 반대했으며 교민보호라는 미명하에 동북의 영사관을 확충하였다. 9·18사변 이전까지 일본이 동북에 설치한 영사관은 총 26개소였는데 이 가운데 선양, 지린, 옌볜, 하얼빈에 총영사관을 두었다. 각 영사관은 모두 관할구역이 있고 불평등한 영사재판권을 실시했으며 한인애국자를 탄압하였다. 또한 일반 민·형사 안건 가운데서 한인은 감싸고 중국인은 압박하면서 중·한 인민의 관계를 이간질하였다. 일본은 한인 이주민의 독립운동을 진압한다는 구실로 여러 차례 중국의 영토에 침입하여 중국정부를 압박하였다.

수시로 동북에 침입할 수 있는 조선주둔군

청일전쟁과 러일전쟁에서 한국은 일본군이 동북을 공격하는 전략기지로 이용되었다. 1904년 3월 11일, 일본은 조선주둔군을 편성하였는데 서울에 2개 사단을 주둔시켰다. 5월, 인천에서 압록강에 이르는 지역에 일본군 10만 명 이상이 주둔하였다. 12월 27일, 일본대본영은 조선주둔군을 늘리기로 결정하고 3개 사단으로 하나의 군단을 편성해 한국을 점령하고 동북으로 출동하여 러시아군의 왼쪽 측면을 공격하게 하였다. 펑톈전투에서 조선주둔군 사령관 하세가와 요세미치長谷川好道 소속의 압록강군은 지안창碱場 방향에서 푸순을 공격하였다. 러일전쟁이 끝난 뒤, 일본은 제15사단과 제13사단의 절반을 조선주둔군에 편입시켰다.

일한합병 이후, 조선주둔군에는 2개 사단이 있었는데 용산, 나남, 평양, 함흥, 회령, 대구, 대전과 마산 등지에 각기 나누어 주둔시키고, 그 주력부대는 중·한 변경일대에 배치하였다. 조선총독에게는 필요시에 만주와 화북 그리고 러시아의 연해주 지역에 조선주둔군을 파견할 수 있는 권리가 있었다.[11]

그 이후로 수십 년 동안 중국 동북지역에 대한 침략행위가 있을 때마다〔예컨대 9·18사변(만주사변), 7·7사변(루거우차오蘆溝橋 사건)〕 조선주둔군이 모두 투입되었다.

1920년 10월, 조선군 제19사단은 두만강을 건너 훈춘에 침입하여 조선 이주민을 학살하고 한국독립당을 탄압하였다.

1925년 12월, 일본정부는 중국의 군벌 장쭤린張作霖을 지지하기 위해 조선주둔군에서 2개 보병대대(925명)를 동북에 파견하였다.

1928년 5월, 지난濟南에 대규모 인명 피해 사건이 발생하자 일본은 조선주둔군에서 임시파견비행대를 차출해 산둥에 침입한 제6사단장이 지휘하게 하였다.

1931년 9·18사변 발발 이후 조선주둔군은 즉각 동북의 일본관동군을 지원하였다. 9월 21일, 제39혼성여단은 조선군사령관의 독단적인 지시에 따라 동북에 침입하였다. 이어 제19사단부대는 옌볜에 침입하였다. 12월 27일, 또다시 조선으로부터 관동군에 제20사단 사령부와 제19사단의 1개 혼성여단 그리고 1개 중대의 대형폭격기부대를 증파하였다.

1937년 7월 7일, 일본은 7·7사변을 일으켰다. 7월 16일, 조선주둔군 제20사단은 화북에 출격하여 톈진, 산하이관, 탕산 일대에서 작전하였다. 7월 28일, 제20사단은 난위안南苑을 공격하였다.

항일전쟁 시기 내내 조선주둔군은 줄곧 관동군과 화북파견군의 전략적 예비대로 있었다.

안평철도 회수기일 연기

일한합병 이전부터 이미 일본은 한반도와 중국 동북을 잇는 교통 건설을 매우 중요하게 여겼다. 1909년 2월 3일, 동3성 총독 쉬스창은 외무부에 서한을 보내 한국에서 일본의 군사배치를 보고하면서 중·일 양국의 교통을 비교하였다. "철도는 부산에서 안둥까지, 안둥에서 펑톈까지 모두 24시간씩 걸리며 펑톈에서 창춘까지는 12시간이 걸린다. 이렇게 모두 66시간이면 부산에서 남만주까지 한 바퀴 돌 수 있다. 기선으로 시모노세키에서 부산까지 10시간, 부산에서 블라디보스토크까지 72시간, 모두 82시간이면 시모노세키에서부터 동쪽 조선만을 한 바퀴 돌 수 있다. 시모노세키에서 기선으로 36시간이면 경성鏡城에 이를 수 있고 경성에서 기차로 4시간이면 회령에 도착할 수 있으니 모두 40시간이면 시모노세키에서부터 옌지 남쪽에 이를 수 있다. 회령에서 아래로 타디안塔甸까지 가는 데 48시간이면 된다. 성진城津에서 기선을 내려 육로로 북쪽 타디안까지 가는 데도 84시간밖에 소요되지 않는다. 하지만 우리는 펑톈에서 타디안까지 가는 데 약 15일, 지린에서 옌지까지는 약 13일이 소요된다. 교통 측면에서 저들의 속도는 우리보다 두세 배 빠르다. 대개 저들은 기차, 기선, 전신, 전화가 있어 호응이 아주 빠르다. 우리 측 동쪽 일대는 모조리 보행에 의지해야 하고 펑톈과 타디안 사이에는 아직 전선도 연결되지 않아 정말로 그 후진성이 선명하게 드러난다."[12]

1909년 7월 6일, 일본내각에서 통과시킨 '대한시정대강對韓施政大綱' 제3조에는 "한국의 철도를 제국철도원으로 이관하며 원의 감독 아래 남만철도와 밀접한 관계를 유지하여 우리 대륙철도의 통일과 발전을 도모한다."[13]라고 규정하였다. 일한합병 이후, 일본은 한국의 모든 철도, 항구, 도로와 전신사업을 독점하였다. 1911년, 중·한 변경을 가로지르는 압록강 철교가 건설되어 일본 시모노세키에서 바다를 건너 부산에 이르고 다시 경부선, 경의선, 안평선을 통해 중국 동북에서 가장 큰 도시 선양으로 직통할 수 있었다. 선양 남쪽에서 경펑선을 따라 베이징, 톈진과 화베이까지 직통했으며, 선양 북쪽으로 중둥철도를 따라 유라시아 대륙을 잇는 시베리아철도로 직통할 수 있었다.

1905년, 중국과 일본은 안평선에 대해 개량공사 시일부터 15년 동안은 일본에서 관리하고 15년 이후에는 중국에서 사들이기로 협의하였다. 1915년

1월 18일, 일본은 중국에 21개 조약을 제시하였다. 제2호 제1조에는 "뤼순, 다롄 등 조계지의 기한과 남만주 및 안펑철도에 대한 기한을 모두 99년으로 연장한다."[14]라고 하였다. 이에 중국정부는 안펑선에 관한 기존의 조약에 안펑선 기한을 연장한다는 문구가 없었고 안펑철도와 남만주철도의 역사적 지위가 다르기 때문에 절대 연장할 수 없다고 하였다. 일본공사 히오키 마스日置益는 "안펑철도문제를 남겨두면 우리 나라 국민들이 반대하기에 도리어 양국의 이익에 불리하다. 우리 나라 정부에서 보건대 남만주철도, 안펑철도, 조선철도는 아주 밀접한 연계가 있다. 몇 년 뒤에 비록 중국에서 안펑철도를 회수하겠다고 했지만 일본이 함께 경영하는 사업을 갈라놓을 수 없다. 따라서 이 가운데 한 부분을 중국에 돌려줄 수는 없는 형편이다. 그때 가서 다시 논의한다면 오히려 양국의 국민들이 소동을 일으킬까 두려우니, 지금 일률로 연장시킬 것을 본국 정부에서는 몹시 희망하는 바이다."[15]라고 하였다. 중국 측은 재차 기한연장을 반대하는 이유를 밝혔다. "조계지 기한을 세 배가 넘도록 연장하고도 남만주철도의 기한연장을 운운하고 있으니 이는 중국정부의 방침과 맞지 않는다. 지금 다시 안펑철도를 연장하려고 하는데, 이러한 상황으로 볼 때 조선철도를 한편으로는 안펑철도와 연결하고, 또 한편으로는 도쿄에까지 통하게 하려는 것이니, 이는 대체로 철도에만 관련되는 문제가 아니며 단순히 일본의 토지연장선문제만도 아니다. 게다가 안펑선은 성격이 다른 데다가 원래 조약에도 연장할 수 있는 근거가 없다."[16] 그러나 이후 중국정부는 일본의 무력시위에 이기지 못해 일본의 주장을 전부 수용하고 말았다. 1915년 5월 25일, 중·일 양국은 '뤼순, 다롄, 남만주, 안펑선의 기한에 관한 교환문서'에서 뤼순, 다롄 조계지의 기한을 민국 86년(1997년)까지 연장하며, 남만주철도는 민국 91년(2002년)까지, 안펑철도는 민국 96년(2007년)까지 연기한다고 규정하였다.[17]

지창선 경영권 탈취

일본인은 온갖 수단을 다해 지창선(지린-창춘), 지회선(지린-회령)을 탈취해 일본에서 한국 북부를 거쳐 중국 동북의 오지까지 관통하여 멀리 내몽골에 이르는 교통 간선을 형성하려 하였다.

1905년 '중일회의동3성사의부약'에서는 지창선을 중국 자체가 부설하되 모자라는 금액은 일본에서 차관하는 것을 허락하며 차관 금액의 한도를 소요 금액의 절반으로 규정하였다. 1910년 4월 1일, 지창선 시공을 시작하여 그해 10월 30일에 기본시설이 준공되었고 1919년 10월 20일에 전면 개통되었다. 그 사이 도문령土門岭 터널이 완공되지 않아 가설도로로 우회하였다. 지창선 가설과 관련해 일본인은 스스로 "지창선을 중시하는 것은 그것이 자국의 차관으로 부설된 철도이기 때문만이 아니라 이 철도가 장래에 북조선에서 베이징으로 통하는 철도망의 중요한 구성 부분이 될 것이고, 지회선이 일단 건설되면 지창선은 만주철도의 수중에 장악되는 등 아주 중대한 의미를 갖기 때문이다."[18]라고 말하였다.

1915년, 일본이 중국에 강요한 21개 조약 가운데 제7조는 "중국정부는 이 조약이 체결된 날로부터 지창선의 경영권을 99년간 일본국에 위임한다."[19]라고 하였다. 5월 25일, 중·일 양국이 회담하여 체결한 '남만주 및 동부 내몽골에 대한 조약' 제7조는 "중국정부는 지금까지 중국과 여러 외국자본가와 맺은 철도차관합동 규정사항을 기준으로, 지창철도 차관합동을 근본적으로 수정할 것을 약속한다."[20]라고 하였다. 1917년 10월 12일, 중국과 일본은 '개정지창철도차관합동改訂吉長鐵路借款合同'을 체결했는데, 중국은 일본의 남만주철도회사에 지창철도 건설자금 650만 원을 연 5리의 이자로 빌렸다. 실제로 100원을 91.5원으로 받았고 차관을 상환하는 기한을 30년으로 정했으며, 기한이 차기 이전에 모든 금액을 상환해서는 안 되고 중국정부는 차관 기한 내에 대리운영권을 남만주철도회사에 위임한다고 하였다. 남만주철도회사는 지창철도 시공사무주임, 운수주임, 회계주임에 일본인을 임명하였다. 지창철도국장 궈쉬룬郭續潤, 부국장 자이웨탕齊躍塘이 1931년 5월 4일에 동북교통위원회에 보낸 편지에는 일본이 좌우하는 지창철도가 경영을 제대로 하지 못해 영업 수입이 현저히 줄어들었고 기한이 된 차관의 원금 이자조차도 상환하기 어렵다고 하였다.

지회선 탈취 음모 실패

1909년 일본은 '도문강중한계무조관'을 통해 지회선의 차관권을 얻었다. 1911년 일본참모본부에서는 육군대좌 사이토 스에지로齋藤季治郎를 위수로 한 탐측대를 파견하여 만주철도 전문가의 지원하에 지회선에 대해 현지조사를 실시하였다. 만주철도주식회사의 직원들은 4월 27일에 다롄에서 기차를 타고 선다선(선양-다롄), 안펑선(안펑-펑톈), 경의선을 거쳐 서울에 도착하였다. 5월 9일에는 경부선 기차를 타고 부산에 도착했으며 다시 배를 타고 5월 16일에 한국 동해안의 청진항에 상륙하였다. 또한 회령으로 가서 두만강을 건너 말을 타고 룽징촌에 이르렀다. 6월 3일, 쥐쯔지에(지금의 옌지)와 차오양촨朝陽川 사이에서 사이토 등 일행과 합류하였다. 만주철도 전문가는 상인으로 분장했고 사이토 일행은 이들을 보호한다는 핑계로 은밀한 탐측행동을 은폐하려 하였다. 중국 방면에서는 육군소위와 10명의 순경을 파견하여 이들 불청객을 호위하였다. 사이토 등은 라오터우거우老斗溝를 지나고 하얼바령哈爾巴岭을 넘어 둔화敦化, 어무額木를 경유해 다시 장광차이령張廣才岭과 라오우예령老爺岭을 넘고 쑹화강을 건너 6월 20일에 지린에 도착했는데 총 17일간의 노정이었다. 일본인의 말에 따르면 탐측과정에서 중국경찰들이 엄밀히 감시했기에 측량에 쓰이는 기계와 의기를 사용하지 못하고 다만 눈대중에 의존할 수밖에 없었으므로 조사결과는 지극히 불완전하다고 하였다. 그러나 어떻든 간에 그들은 이 탐사로 철도 건설 가능성을 실증하였다.

1917~1918년, 돤치루이段祺瑞 북양정부는 일본고문 니시하라 가메조西原龜三의 알선으로 일본 데라우치 마사타케 내각과 협상하여 일련의 공개 또는 비공개 차관협정을 체결하였다. 그중에는 1918년 6월 18일에 체결한 '지회철도차관예비합동吉會鐵路借款預備合同'도 들어 있었다. 북양정부는 지린을 경유해 옌지 남쪽 및 도문강과 나아가 조선의 회령에 이르는 철도를 건설하기 위해 일본의 흥업은행, 타이완은행, 조선은행과 예비계약을 체결하고 공식 차관합동 체결준비를 하였다. 세 은행에서는 지회철도 건설을 위해 북양정부의 금화 공채를 모집했으며 기한을 40년으로 설정하였다. 도문강 철교의 건축비용은 중국정부와 조선총독부 철도국에서 절반씩 부담키로 하였다. 정식계약은 예비계약이 체결된 이후 6개월 내에 체결하며 예비계약이 체결될 때 1천만 원을 선불하기로 하였다.

일본 국내에서는 예비계약에 대해 의견이 분분하였다. 계약이 만주철도주식회사의 독점권에 저촉되는 점에 강한 불만을 드러냈다. 공사를 시작하기도 전에 1천만 원을 선불할 필요가 없다고 여기는 사람도 있었고, 이 선불금은 돤치루이정부가 쑨중산孫中山의 호법운동을 탄압하는 데 사용될 군비라고 보는 사람도 있었다. 대장성大藏省은 선불금을 지급함으로써 공식계약을 체결할 때 일본이 훨씬 유리한 조건을 얻어낼 수 있다고 보았다. 일본의 지회철도를 통제하는 방식에 대해 외무성은 지창철도에 근거한 방법을 강구해야 한다고 보았다. 대장성은 일본은 지창철도에서 대리권만 가질 뿐이기에 오히려 진포津浦철도(톈진-상하이) 차관 때처럼 경영권을 갖는 것보다 못하다고 보았다.

12월 17일은 예비계약에서 규정했던 8개월 기한의 마지막 날이었다. 12월 5일 외무대신은 세 은행대표에게 베이징으로 가서 정식계약 체결을 교섭하라는 지령을 내렸다. 만주철도주식회사의 동북철도 차관에 대한 독점권을 우대하기 위해 일본정부는 정식 차관계약은 세 은행에서 체결하지만 세 은행은 다만 차관에 한해서만 우선권이 있고 기타 기술, 운수 등 철도업무는 만주철도주식회사에서 담당한다고 정하였다. 그리고 철도기사장, 운수주임, 회계주임은 만주철도주식회사에서 추천한다는 데 동의하였다. 또한 세 은행이 정식계약에서 누릴 부분 권한을 의무적으로 만주철도주식회사에 양도하거나 위임하여 집행하게 하였다. 세 은행대표가 베이징에서 회담하는 동안 만주철도주식회사에서도 베이징에 사람을 보내 배후에서 회담에 간여하게 하였다. 12월 14일, 중·일 지회철도 계약에 대한 베이징회담이 시작되었다. 중국 측은 예비계약에서 규정하지 않았고 진포철도에도 전례가 없었다는 이유로 지회선에서 회계주임, 운수주임에 일본인을 내정하는 것에 강력히 반대하였다. 일본 측은 지회철도 계약을 범례로 삼아 만주와 몽골 네 갈래와 산둥철도의 차관교섭을 진행하면서 조금도 양보하려 하지 않았다. 1919년 11월 18일, 제12차 회의에서 일본은 교섭을 중지한다고 통보하였다. 일본은행단과 만주철도주식회사에서 지회철도권을 탈취하려던 일본의 음모는 다시 한번 실패로 돌아갔다.

중·한 변경의 화물운수 세금 감면

1905년 '중일회의동삼성사의부약' 제11조는 "만한滿韓 변경 육로통상은 상호간에 최혜국 규정에 따라 처리한다."[21]라고 하였다. 일본은 '중동철도합동'에서 3분의 1에 해당하는 세금을 감면한 전례에 따라 동등한 권리를 요구하였다. 중국정부는 중동철도의 감세는 육로통상에 한해서만 유효하다면서, 동북과 한국은 압록강을 사이에 두고 있어 그 전례대로 할 수 없다고 하였다. 1911년, 압록강 철교가 건설되자 일본은 이제부터 만한교통이 육로통상과 다름없기 때문에 중·러 육로통상의 우대를 전례로 처리해야 한다고 주장하였다. 1913년 5월 29일 '조선남만왕래운화감세시행판법朝鮮南滿往來運貨減稅試行辦法'이 체결되었는데, 제1조에 이렇게 규정하였다. "납세해야 할 화물을 기차로 동북 3성에서 조선의 신의주를 거쳐 각 지역으로 운송하거나 또는 각지에서 신의주를 거쳐 동북 3성으로 운송하는 화물은 각각 세관수입세의 3분의 2를 완납해야 한다."[22]

1919년 5월 3일, 중국과 일본은 '옌볜을 오가는 운반화물의 세금 감면에 대한 교환문서〔關于延邊往來運貨減稅之換文〕'에 서명하였다. 일본 측에서는 옌볜을 경유하는 만주와 한국 간의 육로무역에 대해서 1905년 '중일회의동북삼성사의조약' 부칙 제11조의 규정에 따라 최혜국 대우를 누리며, 옌볜지역을 경유하는 상기 화물에 대해서는 안펑철도를 경유하는 화물 및 기타 육로 화물에 대한 협정에 따라 3분의 1의 수출입관세를 감면해야 한다고 제기하였다. 중국정부도 일본정부의 제의가 앞서 중둥철도를 거쳐 운송하는 화물에 대해 세금감면을 요구한 것과 같은 사안인 만큼 당연히 그대로 할 수 있다고 보았다. 그렇기 때문에 1919년 중국에서 세율을 정정해서 실시한 날부터 옌볜, 훈춘에서 육로로 훈춘세관과 옌지세관을 경유해 조선북부로 운송되는 각종 화물과 조선북부에서 훈춘세관과 옌지세관을 경유해 옌볜, 훈춘으로 운송해 들어오는 각종 화물에 대해서는 모두 민국 2년 중·일 양국이 체결한 만주와 한국 사이에 왕래되는 화물운송시행법에 따라 동일하게 처리하였다.[23]

중·한 육로통상의 세금감면이 압록강과 도문강에서 동일하게 적용됨으로써 일본은 한국교통망을 통해 중국 동북에 대량으로 상품을 판매하고 공업원료와 축산품·목산품·농산품을 약탈하기에 유리해졌다.

일한합병 초기에 일본 침략자들은 군사적, 정치적, 경제적 수단을 동원해 한국을 중국 침략의 기지로 만들고 중국을 두 번째 한국으로 만들려고 기도하였다. 그러나 중·한 양국 국민의 강렬한 저항으로 침략자들의 음모는 때때로 실패로 돌아가기도 하였다.

2장 한국독립운동의 근거지가 된 중국

천시, 지리, 인화의 우세를 지닌 중국

한국독립운동의 원동력은 물론 한국 내에 있었다. 하지만 한국 독립운동가들이 중국, 러시아, 미국 등지에 세웠던 독립운동 근거지도 크게 영향을 미쳤고 제 나름대로 특수한 역할을 하였다. 중국은 한국독립운동의 가장 크고도 중요한 근거지였다. 중국 근거지는 그 어떤 근거지와도 비교할 수 없고 대체할 수 없는 역할을 수행하였다.

첫째, 한국 독립운동가들은 중국에서 활동하면서 러시아와 미국에서와는 달리 종족, 문화와 풍속에서 장벽을 느끼지 않았다.

둘째, 중국에는 100만 명 가까이 되는 한인 이주민이 있었기에 독립운동에 막대한 인력과 경제 지원을 제공할 수 있었다.

셋째, 중·한 양국은 국경선이 연결되어 있었기에 곳곳으로 통할 수 있어 중국과 한국 내 독립운동세력 간에 연락을 편리하게 할 수 있었다. 중국은 땅이 넓기에 한국 애국자들에게 드넓은 활동공간을 마련해주었다.

넷째, 한국독립운동과 중국민족해방운동은 공공의 적과 공통된 이익이 있었다. 한국독립운동에 대한 중국의 지지는 일관되고 지속적이었으며 당파와 정권 교체와 사회제도 변혁에 영향을 받지 않았다. 한국 독립운동가들은 시종 중국인들에게 크나큰 신임과 간절한 기대를 갖고 있었다. 민족주의자들도 그랬지만 공산주의자들도 마찬가지였다.

다섯째, 대한제국은 이미 망했지만 중국은 여전히 반독립국이었기에 일본 침략자들이 중국영토에서 제멋대로 한국독립운동을 탄압할 수 없었다.

김구 선생의 회고에 따르면 1895년, 즉 갑오전쟁이 끝나던 그해에 자신의 은사 고능선高能善 선생이 다음과 같이 조선의 멸망을 예언하였다고 한다.

"자고로 천하에는 흥성해보지 않은 나라가 없고 멸망하지 않은 나라가 없다. 그러나 과거에 망국은 단지 군왕의 자리를 탈취하는 것만을 이르는 말이었지만 지금은 다르다. 토지, 인민, 주권을 모조리 병탄하는 것이다. 우리나라도 결국은 일본에게 망할 것이다. 조정의 대신들은 모조리 외국에 빌붙을 생각만 한다. 어떤 사람은 러시아에 빌붙고 어떤 사람은 영국, 미국, 일본에 빌붙어 자신의 지위만을 보존하고 확고히 하면서 나라의 흥망은 안중에도 없다. 최고의 학식을 자랑하는 산림의 학자들도 개탄만 할 뿐 나라를 구원할 그 어떤 강령도 내놓지 못하니 참으로 큰 유감이다. 망국을 보노라면 어떤 나라는 위대하게 망하지만 어떤 나라는 치욕스럽게 망하는데, 우리나라는 가장 치욕스럽게 망할 것이다. 이른바 위대하게 망한다는 것은 그 나라 국민들이 정의를 위해 싸우다가 망하는 것이고 치욕스럽게 망한다는 것은 적에게 아첨하다가 결국 적의 꼬임에 빠져들어 투항하여 망하는 것이다.

현재 왜놈들의 세력은 우리나라 곳곳에 뻗쳐 있다. 심지어 궁중에도 그 세력이 뻗쳐 대신을 임명하고 파면하는 것도 저들의 지배를 받아야 하니 우리나라가 왜국의 일부분이 된 것이 아니란 말인가? 천하에 영원히 망하지 않는 나라가 어디 있으며 죽지 않는 사람이 어디 있으랴? 현재 우리에게는 죽음으로써 나라에 보답하는 길만 남았을 뿐이다!

구국운동은 모든 신하와 백성들의 의무이다. 우리는 지금의 조정 대신들처럼 외국에 꼬리를 쳐 동정을 구걸할 것이 아니라 마땅히 청나라와 서로 돕는 맹약을 맺어야 한다. 지난해 갑오전쟁에서 패전한 청나라는 틀림없이 복수를 꾀하고 있을 것이다. 우리나라 요원들은 모조리 청나라로 건너가 그 나라의 국정과 실력을 살피는 것 이외에도 그 나라 인사들과 친선을 맺고 재기를 도모하면서 서로 호응하고 지원하여 나라를 회복할 기회를 노려야 한다.

만일 우리의 많은 동지들이 청나라에 건너가 정계, 학계와 상업계에서 활동한다면 이러한 사람들이 날로 늘어날 것이다. 지금은 너 혼자뿐이지만 계속 노력한다면 나중에는 분명히 도움이 될 것이다. 한번 시도해볼 필요가 있다."[24]

고능선은 성재省齋 유중교柳仲敎의 문인으로, 항일의병대장 의암毅庵 유인석柳麟錫과 동문이고 해서海西(황해도)에서 으뜸가는 학자였다. 이 같은 그의 탁월한 식견은 당시 대부분 지식인들의 공동된 인식을 대표하는 것이다.

김구는 고 선생의 영향으로 김형진金亨鎭과 함께 혜산에서 압록강을 건너 중국의 마오얼산帽兒山에 이르렀고 다시 도보로 천 리 길을 걸어 험한 산과 황야를 지나 퉁화通化, 콴디안寬甸, 지안輯安, 환런桓仁, 린장臨江 등지를 살펴보았다. 그는 퉁화에는 비록 논은 없지만 토지가 비옥하여 혼자서 농사를 지어도 열 사람은 먹여 살릴 수 있다는 사실을 발견하였다. "이르는 곳마다 우리나라 동포들이 있었는데, 적게는 두세 집, 많게는 열 집이나 되었다. 그들은 움막집에서 살면서 토지를 개간하여 농사를 지었다. 마음이 아주 순박하여 본국에서 찾아온 사람을 보면 모두 '남쪽의 나그네'라고 부르면서 친척처럼 따뜻하게 대했고 집집마다 다투어 손님을 대접하면서 손님들에게 고국 소식을 전해달라고 하였다. 이들 대부분은 생활고로 그곳에 이주해갔는데, 청일전쟁 때 피난 간 사람이 있는가 하면 본국에서 죄를 짓고 처벌을 피해 도망간 사람들도 있었다. 개중에는 민란(노변奴變)의 우두머리를 지낸 호걸도 있었고 국고를 축낸 평안·함경 양도의 관상官商도 있었다."[25]

김구는 평양전투에서 전사한 청나라 장수 쉬위성徐玉生의 아들과 형제결의를 맺고 시기를 기다렸다가 공동의 적에 반항하기로 약속하였다. 또한 김이언金利彦, 김규현金奎鉉이 이끄는 한국의용군이 강계성江界城을 공략할 때 전투에도 참가하였다.

김구는 이 동북지역 행에서 "두만강, 압록강 맞은편 지역은 토지가 비옥하고 지세가 험해 한인을 이주하여 군대를 양성하기 안성맞춤인 곳이다."[26]라는 결론을 얻었다. 이 보고는 유인석, 고능선에게 커다란 영향을 미쳤다.

유인석은 자신이 이끈 의병운동이 실패하고 나서 고능선과 향후의 계획을 상의하였다. 고능선은 "지금의 형세를 본다면 우리는 양서兩西(황해도와 평안도)에서 발붙일 곳을 이미 잃었다. 그러므로 신속히 압록강을 건너 적절한 지역을 선택해 장차 대업을 도모하는 것이 상책이다."[27]라고 하였다. 유인석과 고능선은 함께 압록강 서안의 요동 일대를 시찰하였다. 유인석은 거처에 공자의 초상을 모셔놓음으로써 한인 이주민들이 성인을 흠모하는 마음을 불러일으켰다. 또한 종군 무사를 모집하고 훈련시켜 독립전쟁을 전개할 준비를 하였다.

일한합병 이전에 동북에서 독립활동에 종사했던 저명인사로 이동녕李東寧이 있었다. 이동녕은 인재를 양성하는 것과 같은 원대한 사업은 국내에서 진행할 수 없다고 여겼다. 1906년 봄에 그와 이상설, 정순만鄭淳萬 등은 상하이를 거쳐 러시아를 돌아서 옌지 룽징촌에 도착한 뒤 서전서숙瑞甸書塾을 창설하고 한인교포들의 자녀를 교육시켰다.

1907년 9월에 안창호安昌浩, 이동휘李東輝 등은 비밀애국단체인 신민회新民會를 조직하였다. 참가자는 대부분 신문, 종교, 실업, 군사 계층의 인사들로 회원은 한때 400명까지 늘어났다. 신민회는 북쪽으로 이동하여 군사를 육성하자는 주장을 대대적으로 선전했고 회원 일부를 동북지역에 파견해 활동을 전개하였다.

1895년부터 1909년까지 한국의 반일의병투쟁은 여기저기에서 일어났고 규모도 방대하였다. 매번 의병투쟁이 저조기에 들어설 때면 수많은 사람들이 동북지역에 들어가 계속 투쟁을 펼쳤다. 평안도 양덕陽德 출신인 홍범도洪範圖는 1907년 의병을 일으켜 항일하다가 실패하자 중국으로 들어가 사냥을 하면서 또 한번 의병을 일으킬 준비를 하였다. 황해도 평산平山의 이진룡李鎭龍은 의병대를 이끌고 일본군과 경의선 연선에서 싸우다가 실패한 뒤 중국에 들어와 여러 곳을 누비면서 동지들과 연락해 재기를 도모하였다. 그러나 불행하게도 콴디안에서 일본군대에 체포되어 평양에서 사형을 당하였다. 평안북도 태천泰川 출신 백삼규白三圭는 유인석의 제자로 콴디안의 샤오야강小雅河으로 이사하여 진해鎭懈, 인해仁懈 두 아들과 함께 주경야독하면서 몰래 동지를 맺고 광복을 꾀하였다.

국경을 넘다가 일본군경에게 체포된 애국자도 있었다. 안악安岳의 나석수羅錫疇는 약관의 나이에 8, 9명의 소년을 이끌고 일본의 봉쇄선을 뚫고 배를 타고 한국을 떠나 중국에서 교육사업을 하려고 시도하다가 일본경찰에 체포되어 수개월 동안 옥살이를 하였다. 출옥한 뒤에도 여전히 암암리에 독립사상을 고취하였다.

이토 히로부미를 사살한 안중근

수많은 애국지사들이 중국의 동북지역에서 빈번하게 독립운동을 전개하던 시기에 안중근安重根이 하얼빈에서 조선 침략의 원흉인 이토 히로부미를 사살하는 사건이 일어났다.

안중근은 한국 황해도 해주海州 사람이다. 아버지 안태훈安泰勛은 조선말 진사 출신이다. 안중근에게는 정근定根, 공근恭根 두 동생과 사촌동생 명근明根이 있었다. 1904년 러일전쟁이 발발한 뒤, 그는 이번 전쟁이 한국의 존망에 영향을 미친다고 보고 중국에서 옌타이, 상하이 등지를 전전하면서 재능이 뛰어난 이를 방문하고 그들과 함께 항일투쟁을 벌이려고 하였다. 1905년 아버지가 돌아가셔 일시 귀국했는데, 바로 그때가 일본이 한국에 '을사보호조약'을 강요하던 시기였다. 안중근은 비분에 차 사람들에게 연설하면서 강개하여 흐느꼈다. 그는 구국인재를 양성하기 위해 학교를 세웠고 두 동생을 서울에 보내 공부하면서 동지들을 사귀게 하였다. 1907년, 일본은 고종을 핍박해 황제 자리에서 물러나게 한 뒤 한국 군대를 해산시켰다. 안중근은 러시아 극동과 중국 동북지역으로 향한 뒤, 하얼빈과 블라디보스토크 사이를 오가면서 이범윤李范允과 함께 의용대를 모집하고 의병중장참모가 되었다.

1909년, 의용대는 도문강을 건너 경흥, 회령으로 진입해 일본군과 싸우다가 실패하고 물러났다. 그는 다시 단지동맹斷指同盟을 조직하고 일본 군정요원에 대한 암살을 준비하였다. 또한 『대동공보大東共報』의 기자로 있으면서 일본제국주의의 만행을 폭로하고 한국인들에게 일어나 반항하라고 호소하였다. 일본 『오사카아사히신문大阪朝日新聞』에 따르면 안중근과 러시아 주재 한국공사 이범진李范晉 등은 "서로 의기투합했고 하얼빈과 블라디보스토크 사이를 오갔는데, 그곳 한인들이 안중근을 몹시 환영하였고 또한 그를 영수로 모셨다. 안중근은 러시아·중국·한국 3국회를 설립하여 일본과 맞서려고 하였다."[28] 1909년 10월, 일본 추밀원 의장 이토 히로부미가 청나라 동북 3성 유람길에 올랐다. 이토는 갑오전쟁 때 일본국 총리대신이었고 1906년에는 한국 주재 초대 일본통감이 되었다. 그의 목표는 한국과 청나라를 멸망시켜 일본이 아시아의 패권을 쥐는 것이었다. 그야말로 침략의 원흉이며 중·한 양국의 공공의 적이었다.

블라디보스토크에서 이토가 중국으로 간다는 소식을 전해들은 안중근은 암살 결정을 내렸다. 그는 중국으로 떠나기 전에 동지들을 모아 회의를 열고 침통하게 맹세하였다. "이번에 이토의 머리를 조국에 바치지 못하면 이 손가락처럼 될 것이다." 그리고는 즉석에서 새끼손가락을 절단해 동지들에게 내보였다. 안중근과 동행한 사람은 우연준禹連俊과 통역 류동하柳東夏였다. 하얼빈에서 이들은 한국 교민 김성박金成博의 집에 머물렀다.

10월 23일, 이토 일행은 펑톈에 도착해 동북 3성의 총독 시양, 펑톈순무 청더취안程德全과 만나 중·일관계와 극동의 정세에 대해 이야기를 나눴다. 이토는 오만한 태도로 일본의 침략행위를 미화하고 변호하였다. "일본 국민은 무슨 일이든 (상대의) 능력이 어떠한지를 살핀다. 만일 상대가 우리와 능력이 다르다면 우리와 같은 능력을 갖도록 해줄 도리는 없다."[29]

10월 26일, 이토는 하얼빈에 도착하여 러시아 재정대신을 만나 중국과 한국을 침략할 방법을 협상하려 하였다. 9시 15분, 기차가 하얼빈 역에 도착하였다. 중둥철도회사 직원, 중국 지방관리, 상회 대표, 각국 외교관원, 일본 교민들이 줄지어 환영하였다. 환영식은 군악이 울려 퍼지고 폭죽을 터뜨리는 등 아주 성대하게 이루어졌다. 이토는 기차에서 내린 뒤 일본관원들의 엄호 속에서 각국 외교관들 쪽으로 다가가 악수하려고 하였다. 이때 일본 교민들 속에서 안중근이 불쑥 튀어나와 총을 뽑아들고는 이토를 향해 연신 사격하였다. 첫 발을 가슴에 맞은 이토는 아직 의식하지 못한 듯 한 걸음 더 내디뎠다. 다시 두 번째 탄알이 가슴과 배 사이를 적중하였다. 수행원들은 그때까지도 누군가 마구 폭죽을 터뜨리는 것으로 생각하였다. 그들은 가와카미 도시히코川上俊彦 총영사가 총에 맞아 쓰러지는 것을 보고서야 일이 생겼음을 알았다. 안중근은 연속 일곱 발을 쏘았는데 이토 히로부미가 두발을 맞았고, 다나카 세이타로田中清太郎 만주철도이사, 가와우에 총영사, 이토 히로부미의 수행비서 모리 가이난森槐南, 러시아 재정대신 등 모두가 총상을 입었다. 탄알은 나카무라 고레키미中村是公 총재의 외투를 꿰뚫었으며 무로다 요시부미室田義文의 바지 아래쪽에도 탄흔이 있었다. 안중근이 총을 들고 저격할 때 수천 명의 군대와 군관들은 아무도 감히 앞으로 나서지 못하였다. 그들은 안중근의 탄알이 다 떨어진 뒤에야 용기를 내 총을 빼앗으려고 하였다. 안중근은 총구를 돌려 러시아 헌병에게 넘겨주고는 "대한독립만세!"를 소리높이 외쳤다. 그러고는 태연하게 체포되었다. 이토 히로부미는 수행원들에 의해 기차에 실려갔고 응급처치를 받으면서 이렇게 말하였다. "탄알이 몸속에 얼마나 깊이 박혔소?" 그의 얼굴에는 죽음에 대한 공포가 서렸다. 또다시 물었다. "모리 가이난도 다쳤소?" 그는 이 말을 마치고 이내 혼미상태에 빠졌고 반시간 뒤에 숨을 거두었다.

안중근은 하얼빈 역무실에서 러시아 총영사의 심문을 받았다. 이토가 죽었다는 소식을 전해들은 그는 매우 기뻐하였다. "하느님이 축복을 내려 한국동포들이 다시는 학대받지 않을 것이다. 오늘 목적을 이뤄 나라의 원한을 풀었으니 죽어도 한이 없다." 10월 31일, 러시아는 안중근을 일본 총영사관으로 넘겼다. 11월 5일, 안중근은 뤼순감옥으로 이감되었다. 그곳에서 안중근은 일본인들에게 잔인한 고문을 받았으나 추호도 굴하지 않았다. 법정에서 그는 이토의 3대 죄상을 열거한 뒤 이렇게 말하였다. "일본인은 한국인을 벗으로 대하지 않고 곳곳에서 억압을 자행했기에 한국인들의 원수가 되었다. 의병은 이르는 곳마다 적들과 일전을 벌일 수 있다. 오늘 내가 의병중장의 신분으로 그를 죽인 것은 마땅히 해야 할 일이므로 일본은 사사로운 원한으로 간주해서는 안 된다. 내가 이미 체포되었으니 자객으로 치부할 것이 아니라 마땅히 전쟁포로로 대해야 한다. 오늘 목적을 이뤘으니 죽어도 한이 없다. 한 사람의 죽음으로 천만의 국민을 살리는 것이니 비록 죽지만 살아 있는 것과 같다. 이 사건은 마땅히 국제법에 따라 심사 처리해야지 일본법에 따라서는 안 된다."[30] 도도한 웅변과 번뜩이는 눈빛에 방청객들 모두 깊이 감동하였다. 1910년 3월 26일 오전 10시, 안중근은 한복차림으로 형장으로 나아갔다. 그는 "나는 대한독립을 위해, 동양의 평화를 위해 죽는다. 죽어도 한이 없다."라고 말한 뒤 태연하게 죽음을 맞이하였다. 당시 그의 나이 32세였다.

안중근 의사의 장거壯擧는 전 세계를 진동시켰다. 중·한 국민들은 이 소식을 앞다투어 전하였다. 중국의 주요 신문과 잡지에서도 잇달아 이 소식을 게재하였다. 『동방잡지』 6권 12·13기, 7권 3기, 『민보』 제26호, 『민우보』, 『신보』, 『대공보』, 『신주일보』를 통해 안중근 사건에 대해 연속으로 상세히 보도하고 몸 바쳐 나라를 구하고 폭력을 두려워하지 않는 안중근 의사의 고상한 품격을 찬양하는 논평을 실어 그에 대한 찬탄과 존경을 드러냈다. 또한 한국을 통해 중국을 반추해보면서 중국인들도 몸을 바쳐 나라를 일으킨 안중근을 본받으라고 격려하였다.

일본 침략자들은 비록 안중근의 목숨은 빼앗았지만 그의 정신까지 없앨 수는 없었다. 그는 영원히 중·한 양국 국민들 모두가 숭배하는 영웅이 되었다.

동북항일 근거지 건립

한국 혁명가들이 중국으로 대거 이주한 것은 1910년 일한합병 이후이다. 신민회의 주요인물들이 일망타진되는 것을 방지하기 위해 안창호는 비밀리에 웨이하이威海로 향하였고 이종호李鐘浩, 이갑李甲, 유동열柳東悅은 각기 압록강을 건너 동북으로 가서 활동하였다. 서울에 있는 양기택梁起鐸의 집에서 열린 회의에서 양기택, 이동녕, 김구, 안태국安泰國, 주진수朱鎭洙, 이승훈李升薰, 김도희金道熙 등 참석자들은 중요한 역사적 의미가 있는 '독립군 기지 건설' 계획을 제정하였다. "첫째, 한반도와 이웃한 만주지역에 독립군 기지를 건설한다. 둘째, 국내에서 대규모 이주사업을 전개하여 만주지역의 충분한 병력 원천을 보장한다. 셋째, 국내에서 의연금을 모아 군비를 마련함으로써 독립군을 재정적으로 뒷받침한다."

이 계획에 근거하여 독립군 기지 건설은 1910년 전후에 만주지역에서 정식으로 시작되었다. 수많은 독립운동 활동가들이 만주로 이주해 전력을 다해 독립군을 건립하였다. 독립군은 의병의 항일정신을 계승하고 애국적 계몽활동가들이 제기한 독립전쟁론으로 무장하고 원대한 안목에서 항일투쟁을 전개하였다. 주목할 점은 독립군이 이미 임금을 위하던 정신적 단계를 뛰어넘어 공화주의 독립전쟁을 진행했다는 점이다.[31]

서울회의에서는 이동녕을 중국 동북에 파견하여 토지를 매입하고 건물을 짓게 하였다. 또한 각 도道의 대표를 선출하고 각자의 책임구역으로 재빨리 돌아가서 경비를 모으게 하였다. 안악安岳의 김홍량金鴻亮은 가산을 변매할 준비를 하면서 그 소식을 신천信川의 유문형柳文馨과 같은 인근 부락의 동지들에게 알렸다. 장연長淵의 이명서李明瑞는 먼저 어머니와 동생 명선明善을 옌볜으로 보냈다. 안중근의 사촌동생 안명근은 경비를 모아 국내에서 반일봉기를 일으키려고 준비하였다. 김구는 "한 나라의 독립은 일시적 충동으로 성공하는 것이 아니다. 반드시 수많은 동지들을 모집하고 동포들을 교육시킨 뒤에 실력을 키워 충분하게 준비해야 한 번의 전투에서 승부를 결정지을 수 있다."[32]고 하였다. 그는 안명근에게 뜻이 맞는 청년들을 이끌고 중국의 동북에 가라고 권고하였다. 12월, 안명근은 조선총독 데라우치 마사타케를 암살하려고 모의하였다는 혐의로 체포되어 온갖 고문을 당하였고 무기징역에 언도되었다가 나중에 다시 유기징역 20년으로 감형되었다. 그는 감옥에서 17년을 지낸 뒤에야 석방되었다. 출옥하고 1년 뒤에는 온 식구를 이끌고 중국 동북으로 향해 아버지와 동생을 만나보았는데, 불행하게 옌볜 허룽현에서 세상을 떠났다. 김구 등 30여 명은 안명근 사건에 연루되어 체포됨으로써 동북으로 옮겨가 활동하려던 계획이 좌절되었다.

이동녕은 이석영李石榮, 이회영李會榮, 이시영李始榮 삼형제와 김창환金昌煥과 함께 가족들을 거느리고 지린성 류허현 산위안푸三源浦로 이주하여 경학사耕學社를 조직하고 신흥강습소新興講習所를 설립했으며 다시 강습소를 신흥학교와 신흥무관학교로 발전시켰다. 학생이 가장 많을 때는 한 학기에 600여 명까지 이르렀는데 1920년에 운영을 중지할 때까지 총 3,500명의 사관을 육성하였다.

이동휘는 훈춘현 쓰다오쯔四道子 부근에서 러시아제 무기로 300여 명의 독립군을 훈련시켰으며, 북만주 미산 깊은 곳에 사관학교를 세워 1,500명의 사관을 양성하였다. 1913년, 그들은 왕칭현 뤄쯔거우羅子溝에 무관학교를 세우고 독립군전사들을 육성했는데 이 학교는 1년간 운영되었다.

서일徐一 등이 이끄는 북로군정서도 무관학교를 건립했는데 김좌진을 사령으로 하여 1920년까지 1,600명의 독립군전사를 육성하였다.

1916년, 김일성의 아버지 김형직金亨稷은 해외독립운동의 실상을 깨닫고 새로운 동지들을 얻기 위해 중국의 동북과 상하이로 가서 고찰하였다. 상하이에서 그는 쑨원孫文의 국민혁명파와 연대하였다.[33] 1917년 3월 23일, 김형직과 장일환張日煥, 배민수裵敏洙, 백세빈白世彬은 평양학당곡平壤學堂谷 이보식李輔植의 집에서 조선국민회를 조직하였다. 조선국민회는 하나의 비밀조직으로서 그들의 목적은 전체 조선민족이 일치단결하여 조선인민 스스로의 힘으로 국가의 독립을 쟁취하고 진정한 문명국가를 건립하는 것이었다. 그들은 원대한 계획을 세우고 동지들을 간도에 파견해 그곳을 독립운동의 후방 기지로 만들려고 하였다.[34] 또한 해외인사들과 연락하기 위해 안둥과 베이징에 연락원을 파견하였다. 베이징, 상하이, 지린, 우숭撫松, 린장, 창바이, 류허, 콴디안, 안둥, 화디안樺甸, 싱징興京 등지에서도 국민회의가 조직되었다. 의병 장령 홍범도는 국내투쟁이 실패한 뒤 1917년 옌지현 밍웨거우明月溝에서 대한독립군을 육성하면서 총사령을 맡았다.

저명한 혁명가 김약산金若山(김원봉金元鳳)은 1918년에 중국으로 가서 혁명활동에 적극 참가했는데 당시 나이 스무 살이었다. 그는 지린에서 조선의열단을 조직했는데, 대원이 220여 명 있었고 폭력수단으로 암살과 파괴활동을 벌였다. 암살대상은 일본천황, 관리, 헌병, 한국총독, 타이완총독, 매국노 및 중립적 태도를 보였던 부유층 지식인 등으로 이들을 총칭해 '칠가살七可殺'이라고 하였다. 의열단은 '조선혁명선언'을 발표하기도 하였다.

박은식朴殷植은 한국의 저명한 역사학자로 1910년에 압록강을 건너 랴오닝 환런현으로 이주하였다. 그는 다음과 같이 말했다. "만약 우리 민족이 월경금지조치 때문에 강북으로 한 발짝도 내디디지 못하였다면 어찌 오늘의 수백만 한민족이 해외에서 독립을 선포할 수 있었겠는가. 이것은 실로 하늘이 우리 민족을 도와준 것이다. 70~80년 세월 동안 자연스럽게 이민하여 오늘 독립의 후원자를 준비한 것이다. 우리 민족은 아무런 정부의 비호 없이 맨몸으로 가시덤불을 헤치고 개간작업을 하며 근로하고 인내하면서 점차 발전하여 지금은 사방 수만 리 어디를 가나 한인 촌락이 있다. 이 두 곳의 개척도 대체로 우리 민족의 힘으로 진행하였다. 수십 년 동안 우리 당 인사들도 이곳을 활동무대로 여겨 강을 건너는 사람이 꼬리에 꼬리를 물었으며 교육을 제창하고 애국사상을 고무하고 교회와 학교를 곳곳에 설립하여 나날이 발전하고 있다. …… 우리나라의 독립은 더욱이 이곳에 의존해야 한다."[35]

독립운동 지도자들의 상하이 집결

일한합병 이전, 중국으로 망명한 한국의 혁명지사들은 대체로 동북지역에 집결하였고 관내(중국 본토)로 간 사람은 극히 드물었다. 상하이에 간 사람들은 대체로 상업이나 학업이 목적이었으며, 정치적 목적은 없었다. 그러나 애국역사학자 김택영金澤榮은 예외였다.

김택영은 조선말 진사로 관직은 정3품 통정대부通政大夫에 이르렀다. 김윤식의 소개에 따르면 일찍이 우창칭吳長慶의 막료 장젠張謇과 내왕하였다고 한다. 1905년 9월, 망국노가 되기 싫었던 그는 모든 관직을 사직하고 처자식을 데리고 인천에서 상하이로 향하는 배에 몸을 실었다. 10월 3일에는 퉁하이通海실업회사의 장젠을 방문하였다. 이때의 장젠은 이미 청나라의 장원에서 저명한 실업가로 변신하였고, 군주입헌파의 영수였다. 청년 시기에 조선에 종군했던 경력이 있는 그는 줄곧 조선문제에 주목하면서 조선인민의 독립운동을 동정하고 지지하였다. 20여 년 만에 다시 만난 두 친구는 예전처럼 친근하였다. 장젠은 김택영의 생계가 어렵다는 점을 알고는 즉시 그를 남통한묵림인서국南通翰墨林印書局으로 초빙하여 편집, 교정업무를 맡겼으며 저택을 구입해 가정을 안착시켰다. 김택영은 중국에서 22년간 생활했으며 1912년에는 중국 국적을 신청했고 중국 국적에 가입하였다. 그러나 그는 줄곧 자신의 조국을 사랑하였다. 김택영은 중국말을 몰라 일이 있어 타인과 교섭할 때는 언제나 필담으로 진행했는데 조선에 관련된 일을 담론할 때면 붓을 멈추고 눈물을 흘렸고 때로는 통곡까지 하였다고 한다. 그의 저서로는 『안중근전』, 『조선역대소사』가 있다. 1910년 일한합병 소식이 전해지자 그는 눈물을 흘리면서 목놓아 통곡했고 사흘 동안 상복을 입었다. 그 뒤에도 망국일이 되면 상복을 입었다. 그는 시와 부, 저작에서 대체로 망국의 아픔과 고국에 대한 그리운 정을 토로하였다.

김택영은 중국에 대해 깊은 감정을 지니고 있었다. 1911년, 신해혁명이 일어나고 난퉁南通이 광복되자 매우 기뻐하면서 「감중국의병사오수感中國義兵事五首」라는 시를 지었다. 이 가운데 한 수는 이렇다. "우창성에 천둥이 치더니 / 삽시에 중국대지가 진동하누나 / 삼백 년 세월 천제天帝가 취해 있더니 / 오늘이 애처로운지 이제야 깨어나네" 그는 중국에서 한국을 떠올리며 "아름다운 조선땅은 얼마나 부끄러울까, 백성들은 편안하게만 살려 하거니" 라고 읊조렸다. 그는 일찍이 한국임시정부를 대신해 '진정표陳情表'를 작성해 중국정부가 한국의 독립을 지지해주기를 요청하면서 양국관계의 친밀성을 '열매와 줄기, 입술과 이'에 비유하였다. 그의 명시 「조공정가曹公亭歌」에는 "천둥소리는 양국의 기세를 돋우고 인간 세상에는 용맹과 충성을 대신할 게 없도다"라는 시구가 있는데, 이는 중·한 양국 인민이 단결하여 적과 싸울 것을 호소한 것이다.

김택영은 중국학자 옌푸嚴復, 량치차오梁啓超, 투지屠寄와도 내왕하였다. 투지는 『몽올아사기蒙兀兒史記』를 저술하면서 김택영에게 조선사를 빌려 사료를 보충하였다. 김택영의 시집 『창강시고滄江詩稿』와 문집은 투지와 같은 중국의 친구들과 한국의 친우들이 돈을 모아 간행한 것이다.[36]

한국독립운동과 중국혁명운동 사이에서 직접적인 관련을 맺었던 사람은 저명한 독립운동 지도자 신규식申圭植이다. 1911년, 신규식은 중국에 와서 선청申桎으로 개명하고 동맹회에 참가했으며 쑨원을 따라 우창봉기에 참가하였다. 한국인으로서 신해혁명에 참가하여 청나라를 뒤엎고 중화민국을 창건하는 사업에 가담한 사람으로는 그가 첫 번째이다. 당시 국민당인사 다이지타오戴季陶는 상하이에서 『민권보民權報』를 만들어 국민혁명을 선전하려 했는데 선생은 자신의 사비를 아낌없이 털어서 신문기금으로 쓰도록 하였다. 국민당 지도자들 가운데서 신규식은 쑹자오런宋敎仁과 천치메이陳其美를 가장 먼저 알았고 상호간의 이해 또한 깊었다. 쑹자오런이 암살된 뒤 그는 분노하여 사흘간 단식했고 한국지사들을 모아 추모회를 열기도 하였다. 천치메이가 암살당했을 때는 가장 먼저 그 집에 찾아가 시신을 어루만지면서 통곡했다.

1912년 7월, 신규식은 상하이에서 동제사同濟社를 발기하여 광복운동의 핵심기구로 삼았다. 동제사의 핵심인물로는 박은식, 김규식金奎植, 신채호申采浩, 문일평文一平, 조소앙趙素昂, 박찬익朴贊翊, 이광李光, 신석우申錫雨, 변영만卞榮晩 등을 꼽을 수 있다. 신규식이 이사장으로, 박은식이 총재로 선출되었다. 최전성기 때 동제사의 인원은 300여 명이었고 구미지역에 여러 분사를 두기도 하였다.

한국독립운동의 후계자를 양성하기 위해 신규식은 상하이에 박달학원博達學院을 세우고 한·중 양국의 저명 학자를 초빙해 학생들을 가르쳤다. 선후로 3기 100여 명을 졸업시켰는데 이들은 각기 중국의 여러 대학 또는 구미에 가서 계속 공부하였다.

1917년 7월, 상하이의 독립운동 지도자들은 중앙임시정부를 성립한다는 선언을 발표하고 총부를 유일의 기관으로 인정하였다.

1918년 11월 28일에는 신규식이 여운형呂運亨, 장덕수張德秀, 김철金澈, 선우혁鮮于赫 등을 지지하여 신한청년당新韓青年黨을 조직하였다. 그리고 그 이듬해 2월 1일, 신한청년당은 상하이에 모여 파리평화회의에 대표를 보내 참석하게 할 것을 결정하고 대표로 김규식을 선출하였다. 또한 대표를 국내, 일본, 러시아에 파견하여 여러 독립운동 지도자를 방문하고 독립운동을 추진할 방법을 상의하게 하였다.

2월 8일, 일본에 유학 중이던 한국학생들이 조선청년독립단을 조직하였는데, 「독립요구서」를 작성하여 이를 일본국회에 제출하기 위해 도쿄에서 집회를 가졌다. 그런데 일본경찰들이 집회장을 포위하고 60여 명을 체포하였다. 이렇게 되자 학생들은 이광수李光洙를 상하이로 파견하여 상하이에 있던 혁명지도자들과 연락을 취하게 하였다.

1919년 3·1운동 직전까지 상하이에 거주하는 한국 교민은 약 20호 100여 명에 지나지 않았다. 이곳 한국 교민의 수는 동북 3성에 비해 많지는 않았지만, 한국·러시아·미국·중국 동북 등지에서 찾아온 거의 모든 독립운동계파의 지도자들이 운집해 있었다. 따라서 상하이는 한국독립운동사에서 아주 중요한 지위를 차지하게 되었다.

동계파의 지도자들이 운집해 있었다. 따라서 상하이는 한국독립운동사에서 아주 중요한 지위를 차지하게 되었다.

제6부

중화민국과 대한민국임시정부

1장 3·1운동과 5·4운동

1919년, 먼저 한국에서 3·1운동이 일어났고 이어 중국에서 5·4운동이 일어났다. 이는 갑오청일전쟁 이후 중·한 양국의 인민들이 처음으로 연합하여 일본군국주의와 불공정한 파리평화회의에 대항해 일으킨 반대운동이다. 기세 높고 파란만장했던 3·1운동과 5·4운동은 중·한 양국 국민들이 서로 호흡을 맞추면서 상대를 성원하며 진행되었는데, 이는 동아시아 민족해방운동사에서 아주 획기적인 사건이었다.

3·1운동에 대한 재중국 한인교포들의 호응

3·1운동 준비단계부터 중국에 있던 한국독립운동 지도자들은 서울 독립운동본부의 기획과 조직에 참여하였다. 1919년 초에 상하이, 베이징, 옌벤 등지의 한국유학생들은 겨울방학과 설날에 귀국하여 친지를 방문하는 기회를 이용해 서울의 학생단체에서 조직하는 각종 활동과 애국모금활동에 참여하였다.

서울에 두었던 대한독립단 독립운동 총본부는 "몇 명의 대표를 해외로 파견하여 각국 혁명단체들의 지지를 얻는다. 특히 중국 동북지역의 대한독립의용군부와 연락하여 협동작전을 벌인다."라고 계획하였다.[1]

1919년 3월 1일은 고종황제의 국장일이었다. 이날 손병희를 중심으로 한 33명의 민족대표들이 명월관에 모여 「독립선언서」에 서명하고 한국의 독립을 선포하였다. 그리고 축배를 들어 대한민국의 독립과 자유를 경축하려는 순간, 군경이 회장에 들이닥쳐 그들을 체포하였다. 동시에 서울의 탑골공원에서는 생기 넘치는 청년학생들이 무리를 지어 공원으로 몰려갔다. 그들은 숙연하면서도 활기찬 모습으로 팔각정 주위의 잔디밭에서 줄지어 섰는데 사람들이 갈수록 늘어나 공원은 삽시에 인산인해를 이루었다.[2] 어떤 용감한 청년 한 명이 팔각정에 올라서서 민족대표 33명을 대표해 독립선언을 낭독한 뒤 한국의 독립과 자유를 선포하였다. "우리는 이 자리에서 우리 조선이 독립국이고 조선인이 자유민이라는 사실을 세계만방에 알리며 인류는 평등하다는 대의를 천명한다. 이를 자손만대에 전하며 영원히 민족자존自存의 정당한 권리를 지니게 한다."[3] 독립선언을 들은 사람들은 격동되어 태극기를 휘날리며 "대한독립 만세!"를 소리 높이 외쳤다. 사람들은 노도처럼 공원에서 밀려나와 거리로 향하였다. 민중들이 거리에서 "대한독립 만세!"를 높이 외치면서 시위행진을 벌일 때 흰옷 입고 한국말을 하는 사람이라면 남녀노소를 불문하고 너도나도 시위대에 참가하였다. 시위대가 이르는 곳마다 사람들로 인산인해를 이루었다. 서울은 온통 혁명의 불길에 휩싸였다.

소식을 들은 일본총독은 황급히 기마경찰과 헌병대를 급파하여 시위대를 습격하고 잔인하게 탄압하였다. 분노한 군중들은 맨주먹으로 일제의 총칼에 맞서 싸우면서 앞사람이 쓰러지면 뒷사람이 이어나갔다. 서울의 거리마다 선혈이 낭자하였다. 같은 시각, 도시부터 농촌에 이르기까지 한국의 삼천리강산은 온통 "대한독립 만세!" 소리로 울려 퍼졌다.

3·1운동의 발발 소식은 신속하게 중국으로 전해졌다. 동북 3성의 한인들도 격앙되어 서로 소식을 전하면서 분분히 호응하였다. "대한독립 만세!"의 외침소리는 만주벌판에 울려 퍼졌다.

3월 6일, 한인교포들은 환런현에서 독립운동대회를 개최했는데 7,200여 명이 참석하였다. 3월 10일, 옌지·룽징 등지의 학생들은 동맹휴학을 하고 신속히 반일군중대회를 개최할 것을 요구했으며 자발적으로 여러 반일군중조직을 만들어 강연을 열고 전단지를 배포하며 한국 내 동포들의 투쟁을 성원하였다. 3월 13일, 룽징촌에서는 여러 반일단체가 연합하여 독립경축대회를 개최하였다. 경축대회에는 여러 학교의 교사와 학생, 농·공·상 각계 군중 3만여 명이 참가하였다.[4] 수많은 사람들이 격앙된 목소리로 연설함으로써 한국 내 동포들의 독립투쟁을 지지하고 한국과 중국 동북을 침략한 일본의 만행을 폭로하였다. 경축대회가 끝나자 사람들은 그 여세를 몰아 시위행진을 벌였다. 시위대는 명동중학교의 충열대忠烈隊를 선두로 일본 총영사관을 향해 노도처럼 밀려갔다. 일본군경들이 시위대를 저지하려고 시도하자 격분한 군중들은 군경들과 격투를 벌였다. 이에 군경들은 시위대를 향해 무자비하게 발포하여 즉석에서 13명을 사살하고 30여 명에게 부상을 입히는 참사를 빚어냈다. 3월 17일, 각계 인사들은 의사회義士會를 조직하였다. 4천여 명의 군중들이 다시 룽징에 모였다. 엽총과 창칼을 든 그들은 열사의 시신을 들고 줄지어 시위를 벌이면서 장엄하게 장례식을 치렀다.[5]

옌지, 허룽, 왕칭, 훈춘, 하얼빈 등의 도시와 광범한 농촌에서도 반일집회와 시위행진이 이어졌다. 남만주 류허현 산위안푸, 다허거우大河溝, 퉁화현 진더우金斗, 창바이현, 콴디안현에서도 반일집회와 시위행진이 벌어졌다. 창바이현에서는 집회와 시위행진이 며칠 동안 지속되었고 진더우의 반일군중집회에서는 일본경찰의 앞잡이가 처단되었다.

5월, 옌볜의 한인교포들은 5·4운동의 영향 아래 군경의 제지에도 아랑곳하지 않고 또다시 반일집회를 거행하였다. 5월 18일, 왕칭현 각 학교의 교사와 학생들은 집회를 갖고 일본침략자를 성토하였다. 쥐쯔지에에서도 사생강연회가 열렸는데 어떤 학생들은 즉석에서 자신의 손가락을 물어뜯어 혈서를 써가면서 끝까지 투쟁하겠다는 결심을 나타냈다.

5월 이후 옌볜의 한인교포들은 비밀단체를 결성하였다. 그들은 충열대, 의용대, 맹호단 등을 조직하여 전단지를 뿌리고 일본의 밀정과 앞잡이를 암살함으로써 일본침략자와 그 앞잡이들의 간담을 서늘케 하였다.

박은식은 1919년 3월 1일부터 5월 말까지 한국독립운동의 규모 및 손실

〈표 5〉 중국에서 벌어진 한국독립운동의 규모와 손실 규모

현 이름	집회 수	집회 인원	사망 인원	부상 인원
화이런	13	7,000		47
룽징	17	30,000	20	23
하얼빈	2	1,000		
훈춘	4	5,000		
렌우	5	5,000	14	40
퉁화	8	불명확		15

과 관련되는 수치를 통계했는데 중국과 연관되는 내용은 〈표 5〉와 같다.[6]

3·1운동에 대한 중국 진보인사들의 성원

3·1운동은 처음부터 중국인들의 지대한 관심과 열렬한 지지를 받았다. 1919년 1월 22일, 한국의 고종이 갑자기 사망했는데 항간에는 일본인에 의해 독살되었다는 소문이 돌았다. 일본총독부는 고종의 사망소식을 선포하고 백성들이 1주간 망제를 지내도록 특별히 허락하였다. 서울의 남녀노소는 모두다 상복을 입고 대성통곡했는데 망제를 지내는 곳마다 인산인해를 이루었고 이레 동안 끊이지 않았다. 전국 각지의 백성들도 분분히 망제를 지냈다. 지방에서 서울에 올라와 망제에 참석하거나 심지어 자결하는 사람도 있었다. 서울에 살던 화교들도 한국인들과 함께 큰 슬픔에 잠겼다. 대한문을 지나면서 울지 않는 사람이 없었다.[7]

중국의 수많은 청년 학생들은 옌볜의 3·13반일시위에 너도나도 참가하였다. 룽징 둥산창東山場 학교의 중국 사생들은 3·13반일시위뿐만 아니라 3월 17일에 있었던 시위행진에도 참가하였다.

중국의 모든 신문들은 3·1운동이 일어나게 된 원인과 규모에 대해 상세하게 보도했고 한국독립운동을 잔인하게 탄압한 일본군국주의의 만행을 규탄했으며 한국인들의 정의적인 투쟁을 성원하였다.

3월 9일, 베이징의 『매주평론每周評論』은 천두슈陳獨秀의 글을 싣고 일본대표가 파리평화회의에 제출한 인종평등 제안에 대해 논평하였다. "우리 황인종이 백인종에게 평등한 대우를 요구하려면 황인종 스스로가 먼저 황인종에게 평등한 대우를 해줘야 한다. 만일 황인종 스스로가 황인종에 대한 대우, 즉 중국에서의 특수한 지위와 조선에 대한 예속관계를 타파하지 않는다면 무슨 낯으로 백인종에게 평등한 대우를 요구할 수 있겠는가?"[8]

3월 23일, 천두슈는 『매주평론』에 실은 「조선독립운동에 대한 감상」이란 글에 이렇게 썼다. "이번 조선독립운동은 위대하고 진실하며 비장하였다. 명백하고 정확한 관념이 있었고 민의에 따랐고 폭력을 사용하지 않음으로써 세계혁명사의 새 기원을 열어놓았다. 우리는 이에 대해 찬미와 슬픔, 흥분과 희망, 그리고 부끄러움과 같은 여러 느낌을 갖게 된다. …… 우리는 조선인의 자유사상이 계속 발전되기를 바란다. 우리는 조선민족이 자주독립의 영광을 머지않아 발견할 것이라 믿는다. …… 우리는 일본인이 당장 조선독립을 인정하지는 않더라도 조선에 주둔하고 있는 경찰을 줄이고 조선인들에게 대등한 자치권을 부여해야 한다고 본다. 첫째, 이번 독립운동에 참가한 모든 사람들에 대해 형벌을 가하지 않음으로써 일본인의 문명 정도를 보여주어야 한다. 왜냐하면 이번 독립운동은 조선인의 정당한 권리이고 일본의 국가적 체면에 손상을 주지도 않았으며 일본의 안정과 질서를 파괴하지 않았기 때문이다. 자유독립의 대화혼大和魂을 지닌 일본인이라면 이번 조선인들의 비장한 실패에 대해 뜨거운 동정의 눈물을 흘려야 할 것이다."[9]

광저우 비상국회에서는 한국독립을 인정하기로 결의하고 파리평화회의에 출석한 남방정부의 대표 왕정팅王正廷에게 전보를 보내 파리평화회의에서 한국독립을 주장하라고 하였다. 광둥의 언론계와 사회각계에서는 한국독립운동을 동정하고 지지하였다. 광둥성 국민의회에서는 열띤 토론을 거쳐 4월 5일 캉지가오康基鎬 등 331명의 제의를 통과시키고 한국독립을 인정했으며, 베이징정부에서 파리평화회의에 파견한 중국대표에게 전보를 보내 이 중요한 문제를 신중하게 처리해줄 것을 요청하였다. 베이징에 보낸 전보에는 이렇게 적혀 있다. "중국이 기존 조약에 따라 한국독립을 인정한 것은 원래 명확한 것이다. 중국은 한일합병을 공식적으로 인정한 적이 없다. 한국이 장차 중국과 얼마나 큰 영향을 주고받을지에 대해 쑨원은 이렇게 말하였다. '한국은 동양의 발칸balkans으로서 이 문제를 해결하기 전에는 영구적인 평화를 기대할 수 없다.' 중국에 대한 일본의 정책은 20여 년 전 조선의 당쟁에서 비롯된 그 재난의 시작과도 흡사하다. 만주, 몽골, 산둥, 양쯔강 유역의 장래는 모두 한국문제와 밀접한 관계가 있기 때문에 한국문제는 아주 중요하다. 한국은 중국이 일본의 압박과 지배에서 벗어날 것을 찬성하고 있다. 만일 한국문제가 파리에서 거론된다면 중국에게도 상당히 희망이 있겠지만, 그렇지 못하다면 중국이 위태로워질 날도 머지않았다. 동양의 장래는 지극히 암울하다. 만일 한국에 대한 일본의 지속적인 압박을 각국이 허락한다면 이른바 조약이나 맹약 따위는 믿을 것이 못 된다. 그러므로 중국은 기존의 중일조약에 따라 한국의 독립을 승인하고 한국독립을 인정할 필요가 있다."[10]

3·1운동 발발 전후 쑨원은 상하이에 있었다. 1919년 1월 초순, 쑨원과 파리평화회의에 참석했던 왕정팅 등은 회담을 가졌다. 쑨원은 "중국이 파리평화회의에서 중국과 열강들 사이에 맺었던 불평등조약을 취소할 것을 제기하고 침략당한 토지를 되찾아야 하며 고려의 독립을 인정하여 민족 자주의 취지에 맞춰야 한다. 그렇지 않으면 평화회의는 아무런 가치도 없고 중국의 참석도 무의미하다."[11]라고 하였다.

일제가 한국의 시위군중을 학살하고 한국독립운동을 탄압한 소식이 전해지자 쑨원은 즉시 일본정부에게 조선독립을 인정하라고 요구하였다. 4월 5일, 쑨원은 일본기자 오에大江와의 담화에서 "당신들은 아시아인이 아니다. 당신들 일본인은 유럽인을 등에 업고 우리 아시아인을 침략했으니 어찌 아시아인이라 할 수 있겠는가! 만일 일본인이 아시아인으로 행세하려면 만주와 산둥을 중국에 귀환해야 하며 조선독립을 승인해야 한다. …… 조선문제는 아주 어려운 문제이다. 일본은 한국인들의 요구를 받아들이고 한국독립을 인정하는 것이 좋을 것이다. 일본은 한일합병으로 한국인의 원한을 산 것은 물론, 중국과 기타 나라들도 일본에 대한 의혹이 깊다. 이는 일본이 지금 곤경에 빠지게 된 데 아주 큰 영향을 미쳤다."[12]라고 하였다.

3·1운동과 5·4운동의 합류

강적을 두려워하지 않고 과감하게 저항하는 한국인들의 위대한 정신은 노예의 처지에 놓여 있던 중국인들을 크게 격려하고 고무하였다. 천두슈는 이렇게 말하였다. "조선 민족이 보였던 영광스런 행동과 비교할 때 쇠미해진 우리 중국 민족의 수치스러움은 더 잘 드러난다. 중화민국이 성립된 지 이미 8년이 지났지만 우리 국민들은 단 하루도 명료하고 정확한 의식의 활동을 한 적이 없다(신해혁명 당시 참가자 대부분은 도적과 무뢰한으로 광복이라는 명분으로 강탈을 자행하였다). 국민은 정치와 거리가 너무나도 멀었기에 자국과 외국의 군벌이 연합하여 압박해도 추호도 반항할 생각을 하지 못했다. 서남지역의 호법군護法軍이 국민을 배신했을 때 향촌의 농민은 아무 말도 못했을 뿐만 아니라, 잘나가는 유명인·신사·정객·상인 그리고 교육계의 인사들마저도 국민으로서 주인공 자격을 스스로 포기하고 제삼자로 자신의 입지를 낮추면서 정국을 조정하고 나섰다. 이번 조선인들의 행동을 보라. 그들이 무기가 없다고 해서 반항하지 못했는가? 주인공 자격을 포기하고 제삼자가 되었는가? 우리는 조선인에 비하면 참으로 부끄럽기 짝이 없다!"[13] 천두슈의 이러한 생각은 모든 애국청년들의 생각이기도 하였다. 옛말에 수치를 아는 사람은 용감한 사람이라고 하였다. 3·1운동 이후 중국에서도 곧이어 5·4운동이 발발했는데 이는 결코 우연의 일치가 아니었다.

5월 7일, 상하이에서는 국민대회를 열고 5·9국치일을 기념했는데 조선인 30여 명도 참가하였다. 조선청년독립단은 대회에 보고서를 올리고 중국청년들의 애국운동을 성원하였다.

5월 9일, 중국청년 300여 명과 한국청년 30여 명은 상하이 량장학당에서 집회를 갖고 항일을 주장하는 연설문을 발표하였다. 대회에 참가한 한국 측의 저명인사로는 현순玄楯, 김필목金弼穆이 있었다. 일본밀정은 이렇게 보고하였다. "상하이에 있는 조선인이 중국과 합작하여 반일운동을 전개하고 있음이 분명하다. 그들의 왕래는 갈수록 밀접해지고 있다. 교섭을 맡은 조선 측 오익표吳翼杓는 중국말을 할 줄 안다. 그는 서울 감리학원을 졸업하고 도쿄의 청산학원에서 공부한 적이 있다. 그는 지식이 제법 많은 사람으로 중국인과 영어로 이야기를 하거나 필담을 하기도 하고 때로는 다른 조선인의 통역을 해주기도 한다."[14]

5·4운동에 대한 조선청년들의 지지에 감사를 표하기 위해 상하이의 여섯 학교 교장들은 연회를 베풀고 조선청년단의 주요성원들을 초대하였다. 얼마 뒤, 조선청년단도 민단사무소에서 다과회를 갖고 여섯 학교의 교장들에게 답례하였다. 회의에서 양측은 열정에 넘치는 연설을 하였다. 중국 측 대표는 "대한국은 예로부터 중국과 이익을 함께하는 사이였다. 그런데 지금 한국은 일본의 압박으로 합병당하는 불행을 겪게 되었는데 우리는 이에 대해 심히 동정을 표한다. 지금 중국도 한국과 같이 바야흐로 일본에 의해 병탄될 운명에 처해 있다. 다시 말해 중국과 조선은 생사를 같이하고 있다. 지금 우리는 마땅히 긴밀하게 협력하여 일본 침략자들의 기세를 꺾어놓고 양국의 독립을 유지해야 한다. 우리는 죽기를 각오하고 당신들을 지원할 것이다. 당신들이 효과적인 수단으로 일본정부가 조선에 발을 붙일 수 없도록 만들기 바란다."라고 연설하였다. 조선청년단장 김정목金鼎穆은 이렇게 연설하였다. "우리 대한민국의 인구는 2천만 명이다. 하지만 조선에 들어온 왜놈은 지금 겨우 30만이다. 즉 대한국인 70명이 왜놈 1명을 대처하는 것이다. 이런 비례로 적들과 싸운다면 두려워할 필요가 전혀 없다. 우리가 분투하기만 하면 우리는 반드시 승리할 것이다. 특히 가장 강력한 중국인이 우리들을

열정적으로 지지해주고 있다. 우리는 목적을 이루지 않으면 절대 그만두지 않을 것이며 마지막 한 사람이 남을 때까지 싸울 것을 결심한다. 향후 당신들은 우리가 이상을 실현할 수 있도록 직접 또는 간접적으로 지원해주기 바란다."[15] 연설자 가운데는 한국대표 이광수도 있었다.

3·1운동 이후 중·한 양국 인사들은 동지들과 연락하고 양국 국민들의 친선을 증진하기 위해 신아동제사新亞同濟社를 조직하였다. 한국 측 참가자는 대부분 원래 동제사 구성원이었고 중국 측 참가자는 대부분 국민당 인사들이었으며 신문계와 교육계의 유명인사, 예컨대 후한민胡漢民, 다이지타오戴季陶, 쉬첸徐謙, 양수칸楊庶堪, 인루샹殷汝驪, 장지롼張李鸞, 바이원웨이栢文蔚, 탕샤오이唐紹儀, 천궈푸陳果夫, 장징장張靜江, 후린胡霖, 스량차이史量才, 예추창叶楚傖, 탕원즈唐文治 등이 있었다. 신아동제사의 활동은 한국 혁명당원과 쑨원이 이끄는 중국 국민당원 사이의 이해와 우정을 증진하였고 향후 있을 양측 협력의 기초를 다졌다.

2장 상하이 대한민국임시정부

대한민국임시정부의 설립

이미 '3·1독립선언'에서 조선민족은 독립적 국가를 건립할 신성한 권리가 있다고 선포하였기에, 나라의 명맥을 이어가고 국가의 주권을 대변할 독립정부를 건립하는 일도 의사일정에 상정되었다. 1919년 3월 21일, 러시아의 블라디보스토크에서 대한국민의회정부를 설립하고 손병희를 대통령으로, 이승만을 국무총리로 선출하였다. 이어 서울에 남아서 독립운동 총본부를 유지하던 혁명지사들도 조선민국임시정부를 조직하고 4월 9일 이를 선포하였다. 처음에는 이동휘를 집정관 총재로, 이승만을 국무총리로 임명하였다. 그러나 4월 9일에 다시 손병희를 정도령正都領으로, 이승만을 부도령副都領으로 임명한다고 선포한 뒤 이승만을 내각총리로 선출하였다.

3·1혁명이 실패한 후 한국 국내와 중국의 동북, 화북 그리고 미국, 러시아 등지에서 상하이로 온 혁명지사와 교민은 급증하여 약 천여 명에 이르렀다. 여러 지도자들의 토론을 거쳐 조선민국임시정부에서 보내온 헌법규정에 따라 임시정부를 건립하기로 결정하였다. 4월 10일부터 11일까지 상하이의 프랑스 조계지에서 1기 임시의정원회의가 개최되었다. 회의에 출석한 29명 의원은 한국 내 각지의 대표 명의로 우선 이동녕을 의장으로, 손병희를 부의장으로 선출했고 또한 국무위원과 정부 각 부의 총장을 선출한 다음 이승만을 국무총리로 선출하였다. 이 회의에서 '임시헌장 10조'를 통과시키고 군주제도를 폐지하고 민주공화제를 실시하기로 결정하였다. 그리고 국호를 대한민국이라 하고, 4월 13일 대한민국임시정부의 성립을 공식 선포하였다.

4월 23일, 서울에서는 비밀리에 국민대회를 열어 서울임시정부를 성립시키기로 의결하고 이승만을 집정관 총재로, 이동휘를 국무총리로 선출하였다.

정부가 세 곳에 병존하는 국면은 분명 한국독립운동의 전개에 불리하였다. 따라서 3정부의 협상을 거쳐 상하이와 블라디보스토크의 임시정부는 선후로 해산되었다. 3·1정신을 계승한 서울임시정부의 법적 정통성이 존중받았다. 또한 명칭을 대한민국임시정부로 확정하고 정부소재지는 상하이에 두었다.[16]

한국의 역사학자 김준엽은 대한민국임시정부의 역사적 지위를 논증하면서 이렇게 말하였다. "민족사의 정통성이라는 역사관으로 볼 때, 1919년에 성립된 대한민국임시정부는 우리나라 독립운동의 지도 핵심이며 3·1독립정신과 민족의 영혼의 표현이며 민족국가의 잠재적 형태이다. 우리나라가 현대화를 실현하는 과정에서 임시정부는 한국사의 주체였다. 조선왕조사가 끝난 이후 임시정부는 우리나라 정치사의 공백을 메웠고 새로 나타난 대한국 민족 정통의 대중권리의 원천이었다. 이러한 측면에서 볼 때 임시정부의 역사적 의의는 마땅히 높게 평가되어야 한다." 이어서 이렇게 말하였다. "대한민국임시정부가 민족사의 정통성문제를 지니고 있는 것은 상하이 임시정부가 독립운동, 특히 3·1운동정신의 산물일 뿐만 아니라, 1945년 일본제국주의가 멸망할 때까지 우리 민족이 국외에 존재한 민족 주권이며, 유일한 정부였기 때문이다. 마땅히 이 사실에 대한 인식에서부터 근거를 찾아야 한다."[17]

대한민국임시정부를 창립한 여러 선구자들은 어느 곳에 정부소재지를 둘 것인지에 대해 반복해서 토론하였다. 독립운동은 "국내에서는 발전할 곳을 찾을 수 없고 외국을 살펴보면 중국의 동북 3성, 러시아의 시베리아에 우리 한민족 교포가 가장 많다. 그런데 지금 그곳에는 일본군대가 주둔하고 있으니 안전하지 않다. 미국은 우리나라와 너무 멀리 떨어져 있기에 적당하지 않다. 중국의 상하이는 동양의 교통 요충지로서 비록 매우 안전한 곳은 아니지만 다른 곳보다는 훨씬 낫다. 이에 우리 독립단은 3월 하순에 대다수가 상하이로 옮겨갔다."[18] 각지의 독립운동 지도자들은 한국, 일본, 러시아, 미국과 중국의 동북에서 상하이로 모여들었다. 상하이는 자연히 한국인들의 광복운동 총근거지가 되었고[19] 당연히 대한민국임시정부의 소재지가 되었다.

중국인들은 지금도 대한민국임시정부가 성립되면서부터 역사적 사명을 다할 때까지의 26여 년간 수차례 장소를 옮기기는 했지만 전체 생명여정을 중국에서 보냄으로써 중·한 친선사에 소중한 한 획을 남긴 점을 한없는 영광으로 생각하고 있다.

임시정부에 대한 호법정부의 인정

1920년 1월, 대한민국임시정부는 '대한민국임시정부 시정방침'을 엄숙하게 공포하고 독립운동의 최고지도원칙으로 삼았다. 시정방침은 크게 내정, 군사, 외교, 재정, 사법의 다섯 가지로 나뉘고 14항 81조로 구성되었다. 중국과 연관되는 내용은 우선 군사 부분을 보면, "중국에서 의용군 지원자를 모집하여 부대를 편성하고 장교가 지휘한다. 중국 경내와 임시정부 소재지에서 가능한 범위 내에 사관학교를 설립하고 사관들을 훈련시킨다." 그 다음 외교 부분을 보면, "중국에서 한·중 친목회를 조직하거나 기타 단체를 조직하여 선전활동에 종사한다"는 등이다. "적당한 사람을 뽑아서 중국외교단을 조직하고 그들이 중국의 남·북 정부 및 각 성의 성장, 도독들과 교섭하여 우리나라가 정치적 행동과 군사적 준비에서 편의를 확보할 수 있게 한다. 아울러 우리나라 청년들도 중국사관학교에 진학할 수 있게 해줄 것과 한·중 양국이 연합행동을 취할 것을 요구한다."[20]

한마디로 대한민국임시정부는 중국정부에 대해, 첫째는 도의적·물질적 측면에서 독립운동에 대한 원조를 요청했고, 다음은 중국 경내에서 임시정부가 최대한 자유롭게 활동할 수 있게 해달라고 요청한 것이다. 하지만 베이징정부와 일본정부는 정상적 외교관계에 있었기 때문에 일반적인 국제법과 외교적 관례의 제약을 받았다. 중국 또한 약소국으로서 내적으로는 전란이 끊이지 않았고 외적으로는 일본에게 침략위협을 받고 있었다. 베이징정부는 한국독립운동의 발전이 일본을 견제하여 중국침략전쟁의 발발을 늦출 수 있다는 사실을 잘 알고 있었다. 한국독립운동의 지도자 조완구는 이렇게 말하였다. "파리에 파견된 임시정부의 특사에 대한 중국의 태도는 다른 나라와는 달랐다. 중국대표단은 임시정부의 특사를 유난히 동정하여 친절하게 대했고 여러모로 도와주었다."[21] 하지만 베이징정부는 중·일관계가 악화되는 위험을 감수하면서까지 드러내놓고 한국의 독립을 지지할 수 없었다. 다만 몰래 동정하고 지지해주었을 뿐이다. 대한민국임시정부와 베이징정부의 외교는 시종 뚜렷한 진전이 없었다. 따라서 대한민국임시정부는 방향을 바꾸어 전력을 다해 쑨원이 이끄는 호법군정부의 지지를 얻기로 하였다.

1920년 6월, 미국 국회의원들은 동양관광단을 조직하여 아시아로 관광을 떠났다. 임시정부는 미국인들에게 일본이 한국을 멸망시킨 진상을 이해시키고 국제적 동정과 원조를 쟁취할 수 있는 절호의 기회라고 여기고 교제위원회를 조직하고 이들을 맞이할 준비를 하였다. 또한 신규식 법무총장은 상하이에 있던 쑨원에게 편지를 보내 미국의원들에게 한국의 진상을 진술해줄 것을 요청하였다. "요즘 미국의 의원단이 중국을 관광한다고 하는데 극동의 형세는 새로운 점이 없습니다. 우리는 그들을 열렬히 환영합니다만 그러는 데는 이유가 있습니다. 우리는 오래 전에 독립문제로 미국의원에 이미 도움을 요청한 적이 있는데 그때 거기에 찬성하는 사람이 상당히 많았습니다. 지금 그 의원단이 아시아에 와서 고찰을 한다는데 선생이 의원단을 맞이하실 때, 중국 및 우리 한국의 여러 가지 문제에 대해 반드시 정확한 언론을 발표할 줄로 믿습니다. 그러면 의원단이 미국으로 돌아가서 그 사실을 자국민에게 알리고 우리를 도와줄 것입니다. 하지만 의원단 가운데 우리를 찬성하는 사람은 말할 것도 없고, 우리나라 실상에 대해 아는 사람도 극소수일 것입니다. 이에 이렇게 편지로 요청하오니, 연설 또는 담화하실 때 선생의 말씀을 빌리고자 합니다. 우리의 이러한 요청이 아니더라도 선생께서는 정의와 인도주의를 위해 반드시 그렇게 하시리라고 믿습니다."[22] 8월 5일, 쑨원은 미국 의원단을 환영하는 연설문에서 일본이 중국에 21개 조약을 강요한 것을 통렬하게 비난하면서 이렇게 말하였다. "이러한 협정에 따라 중국은 지금 일본의 속국, 일본의 신하국이 되어가고 있는데, 이는 일본이 예전에 조선에 사용하던 방법과 동일하다."[23] 중국 측 우호인사들의 도움으로 대한민국임시정부에서 파견한 교제위원 전원이 태평양협회에서 주최하는 환영만찬에 참석하였고 또한 의원단에 진정서를 전달할 수 있었다. 8월 6일 상하이의 대동여관에서는 한국의 21개 단체가 연합으로 환영회를 열었다. 9일, 상하이의 한국 유학생들도 대동여관에서 환영회를 열었다. 임시정부의 교제위원들은 의원단과 함께 난징, 베이징을 유람하고 일본의 침략을 규탄하는 글을 건네주어 폭넓은 동정을 얻었다.

김준엽은 이렇게 말하였다. "임시정부가 벌인 각종 외교활동 가운데서 가장 큰 성과를 거둔 것은 중국국민당 총리 쑨원을 비상대통령으로 하는 광둥의 호법정부로부터 우리나라 임시정부에 대한 인정을 이끌어낸 점이다."[24]

1920년 11월 28일, 쑨원은 광저우로 돌아가 호법군정부를 다시 조직하였다. 대한민국임시정부는 여운형을 파견해 축하하였다. 1921년 설날 아침에 여운형은 고등사범학생 페이펑裵鵬의 소개로 광시회관에서 독립운동에 대한 연설을 발표하였다. 4월 7일, 국회비상회의 참·중 양원 의원연합회의가 광저우에서 개최되었다. 회의에서는 '중화민국 정부조직대강'을 통과시키고 쑨원을 비상대통령으로 선출하였다. 4월 20일, 임시정부는 또다시 여운형을 파견하여 축하하였다. 동시에 박은식도 천즁밍陳炯明의 요청으로 광저우에 도착하였다.

그해 10월, 임시정부 국무회의는 대리 국무총리 겸 외무총장이며 법무총장이던 신규식을 특사로 임명해 광저우로 향하게 하였다. 신규식은 대통령관저를 방문하고 본부비서장 겸 총참의원인 후한민, 다리위안大理院 원장 쉬치얀, 내정부장 뤼톈민呂天民, 외교부장 우팅팡伍廷芳, 차장 우차오수伍朝樞, 대통령부 비서장 셰츠謝持, 재정부장 랴오중카이廖仲愷, 참의원 의장 린썬林森, 대통령부 선전국장 궈타이치郭泰祺, 군정부 차장 청첸程潛 및 탕지야오唐繼堯, 류바이촨劉百泉, 류루인劉蘆隱, 쉬루웨이許汝爲 등을 회견하고 한국 독립문제에 대해 자세하게 토론하였다.

10월의 어느 화창하고 맑게 갠 날[25], 쑨원은 후한민과 함께 대통령부에서 신규식과 비서 민석린閔石麟을 접견하였다. 신규식이 말하였다. "저는 신해년에 중국으로 망명했는데, 때마침 그때 중국혁명을 맞았고 이에 동맹회에 가입해 대통령을 따라 제1차 혁명에 참가하였습니다. 이는 중·한 양국의 혁명이 모두 중요함을 말해주는 것입니다. 중국혁명이 승리하는 때가 곧 한국이 독립하고 해방되는 시기입니다." 신규식은 임시정부를 대표해 쑨원에게 다섯 가지 호혜조약을 제기하였다.

첫째, 대한민국임시정부와 중국 호법정부는 외교적으로 상대방을 서로 인정한다.

둘째, 중국 군사학교에서 한국 학생을 받아들인다.

셋째, 중국 측은 범태평양회의에 출석한 대표에게 훈령을 내려 한국 측에서 회의소재지에 파견한 활동인원과 밀접한 연락을 취하고 한국독립을 선전하는 일에 협조하게 한다.

넷째, 중국 측은 한국 측에 조계지를 내주어 한국군을 훈련시킬 수 있도록 하며 또한 5백만 위안을 빌려준다.

다섯째, 대한민국임시정부는 광저우에 대표를 파견해서 상주시키며 비용은 중국 호법정부에서 부담한다.

쑨원은 읽어보고 나서 이렇게 말하였다. "중·한 양국은 같은 문자를 사용하는 같은 인종으로서 본래부터 형제의 나라이다. 유구한 역사적 관계를 갖고 있는 양국은 사이가 좋고 이해관계가 밀접하며 잠시라도 갈라질 수 없다.

마치 서양의 영국과 미국의 관계나 다름없다. 그러므로 한국의 광복운동에 대해 중국이 마땅히 원조해야 할 의무가 있는 것은 말할 필요도 없다. …… 하지만 현재 북벌이 성공을 이루지 못했고 국가도 통일되지 못하였다. 단지 광둥성의 힘만으로는 한국의 광복운동을 원조하기가 어렵다." 임시정부의 네 번째 요구에 대해 쑨원은 현재는 도와줄 여력이 없다고 보고 적어도 북벌군이 우한武漢을 점령한 뒤에라야 가능하다고 하였다. 대한민국임시정부를 인정한다는 첫 번째 조목에 대해서도 쑨원은 이렇게 대답하였다. "원칙적으로는 아무런 문제가 없다. 중국에 망명하여 계속 분투하고 있는 귀국 임시정부에 대해 우리 호법정부는 마땅히 깊은 동정을 표시하는 동시에 인정해주어야 한다." 임시정부의 두 번째 요구에 대해서 쑨원은 "역시 아무런 문제가 없다. 우리는 한국의 자제들이 군사교육을 받아 한국의 군사 인재가 많이 양성되기를 바란다. 이 일은 이렇게 결정하기로 한다. 각 군사학교에 명령을 내려 가급적 귀국의 자제를 많이 받아들이도록 하겠다. 그리고 한 지역을 빌려서 군사훈련을 진행하고 혁명근거지로 삼겠다는 데 대해서는 북방이 가장 합당하다고 생각한다. 하지만 우리 호법정부의 힘이 아직은 화북에까지 미치지 못했기에 토지를 빌려주는 것을 논하는 것은 허망한 일로 언급할 필요가 없다. 가령 지금 적당한 곳에서 군사를 훈련시킨다고 해도 정부의 강력한 보호가 없다면 모든 일은 역시 진행할 수 없다. 한마디로 모든 실제적인 도움은 반드시 북벌계획이 실현된 뒤에야 가능한 것이다. 그때면 전력을 다해 한국의 광복운동을 도와줄 것이다." 이 회담에서 양국 정부는 외국에 주재하는 대표들이 서로 밀접한 연락을 취할 것과 임시정부가 광저우에 대표를 상주시킨다는 두 가지 공동합의를 보았다.

회의에 참석했던 민석린은 이렇게 기록하였다. "대통령과 신공의 회담은 총 두 시간 남짓 진행되었다. 양측은 서로 속내를 털어놓았는데 진지하고 성의가 있었다. 깊은 우정은 좌중을 감동시켰다. 회담과정에서 대통령은 신공에게 줄곧 차를 권하였다. 어느덧 정오가 되어 신공은 작별을 고하였다."[26]

1921년 11월 18일, 호법정부는 북벌출정식을 거행하였다. 비상대통령 쑨원은 이 자리에서 대한민국임시정부의 특사를 회견했고 양국 정부는 상대방 정부를 공식으로 인정하였다.

대한민국임시정부는 중국 호법정부와 긴밀한 외교관계를 유지하기 위해 외무부 외사국장 박찬익朴贊翊을 특파원으로 임명하여 광둥에 상주시키면서 호법정부와의 외교사무 교섭에 종사하게 하였다.

신규식은 광저우에 있을 때 탕지야오와 회견하고 그에게 장렬했던 3·1운동과 일제의 잔혹한 탄압에 대해 소개해주었고 임시정부의 조직 및 활동에 대해서도 소개하였다. 탕지야오는 이렇게 말하였다. "귀국에 대해 나는 본래부터 좋은 인상을 갖고 앙모한 지 오래되었다. 예전에 내가 일본사관학교를 졸업하고 귀국길에 서울을 지나면서 목도한 것들이 아직도 기억에 생생하다. 거리에 오가는 학생들은 모두가 생기발랄하고 영준하며 재능이 있어 보여 망한 나라의 국민 같지가 않았다. 그래서 나는 늘 사람들에게 이렇게 말한다. '한국민은 결코 망한 나라의 국민이 아니다. 그들은 조만간 다시 일어설 것이다.' 나중에 내가 윈난성으로 다시 돌아가게 된다면 한국에 적어도 2개 사단의 군사인재를 반드시 육성하여줄 것이다. 이로써 귀국의 혁명을 돕도록 하겠다. 그러나 경제면에서는 힘이 부족하다. 만일 중국-프랑스은행의 저축문제가 해결되면 10만 위안을 지원하겠다."[27]

신규식은 독립전쟁을 위한 군사인재 양성에 각별히 신경을 썼다. 그는 중국에 도착한 뒤, 리례쥔李烈鈞, 뉴용젠鈕永建, 바이원웨이柏文蔚, 청첸, 후융샹戶永祥 등 중국의 군부 인사들과 자주 내왕하면서 될수록 한국청년들을 바오딩사관학교, 톈진군수학교, 난징해군학교, 우숭吳淞상선학교, 후베이강무당講武堂, 광둥강무당에 보내어 군사학을 익히게 하였다. 1916년 윈난강무당에서는 신규식이 쑨원을 통해 추천한 이범석 등 4명의 한국청년을 받아들였다. 탕지야오는 윈난으로 돌아간 후 공약을 지켜 대한민국임시정부의 증명서를 소지한 학생이면 무조건 받아들여 윈난사관학교에 보내주었는데 졸업생이 50

여 명에 이르렀다. 윈난강무단을 졸업한 김훈金勳(양림楊林), 최용건崔庸健(최석천崔石泉) 그리고 윈난항공학교를 졸업한 이영무李英茂는 훗날 혁혁한 전공을 세우는 걸출한 항일장령으로 성장하였다.

민석린은 신규식의 광둥행 의미에 대해 이렇게 평론하였다. "임시정부가 중국 호법정부의 인정을 받은 뒤 한국혁명은 커다란 전환기를 맞았고 독립운동의 앞날에 한 가닥 희망이 보였다. …… 선생이 광둥을 방문한 뒤 임시정부와 호법정부는 이미 고락을 함께하는 형제가 되어 기쁨과 슬픔을 함께하고 화복을 함께 나누는 등 양측의 운명은 이미 갈라질 수 없는 사이가 되었다. 선생 개인의 평생의 사업이 국민당 호법정부의 안위에 달려 있었다. 즉 한국혁명 전체가 중국국민혁명의 성패에 달려 있었다."[28]

1922년 6월 16일, 천즁밍이 혁명을 배신하면서 쑨원이 이끄는 혁명은 또다시 실패하였다. 소식이 전해지자 신규식은 얼굴빛이 잿빛으로 변하면서 하늘을 향해 길게 탄식하였다. "중국의 불행이 어찌하여 이다지도 크단 말인가? 쑨원 선생이 어렵게 경영해온 사업이 모조리 물거품이 되었구나. 이는 중국의 큰 불행일 뿐만 아니라 한국의 큰 불행이기도 하다."[29] 선생은 슬픔에 빠졌고 그때부터 병석에서 드러누웠다. 그러다 8월 5일에 서거했는데 그때 나이 43세였다. 선생의 유골은 상하이 홍치오虹橋 만국공동묘지에 안장되었다. 장례식에 참석한 중·한 인사는 무려 천여 명에 이르렀다.

화난지역의 중·한 우호단체

20년대 초, 화난華南 지역에는 중·한 양국 인사들이 공동으로 조직한 우호단체들이 있었는데, 대표적으로 중한호조사中韓互助社, 중한협회, 중한청년협회 등이 있었다.

중한청년협회는 1919년 10월 상하이에서 성립되었다. 이 협회는 임시정부 노동국의 총판이던 안창호와 중국인사가 연합하여 세웠는데, 양국 청년들을 연합하여 일본 침략에 대항하고 동양의 평화를 유지하는 것을 종지로 삼았다. 협회는 톈진, 선양, 하얼빈 등지에 비밀조직을 두었다.

중한호조사의 발기인은 훗날 2·7참사에서 장렬히 희생된 변호사 스양施洋과 한국청년 이우맹李愚氓, 조중구趙重九 등이다. 1921년 3월, 스양은 우한에서 각 학교, 각 단체의 중·한친선에 열성적인 인사들이 참석한 집회를 열고 중한호조사의 성립을 선포하였다. 스양과 한국인 이기창李基彰이 추대를 받아 선언서와 장정과 진행계획 초안을 작성하였다. 3월 17일, 후난 창사長沙에서 중한호조사가 성립되었다. 발기인은 3명의 한국인과 28명의 중국인이었다. 중국인 가운데는 후난 정계, 교육계, 상계의 유명인사가 포함되어 있었다. 예컨대 이페이지易培基, 왕지판王季范, 처우아오仇鰲, 허수헝何叔衡, 마오쩌둥毛澤東, 팡웨이샤方維夏, 샤가이준夏丏尊 등이다. 선전부 주임에는 이기창과 허수헝을, 통신부 주임에는 황영희黃永熙와 마오쩌둥을, 경제부 주임에는 이우맹과 허민판賀民范이 추천되었다.

안후이성 소재지 안칭安慶에서도 3월 17일에 중한호조사가 성립되었다. 약 20여 명의 참가자는 자다한假大漢 호텔에서 다과회를 가졌다. 이 자리에서 한국의 이송근李松根 지사는 한국의 망국사와 일본의 한국침략사를 보고하고 한중호조사를 조직하는 의미에 대해 보고하였다.

상하이 중한호조사는 1921년 5월에 성립되었고 1923년 5월 28일, 김규식의 사회로 상하이의 프랑스 조계지에서 호조사 창립 2주년 기념대회를 열었다. 8월 1일, 3·1강당에서 제3기 전체회의를 열고 이사를 선출하였는데 한국의 최준崔浚, 안정근安定根, 이유필李裕弼, 김홍숙金弘淑, 조상섭趙尙燮, 여운형, 김승학金承學, 백기준白基俊이 당선되었다. 중국 측에서 선출된 이사로는 저우지안츄周劍秋 등 6명이었다. 쓰촨 충칭에도 중한호조사 조직이 있었다.

중한호조사는 양쯔강 연안의 각 성省에서 활동하는 한국지사에게 많은 도움이 되었다. 한번은 조중구 부부가 한커우漢口의 프랑스 조계지에서 일본밀정의 추격을 받았는데, 스양을 찾아 프랑스 영사에게 편지를 보내고 법적 보호를 요구함으로써 위험에서 벗어날 수 있었다. 또한 1922년 이기창이 우창에서 일본경찰의 수색을 받고 체포되었는데 중국 경찰이 이를 저지했고 이기창은 결국 우창 경찰서에 갇혔다. 스양과 각계 인사들은 이기창을 석방할 것을 당국에 강력히 요구하는 동시에 일본 영사에게 불법행위를 일삼는 일본경찰을 징계하고 중국에 사과하며 다시는 유사한 불법적인 행동이 발생하지 않을 것을 보증하라고 요구하였다. 스양은 또한 몸소 후베이 교섭원을 만났으며, 한 달 남짓한 노력 끝에 이기창을 구해냈다.

중한호조사의 활동은 동북의 지린, 화디안, 퉁화, 콴디안, 안둥 등지로 넓혀나갔다.

중한협회는 광둥성에서 활약했던 우호조직으로서 1921년 9월 21일에 성립되었다. '광저우중한협회간장廣州中韓協會簡章'에는 이렇게 규정되어 있다. "본 협회는 중·한 양국 국민들이 조직했기에 중한협회라고 명명한다. 본 협회는 중·한 양국 국민의 친선과 상호발전을 돕는 것을 종지로 한다."[30] 협회 조직위원장은 주녠쭈朱念祖, 부위원장은 셰잉보謝英伯였다. 중국 측 위원은 가오전샤오高振宵, 장치룽張啓榮, 왕징웨이王精衛, 딩샹첸丁象謙, 한국 측 위원은 김천정金擅庭, 김희담金熙譚, 박화우朴化佑, 손사민孫士敏이었다. 협회는 『광명光明』 월보를 발행하려고 준비했는데 구잉펀古應芬, 쩌우루鄒魯, 쑨커孫科, 리푸린李福林 등이 모금하여 지원하였다.

중국대혁명에 참가한 한국인 지사들

1923년 3월 1일, 쑨원은 광저우에서 정식으로 육해군 대원수大元帥 대본영大本營을 성립하였다. 1924년 1월, 쑨원의 주최로 중국국민당 제1차 전국대표대회가 소집되었다. 대회에서는 공산당이 초안을 작성한 반제국주의 반봉건주의를 주요 내용으로 한 선언문을 통과시켰고 삼민주의를 새롭게 해석했으며 러시아, 공산당과 연합하여 노동자, 농민을 선동한다는 3대 정책을 제정하였다. 국공합작의 통일전선이 정식으로 결성되었다. 광저우는 들끓는 대혁명의 근거지로서 진보적 청년들이 동경하는 성지가 되었다.

한국의 독립문제에서 중국공산당과 쑨원의 생각은 완전히 일치하였다. 1922년 7월 '중국공산당 제2차 전국대표대회 선언'에서는 "일본은 한국 국민들의 피땀을 착취할 뿐만 아니라 횡포하기 그지없다. 일본 물건은 최대한 수입하게 하고 양곡은 강제로 수출시킴으로써 한국의 2천만 농민들을 아사지경으로 몰아넣고 있다."[31]라고 통렬히 규탄하였다. 또한 "한국의 독립혁명운동은 날이 갈수록 조직적이고 박진감이 넘쳐 제국주의로 하여금 안절부절못하게 하고 있다."라고 하였다. 1923년의 '중국공산당 제3차 전국대표대회 선언'에서는 "우리의 사명은 국민혁명을 통해 압박 받고 있는 중화민족을 해방하는 것일 뿐만 아니라, 나아가 세계혁명을 도모하여 전 세계 압박받는 민족과 계급을 해방하는 것이다."[32]라고 하였다.

민족주의자든 공산주의자든 막론하고 모든 한국인은 중국혁명의 새로운 고조의 도래를 환호하면서 중국혁명의 성공은 한국혁명이 성공할 수 있는 전제라고 여겼다. 수많은 한국 혁명가들이 미국, 일본, 러시아, 한국과 중국의 동북, 베이징, 톈진, 상하이에서 광저우로 달려와 대혁명이라는 거센 파도에 뛰어들었다. 한국인 김산金山의 회고에 따르면 1925년에 광저우에는 60명의 한국인이 있었는데 이후 1927년에는 그 수가 800명으로 급증하였다고 한다. 대부분은 청년 지식인으로서 가장 나이가 어린 사람은 14세였고 가장 나이가 많은 사람도 40세를 넘지 않았으며 평균 연령은 23세 정도였다. 이 가운데 약 400명은 동북의 독립군에서 온 사람들이었고 100여 명은 시베리아에서 왔으며 30명은 모스크바에서 왔고 100명은 한국 본토에서, 약 20여 명은 일본에서 건너왔다. 그들 가운데는 공산당원과 공산주의청년단원도 있었다. 상하이에서 온 조선공산당, 시베리아에서 온 조선공산당과 중국공산당 내 조선조직의 공산당원 80여 명은 비밀조직 'KK'를 조직했는데 이는 조선공산당인이라는 뜻이다.[33] 1926년 봄, 한국의 각 당과 각 계파를 포함한 조선혁명청년연맹이 성립되었다. 이 연맹의 발기인은 김약산, 김정창, 김산이었다. 김약산의 의열단은 조선전국독립당으로 이름을 고쳤다.

광저우정부의 각 부분에는 모두 열심히 일하는 한국인들이 있었다. 한국인 수가 가장 많았던 곳은 황푸군관학교와 군대 부문이었다. 황푸군관학교 제3기(1925년 6월~1926년 1월)에는 4명의 한국학생이 있었고 제4기(1926년 6월~1927년 1월)에는 24명, 제5기에는 6명이 있었는데 도합 34명이었다.[34] 황푸군관학교의 학생뿐만 아니라 교관들 가운데도 한국인이 있었다. 예컨대 양림(본명은 김훈, 필사제必士悌, 양녕楊寧이라고도 한다)은 1921년에 쿤밍의 윈난강무당 포병과에 입학하여 1924년에 우수한 성적으로 졸업하였다. 1925년에는 황푸군관학교 집중훈련처에서 교관으로 있다가 제3기 학생대의 대장(상위)을 맡았다. 1925년 가을, 광저우에 도착한 김산도 황푸군관학교에서 학생들을 가르쳤다. 1926년 겨울, 모스크바에서 온 오송윤吳松尹은 황푸군관학교에서 러시아어를 가르쳤다.

황푸군관학교의 한국학생들은 군벌 천즁밍을 섬멸하는 동정東征과 윈난·광시군벌 양시민楊希閔, 류전환劉鎭寰의 반란을 평정하는 데도 참가하였다. 그들의 용맹무쌍한 정신은 널리 전해지면서 각 군에서도 저마다 한국학생을 요구하였다. 대부분 한국인은 장파쿠이張發奎의 제4군에 가입하였다. 이 부대는 북벌전쟁에서 혁혁한 훈공을 세웠기에 '철군'이라고 불렸다. 철군의 선두부대는 유명한 예팅葉挺의 독립연대였다. 독립연대의 제3대대 대대장이 바로 한국인 양림이었다. 주페이더朱培德의 제3군과 청첸의 제6군에도 한국인이 있었다.

1927년에 후베이 우한에서 한국혁명청년회가 성립되었다. 이들의 강령은 "첫째, 우리는 한국 민족혁명과 사회혁명의 완성을 도모한다. 둘째, 우리는 세계의 혁명적 군중과 연합하여 세계혁명을 완성한다."였다. 46명의 회원 가운데 정계 인사 1명, 국민혁명군 10명, 중앙군사 정치학교 우한분교에서 학습하는 사람이 24명(정치과 14명, 포병과 10명), 우창武昌 중산대학 학생 5명,

후난학병단 학생 1명, 항공국 근무자 1명, 우한에서 온 교포 4명이 있었다.[35] 김산은 이렇게 말하였다. "6개월 동안에 북벌군은 양쯔강 유역에 이르렀다. 승리감으로 가득 찬 진군의 나날에 모든 혁명가들은 홍분과 뜨거운 열기로 들끓었다. 북벌군은 중국의 북방과 조선을 향해 전진하였다. 그리하여 우리의 마음은 기쁨으로 들끓었다! 우리는 자신감에 넘쳐 '국내와 동북의 2천만 조선인들은 무기를 들고 전 아시아의 자유를 위해 제국주의에 반대할 날을 기다린다.'라고 중국인들에게 말하였다."[36] 그러나 북벌 성공을 얼마 앞두고 공산당과 국민당이 분열하였다. 북벌에 참가했던 한국인들마저 분열되었다. 장제스蔣介石가 4·12정변을 도발하고 난징정부를 건립했을 때 한국인 중 일부는 장제스의 대오를 떠나 우한으로 가서 국민당의 좌파를 지지하였다. 광저우의 4·15정변에서는 20여 명의 조선혁명가들이 체포되었다. 7월 15일, 왕징웨이가 우한에서 정변을 일으켰다. 한국혁명가들 중 일부는 희망을 버리고 상하이, 동북과 한국으로 돌아갔다.

1927년 8월 1일, 중국공산당은 난창南昌에서 무장봉기를 일으켰다. 봉기에 참가한 사람들 가운데는 한국혁명가 김약산 등도 있었다. 12월 11일에는 광저우 봉기가 일어났다. 광저우 봉기의 주력은 제4군 교도연대였다. 이 가운데 제2대대 5중대는 주로 한국인들로 구성되었는데 김규광金奎光이 중대의 당대표를 맡았다. 포병중대와 기타 중대에도 한국인이 있었다. 광저우에서 4명의 부녀와 10여 명의 늙은이를 제외한 모든 조선인들이 코뮌의 봉기에 참가하였다.[37] 봉기에 참가한 황푸군관학교의 특무대대는 200여 명이었는데 이 가운데 한국인이 무려 150여 명이나 되었다. 2연대 중대장 최석천崔石泉도 한국인이었다. 그 외에도 공산국제에서는 소련에서 군사훈련을 받은 일부 한국청년들을 파견하여 홍콩을 우회해 광저우에 이르러 봉기에 참가하게 하였다. 광저우 봉기에 참가한 한국인은 적어도 250명을 상회할 것으로 추측된다.

한국인은 대부분 동정과 북벌전쟁의 시련을 겪었기에 작전 경험이 풍부하였다. 대부분이 황푸군관학교와 소련군사학원에서 공부한 우수지휘관과 군사기술전문가였다. 소련의 홍군대학을 졸업한 이영李瑛은 봉기지도부로부터 교도연대 연대장 예융葉鏞의 정치군사고문, 즉 참모장으로 임명되어 광저우 공안국을 공격하는 전투를 지휘했는데 반시간 만에 전투를 마쳤다. 일찍이 모스크바 군사학교에서 공부했던 양달부楊達夫는 우수한 포병지휘관으로서 허난에서의 전투에서 장파쿠이의 제4군 포병부대를 지휘하였고 봉기 때는 예팅의 참모를 맡았으며 사허沙河의 적군 보병연대와 옌탕燕塘의 적군 포병연대를 공격하는 전투에서 지휘에 참여하였다. 전투가 끝난 뒤에는 노획한 대포와 포로로 봉기군 포병부대를 조직하였다. 김산은 원래 교도연대 통역이었는데 봉기 때는 예팅의 수행원으로 양달부와 함께 전투에 참가하였다. 이빈李彬은 황푸군관학교 제3기 졸업생으로서 포병지휘관이었다. 그는 일찍 부대를 이끌고 광저우 비행장을 점령했으며 또한 포병을 지휘해 봉기를 탄압하러 온 일본군함을 격퇴했다. 최석천, 김규광, 오성륜吳成崙, 박진朴振, 박건웅朴健雄 등도 젊고 유능한 군관이었다.

그러나 12월 12일 밤, 광저우 봉기는 실패하고 봉기군은 광저우에서 해륙풍海陸豊 지역으로 철수하였다. 주력부대의 철수를 엄호하여 사허를 고수하던 부대는 적들과 용감히 싸웠으나 전부 장렬히 희생되었다. 이 가운데는 150여 명의 조선병사들도 있었다. 광저우 봉기에서 희생된 조선인을 기념하여 광저우인들은 '중조인민혈의정中朝人民血誼亭'을 건립하였다. 예젠잉葉劍英 원수元帥는 비문에 이렇게 적었다.

"1927년 12월 11일, 광저우의 노동자 계급과 혁명 군인들은 중국공산당의 지도 아래 기세 높이 무장봉기를 일으켰다. 봉기에 참가한 혁명군인들 가운데는 조선청년 150여 명이 포함되어 있었다. 그들은 중국의 전우들과 함께 깃발을 높이 들고 어깨를 나란히 하고 싸웠다. 그들은 사허에서 진지를 고수하여 싸우다가 대부분 장렬히 희생되었다. 이로써 위대한 무산계급 국제공산주의 정신과 혁명적 영웅기개를 보여주었다.

광저우 봉기에서 희생된 조선동지들은 영생불멸하리라!

중·조 양국 인민들의 전투적 우의는 역사에 길이 빛나리라!"

한국지사들, 민족주의자와 공사주의자 모두 중국의 대혁명을 위해 공헌하였다. 이들 가운데 대다수는 중국 인민의 해방사업을 위해 소중한 생명을 바쳤다. 대혁명 결과 수많은 실전과 단련을 거쳐 걸출한 군사지휘관이 두각을 드러내기 시작하였고 독립군의 창건과 독립전쟁을 위한 인적 기초가 마련되었다.

중국 동북에서의 대한독립군

3·1운동 실패 이후 대한민국임시정부의 지도 아래 평화적이던 시위는 격렬한 무장게릴라전으로 바뀌어갔다. 한국독립군의 기지가 중국 동북지역에 있었으므로 압록강과 도문강 양안 수천 리에 이르는 중·한 변경지역은 모두 전쟁터로 변하였다. 의주, 평양, 서울에서부터 대구, 부산에 이르기까지 날마다 들려오는 포성은 일본침략자들의 간담을 서늘케 하였다.

두 개의 군정서

반일독립전쟁에 종사했던 한국 교민단체 가운데 가장 중요한 단체로 북로군정서北路軍政署와 서로군정서西路軍政署를 꼽을 수 있다.

북로군정서는 옌볜과 러시아 연해주의 독립군을 이끌었는데 서일徐一이 총재였고 홍범도가 부총재였으며 김좌진金佐鎭이 사령관 겸 참모장이었다. 2개 여단을 두었는데, 제1여단은 김규식이 여단장을 맡아 러시아 야만에 주둔해 있었고, 제2여단은 안무安武가 여단장을 맡아 닝안현寧安縣에 주둔해 있었다. 1916년에 윈난강무당을 졸업한 이범석李範奭을 사관학교 교관으로 초빙하였다.

서로군정서는 랴오닝 동부부터 압록강 일대를 관할했는데 주로 이동녕, 이시영 등 신민회 간부들이 배양한 독립군이었다. 3·1운동 이후 이동녕, 이시영은 상하이로 가서 임시정부 창건에 참여하였다. 서로군정서의 총재는 이상룡李象龍이었다. 2개 연대에 6개 대대를 두었다. 1919년 4월, 일본 육군사관학교를 졸업한 지청천池青天이 류허현 산위안푸에 와서 신흥무관학교 교관 및 교장을 맡았다. 신흥무관학교는 한국독립군이 중국의 영토에서 창립한 군사학교로 1개의 본교와 3개의 분교를 두었다. 독립군을 위해 대량의 군사인재를 육성하였다.

대한민국임시정부는 중국 동북에서 독립군의 활동을 각별히 중시하였다. 이에 왕삼덕王三德을 특별 파견하여 독립군과 연락을 취하게 하였다. 북로군정서와 서로군정서는 모두 임시정부의 지휘에 복종하기로 하였다. 임시정부는 대본영, 참모부와 군사위원회를 설립하고 육군사관학교 창립을 계획하였다. 1924년에는 육군 만주 주재 참의부를 설립하였다. 임시정부가 파견해 중국 각지의 군사학교에서 훈련을 받았던 한국청년들은 졸업 이후 모두 다 동북의 항일전선에 뛰어들었다. 하지만 상하이와 동북은 거리가 너무나 멀었고 정부의 재정상황도 어려웠으며 독립군 내부에도 계파가 복잡하여 임시정부만으로는 모든 독립군을 통솔할 수 없었다.

칭산리전투

독립군은 한국 교민들의 지지가 있었기에 소식에 정통했고 정확한 정보를 얻을 수 있었다. 중·한 변경지대는 높은 산과 삼림이 울창하여 군대를 주둔시키는 데 유리했고, 도문강과 압록강에는 강폭이 좁은 곳이 많아 몰래 강을 건너기가 쉬웠다. 겨울철에 강이 얼면 국경을 드나드는 것도 평지를 오가는 것 같았다. 독립군은 이처럼 유리한 조건과 민첩하고 기동력 있는 게릴라전술로 신출귀몰하면서 일본군의 군수창고, 군용차량, 망루와 초소를 습격하였고 심지어 한국 내지에까지 들어가 폭파와 암살활동을 전개하였다.

1919년 8월, 독립군은 갑산甲山과 혜산惠山을 습격하고 일시나마 혜산진을 점령하였다.

1920년 2월, 독립군 2천여 명은 중·한 국경을 넘어 한국 경내의 일본군 병영을 습격하고 일본군 300명을 살상하였다.

3월, 독립군 80여 명은 종성鐘城의 일본헌병대를 습격하고 권총 5자루를 노획하였다. 또한 온성穩城 미산米山의 헌병대를 습격해 일본군 2명을 사살하고 8명에게 부상을 입혔다.

4월, 일본총독부 경무국에서는 홍범도가 이끄는 독립군이 온성과 무산茂山 등지에서 8차례나 일본군대를 습격하였다고 보고하였다.

6월, 일본총독부는 함경북도 나남羅南에 주둔하고 있던 일본군에게 독립군을 토벌하라는 명령을 내렸다. 일본군은 국경을 넘어 중국의 평우동鳳梧洞에 침입하였다. 홍범도의 독립군은 사면에서 적을 포위하였다. 결국 일본군 120명을 사살하여 토벌대를 거의 전멸시켰다.

대한민국임시정부 통계에 따르면 1920년 3월부터 6월 초에 이르기까지 국경지역의 독립군은 일본군과 32차례 전투를 벌였는데, 파괴된 일본의 경찰서와 행정관서는 무려 34개소나 되었다.[38]

9월, 일본군은 중국 영토에 대거 침입하여 한국독립군을 토벌하였다. 20일, 김좌진과 이범석은 독립군을 이끌고 안투현安圖縣으로 이동하여 홍범도 및 서로군정서 대표와 함께 연합정책을 상의하였다. 10월 16일에는 허룽현 산다오거우三道溝에 이르렀다. 일본군은 1개 사단의 병력을 동원해 일거에 한국독립군을 소멸하려고 하였다. 18일, 일본군 3개 대대가 무산에서 습격해 온다는 소식을 접한 독립군은 칭산리靑山里로 들어가 요새를 점거하고 밀림 속에 매복하였다. 일본군은 실제로 대대의 병력으로 쳐들어왔다. 독립군은 맹렬히 사격을 퍼부었다. 이에 일본군은 450여 명이 사살되고 60여 명이 부상을 입었다. 일본군은 독립군이 얼다오거우二道溝로 후퇴하리라 예상하고 두 갈래로 나눠 수색하면서 좌우에서 순회하였다. 그러다가 서로 만난 일본군은 상대가 독립군인줄로 알고 서로 사격을 퍼부어 180명이 죽고 70명이 부상을 입었다. 이는 당시 독립군과 일본군의 옷이 똑같았기 때문이다. 22일, 적들은 또다시 1개 연대, 1개 대대를 동원해 얼다오거우로 향했는데 선봉대로 나섰던 50명이 전멸되었다. 적들은 부대를 규합해 3차례나 돌파를 시도하였다. 그러나 독립군의 완강한 저지 속에서 적군은 또다시 수백 명의 사상자를 냈다. 김좌진은 독립군을 지휘해 북쪽 산의 유리한 지형을 차지하였다. 일본군은 이 산을 탈취하면서 또다시 250명의 사상자를 내야만 하였다. 그러나 독립군은 이미 30리 밖의 마라오거우麻老溝로 물러나서 휴식을 취하고 있었다. 이것도 모르고 일본군은 두 갈래로 나누어 독립군의 지휘소를 향해 수색 전진하였다. 그러다 또다시 서로 충돌해 200여 명이 죽었다. 박은식은 칭산리전투를 이렇게 총괄하였다. "우리군은 속사포 5문, 기병총 30정, 탄알 5,000발, 말 20필, 군도 20자루, 쌍망원경 5개, 손목시계 20개, 군용지도 6장을 노획하였다. 우리 사령부에 보고된 바에 따르면 적군 1,600여 명이 살상되었다. 중국 측의 조사에 따르면 일본군 1,300여 명이 살상되었다고 하였다. 일본영사는 비밀보고에서 '얼다오거우전투에서 가노加納 연대는 대대장 2명, 소대장 9명, 하사 이하 병사 900여 명을 잃었다.'라고 하였다. 하지만 칭산리전투 사망자 수에 대한 확실한 보고는 없다. 다만 잘린 머리를 실어내는 군용트럭이 16대나 되었다고 수많은 목격자들이 진술하였다."[39]

칭산리대첩은 한국독립군의 전쟁사에서 가장 빛나는 승리였다. 이는 일본침략자는 결코 물리칠 수 없는 존재가 아니며, 최후 승리에 대한 한국 군민의 자신감을 크게 고무하였다.

만주대학살

전투에서 연이어 패배하자 일본군은 옌볜과 랴오둥遼東 일대의 한국 교민들에게 보복을 감행하였다. 박은식은 당시를 다음과 같이 기술하였다. "1920년 10월 중국 경내에 침입한 "일본군은 각지의 부락, 인가, 교회, 학교, 그리고 양곡 수만 석을 불살라버렸고 남녀노소를 불문하고 박격포로 죽이고, 칼로 찌르고, 몽둥이로 패고, 끈으로 옭매고, 주먹으로 때리고, 발로 차고, 사지를 찢고, 생매장하고, 불에 태우고, 솥에다 끓이고, 해부하고, 코를 꿰고, 옆구리를 꿰고, 배를 가르고, 머리를 자르고, 눈알을 빼고, 가죽을 벗기고, 허리를 자르고, 사지에 못을 박고, 손발을 자르는 등 온갖 만행을 자행하였다. 일본군은 우리 동포들을 할아버지와 손자를 함께 살해하고 부자를 함께 살해했으며, 남편을 죽여 아내에게 보이고, 동생을 죽여 형에게 보였으며, 강보에 쌓인 갓난애도 그 어미와 함께 죽였다. 이 밖에도 저들이 저지른 만행은 이루다 말할 수가 없다. 그러나 우리나라와 중국, 서양 각국의 신문을 두루 살펴보아도 이러한 참상에 대한 언급은 찾을 수가 없었다."[40] 비공식적 통계에 따르면 훈춘, 옌지, 허룽, 닝안, 싱징, 류허, 콴디안 등지에서 한인교포 3,106명이 살해되었고, 2,507여 채의 집이 소실되었다. 이것이 바로 그 악명 높은 동만주대학살과 남만주대학살이다.[41]

일본 침략자들은 피비린내 나는 학살을 통해 한국독립운동을 탄압하려 하였다. 그러나 이는 도리어 한국인들의 침략자에 대한 뼈에 사무치는 원한을 불러일으켰고, 한국인들이 독립전쟁을 끝까지 진행하겠다는 결심을 더욱 굳히는 계기가 되었다.

전투를 견지한 독립군

일본군이 대규모로 침범해 올 때면 독립군은 항일세력을 보존하고 한인교포들을 보호하기 위해 자발적으로 북쪽을 향해 철수하였다. 지청천이 이끄는 서로군정서 부대와 김좌진, 홍범도가 지휘하는 북로군정서 부대는 미산密山에서 합류하여 대한독립군을 편성하였는데, 약 3,500명에 이르렀다. 1921년 2월, 한국군은 극동공화국과 협의를 맺고 러시아에 들어가 본래 러시아 경내에 있던 5,000명의 한국독립군과 연합하여 고려혁명군을 새로이 편성했는데 전군은 약 13,000여 명이었다. 지청천이 훈련위원장 겸 고려혁명군사관학교 교장을 맡았다. 1년 뒤 혁명군은 보병, 기병, 포병, 공병 등 여러 병종을 갖춘 정예부대로 발전하였다.

일본은 군사적 수단으로 독립군을 소멸할 수 없게 되자, 외교적 수단으로 해결하려 하였다. 소련정부가 하루속히 일본과의 외교정상화를 실현하려는 것을 이용하여 소련정부에 압력을 가하였다. 소련정부는 강제로 고려혁명군을 해산하고 그 일부를 소련 홍군에 편입시켰지만 대부분은 무장 해제시켰다. 명령에 복종하지 않은 일부 군관은 살해되기도 하였다. 소수의 독립군 전사들만 중·소 국경을 넘어 동북으로 돌아와 동북에 남아 있던 독립군과 합류하여 다시 독립의 깃발을 치켜들고 항일을 계속하였다.

원서로군정서原西路軍政署와 대한독립군은 수차례 변화 발전을 거쳐 1923년에 참의부參議府를 구성하고 지안集安을 중심으로 그 세력범위를 푸숭撫松, 창바이, 안투, 퉁화, 류허 등지로 넓히고 15,000호의 한인교포와 연계하였다. 참의부는 5개 중대의 병력을 갖고 있었는데 자주 한국 경내로 들어가 싸웠다. 1924년에는 압록강을 순시하러 나온 사이토 마코토齋藤實 조선총독을 습격하였다.

1925년, 지린 화디안현樺甸縣에 정의부正義府가 설립되었다. 정의부는 랴오닝과 지린의 한인교포 1,500여 호와 연락을 주고받고 있었고 휘하에 8개 중대의 상비군과 군관을 육성하는 화성의숙華成義塾도 두었다. 1925년 7월, 정의부는 평안북도의 차련관車輦館 주재소를 습격하고 일본 경찰 4명을 죽였다.

옌볜지역의 독립군은 1925년에 신민부新民府를 만들었는데 김좌진이 총사령을 맡았다. 신민부는 5개 대대의 상비군과 대량의 민병을 확보했으며 활동범위 내에 40만 한인교포가 거주하고 있어 가장 강력한 독립군이었다.

1927년부터 정의부, 참의부, 신민부는 3개 부의 통합을 논의하고 혁신의회革新議會를 구성하며 민족유일당을 창건할 준비를 하였다. 그러나 내부의 의견이 분분하여 통합은 실현되지 못하였다. 1929년 4월, 혁신의회를 반대하던 인사들은 국민부를 조직하고 조선혁명당과 조선혁명군을 창립하였다. 1930년, 혁신의회의 인사들은 한국독립당과 한국독립군을 조직하였다. 조선혁명군의 총사령관은 이진탁李振卓이었고 부사령관은 양세봉梁世鳳이었으며 참모장은 이웅李雄이었다. 한국독립군의 총사령관은 지청천이었고 부사령은 남대관南大觀이었으며 참모장은 이장녕李章寧이었다.[42]

4장 한국문제와 중·일 외교

1919년부터 1931년 9·18사변(만주사변) 발발 이전까지 한국문제는 중·일 외교에서 시종 중요한 위치를 차지하였다. 일본정부는 한국에서의 식민통치를 확고히 하기 위해 중국정부에게 자신들과 협력해 동북에서 활약 중인 한국독립군을 진압할 것을 요구하였다. 또한 일본은 중국 동북지역을 병탄하기 위한 계략을 꾸미고 '만선일체화滿鮮一體化'를 강하게 실행하면서 여러 사단을 일으켜 중·일관계를 악화시켰다.

훈춘 사건

한국독립군의 지청천 총사령관은 이렇게 말하였다. "요원의 불길처럼 독립운동은 한국 국내에서 8년 동안 지속되었다. 1914년부터 일본군의 강한 압박으로 독립군 부대는 분산되어 시베리아 및 중국의 동북지역으로 흘러들어갔다. 그때 장쭤린張作霖의 비밀지원을 받아 우리는 만주의 광활한 벌판에서 일본침략자들에 맞서 꿋꿋하게 싸웠다."[43]

장쭤린뿐만 아니라 베이징정부의 위안스카이 및 북양정부의 탕샤오이, 자오빙쥔趙秉鈞, 장쉰張勛, 돤즈구이段芝貴, 우페이푸吳佩孚 등 군정요원들도 한국독립운동의 지도자들과 왕래하면서 원조를 제공하였다. 청나라 말기 동북지역의 군정장관, 예컨대 동북 3성 총독 쉬스창, 시량, 자오얼순趙爾巽, 펑톈순무 탕샤오이, 지린순무 천사오창, 민국 시기의 동북지역 통수권자 장쭤린, 장쭤샹張作相, 장쉐량張學良 등도 한국독립운동을 동정하면서 암암리에 지원하였다.

동북지역에서는 소수의 일본밀정과 영사관의 경찰들만이 한국혁명가를 추격하고 체포하였다. 독립군은 치고 빠지는 전술로 도문강, 압록강 양안에서 게릴라전을 벌여 한국 경내 일본의 군경과 군사목표에 막대한 손실을 입혔다. 일본정부는 외교적인 방법으로 중국정부에 한인교포들의 반일조직 활동을 금지시킬 것을 요구하였다. 동북의 지방당국은 갖은 수단을 동원해 일본의 무리한 요구를 거절하였다.

1920년 1월 8일, 지린독군吉林督軍은 베이징정부에 전보를 보내 강동江東의 일본경찰이 지난달 30일 허룽현에서 개간민을 수색하고 체포했는데 현지의 헌병들이 일본경찰 1명을 붙잡아 일본영사관에 압송하고 일본 총영사에게 항의하였다고 보고하였다.

지린성은 한국의 국경과 인접하기 때문에 한국인들은 독립운동을 하다가 일본군경의 탄압을 받으면 지린의 각 현으로 피신했는데, 그때마다 일본군경이 국경을 넘어와 수색하고 체포하였다. 3월 10일, 지린독군은 특전을 보내 정부에서 베이징 주재 일본 영사관에 항의할 것을 요구하였다.

일본은 강을 건너 제멋대로 지린 경내로 들어와 조선사람을 살해하였다. 6월 15일, 외교부는 국제법을 파괴하고 주권을 침범하였다는 이유로 베이징 주재 일본 영사관에 항의하였다.

8월 12일, 일본은 군경을 대거 동원하여 싱카이호興凱湖 인근의 주민 300명을 비적으로 몰아 체포하였다. 현지사에게는 일본이 파병하여 경내의 비적을 대신해서 토벌할 것이라고 통보하였다.

10월 2일, 조선 주재 일본총독부에 매수된 무장 비적 무리가 두 갈래로 나뉘어 훈춘현성을 습격하였다. 그들은 현의 관공서, 상업구역과 교회를 공략하고 일본 영사관에 불을 질렀으며 일본인 11명과 조선인 6명을 살해하고 시가지에서 약탈을 감행했는데 이것이 바로 훈춘 사건이다.

훈춘 사건이 발생한 이후 한국에 주둔하고 있던 일본군대는 비적을 섬멸하고 일본교민의 안전을 호위한다는 구실로 10월 5일에 중·한 국경선을 넘어 중국영토에 침입한 뒤 훈춘의 둥거우東溝 등지에 주둔하였다. 9일에야 중국 주재 일본공사는 중국 외교부와 교섭하여 일본이 옌지, 훈춘에 출병하여 한국독립당의 활동을 소탕하겠다고 하였다. 중국 외교부는 일본의 출병을 단호히 거절하고 아울러 일본군이 제멋대로 변경을 넘은 것에 대해 엄중하게 항의하였다. 그러나 일본군은 중국의 항의에도 아랑곳하지 않고 계속 군대를 늘려나갔다. 19일, 지린성 의회에서 베이징정부에 전보를 보내 일본이 훈춘 사건을 구실로 출병을 그치지 않고 또한 협박을 일삼고 있는데 정말로 참을 수가 없으니 중앙에서 엄중히 교섭하여 조금도 양보하지 말라고 요청하였다. 21일에는 지린성 소재 11개 학교 학생들이 법정학교에서 긴급회의를 열고 일본군의 훈춘 침입에 항의하는 네 가지 방법에 대해 상의하였다. 11월 4일, 지린성 각 단체들은 성의회에서 연합회의를 열고 훈춘교섭문제를 토론한 끝에 그들을 철수시킬 방안을 제시하였다. 이어서 12일, 베이징 17개 학교의 동북 3성 학생 천여 명이 훈춘 사건에 관한 시위대회를 열었다. 학생들은 손에는 '전력을 다해 훈춘을 구하고 일본상품을 배격하자'는 구호를 적은 백기를 들었다. 14일, 펑톈성 소재지의 학생들도 성의회에서 회의를 열고 일본군의 훈춘 침입에 항의하고 시위를 거행하였다. 30일에는 창춘 2중, 제2사범학교의 학생들도 일본군의 훈춘 침입 사건에 항의하기 위해 집단 휴교하였다. 12월 9일에는 펑톈 학생 800여 명이 시위를 하며 일본군의 훈춘 침입을 반대했고 21일에는 일본군이 철수할 것을 독촉하기 위해 휴학하고 거리로 나가 시위를 벌였다. 24일에는 지린성의회와 각계 대표 4명이 베이징에 가서 청원했지만 오히려 당국으로부터 구금을 당하였다. 학생들의 반일시위집회를 통제하기 위해 동북 지방당국에서는 학교에 방학을 하라는 명령을 내렸다. 이때 일본의 침략에 항의하는 집회는 이미 전국의 대도시로 확산되었다.

일본군은 훈춘, 옌지 일대에서 살인과 약탈을 일삼으면서 한인교포들의 생명과 재산에 막대한 손실을 주었을 뿐만 아니라 중국주민들에게도 큰 피해를 주었다. 당시 동북 지방당국에서도 옌볜지역의 비적을 토벌한다는 명분으로 군대를 파견하여 일본군을 감시하면서 한국독립당 무력부대의 후퇴를 엄호하여 중·한 인민의 손실을 줄이려 노력하였다. 한국독립군은 김좌진, 홍범도, 지청천의 인솔 아래 전투력을 보전하려고 애썼다. 칭산리전투 이후 그들은 북쪽의 후린虎林, 미산으로 철수했고 중국과 소련의 변경을 넘어 시베리아에서 휴식과 훈련을 하였다.

11월 4일, 베이징 주재 일본대사관의 오바타小幡는 외교부에 네 가지 철수안을 제기하였다. "첫째, 중국은 반드시 군대를 옌지에 증파하여 진정으로 치안을 유지하고 이곳의 일본국 신민과 그 이익을 보호해줄 것을 일본정부에 보증해야 한다. 아울러 마적과 못된 조선인을 토벌함으로써 일본영토 내의 치안이 그들과 연루되지 않도록 해야 한다. 둘째, 훈춘, 룽징촌, 쥐쯔지에, 바이차오거우, 터우다오거우 등 일본인이 거주하는 지역에는 중국에서 반드시 군대를 주둔시켜야 하며 그렇지 않을 경우는 일본에서 필요한 지점에 수비군을 주둔시키는 것을 중국에서 허락한다. 셋째, 나중에 옌지 등지에서 또다시 이러한 사건이 발생할 때는 일본은 자위를 위해 출병하여 제때에 조치를 취할 것이니, 중국정부에서는 이에 대해 사전에 승인해야 한다. 넷째, 중국정부에서 이상 각 조항을 승인하면 일본군대는 옌지에서 완전 철수할 때까지 단계별로 철수한다."[44] 16일, 외교부에서는 답변서를 보내 일본군의 철수를 정중하게 독촉하면서 일본이 나중에 다시 출병할 수 있다는 셋째 조항에는 승인하지 않았다. 18일, 일본대사관에서 훈춘의 일본군을 철수시키겠다는 각서를 외교부로 보내왔다. 12월 1일, 일본 외무성에서는 중국 주재 공사를 통해 중국 외교부에 일본이 훈춘, 터우다오거우, 바이차오거우, 쥐쯔지에에 경찰서를 세우고 출병권을 유보할 것을 요구했으나 4일, 중국 외교부는 재차 거절하였다.

1921년 1월 8일, 지린성정부와 훈춘 주둔 일본군은 '철수기간 임시규칙 4

개 조항'을 상의·결정하였다. "첫째, 일본군이 철수한 지역을 중국군이 방위한다. 둘째, 중국군의 주둔지에 만일 일본군이 있으면 양측 장병들은 성의껏 대한다. 셋째, 일본군의 주둔지에 비적들이 나타나면 반드시 중국군에 먼저 알린 뒤, 비로소 진격과 소탕전을 벌인다. 넷째, 옌지와 훈춘 일대의 질서는 중국군과 경찰이 총괄 유지한다."[45]

1월 15일, 훈춘·옌지·둥닝東寧·닝안·허룽 등 5개 현의 대표들이 베이징에 도착하였다. 이들은 베이징정부에 글을 올려 5개 현의 백성들이 일본군에게 피해를 입은 상황을 침통하게 진술하였다. 민중의 사망자 수는 만 명에 근접하고 재산 손실은 2천만 원에 이르며 일본군이 저지른 간음, 총살, 생매장, 방화, 요절 등 야만적 만행을 일삼았다며 일본군 철수와 손해 배상을 요구하였다.[46] 베이징의 지린동향회에서는 다시 정부에 글을 올려 엄중하게 교섭할 것을 요구하면서 지린의 7백만 동포가 정부의 후원자가 될 것이라고 하였다.

일본정부는 군대의 철수기간을 늦추기 위해 일본공사에게 1월 17일 중국 외교부에 다시 네 가지 조건을 제시하게 하였다. "첫째, 사상자에게 조문비와 위로금을 지불하라. 둘째, 재산 손실을 배상하라. 셋째, 군관 및 지방관을 처벌하라. 넷째, 일본정부에 사과하라."[47] 외교부는 이런 무리한 요구를 즉각 거절하였다. 3월 6일, 외교부는 옌지에 주둔하던 일본군 2개 소대와 왕칭, 허룽 2현에 분산되어 있는 일본군경을 먼저 철수시킬 것을 일본 측에 요구하였다. 8일, 일본대사는 옌지, 훈춘에서 경찰을 제외한 주둔군을 3월 말까지 모두 철수시키겠다고 하였다. 24일, 일본은 정식으로 외교부에 각서를 보내 일본군을 이미 전부 철수시켰고 경찰은 잠시 머물 것이라는 거짓말을 하였다. 4월 8일, 일본대사는 외교부에 각서를 보내 옌지, 훈춘 등 5개 현의 일본군은 계속해서 철수시키고 있고 지난번 영사관과 영사분관에 남아 있던 일본군도 모두 철수시켰다고 알렸다. 한동안 떠들썩했던 훈춘 사건은 이렇게 막을 내렸다.

일본대사는 일본군을 완전히 철수시켰다는 성명을 발표하였다. 그러나 5월 16일, 일본 측은 또다시 군사연락원 8명을 훈춘, 류다오거우, 터우다오거우 등지에 파견해 상주시켰다. 10일, 일본공사는 외교부에 서한을 보내어 중·일 양국의 경찰이 함께 국경을 순찰할 것을 요구하면서 15개 조항으로 구성된 '중일국경회순잠정판법中日國境會巡暫定辦法' 초안을 제시하였다. 외교부는 펑톈과 지린 2성의 독군督軍에게 알려 의견을 물었다. 장쭤린은 연합순찰(회순會巡)에 반대하면서 그것을 서로 순찰(대순對巡)하는 것으로 수정해야 한다고 주장하였다.

중·한 국경지대를 통제하기 위해 일본군은 일방적으로 사람을 보내 압록강을 측량하다가 베이징정부의 항의로 어쩔 수 없이 양국에서 공동으로 측량하는 데 동의하였다. 훈춘에 출병했던 기간에도 일본군은 1911년의 '중일도문강도선성약中日圖們江渡船成約'을 어기고 도문강에 부교浮橋를 놓았다. 일본군이 철수한 뒤에야 외교부는 7월 4일, 일본대사에게 부교를 철거할 것을 요구하는 각서를 보냈다.

정부가 이렇게 나서자 일반 군경과 대중들도 위기에 처한 한인교포들을 보호하는 데 앞장섰다.

한국교포 청년들은 중국 안둥에서 대한청년단연합회를 조직하였다. 일본군경은 홍퉁거우弘通溝를 불시에 습격하여 한국청년 1명에게 중상을 입히고 안병찬安秉瓚 등 7명을 체포하였다. 일본군은 체포한 이들을 잔인하게 고문한 뒤 생매장하려 하였다. 그런데 중국경찰이 이들 7명은 형사범인 만큼 일본 측에게는 처리권리가 없다고 하면서 이들을 콴디안현정부로 넘길 것을 요구하였다. 콴디안현지사 황주안黃祖安은 오래전부터 안병찬을 존경해오던 터라 그를 석방하였다.[40]

영국 로이터통신의 보도에 따르면 1920년 11월에 일본군은 싱징 지방의 어느 한인교회당에 불을 지르려 했는데 다행히 중국인이 나서서 "불을 지르면 부락 전체의 무고한 중국인에게까지 화가 미친다."라고 하여 그 교회당

은 보존될 수 있었다고 한다.[49]

1920년 10월에 일본군이 옌지, 훈춘에 침입한 이후 1921년 4월에 전부 철수하기까지 중국정부와 민중들은 일본군의 철수를 강력하게 요구하였고 일본군의 폭행에 항의하는 투쟁을 줄기차게 벌였다. 이는 중국 영토주권을 수호하는 투쟁이었고 또한 한국독립군에 대한 지원이었다. 훈춘 사건 이후 한국독립운동은 동북에서 계속 존재하고 발전할 수 있었는데, 이는 중·한 양국 국민들이 연합하여 투쟁한 결과였다.

동북당국과 한국독립군

1925년 6월, 조선총독부의 미쓰야 미야마쓰三矢宮松 경무국장과 장쭤린의 경무처장 위전于珍은 중국 국경 내에서 한인교포의 독립운동을 단속한다는 이른바 '미쓰야협정'을 체결하였다.

또한 1927년 9월 18일, 베이징정부와 일본은 '동북 3성 한인단속협정'을 맺고 한국독립당을 해산시키고 무기를 거둬들이고 일본 측의 요청대로 한국당지도자를 체포해 일본으로 넘긴다고 규정하였다.

중국 측에서 이 협정에 서명한 주요목적은 주권을 수호하고 일본군경들이 한국독립당을 진압한다는 명분으로 중국영토에 재침입하는 것을 방지하며 중국에서 한인교포문제를 자체 처리하려는 데 있었다. 이 협정은 한국독립운동에 어려움을 초래하였다. 그러나 독립군의 부활과 발전은 중단되지 않았다. 20년대 후반, 동북에서 활약하던 한인교포 조직인 정의부, 참의부, 신민부와 나중에 창립된 국민부는 원래의 서로군정서, 북로군정서와 마찬가지로 상당한 자치권을 영위하고 있었다.

김일성金日成은 이렇게 말하였다. "정의부는 행정, 재무, 사법, 군무, 학무, 외교, 검사감독 등 방대한 중앙기구와 지방기관을 세웠고 심지어 관할구역 내의 조선동포들에게서 세금을 징수하는 등 마치 하나의 독립국가 같았다.

이 방대한 기구를 보호하기 위해 정의부는 150여 명의 군인으로 조직된 중앙호위대를 갖고 있었다."[50] 참의부, 신민부, 국민부의 상황도 정의부와 마찬가지로 독립적이었고 무관학교와 상비군을 갖고 있었다.

지린성 한인교포의 상황은 대표성을 띤다. 조선인들은 지린시를 '제2의 상하이'라고 불렀다. 중국의 관내에서 상하이는 조선 혁명가들의 집결지였다. 만주지역에 이주한 조선인들 대부분은 지린성에 거주하고 있었다. 따라서 일본경찰들에게 추격을 받던 수많은 조선독립운동가와 공산주의자들이 지린에 집결하였다. 그래서 이 도시는 조선인들의 정치활동무대로서 그 중심이 되었다. "동북 3성에서 지린은 일본을 배척하는 근원지였다."라는 일본인들의 평가는 근거없는 말이 아니었다.[51]

1920년대 후반, 지린은 조선민족주의의 기본세력, 즉 정의부, 참의부, 신민부 지도자들의 만주 집결지였다. 독립운동가들은 대체로 화뎬, 싱징, 룽징 등지에서 신문을 만들고 학교를 지었는데 지린은 그 지도자들이 집결해서 활동하던 곳이다. 조선공산주의자들의 활동무대 역시 지린이었다. 독립운동가들은 동북에서 이상촌理想村을 세우는 사회개혁 실험을 진행했는데 이런 실험지역은 자연히 한인교포들이 모여 사는 곳이 되었다. 미산현의 대동실업회사大同實業會社나 랴오허遼河 우자쯔五家子의 이상촌이 그런 곳이었다.

만약 동북지방정부와 일반 백성들의 동정과 지원 그리고 보호가 없었다면 중국 동북에서 한국독립운동의 존재와 진전은 큰 어려움에 부딪혔을 것이다. 김일성은 이렇게 말하였다. "지린의 독군서督軍署는 장쭤린의 사촌동생 장쭤샹이 우두머리였는데 그는 일본인들을 따라주지 않았다. 일본인이 그에게 누구누구는 공산당이고 누구누구는 나쁜 사람이라고 고발해도 그는 저들의 요구를 즉각 거절하면서 이건 당신네가 관여할 바가 아니라고 말하였다. 그가 이렇게 처리했던 것은 그 어떤 정치적 견해에서 비롯되었다기보다는 그 자신이 무지하고 또한 자존심이 강했기 때문이라고 할 수 있다. 그의 이런 측면은 혁명가들과 사회주의자들에게 유리한 조건이 되었다."[52] 사실

장쭤샹은 정치두뇌가 있는 사람이었다. 그는 일본군국주의야말로 동북에 가장 큰 위협이라는 점을 알고 있었다. 한국독립운동에 대한 지지가 곧 동북을 보위하는 것, 이는 소수 매국노를 제외한 모든 동북사람들의 공통된 인식이었다.

일본인의 압력에 중국 군경들은 한국애국자 일부를 체포하였다. 1927년 2월, 상하이에 망명하던 임시정부 요인이고 독립운동의 원로인 안창호는 베이징을 거쳐 지린에 도착하였다. 현지의 한인교포들은 그를 열렬히 환영하였다. 『동아일보』, 『조선일보』는 지면을 대폭 할애해 안창호의 지린 도착 소식을 보도하였다. 청년학생과 독립운동가들은 안창호가 묵고 있던 산펑三豊여관으로 몰려가 그에게 강연을 요청했고 안창호는 그들의 요구를 들어주었다. 그리하여 상푸지에商埠街, 차루지에岔路街, 퉁톈지에通天街, 허난지에河南街, 베이다지에北大街, 뉴마牛馬 골목 등 시내 곳곳에 안창호가 시국에 대해 강연한다는 내용의 대형 광고가 나붙었다. 이에 일본총영사관은 지린성정부에 항의하며 안창호의 반일활동을 금지시킬 것을 요구하였다. 안창호는 차오양문朝陽門 밖의 대동大東공장에서 반일의사 나석수羅錫疇의 추모회에 참석한 뒤 즉석에서 강연을 하였다. 추모회에 참석한 세 부府의 대표들과 시내에 거주하던 독립운동 지도자 그리고 청년학생들까지 모두가 그의 강연을 경청하였다. 장내에는 빈자리가 없었고 사람들은 하는 수 없이 벽에 기대어 선 채로 강연을 들었다. 강연이 끝날 무렵 지린독군서에서 파견한 수백 명의 헌병, 경찰이 강연장에 뛰어들어 300여 명을 체포했는데 거기에는 안창호와 현묵관玄默觀, 김이대金履大, 이관린李寬麟 등 저명한 독립운동가도 포함되어 있었다. 이번의 대검거를 지휘한 사람은 조선총독부 경무국의 구니토모國友와 동북군 장령 양위팅楊宇霆이었다. 하지만 양위팅은 체포된 안창호 등을 인도하라는 일본 측의 요구를 거절하였다. 지린 각계의 인사와 한인교포청년들은 독군서의 청사 앞에서 청원시위를 단행하였고 중국의 신문들도 대중의 목소리가 담긴 글을 실었다. 20일이 지나자 체포되었던 사람들이 모두 석방되었다. 안창호는 무사히 지린을 떠나 상하이로 돌아갔다. 1932년 4월, 안창호는 상하이에서 일본군경에게 다시 체포되어 서울교도소에서 5~6년 동안 수감되었다가 병보석으로 풀려 나왔다. 1937년 중일전쟁이 발발하자 그는 다시 조선총독부에 수감되었는데 연로한 데다 병약했던 몸은 형벌과 고문을 이겨낼 수 없었다. 결국 1938년 3월 10일 감옥에서 비참하게 숨을 거두었다.

반공의 기치를 들었던 동북당국은 한인교포 가운데 공산주의자에 대해서 유난히 가혹하였다. 청년공산주의자 김일성은 지린에서 혁명활동을 벌이다 세 번이나 중국군경에 체포되었는데 중국의 선생님과 친구 그리고 한인교포 저명인사들의 도움으로 석방될 수 있었다. 그를 구해낸 사람 가운데는 동창생인 장웨이화張蔚華와 그의 아버지가 있었고 위원毓文 중학교의 교장인 리광한李光漢도 있었다. 그는 이렇게 말하였다. "중국경찰이나 일본경찰이나 경찰이기는 마찬가지다. 하지만 일본경찰의 수중에 넘어가면 아무 방법이 없다. 그들은 만주에서 조선혁명가들을 체포해 다짜고짜 국내로 압송하거나 관동도독부 법원에서 심판한 뒤 뤼순과 다롄, 지린 등지의 감옥에 가두었다."[53]

일본은 동북을 점령하려고 중국의 군계와 정계 그리고 한인교포 가운데서 앞잡이를 매수해 전문적으로 조선혁명가를 체포하게 하였다. 물론 이들 앞잡이의 행위가 장쭤린, 장쉐량을 위수로 하는 동북당국의 정책을 대표하는 것은 아니었다.

철도 교섭

1909년부터 일본은 한국의 회령에서 지린에 이르는 철도를 부설하겠다고 줄기차게 요구했지만 중국 국민의 강렬한 저항을 받았고 일본 측에서도 자금부족 등의 문제가 있었다. 이에 여러 차례로 나누어 지회선吉會線을 부설하기로 하고 먼저 지린에서부터 둔화까지의 구간을 건설한 뒤 다시 회령까지 연장하려 하였다.

1916년 말, 일본은 중·일 합작이라는 명분으로 지린의 유지인 원루文祿와 옌지의 도윤道尹을 매수하여 톈보우산天保山에서 도문강까지 이어지는 철도를 부설하려고 하였다. 베이징정부는 줄곧 정식 비준하지 않았다. 1921년 10월, 일본인들은 동북지방 정부의 양해를 구하고 허룽, 옌지의 일부 유지들과 결탁하여 암암리에 토지를 매수하고 톈투선天圖線(톈보우산~투먼) 부설을 강행하였다. 옌지의 학생들과 사회 각계에서는 대규모 시위행진을 벌여 톈투선을 팔아먹는 매국행위를 규탄하였다. 지린성의회에서도 베이징정부 외교부에 전보를 보냈다. "톈투선이 중·일 합작이라고는 하지만 실은 일본의 자금만 투입된다. 일단 부설되면 이곳 국토의 절반을 이 철도의 권리와 함께 잃게 될 것이다."[54] 전보에서 지린성의회는 외교부가 일본 측과 교섭하여 철도부설 공사를 중지시킬 것을 요구하였다. 동북지방 정부의 교섭으로 일본은 이 철도부설 공사를 잠시 정지시켰다.

1925년 11월, 궈쑹링郭松齡이 봉계군벌奉系軍閥(북양군벌의 일파—옮긴이)에 반기를 들자 장쭤린 정권이 위험에 빠지게 되었다. 이 기회를 틈타 일본은 장쭤린을 돕는다는 조건을 내걸며 이런저런 요구를 하였다. 그 가운데는 옌지지역의 행정권을 일본에 양도하고 지둔선(지린-둔화)을 연장하여 도문강 동쪽의 조선철도와 연결시키는 조건이 포함되었다.

1926년 7월, 일본 외무성 아시아국장 기무라木村와 만주철도주식회사의 오쿠라大藏는 동북철도문제에 관한 회담을 가졌다. 발언 중에 오쿠라는 지회선에 대한 일본 군부의 의도를 넌지시 드러냈다. "군부에서는 그것이 대對미국과 소련 작전상 반드시 필요한 중요한 노선이라고 강조하고 있습니다. 그들은 일본이 미국과 러시아와 동시에 전쟁을 치르게 된다면 이 철도는 쓰시마해협과 사할린 쪽으로 통하는 길목을 지키게 되고 그러면 일본해(동해)가 내해처럼 되어 자유롭게 대륙으로 물자를 운송할 수 있어 미국에 대처하기 수월할 것이고, 동시에 다른 측면으로는 소련에 대처하기 위한 필요성으로 봐도 만몽滿蒙에 출병하려면 조선철도에만 의지해서는 부족하므로 이 철도를 부설하는 것은 아주 중요한 사안이라고 주장하고 있습니다." 외무성의 기무라가 "지회선은 지린성의 목재를 운송할 수 있어 경제적으로 유리할 뿐 아니라 조선인들을 경계하는 데도 아주 유익합니다. 지둔선이 완성되면 곧바로 착수해야 합니다."라고 보충 설명하였다.[55] 제3차 회담에서 오쿠라는 더욱 노골적으로 말하였다. "지회선문제를 실현하는 데 본인은 원칙적으로 이의가 없습니다. 그리고 본인도 이 견해에 찬성합니다. 지회선, 즉 지금의 만주철도 간선, 지선에 의지하면 사실은 조선 국경을 만주 중부까지 확장하는 효과를 거둘 수 있습니다."[56]

7월 하순, 일본 외무성 아시아국은 '만몽철도계획에 관한 방침'을 다음과 같이 제정하였다. "원칙적으로 지금부터 1년 반 이후 만주철도 부설이 시작되면 지회선 문제로 중국 측과 교섭을 진행하여 지둔선이 완공되는 즉시 지회선 연장선 공사에 착수한다."[57] 이때 일본인 이다 엔타로飯田延太郎는 이미 톈보우산에서 도문강 사이에 경편철도를 부설하여 그 일부분이 지회선과 경쟁하면서 평행되고 있어 철도권을 매입해야만 하였다.

일본은 한편으로는 중국이 자국에서 철도를 부설하는 것을 극력 저지하면서 다른 한편으로는 저들이 지배하는 철도망을 동북전역으로 확장하려 하였다. 1926년 11월, 일본에서는 중국에서 지하선吉海線(지린~하이룽海龍)을 부설하려 한다는 정보를 입수하고 즉시 항의하였다. 12월 21일, 지린 주재 일본 총영사 가와고에川越는 지린교섭서장 중위鐘毓와 회담을 가졌다. 중위는 일본이 항의를 철회하고 중국이 지하선을 부설하는 것에 동의해줄 것을 희망하였다. 가와고에는 중국에서 지회선 문제와 창다선長大線(창춘~다롄) 문제를 한꺼번에 해결할 수 있다면 자국 정부에 중국 측의 의도를 전달하고 최대한 양해를 구하겠노라 하였다. 중위는 즉석에서 펑톈, 지린 2성에서 모두 반대하고 있기에 일본 측 제의는 실현 가능성이 전무하다고 말하였다.

1927년 여름, 중국정세가 극심한 동란에 빠졌다. 북벌군이 양쯔강의 이남지역을 점령하고 중원으로 진군하였다. 장쭤린을 위수로 하는 북양군벌의 통치는 막바지에 이르렀다. 6월 17일부터 7월 7일까지 도쿄에서는 중국침략전쟁을 획책하는 동방회의가 열렸다. 동방회의의 중심의제는 어떻게 하면 중국에서 동북을 이탈시킬 수 있는가였다. 회의 이후 일본정부는 장쭤린의 지위가 위태롭기는 하지만 아직 베이징정권을 장악하고 있는 기회를 틈타 그에게서 '만몽' 권익을 얻어내려 하였다. 일본의 차관으로 부설하려는 철도만 일곱 갈래가 있었는데 그 가운데 우선 지회선과 창다선에 대한 부설권만 요구하여 일본세력이 지린, 헤이룽장 내륙까지 뻗치게 하려고 꾀하였다. 이는 나중에 다시 '만몽 5선'으로 고쳤는데 이 가운데 둔화에서 라오터우거우老斗溝를 경유해 도문강에 이르는 강안선江岸線과 옌지에서 하이린海林까지의 선로는 이후 모두 조선철도의 연장선이 된다. 각종 위협과 유혹적 수단을 동원해 끝내는 1928년 5월 15일에 '돈노철로승조합동敦老鐵路承造合同'과 '노도철로승조합동老圖鐵路承造合同'을 비밀리에 조인하고 둔화에서 라오터우거우, 라오터우거우에서 도문강까지의 중국 교통부 철도부설 공사를 만주철도주식회사에서 담당한다고 규정하였다.

6월 4일, 장쭤린이 선양 외곽의 황구툰皇姑屯에서 관동군이 설치한 폭탄으로 폭사당하였다. 장쉐량은 동북에서 권력을 잡고 일본의 무리한 요구를 거들떠보지도 않았고 상기 계약을 승인하지 않았다. 동북 3성의 인민들은 전국의 지지와 동북당국의 묵인 아래 기세높이 반일애국운동을 전개해나갔다. 지린인민들은 항의의 초점을 지회선에 맞추었다. 지린성의회, 농회, 교육회, 상인연합회, 공회工會, 농회, 변호사공회, 기족생계회旗族生計會, 항업공회航業工會, 학교교직원회, 학생연합회 등 사회단체들도 성대한 항의활동을 벌여나갔다. 각 단체의 연합조직인 노권路權자주회, 철도권쟁취공민조합회, 옌볜 농·공·상·학연합회 등은 군중을 동원해 철도권을 되돌려 받고 자주적으로 철도를 부설하자고 주장하였다. 펑톈과 헤이룽장 2성의 대중들도 반일투쟁의 의지를 불태웠다. 관내의 베이징, 톈진 등 도시에서도 서로 호응하여 동북인민들의 철도권 보위투쟁을 성원하였다.

지린에 거주하던 한인교포 청년들은 조선공산주의청년동맹과 반제국주의청년동맹의 조직 아래 중국의 국민과 함께 일본제국주의의 동북침략을 반대하고 지회선 부설을 반대하고 나섰다. 1928년 10월 26일, 수천 명의 중·한 청년들은 거리에 몰려나와 중·한 양국의 문자가 적힌 현수막을 들고 일본영사관 앞에서 항의집회를 가졌다. 일본인들은 11월 1일에 지둔선 개통식을 거행하려 했지만 하는 수 없이 무기한 연장하고 말았다.

완바오산 사건

1910년 한일합병 이후 해마다 수많은 한국인들이 고향을 등지고 중국 동북으로 이주하였다. 일본의 잔혹한 유린으로 어두웠던 한국에 비하면 동북은 그야말로 낙원이었다. 한인교포들은 이곳에 정착하여 농·공·상 각 업종에 종사하였고 일부 사람들은 이미 상당한 재산을 축적하였다. 중·한 양국 백성들은 이웃으로 화목하게 지내면서 동북의 풍부한 자원을 개발하기 위해 열심히 일하였다.

그러나 일본제국주의는 한인교포문제를 의도적으로 만들어내며 중국의 내정을 간섭하면서 외교분쟁을 일으켜 중·한 양국 국민을 이간질하였다. 한국인의 국적문제가 바로 그렇다. 중국정부는 한인교포들이 중국정부에서 반포한 국적법에 따라 중국 국적을 가지도록 권장하였다. 그러나 일본정부는 이 일에 무리하게 간섭하면서 심지어 중국 국적에 가입하는 한인을 박해하였다. 그러나 대부분 한인교포들은 여전히 중국 국적을 선택하였다.

1927년 12월 16일, 동북에 거주하는 한인교포 30만 명은 펑톈, 지린, 헤이룽장 3성에 대표를 파견하여 중국 국적에 가입하겠노라고 청원하였다. 요시자와 겐키치芳澤謙吉 일본공사는 베이징정부에 한인교포의 중국 국적 가입요청을 거절하라고 요구하였다.[58]

1928년 동북 3성의 귀화 한인들은 저명한 독립당 인사 최동오崔東旿를 대표로 선출하여 난징에 가서 중국국민혁명의 성공을 축하하게 하고 동북 3성의 귀화 한인의 교육문제와 보호방법을 강구해줄 것을 요청한 뒤 3백만 천도교 신도들을 대표하여 쑨원의 봉안의식에 참석하게 하였다. 난징정부는 그의 요구를 수용하였다.[59]

한인교포들이 중국 국적에 가입하면 일본영사와 경찰의 통제를 받지 않고 자유롭게 반일독립운동에 종사할 수 있었다. 일본정부가 중국 측과 여러 차례 교섭하면서 한인교포의 국적 가입을 반대한 주요 원인도 바로 여기에 있었다. 1930년, 중국과 일본은 법적 권리에 대한 교섭을 진행하였는데 중국 외교부는 "간도의 한인은 중국 지방관청의 보호를 받아야 한다."라고 제안하였다.[60] 일본은 불평등한 영사재판권을 견지하면서 한인은 이미 일본 국민인이므로 옌볜 한인에 대한 사법관할권이 일본에 있다고 주장하였다. 1930년 7월 27일, 일본 척무성拓務省은 조선인이 중국에 귀화할 수 있는 권리를 박탈한다는 결정을 내렸다.[61]

일본은 한편으로는 중국당국에 한국독립운동을 제지하라고 강요하면서 다른 한편으로는 중국이 한인교포를 배척한다고 선전하며 한국에 있는 화교를 박해하라고 선동하였다.

1927년 12월, 한국에서 화교를 배척하는 사건이 일어났다. 화교들은 막대한 손실은 입었다. 12월 24일, 베이징 외교부는 일본영사관에 조선에서의 화교배척 행위에 대해 항의하였다. 일본은 회답문을 보내 중국 측 언사가 지나치다면서 동북지방 정부에서 한인을 단속했기 때문에 조선인들의 화교배척 사건이 발생하였다는 괴변을 늘어놓았다. 12월 31일, 일본영사 요시자와 겐키치는 베이징 외교부에 각서를 보내 조선인의 화교배척 사건은 이미 평정되었고 인천 등지의 화교들은 원래 살던 곳으로 돌아가 영업을 재개하였다고 전하면서 중국정부에서 펑톈, 지린 2성에 조선농민에 대한 단속을 멈추라는 명령을 내리라고 요구하였다. 1928년 1월 28일, 펑톈, 지린의 유지들과 상인들은 연명으로 펑톈성장 류상칭劉尙淸에게 청원서를 내고 조선의 화교배척 사건을 교섭해줄 것을 요구하였다. "첫째, 일본은 마땅히 그 책임을 지고 모든 손해배상을 해야 한다. 둘째, 피해를 입은 화교는 최소한 그 가족이 5천 원 이상의 보상금을 배상받아야 한다. 셋째, 사건의 주동자를 엄벌해야 한다. 넷째, 조선 주재 화교의 생명, 재산과 안전을 확보하고 보호법을 공포해야 한다."[62]

1931년에는 더욱 심각한 완바오산萬寶山 사건이 또다시 발생하였다.

중국인 하오융더郝永德는 수전공사稻田公司를 조직하여 산싱바오三姓堡의 소蕭씨, 장張 씨의 황무지 5상垧을 세내어 논을 개간하고 조선인을 고용했는데, 계약서를 작성하고 창춘현정부에 올려 비준할 것을 요구하였다. 현정부에서는 시행가능성 여부는 관련 규정과 경계선 도면에 맞춰본 뒤에야 비준할 수 있다면서 조선인을 고용하되 20명을 초과해서는 안 된다고 하였다. 그런데 하오융더는 관가로부터 인가를 받은 줄로 알고 그 토지를 한인교포 심연택沈連澤 등 9명에게 다시 세를 주었다. 그런데 세낸 한인교포들이 한인 180명을 모집해 중국 농민의 토지에다 물도랑을 파서 물을 끌어들여 100상의 양전에 피해를 입혔다. 물도랑은 20여 리를 지나 이퉁허伊通河 기슭에까지 미쳐 2천여 상의 한전이 피해를 입었다. 이에 창춘 완바오산의 백성들이 들고일어나면서 현정부가 나서 한인들의 행위를 저지해줄 것을 요청하였다. 그런데 한인들은 현정부의 저지에 불복하여 10여 명이 체포되었지만 백여 명은 여전히 그 일을 그만두려 하지 않았다. 일본영사 다시로田代는 경찰을 보내 한인을 보호하였고 중국 측에서도 경찰을 동원해 중국인을 보호하였다. 창춘 시정市政의 저우위빙周玉炳 처장은 다시 일본영사와 교섭하였다. 랴오닝 주재 일본총영사인 하야시 곤스케林權助는 지린에 와서 성주석 장쭤샹에게 이 일을 보고하였다. 장쭤샹은 성정부의 보고를 아직 받지 못했기에 하야시와 양측에서 동시에 경찰을 철수시킨 뒤 다시 평화담판을 하기로 약정하였다. 이에 따라 장쭤샹은 중국경찰에 철수령을 내렸다. 그러나 일본경찰은 철수는커녕 한인들을 독촉하여 시공을 계속하게 하였다. 이어 일본경찰 30여 명이 장총과 기관총을 휴대하고 들이닥쳤다. 7월 1일, 더 이상 참을 수 없었던 중국농민 500여 명은 한인들이 낸 수로를 메웠다. 그러자 일본경찰이 총을 쏘아 참사를 빚어냈다. 농민 두세 명이 죽고 수십 명이 부상당했으며 체포되어 고문당한 사람이 십여 명이나 되었다. 현장에 탄압하러 갔던 중국경찰 중에도 사망자가 있었다.[63] 일본영사는 72명의 군경을 증파했는데 그들은 나카가와中川의 지휘하에 제멋대로 국경을 넘어와서 주둔하였고 한인들이 수로공사를 끝낼 수 있도록 보호하였다. 일본경찰은 마자사오馬家哨 입구에서 민가 두 채를 점령하고 군용천막 39개를 가설한 뒤 일장기를 내걸고 기관총 네 정을 설치하였으며 기마경 세 명을 파견해 순찰과 수색을 하도록 하였다. 또한 마자사오 인근 4, 5리 내에는 중국인들을 얼씬도 못하게 하였다. 완바오산은 일본 군사점령지로 변해버렸다. 결국 중국정부가 보위총대, 기마순찰대를 파견해 중국 백성들을 보호하면서 쌍방은 대치형국으로 치달았다.

7월 2일, 일본은 유언비어를 날조하여 한국 서울의 각 신문사에 전보를 보냈다. 인천의 한 일본신문이 가장 먼저 완바오산의 한인들이 중국인들에게 살해당하였다는 사실과 동북당국에서 한인들을 추방한다는 소식을 실어 한인들의 반反중국 정서를 선동하였다. 그날 밤, 일본식민당국의 묵인하에 인천의 한인들은 대회를 열고 화교 거주구역에 달려가 시위폭동을 일으켰고 일본경찰은 곁에서 구경하면서 저지하기는커녕 오히려 경찰복을 벗어버리고 폭동을 지휘하였다. 중국 총영사관, 영사관, 중화상공회의 대표들은 사전에 이미 일본당국에 신고하여 보호를 요청하였다. 그러나 대규모 반중국폭동의 발생을 막지 못하였다. 7월 3일은 인천과 서울에서, 7월 4일은 부산과 원산에서, 7월 5일은 평양에서, 7월 6일은 진난포鎭南浦에서, 7월 7일은 신의주에서 화교들이 구타, 강탈, 살해되는 사건이 발생했는데 이 가운데 평양에서 가장 심하였다.

평양에서는 7월 5일 오후 "7시경에 갑자기 폭동이 발생하여 폭도들이 개

미떼처럼 모여들었다. 그 수를 헤아릴 수 없었는데 손에 몽둥이, 칼, 도끼, 돌멩이 등 흉기와 손전등을 휴대하고 농·공·상을 불문하고 대오를 나누어 번갈아가면서 습격하였다. 화교를 만나면 남녀노소를 불문하고 흉기로 구타하여 죽이고 재물을 약탈하였으며 장부를 태워버렸다. 그들은 인화성 연료를 지니고 다니면서 도처에 방화하였는데 그들의 지휘자는 모두 경찰호각을 사용하는 등 조직이 제법 완벽하였다. 이튿날 아침까지 폭력사태는 그치지 않았는데 세간에서는 보기 드문 잔혹한 광경이었다."[64]

일본 주재 중국공사 왕룽바오汪榮寶는 사건 발생 이후 외교부의 위탁을 받고 조선으로 가서 이 사건을 조사하고 화교들을 위문하였다. 7월 13일, 그는 동경에서 출발하여 부산, 서울, 평양, 진남포, 인천, 신의주 등지를 조사하였다. 또한 안둥, 선양에서 지방관원을 회견하고 완바오산 사건의 전말을 조사하였다. 8월 6일, 왕룽바오는 외교부에 '조선배화참안조사보고朝鮮排華慘案調查報告'를 올렸다. 보고에는 이번 참사 때 화교들이 입은 손실을 기록하였다(〈표 6〉).

재산손실란에는 평양과 인천 난에만 구체적인 수치가 있고 "진남포 및 기타 지방의 손실은 일본화 약 117,000엔에 이른다."라고만 적혀 있다.[65] 이 보고는 참상이 발생한 지 얼마 지나지 않아서 작성된 것이기에 비교적 정확

〈표 6〉 완바오산 사건에서 화교가 입은 손실

지명	사망	부상	실종	영사관 수용	핍박 귀국	재산 손실
평양	109	163	63	5,000		254만 5천 엔
진남포		19				
인천	2	22		3,600	8,000	9만 엔
서울		140		3,600		60여 채 훼손, 240채 손실
부산	5		380			
원산	5	21	19	2,300		
신의주		14		1,200	4,100	
기타 지방	2	6				4채 손실

한 수치라고 할 수 있다. 사실 각지의 화교 모두가 비슷한 정도로 손실을 입은 것은 아니었다.

완바오산 사건과 한국의 화교배척 사건으로 중·한 두 민족 사이의 감정이 크게 악화되었다. 중·한 양국의 지식인들은 모두 통탄하였다. 그들은 달려나와 글을 발표하고 강연을 통해 참사의 발생을 배후에서 조종한 원흉이 일본군국주의라고 폭로하였다.

주일 중국공사 왕룽바오는 보고에서 이렇게 지적하였다. "조사한 데 따르면 이번 참사가 발생하게 된 직접적 원인은 일본이 조선의 각 신문사에 완바오산 사건의 진상을 날조하고 과장되게 선전해 조선의 무지한 민중을 선동했던 데 있다. 인천사태가 가장 먼저 발생했는데, 이 역시 서울의 『조선일보』에서 발행한 호외에 완바오산 사건은 중국인과 조선인이 충돌해 일어난 것이며, 여기서 조선인 수백 명이 피살(처음에는 2백여 명이라고 하다가 나중에는 8백여 명이라고 하였다)되었다고 하여 민중의 정서가 격앙되면서 일어나게 된 것이다."[66]

7월 8일, 한국 외무부장 조소앙이 서명한 「화교참사에 관한 대한민국임시정부 성명서」에서는 "중국 국민혁명군의 발전과 한국독립운동은 지극히 중대한 연대관계를 맺고 있기 때문에 족히 일본을 위협할 수 있다. 일본정부는 우치다內田를 파견하고 1개 사단의 병력을 증파하였으며 한국과 만주 일원화 정책을 실행하고 온갖 음모를 꾸며 한·중 간의 감정을 이간질하고 그 우정과 연결을 단절시키려 하였다 …… 종합해보면 이번 화교참사의 배후 조종자는 전적으로 일본제국주의자이다."[67]라고 지적하였다.

김구와 김일성은 각자의 자서전에서 완바오산 사건에 대해 정확한 역사적 평가를 내렸다.

김구는 "당시 일본은 중·한 두 민족 사이의 감정을 파괴하려고 완바오산 사건을 책동하였다. 이에 조선에서도 중국인을 살해하는 사건이 발생하였다. 인천, 평양, 서울, 원산 등지에서 일부 무지한 사람들이 일본인의 부추김에 넘어가 중국인만 보면 죽이는 만행을 저질렀다. 일본은 또한 만주에서 9·18사변을 만들었다. 이 사건에서 일부 한국 국적의 낭인들이 일본세력을 믿고 악행을 저질러 중국인들을 괴롭혔다. 중국의 지식층마저도 우리 민족에 대해 나쁜 감정을 갖고 있다. 우리 정부는 이에 대해 깊은 우려를 느낀다."[68]라고 하였다.

김일성은 사건 발생 이후 자신의 생각을 이렇게 회고하였다. "나는 갑자기 이번 사건은 일본인들이 미리 준비하고 연출한 기만극이며 이제 곧 발생할 대사변의 전주곡이라는 것을 느꼈다. 먼저, 창춘 주재 일본영사관의 직원들이 농민들 사이의 우발적 충돌을 간섭하면서 조선인의 권리를 '수호'해주었다는 점이 아주 의심스럽다. 일본제국주의는 일찍이 '토지조사령'이라는 약탈적인 법령으로 조선의 논밭을 약탈하였고 살인적인 농업정책을 실시해 왔다. 그런데 지금에 갑자기 '보호자'로 둔갑해 조선의 농민들을 '보호'해 준다니, 세상 사람들의 웃음거리가 될 정치풍자화이다. 창춘의 『경성일보』 지국은 완바오산의 분쟁을 급히 본사에 통지하고 국내에서 재빨리 호외를 찍어 발행했는데 이 모든 것이 의심스러울 따름이다. 교활한 일본군국주의가 조선과 중국 인민 사이를 이간질하려고 지방의 자그마한 분쟁을 신속히 장악하고 조작해낸 음모가 실현된 것은 아닐까? 정말 그렇다면 저들은 어째서 그런 음모를 꾸몄을까?"[69]

실제로 얼마 지나지 않아 일본제국주의는 세상을 놀라게 한 9·18사변을 빚어냈다. 이로써 일본인이 완바오산 사건과 조선의 화교배척 사건을 조종했던 음험한 흉계는 백일하에 드러났다.

제7부

중한연합군과 동북항일유격전쟁

1장 동북항일의용군

과거를 묻고 공동으로 적에 대항하다

1931년의 9·18사변은 일본군국주의가 중·한 양국 인민들에게 안긴 큰 재난이었다.

장제스가 이끄는 국민당정부가 실행했던 수치스러운 부저항不抵抗 정책으로 동북은 순식간에 일제에 점령되었다. 130만 평방킬로미터의 영토가 강점되고 3천만 중국인이 일제의 노예로 전락하였다. 중국 동북지역은 일본제국주의가 한국 다음으로 더 큰 전쟁모험을 수행하는 데 이용하는 기지가 되었다. 화북지역이 위태롭고 몽골이 위기에 빠지면서 중화민족은 매우 위험한 상황에 놓이게 되였다.

동북이 점령당한 것은 조국의 부흥에 혼신을 다하던 한국인민들에게도 마찬가지로 하나의 수난이었다. 김일성은 "일본이 만주에 출병한 것은 이미 현실화되었고 만주를 점령하는 것도 이미 기정사실이다. 따라서 이제 우리와 가까운 곳에 적들이 있게 되었다. 수년간 일본은 '미쓰야협정'을 근거로 중국 반동군벌의 협조 아래 조선독립운동가와 공산주의자들을 잔혹하게 진압하여왔다. 그러나 조선에 있던 일본군경이 국경을 넘어 만주로 들어가는 사례는 극히 드물었다. 일본과 중국의 협정에 따르면 일본군경이 국경을 넘는 것은 원칙적으로 금지되어 있었기 때문이다. 만주지역에서 조선혁명가 체포는 대체로 이 지역의 일본영사관 경찰들이 수행하였다. 하지만 9·18사변이 발발함에 따라 만주는 일본군이 마음대로 날뛸 수 있는 또 하나의 장이 되었다. 조선과 일본에서 수만의 일본군이 밀물처럼 만주로 들이닥쳤고, 만주지역은 아군과 적군이 뒤섞여 싸우는 최전선이 되었다. 조선과 만주 사이의 국경선은 일본군의 진격으로 사실상 유명무실해졌다. 일본군의 만주 강점이 이 일대를 활동무대로 삼았던 우리들의 항일투쟁에 커다란 어려움을 가져다주었다. 일본이 만주를 진격한 목적 가운데 하나는 바로 이 일대에서 기세 높이 전개되던 조선인민의 민족해방투쟁을 말살하고, 조선 국내의 치안을 유지하려는 데 있다. 따라서 우리는 사상 재정비가 필요하다. 향후의 각종 활동과정에서 여러 측면으로 일본군경에게 위협을 받게 될 것이다. 일본의 만주 강점으로 이 일대에 터전을 잡은 수십만 조선인의 생활은 재난에 빠지게 될 것이다. 조선 이주민들은 왜놈들이 없는 곳에서 조선총독의 통치와 시달림을 받지 않으려고 했지만, 그런 자유는 일장춘몽이 되고 말았다. 떠돌던 백성들이 고향을 등지고 아무 친척도 없는 이국타향으로 가는 것도 이젠 아무 의미가 없게 되었다."[1]라고 하였다.

9·18사변이 발발하였을 때 동북의 한인교포와 중국인의 관계를 보면, 아직은 여러 가지 소극적인 측면 때문에 양국 인민들은 단결하지 못하였다. 이렇게 만든 데는 두 가지 원인이 있었다. 하나는 공산국제(제3인터내셔널)의 영향이다. 1928년, 공산국제는 조선공산당을 해산시키기로 결의하였다.[2] 1930년 5월, 공산국제는 하바롭스크에서 회의를 열어 조선공산당 조직문제에 대한 공산국제의 결정을 통보하였다. 일국일당一國一黨이라는 공산국제의 원칙에 따라 조선공산당 만주총국은 해산을 선포하였다. 동북의 조선공산주의자들은 중국공산당에 가입하여 중국공산당 당원으로 활동하였다. 1930년은 리리산李立三의 좌경 기회주의가 중국공산당 내에서 지도적 지위에 있을 때였다. 5월, 만주성위원회에서는 '전만농민투쟁강령全滿農民鬪爭綱領'을 발표하였다. 그들은 강령에서 동북에서 중·일 모순이 급격히 격화되는 현실을 무시한 채 '세금을 내지 않는 지주와 부농의 토지를 몰수하며 농민을 무장시켜 소비에트를 건설하자'는 구호를 내걸었다. 만주성위원회가 이끄는 당원 대부분은 원래 조선공산당 당원이었다. 동만주, 특히 옌볜의 조선족 집

거지역은 현 당위원회와 구 당위원회 지도부 구성원의 대부분이 조선인이었다. 당원의 구성비례를 보더라도 조선인이 90퍼센트 이상을 차지하였다. 그들은 동만주지역 당조직 가운데서 주도적·핵심적 역할을 하였다. 만주지역에 조선당원이 이처럼 많았던 것은 간도지역에서 공산주의운동의 선구자 대부분이 조선인이었기 때문이다.[3] 일본인의 정보에 따르면 리리산 좌경노선의 지도 아래 만주폭동 가운데서 간도의 폭동이 가장 격렬하였다. 폭동에 참여한 사람들은 대다수가 조선인이었다.[4] 옌볜 당조직은 노동자, 학생, 농민 등을 이끌고 파업, 휴학, 농사거부 등 운동을 벌였다. 또한 농민협회를 조직하여 토지혁명을 전개하였는데 지주를 타도하고 땅문서를 태웠으며 지주의 양식과 토지를 몰수하여 빈곤한 농민에게 나누어주었다. 1930년 5월 26일, 허룽현 쿠수이동苦水洞에 동북지역 최초로 소비에트정권이 들어섰다. 옌볜 당조직에서는 또다시 5·30폭동을 일으켰다. 폭동에 가담한 백성들은 톈투선의 교량, 일본 동양척식회사, 발전소, 일본경찰서를 파괴하거나 불사르고 일부 일본경찰과 친일파들을 처단하였다. 수개월 뒤에 또다시 8.1지둔吉敦폭동이 발생하였다. 폭동은 둔화, 어무額穆 2현을 중심으로 지둔선 연선의 각 시가지까지 파급되었다. 폭동군중들은 동북군영을 포위하고 병정들의 무기를 탈취하고 공안국, 파출소를 습격했으며 도로를 파괴하고 지주들을 처단하는 등 극한 상황으로 치달았다.

5·30폭동과 지둔폭동은 동북의 한국독립운동을 동정하고 지지하는 동북지역의 수많은 고위층 인사들의 이익에 큰 손실을 주었다. 동북당국의 반공산주의 행동 가운데는 한인주민들의 민족주의를 의심하는 정서가 다분히 섞여 있었다. 결국, 공산당조직이 극심한 파괴와 손상을 입었고 중·한 인민 사이에도 불신과 오해로 서로 거리감이 생겼다.

다음으로 일본제국주의는 중한관계를 이간질하는 정책을 계획적으로 실시하였다. 그들은 중국의 매국노를 매수하는 동시에 한인교포들 가운데 소수의 불량배들을 매수하여 경찰, 헌병과 탐정으로 받아들여 이들로 하여금 중국인들을 박해하게 하였다. 중국인들은 이들 일제의 앞잡이를 미워하면서 '가오리방즈高麗棒子(본래는 조선시대에 널리 입었던 저고리 등의 조선식 복장을 일컫는 말이라는 주장이 있다. 한일합방 이후 조선인을 폄하하여 부르는 멸칭이 되었다—옮긴이)' 라고 불렀다. 일부 과격한 중국인들은 모든 한인교포를 일본의 동북침략 선발대로 오해하기도 하였다.

완바오산 사건이 발생한 이후 한·중 인민 사이에는 더 큰 오해와 불신이 생겼고 서로 반감을 가지게 되었다.[5]

중·한우호를 수호하는 것은 동북항일유격전쟁의 전 과정에 일관되었다. 대의를 도모하는 중국인들과 한국인들은 중·한 양국 국민의 근본이익을 앞세우고, 오해를 없애고 단결을 강화하려고 노력했으며 심지어 어떤 사람들은 소중한 생명까지도 희생하였다.

김일성은 중국에서 25년 동안 생활하는 과정에서 위원毓文중학교의 상웨尙鉞 선생, 류번차오劉本草 선생, 리광한李光漢 교장에게 도움을 받았다. 장웨이화張蔚華 일가와 천한장陳翰章 일가 그리고 그의 중국인 동창생들은 여러 차례 위험 속에서 그를 구해주었다. 김일성을 보호하고 항일연합군의 비밀을 지키기 위해 장웨이화는 스스로 목숨을 끊을지언정 굴하지 않았다. 14년간의 동북유격전쟁 속에서 김일성은 뤄쯔꺼우羅子溝의 마馬 씨 노인의 도움을 받았고 수많은 중국공산주의자들과 생사를 같이하는 혁명적 우의를 맺었다. 그는 9·18사변 이후의 형세를 예리하게 예견하였다. "일본제국주의가 오늘은 만주를 침략했지만 내일은 중국 전체를 침략할 수 있다. 이렇게 되면 중국대륙은 전면전의 불길에 휩싸일 것이다. 자주정신이 강한 중국 인민들은 조국이 직면한 위기를 구경만은 하지 않을 것이다. 이는 더이상 말할 필요도 없다. 우리 주변에는 제국주의의 침략을 허용하지 않고 일심으로 민족주권을 지키려는 중국의 수많은 공산주의자와 애국자들이 있으며 자유와 독립을 사랑하는 수억의 중국 형제들이 있다. 그들은 과거에 조선인들을 나라 잃은 국민으로 보면서 동정했지만 앞으로는 동정자에서 믿음직한 동맹자가 되어 전쟁의 참호 속에서 하나의 목표를 겨냥하게 될 것이다."[6] 중·한 양국 국민의 연합 반일전선을 구축하기 위해 김일성은 수차례나 생명의 위험을 무릅쓰고 여러 항일무장지도자들과 담판을 하였고 또한 조선공산주의자 내부의 중·한 단결에 불리한 잘못된 경향에 맞서 싸우기도 하였다.

1931년 11월, 중공 만주성위원회에서는 다롄시위원회의 퉁창룽童長榮 서기를 항일투쟁이 가장 격렬한 동만주지역으로 보내 중공 동만주특위 서기를 맡게 하였다. 퉁창룽은 동만주는 거주민의 구성뿐만 아니라 당조직의 당원 구성에서도 대다수가 조선동지들이라고 하면서 "동만주에서 혁명의 주력군은 조선인들이다. 조선족 주민들과 서로 협조해야만 게릴라전에서 승리를 거둘 수 있다. 일본이 어떻게 이간질하더라도 양국 공산주의자들은 반드시 민족적 편견을 극복해나갈 것이다. 특별위원회는 향후 조선동지들의 역할을 예의주시할 것이다."[7]라고 하였다. 1934년 3월 21일, 퉁창룽이 전투과정에서 총상을 입자 한 조선동지가 자신의 생명의 위험을 무릅쓰고 그를 구해냈다. 하지만 상처가 워낙 심하여 과다출혈로 끝내 사망하였다.

지린의용군과 한국독립군

동북항일의용군은 9.18사변 이후 동북 민중들이 자발적으로 조직한 여러 항일무장의 통칭이다. 의용군은 원래의 동북군 가운데 애국적인 병사를 중심으로 노동자, 농민, 학생, 경찰대, 공안대公安隊, 민단民團, 산림대山林隊 등으로 구성되어 있었다. 한편 1920년대에 피흘리면서 일본군과 맞서 싸웠던 한국독립군도 중국의용군과 어깨를 겨루며 동북의 전쟁터에서 활약하였다.

1931년 겨울, 한국독립당은 지린성을 중심으로 혁명적인 한인교포들을 단결시켜 군정부軍政府, 광한단光韓團, 신민부新民府, 재만한족통일회在滿韓族統一會 등 조직을 세웠다. 그들은 여러 항일무장조직을 거느리고 있었는데 동북 및 중·한, 러·한 국경지역에서 한국독립군사행동지역을 구획하고, 9.18사변 이후의 동북 민중들의 보편적 항일정서를 이용하여 항일전쟁을 적극적으로 전개해나갔다. 동시에 그들은 중국항일의용군과 긴밀히 연대하여 중국항일군은 중동로中東路 서쪽 각 지역의 군사를 담당하였고 한국독립군은 중동로 동쪽 각 지역의 작전을 맡았다. 이 조직은 얼마 안 되어 더욱 발전하여 각종 명목의 중한연합군을 창립하였다.[8] 항일의용군이 실패하자 한국독립군은 선후로 동북인민해방군과 동북항일연합군에 편입되었고 그 지도자들은 관내로 들어가거나 장쉐량의 동북군을 따르거나 또는 상하이임시정부에 들어가 난징국민당정부와 합작하였다.

9.18사변 이후 지린성 소재지에 거주하던 한국독립당은 즉각 지린성 정부 주석 장쭤샹과 서로 연결하여 중·한이 공동으로 항일할 것과 총포와 탄약을 제공해줄 것을 요구하였다. 지린당국은 매우 환영하였다. 일본군이 시내에 들어와 독립당원을 체포하려고 하자 성정부에서는 몰래 소식을 알리고 70여 명의 한국인사에게 여권을 발급해 안전하게 시내를 벗어나게 하였다. 11월 말, 한국독립군 총사령관 지청천과 참모 신숙申肅은 성정부의 요청으로 빈저우賓州에 가서 중한합작에 대해 상의하였다. 독립군 참모 이우정李宇精, 대대장 오광선吳光善과 임시정부의 원로인 홍진洪震은 옌서우현延壽縣, 닝안현에서 쌍방이 어떻게 합작할 것인지에 대해 심층 논의하였다.

1932년 1월, 한국독립군은 닝안의 라오예령老爺嶺을 경계선으로 하여 영동의 한국군은 제2대 대장 오상세吳相世가 지휘하고 영서의 한국군은 지청천이 지휘하되 지린자위군 제3군 여단장 카오펑린考鳳林과 합작하여 아청현阿城縣을 공략하는 전투에 참여케 하였다. 8월에는 솽청현雙城縣을 공략하였다. 일본군의 비행기가 하늘을 뒤덮고 총탄이 비오듯 했지만 한국군은 전혀 두려운 기색이 없었고 행동이 민첩하고 규율이 엄격하였다. 그래서 각로 우군은 한국군 총사령부의 군사작전 지휘를 칭송하면서 군대는 그 수가 많기보다는 정예로워야 한다는 옛말을 믿게 되었다. 이리하여 한국군은 명성을 크게 떨치게 되었다. 원래 한국군은 불굴의 기상을 지녔고 민중을 혈육처럼 사랑하였으며 백성들의 생활을 조금도 교란시키지 않았고 군사훈련을 게을리하지 않았다. 따라서 중국인들은 한국군이 움직인다는 소식만 들어도 서로 소식을 전하면서 앞다투어 환영하였다. 한국군이 머무는 곳마다 마을 주민들은 상을 차리고 기다렸기에 한국군은 기아에 허덕이지 않았다.[9] 한국독립군에 대한 중국군의 여러 오해는 어깨를 나란히 하고 전투하는 과정에서 점차 해소되었다. 펑잔하이馮占海는 독립군에게 장총 60자루를 지원해주고 그들을 도와 3개의 특무대를 조직해 각지에서 활동하게 하였다.[10] 제3군은 한인들의 재산을 최선을 다해 보호해줄 것과 한인들에게서 양곡을 빌리는 것을 금지한다는 명령을 내렸다.

1932년 10월 17일, 중한연합군은 다시 솽청을 공격하였다. 그러나 일본군이 지원해오자 자위군은 패퇴하였고 3군 군단장 카오펑린은 곤경에 빠졌다. 이때 한국군이 적진으로 돌진하여 그들을 구해냈다. 솽청전투 패배 이후 제3군은 일본군에게 투항하려고 했지만 한국군은 이에 단호히 반대하면서 떠날 것을 주장하였다. 8월 21일 "한국군이 길에 오르자, 카아펑린 군단장과 자오린趙麟 참모장은 눈물을 머금고 아쉬워하였다. 한국군은 즉각 동쪽으로 향하였다. 양국의 군영은 울음소리로 진동하였고 민중들도 울면서 그들을 배웅하였다."[11]

항일전쟁을 지속하기 위해 지청천 총사령관은 한국독립군을 인솔하여 어무현으로 이동하여 영동독립군과 통합하여 3천 명의 대오가 되었지만 군수품이 보급되지 않아 지린의 구국군에 원조를 요청하였다. 1933년 1월, 지청천은 구국군 제14혼성 여단장 차이스룽柴世榮과 공동으로 중·한 일본토벌연합군을 조직하였다. 2월 11일, 연합군은 안투전투에서 일본군과 위만주국군대 1개 연대를 섬멸하였다. 4월 14일에는 바다오허쯔八道河子에서 적군 400여 명을 섬멸하였다. 5월 9일에는 닝안, 둥징청東京城에서 일본군과 위만주군 대부대의 공격을 격퇴하였다. 17일, 양무린쯔楊木林子에서 일본군 1개 대대와 교전했는데 적군 사망자 수가 절반을 넘었다. 7월 10일, 중한연합군은 쑤이

편다디안쯔綏芬大甸子를 공략하고 대량의 무기와 탄약 및 군수물자들을 노획하였다. 지린 구국군이 해체된 후 지청천, 홍진 등은 관내로 들어갔다.

이범석 장군은 북로군정서 김좌진의 부하 군관이었다. 그는 청산리전투를 지휘하였고 고려혁명군 기병연대장을 맡았다. 고려혁명군이 실패하자 동북군 수이닝綏寧 진수사鎭守使 장중창張宗昌에게 가서 소령참모로 있다가 나중에 다시 한국독립군에 복귀하였다. 9·18사변 이후 그는 동북민중 구국군 총사령 쑤빙원蘇炳文 장군의 비서와 고급 참모로 초빙되었다. 나중에 다시 헤이룽장 성정부 마잔산馬占山 장군의 작전과장으로 있었고 1932년 12월 4일, 마잔산과 쑤빙원을 따라 만저우리滿州里를 지나 소련으로 가서 톰스크, 모스크바, 유럽을 거쳐 1933년 10월 상하이에 도착하였다.[12]

1932년 7월 중순, 조선의열단은 김원식金元植, 김상덕金尙德을 동북에 파견하였다. 김원식은 지린의 둔화, 어무에서 지청천과 함께 독립군 제1지대를 건립했는데 인원은 약 500명이었다. 김상덕은 랴오닝의 퉁화, 지안 등의 지역에서 독립군 제2지대를 세웠는데 인원은 약 20명이었다.

의열단은 러허熱河에 또 다른 무장독립군을 세웠는데 동북항일구국회의에 참가했던 한국인 김국빈金國賓, 유기석柳基錫, 김강암金剛岩, 김세웅金世雄 등이 주축이었다. 김국빈은 일찍이 펑군奉軍의 비적토벌사령부 군법처장으로 9년간 있었고 동북민중항일구국군 독립 제1지대 사령관으로 있었다. 이 지대는 다시 두 갈래로 나뉘어 제1로는 츠펑赤峰에 기병 3천 명, 린둥林東과 린시林西에 보병 2천 명, 차하얼察哈爾에 보병 3천을 두었다. 제2로는 허베이 두산현都山縣에 보병 1,500명, 푸닝현撫寧縣에 보병 2천 명을 두었다. 제1지대에는 도합 11,500여 명의 병력이 있었다.[13]

1942년, 한국임시정부의 외무부장 조소앙은 동북 한인교포들의 항일투쟁에 대해 언급하면서 이렇게 말하였다. "9·18사변 이후부터 임시정부와 만주운동의 연락이 중단되었다. 만주의 독립운동세력은 중국의용군과 연합하여 중한연합군을 조직하였다. 한국인은 현재 2만여 군사력을 갖고 있는데 만약 군사장비와 군비만 조달된다면 10만 명 이상으로 늘어날 수 있다. 지리적으로는 중·러 국경지역과 산악 및 삼림지대를 이용하고 한인 주민과 토착 중국인의 반일심리를 이용하여 위만주국 군대를 유도·쟁취하여 반위만주국, 반일본군국주의 전쟁을 전개하고 있다. 최근에는 임시정부의 지도 아래 비밀결사와 농민조직의 지하운동자들이 활발한 움직임을 보이고 있다. 나중에 동맹군이 군수품만 공급해준다면 대규모 작전을 수행할 수 있을 것이다." [14]

랴오닝의용군과 조선혁명군

퉁화, 환런을 중심으로 랴오닝 동변도지역은 한국독립운동이 가장 활발히 진행된 지역 가운데 한 곳이다. 1930년대 초, 이곳에는 조선혁명당과 그 지도하의 조선혁명군과 국민부가 활동하고 있었다. 1932년 1월 17일, 조선혁명당은 신빈현新賓縣 소재지인 허베이에서 회의를 열고 동변도의 여러 반일세력과 연합하여 항일운동을 펼치기로 결정하였다. 19일, 일본군과 경찰은 조선혁명당 중앙위원장 이효원李孝源, 조선혁명군 사령관 김보안金輔安, 부사령관 장세용張世庸을 체포하였다. 이러한 위기상황에서 조선혁명군 중대장 양세봉梁世鳳은 긴급회의를 소집하고 자신이 혁명군 총사령관을 맡고 김학규金學奎를 참모장으로 위임하였다. 혁명군을 5개 사단으로 편성하고 박대호朴大浩, 한검추韓劍秋, 조화선趙化善, 최윤구崔允龜, 정광배鄭光培를 각 사단의 사단장으로 임명하였다. 회의에서는 고이허高而虛를 조선혁명당 중앙집행위원장으로, 김동산金東山을 국민부 위원장으로 선출하였다. 그리고 다음과 같은 결정을 내렸다. "첫째, 총동원령을 발포하여 조선혁명당 관할구역 내에서 18세 이상의 한국청장년들은 모두 병적에 등록하고 조선족 전체가 비상전시 상태에 돌입한다. 둘째, 왕칭먼旺清門 화싱化興중학교의 이름을 속성사관학교로 바꾸고 조선혁명군 관할 아래에 두며 소재지를 퉁화현 장디안쯔江甸子로 옮긴다. 셋째, 중·한 두 나라의 문자로 된 「항일선언서」와 전단지를 유포하여 중·한 두 나라 민족이 단결하여 끝까지 항일할 것을 호소한다. 넷째, 비적들의 소요를 예방하고 조선 인민의 생명과 재산을 보호한다. 다섯째, 능력이 있는 간부를 랴오닝 농민자위단에 보내 그들의 훈련을 계속 협조한다.

양세봉은 왕퉁쉬안王彤軒의 랴오닝 농민자위단을 도와 훈련시켰을 뿐만 아니라 주동적으로 조선혁명군을 왕퉁쉬안의 지휘 아래 두었고, 량시푸梁希夫가 이끄는 대도회大刀會와 연합하여 더우링陡嶺, 융링지에永陵街, 카오청考城, 무치木騎, 상자허上夾河 등지에서 일본군 및 위만주국군과 격전을 벌였다.

1932년 3월 21일, 원 동북군 부연대장 탕쥐우唐聚五는 동변도 각 현 대표 30여 명을 불러 환런현에서 회의를 갖고 랴오닝 민중항일자위군을 세웠다. 4월 21일, 탕쥐우는 환런현 사범학교에서 선서대회를 가졌다. 랴오닝 민중자위군의 기치 아래 동변도의 항일무장을 18로 의용군으로 편성하였다. 왕퉁쉬안의 랴오닝 농민자위단, 양세봉의 조선혁명군은 제10로군으로 편성되었다. 나머지 17로의 의용군에는 대부분 조선혁명당이 이끄는 특무대와 별동대가 있었다.

왕퉁쉬안, 양세봉이 지휘하는 제10로군은 기타 여러 갈래의 자위군과의 연합작전으로 신빈, 칭위안清原, 콴디안, 지안, 린장 등지에서 일본군 및 위만주국군을 공격하고 동변도지역을 수호하였다. 1932년 6월, 탕쥐우는 조선혁명군을 랴오닝 민중자위군 총사령부 직속 특무대로 편성하고 양세봉을 특무대 사령관으로 임명하였다. 또한 자위군 총사령부에는 선전대대를 세우고 한국인 김광옥金光玉을 대대장으로 임명하였다. 랴오닝 항일구국회는 한인선전과를 세워 『합작合作』이라는 간행물을 발행하여 동변도의 한인교포들에게 항일을 신진하였다.

1932년 10월, 일본군은 한국의 혜산, 중강, 만포, 초산, 창성 등지에서 압록강을 건너 창바이, 린장, 지안, 콴디안 등지로 침입하여 통화를 점령하려 하였다. 양세봉의 부대는 상자허, 무치, 카오청 등지에서 일본군 핫토리服部

여단과 맞붙어 싸웠는데 대량의 사상자를 냈다. 탕쥐우는 변장하고 몰래 베이핑北平으로 들어갔고 랴오닝 민중자위군은 뿔뿔이 흩어지고 말았다.

양세봉은 대오를 재건하기로 결심하고 쑤쯔위蘇子余, 왕펑거王鳳閣, 리춘광李春光, 덩톄메이鄧鐵梅 등 부대와 협력하면서 항일투쟁을 견지하였다. 1933년 1월, 조선혁명당 조선혁명군은 신빈현 왕칭먼에서 회의를 열어 조선혁명군의 이름을 회복하고 양세봉, 박대호를 각각 정, 부사령관으로 임명하고 부대를 3개 방면군으로 개편한 뒤 한검추, 최윤구, 장명도張明道에게 각 방면군의 지휘를 맡겼다. 중국의용군과 연합하여 작전하는 것 이외에도 조선혁명군은 소부대를 조직하여 압록강을 건너 한국 경내에서 군비를 모으고 장정들을 모집했으며 일본군경들을 습격하였다. 일본 측 통계에 따르면 1933년에만 열 차례에 걸쳐 조선혁명군 120명이 한국에 잠입하였다고 한다.[15]

양세봉은 김일성의 아버지 김형직과는 결의형제이다. 김형직이 죽고 나서 그는 김일성 일가를 도와주었다. 1932년 여름, 김일성은 안투에서 조직한 반일게릴라부대를 거느리고 퉁화로 와서 조선공산주의자와 민족주의자가 연합하여 공동으로 항일할 계획을 양세봉과 상의하였다. 그러나 반공의식이 강했던 양세봉은 협력을 거절하였다.[16] 1934년 5월, 양세봉은 양징위楊精宇의 건의를 받아들여 김소묵金少默과 김광옥을 얼다오거우에 파견하여 중국공산당이 이끄는 동북인민혁명군과 연합항일협정을 맺었다. 1934년 10월, 양세봉이 일본인에게 암살당하자 김활석金活石이 조선혁명군 사령관으로 추대되었다. 1935년 9월, 조선혁명군의 한검추 부대와 중국의용군의 왕펑거 부대는 중·한 항일동맹회를 결성하였다. 랴오닝 동변도지역에서는 중·한 양국의 공산주의자들이 이끄는 군대와 왕펑거의 의용군, 양세봉이 세운 조선혁명군 등 3군이 마침내 연합을 실현하였다. 그 후 1937년 조선혁명군은 일본군 및 위만주국군과의 작전에서 큰 손실을 입고 붕괴상태에 이르렀다. 이에 박대호 부사령관과 2사단의 최윤구 사단장은 부대원 1,500명을 이끌고 양징위의 동북항일연합군 제1군에 편입하였다.[17]

중 · 한 공산주의자가 창건한 항일게릴라부대

중·한 양국의 공산주의자들은 중공 만주성위원회의 통일적인 지도 아래 동북항일게릴라부대를 창설하였다.

만주성위원회는 처음부터 항일무장투쟁 과정에서 한인교포의 역할을 매우 중시하였다. 1931년 9월 20일, 만주성위원회는 「만주 전역의 한국노동자, 농민, 학생 및 근로대중들에게 알리는 글」을 발표하고, 즉각 행동에 나서 중국공산당의 지도 아래 중국의 수많은 혁명적 근로대중과 손잡고 위대한 중국혁명에 직접 뛰어들어 일본제국주의를 소멸하고 해방을 쟁취하자고 호소하였다.

동남만주지역에는 한국 이주민들이 제법 많았다. 그들은 근대공산주의가 태동하기 이전부터 벌써 오랫동안 민족독립운동의 시련을 겪어왔다. 따라서 오랫동안 민족주의운동과 공산주의운동에 종사하는 전통을 갖고 있었다.[18] 이 지역에서 중국공산당이 직접 지도한 첫 번째 항일무장은 판스磐石게릴라부대였다. 이 부대의 창건자 가운데는 조선족 공산당원 3명도 포함되어 있었다. 그들은 판둥盤東지역 책임자 이동광李東光, 만주성위원회 군사위원회 서기 및 성위원회 순시원 양림楊林, 판스현위원회 특무대 대장 이홍광李紅光이다. 특무대는 1930년 8월에 창설되어 대원은 겨우 7, 8명뿐이었다. 9·18사변 이후 판스현위원회는 특무대를 기초로 대중반일투쟁에 적극적인 인사를 흡수해 항일무장단체를 창설할 준비를 하였다.

1932년 6월 4일, 양린의 주최 아래 판스 노농반일의용군이 판둥의 산다오강三道崗 샤오진창小金場에서 성립을 선포하였다. 10월, 게릴라부대는 120명으로 발전하여 4개 대대로 개편되었는데 각 대대는 30명이었고 이 가운데 한족대원 18명과 조선족대원 12명을 두었다.[19] 1932년 11월 말, 만주성위원회 후보위원이며 성위 및 군위원회의 양징위 대리서기는 남만주지역을 순시하다가 게릴라부대를 정식으로 중국홍군 제32군 남만유격대로 개편하였다.

1933년 봄, 만주성위원회는 양징위를 게릴라부대 정치위원으로, 위안더성袁德勝을 대리 총대장으로 임명하였다. 교도대를 새롭게 세우고 이명해李明海를 대장으로, 이홍광을 정치위원로 임명하였다. 제1대대장에는 박한종朴翰宗, 정치위원에 엄필순嚴弼順, 제2대대장에 한호韓浩, 정치위원에 박사평朴四平, 제3대대장에 왕모王某, 정치위원에 왕사오원王紹文을 임명하였다. 조선족 간부들이 요직을 차지하였다. 양징위와 이홍광의 지휘 아래 판스게릴라부대는 1933년 춘계작전에서 적들의 4차례 포위공격을 물리쳤고 주동적으로 적을 공격하였다. 5개월 사이에 크고 작은 전투를 60여 차례나 치렀고 일본군과 위만주국군 130여 명을 섬멸하고 수많은 무기탄약을 노획하였다. 게릴라부대는 전투하면서 점점 더 강대해져 창립시기에는 백 명도 채 안 되던 것이 후에는 250여 명으로 확대되어 남만지역에서 명성을 날렸다.[20]

동만지역, 즉 조선족이 밀집해서 거주하고 있는 옌지, 허룽, 훈춘, 왕칭, 안투, 둔화 등은 일제에 반항하는 영광스러운 투쟁의 전통을 지닌 고장이었다. 1928년, 중공 만주성위원회는 동만주지역위원회를 세웠다. 1930년에는 동만특별위원회를 세우고 양린을 군사위원회 위원으로 임명하였다. 1931년 가을, 중국공산당은 옌볜 4개 현의 농민들을 이끌고 추수투쟁을 벌였다. "9·18사변 초기, 동만의 옌볜을 중심으로 동북 각지의 소수민족과 조선족 주민들로 반일회를 조직하였다. 얼마 뒤, 재만주한국인조국광복회로 이름을 고치고 광범한 조선 애국인사들을 단결하여 연맹형식을 취하고 중국 인민과 협력하여 일본제국주의를 반대하였다."[21] 1932년 봄, 중국공산당은 또다시 춘황투쟁春荒鬪爭을 지휘하였다. 반일회와 농민협회 등 대중조직, 적위대赤衛隊, 돌격대, 별동대 등 무장조직이 잇달아 건립되면서 중국공산당이 이끄는 무장게릴라부대를 세우기 위한 기초가 마련되었다. 1931년 11월, 중공 만주성위원회는 퉁창룽을 동만특위 서기로 파견하여 반일게릴라부대를 창건하고 지도하게 하였다. 1932년 1월, 옌지현 항일게릴라부대가 정식으로 창립되고 박동근朴東根이 대대장, 박길朴吉이 정치위원을 맡았다. 그 아래에 3

개 중대를 두었는데 총 130명이었다. 1932년 3월 중국공산주의청년단 동만특위는 김일성을 안투현에 파견하여 항일무장단체를 창건하게 하였다. 4월 25일, 김일성은 샤오사허小沙河 타오치디안거우陶器店溝에서 정식으로 안투게릴라부대를 창립하였다.[22] 활동하기 편리하도록 구국군 위하이윈于海雲이 준 한국인별동대 번호를 받아들였다. 중공 왕칭현위원회에서는 적위대를 조직하여 적들의 총탄을 탈취하고 또한 1920년대의 한국독립군이 매장해 두었던 무기와 탄약을 발굴하였다. 3월에는 왕칭반일게릴라부대를 세우고 김철金哲이 대장을 맡았다. 왕칭게릴라부대는 구국군 선봉사령 우이청吳義成이 준 별동대 번호를 받았다. 1932년 11월 안투, 왕칭 양대 반일게릴라부대는 합병하여 왕칭반일게릴라대대를 세우고 양성룡梁成龍을 대대장으로, 김일성을 정치위원으로 임명하였다. 대원은 90여 명이었다. 1932년 1월 중공 훈춘현위원회는 돌격대를 세웠다가 몇 차례의 변화를 거쳐 구국군 왕위전王玉振 여단의 부분 관병을 흡수하여 1932년 11월에 훈춘현게릴라부대를 세웠다. 1933년 4월 훈춘게릴라총대대가 성립되었고 쿵시안천孔憲琛을 총대장으로, 박태익朴泰益을 정치위원으로 임명하였다. 1932년 허룽현위원회는 적위대와 돌격대의 기초 위에 3개의 게릴라부대를 세웠다. 12월에는 허룽반일게릴라중대로 합병시켰다. 1933년 3월, 허룽게릴라대대가 성립되었는데 대대장에 장청한張承漢, 부대대장에 김창섭金昌燮, 정치위원에 차룡덕車龍德을 임명하고 80여 명의 대원을 인솔하였다. 저우바오중周保中은 이렇게 말하였다. 옌볜의 "조선인민게릴라부대는 단결을 잘하고 규율이 좋으며 전투력이 강해 항일게릴라부대의 핵심 역량이 되었다."[23]

옌볜에서 항일을 견지하는 왕더린王德林 구국군과 중국공산당이 이끄는 게릴라부대를 소멸하기 위해 일본은 동만주의 모든 일본군과 위만주국군 그리고 조선군 제19사단 제75연대로 편성된 간도파견군을 이동시켜 1932년 4월부터 옌볜에서 대토벌을 실시하였고 살인과 약탈을 감행하였다. 1933년 1월, 다시 옌지에 주둔하던 일본군 수비대를 핵심으로 일부 위만주국군을 규합하여 제2차 대토벌을 감행하였다. 3월, 또다시 일본군 2천을 증원하고 비행기, 대포까지 출동시켜 게릴라부대를 포위, 섬멸하려고 하였다. 이에 옌볜 각지의 게릴라부대도 반격에 나섰다. 2월, 허룽현게릴라부대는 위랑촌漁浪村에서 적군 60여 명을 사살하였다. 3월 30일, 왕칭게릴라부대, 자위대, 구국군은 연합하여 20여 명의 적군을 사살하였다. 이 전투에서 왕칭현위서기 최상동崔相東과 유격중대장 김세金世 등이 용맹히 싸우다 희생되었다.

지둥吉東 지구는 오늘날 헤이룽장성 무단장牧丹江 지구이다. 9·18사변 이후, 왕더린의 지린구국군과 리두李杜의 지린자위군이 활동하던 지구이다. 중공 만주성위원회는 이 지구를 특별히 중시하여 선후로 닝안, 라오허饒河, 수이닝綏寧 등 중심현위원회를 세웠고 1933년 5월에는 중공 지둥국吉東局을 세웠다. 지둥에서 게릴라부대를 창설한 지도자 가운데는 성위 군사위서기 저우바오중과 리얀루李延祿, 그리고 최석천崔石泉(최용건崔庸健)과 이광림李光林 등 조선족 공산당원도 있었다.

1933년 1월, 중국공산당이 이끄는 동북항일구국게릴라군이 닝안에서 창립되어 리얀루가 총사령을 맡았는데 800명의 대원이 있었다. 이들은 2월에는 퇀쯔산團子山 전투를 치렀고 3월에는 바다오허쯔八道河子 매복전이 있었으며 3월 중순에는 마자다툰馬家大屯 보위전이 있었고 5월 중순에는 양다린쯔楊大林子 전투를 치르는 등 십여 차례의 크고 작은 전투에서 적들을 소멸하고 자신을 보존하였다.

마자다툰 전투에서 관동군 간도치중대의 일본사병(일본공산당원) 이다 스케오伊田助男는 10만 발의 탄환을 실은 자동차를 게릴라부대에 남겨주고 스스로 목숨을 끊었다. 전쟁터를 정리하다가 그가 남긴 유서와 그리고 탄약을 실은 트럭 한 대를 발견하였다.

싼장三江 지구에는 3만 명의 조선인이 살고 있었다. 일본인들은 "이 조선인들 중 대부분은 과거에 공산주의와 민족주의의 신봉자였다. 따라서 그들은 일본 이주민, 토지문제 등을 이용하여 유언비어를 퍼뜨리고 인심을 동요시켰다."[24]라고 하였다. 1930년 10월, 만주성위원회는 라오허현위원회를 세웠다. 1931년 3월, 다시 라오허중심현위원회를 세워 라오허, 바오칭寶淸, 푸위안撫遠, 후린 등지의 당조직을 이끌게 하였다. 라오허에는 조선족 주민들이 적잖이 살고 있었는데 대중조직인 반일회를 조직하고 지도했던 이양춘李陽春, 이학복李學福 등은 모두 조선족이었다. 1932년, 라오허중심현위원회는 군정강습소를 세우고 게릴라부대의 핵심부대원을 양성하였다. 강습소의 책임자는 저명한 조선족 공산당원인 최석천이었다. 10월, 최석천, 김문형金文亨, 김동천金東天, 최용석崔龍錫, 허성재許成在, 박영근朴英根 등 6명은 특무대를 조직하였다. 최석천은 특무대를 인솔하여 권총 한 자루로 시작하여 위만주국 경찰, 민단, 상단商團으로부터 총을 탈취해 부대를 발전시켰다. 1933년 4월 21일, 라오허 노농의용군이 창립되었다. 최석천이 대장, 김문형이 정치부주임을 맡았고, 최석봉崔石峰, 허성훈許成勛, 채일훈蔡一勛이 3개 소대의 대장을 맡았다. 5월, 라오허중심현위원회는 산이툰三義屯에서 군사훈련반을 운영했는데 담임에 최석천, 반장에 이학복, 지도원에 최석봉, 교사에 김봉金鋒, 양관楊寬이 있었다.

라오허 경내의 구국군과 연합하여 공동으로 항일하면서 마찰을 없애기 위해 1933년 11월, 노농의용군은 가오위산高禹山 구국군 제1여단 특무대대로 개편되었는데 대대장에 김문형, 참모장에 최석천, 정치위원에 박진우朴振宇를 두었다. 1934년 1월 28일, 구국군이 후린을 공격하다가 실패하자 군심이 크게 동요하였다. 특무대대의 허성룡, 최용석 등 25명의 관병들은 영용하게 전사하였고 박영근과 대대장 김문형은 중상을 입었다. 최석천은 부대를 거느리고 후린에서 라오허로 돌아와 계속 투쟁을 이어나갔다.

북만주지역의 당조직도 만주성위원회의 지도 아래 항일게릴라부대를 창립하였다. 1932년 5월 16일, 장자저우張甲洲는 동북 노농의용군 강북 기병독립사단을 창립하였다. 만주성위원회는 군위서기 자오상즈趙尙志를 이 사단으로 파견하여 참모장을 맡게 하였다. 1932년 11월 말, 독립사단은 중국공농

홍군 제36군 강북독립사단으로 개편되고 장자저우가 사단장, 자오상즈가 정치부주임으로 임명되었다. 그러나 이 사단은 북방회의 정신을 고집하다가 고립되는 처지에 놓였고 이내 실패하였다.

탕위안湯原중심현위원회도 1932년 10월에 무장부대를 건립하고 홍군33군 탕위안게릴라중대라고 명명하였다. 현지의 한족, 조선족 주민들이 게릴라 부대의 활동에 적잖이 편의를 주었지만 경험 부족으로 실패하였다.

하이룬海倫현 당조직은 봉기를 통해 귀순한 위만주국군을 항일의용군으로 조직하였는데 지도자가 전사하는 바람에 자동적으로 해산되었다.

중공만주성위원회는 9·18사변 이후에 항일군이 도처에서 일어나는 형세를 이용하여 남만, 동만, 지둥과 북만지구에 중국공산당이 직접 지도하는 항일게릴라부대를 창설하였다. 이 과정에서 조선의 공산주의자들은 뛰어난 공헌을 하였다. 그러나 좌경 기회주의노선의 간섭, 특히 1932년 6월에 임시중앙이 상하이에서 개회했던 '북방회의' 이후 만주성위원회가 반일투쟁을 토지혁명과 긴밀히 연결시키면서 홍군을 창립하고 소비에트를 세우는 바람에 게릴라부대의 대중이탈을 초래하고 다른 반일무장과 극심한 대립을 이룸으로써 수많은 좌절을 겪게 된다.

동북인민혁명군

1·26 지시편지

1933년 1월 26일, 중공 중앙은 「만주 각급 당지부 및 전체 당원에게 보내는 편지」를 발표했는데 이를 '1·26 지시편지'라고 한다.[25] 이 편지를 통해 중앙은 일본제국주의가 동북을 점령한 뒤 계급관계의 변화와 민족모순이 날로 첨예해진 상황에 근거하여 중국공산당은 동북에서의 전투임무와 책략방침 그리고 현재의 핵심사업을 제기하고, 동북의 당조직은 최선을 다해 전체 민족의 (특수한 환경까지 고려하여) 반제국주의통일전선을 형성하여 가능한 모든 역량, 비록 믿음직스럽지 못한 동요적인 역량이라도 모두 집결시키고 연합하여 공동으로 일본제국주의와 그 앞잡이와 투쟁해야 한다고 지적하였다. 이에 따라 동북의 당조직에서는 중국공산당이 이끄는 적색게릴라부대에 의지하고 그것을 발전시켜 항일전쟁의 핵심역량이 되게 하며, 광범한 대중성을 띠고 기본적으로 구식농민무장에 속하는 대도회, 홍창회紅槍會와 지린구국군 등 각종의 항일무장단체를 단결시켜 그들과 함께 반일연맹을 결성하고, 동요하고 있는 일부 항일부대(옛 동북군을 개편해서 형성한 항일부대)와 반일작전협정을 맺고 일본제국주의라는 공동의 적에 맞서기로 하였다. 상층통일전선과 하층통일전선의 관계를 원활하게 처리하여 전 민족적 반일통일진선을 건립하고, 노동자, 농민, 소자산 계급과 한국, 몽골 등 소수민족의 기본권익을 보장하였다. 반일무장들 가운데서 가장 우수한 게릴라부대를 인민혁명군으로 편성하였다.

만주성위원회는 1933년 5월에 성위원회 확대회의를 열고 5월 15일, '반제통일전선을 결성하고 무산계급의 영도권을 쟁취하는 데 관한 결의'를 통과시켰다. 결의에서 '북방회의' 이래의 좌경 착오를 검토하고 동북 당조직의 중심임무를 명확하게 제기하였다. 즉 "동북 반일민족해방운동의 현 단계에서는 반드시 민족혁명의 통일전선방침을 집행하여 많은 대중들이 일상적인 정치·경제투쟁을 벌여 무산계급의 주도권을 쟁취하여 공고히 해야 하며, 동북의 인민혁명군을 건설하고 선거를 치러 민중정부를 세워야 한다."[26] 고 했다.

'1·26 지시편지'는 당중앙을 좌경 노선과 완전히 갈라서게 하지는 못하였지만, 반일민족통일전선을 건립할 책략방침을 제기함으로써 곤경에 빠져 있던 동북항일유격전쟁에 활력을 불어넣고 동북 당조직이 초창기의 항일유격대를 진일보한 동북인민혁명군으로 개편하는 계기를 마련하였다.

양징위와 이동광, 이홍광

남만지구에서 인민혁명군을 창립한 사람은 양징위楊靖宇와 그의 한국전우 이동광, 이홍광이었다.

이동광은 한국 함경북도 경원부慶源府 사람으로 1918년에 훈춘현 다황거우大荒溝로 이주하였다. 그는 판스모범소학교에서 교원으로 있을 때 강의시간이나 학생들의 졸업식 날에 "한국인민과 중국인민은 형제이고 한국혁명과 중국혁명은 갈라놓을 수 없으며 중·조 인민의 단결을 강화했을 때 비로소 중국혁명의 승리와 조선민족의 해방을 가져올 수 있다고 선전하였다."[27] 그는 중공 판둥盤東구위원회 서기로 있을 때 중·조 농민의 반일대중투쟁을 이끌었고 만주성위원회 순시원 양린의 지도 아래 이홍광과 함께 판스노농의용군을 창립하였다. 1933년 봄, 그는 또다시 양징위, 이홍광과 함께 게릴라부대를 거느리고 일본군의 토벌을 무력화했다. 5월, 이동광은 판스중심현위서기로 선출되어 만주성위원회 대표 펑중윈馮仲雲과 함께 '1·26 지시편지' 정신을 관철시키기 위해 남만지구에서 인민혁명군을 창건하고 항일민족통일 전선을 추진하였다. 1934년 1월, 남만특위서기 겸 선전부장으로 있으면서 특위의 사업을 주도하고 중국공산당의 대오와 근거지를 확대함으로써 경제적으로 혁명군을 지지하였다.

이홍광[28]은 경기도의 어느 빈곤한 농민가정에서 태어났다. 1926년, 지린 이퉁현伊通縣으로 이주하였고 1930년에 중국공산당에 가입하였다. 1932년, 판스현위원회가 이끄는 항일무장단체인 '개잡이대〔打狗隊〕'의 대장을 맡았다. 개잡이대는 1932년 5월 판스노농의용군으로 발전하였다. 이는 1933년 1월, 양징위의 주도하에 다시 중국 홍군 제32군 남만유격대로 확대 개편되고 이홍광이 교도대 정치위원을 맡았다. 그는 류다오장六道江 위만주국군 대대부를 기습하고 퉈야오령駝腰嶺 매복전투와 후란지창쯔呼蘭集場子를 공략하는 전투를 몸소 지휘하였다. 1933년 7월, 양징위는 남만 각지의 항일의용군, 산림대 지도자들과 회의를 갖고 연합참모처를 세우고 이홍광을 참모장으로 임명하였다. 9월 18일, 동북인민혁명군 제1군 독립사단이 성립되자 양징위가 사단장 겸 정치위원을 맡았고 이홍광은 참모장을 맡았다. 1934년 11월, 동북인민혁명군 제1군이 정식으로 성립하고 예하에 사단을 두 개 두었는데 이홍광은 제1사단장을 맡았다.

이홍광은 탁월한 군사적 재능을 지녔으며 용맹무쌍하고 육도삼략에 능하기로 소문이 자자하였다. 그는 아주 뛰어난 항일장군이었고 양징위의 절친한 전우였으며 든든한 수하였다. 1933년 11월, 그들은 독립사단을 지휘하여 적진에 뛰어들어 단번에 적의 중요거점인 류허현 산위안푸를 점령하였다. 12월 23일, 독립사단은 적의 거점인 량수이허쯔凉水河子를 공략하고 적 20여 명을 사살했으며 10여 명을 사로잡았다. 1934년 1월 17일에는 바다오장진八道江鎭을 점령하고 적군 10여 명을 사살하였다. 2월 21일, 17갈래의 반일부대들이 멍장현蒙江縣에 모여 동북항일연합군 총지휘부를 성립하고 양징위를 총지휘관으로, 이홍광을 참모장으로 추대하였다. 8월, 그들은 또다시 산청진山

城鎭 매복전을 지휘하여 적군의 차량 11대를 파괴하고 일본군 대좌大佐 이하 28명을 사살하고 장총 100자루와 경기관총 1자루를 노획하였다.

1934년, 이홍광은 압록강이 얼어붙은 기회를 이용하여 제1사단을 거느리고 한국의 나산성羅山城을 일거에 점령하고 수군을 섬멸하였으며 엄청난 양의 총탄과 군수물자를 노획하였다. 그곳의 백성들은 혁명군을 열렬히 환영했고 10명의 청년들이 혁명군에 입대하였다. 얼마 뒤, 그는 다시 군대를 거느리고 한국 동흥성東興城을 공략하여 적군 12명을 사로잡고 총탄과 군수물자를 노획하였다.

1935년 5월, 양징위와 이홍광의 지휘 아래 독립사단은 싱징興京(신빈新賓) 인근의 둥창타이東昌臺 거리를 공략하고 다시 주동적으로 양세봉의 조선혁명군 잔여부대와 연결하여 공동작전을 펼쳤다. 5월 11일, 이홍광은 싱징의 둥라오예령東老爺嶺에서 일본군 및 위만주국군 대부대와 맞붙어 싸우다가 불행하게도 가슴에 총탄을 맞았다. 구급치료를 받았지만 안타깝게도 사망하였다. 그때 그의 나이는 겨우 스물여섯이었다.

웨이정민과 김일성

1933년 12월 3일, 만주성위원회는 동만특위와 게릴라부대 당조직에 지시를 내리고 반일통일전선을 확대할 각종 임무를 제기하면서 동북인민혁명군 제2군 독립사단을 세우기로 하였다. 1934년 3월, 동만특위는 간부회의를 열고 옌지, 허룽, 왕칭, 훈춘 4현의 게릴라부대를 동북인민혁명군 제2군 독립사단으로 편성하기로 결정하였다. 독립사단에는 수많은 조선족 당원과 병사들이 있었는데 각 연대의 지휘인원 구성에도 이러한 실정이 반영되었다. 독립사단 사단장은 주진朱鎭이었고 정치위원은 왕더타이王德泰였다. 옌지유격대는 제1연대가 되고 박동화朴東華가 연대장을 맡았고, 최학철崔學哲이 정치위원을 맡았다. 허룽유격대는 제2연대가 되었는데 멍자오샹孟昭祥이 연대장을 맡았고 김낙천金洛天이 정치위원을 맡았다. 왕칭유격대는 제3연대가 되고 자오춘쉐趙春學(팡전성方振聲)가 연대장을 맡고 남창일南昌一(김일성)이 정치위원을 맡았다. 훈춘유격대는 제4연대가 되고 허더룬何德潤이 연대장을 맡고 김현金弦이 정치위원을 맡았는데 이 연대의 2중대는 전체가 조선족으로 구성되었다.[29]

제2군 독립사단이 성립된 후 김일성은 3연대를 거느리고 왕칭과 닝안 변계로 이동하였다. 5월 7일, 3연대 연합구국군 스중헝史忠恒의 부대는 마구이린馬貴林의 위만주군을 무장해제시키고 왕칭의 스리핑十里坪, 샤오왕칭小汪淸의 다팡쯔大房子전투에서 일본군 및 위만주군 25명을 사살하였다. 6월 23일, 저우바오중, 차이스룽, 스중헝, 김일성 등으로 구성된 임시총지휘부는 600여 명을 동원하여 왕칭 다디안쯔지에大甸子街(오늘날의 뤄쯔거우진羅子溝鎭)를 포위 공격하였다.

적군 측의 자료에 따르면, 1934년 4월부터 10월까지 제2군 독립사단은 53차례나 출동하여 적군을 습격했는데 동원된 병력이 1,350여 명에 이르렀다고 한다.[30]

이 시기 동만특위의 혁명공작에 중대한 착오가 발생하였다. 구국군 잔여부대, 산림대 등 반일무장에 대해 좌경 관문주의關門主義 노선을 실시하여 비적두목을 총살하고 산림대와 구국군을 무장해제하자는 주장이 제기된 것이다. 이에 중국공산당이 이끄는 인민혁명과 기타 반일세력들이 심각한 대립상태를 이루게 되였다.

일본제국주의는 중·한 인민들의 반일연합을 막기 위해 '간도한인자치'라는 기만적인 구호를 내걸었다. 그들은 한인 앞잡이와 정객을 매수하여 민생단을 만들고 전문 중국공산당이 이끄는 항일세력을 파괴하려 하였다. 1932년 3월, 위만주국이 성립되었다. 일본식민주의자들은 '한인자치'라는 구호가 식민지배에 불리하게 되자 다시 민생단 해산을 선포하였다. 그런데 동만특위는 민생단의 역할을 지나치게 높이 평가한 나머지 소속 공산당조직과 공청단조직 그리고 인민혁명군 속에서 민생단을 마구 잡아들여 온갖 고문을 실행하는 등 모두를 불안하게 만들었다. 이 일로 당, 단, 군, 정 간부들은 엄청난 손실을 입었다. 조선족 간부인 제1사단 사단장 주진, 허룽현위서기 김일환金日煥, 안투게릴라부대 정치위원 김정룡金正龍 등 혁명가들이 의심을 받았고 심지어 어떤 사람은 체포되어 사형되기도 하였다.

만주성위원회에서는 동만특위에 심각한 문제가 발생했음을 포착하고 즉시 하얼빈시위원회의 웨이정민魏拯民 서기를 동만에 파견하여 사태를 수습하게 하였다. 1935년 1월, 웨이정민은 동만에 도착하자마자 적절한 조치를 취해 통일전선정책을 회복하고 반민생단 확대화 경향을 저지하였다. 2월 27일부터 3월 3일까지는 왕칭현에서 동만특위 확대회의를 열었다. 회의에 참석한 김일성은 '좌' 경과 협소한 민족주의를 일관되게 반대하면서 한국독립군 및 중국구국군이 협력하여 항일하는 과정에서 탁월한 재능과 정치가의 안목을 드러냈다. 그는 동만특위 확대회의에 참석한 조선동지들과 함께 잘못된 행위를 단호히 저지하고 반대했으며 당의 정확한 노선을 확립하는 데 중요한 역할을 하였다.[31] 회의에서는 동만특위를 다시 구성하고 웨이정민을 서기로 추대하였다. 조선공산주의자 이광림은 특위위원으로 당선되었다. 동만지구의 항일유격전쟁은 다시 활발하게 전개되었다. 김일성이 이끄는 제3연대의 수가 가장 빨리 늘어나 본래보다 1.5배에 이르렀다. 5월 30일, 동북인민혁명군 제2군이 정식으로 성립되었다. 제2군은 원래의 중조연합군의 특징을 유지하면서 군단장에 왕더타이, 정치위원에 웨이정민을 임명하였다. 제1연대 연대장에 안봉학安鳳學과 정치위원에 저우수둥周樹東, 제2연대 연대장에 장취안위張泉玉와 정치위원에 차오야판曹亞范, 제3연대 연대장에 팡전성과 정치위원에 김일성, 제4연대 연대장에 허우궈중侯國忠와 정치위원에 왕룬청王潤成, 유격대 대장에 첸융린錢永林, 정치위원에 김산호金山浩를 임명하였다. 전군은 1,200여 명이었다.

웨이정민은 중·조 양국 관병 사이의 단결을 각별히 중시하여 부대원에게 여러 민족 인민들이 공동으로 동만지구를 개발했던 역사와 일본제국주의가 한국을 침략한 뒤 다시 침략의 마수를 동북에 뻗쳤던 상황을 이야기하였다. 그는 또한 적들이 민족모순을 만들어내고 민족관계를 도발하는 비열한 목적을 폭로함으로써 일본제국주의야말로 우리 각 민족 인민의 공동된 적이라는 사실을 설명해주었다. 그는 앞장서서 한국어를 배웠는데 호주머니에 항상 한국어 책을 넣고 다니면서 수시로 가까이 지내는 조선족 동지들에게 배웠다. 지도자가 솔선수범하자 제2군의 간부에서부터 병사들에 이르기까지 두 민족의 관계는 매우 돈독했고 동지들도 서로 아주 친밀하였다.[32]

왕더타이는 1933년 봄에 옌지게릴라부대로 와 활동하면서 제2군 독립사단의 정치위원 및 군단장을 맡았다. 그는 붙임성이 좋았고 각 계파의 항일세력을 단결시킬 줄 알았다. 그는 한국어를 알았고 조선족 간부와 병사들에 관심을 갖고 그들을 아꼈다. 제2군에는 조선족 병사들이 아주 많았는데 모두 그를 존경하였다.[33]

1935년, 동북인민혁명군 제2군은 용맹하게 싸워 뛰어난 전과를 거두었다. 둔투敦圖선 연선에서 활동하던 부대는 5월 2일 하얼바령의 철도선을 파괴하여 한국에서 달려오는 국제열차를 전복시키고 일본군 및 위만주군 30여 명을 사살하고 13명을 사로잡았다. 8월 19일, 20일에는 창투長圖선 량빙타이亮兵臺에서 난거우南溝 구간에서 화물차와 장갑차 1대를 전복시키고 대량의 군수물자를 노획하였다. 9월 23일에는 창투선 얼다오허二道河에서 황쑹디안黃松甸 구간에서 창춘으로부터 한국 청진으로 향하는 국제열차를 전복시켰고 다시 둔화 부근에서 국가철도국 공정처工程處를 습격하였다.

김일성이 이끄는 3, 4연대는 수이닝綏寧 지구로 진군하여 동만유격구와 지둥유격구의 교통을 열었다. 라오헤이산老黑山 전투에서는 대량의 적군을 섬멸하고 박격포 2문, 경기관총 2정, 권총·장총 44자루를 노획하여 닝안의 제5군과 회합하는 임무를 성공적으로 완수하였다.

안투에 남은 2군 부대는 다사허大沙河, 샤오류허쯔小柳林河子, 후루시쯔葫芦細子

등 전투에서도 모두 승리를 거뒀다. 8월 29일부터 9월 2일까지 2군 1연대의 연합의용군과 량장커우兩江口의 의거경찰부대 700여 명은 안투현 소재지를 공격하여 장총 100여 자루와 대량의 군용물자를 노획하였다.

9월, 대량의 일본군 및 위만주군들이 동만지구에서 항일부대를 토벌하였다. 제2군은 부대를 분산시켜 기동작전을 펼쳤는데, 중·한 인민의 지지 아래 둔화 웨이즈거우葦子溝, 멍장 싼다오화위안三道花園, 둔화 사허옌沙河沿, 얼다오허쯔 등 전투에서 적군을 섬멸하고 부대를 보존하고 발전시켰다. 1936년 1월, 동북인민혁명군 제2군은 2개 사단, 6개 연대로 확대되었다.

자오상즈와 이복림, 허형식

1933년 봄, 주허珠河에서 항일구국운동을 전개한 사람 가운데는 항일명장 자오상즈趙尙志뿐만 아니라 이복림李福林(최동범崔東范), 김책金策, 이계동李啓東, 허형식許亨植(이희산李熙山) 등 걸출한 조선공산주의자들도 있었다.

이복림[34]은 조선 함경북도 온성군에서 태어나 1918년에 지린 허룽에 이주하여 1930년에 중국공산당에 가입하였다. 9·18사변 이후 그는 만주성위 순시원이었다. 1932년 봄, 주허중심현 조직부장으로 있었고 가을에는 김책과 함께 천인반일시위를 조직하였다. 1933년 초에는 당에서 이계동과 함께 의용군 쑨차오양孫朝陽 부대로 파견하여 그곳에서 참모장으로 있던 자오상즈를 만났다. 1933년 10월 초, 적군의 간첩에게 매수된 쑨차오양이 자오상즈 등을 살해하고 적군에 투항하려고 하였다. 소식을 접한 자오상즈, 이복림, 이계동, 이근식李根植 등 7인은 경기관총 1정, 장단총 11자루를 소지하고 쑨차오양부대를 떠났다. 10월 10일, 주허반일게릴라부대가 정식으로 성립되었는데 대장에 자오상즈, 정치지도원에 이복림, 경제부장에 이계동이 임명되었다. 1934년 6월, 주허게릴라부대는 동북반일게릴라부대 하둥지대哈東支隊로 개편되었고 이복림은 지대 당위서기를 맡았다. 1935년 1월 28일, 하둥지대는 다시 동북인민혁명군 제3군으로 개편되었다. 이복림은 선후로 3군단 집법처장, 1연대 정치부주임을 맡으면서 당조직을 발전시키고 게릴라 근거지를 건립하고 부대의 군수물자를 공급하는 등 다방면에서 뛰어난 업적을 세웠다.

허형식은 이희산[35]이라고도 한다. 본적은 경상북도 선산군이다. 그가 태어난 이듬해 조선이 망국하였다. 그의 부친 허일창許一昌은 반일의병운동에 적극적으로 가담하였다가 의병운동이 실패하자 가족을 이끌고 중국 동북으로 건너갔다. 허형식은 1930년에 중국공산당에 가입하였고, 5·1시위 때 하얼빈 주재 일본영사관을 부숴 감옥에 수감되었다. 9·18사변 이후 석방되어 김책과 함께 빈현賓縣에 가서 활동했으며 중국공산당 빈현 특지위원特支委員을 맡았다. 1933년에는 주허 헤이룽궁黑龍宮에서 대중을 선동하여 항일하였다. 하둥지대가 성립된 후 제3대대 정치지도원을 맡다가 다시 제1대대 대장을 맡았다. 동북인민혁명군 제3군 제1사단이 설립되자 선후로 2연대 연대장, 3연대 정치부주임을 맡았다. 그는 기타 항일무장과 연합하여 옌서우현延壽縣 류수허쯔柳樹河子, 빈현賓縣 가오리마오쯔高麗帽子의 적군 거점을 공략했고 또한 우창현五常縣 가오리잉쯔高麗營子에서 매복전을 치러 적군 100여 명을 섬멸하였다. 1935년 겨울, 허형식은 3사단 정치부주임이 되었다. 그는 앞장서서 당의 통일전선정책을 집행하고 기타 항일의용군과 연합하였으며 3사단을 지휘하여 라라툰拉拉屯, 우다오강五道崗, 스바청디안쯔十八層甸子, 샤오산쯔小山子 전투에서 잇달아 선전하였다. 허형식은 뛰어난 정치활동가일 뿐만 아니라 전술에도 능한 군사지휘관이었다.

자오상즈는 이복림, 허형식, 이계동 등 조선공산주의자들과 두터운 전우의 우정을 맺었고 제3군은 점차 동북전쟁터의 주력부대로 성장하였다.

후라오지구에서의 최석천

최석천은 최용건崔庸健이라고도 한다. 평안북도 용천군龍川郡 사람으로서 1919년에 3·1운동에 참가하였다. 1921년에 윈난육군강무당에 입학했고 졸업 후 황푸군관학교에서 교관으로 있다가 광저우봉기에 참가하였다. 봉기가 실패하자 퉁화, 탕위안에서 혁명에 종사하였다. 9·18사변 이후 김문형, 김동천金東天, 최룡석崔龍錫, 허성재許成在, 박영근 등과 함께 라오허노농의용군을 창립하였다가 다시 구국군 가오위산高禹山 여단 특무대대로 개편하였다. 구국군이 실패한 뒤 특무대대는 라오허 민중반일게릴라부대로 개편되어 최석천이 게릴라부대 대장을 맡았고 박진우朴振宇가 정치지도원을 맡았으며 두 중대장은 최석봉崔石峰과 허자선許資善이 맡았다. 1934년 봄, 중공 지둥지구는 라오허중심현위원회와 게릴라부대에 '1·26 지시편지'를 하달하였다. 라오허중심현위원회와 게릴라부대는 중공 중앙의 항일민족통일전선을 건립하는 데 관한 결정을 착실하게 관철하여 좌경 착오를 시정하였다. 또한 한족과 조선족 인민을 적극 동원하여 유격전쟁을 지원하고 인민혁명군을 건립하였다.

1934년 5월, 만주성위원회에서는 미산인민혁명군 대리 정치위원 장원셰張文偕를 파견하여 게릴라부대를 정비하고 대장으로 임명하였다. 최석천이 정치부주임을 맡고 박진우가 정치지도원을 맡았으며 이학복이 군수장軍需長을 맡았다. 장원셰, 최석천이 이끄는 라오허게릴라부대는 지세가 험악한 바오마딩쯔爆馬頂子를 일거에 점령하고 다시 그곳을 중심으로 대규모 항일게릴라 근거지를 건립하였다. 7월, 게릴라부대는 푸위안현撫遠縣 비에라지別拉基 거리를 공격하여 60여 명의 적군을 격퇴하였다.

8월 29일, 게릴라부대는 후린현으로 가서 싸웠는데 싼런반三人班전투에서 장원셰는 불행하게도 총탄에 맞아 사망하였다. 최석천은 부대를 지휘하여 용맹스럽게 싸워 끝내 싼런반을 점령하였다. 그들은 다시 부대를 돌려 우린동五林洞, 샤오자허小佳河를 기습하여 일본군과 위만주국군 일부를 섬멸하고 무기와 탄약을 노획하였다. 라오허게릴라부대는 후라오虎饒지구 각계 항일 무장의 기치였다.

장원셰가 사망하자 이학복이 라오허게릴라부대 대장이 되었다. 이학복은 이학만李學萬, 이보만李葆滿이라고도 한다. 조선족으로 1901년에 지린 옌지에서 태어나 1929년에 최석천이 개설한 청년훈련반에 참가하였다. 1931년 9·18사변 후 그는 라오허현 반일회 책임자 가운데 한 사람으로 추천되었으며 1933년에 중국공산당에 가입하여 라오허게릴라부대를 창립하고 게릴라부대와 구국군의 관계를 조정하기 위해 적극적인 활동을 벌였다. 이학복은 위만주국정권에 체포된 뒤 형장으로 끌려가던 도중에 전우들에게 구출되었다. 라오허당조직에서는 그의 안전을 위해 게릴라부대에 배치하여 활동하게 하였다. 군수장을 맡은 기간 동안 그는 부대의 식량, 피복, 무기공급을 보장하는 데 주력하였다.

이학복은 부대 내부의 민족단결을 매우 중시하였다. 그는 늘 부대원들과 대중들에게 이렇게 선전하였다. "일본제국주의의 침략정책은 중·한 두 민족의 수많은 동지들로 하여금 고향을 등지게 하였다. 일본제국주의는 지금 동북 3성을 점령하고 다시 중국 전체를 침략하려고 한다. 중·한 두 민족은 반드시 긴밀히 단결하여 공동으로 일본침략자들에게 저항하고 민족의 해방과 국가의 독립을 쟁취해야 한다."[36] 라오허지구의 중·한 인민들은 긴밀히 단결하여 게릴라부대의 발전에 유익한 환경을 마련해주었다.

이학복이 라오허게릴라부대 대장으로 임명된 후 대중들은 그의 부대를 '보만대葆滿隊'라고 불렀다. 그는 군사훈련에 능했는데, 전쟁의 특성에 따라 스키부대를 훈련시켜 전투에서 커다란 역할을 할 수 있었다. 그와 최석천은 부대를 지휘하여 1934년 11월에 일본군과 위만주국군의 동계 '대토벌' 작전을 분쇄하였다. 1935년 1월 중순, 일본군대는 800여 명을 동원하여 또다시 게릴라부대를 공격하였다. 게릴라부대는 29일, 적군을 매복구역으로 깊숙이 유인한 뒤, 스키부대로 적군을 맞았다. 일본군은 100여 명의 사망자를 냈지만 게릴라부대는 단 6명만 부상을 입었다. 이학복은 승승장구로 추격하여 2월 10일 야간에 바오마딩쯔를 기습하여 수비적군 60여 명을 섬멸하고 근거지를 수복하였다. 1935년 여름, 게릴라부대는 또다시 후린虎林 7구역 마안산馬鞍山 헤이쭈이이쯔黑嘴子전투에서도 승리를 거두었다.

8월 20일, 지둥특위는 라오허민중반일게릴라부대를 동북인민혁명군 제4군단 제4연대로 개편하였다. 연대장에 이학복, 부연대장에 박진우, 참모장에 최석천, 정치부주임에 이두문李斗文, 당위서기에 우푸린吳福林을 임명하였다.[37] 제4연대에는 사병 250여 명 있었는데 조선공산주의자와 항일전사들이 상당한 비율을 차지하였다.

4연대는 우쑤리강烏蘇里江 왼쪽 기슭에서 게릴라전쟁을 견지하여 항일연군과 소련 원동군의 연계를 확보하는 중요한 역할을 하였다. 9월 26일, 4연대 사병 150여 명이 신싱동新興洞에서 400여 명의 일본군과 위만주국군에게 포위를 당하였다. 4연대는 용감하게 싸워 일본군 다카키高木 중위 이하 12명을 사살하고 17명에게 부상을 입혔으며 위만주군 10여 명을 사살하였다. 연대 측은 박진우, 이문두 등 24명이 희생되었다.

신싱동전투 이후 4연대의 명성이 크게 드높아져 부대원이 신속히 확충되어 4개 중대에서 7개 중대로 늘어났다. 귀의해온 일부 의용군과 산림대는 독립대대로 편입시켰다. 11월, 그들은 또다시 게릴라전술로 일본군과 위만주국군 1,500여 명의 동계 '대토벌'을 분쇄하였다.

3장 동북항일연합군

6·3 지시편지

1935년 2월, 중국공산당 상하이 중앙국은 국민당 반동파에게 파괴당했고 만주성위원회와 중공 중앙의 연계는 중단되었다. 이에 따라 모스크바의 중공 공산국제 대표단이 동북의 당조직을 이끌게 되었다. 1935년 6월 3일, 중공 공산국제 대표단은 '동북의 책임동지에게 보내는 비밀편지'(약칭 '6·3 지시편지')[38]를 만주성위원회에 보냈다. 그 내용은 다음과 같다. "각지의 관문주의關門主義를 타파하고 무장반일운동에 참가하려는 모든 사람들을 흡수하여 게릴라부대를 확대해야 한다. 특히 중국공산당이 이끄는 부대는 일체 반일무장에 영향력을 발휘할 수 있는 강력한 핵심부대로 건설해야 한다. 전국인민의 반일통일전선을 실행하여 각종 반일부대와 상층 및 하층 통일전선을 보편적으로 건립하고 일체 반일무장을 단결하여 공동으로 항일해야 한다. 또한 항일연합군(혹은 항일구국동맹군)의 총사령부 같은 조직을 공고히 하고 확충해야 한다. 당조직이 게릴라전을 강력하게 인도하려면 반드시 당기관의 일부를 유격지에 건립하고 당조직의 방대한 구조(특히, 상층기관)를 개조하고 관리영역을 축소해 그것으로 하여금 영활하면서도 독자적인 활동을 진행할 수 있게 해야 한다." '6·3 지시편지'는 항일민족통일전선의 발전과 동북항일연합군의 형성과 당지도부의 개선을 촉진하였다. 11월, 만주성위원회를 없애고 남만, 동만, 지둥, 쑹장(북만)의 성위원회 4개와 하얼빈특위를 건립하기로 하였다.

1936년 2월 10일, 중공 공산국제 대표단은 1935년 8월 1일 중공 중앙이 발표한 「항일구국을 위한 전국 동포들에게 알리는 글」에 근거하여 「동북항일연합군 총사령부를 건립하기 위한 결의 초안」을 제출하였다. 또한 전체 동북항일군대의 명칭을 통일하기로 하고 동북인민혁명군을 동북항일연합군으로 개칭하였다. 2월 20일, 동북항일고급장교들은 '동북항일연군통일군대건제선언東北抗日聯軍統一軍隊建制宣言'을 발표하고 동북인민혁명 1, 2, 3, 6군과 반일연합군 4, 5군 및 각 반일게릴라부대를 "일률적으로 개편하여 동북항일연합군 1, 2, 3, 4, 5, 6군 및 항일연합군게릴라부대로 한다."라고 선포하였다.[39] 1937년 겨울, 동북항일연합군은 모두 11개 군단으로 편성되었고 총 병력도 약 3만 명에 이르렀다. 항일연합군의 건립은 동북항일게릴라전을 한층 높은 단계로 끌어올렸다.

7·7사변(루거우차오 사건)이 발발한 후 동북항일게릴라전은 전국항일전쟁을 구성하는 중요한 한 부분이 되었다. 관동군을 견제하고 화북, 중일전쟁을 지원하기 위해 동북항일연합군은 빈번히 출격하여 적들의 교통, 통신시설, 병참과 창고 그리고 주요 도시를 중점적으로 타격하였고 압록강을 건너 한국 경내의 적군 군사목표를 부수는 등 관내 아군의 작전에 적극 협조하였다.

이 시기, 일본침략계획에서 동북의 전략적 지위도 점점 더 높아져갔다. 1937년, 일본은 동북에서 제1차 산업개발 5개년계획을 실시하여 동북에서 전략적 자원에 대한 약탈을 가속화하였다. 중국침략전쟁의 후방기지를 공고히 하고 소련 원동지구를 공격하기 위해 관동군은 해마다 군대를 확충하였다. 1931년 관동군의 주력부대는 단 1개 사단밖에 안 되었지만, 1937년 말에는 5개 사단으로 늘어났고, 1938년에는 8개 사단 10만의 병사를 보유하게 되었으며, 동북항일연합군을 섬멸하는 것을 지상의 과제로 삼았다. 일본 관동군사령부와 위만주국정부는 1936~1939년의 '3년치안숙정계획三年治安肅正計劃'을 제정하고 3년 내에 동북항일연합군을 완전 섬멸하려고 하였다.[40] 1936년, 일본군과 위만주국군은 16,000여 명의 병력을 동원해 항일연합군 제1군의 활동구역을 공격하였다. 1937년 말과 1938년 초, 관동군 제4사단과 위만주국군 몇 개 여단의 25,000여 명이 지둥과 북만의 항일연합군 각 군을 공격하였다. 1939년, 일본군 및 위만주국군 75,000여 명은 동만과 남만의 항일연합군 1로군의 활동구역을 공격하였다. 항일연합군과 인민대중의 연결고리를 차단하고 항일연합군의 식량, 의복, 인력 등의 조달을 끊기 위해 일제와 위만주군군은 강제로 집단부락정책을 실시하고 농산물의 매매와 생활필수품을 엄격히 통제하였다. 수많은 한국인과 중국인들의 마을이 불타버렸고 식량과 생활필수품을 약탈하였다. 또한 항일연합군 간부에 대해 정치적으로 유혹하고 반역자나 첩자를 항일연합군 내부에 잠입시켜 주요 간부를 암살하고 부대의 반란을 선동하였다.

1938년 가을 이후, 동북항일게릴라전의 형세는 급격히 악화되었고 항일연합군과 중공 중앙의 연계가 끊어졌고 병력 손실도 아주 컸다. 마지못해 부대는 밀림 속으로 들어갔지만, 자주 적군의 포위추격을 받았으며 혹독한 추위와 기아에 허덕이고 탄약도 부족해 큰 어려움을 겪어야만 했다. 일부 부대원은 어려운 투쟁의 시련을 이겨내지 못하고 부대를 떠났고 일부는 금전, 지위, 미인계의 유혹에 넘어가 변절하고 말았다.

그러나 진정한 애국자와 공산주의자들은 어려운 환경에서 끝까지 버텼다. 중·한 양국의 영웅들은 '일본제국주의는 반드시 망하고 항일전쟁은 반드시 승리한다'는 신념을 지니고 있었다. 그들은 환난을 같이 하면서 동북항일게릴라전을 지탱해나갔고 최후의 승리까지 꿋꿋하게 견뎌냈다.

위대한 투쟁은 위대한 인물을 낳았다. 항일의용군과 동북인민혁명군이라는 두 단계의 시련을 거치면서 포화 속에서 성장한 뛰어난 항일고급장교들은 중·한 양국 인민의 우수한 아들딸이었다. 새로운 시대가 도래하면서 수많은 조선공산주의자들은 동북당과 군부대에서 중요한 직무를 담당하였고 당과 군, 나라를 다스리는 지도자로 성장하였다. 그들은 이후 조선민주주의인민공화국의 창시자와 개국원수가 되었다.

항일연합군 1로군에서의 중·한 전우의 정

1936년 3월, 중공 지동특위와 동북인민혁명군 제2군은 회의를 열어 제2군을 동북항일연합군 제2군으로 개편하기로 결정하였다. 저우바오중은 이렇게 말하였다. "항일연합군 제2군은 또한 조선인민혁명군이기도 하다. 2군은 '재만 조선인 조국광복회'의 민족혁명과 대중운동의 기초 위에 창건되고 발전하였다. 기타 각 군의 지도간부와 병사들 가운데도 상당수의 '재만 조선인 조국광복회' 회원이 있었다. 항일게릴라전에서 중·한 인민은 공동의 목표를 위해 흘린 선혈로써 깊은 우정을 쌓았다."[41]

7월 초, 중공 남만특위는 동북인민혁명군 제1군을 동북항일연합군 제1군으로 정식 개편하고 제1, 2군을 합병하여 동북항일연합군 제1로군으로 개편한 뒤 총사령부를 수립하였다. 양징위가 제1로군 총사령, 왕더타이가 부총사령, 웨이정민이 총정치부 주임을 맡았다. 회의는 또한 남만과 동만 두 특위를 합병하여 중공 남만성위원회를 만들고 웨이정민을 성위서기로 임명하였다.

양징위는 제1로군에서 활동하는 조선 전우들을 몹시 존경하고 아꼈으며 항상 압박을 받는 민족은 연합해야 한다고 병사들을 교육하였다. 그는 직접 '중조민족연합가'[42]를 지었는데 그 가사는 다음과 같다.

> 중·조 민족 근로대중은 친밀히 연합하여
> 함께 일본제국주의자와 싸우자.
> 오직 이 공동의 적을 소멸했을 때
> 우리들은 비로소 생존과 자유를 얻을 수 있다.
> ……
> 굳게 뭉치자. 중·조 민중들아!
> 합치면 살고 흩어지면 망한다.
> 이간계략을 조심하고, 손에 손잡고 앞으로 전진하자!

남만특위서기 겸 선전부장인 이동광은 새로 세운 남만성위원회 위원, 조직부장을 맡았다. 1936년 겨울, 제2군 군단장 왕더타이가 전사하자 남만성위서기 웨이정민이 성위원회 기관을 떠나 동만으로 가서 제2군의 활동을 이끌게 되었고 이동광은 남만성위의 중요한 책임을 지게 되었다. 지도의 편리를 도모하여 그는 늘 1로군 총사령부와 함께 행동하고 1로군의 각종 활동에 참여하면서 1로군 총사령 겸 1군 군단장 양정우의 친밀한 전우가 되었다.

이동광의 주도 아래 남만지구 당조직과 공청단 조직은 크게 발전하였고 근거지 건설도 창조적 발전을 이루었으며 통일전선도 공고히 확대되었다. 항일연합군 제1로군이 강대해지고 뛰어난 전투업적을 쌓을 수 있었던 데에는 이 같은 이동광이 주도한 남만성위의 활동이 큰 영향을 미쳤다.

1937년 6월, 양징위와 이동광은 항일연합군 당위원회 확대회의를 열고 당의 건설, 대중조직, 통일전선, 군대 정치활동과 항일투쟁의 결과 그리고 경험을 전면적으로 종합하고 향후의 투쟁방침과 임무를 제기하였으며, 항일연합군 1군 당부확대회의 결의안, 정치결의안, 항일군 활동결의안을 내놓았다. 회의 후 이동광은 양징위와 함께 각 사단에 내려가 회의결의를 전달하고 관철시켰다. 그들은 싱징현 융링永陵 황투강쯔黃土崗子를 지나다 일본군과 마주쳤는데 이 격전 과정에서 이동광은 전사하였다.

남만지구의 각 당조직에는 조선공산주의자들이 성실히 활동하고 있었는데 이동광은 그들의 뛰어난 대표자였다. 그의 죽음은 항일연합군 1로군의 커다란 손실이었다.

항일연합군 1로군에서 활동하던 다른 조선족 간부들은 아래와 같다.

안광훈安光勛, 제1군 참모장

유만희柳萬熙, 제1군 제3사단 정치부주임

안창훈安昌勛, 제3사단 교도연대 정치위원

안봉학安鳳學, 제2군 제1사단(후에 제4사단으로 고침) 사단장 박덕범朴德范, 제2군 제1사단(후에 제4사단으로 고침) 참모장, 제3방면군 참모장, 1로군 총부 경위여단 여단장

김일성, 제2군 제3사단(후에 제6사단으로 고침) 사단장, 제2방면군 지휘

최현崔賢, 제2군 제4사단 사단장

박선봉朴先鋒, 경위여단 제3연대 연대장

이준산伊俊山, 제1·제2방면군 정치부주임

윤하태尹夏太, 제1방면군 참모장

임수산林水山, 제2방면군 참모장

안길安吉, 제3방면군 참모장

한인화韓仁和, 교도여단 정치위원, 경위여단 정치위원

이 기록이 비록 완벽한 명부는 아니지만 역시 조선족 간부들이 항일연합군 1로군에서 차지한 확고한 위치를 설명해줄 수는 있다.

김일성이 지휘하는 제2군 제3사단은 중·조 병사들로 혼합 조직되었는데 조선족 병사의 비중이 상당히 컸다. 3사단 정치위원 차오야판은 베이징 사람으로 1927년에 허룽현 카이취開區 양정養正소학교에서 교원으로 있으면서 비밀활동을 전개했는데 일찍이 동만특위 순시원, 허룽현위서기, 2군 2연대 정치위원을 역임하였다. 그는 조선족이 집거한 지구에서 장기적으로 활동하면서 한국어를 배우고 한국동지들과 긴밀히 단결하였다. 김일성과 차오야판의 지휘로 3사단은 혁혁한 전공을 세우며 영웅부대로 불렸다.

1936년 4월, 3사단은 사단장 김일성, 정치위원 차오야판의 지휘 아래 안투에서 푸쑹抚松으로 진입하여 먼저 만장漫江전투에서 적들에게 치명타를 안겼다. 5월에는 1군 2사단과 연합작전을 펼쳐 푸쑹 둥강툰東崗屯의 위만주군 병영을 공략하였다. 이어 3사단 7연대는 샤오탕허小湯河전투에서 적군 20여 명을 살상하였고 시강툰西崗屯의 위만주군을 기습하여 적군 40여 명을 살상하였다. 6월 6일, 3사단은 린장臨江 시난차西南岔에서 속전속결로 적군의 거점

을 공략하고 위만주국 경찰 18명을 사살 또는 생포하고 장총 18자루를 노획하였다. 그리고 위만주국 경찰분소를 불사르고 토치카(화기를 비치해둔 구축물—옮긴이)와 담장을 파괴하였다.

1936년 7월, 항일연합군 제1과 제2군은 제1로군으로 합병되었고 김일성의 제3사단은 제6사단으로 바뀌었다. 6사단은 상부 명령에 따라 2군 군부를 수행해서 활동하며 2사단과 협력하여 푸쑹, 멍장, 퉁화 등 유격지구를 고수하고 창바이산 신유격지를 개척하였다. 8월 17일, 6사단은 의용군과 연합하여 푸쑹현 소재지로 진격하였다. 성 밖에 있던 적군의 포대는 이들에게 큰 위협이었다. 6사단의 일부는 신속히 출격하여 포대를 점령하고 적 1개 반을 섬멸하였다. 그러나 각 군 간의 협력이 제대로 이루어지지 않아 전투속도가 늦어졌다. 김일성은 부대를 지휘하여 주도적으로 진지에서 철수하고 추격해오는 적군을 매복 습격하여 전투를 성공적으로 끝냈다. 이어 6사단은 창바이현에서 다더수이大德水, 샤오더수이小德水, 반지에거우半截溝, 얼다오강二道崗 등 전투에서 승리를 거두어 창바이현의 수많은 지역이 새로운 항일유격근거지가 되었다.

1936년 가을과 겨울의 '반토벌' 전투에서 김일성은 2사단 사단장 차오궈안曹國安과 연합작전을 펼쳤다. 10월, 이들은 창바이 스주다오거우十九道溝전투에서 일본군 80명을 사살하였고 11월에는 바다오거우八道溝전투에서 위만주군 40여 명을 살상하였다. 12월, 차오궈안 사단의 병사들은 조선족 백성들이 지원해준 흰옷을 입고 스산다오거우十三道溝의 흰눈 속에 매복해 있다가 적의 토벌대가 매복구역 안에 들어오자 기습·공격하였다. 이어 2, 6사단은 치다오거우七道溝에서 위만주군 20여 명을 사살하였다. 격전 과정에서 차오궈안 사단장은 장렬히 전시하였다. 린장현 우다오거우五道溝에서 6사단과 4사단은 협동하여 위만주군 50여 명을 사살 또는 생포하고 경기관총 2정, 장총 16자루를 노획하였다. 일본수비대 500여 명이 헤이샤쯔거우黑瞎子溝의 6사단 밀영密營을 진공해온다는 소식을 접하고 남아 있던 20여 명의 병사들은 미리 밀영 부근의 유리한 지형에 매복하였다. 적군이 밀영을 점령하였다고 기뻐할 때 그들을 습격하여 그 자리에서 적군 100여 명을 살상하였다. 그리고 6사단은 적군의 포위망을 뚫고 푸쑹으로 이동하였다. 1937년 2월 20일, 현 소재지 남쪽에서의 기요노淸野 중위, 구도工藤 중위 등 일본 군인 10여 명을 사살하였다. 2월 25일, 음력 대보름날 적들이 위만주군 2개 중대를 출동시켜 창바이현 리밍수이鯉明水 밀영을 습격하였으나 아군은 미리 정보를 입수하고 매복해 있었다. 이 전투에서 적군은 140여 명 가운데 겨우 20여 명만 생환하였다. 아군은 기관총 3정, 장단총 130여 자루를 노획하였다.

적군의 추계·동계 '대토벌'을 격파하고 6사단은 푸쑹에서 창바이산지구로 돌아갔다. 4월, 김일성은 6사단을 지휘하여 압록강을 건너 조선 경내의 적군 거점인 포대위砲臺圍를 습격하였다. 6월, 김일성은 다시 압록강을 건너 보천보普天堡를 공략하여 적군 60여 명을 살상하고 기관총 2정, 장총 23자루와 수많은 군용물자를 노획하였다. 6사단은 또 현지 주민들에게 전단지를 뿌리고 연설을 하며 일어나 항일할 것을 호소하였다.[43] 보천보전투는 한국 인민들의 항일필승 신념을 크게 고무하였다. 일본침략자들은 몹시 당황하여 한국 주둔군 제19사단 제74중대를 동원해 창바이 근거지를 공격하였다. 6월 30일, 2·6사단은 협력전을 펼쳐 공격해온 적군에 반격하였다. 산지얀펑三間峰 매복전에서 적군이 크게 패해 도주함으로써 일본군의 춘계 '대토벌'은 실패하였다.

1937년 7·7사변이 발발하자 항일연합군은 적극적인 작전을 펼쳐 관내의 전쟁을 지원하였다. 9월, 제6사단 교도연대는 푸쑹 시강西崗에서 위만주군과 격전을 벌였다. 연합군은 적은 병력으로 수적 우위에 있는 적들과 싸워 적군 21명을 사살하고 경기관총 1정, 장단총 13자루를 노획하였다. 10월 26일, 6사단 제8연대와 2군 교도연대, 독립여단은 웨이정민 정치지도원의 지휘 아래 후이난현輝南縣 소재지를 공격하였다. 8연대는 적군의 증원부대를 타격하여 성을 공략하는 부대의 순조로운 입성을 보장해주었다. 이번 전투에서 수많은 적들을 섬멸하였고 대량의 물자를 노획했을 뿐만 아니라 정치적 영향도 아주 커졌다. 항일연합군은 명성을 떨쳤고 군중들은 크게 고무되었다.

1937년 겨울, 김일성은 6사단을 지휘하여 푸쑹, 린장, 멍장 등지의 밀영에서 휴식을 취하면서 적을 섬멸할 기회를 기다렸다. 11월에 멍장 샤오사허에서 일본군 운수부대를 기습하여 호위대를 전멸시키고 물자를 노획하였다. 이어 사오자잉肖家營, 야오뎬쯔腰甸子에서 적의 집단부락을 습격했고 화뎬에서 위만주군과 싸워 일부 성과를 거두었다.

1938년 봄, 6사단은 둔화현 한양거우漢陽溝의 적군 병영을 습격하여 장총 100여 자루를 노획하고 적군 100여 명을 사로잡았다. 4월에는 창바이현의 류다오거우를 점령하였고 6월에는 푸쑹의 난강南崗 포대를 점령하고 적군 80여 명을 사살하였다. 7월에도 후이난과 터우다오에서 적군과 교전하여 승리를 거두었다.

이때 항일연합군의 오랜 근거지 번시本溪, 환런, 콴디안은 모두 적군에게 빼앗긴 상태였다. 1938년 2월에 항일연합군 1군 참모장이던 안광훈安光勛이 체포되어 변절하였고 그 후 적들이 반역선동을 대대적으로 강화하였다. 6월 말, 1사단 사단장 청빈程斌은 부대 일부를 협박하여 투항하게 하였다. 1로군의 처지는 급격히 악화되었다. 7월 중순, 양징위와 웨이정민은 지안 라오링老嶺에서 긴급간부회의를 갖고 부대 일부는 라오링 산구山區에서 계속 투쟁을 이어나가고 주력부대는 진촨현金川縣 허리河里지구로 이동하기로 결정하였다. 그리고 동북항일연합군 제1군, 제2군 번호를 취소하고 제1로군 총사령부에 3개 방면군을 두었다. 원래의 제1군 제2사단은 1938년 8월에 제1방면군으로 개편되었다. 제2군 제4, 제5사단은 1939년 9월에 제3방면군으로 개편되었다. 1938년 11월, 김일성의 제2군 제6사단은 제2방면군으로 개편되고 총지휘는 김일성, 정치부주임은 뤼보치呂伯岐, 참모장은 린수이산林水山이 맡았다.[44] 전군 350명은 2개 연대와 1개 호위중대로 편성되어 창바이, 푸쑹, 멍장, 린장, 허룽, 안투, 옌지, 훈춘, 왕칭 등지에서 활동하였다. 제1방면군의 지휘를 맡은 차오야판, 제3방면군의 지휘를 맡은 천한장陳翰章과 김일성은 매우 친밀한 전우였다. 3개의 방면군은 일치단결하여 어려운 환경에서 동남만 항일전쟁의 국면을 이어나갔다.

1939년 가을, 일본관동군과 위만주국군 75,000명은 항일연합군 1로군에 대한 '대토벌'을 감행하고 군사진공과 사상와해, 경제봉쇄 등 총체전을 펼쳤다. 부대원 수가 급감한 상황에서 1로군은 퉁화, 옌볜 등 중·조 변경의 산악지대로 들어가 부대를 분산하여 적과 게릴라전을 벌였다.

김일성은 제2방면군을 거느리고 푸쑹, 안투, 허룽 일대에서 투쟁을 벌였다. 1939년 9월 중순, 허룽현 얼다오거우 광산을 공략하였다. 12월 17일, 김일성은 친히 부대를 거느리고 둔화현 류커수六棵樹 삼림벌목사무소를 공격하여 위만주국 삼림경찰 70여 명을 사살하고 수많은 군수물자와 무기, 탄약을 노획했으며 수백 명의 노동자를 구출하였다. 100여 명의 노동자들은 즉석에서 제2방면군에 입대하였고 이어 자신쯔夾信子 집단부락을 습격하였다.

일본 측 자료에 따르면 1939년 후반기, 항일연합군 1로군은 적군과 276차례나 전투를 치렀는데 167차례는 적을 기습했고 109차례는 접전을 벌였다. 총사령부에서 49차례, 제1방면군이 23차례, 제2방면군이 41차례, 제3방면군이 55차례씩 전투를 벌였다.[45] 1939년 말, 1로군의 병력은 1,000명도 채 안 되었다.

1940년 2월 23일, 양징위는 멍장현 바오안촌保安村 산다오웨이三道崴에서 전국에 겹겹이 포위되어 격전을 벌이다 장렬히 전사하였다. 3월 13일, 중공 남만성위서기, 1로군 부총사령 웨이정민은 남만성위 확대회의를 열고 부대의 행동을 배치하였다.

3월 11일, 김일성은 제2방면군 주력부대 250명을 거느리고 허룽현 다마루거우大馬鹿溝 목장의 위만주국 삼림경찰대를 습격하여 경기관총 1정, 장총 30자루, 탄약 10여 상자, 군복 100여 벌, 그리고 밀가루와 기타 군수품들을 노획하였다. 이 소식을 접한 적군은 병력을 대거 동원하여 2방면군을 추격하였다. 김일성은 허룽현 홍치허紅旗河 이북 30킬로미터 되는 곳에 군대를 매복시켰다. 3월 25일 저녁, 적들이 매복권에 들어왔다. 한 시간의 격전을 거쳐 전군 140여 명을 사살하고 경기관총 5정, 장총 140자루, 권총 18자루, 탄약 만여 발, 무전기 1대를 노획하였다. 두 차례의 승리는 김일성의 탁월한 군사 지휘능력을 보여주었고 병사들의 용기를 북돋아주었다. 또한 부대의 무기 등 장비도 많이 개선되었다.

제1방면군은 물자 공급이 끊긴 상황에서 혹한과 기아와 싸워야 하였고 항상 허기진 상태에서 적들과 전투를 벌여야만 하였다. 1940년 봄, 부대원 수는 급감하여 수십 명밖에 안 되었다. 4월 8일, 1방면군 총지휘 차오야판은 반역자에게 살해되었고 1방면군도 끝내 해체되었다. 제3방면군의 밀영도 적들에게 파괴되었고 저장했던 식량과 군복도 대부분 잃었다. 부대는 또한 둔화 뉴신딩쯔산牛心頂子山에서 2천의 적군에게 포위당하였다. 일본군은 공군까지 투입하였다. 총지휘자인 천한장은 전투에서 중상을 입었고 부대도 겨우 포위권을 뚫고 빠져나왔지만 크게 손실을 입고 왕칭으로 이동하였다. 거기서 5군 2사단과 함께 활동하였다.

1940년 11월, 김일성은 제2방면군의 잔여부대원을 이끌고 중·소 국경선을 넘어 소련에서 대오를 정비하였다. 12월 8일에 천한장은 징보후鏡泊湖 전투에서 장렬히 전사하였다. 1941년 봄까지 항일연합군 1로군 총부대와 3개 방면군의 200여 부대원은 소련으로 철수하였다. 웨이정민은 밀영에 계속 남아 병든 몸으로 투쟁을 이어나갔다. 식량보급이 끊긴 상태에서 밀영의 전사들은 나무껍질과 초근으로 생명을 유지하였다. 1941년 3월 8일, 질병과 기아는 웨이정민의 생명을 앗아갔다. 항일연합군은 또 한 명의 걸출한 지도자를 잃었다.

김일성은 1로군의 중국공산주의자들과 생사를 같이하며 전화 속에서 우정을 맺었다. 나중에 그는 저우언라이周恩來 중국 총리와 그때의 상황을 이야기하기도 하였다. "그때마다 나는 조·중 간의 우의가 넘쳤던 밍웨거우明月溝

회의의 열렬한 분위기를 돌이키곤 합니다. 함께 포화 속을 넘나들었던 웨이정민, 퉁창룽, 천한장, 왕더타이, 장웨이화, 양징위, 저우바오중, 후쩌민胡澤民 등 친밀하게 지낸 중국공산주의자들을 감개한 심정으로 회고하게 됩니다. 우호적인 감정도 인간의 감정이지요. 그러기에 구체적인 인간관계 속에서 건립된 우정이야말로 영원한 것입니다. 이렇게 맺어진 우정이라야 세월이 흘러도 희미해지지 않지요."[46]

조선공산주의자 최현崔賢 또한 항일연합군 1로군의 용장이었다. 1938년 후반기, 최현이 몸담았던 2군 4사단은 화뎬 푸얼허富爾河, 옌지 밍웨거우, 화뎬 퉈쯔거우駝子溝에서 연거푸 승전하면서 수많은 적들을 섬멸하였다. 1939년 음력설 이전에 최현은 부대를 거느리고 양징위가 거느리는 총부호위여단, 소년철혈대와 화뎬현에서 합류하였다. 다진탕大金湯 밀영에서 중·한 전사들은 노래하고 춤추며 음력설을 맞았다. 양징위는 열정에 넘치는 연설을 하였다. 설이 지나자 양징위는 항일연합군 부대를 거느리고 무치허木箕河 삼림조합작업소를 습격하였는데 위만주국 삼림경찰들이 모두 투항하였다. 삼림노동자들 70여 명이 군대에 입대하였고 적군 수십 명을 사살 또는 생포하였으며 무기와 군수물자를 노획하였다. 이튿날 항일연합군은 바다오거우 인근에서 추격해오던 적군과 격전을 벌여 위만주군 80여 명을 살상하였다. 4월 7일과 11일, 항일연합군은 2차례나 둔화현의 주요거점인 다푸차이허진大蒲柴河鎭을 공격하여 적군의 군수창고를 파괴하고 총탄을 대량 노획하였다. 최현의 부대는 이 2차례의 전투에 모두 참가하였다.

1939년 여름, 제4사단과 제5사단이 합류하였다. 둔화 뉴신딩즈에서 항일연합군부대는 투항을 권유하러 온 일본관리 4명을 처단하였다. 7월, 4사단과 5사단은 항일연합군 1로군 제3방면군으로 합병되었다. 8월 25일, 최현이 이끄는 제4사단은 유명한 다사허大沙河전투에 참가하여 다장강大醬缸의 집단부락을 습격하고 밍웨거우 지원군을 격퇴하는 승리를 거두었다. 9월 24일, 4사단은 둔화현 하이러우뎬海樓店 매복전에 참가하였다. 전투 후 최현의 부대는 옌지, 왕칭 일대로 이동하였다. 11월, 15연대는 왕칭 다황웨이大荒崴 집단 부락을 습격하였고 13연대는 둥닝東寧 라오헤이산老黑山을 습격하였다.

저우바오중과 그의 조선 전우

동북항일연합군 제2로군은 1937년 10월에 건립되었다. 제2로군에 편입된 부대는 동북항일연합군 제4군, 제5군, 제7군, 제8군, 제10군이었다. 총지휘에 항일명장 저우바오중과 부총지휘에 자오상즈(1940년 2월 임명)가 임명되었다. 저우바오중은 중·한 우의를 수호하는 데 심혈을 기울였다. 1934년 동만에서 반민생단운동이 확산될 때 저우바오중은 엄청난 위험을 무릅쓰고 수많은 조선족 간부들을 보호하였다. 그와 최석천은 윈난강무당의 학우로 대혁명 시기에 중국 광저우에서 만났으며 또한 동북 항일게릴라전에서 생사를 같이하는 전우가 되었다. 최석천을 대표로 하는 수많은 조선공산주의자들과 혁명전사들은 2로군에서 크게 활약하였다. 그들 가운데는 아래와 같은 사람들이 있다.

황옥청黃玉淸, 4군 정치부주임 겸 1사단 정치부주임, 2로군 총부정무주임, 중공지둥성위원회 위원

이천주李天柱, 4군 2사단 사단장

박덕산朴德山, 4군 4사단 정치부주임

강신일姜信一, 5군 3사단 8연대 정치위원

박동화朴東和, 5군 2사단 5연대 정치위원

박낙권朴洛權, 2로군 총부 호위대 대장

김광협金光俠, 5군 3사단 4연대 정치위원, 2로군 총부 호위대 정치위원

강신태姜信泰, 5군 3사단 9연대 정치위원, 서북방 파견대 지휘

이학복李學福, 7군 2사단 사단장, 1사단 사단장, 7군단 군단장

최석천崔石泉, 7군 참모장, 7군 당위서기, 7군 대리군단장, 2로군 총참모장

강극지姜克智, 7군 1사단 부사단장

김봉金鋒, 7군 2사단 참모장

김철우金鐵宇, 7군 3사단 정치부주임

김근金根, 8군 1사단 정치부주임

이영호李永鎬, 2로군 2지대 2대대 정치위원

최용진崔勇進, 2로군 2지대 교도대대장

황광림黃光林, 중공 다오난특위道南特委 후보위원

김성봉金石鋒, 지둥성위 비서처 주임

최춘국崔春國, 중공 다오난특위 위원

이광림李光林, 5군 2사단 정치부주임

이학복은 라오허게릴라부대의 창시자로 일찍이 동북인민혁명군 제4연대 연대장, 제2사단 부사단장을 맡았다. 항일연합군 제7군이 성립된 뒤 이학복은 2사단 사단장, 1사단 사단장을 맡았다. 1937년, 이학복은 7군 1사단을 거느리고 퉁장同江, 푸진富錦에서 활약하였고 현지의 반일산림대와 연합하여 공동으로 항일하였다. 1사단은 푸진위만주군의 토벌대 대장 장다후쯔張大胡子, 퉁장 얼룽산二龍山의 지방호족 쭤뎬성左殿生을 총살하고 또한 퉁장 얼다오링에서 경찰 5명을 사살하고 6명을 생포하였으며 장총 24자루를 노획하였다. 5월 15일, 이학복은 부대를 거느리고 얼룽산 위만주군 1개 중대의 쿠데타를 획책하였는데, 일본군 및 위만주군과 6시간 동안 격전을 벌인 끝에 50여 명을 사살하였다. 전투가 끝나자 위만주군 20여 명은 항복해 항일연합군에 가입하였다. 6월에는 7군 1사단과 3사단은 푸진 얼다오린쯔에서 900여 명의 일본군 및 위만주군과 격전을 벌였다. 적들은 비행기, 탱크, 기병을 동원하여 전투에 투입하였지만 전쟁터가 습지라서 탱크, 기병이 힘을 쓸 수 없었다. 이 전투에서 적군 150여 명을 사살하였다. 1938년 1월 5일, 이학복은 7

군 군단장, 7군 당위 집행위원회 상무위원으로 임명되었다. 이때 그는 이미 피로가 쌓여 병마에 시달렸고 군단장직은 잠시 최석천이 대행하였다. 결국 1938년 8월 8일, 항일연합군의 걸출한 지도자 이학복은 질병으로 목숨을 잃었다.[47]

황옥청의 본명은 황형호黃亨鎬이다. 1889년 함경북도 길주군에서 태어나 1905년 가족과 함께 헤이룽장성 무링현穆陵縣 샹양촌向陽村으로 이주하였다. 1930년에 중국공산당에 가입하여 일찍이 중공 구위서기, 현위 선전위원을 맡았다. 1934년, 동북항일동맹군 4군으로 옮겨 중대의 지도원을 맡았다. 부인 허현숙許賢淑은 3살 난 딸애를 어느 한족사람에게 맡기고 두 아들을 거느리고 부대의 일을 돌보았다. 1936년 3월, 황옥청은 동북항일동맹군 제4군 정치부주임을 맡게 되었다. 11월에는 항일연합군 4군 1사단의 정치부주임이 되어 1사단 1연대를 거느리고 버리勃利, 미산에서 게릴라전을 벌였고 미산현의 쓰런반四人班을 공략하였다. 1937년 3월 5일, 그는 4군 군부 직속부대를 거느리고 일본군 토벌대로 변장하여 지주의 무기를 노획하였다. 5월 부대를 거느리고 남하하여 5군과 연합하고 미산현 하다허哈達河의 위만주군 제26연대를 섬멸하고 연대장을 생포하였으며 박격포 연대와 3개 보병연대의 무기를 노획하였다. 8월, 부대를 지휘하여 량수이허쯔에서 적과 교전한 끝에 10여 명을 사살하고 장총 13자루를 노획하였다. 황옥청은 문무를 겸비한 지혜와 용기가 뛰어난 정치가였을 뿐만 아니라 걸출한 군사지휘관이었다. 항일연합군 4군은 처음에는 겨우 700명이었지만 1937년에는 4개 사단, 10개 연대 2천여 명으로 늘어났다. 1938년 4월, 황옥청의 부인은 부대를 따라 서쪽으로 진군하다가 우창 경내에서 적에게 붙잡혀 참혹하게 살해되었다. 황옥청은 비통함을 참으면서 부대를 이끌고 적들과 공방전을 벌였다. 1939년 12월, 중공 지둥성위 위원으로 선출되어 항일연합군 2로군 총부 정무처 주임으로 임명되었다. 1940년 2월 20일, 황옥청과 병사 20여 명은 적군에 포위되어 격전을 벌이다가 장렬히 전사하였다. 이들 부부는 민족해방의 대

업을 위해 소중한 생명을 바쳤다.[48]

최석천이 창건한 라오허게릴라부대는 계속 확대되어 처음에는 제4군 제4연대로 편입되었다가 1936년 3월 25일에 다시 동북항일연합군 제4군 제2사단으로 개편되었고 최석천은 2사단 참모장이 되었다. 그 후에는 2사단의 일부를 거느리고 푸진, 퉁장에서 활동하다가 얼룽산 위만주국경찰 20여 명을 2사단에 가입시켰다. 6월 15일, 그는 150명의 항일연합군 전사들을 거느리고 360명의 적들과 퉁장에서 격전을 벌였다. 항일연합군 전사들은 총격전을 벌이면서 '중국인은 중국인을 치지 말자'는 구호를 외쳤다. 결국 위만주군이 소극적으로 나왔고 항일연합군은 적은 병력으로 적군 50여 명을 사살하는 전과를 올렸다. 두 달 사이에 60여 명의 청년들이 항일연합군에 가입하였다. 1936년 10월 26일, 항일연합군 4군 2사단은 동북항일연합군 제7군으로 확대 편성되었고 최석천은 군단 참모장으로 임명되었다. 1937년 3월 5일, 7군 군단장 천룽주陳榮久가 전사하자 최석천은 당위서기 겸 대리군단장을 맡았다. 그는 7군을 이끌고 내부에서의 반간첩투쟁을 강화하였고 중·한 간부와 전사들의 단결을 도모하였으며, 대외로는 항일민족통일전선정책을 실시하여 각종 반일세력들과 손잡았다. 일부 산림대를 편입함으로써 7군은 다시 850여 명으로 늘어났다. 4월, 최석천은 2사단 사단장 저우치창鄒其昌과 함께 군부와 2사단을 지휘하여 라오허지구에서 게릴라전을 벌였다. 23일, 시린쯔西林子 위만주국 경찰서와 적군 특수공작반을 습격하여 적 20여 명을 사살하고 장총 20여 자루를 노획하였다. 5월, 최석천은 부대를 지휘하여 안팎에서 호응하는 방법으로 라오허현 다딩즈산 포서우궁佛壽宮 위만주군 주둔지에 쳐들어가 일본 중대장을 사살하고 경기관총 2정, 장총 80여 자루를 노획하였으며 위만주국 사병들 대부분을 7군으로 편입시켰다.

1937년에 항일전면전이 시작된 뒤 7군은 다시 1,500명으로 늘어났다. 12월 31일부터 1938년 1월 5일까지 저우바오중이 주도한 샤장下江 특위확대회의에서 최석천은 계속해서 7군 당위서기 겸 대리 군단장으로 임명되었다.

1938년 봄, 적군은 7군의 유격근거지로 대거 진격하였다. 7군은 곤경에 빠졌지만 최석천은 민첩하고 기동적인 전술로 항일연합군용사들을 지휘하여 적들과 싸웠다. 6월, 퉁장 치파이七牌에서 위만주국 싱안군興安軍을 대파하고 7월에 라오허현 포서우궁을 다시 기습하였다. 두 차례의 전투에서 그들은 수많은 노획물을 얻어 부대의 물자공급을 개선하였다. 9월 28일, 최석천은 7군을 지휘하여 샤오자허小佳河에서 일본군 모터보트를 습격하여 위만주군정부 고급군관 히노 다케오日野武雄 소장 이하 39명을 사살하고 기관총 1정, 장총 27자루, 탄알 4천 발을 노획하였다. 그러나 열악한 환경에서 부대의 손실도 점차 늘어났고 부대원 도주 사건이 자주 발생하였다.

1939년 3월, 최석천은 7군의 당특위서기와 참모장을 겸임하며 군부와 3사단을 거느리고 라오허지구에서 게릴라전을 벌였다. 항일연합군 7군은 스스로 밭을 일구고 곡식을 심어 부분적인 식량조달을 해결하였다. 부대를 보존하기 위해 분산적으로 활동을 전개하면서 공격할 기회를 엿보았다. 8월, 7군과 5군은 합동작전을 펼쳐 헤이쥐이쯔黑嘴子에 있는 일본군 비밀군사 공사현장으로 쳐들어가 군용물자를 노획하였고 300여 명 노동자들을 구조했는데 이 가운데 100여 명은 즉석에서 항일연합군에 가입하였다. 11월 말, 최석천은 부대원 160여 명을 이끌고 푸위안撫遠으로 나가 신툰新屯에서 적군 70여 명을 사살하고 퉁장리쯔同江砬子에서도 적군 20여 명을 사살하였다. 연속되는 전투에서 부대원이 크게 줄었고 식량과 소금이 끊겨 많은 전사들이 동사하고 아사하였다. 1940년 1월, 7군은 2개 연대로 줄어들었다. 최석천은 2로군 총부로 자리를 옮겨 참모장을 맡으면서 2로군의 총지휘 저우바오중, 부총지휘 자오상즈와 함께 2로군을 이끄는 중임을 맡았다. 1940년 10월, 저우바오중과 2로군 총부는 적군에 겹겹이 포위되었다. 10월 31일, 최석천은 낡은 배 한 척을 파견하여 야간을 이용해 저우바오중과 총부의 인원들을 도강시켰다. 적들이 도착했을 때 그들은 이미 그곳을 떠난 지 오래였다. 저우바오중은 "참모장이 배를 보내지 않았더라면 우쑤리강은 나의 우장烏江(항우가 한나라 고조에게 패하여 스스로 목숨을 끊은 곳—옮긴이)이 될 뻔했다!"[49]라며 감개무량해하였다.

저우바오중의 조선 전우들 가운데 5군 2사단 정치부주임 이광림과 그의 부인 임정옥林貞玉은 적들과 전투를 치르다 장렬히 전사하였다. 이들은 수많은 항일연합군 전사들의 모범이 되었다.[50]

중·한 양국 일반 병사들의 피와 전화의 시련 속에서 맺어진 우정은 이루 다 말할 수 없다. 1938년 10월, 5군 1사단의 부녀연대에 남았던 8명의 중·한 여병들은 우스훈烏斯渾강가에서 추격하는 적들을 저격하며 대부대의 이동을 엄호하였다. 그러나 탄환이 다 떨어졌고 앞에서는 흉포한 적들이 몰려오고 뒤에는 거센 물결의 우스훈강이 있었다. 8명의 여성영웅들은 죽음 앞에서도 굴하지 않고 손에 손을 잡고 부상당한 전우를 부축하며 빗발치는 총탄 속에서 우스훈강으로 뛰어들어 장렬하게 전사하였다. 8명 가운데 2명은 조선족이었는데 이들은 항일연합군 피복공장 공장장 안순복安順福과 여전사 이봉선李鳳善이었다. 6명의 중국전사는 항일연합군 5군 부녀연대 지도원 렁윈冷雲과 분대장 후슈즈胡秀芝, 샹구이전相貴珍, 전사 궈구이친郭桂琴, 황구이칭黃桂清, 왕후이민王惠民이었다. '8녀투강사적'은 동북대지에 전해졌고 중·한 우의의 역사에 영원히 잊을 수 없는 한 장을 장식하였다.

항일연합군 3로군에서의 중·한 협력

1936년 1월 28일, 동북민중반일연합군(훗날의 동북항일연합군) 총사령부는 성립을 선언하고 자오상즈를 총사령으로 장서우젠張壽籛(리자오린李兆麟)을 총정치부주임으로 임명하였다. 1939년 4월 12일, 중공 북만임시성위 제2차 집행위원회의에서는 북만항일연합군 총사령부를 개편하여 제3, 6, 9, 11군의 4개 군단을 기초로 동북항일연합군 제3로군 및 총사령부를 세우기로 결정하였다. 5월 30일, 동북항일연합군 제3로군이 정식으로 성립되었고 총지휘에 장서우젠을 임명하였다. 항일연합군 제3로군은 북만에서 항일운동의 통일적 지휘를 실현하였고 제1로군, 제2로군과 서로 호응하여 고난의 시기에 처해 있던 동북게릴라 전쟁에 또 하나의 주력부대가 되었다.

제3로군의 활동무대였던 북만에는 조선 이주민의 수가 남만, 동만, 지둥지구보다는 적었다. 그래서 3로군의 조선족 출신 병사들도 제1로군과 2로군보다 적었다. 하지만 제3로군에는 이복림, 마덕산馬德山, 허형식, 김책을 대표로 하는 뛰어난 정치가와 군사지휘관이 나타나 자오상즈, 장서우젠, 펑중윈馮仲雲 등과 함께 북만지역의 항일전쟁을 개척하고 견지하는 데 크게 이바지하였다.

이복림은 주허珠河게릴라부대의 창건자이다. 항일연합군이 성립된 이후 그는 제3군 1사단 정치부주임 겸 하둥게릴라부대사령, 중공 북만임시성위원회 위원 겸 조직부장, 항일연합군 이둥依東사무소 주임을 맡았다. 그는 1사단 1연대를 거느리고 퉁허通河, 이란依蘭, 팡쩡方正, 린커우林口 등지에서 활약하며 3군의 서부 정벌에 협조하기 위해 여러 차례 적들의 거점을 습격하였다. 1937년 1월, 그는 몸소 린커우현 소재지를 공격하는 전투를 지휘하여 적군 15명을 사살하고 장총 15자루를 노획하였으며 샤오루워小路窩, 샤오다오거우小道溝에서 옌서우延壽경찰대대를 습격하여 경찰 15명을 사살하고 장총 15자루를 노획하였다. 자신쯔夾信子에서 매복하고 있다가 일본군 니시야마西山대위의 부대를 습격하여 일본군 20명을 사살하였다. 그들은 퉁허 다샤오구동大小古洞, 얼다오허쯔二道河子로 이동하면서 대중들에게 항일구국을 선전하여 수많은 청년들을 항일연합군에 참가하게 하였다. 1937년 4월, 이복림과 부대원 170여 명은 얼다오허쯔에서 6,700여 명의 적군에 포위되었다. 그는 부대를 조직하여 포위망을 뚫고 나가다가 총탄에 맞아 두 다리가 부러졌다. 이복림은 자신을 따르던 경호원에게 부대를 따라 떠나게 하고는 총을 쏘면서 문서 등을 소각하다 끝내 장렬하게 전사하였다.[51]

마덕산의 본명은 김승호金乘浩이다. 본적은 조선 평안북도이고 1911년 중국 상하이에서 태어났다. 그의 조부와 숙부 김명재金銘在 그리고 사촌 김승준金乘俊은 일본침략에 항거하는 투쟁에서 목숨을 잃었다. 1927년, 그의 온 가족은 멍베이현夢北縣 우퉁허梧桐河로 이주해 벼농사를 지었다. 1930년, 마덕산은 레닌주의청년단에 가입하고 탕위안 현위원회에서 운영하는 군사훈련반에서 공부하였다. 그는 중공 탕위안현위 교통원, 탕위안게릴라부대 사무장, 항일연합군 제6군 중대 정치지도원, 4연대 정치부주임, 1사단 사단장을 역임하였다. 1937년 2월 2일에는 군부의 명령에 따라 1사단을 거느리고 푸진, 퉁장, 바오칭寶清 지구에서 항일게릴라 근거지를 건립하였다. 화촨현樺川縣 훠룽거우火龍溝에서 1사단이 6~7백 명의 적군에게 포위되었는데 마덕산이 부대를 지휘해 하루 동안 격전을 벌인 끝에 적군의 포위망을 뚫었다. 3월, 그들은 관동군 기병부대를 기습하여 30여 명을 사살하였다. 그는 또한 적군의 집단부락, 푸진현 궈청郭城 자위단, 자신쯔 자위단과 경찰서, 가오얼마쯔高二麻子 자위단을 습격하여 적들을 대거 섬멸하였으며 탄약과 군수물자를 노획하여 부대의 물자공급을 개선하였다. 9월에는 이란현 위만주군 2개 중대가 쿠데타를 일으켜 항일하도록 고취하고 왕즈안王治安 자위단을 무장해제시켰다. 그는 또 서로 협력하여 위만주국군 35연대 기병대대를 무장해제시켰다. 1937년 말, 6군 1사단은 2천 명의 병력으로 발전하여 기관총중대와 박격포중대까지 두었다. 1938년 3월 29일에는 5사단과 연합작전을 펼쳤다. 4월, 산젠팡三間房 매복전에서 마덕산은 장렬하게 전사하였다.

허형식은 원래 동북인민혁명군 제3군 제3사단 정치부주임이었다. 1936년 8월, 동북인민혁명군이 동북항일연합군 제3군으로 이름을 바꾸면서 1사단 정치부주임으로 임명되었다. 9월 18일에는 중공 북만임시성위집행위원회 위원으로 추대되었다. 북만 항일근거지에 대한 일본군의 공격을 물리치기 위해 제3군 주력부대는 톄리鐵力, 하이룬海倫을 향한 서정西征을 떠났다. 허형식은 1사단의 일부 병력을 이끌고 선발대를 맡아 11월에 톄리에 도착하자마자 유격활동을 벌였다. 쑨링거산孫靈閣山 전투에서 1사단을 지휘하여 일본군 500여 명과 맞서 싸웠다. 형제부대의 협력으로 일본군 80여 명을 사살하고 경기관총 1정, 말 30필을 노획하였다. 1937년 초, 북만성위는 허형식을 이동사무소주임으로 임명하고 이동항일연합군 각 군의 단결을 강화하고 작전에 협조하도록 하였다. 항일연합군 9군은 원 자위군 지린 혼성여단 제2지대의 리화탕李華堂부대로 편성되었다. 7월, 북만성위는 허형식을 9군 정치부주임으로 임명하여 이 부대의 개조에 박차를 가하였다. 1938년 1월, 그는 제3군 제3사단의 사단장을 맡았다. 10월 15일, 3, 6, 9군 연석회의에서는 서북임시지휘부를 세우기로 결정하고 허형식에게 계획준비활동을 책임지게 하였다. 얼마 뒤 서북임시지휘부가 정식으로 수립되었고 장서우젠을 정치책임자, 허형식을 군사책임자로 임명하였다. 1939년 4월 12일, 북만임시성위는 북만성위가 되었고 부대의 지도력을 강화하기 위해 허형식을 제3군 군단장으로 임명하였다. 5월 29일, 동북항일연합군 제3로군 총지휘부가 성립되어 리자오린이 총지휘를 맡았고 허형식이 총참모장 겸 룽베이龍北지휘부 지휘를 맡았다. 1940년 1월 28일, 중공 북만성위 제2차 상무위원회는 허형식으로 하여금 룽난龍南의 부대를 지휘하게 하였다. 1940년 초, 하바롭스크에서 중공 지둥과 북만성위 하바롭스크 연석회의가 개최되었다. 회의에서는 부대의 편제를 축소하고 투쟁의 책략을 수정하기로 결정하였다. 회의에 출석했던 펑중윈은 허형식에게 회의정신을 전달하였다. 두 사람은 상의 끝에 안방허安邦河 상류에서 활동 중이던 제3군 일부를 항일연합군 제3로군 제12지대로 개편하고 허형식이 정치위원을 맡기로 결정하였다. 12지대는 톄리, 칭청慶城을 후방기지로 삼고 수이화綏化, 왕쿠이望奎, 바옌巴彦, 자오둥肇東, 자오저우肇州, 자오위안肇源 일대에서 활동하였다. 4월, 허형식은 전사 50여 명을 거느리고 무란현木蘭縣 다칭거우大青溝 싼허뎬三合店의 위만주 경찰대대를 습격하여 적군 20명을 사살하고 총 50자루를 노획하였다. 9월 11일, 12지대는 자오저우현 펑러진豊樂鎭을 공략하여 적군 6명을 사살하고 2명을 사로잡았다. 또한 무기, 탄약, 현금, 황금, 아편 등 물자를 노획하였고 100여 명의 부대원을 확충하였다.

펑러진전투 이후 12지대가 적에게 습격을 받았다. 허형식은 전사 10여 명과 함께 포위망을 뚫고 톄리의 3로군 총지휘부로 귀환하였다. 12지대의 주력부대원은 쉬쩌민徐澤民 대리지대장의 지도 아래 자오위안현 소재지를 공략하였다. 1941년 1월, 허형식은 다시 12지대의 지휘를 맡았다. 11월 그는 총부의 지시에 따라 6, 9, 12지대의 부대원을 소련으로 보내 휴식을 취하게 하였다. 남은 부대는 2개 소부대로 나뉘어 바옌, 무란, 둥싱東興 일대에서 활동하였는데 군중을 일깨우고 양식을 저장하면서 적의 동향도 정찰하였다. 1942년 8월 3일, 총지휘부로 돌아오는 도중에 허형식은 적군에 포위되어 2시간의 격전 끝에 경호원과 함께 장렬하게 전사하였다.[52] 허형식은 동북게릴라전쟁을 11년간 이어오면서 일반 간부에서 일본군의 간담을 서늘케 하는 항일명장으로 성장하였다. 이로써 항일연합군은 유능한 지도자를 또 1명 잃었다.

김책은 동북항일게릴라전쟁 과정에서 성장한 탁월한 조선족공산주의자이다. 1933년 봄, 그는 주허 중심현위원회의 파견을 받고 장롄커張連科, 리치둥李啓東과 함께 웨이허葦河 위만주군 보위대대에 들어가 군사운송 업무를 맡았다. 그는 주허게릴라부대의 창시자 가운데 한 사람이다. 1935년 1월 28일, 동북인민혁명군 제3군이 성립되자 김책은 1사단 2연대 정치부주임을 맡았다. 3월 7일, 그는 연대장 왕훼이퉁王惠同과 함께 부대를 지휘하여 옌서우延壽 2구역 싱룽툰興隆屯을 공략하여 일본인 농장과 건축물을 파괴하였다. 9월, 3군이 확대 편성되면서 김책은 4연대 정치부주임을 맡았다. 12월 12일, 4연대와 5연대는 퉁허通河 얼다오허쯔二道河子의 위만경비대와 위만경찰서를 습격하여 위만주국 경찰 60여 명을 사로잡고 대량의 솜옷을 노획하였다. 1936년 초, 제4연대가 다시 제4사단으로 확대개편되자 하오구이린郝貴林이 사단장, 김책이 정치부주임을 맡았다. 4사단은 치타이허七臺河 탄광, 스터우허쯔石頭河子 금광, 보리바오안툰勃利保安屯, 하다허哈達河 거리를 습격하는 전투에서 잇달아 승전보를 올렸고 부대는 600명으로 늘어났다. 9월 18일, 중공 북만임시성위 집행위원회 위원으로 선출되었다.

1937년 8월, 김책은 중공 북만임시성위에서 활동하였다. 나중에 다시 항일연합군 제3군 정치부주임을 맡았고 샤장에서 제3군 3, 4, 10사단을 정비하였다. 1938년 8월에는 원 제3사단 정치부주임 허우치강侯啓剛과 함께 70명으로 구성된 기병대를 거느리고 바오칭寶清에서 출발하여 쑹화강을 건너 멍베이현 우퉁허 연안에서 원정을 준비하였다. 8월 중순, 제3군 3사단, 제6군 3사단을 지휘하여 폭우를 무릅쓰고 원정을 시작하였고 탕위안 왕사쯔툰王傻子屯에서 자위대대를 쳐부수었다. 스창거우石場溝에서 추격해오던 적의 기병대를 물리치고 50명을 사살하였다. 탕왕湯旺 강변에서 김책은 3군과 6군을 양분해서 전진하게 하고, 자신은 6군 3사단 왕밍구이王明貴 사단장을 따라 하이룬과 퉁베이通北 일대로 진격하였다. 10월 8일, 3군과 6군은 하이룬 바이마스白馬石에서 합류하여 원정을 성공적으로 완수하였다. 10월 15일, 김책은 원정군 지도자 연석회의를 열고 헤이넌黑嫩 평원에서 게릴라활동을 전개할 계획을 세웠다. 1939년 4월 12일, 중공 북만임시성위는 제2차 집행위원회의를 열고 북만임시성위를 북만성위로 고치고 김책, 장서우젠, 펑중윈을 성위 상무위원으로 선출하였으며 김책을 북만성위서기로, 장서우젠을 조직부장으로, 펑중윈을 선전부장으로 임명하였다. 1940년 1월 28일, 김책은 중공 북만성위 제10차 상무위원회의를 열어 1939년의 북만지역 당의 사업을 총화하고 동북의 정치형세를 분석하였으며 1940년의 활동임무를 배치하였다. 회의에서는 성위의 주요책임자가 부대를 직접 거느리기로 결정하였는데, 김책은 룽난부대의 후방에서 총지휘를 맡았다. 1940년 봄, 하바롭스크회의에 참석하였던 항일연합군 제3로군 정치위원 펑중윈이 수이링綏棱의 동쪽 산속에서 북만성위의 기관을 찾았다. 김책은 하바롭스크회의 결의에 완전동의하고 즉시 수이링지역의 항일연합군부대를 항일연합군 제3로군 제6지대로 합병하였다. 6지대는 바이취안拜泉, 밍수이明水, 하이룬, 수이링 일대에서 게릴라전으로 적들을 끊임없이 교란하였다. 1940년 12월, 김책은 북만항일연합군 대표로 소련 하바롭스크에 가서 항일연합군 지도자회의에 참석하여 동북항일게릴라전을 견지하는 문제를 토론하였다.

이밖에도 3로군에서 싸웠던 조선족 간부로는 독립 2사단 정치부주임과 6지대 정치부주임 그리고 12지대 대장을 맡았던 박길송朴吉松이 있다.

국제여단과 동북의 광복

1940년 봄, 제1차 항일연합군지도자 하바롭스크회의에서 소련은 항일연합군부대가 어려운 상황에 처했을 때 소련 경내로 들어와 정비하고 보충하는 것을 허용하였다. 이에 따라 1940년 말부터 1941년 초까지 선후로 국경선을 넘어 소련 경내로 들어간 항일연합군 부대원은 무려 600명이나 되었다.[53] 이들은 처음에는 주로 두 곳에 주둔했는데 이 두 곳을 각각 북야영北野營과 남야영南野營이라 하였다. 나중에 한곳으로 통합하여 국제여단國際旅團이라고 불렀다. 중공의 당조직기구와 국제여단의 군사기구에서 조선공산주의자들은 모두 중요한 위치에 있었다.

북야영은 하바롭스크 동북쪽 75킬로미터쯤 되는 브야츠크에 위치해 있었는데, 제2로군 총지휘부 직속부대 및 2지대, 제3로군 총지휘부 및 3지대의 300명 장병이 이곳에 주둔해 있었다. 1940년 12월 18일, 펑스루彭施魯, 이영호李永鎬, 수이창칭隋長青, 리청샹李成祥, 강신태姜信泰, 차오수구이喬書貴, 타오위펑陶雨峰, 김경석金京石, 박낙권朴洛權, 천레이陳雷가 참석한 간부회의가 열렸다. 회의에서는 당의 임시위원회를 선출하고 강신태를 서기로, 차오수구이를 조직위원으로, 이영호를 선전위원으로, 리청샹, 김경석을 후보위원으로 선출하였다. 원래의 제2로군 부대는 1개 중대로 개편하고 최석천을 중대장으로, 펑스루를 지도원으로, 최용진崔勇進을 사무장으로 임명하였다. 1941년 8월, 북야영 당위가 성립되었다. 김경석이 서기를 맡고 중공 지둥과 북만 2성위의 지도를 받기로 하였다.

남야영은 보로실로프(현 우수리스크) 이남의 하마탄에 주둔해 있었는데, 2로군 제5군과 1로군 월경인원 약 200명이 머물고 있었다. 당의 임시책임자로는 김윤호金潤浩, 박덕산朴德山, 최현崔賢, 푸유산傅有山, 장위춘張玉春 등이 있었다. 1941년 3월 5일, 남야영을 시찰하던 지둥성위의 책임자 저우바오중과 북만성위의 책임자 김책은 간부회의를 열고 제5군부대를 제2로군 제5지대에 편입시켜 차이쓰룽에게 지대장을 맡기고 지칭季青에게 정치위원을 맡겼으며, 제1로군 부대는 제1로군 제1지대에 편입시켜 김일성에게 지대장을 맡기고 안길에게 참모장을 맡게 하였다. 또한 중공 남야영위원회를 수립하고 지칭을 서기로, 차이스룽·김일성·박덕산을 위원으로, 최현·김윤호를 후보위원으로 선출하였다.

1942년 8월 1일, 남·북야영이 합병되고 동북항일연합군 교도여단이 정식으로 성립되었다. 저우바오중이 여단장, 장서우젠이 부여단장, 최석천이 부참모장을 맡았다. 교도 제1대대 대대장에 김일성, 부대대장에 안길을 임명하고 교도 제2대대 대대장에 왕샤오밍王效明, 부대대장에 강신태를 임명하였다. 교도 제3대대 대대장에 허형식(그가 사망한 후 왕밍구이가 맡았다), 부대대장에 김책을 임명하였다. 교도 제4대대 대대장에는 차이스룽(후임에 강신태), 부대대장에 지칭(나중에 강신태가 맡았다)을 임명하였다.[54]

동북항일연합군 교도여단은 소련원동홍기군 독립88여단이라고도 불리며 번호는 8461보병특별여단이었다. 여단에는 1,000여 명의 병사가 있었는데 이 가운데 소련국적의 관병은 300여 명, 나머지 700여 명은 중·한 국적이었다. 이처럼 이 조직은 중국, 한국, 소련 3국 인원으로 구성되었기에 국제여단이라고 부르게 되었다.

중공 당조직도 새롭게 조정하였다. 9월 13일과 14일, 독립보병여단 중공동북당조직 특별지국(동북당위원회라고도 함)이 성립되었다. 제1기 집행위원은 저우바오중, 장서우젠, 최석천, 김일성, 김경석, 펑스루, 왕밍구이, 김책,

왕차오밍王效明, 안길, 지칭이었다. 후보위원은 왕이즈王一知, 선타이산沈泰山이었고 서기에 최석천, 부서기에 김일성, 김경석이었으며 조직활동은 왕밍구이와 왕이즈가 책임졌고 선전활동은 펑스루와 선타이산이 책임졌다. 중공 동북당조직 특별지국은 항일연합군 교도여단에서의 중공 당조직일 뿐만 아니라 동북에서 중공 당조직의 최고기관이었다.

항일연합군 교도여단의 임무에 대해 저우바오중은 이렇게 말하였다. "우리가 각고의 분투를 거쳐 이룩한 성과로 지금 겨우 남아 있는 동북의 당조직과 항일연합군게릴라부대의 역량은 반드시 더욱 긴밀한 관계를 유지해야 한다. 그래서 결전의 그날에 제 역할을 다하여 동북에서의 역사적 임무를 계속 해야 한다."[55]

8년 항일전쟁 동안 모스크바와 옌안延安은 줄곧 전보 연락과 인적 교류를 하였다. 저우바오중 등은 동북 당조직 및 항일연합군과 중공 중앙 사이의 단절된 관계를 회복하도록 도와줄 것을 소련 측에 재삼 요청하였다. 하지만 소련은 모르쇠를 잡았다. 소련의 원동방면군 사령 아바나신코 대장은 중국여단(동북항일연합군 교도여단)의 발전은 중국 동북 각 성의 민족혁명전쟁의 군사간부를 양성하는 데 있다고 보면서 저우바오중 등 항일연합군 지도자에게 이렇게 건의하였다. "일단 만주에 대전환이 생겨 새로운 환경에 처하게 되면 중국 특별여단은 큰 역할을 하게 되어 원동홍군과 중국홍군의 연결고리가 되고 동북인민을 일제의 압박에서 해방시킬 것이다. 따라서 교도여단은 반드시 훈련을 가속하여 어떤 시기의 전쟁도 완수할 수 있도록 준비해야 한다." 또한 이렇게 강조하였다. "여단 전원은 장차 동북에 세울 6개 군의 주축이 되어야 한다. 이 임무를 힘써 완수하기 바란다."[56] 대일본관계에서 중·한·소 3국이 얻고자 하는 바는 분명 일치하였다. 그러나 소련은 나름의 계산이 있었다. 즉 나중에 있을지도 모를 아시아태평양지역의 국제적 형세 변동에 대비해 중국과 한국 출신 병사들로 구성된 국제부대를 지배함으로써 이들을 극동에서 자신들의 전략적 이익을 위해 이용하려고 한 것이다.

국제여단은 긴장 속에서 군사훈련을 수행하면서도 자주 부대를 동북으로 파견하였다. 동북에 돌아간 사람은 크게 두 부류로 나눌 수 있다. 하나는 야영의 중국 측·소련 측과 상의하여 확정하는 경우로, 이들은 실종된 항일연합군을 찾고 동북 지하당조직과 대중조직을 긴밀하게 연결하여 소규모 게릴라활동을 벌여 정치적 영향을 조성하며 일본 측 군사정보를 수집해 소련 극동군에게 제공하는 것이 주된 임무였다. 또 하나는 소련 측이 야영부대에서 사람을 물색하여 특수훈련을 거친 후 군사정보 수집을 목적으로 단독 파견하는 경우이다. 1941년 봄부터 1945년 8월 전까지 약 30개의 소규모 부대를 파견했는데 그 인원은 300명 이상이었다.[57] 이들 부대원은 중·한 양국 인원으로 편성되었다. 중요한 부대로는 다음이 있다.

김일성 소대—대원으로는 박덕산朴德山, 둥충빈董崇斌, 김철우金鐵宇, 류싼순柳三孫 등 29명이 있다. 1941년 4월 9일 저녁 중·소 국경을 넘어 동만 옌볜지역에서 활동했는데 항일연합군 1로군 부총사령 웨이정민 및 주력부대와 함께 연락이 끊긴 부대를 찾아다니면서 적의 철도 및 운송수단을 교란하고 정찰과 선전활동을 펼쳤다. 8월 28일 솽청쯔로 귀환하였다가 9월 14일 재차 월경하여 11월 12일 야영으로 귀환하였다.

지칭과 타오징페이陶淨非 소대—1941년 8월 11일 저녁에 월경하여 11월 2일 야영으로 귀환하였다.

안길 소대—김일성의 뒤를 이어 출격하려다가 1941년 4월 13일에 소련과 일본이 '중립조약'을 맺는 바람에 출발이 늦어졌다. 8월 25일에 출발하였다가 10월 19일 귀환하였다.

이상은 남야영에서 파견한 것으로서 북야영에서 파견한 부대는 다음과 같다.

왕샤오밍 소대—수이창칭, 이영호, 강신태 등 20여 명이 있다. 1941년 7월 말 우쑤리강을 건너 라오허에 이르러 제5군의 실종인원들을 찾았다. 강신태는 적의 철도 및 교량 여러 곳을 파괴하는 일을 맡았다. 1942년 6월, 저우바오중은 궈샹윈郭詳雲, 박낙권에게 물자를 휴대하고 강을 건너 왕샤오밍 소대를 지원하게 하였다. 1943년 4월, 왕샤오밍 소대는 귀환하여 총부로부터 표창을 받았다.

자오상즈 소대—5명으로 구성되었고 1941년 10월에 월경하였다. 1942년 2월 12일, 자오상즈는 부대에 잠입한 간첩 류더산劉德山에게 중상을 입고 체포된 뒤 목숨을 잃었다.

1942년에 남야영에서 파견한 소부대는 타오징페이 소대, 지칭 소대, 최현 소대, 박덕산 소대, 안길 소대, 차이스룽 소대, 김윤호 소대 등이었다. 안길, 최현 소대는 돌아온 후 다시 5인 소대를 두 차례나 더 파견하였다.

1942년에 북야영에서 파견한 소부대로는 김광협金光俠 소대, 가오완유高萬有 소대, 챠오수구이 소대, 쿵자오리孔昭禮 소대, 볜펑샹邊鳳祥 소대, 천레이陳雷 소대 등이다.

동북의 적군 점령 지역에서 장기간에 걸쳐 대규모로 활동한 주요부대는 원 항일연합군 제3로군 소속부대였다.

1941년 3월 초, 왕밍구이는 제3지대의 80여 명을 거느리고 동북으로 가서 작전하다가 1942년 3월 초에 북야영에 귀환하였다. 1년 사이 이들은 적의 후방에서 17차례나 되는 크고 작은 전투를 치르며 경기관총 1정, 장총 140자루, 모제르총 20자루, 탄알 18,000발을 노획하였고 양식 수만 근, 황금 십여 냥과 대량의 기타 물자를 탈취하였으며 적군 135명을 사로잡았고 위만주국 경찰서 5곳을 파괴하고 적군 벌목부대 영지 10여 곳을 파괴하였다. 3지대는 가는 곳마다 인민대중의 열렬한 환영과 지지를 얻었다. 중국의 소수민족인 어룬춘족들은 3지대를 엄호해주고 또한 그들을 도와 후방기지를 건립하였다.

제3로군 총참모장 허형식은 줄곧 동북에서 총부와 6, 9, 12지대를 지휘하여 작전하였다. 1941년 3월, 총지휘 장서우젠은 부대를 거느리고 동북으로 돌아가 총부의 밀영에 도착하였다. 10월 중순, 제3로군 정치위원 김책도 총부에 도착하여 장서우젠과 합류하였다. 두 사람은 허형식에게 편지를 보내 전력을 보존할 것을 건의하였다. 허형식은 6, 9, 12지대의 핵심인물 100여 명을 소련으로 보내 정비·훈련시키고 자신은 박길송朴吉松, 장서린張瑞麟의 2개 소부대 10여 명을 지휘하여 적의 후방에서 게릴라전을 이어나가다 1942년 8월 3일, 장렬히 전사하였다. 김책은 다리 질환으로 거동이 불편하였지만 계속해서 박길송, 위톈팡于天放, 장서린이 지휘하는 3개 소부대를 지휘하였다. 이후 박길송은 체포되어 살해당하고 부대는 흩어졌다. 위톈팡 소대도 흩어졌다. 1944년 1월에야 항일연합군 교도여단에서 사람을 보내 김책을 야영으로 데려왔다.

2로군 류옌라이劉雁來 소대는 줄곧 라오허, 후린, 바오칭에서 투쟁을 이어나갔다. 그들은 적군의 교통을 파괴하고 정보를 정찰하였으며 황무지를 일구는 등 항일연합군 대부대가 동북으로 귀환할 수 있도록 준비하였다. 1943년 겨울 그들은 총부로부터 명을 받고 월경하여 정비훈련에 참가하였다.

1941년 후반부터 항일연합군 부대는 줄곧 적군의 후방에서 투쟁을 견지했는데, 적들의 도로, 광산업, 임업시설을 파괴하고 동북인민의 항일투지를 북돋아주었다. 또한 "대량의 가치 있는 정보를 수집하였고 현지로 가서 비행장, 철도, 도로와 교량의 위치, 적군 군사시설을 정찰하여 나중에 소련 홍군이 동북으로 출병하여 일본군과 작전할 때 아주 중요한 1차적 정보와 자료를 제공함으로써 동북항일전쟁과 세계반파시스트전쟁에서 최후 승리를 거두는 데 중요한 공헌을 하였다."[58]

1945년 2월, 얄타회의 이후 소련은 극동대일작전을 준비하였다. 항일연합군 교도여단은 긴장 속에서 전쟁준비 상태에 진입하였다. 소련에서는 대일작전이 아주 잔혹하고 또한 어느 정도 시일이 걸릴 것이라 예견하고, 항일연합군이 소련 홍군과 함께 동북으로 진입한 뒤 신속하게 10만 명의 대부대로 확충하고 소련 홍군에 합류하여 대규모 반일작전에 합류할 것과 적의 후방에서 게릴라전쟁을 벌일 것을 지시하였다. 7월, 동북 당위원회를 개편하였다. 최석천, 김일성 등 조선인들은 소련 홍군과 함께 국내에 돌아갈 예정이었으므로 더 이상 중공 동북 당조직의 지도자 직무를 맡지 않았다. 동북당위원회는 저우바오중을 서기로 임명하였고, 위원 가운데는 여전히 김광협, 강신태 등 한국인들이 있었다. 8월 8일, 극동 소련군의 주력부대는 세 갈래로 나뉘어 동북에서 대일작전을 개시하였다. 극동 제1방면군 소속 제25집단군은 중·소 국경선을 넘어 옌볜으로 진입한 뒤 왕칭과 옌지를 거쳐 한반도 동해안(38선)까지 진출하였다. 일본관동군은 추풍낙엽 신세가 되었고 일본국은 투항하였다. 항일연합군 교도여단 중 일부는 소련군을 따라 행동하면서 정찰과 안내임무를 수행하였고, 대부분은 새로운 명령이 떨어지기를 기다렸다. 대일작전이 순조롭게 진척되면서 항일연합군의 임무는 소련 홍군에 합류하여 동북과 한반도 북부의 대도시 및 전략요충지를 신속히 점령하는 것으로 바뀌었다.

소련 측과 논의한 새 방안에 따라 항일연합군 교도여단은 두 갈래로 나뉘었다. 김일성과 김책 등은 조선 공산주의자와 혁명인사 400여 명을 이끌고 한국으로 돌아갔다. 나머지 300여 명은 동북의 57개 크고 작은 도시에 파견되었고, 도시방위 부사령을 맡아 소련군을 도와 질서를 유지하고 중국공산당이 지도하는 무장부대, 대중조직과 지방정부를 건립하였다. 1945년 9월 6일, 장서우젠은 항일연합군 선발대를 거느리고 비행기로 동북으로 돌아왔고, 조선 공산주의자들도 이날 비행기를 타고 한국으로 돌아갔다. 중·한 전우들은 헤어지기를 못내 아쉬워하였다. 중국인들은 형제 같은 한국인들의 원조와 협력에 감사하였고 조선인이 조국을 광복하는 대업을 이루기를 빌어주었다.

저우바오중, 장서우젠과 함께 동북으로 돌아간 한국 측의 인사로는 원 중공 동북당위원회 서기 최석천과 김광협, 강신태 등이 있다. 김광협은 중공 무단강지구 위원회 서기 겸 무단강 주둔 소련 홍군 위수부대 부사령으로 임명되었고 지구위원회 위원 타오위펑陶雨峰, 차오수구이의 협조로 중공 무단강시위원회와 린커우, 버리, 닝안, 무링, 미산 등 현위원회를 건립하였다. 강신태는 옌지 위수부대 부사령 겸 중공 옌지위원회 서기로, 박낙권, 최명희, 지희겸池喜謙 등은 위원으로 임명되었다. 조선족 인민들의 열정적인 지지로 각 현의 당, 정 지도기구가 빠른 시일 내에 세워졌다. 또한 일본군의 장총 5천 자루, 기관총 200자루 및 기타 노획무기로 동북인민 자위군 옌지경비군 4개 연대를 건립하였다.

10월 20일, 동북 당위원회 및 항일연합군 지도자 저우바오중과 최석천은 선양으로 가서 중공 중앙 동북국의 서기 펑전彭眞에게 종합보고를 하였다. 최석천은 동북국에 동북 당위원회와 관련한 모든 자료와 당비를 넘겼다. 동북국은 저우바오중과 최석천의 보고를 듣고 항일연합군의 영웅적 투쟁과 역사적 공훈을 충분히 인정하였고 동북항일연합군의 14년간의 게릴라전쟁이 2만 5천리 장정과 강남지역에서 전개되었던 3년간의 게릴라전쟁과 마찬가지로 험난한 상황에서도 매우 뛰어났음을 인정하였다. 동북국에서는 중공 동북 당위원회에서 교부한 조직관계를 인정하고 수용하였다. 중공 동북 당위원회는 자신들은 이미 역사적 사명을 성공적으로 완수하였기에 조직을 철폐하며, 자신에 소속되었던 각 지역조직은 일괄적으로 동북국에서 책임지고 지도한다고 선포하였다. 저우바오중과 그의 부인은 연회를 베풀어 최석천을 대접하고 작별을 고하였다. 펑중윈은 사람을 보내 안둥으로 최석천을 호송하고 한국으로 돌아가게 하였다.

동북지역이 광복된 뒤 동북항일연합군은 동북인민자위군으로 확대·개편되었고 동북에 진주한 국민혁명군 제8로군과 신4군과 마찬가지로 중공 중앙 동북국의 지도를 받았다. 1945년 11월 3일, 중공 중앙에서는 동북인민자치군을 편성하기로 정하였다. 이로써 동북항일연합군은 그의 영광스러운 역사적 사명을 완수하였다. 하지만 항일연합군의 영향은 여전히 존재하였다. 12월 26일, 중공 중앙은 '동북항일연합군과 대중의 연계를 회복하고 확대하며 공고한 근거지를 건립하여 동북국에 넘길 것에 대한 지시'를 내리고 항일연합군의 역사를 존중하고 항일연합군의 전통을 발휘할 것을 지시하였다.

중·한 양국의 공산주의자들은 동북에서 벌인 14년간의 항일게릴라전쟁에서 깊은 우정을 나누었다. 대부분이 귀국한 뒤에도 일부 한국인은 동북에 남아 동북의 근거지 건설과 동북해방전쟁에 참가하였다. 이는 제2차 세계대전 이후의 한반도 정세와 중·한관계에 커다란 영향을 미쳤다.

제8부

중국 국민정부와 한국 임시정부

1장 국부적 항일전쟁 시기(1931~1937)의 중·한 협력

임시정부의 항일을 통한 중국지원 결의

1931년 9·18사변이 발발한 후 한국의 지사들은 중일전쟁이 불가피하며 한국의 독립 여부도 이 전쟁의 결과에 따라 결정될 것으로 보았다. 그래서 항일을 통해 중국을 지원하기로 결심하고 이를 한국 부흥을 위한 첫걸음으로 삼았다. 9월 19일, 한국 임시정부는 곧바로 긴급회의를 소집하고 재중 한인 교포를 동원하여 각종 항일운동과 선전사업을 전개하기로 결정하였다.

이에 발맞추어 상하이의 한국독립운동자동맹, 상하이한인청년동맹, 중국혁명호제회互濟會 한인분회 등 단체의 연합회가 격문을 발표하였다. "일본제국주의가 백일하에 야만적 강도행각을 벌이면서 중국 영토를 침략하는 데 관해 중·한 혁명대중들에게 격문을 보낸다. 그들이 만주와 몽골 지역을 제2의 조선으로 만들려는 데 대해 결사항쟁을 벌여야 한다."[1] 10월 21일 오후 3시, 병인의용대丙寅義勇隊, 노병회勞兵會, 교민단, 학우회, 여자청년동맹, 애국부인회, 독립운동자동맹, 청년동맹, 흥사단興士團 등 상하이의 한인교포단체 대표들은 프랑스 조계지 마랑로馬浪路 푸칭리普慶里 4호에서 연합대회를 열었다. 임시정부 대표도 대회에 참석하였다. 이 회의에서 상하이 한인교포단체를 조직하여 반일과 중국지원 활동을 전개하기로 결정하고 즉시 다음 사항을 전개하기로 하였다. "① 공개 전문을 발표하고 일본의 동북침략에 반대한다. ② 대표를 파견하여 중국의 시민대회에 참가하고 반일과 중국지원을 선전한다. ③ 반일 선전물을 인쇄하여 시민대회에서 유포한다. ④ 「중국민중에게 알리는 글」을 1만 부를 인쇄하여 소년척후대少年斥堠隊 대원들을 이용해 곳곳에 유포한다."[2]

한인교포 병인의용대도 계획을 세우고 중국인들의 반일선전이 고조될 때 일본총영사관 및 기타 일본기관에 강력한 폭탄을 투척하기로 하였다. 또한 비밀수사대를 조직하여 중요한 길목에 숨어 있다가 일본 밀정들을 암살하기로 하였다.

중공 장쑤성위원회 훙난洪南구위원회 한인지부와 상하이에 머물던 한국독립운동자동맹, 상하이한인청년동맹, 상하이한인반제동맹 등의 조직도 적극적으로 일본제국주의 침략을 반대하는 선전을 펼쳤고 일본 침략군 내부에서 반전교육을 적극 진행하였다.

임시정부는 「국내외 동포에게 드리는 글」, 「동북 3성 동포에게 경고한다」 등의 글을 발표하여 "한·중 두 민족의 공동전선을 구축하기 위해 정탐활동을 벌이고 있는 동포들은 직접 행동을 취해 가장 짧은 시간 안에 적들을 완전히 소멸할 계획을 세우기 바란다. 상하이 쪽에 있는 사람들도 필사적 각오로 동북 3성 동포들을 후원하고 혼신을 다해 적들의 주력부대를 섬멸해야 한다."[3]라고 주장하였다. 그 뒤에 발생한 사쿠라다몬櫻田門 사건, 1·28사변, 훙커우虹口 공원 사건은 중·한 연합항일의 시발점이 되었다.

1932년 1월 8일, 한국의 애국지사 이봉창李奉昌은 도쿄 사쿠라다몬 밖에서 일본천황 히로히토裕仁에게 수류탄을 던졌다. 그러나 수류탄은 천황을 명중시키지 못하고 뒤쪽의 이치키一木 궁상宮相이 탄 마차를 폭파하는 데 그쳤다. 일본천황은 요행으로 살아났고 이봉창은 체포되어 처형되었다. 일본천황 암살을 계획했던 사람은 한국 임시정부 재정부장 겸 민단장 김구였다. 9·18사변 이전은 한국독립운동이 가장 어려운 처지에 처했을 무렵이다. 국민들의 사기를 진작하기 위해 임시정부는 한인애국단을 수립하여 일본 군정요인을 전문적으로 암살하기로 하고 이와 관련한 경비와 인선문제는 김구가 책임지게 하였다. 이봉창은 자발적으로 애국단에 가입하였고 천황 암살임무에 자원하였다. 비용은 미국의 한인교포가 해결해주었고 폭탄은 중국에서 제공하기로 하였는데 폭탄 하나는 왕슝王雄에게 부탁하여 상하이 병기공장에서 가져왔고, 다른 하나는 김현金弦이 허난河南의 류즈劉峙에게 얻어온 것으로 둘 다 수류탄이었다. 하나는 일본천황을 죽이는 데 쓰고 다른 하나는 이 선생이 자살하는 데 쓰기로 하였다.[4] 왕슝은 한국인 김홍일金弘一의 중국 이름으로 당시는 중국의 육군소장이었다. 류즈는 허난성 주석이었다.

사쿠라다몬 사건은 일본의 조야를 놀라게 했고, 내각은 책임을 통감하고 총사퇴하였다. 중·한 인민들은 못내 아쉬워하였다. 칭다오青島의 『민국일보』는 '한인 이봉창이 일본천황을 저격했지만 불행히도 맞히지 못하였다.'라는 제목의 기사를 실었다. 이 일로 일본의 칭다오 주둔군과 경찰은 즉시 신문사와 국민당 칭다오시 당부를 파괴해버렸다. 이밖에도 베이핑北平(베이징)의 영문신문 『도보導報』, 전장鎭江의 『신강소보新江蘇報』, 산터우汕頭의 『민국일보』 등의 신문에서도 '불행하게도 맞히지 못하였다.'라는 제목의 기사를 실었다. 일본정부는 중국정부에 항의하면서 신문 발행을 정지시키라고 협박하였다. 이어서 일본군이 상하이를 대거 침공하는 1·28사변이 발생하였다. 이봉창 거사의 일본천황 저격 사건과 '불행하게 맞히지 못하였다'는 중국인들의 평론은 전쟁이 발생하게 된 하나의 원인이었다."[5]

1932년 1월 28일, 일본군은 상하이 자베이匣北를 공격하였다. 상하이에 주둔하고 있던 국민혁명군 제19로군은 용감하게 맞서 싸웠다. 국민정부는 다시 제5군을 이동시켜 19로군을 지원하였다. 일본은 여러 차례 증병하면서 대량의 육·해·공군을 동원했지만 완강하게 저항하는 중국군을 굴복시킬 수는 없었다.

19로군의 완강한 저항은 상하이 각계 민중과 전국 인민들의 열렬한 지원을 받았고 한국 우호인사들의 성원을 받았다. 1월 28일 오후 3시, 상하이한인청년동맹은 임시총회에서 회의를 거쳐 상하이 한인청년당으로 개칭하고 다음과 같은 결정을 내렸다. ① 혁명 연극을 공연하여 민중의 항일정서를 높인다. ② 구호대를 조직하여 왜와 혈전 중인 19로군과 제5군의 부상자들을 구호하는 사업에 종사하게 한다. 이로써 한국교민단은 위로단을 조직하여 적과 혈전을 벌이는 제19로군과 제5군 장병을 위로하였다. 며칠 사이에 천여 원을 모아 약솜 200봉지, 붕대 50봉지, 옥도정기(요오드팅크, 상처나 피부를 소독할 때 사용한다—옮긴이) 200병을 구입하여 병사들이 사용할 기타 일용품 수십 상자와 함께 전선으로 보냈다. 한인 애국부녀회는 회원들을 동원하여 거리마다 반일 선전물을 붙이고 대량의 약품을 구입해 19로군 사령부로 전달하고 항일장병들에게 존경과 위로의 뜻을 표시하였다. 먼 길을 걷는 수고도 마다하지 않은 이들의 뜨거운 마음과 정신은 전쟁터에서 적군과 혈전을 벌이는 중국 군장병들에게 커다란 마음의 위로가 되었다. 또한 일부 한국 열혈청년들은 19로군에 참군하여 전선에서 중국 장병들과 함께 싸우게 해달라고 요청하였다. 한국 공산주의자조직의 반제국주의동맹은 백방으로 수천 원을 모금하여 수많은 약품과 일용품을 구입해 중국군 사령부에 전달하였다. 3월 13일, 김구와 병인의용대장 박세창朴世昌은 전체 대원을 소집하고 조국을 위해 복수하라고 격려하였다. 아울러 대원들에게 굶어 죽을지언정 왜놈들을 위해 일하면서 비굴하게 살지 말라고 경고하였다. 만약 수치도 모르고 왜놈들에게 빌붙어 이용당한다면 그는 곧 민족혁명의 적이라고 하였다. 김구는 또한 일부 한국청년들을 노동자로 위장시켜 훙커우의 일본군영에 드나들게 하고 일본군의 비행기 격납고와 군수품 창고에 소이탄 설치를 계획하였다. 그는 왕슝과 상하이 병기공장에 연락하여 소이탄을 만들게 하였다. 그러나 전쟁이 끝나버려 계획은 무산되고 말았다. 그는 다시 이덕주李德柱, 유진식兪鎭植을 국내로 파견하여 일본총독을 암살하게 하고 유상근柳相根, 최흥식崔興植에게는 동북으로 가서 일본관동군 사령관 혼조 시게루本庄繁를 암살하라고 지시하였다.

쑹후淞滬 항전에서 중국군대는 일본군과 맞서 1개월 동안 혈전을 벌여 적군의 지휘관을 4차례나 바꾸게 하는 등 9·18사변 이래 가장 큰 타격을 입혔다. 3월 4일, 중국군은 제2방어선까지 퇴각하였다. 일본 측도 교포보호 목적을 달성했기에 정전한다고 하였다. 중·일은 정전협정을 맺기로 하고 담판을 시작하였다. 이에 중국 군민들은 분개하고 격앙되었으며 슬픔에 빠졌다.

일본침략군은 일본천황의 생일인 4월 29일에 상하이 훙커우공원에서 경축대회를 갖고 성대한 열병식을 거행하며 재차 중국에 무력을 과시하려 하였다. 이때 한국의 윤봉길 의사가 도쿄 사건과 같은 임무를 수행하고 싶다면서 김구를 찾아왔다. 이에 김구는 훙커우공원 폭발 사건을 다시 계획하였다. 거사 계획 전에 그는 일본신문 『상하이일일신문』에서 일본천황 생일 경축대회에 참석하는 사람들은 모두 도시락 1개와 물통 1개 그리고 일장기 1개를 소지해야 한다는 기사를 보았다. 이에 왕슝을 찾아가 상하이 병기공장의 공장장과 연락하여 일본인이 휴대하고 다니는 물통과 도시락과 똑같은 모양의 폭탄을 만들어 3일 내로 가져오게 하였다. 왕슝은 공장장과 연락을 한 뒤 김구를 초청해 병기공장에 몸소 가보게 하였다. 다음 날 김구는 상하이병기공장으로 가서 왕보슈王伯修의 지도하에 제작된 물통 모양과 도시락 모양 폭탄의 성능을 실험하였다. 정원에 구덩이를 파고 주위에 철판을 놓은 뒤 폭탄을 한가운데 놓고 뇌관에 심지를 기다랗게 늘인 다음 수십 보 밖에서 엎드려 도화선에 불을 붙였다. 요란한 폭음과 함께 산산이 부서진 철판 조각들이 사방으로 튀었다. 왕보슈는 뇌관을 이렇게 20번쯤 실험해야 하며 한 번도 실수가 없어야 실물에 넣을 수 있다고 하였다. 병기공장에서 이처럼 세심했던 것은 지난번 도쿄 사건 때 사용하였던 폭탄의 성능이 떨어져 일본 천황을 폭살하지 못했던 것이 못내 아쉬웠기 때문이다. 금지물품의 운반이 어려운 점을 감안해 병기공장에서는 트럭으로 물통과 도시락 모양의 폭탄 20여 개를 왕슝의 집까지 실어다 주었다. 김구는 헌옷가게에서 사온 양복을 입고 폭탄을 하나 둘씩 프랑스 조계지로 가지고 가서 한국동포의 집에 숨겨두었다.[6]

4월 29일, 상하이에 거류 중인 일본인 10만 명은 훙커우공원에 모여 저들의 강남인민에 대한 학살과 승리를 축하하였다. 윤봉길尹奉吉 의사는 일본식 양복을 입고 어깨에 물통을 메고 손에는 도시락을 들고 일본인들과 함께 경계선을 넘어 경축대회 주석단 뒤편에 도착하였다. 11시 40분, 일본의 문무관리가 경축단상에 오르자 장내는 기립하여 일본 국가를 불렀다. 윤봉길 의사는 국가 제창이 끝나자마자 물통형 폭탄의 도화선을 뽑아 불을 붙인 후 경축단상을 향해 힘껏 던졌다. 요란한 폭음이 하늘과 땅을 뒤흔들었다. 경축단상에는 혈육이 낭자하였고 일본 고급관리들은 여기저기 널브러졌다. 식장은 아수라장으로 변하였다. 일본인들은 괴성을 지르면서 앞다퉈 식장을 빠져나가느라 서로 마구 짓밟았다. 일본행정위원장 겸 거류민단장 가와바타 데이지河端貞次는 복부에 중상을 입고 이튿날 사망하였다. 일본군을 지휘하여 상하이를 공격하던 초대 사령관 시오자와 고이치塩澤幸一소장은 즉사하였고, 제2임 사령관 제9사단장 우에다 겐키치植田謙吉 중장은 다리 하나를 잃었다. 제3임 사령관 제3함대 사령 노무라 요시사부로野村吉三郞 중장은 한쪽 눈알이 빠져나와 실명하였다. 그리고 제4임 사령관 시라카와 요시노리白川義則 대장은 온몸에 204개의 파편을 맞고 5월 26일 상하이에서 숨을 거두었다. 중국주재 일본공사 시게미쓰 마모루重光葵도 중상을 입었다. 이 밖에도 상하이 주재 총영사 무라이 구라마쓰村井倉松, 민단서기 도모노 사카루友野盛 및 일본인 5명이 부상을 입었다. 윤봉길은 즉석에서 체포되었고 일본 가나자와金澤에서 순국하였다.

홍커우공원의 폭발 사건은 세계를 진동시켰다. 김구는 이렇게 말하였다. "거대한 폭음을 듣고 통쾌하다고 부르짖는 사람이 어찌 3천만 한인뿐이랴! 4억 5천만 중국인들도 동감했을 것이리라. 상하이전투에서 수만 생명이 쓰러졌지만 이제 구천에 떠돌던 원혼들도 눈을 감을 수 있으리. 아! 필부도 뜻이 있으면 3군의 우두머리를 잡을 수 있다. 진정으로 나라를 걱정하는 자가 이 위급한 시기에 어찌 그저 앉아서 죽기만 기다리겠는가. 어찌 박차고 일어나 분투하지 않으랴."[7]

장제스와 김구

훙커우공원 사건은 중·한관계사에서 하나의 전환점이 되었다. 이 사건은 완바오산 사건으로 중·한 두 민족 간에 생겼던 감정의 골을 푸는 계기가 되었다. 민석린閔石麟은 이렇게 말하였다. "한인에 대한 중국인들의 태도가 새롭게 바뀌어 아주 깊은 동정을 얻게 되었다."[8]

1927년 국공합작이 결렬되자 북벌전쟁에 참가하였던 일부 한국청년들은 광저우봉기에 참가하여 공산주의자의 대열에 남아 분투하였고 일부는 동북으로 가서 독립운동에 종사하였다. 그리고 대부분은 난징정부의 당, 정, 군 계통에서 활동하며 중국 국민정부와 한국 임시정부를 연결하는 매개자 역할을 하였다.

중국 국민정부는 한국 임시정부와 독립운동단체 그리고 정당에 동정의 태도를 표시하였다. 동북과 비교할 때 그들은 화북과 화동 지역에서 더 많은 자유와 더 넓은 활동공간을 영위하였다.

중국 국민정부가 한국독립운동을 지지한 전형적 사례로 1929년 이해명李海鳴이 박용만朴容萬을 암살한 사건을 꼽을 수 있다. 이해명은 자신은 김약산金若山이 이끄는 한국의열단 단원으로서 상부의 지시를 받고 반역자 박용만을 처결하였다고 주장하였다. 그는 베이핑 치안먼前門 밖에 있던 박용만의 저택에 잠입하여 일찍이 한국 임시정부의 외교총장과 교통총장을 지낸 박용만을 사살하였다. 사건 발생 이후 일본공사관은 이해명에 대한 엄벌을 주장하였다. 한국교민들은 "조선혁명당원 이해명 군은 2천 4백만의 민의를 대표해 인류의 공적을 죽였으니 그 뜻과 행동은 길이 기념하고 표창할 만하다."라고 여겼다.[9] 개정할 때마다 법원 안팎에는 사람들이 모여 그를 성원하였고 또한 유명 변호사를 사서 변호해주었다. 법원은 여러 번 심사를 거쳐 5년 2개월의 징역을 언도하였다. 베이핑의 고등법원 검찰관 스빙주石秉鑄는 이 판결에 불복하고 수도 다리위안大理院에 상소하였다. 한국교포들도 불복하고 한국독립당 관내촉성회關內促成會 연합회 명의로 중국 국민정부에 편지를 보내 "영을 내려 다리위안에서 형기를 줄이게 한다면 이는 이해명 군의 행운이자 우리 국민 전체의 행운이며 전 세계 압박 받는 민족의 행운이다."[10]라고 하였다. 중국 법관은 원래부터 한국독립운동을 동정하던 터라 이해명을 무죄로 판결하고 즉시 석방시킴으로써 사람들을 감동시켰다. 1995년 한국정부는 박용만의 억울한 누명을 벗겨주었다. 그러나 당시 이 사건의 판결은 아주 영향력이 컸던 것으로, 중국 국민정부의 치하에서 한국지사들은 독립운동을 전개할 자유도 있었고 법적 보호를 받기도 하였다는 사실을 말해준다.

하지만 이러한 지지와 동정은 결국 개별적이고 개인적인 것으로, 양국 정부 사이의 정책적이고 계획적인 상호원조는 아니었다. 훙커우공원 사건은 중국인들에게 한국독립운동의 위대한 역량을 보여주었다. 장제스는 윤봉길 의사의 거사를 높이 평가하였다. "중국의 백만 군대도 해내지 못한 일을 한국의 한 의사가 해냈으니 이 어찌 장하지 않을쏘냐!"[11] 9·18사변 이후 서양 열강들은 일본의 강도행위를 방임했지만 한국인민만큼은 중국을 가장 단호하게 그리고 가장 직접적으로 원조하였다. 국민정부는 장래에 있을 중일전쟁에서 한국 임시정부와 그 영향하의 2천만 한국인민이야말로 가장 믿음직한 벗이 되리라고 여겼다.

훙커우공원 사건으로 김구의 명성이 자자해졌다. 그는 명문가 출신은 아니지만 애국심만큼은 하늘을 찔렀다. 임시정부를 위한 것이라면 뭐든지 할 수 있는 아주 부지런한 혁명실천가였다. 비록 금전과 병력은 없었지만 그는 뛰어난 지혜와 용기, 권총 몇 자루와 폭탄 몇 개로 일본침략군 원흉들의 간담을 서늘케 하였고 하늘과 땅을 뒤흔드는 위업을 이뤄냈다. 그래서 중국 국민정부는 김구를 알게 되었고 그를 중심으로 한 한국 임시정부를 지지하기로 결심하였다. 이 같은 중국 국민정부의 지원 결정으로 한국독립운동은 이때부터 조직적 보장을 받게 되었다.

훙커우공원 사건 이후 일본 특무대 대원들은 미친 듯이 보복하면서 도처에서 사람들을 잡아들였다. 무고한 동포들의 손실을 줄이기 위해 김구는 주변이 만류하는데도 성명을 발표하여 사쿠라다몬 사건과 홍커우공원 사건의 책임을 떠안았다. 이에 일본경찰과 헌병대는 김구를 집중추적하고 나섰다. 처음에는 20만 원의 현상금을 내걸었고 이어 일본외무성, 조선총독부, 상하이주둔군 사령부에서 공동으로 현상금 60만 원을 내걸고 김구를 체포하려 하였다.

중국정부는 신속히 행동하여 김구와 임시정부의 여러 지도자들을 보호하였다. 국민당 중앙조직부장 겸 장쑤성 주석 천궈푸陳果夫와 저명인사 인주푸殷鑄夫, 주칭란朱慶瀾, 차량자오查良釗, 추푸청褚輔成 등이 이번 보호행동에 참여하였다. 천궈푸는 중앙조직부의 박찬익朴贊翊을 상하이에 보내 각 계층 인사들을 만나게 하고 임시정부의 요인들을 조직하여 이동시키게 하였다. 장제스는 김구의 안전을 염려해 사람을 보내 김구에게 비행기로 상하이를 떠날 수 있게 돕겠노라고 전하였다. 5월, 김구와 안중근 열사의 동생 안공근 및 이동녕, 엄항섭嚴恒燮, 김의한金毅漢 등은 안전하게 자싱嘉興으로 이전하였다. 김구는 장전추張震球 또는 장전張震이라는 가명을 이용해 추푸성의 양자 천퉁쑨陳桐蓀의 정자에서 머물기도 하고 천퉁쑨의 부인 주씨의 친정인 하이옌海鹽에 있던 산간별장 그리고 자싱의 농민 쑨융바오孫用寶의 집에 숨기도 하고 때로는 배에서 잠을 자기도 하였다. 여러 번이나 행적이 폭로되어 거처를 옮겨야만 하였다. 일본 정보기관은 상하이에서 엄밀하게 수사한 뒤 김구를 찾을 수 없게 되자 철도 연선 부근에 수많은 밀정들을 풀어 정찰하고 나섰지만 아무런 수확도 거둘 수 없었다.

한국 임시정부는 상하이에서 도무지 활동할 수가 없어 항저우로 소재지를 옮겼다. 일본 밀정들의 추적으로 10월에는 장수성정부의 소재지 전장으로 옮겼다. 11월, 다시 난징으로 옮겼고 1937년 전면적 항일전쟁이 시작될 때까지 이곳에 있었다.

김구는 피해 다니면서 박찬익, 엄항섭, 안공근 등을 통해 중국 국민정부의 천리푸陳立夫, 샤오정蕭錚과 중·한 협력에 대해 토론하였다. 임시정부는 중국에서 기병학교를 세워 군사간부를 훈련시키는 데 협조해줄 것을 중국 국민정부에 요청하였다. 천리푸는 협상결과를 장제스에게 보냈다. 1932년 8월 10일, 한커우의 임시병영에서 다음과 같은 전보가 날아왔다. "난징의 천리푸가 칭핑蕭青萍(샤오정)에게 전달하기 바람. 7234총재(장제스)께서는 김구 등이 난징에서 면담을 기다려도 된다고 하셨음. 기병학교 일은 논하지 말 것."

12월 10일, 장제스는 김구에게 면담을 요청하였다. 양국 지도자는 역사적인 회견을 가졌다. 김구는 이 일을 이렇게 회고하였다.

"박찬익은 중국국민당 당원의 신분으로 중앙당부에서 일하면서 중앙요인들을 적잖이 알고 있었다. 그가 연락하여 당의 조직부장, 장쑤성 주석 천궈푸 선생의 소개로 나는 장제스 선생의 회견 요청 통지를 받았고 안공근, 엄항섭과 함께 난징으로 떠났다. 궁페이청貢沛誠, 샤오정 등이 천궈푸 선생을 대표해 나를 영접하였고 우리를 중앙식당에 투숙하게 하였다.

이튿날 저녁 통역을 맡은 박찬익과 함께 천궈푸 선생의 차를 타고 중앙사관학교 안에 있는 장제스 장군의 저택으로 향하였다. 중국식 복장을 한 장 선생은 나를 친절하게 접대하였다. 인사가 끝나자 장 선생은 간단명료한 어조로 말하였다. '동방의 여러 민족이 쑨원 선생의 삼민주의에 부합되는 민주정치를 실행하는 것이 비교적 좋지요.' 나는 동감을 표시하며 '일본의 대륙을 침략하려는 마수는 시시각각 중국을 향해 뻗쳐오고 있지요. 만약 편하시다면 필담으로 몇 마디 독대하고 싶은데 어떨까요?' 라고 하였다. 그는 좋다고 하였다.

그리하여 천궈푸와 박찬익은 문 밖으로 나가고 장 선생이 몸소 필묵을 가져왔다. 나는 붓을 들어 이렇게 썼다. '선생이 백만 원을 출자하여 도와주신다면 2년 안으로 일본·조선·만주에서 폭동을 일으켜 일본이 대륙을 침략하는 뒷길을 끊어버릴 수 있는데, 선생은 어떻게 생각하십니까?' 장 선생은 이를 보고 나서 이렇게 썼다. '계획서를 상세히 작성해서 보내주십시오.' 나는 그렇게 하겠다고 하고는 물러났다.

이튿날 간단한 계획을 장 선생께 올렸다. 천궈푸 선생은 자신의 별장에 나를 초대하였다. 연회에서 그는 장 선생의 뜻을 나에게 전달하였다. '특무활동으로 천황을 죽이면 또 다른 천황이 나타날 것이고 대장을 죽이면 또 다른 대장이 생길 것입니다. 장래의 독립전쟁을 위하신다면 반드시 먼저 무관들을 훈련해내야 합니다.' 나는 즉각 그 말을 이어받았다. '그건 저의 소원이지만 감히 여쭙지 못했는데, 문제는 훈련장소와 비용입니다.'"[12]

장제스와 김구의 회견은 중국 국민정부와 한국 임시정부가 협력하여 항일하는 중요한 징표였다. 김구는 중국정부의 재정적 지원을 받아 1934년에 대한국민당을 조직하고 와해상태에 빠졌던 임시정부를 지탱하였다. 1935년 11월 3일, 한국 임시정부의 위원이 개선되었는데 7명의 국무위원 모두 대한국민당 간부들이었다. 김구는 외무부장을 맡고 임시정부의 실권을 잡았다.

동시에 일본인들은 중국경찰과 헌병 측에 김구 등 '못된 한국인'을 체포하여 자신들에게 넘겨줄 것을 계속 요구하는 한편 암살부대를 파견하여 난징까지 추격해왔다. 난징경비사령 구정룬谷正倫은 일본인의 무례한 요구를 거절하였다. 허잉친何應欽, 천궈푸, 샤오정 등은 김구와 임시정부 지도자들의 안전에 각별히 신경을 쓰고 보호해주었다.

사쿠라다몬 사건과 훙커우공원 사건의 중요한 가담자였던 왕숭은 당시 난징 병기공장의 부공장장을 맡고 있었다. 어느날 난징 주재 일본총영사가 군정부에 와서 한국인 1명이 포병학교에서 일하지 않는지를 물었다. 군정부장 천이陳儀는 일본 측이 왕숭을 주시한다는 사실을 알아채고 즉시 그에게 알려 왕이수王逸曙라는 중국이름으로 바꾸고 쑤저우, 항저우, 난창 일대를 유람하게 하였다.

1937년 전면적으로 항일전쟁이 발발하면서 베이징, 상하이 일대에는 전운이 감돌았다. 김구 등 임시정부 지도자들은 난징의 시골마을에 숨어 있었다. 그들은 중국어를 몰랐기에 여러 차례 병역실태를 조사하는 지방관원의 오해를 샀다. 보고를 받은 천궈푸는 7월 25일 샤오정에게 편지를 보내 "김 선생의 안전문제와 이 동안의 거처는 이미 현장縣長에게 말해 놓았습니다. 이전에 김 선생이 병역실태조사에서 의심을 받아 현으로 보내졌는데 그가 나와 안면이 있는 사람이어서 풀어주었다고 합니다. 지금 현장이 대신 가옥을 물색하여 거주케 했고 모두 잘 있다고 들었습니다. 다른 거처로 보낼지는 다시 장닝현江寧縣 현장을 만나서 방법을 강구해 문의하기 바랍니다. 그 결과가 어떻고 또한 보고는 확실한지를 난 달리 알 수가 없습니다. 향후 자금을 받아가는 일은 형님께서 난징으로 돌아온 뒤 다시 면담하기로 합시다."[13]라고 하였다. 샤오정은 천궈푸의 지시를 받고 즉시 김구 등을 중산문中山門 밖의 지정학원地政學院 내로 이주시켰다.

비밀군사협력

중·한 군사협력에는 크게 두 가지 항목이 있었다. 하나는 중국 사관학교에서 한국독립전쟁에 필요한 군사인재를 배양하는 것이고, 다른 하나는 일본에 관한 군사정보를 수집하는 것이다. 당시 중·일 양국은 아직 정상적인 외교관계를 유지하고 있었고 중국당국이 '못된 조선인'의 반일활동을 비호해준다고 일본 측이 줄기차게 항의하고 있었던지라 군사협력은 비밀리에 진행할 수밖에 없었다.

먼저 군사위원회와 한국의열단이 함께 꾸리는 조선혁명간부학교를 수립하였다. 의열단의 지도자인 김약산은 황푸군관학교 4기 생도였으며 북벌전쟁과 8·1난창봉기에 참가하였다. 김약산은 일찍이 조선공산당 엠엘파 소속이었다. 중국대혁명 이후에는 베이징에서 레닌학교를 꾸려 간부를 육성하였다. 김약산은 이렇게 자술하였다. "9·19사변이 발생한 뒤 나는 중국 항일전쟁의 발발이 머지않았다고 생각하였다. 이 위대한 시기에 조선민족의 임무는 중화민족과 연합하여 공동으로 일본제국주의를 타도하고 중·한 두 민족의 혁명을 완수하여 동아시아의 진정한 평화를 수립하는 것이다."[14] 그리하여 김약산은 의열단 간부와 함께 베이징에서 난징으로 가서 황푸동창회 및 삼민주의력행사 등 특수관계를 이용해 자신들이 작성한 '조선혁명계획서'를 장제스에게 올렸다. 장제스는 이 계획을 승인하고 매달 3,000원을 주었으며 남의사藍衣社의 핵심이자 『중국일보』 사장이던 장둬姜鐸를 파견해 책임지고 협조하게 하였다. 1932년 10월 20일, 난징의 탕산湯山 산츠먀오善祠廟에 조선혁명간부학교를 세우고 김약산이 교장을 맡았다. 대외적으로는 국민정부 군사위원회 간부훈련반 제6대라고 하였다. 제1기로 모집한 한국청년 26명은 1933년 4월 22일 졸업하였다. 제2기 학생 54명은 1933년 9월 17일에 입학하여 1934년 4월 20일에 졸업했는데, 학교 소재지를 장닝진江寧鎭으로 옮겼다. 제3기 학생 44명은 1935년 3월 2일에 입학하여 10월에 졸업했는데 학교 소재지를 상팡진上方鎭 황룽산 천닝사天寧寺로 옮겼다.[15] 학교에서는 학생들의 한국어 사용을 엄격히 금지하여 일본인들이 눈치 채지 못하게 하였다. 그러나 끝내 발각되었고 일본이 중국당국에 학교를 철폐시킬 것을 요구함으로써 세 차례나 학교를 옮겼던 것이다. 3기가 끝나고 나서 학교는 폐교되었다. 조선혁명간부학교는 모두 124명을 모집하였는데 일부는 중국군대에서 복무하면서 첩보, 포로교육 등에 종사하였고 일부는 각지에 파견되어 반일활동에 종사하였다.

다음으로는 중·한이 합작하여 뤄양군관학교 한국학생대를 조직하였다. 김구는 장제스와의 회담 이후 곧바로 천궈푸와 상의하여 뤄양군관학교에서 한국청년들을 훈련시키기로 하였다. 1933년 2월 22일, 천궈푸는 샤오정에게 편지를 보냈다. "낙양분교에서 한국동지들을 훈련시키는 일에 대해서는 근래에 장 선생께서 '그대로 집행하라'는 전문이 있었습니다. 이 사실을 푸 동지에게 전달하기 바랍니다."[16] 여기서 푸 동지란 푸춘濮純, 즉 박찬익朴贊翊을 말한다. 김구는 동북에서 독립군의 고급장교 지청천, 이범석을 불러서 대장과 교관을 맡겼고 1기로 한국청년 92명을 모집하여 육군군관훈련반 제17대로 편성했는데 그들은 1933년 12월에 입학하여 1935년 4월에 졸업하였다.

김약산 계열에 속하는 조직으로 난징 샤오링웨이먀오孝陵衛廟의 조선혁명간부훈련반이 있었다. 1932년 7월에 학생 90명이 입학하였고 1933년 12월에 졸업하였다. 또한 난징중앙군관학교 제10기는 1934년 8월에 40명이 입학해서 1936년 6월에 졸업하였고, 제11기는 1935년 9월에 학생 20명이 입학하였다. 그리고 군사위원회 정치훈련반의 조선학생대는 1935년 10월에 학생 84명이 입학하여 장시江西 싱쯔현星子縣 군관학교 분교와 후베이 장링현江陵縣에서 훈련을 받았다.

김구는 1935년 2월부터 10월까지 난징에서 한국독립군 특무대 예비훈련소를 꾸리고 28명의 대원을 배출하였다.[17]

일본은 군대를 확충하고 전쟁준비를 강화하는 한편 중국의 군관학교에 다니는 한국 학생들을 제적하라고 중국당국에 끈질기게 요구하였다. 그러자 장제스는 한국 학생들의 행적이 드러내지 않게 적절히 대응하라는 지시를 관련기관에 내렸다. 일본 내무성 경찰보안국의 보고내용을 보면, "쇼와 10년(1936), 중국정부는 친일방침을 선포하였다. 일본정부는 일·중 국교의 조정이 무르익은 기회를 틈타 중국당국에 조선인 군관학교를 해산시키고 '못된 조선인'들에게 제재를 가할 것을 요구하였다. 이에 중국당국은 명령을 내려 중국군 부서에서 일하는 '못된 조선인'들을 강제로 해임하고 뤄양분교에 명령을 내려 같은 해 4월 9일 제1기 조선 국적 학생들이 졸업하면 제2기 학생을 모집하지 말라고 하였다. 10월 29일에는 난징중앙군관학교(특수훈련반)의 재학생들을 퇴학시켰다. 그러나 나중의 기록에서 나타났듯이 난징중앙군관학교의 조선인 학생들은 여전히 학교에 남아 있었다. 따라서 중국당국에서 취했던 각종 조치들은 단지 표면적인 대응으로 판명이 났다."[18]

1934년 『동아일보』에 따르면 중국군 내부에서 복역하는 한국인 장교는 약 300여 명으로 중앙군에 130여 명, 서북군에 40명, 동북군에 38명, 사천군에 27명, 19로군에 18명, 윈난군에 12명, 나머지는 광시군, 장파쿠이군, 산시군, 산둥군, 광둥군 등에 널리 분포되어 있었다.[19]

이상의 수치에는 물론 비밀상태에 있던 사관학교 학생들은 포함되지 않았을 것이다. 이들 중 일부는 졸업 후 중국군에서 일하면서 중·한 협력의 핵심이 되었고 항일전쟁이 터진 뒤에는 조선의용대, 한국광복군과 조선의용군을 창건하는 주축이 되었다. 군관학교를 졸업한 일부 한국학생들은 중통中統(중국국민당중앙집행위원회 조사통계국)과 군통軍統(중국국민당정부군사위원회 조사통계국) 및 군사위원회 국제문제연구소에서 일본에 대한 정보를 수집하는 첩보활동에 종사하였다. 김구 계열의 간부들은 주로 중통과 협력하였고 김약산 계열의 간부들은 주로 군통과 협력하였다.

2장 전면적 항일전쟁 시기(1937~1945)의 중·한 협력

1937년 7월 7일, 일본은 루거우차오蘆溝橋 사건을 일으켰고 중국군이 반격을 가하면서 전면적인 항일전쟁으로 번졌다. 8년간의 중일전쟁은 중화민족의 운명과 한국독립운동의 승패를 결정하는 전쟁이었다. 전쟁의 결과를 예측하기 어려웠지만 한국 임시정부는 조금도 주저하지 않고 중국 국민정부와 함께 항일전쟁의 노정에 올랐다. 이때부터 중·한 간의 협력은 비밀에서 공개로, 부분적 협력에서 전면적 협력으로 발전하였다.

임시수도에 있던 유일한 동맹국 망명정부

1937년 11월 20일, 중국 국민정부는 국내외에 수도를 충칭重慶으로 옮긴다고 발표하였다. 김구는 임시정부와 조선혁명당, 한국국민당, 한국독립당 성원과 그 가족 100여 명을 거느리고 목조선 한 척에 짐을 싣고 난징을 떠나 양쯔강을 거슬러 올라갔다. 이들은 우한을 거쳐 1938년 2월에 창사長沙에 도착하였다. 김구는 이렇게 말하였다. "우리 100여 명의 대가족은 창사로 이주하면서 중국 중앙정부의 관심과 재미동포의 원조를 받았다. 워낙 살뜰히 배려를 받았기에 난민 가운데서는 최고급 난민이라고 할 수 있었다. 더구나 창사는 물산이 풍부하고 물가도 낮았는데, 새로 부임한 후난성정부 주석 장즈중張治中 장군은 나와 잘 아는 사이여서 우리에게 수많은 편의를 제공해주었다."[20]

5월 6일, 조선혁명당, 한국국민당, 한국독립당은 회의를 열고 3당 통합문제를 논의하였다. 그런데 조선혁명당의 이운한李雲漢이 갑자기 회의장으로 뛰어들어서는 권총을 난사하였다. 이로 인해 김구, 현익철玄益哲, 유동열柳東悅, 지청천 등이 부상을 입었다. 현익철은 병원에서 긴급처치를 하였으나 사망하였고 김구와 유동열은 응급치료를 받고 위험에서 벗어났다. 사건 발생 이후 후난성정부에서는 이운한을 체포하라는 긴급명령을 내렸다. 장즈중은 몸소 샹야湘雅병원으로 김구를 찾아가 위문하였고 모든 치료비는 성정부에 청구하라고 병원 측에 알렸다. 장제스는 한커우에서 하루에도 몇통의 전보문을 보내 상태를 물었다. 김구가 퇴원한 후 장제스는 대표를 통해 3,000원을 보내고 위로의 뜻을 전하였다.

7일, 한국 임시정부는 소재지를 다시 광저우로 옮겼다. 장즈중은 열차 차량 한 칸을 따로 김구에게 내주었다. 광둥성정부의 우톄청吳鐵成 주석은 한국 독립운동을 일관되게 지지하였다. 그는 한국의 우호인사들에게 거처를 마련해주었고 둥산바이위안東山柏園을 한국 임시정부의 사무실로 쓰게 했으며, 한국교포들을 아시아여관에 들게 하였다. 나중에 김구가 충칭으로 가겠다고 청하자 장제스는 이에 동의하였다. 김구 일행은 창사, 구이양貴陽을 거쳐 충칭에 도착하였다. 광저우가 일본군에 점령당하자 한국 임시정부와 한국교포들은 다시 류저우柳州로 옮겼다. 군사위원회 서남지역 운송처는 군용트럭 6대를 내어 임시정부 인원과 가족들을 모두 호송하였다. 1939년 5월 임시정부는 쓰촨성 치장綦江으로 옮겼고 1940년 9월에 충칭에 도착하였다. 다음은 한국 임시정부가 전시에 이주했던 상황일람표이다.[21]

창사	1937년 12월~1938년 7월
광저우	1938년 7월~1938년 11월
류저우	1938년 11월~1939년 5월
치장	1939년 5월~1940년 9월까지
충칭	1940년 9월~1945년 11월까지

전시에 충칭에는 동맹국의 군사 또는 외교 관련 대표기관들이 적잖게 있었지만 동맹국의 망명정부는 임시정부 하나뿐이었다. 충칭에서 김구가 이끄는 한국독립운동은 장족의 발전을 가져왔다.

1940년 5월 9일, 김구의 한국국민당, 조소앙의 한국독립당, 지청천의 조선혁명당은 해산을 선포하고 3당을 통합하여 새로운 한국독립당을 만들었다. 한국독립당의 당수는 제1기에는 이사장이라 부르고 이동녕이 맡았으며, 제2기에는 집행위원장이라 부르고 김구가 맡았다. 한국독립당은 임시정부를 변함없이 지지하는 여당이었다. 중국과의 관계에서 대해서는 한국독립당의 창립선언에서 "현재 용맹하게 대일전쟁을 펼치고 있는 중화민국과 긴밀하게 연락하고 항일동맹군으로서 구체적인 행동을 취한다."라고 규정지었다.[22]

전시환경에 적응하기 위해서는 강력한 정부가 필요하였다. 임시의정원臨時議政院은 1940년 10월 8일 회의를 열고 국무위원회 주석이 대내로는 행정수상이고 대외로는 국가원수이며 군사적으로는 국가최고통수권자라고 결정지었다. 회의에서는 김구를 국무위원회 주석으로 선출하였다. 그는 임시정부의 운명이 끝날 때까지 주석 직을 맡으면서 한국독립운동을 위해 중국에 있는 여러 한인단체와 정당이 임시정부의 지도 아래 통일되는 기초를 닦았다.

조선의용대

조선의용대는 조선민족혁명당 김약산 총서기와 중국 국민정부 군사위원회 정치부가 협력하여 세운 항일무장단체이다. 7·7사변(루거우차오 사건) 이후, 김약산은 군사위원회와 공동으로 조선혁명간부학교의 학생들을 핑진平津, 쑤이위안綏遠, 화중華中, 화난華南 등의 지역으로 파견하여 정보수집과 파괴, 암살활동을 전개하였다. 1938년, 조선민족혁명당과 조선청년전위동맹, 조선혁명자연맹은 서로 협력하여 조선민족전선연맹을 세웠고 군사위원회와도 여러 차례 협상을 거쳐 조선의용대를 세움으로써 중국의 항일전쟁에 참여하고 조선민족의 자유해방을 도모하고자 하였다. 1938년 8월 12일, 군사위원회 정치부의 천청陳誠 부장은 장제스에게 조선의용대를 조직할 것을 건의하였다. 이에 장제스는 "먼저 인원이 얼마나 되며 그들의 출신과 성분이 어떠한지를 알아보라."고 지시하였다.[23] 9월, 정치부 비서장 겸 제1청의 허중한賀衷寒 청장은 조사결과와 편성방안을 올렸다. 10월 10일, 우한 외성을 수호하는 격전이 벌어졌을 때 조선의용대가 정식으로 성립되었다.

조선의용대는 군사위원회 정치부에 소속되었다. 정치부의 조직지도위원회는 조선의용대가 중국의 항일전쟁에 참가하도록 지도하고 중한연합전선을 강화함으로써 일본제국주의 타도와 조선혁명의 성공을 촉진하였다.[24] 조선민족혁명당의 김약산 총서기가 총대장을 맡았다. 그 휘하에는 3개 지대를 두었고 제1지대장에 왕쯔런王子仁, 제2지대장에 이익성李益星, 제3지대장에 박효삼朴孝三을 임명하였다. 일본 내무성 경무국의 조사에 따르면 조선의용대는 총 90명으로 구성되었으며 이 가운데는 김약산, 선웨申岳, 리지중李集中, 박효삼 등 황푸군관학교 출신 14명과 기타 중국 군관학교 출신 39명, 중국 대학 졸업생 7명 등 50명이 있었다. 여기서 조선의용대원의 자질이 상당히 높다는 사실을 알 수 있다.[25] 1940년의 통계에 따르면 조선의용대 수는 314명으로 늘어났다.[26] 총부는 구이린桂林에 있다가 1940년 3월 16일에 충칭 어궁바오鵝宮堡로 옮겼다.

조선의용대의 주요임무는 선전활동을 벌여 적군의 심리적 방어를 와해하는 것이었고 전투임무는 부차적인 것이었다. 예컨대 전시사령부를 도와 적군의 방송을 수록하고 적군의 서류를 번역하고 정리하며 포로를 심문하여 적군의 상황자료를 수집하는 것이었다. 그들은 일본어 속성반을 조직하여 중군 장병들에게 일본어를 가르치고 적군을 향한 선전 기술과 방법을 익히도록 도와주었다. 또한 포로를 교육하여 더 많은 일본군 병사들이 반전조직에 가담하도록 하였다. 전선에서는 중국 장병들에게 선전전宣傳戰 훈련을 실시하고 진지선전대를 조직하여 전선에서 무장선전을 진행했으며, 유격선전대를 조직하여 적의 후방에 침투하여 무장선전을 통해 중·한우호를 촉진하고 조선동포를 일깨웠다. 조선의용대는 성립된 이후 수년 동안에 6개 전구戰區, 13개 성을 전전하면서 수많은 중요한 전투에 참여하였다.

조선의용대는 일본어 속성반을 꾸려 적군 교란을 공작하는 6만여 명의 간부를 훈련시켰고 부대를 도와 포로교육도 실시하였다. 포로들 중 50여 명은 교육을 받고 의용대에 참가하였다. 이들은 중국어·일본어·한국어로 된 소책자 5만 부, 선전물 50만여 장, 표어 40만여 개, 일본군과 괴뢰군 투항통행증 만여 장을 인쇄하였다. 또한 각 전구사령부에 적진의 상황자료를 제공하였는데 제1과 제5 양 전구에 제공한 정보의 번역문만도 95만자나 되었다. 중국과 한국의 문자로 된 간행물도 출판하였다.

의용대의 진지선전사업도 활발히 전개되었다. 예컨대 1939년 2월, 후베이성 북부의 수이현隨縣 저허浙河에서 3, 4월에는 후난성 북부의 시산錫山 퉁청通城에서, 12월에는 광시 남부의 쿤룬관崑崙關 전선에서 적진을 향해 선전전을 펼쳤다. 1940년에는 펑신奉新, 가오여우高郵, 진허錦河 등지에서 선전전을 펼쳤고 2월에는 후베이 북부 창링長岭에서 적진과 설전을 벌이기도 하였다. 4월에는 수이현 먀오얼표廟兒坡에서 반전가극反戰歌劇을 연출하였다. 이상의 선전은 적들의 사기를 떨어뜨렸고 아군의 투지를 고무하는 데 큰 역할을 하였다.

의용대는 직접 참전하여 적군의 후방에서 일본군의 작전교통과 전신시설을 파괴하는 활동을 벌이기도 하였다. 1939년 후난 북부에서 샹펑翔鳳 3차례, 시산錫山 3차례, 즈구이강秩桂港 2차례, 싸이궁차오賽公橋 2차례 공격하였고, 샤둥강下東港, 다사핑大沙坪, 스리스十里市, 베이강北港 등을 10차례 습격하였다. 또한 후베이 북부에서의 회전에 3차례, 장시 첸저우乾州 거리 습격전, 중티아오산中條山 반소탕전, 완산萬山 전투, 항저우성杭州城 전투에 참가하였다. 그들은 적군의 교량을 5~6차례, 탱크를 40~50차례 파괴하였으며 허난성 북부의 임현林縣, 급현汲縣의 적군 통신망과 철도선을 파괴하였다.[27]

중국 국민정부 군사위원회는 조선의용대의 영웅적인 업적을 높이 평가하였다. 1940년 11월 5일, 정치부는 장제스의 축하메시지가 담긴 전보문을 전달하였다. "조선의용대 앞. 올해 10월 10일, 위원장께서는 우리에게 대신 전보를 보내라고 지시하였다. 위원장은 전보문에서 '전보로 치하와 위로를 표시한다.'고 하였다. 동지 여러분은 동방혁명의 정신으로 다함께 민족해방운동을 위해 충성하였으며 의지력을 보였다. 참으로 찬탄할 만한 일이다. 정치부인장."[28] 펑위샹馮玉祥, 리중런李宗仁, 장즈중張治中 등도 조선의용대를 찬양하였다.

그러나 조선의용대와 조선민족혁명당은 장기적으로 한국 임시정부와 맞섰기 때문에 오히려 적에 공동으로 대항하는 역량을 약화시켰다. 이후 일부 대원들이 옌안延安과 화북지역 적군의 후방으로 옮겨감으로써 반공기치를 내걸었던 국민당과 장제스를 불쾌하게 하였다.

한국광복군

한국광복군은 대한민국임시정부가 창건한 국군부대이다. 1937년 7월 15일, 7·7사변이 터지고 일주일이 지난 뒤 이동녕은 임시정부 국무회의를 열고 군무부에 군사위원회를 설치하여 전시체제를 유지하기로 결정하였다. 그 직책은 독립전쟁계획을 연구하고 제정하며 군사간부를 육성하고 군사서적을 연구·편찬하는 것이었다. 임시정부는 군비를 모아 1개 연대 규모의 독립군을 편성하려고 하였다. 그러나 임시정부의 장기간에 걸친 서천노정 때문에 건군계획을 실현할 수 없었다. 중국사관학교에서 훈련받은 일부 한국 군인들만이 개인 신분으로 항일전쟁에 참가하였다.

임시정부는 치장에 참모부를 두고 전반적인 군사계획과 업무를 총괄하게 하였고, 동시에 임시정부를 교전단체로 인정하고 정식으로 참전시켜줄 것을 국민정부에 요구하였다. 김구는 시안西安 전선으로 군사특파단을 보내 독립군의 병사모집과 진지선전공작을 펼쳤다.

1940년 3월 1일, 김구는 『한민韓民』에 「한국독립과 동아시아의 평화」라는 글을 발표하였다. '중국 동지들에게 알림' 이라는 부분에서는 "중국이 왜놈을 몰아내고 점령당한 땅을 수복하려면 한국인의 독립운동을 소홀히 해서는 안 된다. 따라서 화북지역을 안정시키려면 먼저 동북지역을 수복해야 하며 동북지역을 수복하려면 반드시 한국독립을 원조해야 한다. 이것은 양국의 유식한 사람들이 마땅히 갖춰야 할 관념이다. 친애하는 중국의 혁명동지들은 한인들이 일시적으로 어려운 처지에 놓였다고 하여 두 민족의 백년대계를 소홀히 하지 말 것을 진심으로 바란다. 가장 짧은 기간 내에 한국광복군을 원조해서 창건함으로써 공동으로 왜놈을 몰아내고 두 민족의 독립, 자유, 평화를 바탕으로 새 국가 기초를 닦아야 한다."[29]라고 강조하였다.

1939년 10월, 임시정부를 옹호하는 한국청년 30명이 한국청년전지공작대韓國青年戰地工作隊를 조직하였다. 대장에는 황푸군관학교 졸업생 나월환羅月煥이 추대되었다. 한국청년전지공작대는 그해 12월에 시안에 도착한 뒤 대원들을 산시, 허난, 후베이 등지로 파견하여 전선에서 선전공작과 정보수집을 진행하게 하고, 일본군에 강제로 끌려온 한국청년들을 구출하여 항일부대에 가담하게 하였다.

수년간의 준비과정을 거친 뒤 1940년 9월 17일 한국광복군 총사령부가 충칭에서 수립되었다. 지청천 장군이 총사령을 맡았고 이범석 장군이 참모장을 맡았다. 김구 주석은 다음과 같이 축사를 보냈다. "오늘 우리는 중국의 전시 수도인 충칭에서 한국광복군 총사령부의 수립의식을 거행하게 되었는데 여기에는 아주 깊은 의미가 있다. 이제부터 중국 내에서 정식으로 인정받은 광복군을 움직여 우방국 중국의 항일대군과 어깨를 나란히 하고 일본군국주의를 무찌를 수 있게 되었다. 이제부터 백산흑수(백두산과 헤이룽강) 사이에서 군대를 움직일 수 있을 뿐만 아니라 주먹을 쥐고 윽벼르고 있던 삼한三韓의 건아들과 화북일대에 산재해 있는 백의동포들도 함께할 것이며, 국내의 3천만 대중들도 이 소식을 듣고 떨쳐 일어나 왜놈들의 철제鐵蹄와 쇠사슬을 끊고 성스러운 천직을 수행할 수 있게 되었다. 우리는 중국 경내에서 우리 한국광복군이 정식 편성되어 훈련할 수 있도록 특별히 허락해주고 또한 지금 중국의 항일전쟁 시기에 한인들이 연합군으로서의 부분 임무를 다하게 함으로써 우리가 위대한 목적에 도달할 수 있도록 도움을 준 우방국에 대해 아주 고맙게 생각한다. 그러나 더욱더 열심히 중한연합군의 사명을 완수하여 하루빨리 우리의 위업을 성공시켜야 한다. 이것이 우리의 유일한 직책이다."[30]

류스劉峙는 군사위원회의 장제스 위원장을 대표하여 축사를 한 뒤, "중국의 정규부대에서 복무하는 한국군 장교들은 모두 광복군으로 전입한다. 군사위원회의 승인을 거쳐 광복군에 대한 경제적 원조를 할 수 있다."라고 선포하였다.[31]

이리하여 중국의 임시수도 충칭에는 조선의용대와 한국광복군이라는 두 갈래의 한국군 총부가 생겼다. 임시정부는 한국광복군을 대한민국 국군으로 선포하였다. 이에 대해 김약산은 임시정부는 단지 한국독립당의 정부이고 광복군도 독립당의 무장에 지나지 않는다고 보았다. 만약 민족역량의 분열 상태가 지속되도록 방치한다면 틀림없이 공동사업과 한국독립운동에 가늠할 수 없을 만큼의 손실을 초래할 것이었다.

중국 국민정부는 한국독립운동이 임시정부의 지도 아래 통일되는 것을 일관되게 지지하였다. 1938년 11월 말과 1939년 신정에 장제스는 김구와 김약산을 각각 따로 만나 일본이라는 공동의 적을 목표로 삼을 것과 당파분립의 관념을 버리고 대동단결을 도모하며 힘을 합쳐 적을 물리치라고 권고하였다. 5월, '김구 · 김약산 연합선언'이 발표되었다. 양측은 기존의 분열이 백의민족에게 가져다준 손해를 회고하면서 지금부터는 완전한 일치단결을 도모하겠다고 밝혔다. 7월 17일, 한국 전국연합전선협회가 충칭에서 수립되었다. 그러나 각 계파들이 자신들의 의견만 고집하는 바람에 곧바로 해체되었다.

그러자 중국정부는 한국혁명무장세력 간의 통일을 직접 돕기로 하였다. 먼저 한국광복군과 조선의용대를 중국군사위원회의 직접적인 지배하에 둔 다음 군사위원회의 권한으로 양자를 합병하기로 했다. 1941년 10월, 장제스는 허잉친에게 이렇게 지시하였다. "첫째, (광복군은) 군사위원회에 직속시키고 참모총장이 장악하고 운용하며 군사위원회 내부에 이 군대에 대한 지휘명령 및 자금신청, 총기발급 사항을 전담하는 부서를 지정한다. 둘째, 원래 국민정부 정치부에 귀속되었던 조선의용대 또한 동시에 군사위원회에 귀속시켜야 할 것이며 참모총장이 통일적으로 운용하여 분열을 막는다."[32]

1941년 12월 8일 태평양전쟁이 발발하였다. 12월 9일, 한국 임시정부는 일본에 대한 선전포고를 발표하였다. "우리는 2천만 한국 인민 및 정부를 대표하여 삼가 기타 여러 나라의 대일선전이 일본을 격패하게 하고 동아시아를 재건하는 가장 효과적인 수단이었음을 상기하며 이에 특히 다음과 같이 성명한다. 첫째, 한국 전체 인민들은 이미 반침략전선에 참가하였으니 하나의 전투단위로서 축심국軸心國에 선전포고한다. 둘째, 1919년의 한일합방조약과 모든 불평등조약은 무효임을 거듭 선포하며 동시에 반침략 국가들의 한국에서의 합리적 기득권을 존중한다. 셋째, 한국·중국 및 서태평양에서 왜놈들을 완전히 몰아내기 위해 최후승리를 거둘 때까지 혈전한다. 넷째, 일본의 비호 아래 세워진 창춘(위만주국)과 난징(왕징웨이정부) 정부를 절대로 승인하지 않는다. 다섯째, '루스벨트·처칠 선언'(미·영)의 각 조항을 견결히 주장하고 한국독립을 실현하기 위해서는 이것을 적용해야 한다. 따라서 민주전선의 최후 승리를 미리 축원한다." 임시정부는 26개 동맹국에 가입하고 동맹국 군대와 어깨 겨루고 싸울 것을 제안하면서 여러 동맹국이 임시정부에 대한 외교적 승인을 해줄 것을 희망하였다.

12월 31일, 루스벨트는 장제스에게 전보를 보내 중국전선을 조직할 것을 제안하면서 현재 혹은 장래에 중국 경내에서 활동할 연합국군대를 통일적으로 지휘하라고 하였다. 1942년 1월 2일, 장제스는 루스벨트에게 답신을 보내 중국전선을 세우는 데 동의하고 중국전선 동맹군 최고사령이 되겠다고 하였다.

조선의용대의 주력이 중국공산당이 이끄는 팔로군에 투신한 데 자극받은 국민당정부 군사위원회는 1942년 4월 임시정부의 동의를 거쳐 '한국광복군 9개 행동준승'을 반포하였다. 주요내용은 다음과 같다.

① 한국광복군은 우리나라에서 항일작전을 수행하는 기간 내에 본 군사위원회에 직속되며 참모총장이 장악하고 운용한다.

② 한국광복군은 본 군사위원회의 통일적 지휘를 받으며 우리나라에서 계속 항일작전을 수행하는 기간 및 한국독립당 임시정부가 한국 경내에 들어가기 전까지는 우리나라 최고 통수부의 유일한 군령을 수용할 뿐 다른 그 어떤 군령도 수용하지 않으며 다른 정치적 견제를 받지 않는다. 한국광복군과 한국독립당 임시정부 사이의 관계는 우리나라 군령을 받는 기간 여전히 그 고유의 명분관계를 유지할 수 있다.[33]

③ 본 군사위원회는 광복군이 한국 경내 및 한국 국경과 가까운 지역에서의 활동을 원조하며 우리나라 항일전쟁 사업에 협조하는 것을 원칙으로 한다. 한국 경내에 들어가기 전에는 한인을 더욱 받아들일 수 있는 적군 점령지역을 주요 활동구역으로 한다. 군대를 편성, 훈련하는 기간에는 중국전선 제1선 근처에서 훈련할 수 있도록 특별 허락하지만 반드시 우리의 현지 최고군사장관의 통제를 받아야 한다.

④ 작전구역 제1선 배후지역에서는 작전구역 장관의 소재지 및 본 군사위원회 소재지에 통신연락기관을 설립할 수 있으며, 부대원을 모집·편성하거나 멋대로 머물면서 기타 활동을 벌일 수 없다.

⑤ 한국광복군 총사령부 소재지는 군사위원회에서 지정해준다.

⑥ 한국광복군은 피점령지역 및 작전구역 후방에서 중국 국적의 사병을 모집하지 못하며 함부로 행정관리를 둘 수 없다. 중국 국적을 가진 문화사업 및 기술인원을 쓰려면 반드시 군사위원회에 보고하여 검증 이후

파견하도록 한다.

⑦ 광복군의 지휘명령 및 자금과 무기를 수령하는 일은 본 군사위원회에서 판공청군사처를 지정해서 책임지고 접수하도록 한다.

⑧ 중일전쟁이 종결되기 이전에 한국독립당 임시정부가 이미 한국 경내로 진입하였다면 광복군과 임시정부의 관계는 다시 토론하여 규정한다. 그러나 계속 본 군사위원회의 군령을 받아 합동작전 위주로 수행한다.

⑨ 중일전쟁이 종결될 때까지 한국 임시정부가 아직 한국 경내에 진입하지 못하였다면 한국광복군을 향후 어떻게 운용할지는 군사위원회에서 일관적인 정책에 따라 상황에 맞춰 책임지고 처리할 수 있다.[34]

군사위원회는 다시 김구와 김약산을 따로 만나 양군의 통합조건을 논의하였다. 1942년 5월 15일, 중국 국민정부 군사위원회는 명령을 내려 조선의용군을 한국광복군 제1지대로 개편하고 김약산을 한국광복군 부총사령에 임명하였다. 한국광복군 총사령은 한국인 지청천이 맡았고 참모장과 각 부문의 주관은 모두 중국인이, 차관은 한국인들이 맡았으며 각 지대장은 한국인이 맡았다. 광복군의 모든 배급과 군비는 중국군사위원회에서 내주었다.

한국광복군은 성립될 때 3개 전투사단으로 편성하여 중국군대와 합동작전을 펼칠 계획을 세웠다. 이에 따라 1940년 11월, 시안에 전선사령부를 세우고 군대를 모집했으며 연말에 지대를 편성하기 시작하였다. 제1지대는 1941년 2월, 산시 다퉁大同으로 나아가 제2전선 사령부의 지휘를 받았고, 제2지대는 쑤이위안, 바오터우包頭에 도착하였다. 1942년 초, 한국청년전선사업대가 광복군에 편입되어 제5지대가 되었다.

조선의용대가 광복군에 편입된 뒤 광복군은 곧바로 지대支隊 개편을 시작하였다. 제1지대는 조선의용대로 편성되었는데 김약산이 지대장을 맡았다. 지대의 지휘부는 충칭에 두고 2개 지역분대를 거느렸는데 1분대는 제5작전 구역인 후베이성 라오허커우老河口에 주둔하였고 2분대는 제3작전 구역인 저장浙江 진화金華에 주둔하였다. 제2지대는 원래의 광복군 소속 제1, 2, 5지대로 편성되었고 이범석이 지대장을 맡았다. 지대의 지휘부는 시안에 두었고 3개의 지역분대를 거느렸다.

1943년 7월에는 제9작전 구역 공작대로 편성되어 창사長沙 전투를 지원하였다. 8월에는 인도연락대를 구성하여 인도 주둔 영국군을 도와 미얀마 주둔 일본군의 군사정보를 수집하고 일본군 포로를 교육하였다.

광복군은 중국 각 전쟁터에 분포되어 중국군과 협력하여 군사작전과 선전사업을 전개했고 여러 차례 적군후방으로 깊숙이 들어가 게릴라전을 펼치기도 하였다. 예컨대 허베이성 우안武安과 저장 동부의 전투에서 모두 혁혁한 훈공을 세웠다.

중·한 양국 군대는 둘의 관계를 어떻게 처리해야만 전시의 중국 군사명령의 통일을 수호하고 한국광복군의 지위를 존중할 수 있을까를 고민하였고 그 해답으로 중국 국민정부와 한국 임시정부는 역사적 선례가 결여된 상황에서 '한국광복군 9개 행동준승'을 반포하였다.

그런데 한국 측의 반대당 인사들은 이와 관련해 임시정부가 주권을 상실하여 국위를 떨어뜨렸다고 질타하였다. 1943년 12월 8일, 임시의정원 제35차 회의에서는 다음과 같은 결의를 내렸다. "신임 국무위원은 취임 후 3개월 내로 반드시 평등·호조의 원칙에 근거하여 중국정부에 새로운 협약으로 개정할 것을 요구하고 그것으로 기존에 중국군사위원회에서 반포·실시한 '9개 행동준승'을 대체하여 명실상부한 한국 국군의 핵심부대를 편성해야 한다. 만약에 불행하게도 규정한 시일 내에 새로운 협약을 도출해 내지 못할 경우에 임시정부는 즉각 9개 행동준승의 무효성명을 내고 광복군의 향후일정을 준비해야 한다."[35] 만약 교섭이 실패하면 임시정부는 마땅히 책임을 통감하고 모두 사직해야 한다고 주장하는 사람도 있었다. 9개 행동준승이 부른 정치적 풍파는 임시정부의 안정성에 영향을 주었을 뿐만 아니라 중·한 우호에도 영향을 끼쳤다.

1944년 7월 3일, 김구는 장제스에게 편지를 보내 '중한호조군사협정中韓互

助軍事協定'으로 9개 행동준승을 대체하자고 하였다. 7월 10일, 허잉친은 장제스에게 보고를 올리고 9개 행동준승을 자동적으로 취소하자고 건의하였다. 김구의 편지와 허잉친의 보고를 본 장제스는 "이 '행동준승'이라는 게 대체 무얼 말하는 것인가? 조사해서 보고하라."[36]는 지시를 내렸다. 린웨이林蔚, 천부레이陳布雷는 곧바로 행동준승 내용을 상주하였다. 장제스는 또다시 지시하였다. "행동준승은 마땅히 철저히 없애야 한다. 게다가 '준승準繩'이라고 명명하였다니 너무나 어리석은 짓이었다."[37] 중·한 양국 인사들은 화기애애한 분위기 속에서 2차례 상의를 거쳐 기본적으로 일치한 의견을 이끌어냈다. 1944년 8월 23일, 허잉친은 김구에게 편지를 보냈다. "귀국의 임시정부는 이미 조직이 완료되었고 전도가 광명하니 정말로 경축할 만하다. 귀국의 광복군은 마땅히 귀국 정부에 귀속되어야 한다. 본 군사위원회에서 예전에 반포했던 한국광복군 9개 행동준승은 이후로는 더 이상 필요 없게 되어 즉시 취소한다. 좋은 마음으로 협조의 뜻을 밝히는 바이다."[38]

10월 7일, 김구는 또다시 「한국광복군 교환문서에 관한 초안〔關于韓國光復軍換文草案〕」을 제출하였다. 양측은 협의를 통해 「한국광복군에 대한 지원방법〔援助韓國光復軍辦法〕」이라고 수정하였다. 그 내용은 다음과 같다.

① 한국 임시정부 소속의 한국광복군은 조국의 광복을 목적으로 삼으며, 중국 경내에서는 반드시 중국군과 협조하여 항일작전에 참가해야 한다.

② 한국광복군이 중국 경내에서 작전을 수행할 때는 중국 최고 통수부의 지휘를 받는다.

③ 한국광복군이 중국 경내에서 훈련하고 병사모집을 할 때 양측은 협상하여 중국이 한국에 필요한 협조와 편리를 제공한다.

④ 한국광복군과의 협의사항은 한국 임시정부와 중국군사위원회에서 파견한 대표끼리 협상한다.

⑤ 한국광복군의 모든 군비는 협상을 거쳐 차관의 형식으로 중국 측에서 한국 임시정부에게 넘겨준다. 그러나 광복군의 경상비는 중국군의 현행

지급규정에 따라 중국군사위원회에서 매달 한국 임시정부에 지급한다.

⑥ 중국 각지의 포로수용소에 있는 모든 한국 국적의 포로는 감화교육을 한 뒤 한국광복군에 넘긴다.[39]

이때부터 한국광복군은 더 이상 중국군사위원회에 귀속되지 않았고 '한국 임시정부에 소속된 한국광복군'이 되었다.

한국광복군에서 직무를 맡았던 중국인은 양측에서 상의하여 잠시 중령급 비서 1명을 연락관으로 남기고 나머지는 모조리 철수하였다. 1944년 말, 한국광복군은 이미 600명에 이르렀지만 3개의 작전사단을 편성하려던 당초의 생각과는 여전히 거리가 멀었다.

1935년 1월 31일, "50명의 청년들이 가슴에 태극기를 붙이고 애국가를 부르며 충칭의 임시정부를 찾았다. 그들은 일본군에 편입되었던 한국대학생들로 중국전선에서 교전하던 도중에 탈출하여 안후이 푸양阜陽의 광복군 제3지대를 찾아갔는데, 그곳의 김학규 지대장이 이들을 임시정부로 보냈던 것이다."[40] 2월 3일, 기자 거츠펑葛赤峰은 한국 임시정부의 새 주소지로 찾아가 이 한국청년들을 취재했는데 이번에 충칭을 찾은 35명 이외에도 8명의 부녀자와 아이 4명이 더 있었다는 사실을 알게 되었다. 일본 게이오慶應 대학에서 공부했던 김준엽의 말에 따르면, "1943년 겨울, 일본은 한국에서 이른바 특별지원병제도를 실시했는데 그 대상은 한국, 일본, 동북에서 전문학교 이상의 학력을 지닌 한국 문과학생들이었다. 제1진의 특별지원병 3,000명은 1944년 1월 20일 평양에서 입대했는데, 이 가운데 1,500명은 중국으로 가서 일본군에 편입되었다. 그들은 쉬저우徐州, 양저우揚州, 타이위안太原, 난징 등지에서 목숨을 걸고 일본군대에서 도망쳐 충칭의 임시정부와 광복군을 찾아왔던 것이다. 이 가운데 50여 명은 이미 무사히 후방지역에 도착하였다."[41] 김준엽은 가장 먼저 도망한 사람이다. 그는 쉬저우의 일본군대에 43일간 머물다가 1944년 3월 29일 일본군에서 탈영하여 민족해방의 길을 걸었고 중국게릴라부대의 열렬한 환영과 보호를 받았다. 게릴라부대와 공동전투의 생활을 겪은 뒤 김준엽은 중앙사관학교 린취안臨泉 분교의 한국광복군 사관양성반에서 공부하였다. 1944년 11월 21일부터 그는 한국광복군 사관양성반의 학도병들과 함께 충칭으로 향했고 73일 동안 6천리라는 힘겨운 행군 끝에 자신이 그토록 흠모하던 김구 주석과 지청천 장군을 만날 수 있었다.

한국청년 수십 명의 도래로 충칭은 떠들썩하였다. 임시정부와 광복군 총사령부는 성대한 환영회를 열었다. 중·한문화협회, 삼청단三靑團, 부녀위로총회 등 사회단체들도 집회를 갖고 열렬히 환영하였다. 중국과 구미 각국의 기자들은 이 일을 연일 보도하면서 국제적 효과도 일으켰다.

중국 국민정부의 한국 원조방략

태평양전쟁으로 원동지역의 형세는 급변하였고 중·한관계에도 새로운 활력이 주입되었다. 다년간에 걸쳐 효과적으로 처리되었던 쌍방관계의 준칙을 명확히 해야 했고 형세의 발전에 부합하지 않는 정책들은 조절해야 했으며 잘못된 정책들은 시정해야 하였다.

1942년 8월, 중국국민정부 군사위원회는 1941년에 장제스가 시종실侍從室 6팀을 통해 내보냈던 지시원칙에 근거하여 중국국민당중앙집행위원회의 '한국의 재중국 혁명세력에 대한 보조운용 지도방안〔對韓國在華革命力量扶助運用指導方案〕' 초안을 세웠다. 10월 9일, 장제스는 국민당중앙집행위원회의 사무총장 우톄청吳鐵城에게 편지를 보내 초안에 대한 지도의견을 제기하였다. "첫째, 당·정·군은 사실상 불가분의 특성이 있으니 통일적 운용과 지도가 필요하다. 허잉친 총장 이외에 한두 명을 더 지정하여 지지에 참여토록 하라. 향후 조선문제만큼은 당과 군사를 막론하고 모두 이들 몇이 협의하여 처리할 것이니 즉시 주도자를 선정해서 상보하라. 둘째, 다른 나라들보다 먼저 한국 임시정부를 승인한다는 원칙은 그대로 확정하면 된다. 셋째, 초안에서 '한 단체만을 상대측으로 승인한다.'고 했는데 너무 고집할 필요가 없을 듯하다. 시종실 6팀을 통해 내보냈던 지시원칙을 참조하여 '조선내부의 당쟁을 너무 중시할 필요가 없으며 하나의 정당만을 고집하면서 지원할 필요는 없다.'는 요지를 적절히 운용하기 바란다. 넷째, 한국 혁명단체에 돈을 빌려주는 일은 한국 임시정부에만 국한하지 말고 혁명세력과 우리의 항일전쟁과 관련되는 단체를 모두 대상으로 하라. 당이 직접 나서 접촉할 것이며 먼저 100만 원을 내어 그것을 추진하겠다는 초안내용은 그대로 처리하라. 다섯째, 이상의 원칙에 따라 본래의 지도방안을 수정하고 문서로 정리하여 최종 확정을 기다리기 바란다."[42]

12월 15일, '조선의 복국운동 보조운용 지도방안〔扶助朝鮮復國運動指導方案〕'[43]이 완성되었고 장제스에게 올려 확정하게 하였다. 그 방안의 내용은 아래와 같다.

갑) 총강령

쑨중산 총리의 삼민주의에서 약소민족을 도와주라는 가르침에 따라 동아시아의 영구적 평화를 건립하기 위해 조선의 재중국 각 혁명단체를 적극적으로 지원한다. 그들이 나라를 광복시킬 세력을 길러 완전한 독립국가를 재건하기를 기대한다.

을) 요지

1. 우리당의 동지들은 서로 아끼고 사랑하는 정신과 열정적이고 겸허한 태도로 조선 각 혁명단체들을 대우해야 한다.
2. 항일전쟁 기간 조선의 혁명단체들은 우리쪽 군사요구에 협력하여 실제로 전투에 참가함으로써 일본제국주의의 붕괴를 가속화해야 한다.
3. 조선의 재중국 여러 혁명단체에 대한 접촉과 지도는 총재께서 지정한 3인이 주도한다. 그들이 사용하는 경비에 대한 보조는 우리당의 명의로 통일적으로 빌려준다.

병) 방법

1. 적절한 시기에 다른 나라보다 먼저 한국임시정부를 승인한다. 그에 관한 국제법률수속 및 유리한 시기의 선택은 책임지도자가 총재께 올린 뒤 총재의 지시에 따라 외교부에서 처리한다.
2. 재중국 한국광복군은 잠시 군사위원회에 귀속시키며 참모총장이 장악하고 운용한다. 아울러 광복군의 요청에 따라 일부 참모와 정훈政訓 요원을 파견하여 그들과 협조하여 작전계획을 짜고, 사병 훈련과 문화선전 등 공작을 펼친다.
3. 한국 임시정부와 각 혁명단체는 동맹국의 작전방안과 아군의 배치에 협력하여 다음의 공작에 종사한다.
   ① 적군 내부에 잠입해 한국 국적의 병사들을 선동한다.
   ② 한국 본토와 해외 한국교포 간에 연락할 수 있도록 방법을 강구한다.
   ③ 한국 국적의 뜻있는 청년들을 모집해서 훈련한다.
   ④ 항상 한국 본토와 적군 속에서 나라 광복운동 선전물을 유포한다.
   ⑤ 각종 정보를 수집해 우리 측에 제공한다.
4. 책임지도자는 정기적으로 작전형세와 한국 및 혁명단체의 사업진행 상황을 검토하며 관련 기관과 협상한 뒤에 적절히 지도한다.
5. 경비보조에 대해서는 총기와 탄약, 급료와 군사비용 등은 군사위원회에서 개편 규정 및 수속에 따라 빌려준다. 당무와 정치관련 비용은 책임지도자들이 먼저 상의한 뒤 중앙집행위원회의 사무처에 통지하고 예산 경비가 허락하는 범위 내에서 빌려준다.
6. 한국 임시정부와 각 혁명단체는 재중 한인교포의 인원수, 직업, 주소 등을 상세히 조사하여 우리 측에 알려줘야 한다. 그래야만 그들을 보호하고 간첩의 혼입을 막을 수 있다.
7. 한국의 재중국 각 혁명인사들은 전쟁구역이나 후방에서 활동할 때 우리나라 법률을 준수해야 한다.

8. 이 방안은 총재께서 결재한 뒤 시행한다. 관련 기관에서는 이 방안에 근거하여 각자 구체적 실행계획을 세우고 토론하여 결정한 뒤 그대로 처리한다.

장제스는 지도방안을 비준하고 국민당중앙집행위원회의 우테청 사무총장, 중앙조직부의 주자화朱家驊 부장, 군사위원회의 허잉친 참모총장의 3인이 한국에 대한 원조문제를 주도하게 하였다. 지도방안의 제정은 항일전쟁 이후 한국의 독립을 원조하는 중국의 국책이 새로운 발전을 가져왔음을 의미한다.

항일전쟁 시기 국민정부의 재정상황도 극도로 열악하였다. 500만 명의 중국군은 남루한 옷을 걸쳤고 영양상태도 최악이었다. 중원지역은 황폐화되었고 200만여 명의 백성들이 아사하였고 300여만 명이 난민이 되었다. 인플레이션으로 도시주민들은 이미 적빈상태에 빠졌다. 중국정부는 한국 임시정부가 광복군 3개 사단을 조직하는 데 소요되는 비용을 감당하기 어려웠다. 하지만 최선을 다해 임시정부 휘하의 당·정·군 인원들과 가족에게 사무와 숙식에 필요한 비용을 대주었다. 김구 주석은 이렇게 말하였다. "충칭에서는 식량배급제를 실시했기에 배급소 앞은 언제나 장사진을 이루었고 날마다 분쟁이 생겼다. 그러나 우리 동포들은 따로 인구 수와 명단을 올렸기 때문에 한 번에 전체의 식량을 타낼 수 있었고 다시 사람을 고용하여 식량을 실어다 집집마다 나누어 줄 수 있어 매우 편리하였다. 심지어 마당 쓸고 물 긷는 일마저도 사람을 고용하였다. 충칭 시내의 동포뿐만 아니라 교외의 살던 동포들도 별도로 한인촌을 세우고 중국 중산계층의 생활수준을 유지하였다. 물론 가끔가다 만족스럽지 못할 때도 있었지만 대체적으로는 질서 있고 안전한 집단생활을 영위하였다."[44]

중한문화협회

1942년 10월 11일, 충칭의 방송국 청사에서는 중한문화협회 창립대회가 열렸다. 회의는 입법원의 쑨커孫科 원장이 사회를 맡았다. 회의에는 우톄청, 바이충시白崇禧, 왕충후이王寵惠, 펑위샹馮玉祥, 저우루鄒魯, 장다오판張道藩 및 한국 임시정부의 김구 주석, 조소앙 외교부장, 지청천 광복군 총사령관과 김약산 부총사령관 등 400여 명이 참석하였다. 장제스는 중한문화협회에 특별히 축사를 보냈다. "우리들은 진실로 동아시아 왕도문화의 수호자이다. 세계반침략전쟁의 궁극적인 목표에 도달하려면 또한 반드시 민족자유와 인류평등을 완성해야 한다. 귀 협회의 제군들이 서로 합작하여 정의를 발휘하길 바란다. 문화의 발전으로 혁명사업을 성공시키고, 어떻게든 그 위대한 역사적 사명을 짊어져야 한다."[45] 회의에서 쑨커, 우톄청, 주자화, 판궁잔潘公展, 푸징이濮精一, 김규식, 왕하이궁王海公, 김규광金奎光, 김약산, 옌다웨이嚴大衛, 유자명柳子明 등 중·한 명사들을 이사로 선출하였다. 10월 17일에 거행한 제1차 이사·감사회의에서는 쑨커, 우톄청, 주자화, 푸춘濮純, 김규식을 상무이사로, 쑨커를 이사장으로 선출하였다.

중한문화협회는 중·한 양국 인사들이 조직하여 중국과 한국 문화를 교류하고 동아시아와 세계평화의 기초를 다지는 것을 주지로 삼고 일련의 활동을 전개하였다.

1942년 11월 10일, 중한문화협회는 한국임시의회의 전체 의원들을 초대하였다. 저우언라이가 축사를 하였다. "학생 시절과 황푸군관학교 시절 그리고 혁명군대에서 나는 한국 동지들과 함께 일한 적이 있다. 한국 인민의 용맹한 희생정신은 모두가 목격한 사실이다. 그들은 중화민족의 해방을 위해 중국 땅에 뜨거운 피를 흘렸다. 항일전쟁 이후 조선의용대는(이때는 이미 한국광복군에 소속되었다.) 각 전선과 전쟁터에서 일본군과 맞서 싸우면서 피땀을 흘렸고 북방평원에서 수많은 장사들이 희생되었다. 이들은 모두 영광스러운 황푸군관학교 출신이다. 조선투사들의 뜨거운 피는 중국의 땅 위에 뿌려졌다." 저우언라이는 한국 지도자들이 일치단결하기를 바라면서 "한국 인민들은 이미 자신의 피로써 중국의 해방을 도와주었는데 그들은 자신의 피를 마땅히 자기 조국 땅에도 흘려야 한다. 우리는 머지않아 그들이 모두 한국으로 돌아가 한국의 자유와 독립을 실혈할 수 있기를 희망한다!"라고 하였다.[46]

1943년 3월 1일, 중한문화협회는 3·1운동 24주년을 기념하는 사진전시회와 강연회를 가졌다. 4월 12일에는 한국 임시정부 창립 24주년을 기념하는 강연회를 가졌다. 10월 11일에는 중한문화협회 창립 첫 돌을 맞아 다과회를 가졌는데 중·한 인사 2백여 명이 한자리에 모였다. 쑨커가 축사를 하였다. "이번 전쟁에서 승리한 뒤 머지않아 반드시 몇 개의 민주국가가 탄생할 것이다. 예컨대 대한민국 또는 일본천황이 타도된 후의 일본민국日本民國 등이다. 일본제국주의자가 타도되지 않는 한 일본은 중·한에 대해 계속 위협이 될 것이다. 일본천황을 부수는 것은 우리 나라 인민들의 희망사항일 뿐만 아니라 동시에 한국 인민들이 갈망하는 것이기도 하다."[47]

중한문화협회는 강연회, 방송좌담회, 창립 2주년 기념회와 3주년 기념회를 가졌다. 양국 인사들은 중·한 문화의 연원과 전통적 우의 그리고 항일복국의 대계에 대해 마음껏 이야기를 나누었다. 1944년 1월, 청두成都에 중한문화협회 분회가 세워졌다. 1946년에는 상하이, 난징, 칭다오, 베이징, 다롄, 카이펑, 창춘에도 중한문화협회 분회성립 준비위원회가 세워졌다.

중한문화협회와 각 분회의 활동은 중·한 양국 인사들의 상호간 이해를 촉진하여 서로간의 우정을 증진시켰다. 이는 전쟁시기 중한관계사에서 기념할 만한 중대사이다.

중국 항일전쟁의 '끝'은 한국의 독립까지

1940년 1월 8일, 충칭의 『대공보大公報』는 「동아시아의 해방을 쟁취하자」라는 사론을 발표하고 중국의 항일전쟁과 조선독립의 관계를 서술하였다. "중일전쟁의 기점이 조선에 있었으니 그 종점도 조선에 있어야 한다. 중국 항일전쟁의 '끝'은 어디냐고 묻는다면 우리는 한 치의 주저함도 없이 조선에 있다고 대답할 것이다. …… 우리는 북방과 동북을 수복하고 타이완을 조국의 품으로 돌아오게 해야 할 뿐만 아니라 조선을 해방시켜야 한다. 조선이 독립해야만 우리의 항일전쟁도 끝을 보는 것이다."

1942년 3월 22일, 중국 국민정부의 입법원 원장 쑨커는 동방문화협회와 국제반침략분회 그리고 국민외교협회 등의 단체에서 주최하였던 한국문제 강좌에서 '조선독립문제'라는 제목의 장편연설을 발표하였다. "우리는 수년간 항일전쟁을 통해 새로운 세계적 국면을 조성했을 뿐만 아니라 특히 동아시아의 전반적 형세를 개변하였다. 일본의 횡포와 아시아를 먹어치우고 태평양을 지배하려는 야욕을 폭로하였을 뿐만 아니라 우리의 실력으로 그 야심을 짓부수었다. 지금이 바로 우리가 한국독립과 부흥문제를 다시 제기해야 할 때이다. 왜냐하면 일본의 동아시아 대륙에 대한 침략이 한국을 기점으로 했던 만큼 장래에도 반드시 한국이 독립하여 나라를 되찾는 것을 종점으로 삼아야 한다. 이번 대전 이후 한국은 반드시 독립할 것이며, 수십 년 동안 동아시아를 독차지하고 세계를 침략하려던 일본의 끝없는 야욕도 끝날 것이다. 이는 역사적으로 관찰해낸 결과이다."[48]

1943년 1월, 중국외교부의 사오위린邵毓麟 정보사장은 신문에 이렇게 발표하였다. "한국의 독립은 벌써 정론이 되었는데 이는 중국전쟁의 필연적 결과이고 또한 연합국 작전목표 중 하나이다."[49]

7월 26일, 장제스는 김구, 조소앙, 지청천, 김약산 등 한국 지도자들을 접견하는 자리에서 이렇게 말하였다. "중국혁명의 최종목표는 조선과 타이의 완전한 독립을 돕는 것입니다. 이는 아주 어려운 사업인 만큼 한국의 혁명동지들이 일심으로 단결하고 분투하여 조국광복운동을 완성하기 바랍니다." 한국 지도자들은 "영·미에서 조선의 장래 지위에 대해 국제적으로 공동관리하는 방식을 취하자는 주장이 제법 많이 제기되고 있습니다. 그러나 중국에서는 거기에 미혹되지 말고 독립을 지지하는 주장을 관철하기 바랍니다." 라고 말하였다. 그러자 장제스는 이렇게 대답하였다. "영·미 측에서 확실히 그러한 논조들이 있습니다. 그것과 관련해 장차 쟁론이 커질 것이 분명합니다. 그러므로 한국 내부가 통일되어 사업에서 좋은 성과를 거두어야 합니다. 중국도 힘껏 쟁취해야만 비로소 쉽게 착수할 수 있습니다."[50]

10월 12일, 『대공보』는 「조선독립을 논함」이라는 사론을 발표하여 다시 한번 강조하였다. "중국의 이번 항전은 5천 년 역사 이래 보기 드문 거대전쟁이었다. 중국에서 이처럼 큰 대가를 치르면서 나라와 민족의 운명을 걸고 싸웠던 것은 당연히 우리들의 포부와 목표가 있었기 때문이다. 우리는 늘 '항일전쟁을 끝까지 이어나가자' 고 말하는데, 그 끝은 어디에 있는가? 사람들은 아마도 저마다 '잃어버린 땅을 모두 되찾고 동북까지 해방해야 한다' 고 말할 것이다. 사실 우리가 완전한 중국을 회복하려면 반드시 조선이 독립하여야 한다. 지도를 한번 보라. 조선반도는 황해와 동해를 갈라놓으면서 세 개의 섬과 바다를 사이에 두고 바라보고 있으며 동북 3성과 소련의 연해주와 연결되어 있다. 해양으로나 대륙으로나 중·일·소 3국의 관계는 모두 조선과 얽혀 있다. 일본은 조선을 통해 중국을 침략하였다. 일본이 소련을 칠 때도 마찬가지였다. 현재 조선의 독립문제는 극동지역의 백년대계이다."

제1차 세계대전 이후 전승국들이 파리강화회의에서 약소민족을 희생시켰던 역사적 교훈에 근거하여 중국은 각종 국제적 장소에서 기회가 닿을 때마다 한국의 독립을 호소하였다.

1942년 4월, 중국의 외교부장 쑹쯔원宋子文은 워싱턴에서 루스벨트 대통령에게 한국독립과 임시정부문제를 진술하였다. 4월 16일, 쑹쯔원은 장제스에게 "루스벨트는 '조선의 독립문제는 원래 인도문제가 완전히 해결된 다음 동시에 선포하려고 하였다. 지금 인도문제가 걸려 있는 데다가 일본세력이 창궐할 때 단독으로 조선독립을 제기하는 것은 현실에 맞지 않는다.'[51]라고 하면서 중국정부에서 기회를 보아가면서 처리하라고 하였다. 또한 중국에서 시기가 되었다고 판단된다면 중·미가 다시 토론하기로 하였다."라고 보고하였다. 5월 1일, 중국 주재 미국대사가 중국외교부에 통지문을 보냈다. "미국은 그 어떤 한국단체든지 승인할 생각이 없다. 왜냐하면 이들 한인들은 서로 합작하지도 않고 조선 국내의 인민들과의 관계도 아주 소원하다. 그리고 미국도 미국에서 활동하면서 승인을 받으려는 기타 운동단체들을 고려해야 하고, 시베리아 일대에는 소련이 지지하는 한국인민단체도 있을 수 있기 때문이다. 미국은 중국이 이 일에 대해 좀더 숙고하여 정세가 더욱 혼란하지 않게 되길 바란다." 7월에 중국외교부 미주사 사장 장첸張謙은 중국 주재 미국대사관 참사 판센드에게 한국독립은 중국의 전후계획 가운데 하나의 요점임을 분명히 하였다. 8월 9일, 행정원 정무처장 장팅푸蔣廷黻는 정부쪽 의견을 발표하고 연합국에서 '대서양헌장'과 같은 선언문을 발표하여 한국의 전후 독립을 보증해주기를 바란다고 하였다. 11월 9일, 외교부장 쑹쯔원은 중외기자들에게 한국의 전후 독립을 협조하는 것은 중국의 의무라고 선포하였다. 12월, 루스벨트는 장제스에게 편지를 보내 이렇게 말하였다. "중국은 전후의 세계평화를 유지할 경찰국 가운데 하나이다. 더욱이 서태평양 지역에서 더 큰 발언권을 행사할 것이다. 하지만 한국의 장래 지위를 논의할 때 미국은 소련을 빼놓고 싶지 않다. 그러면 오히려 소련의 이 지역에 대한 흥미를 유발해 더욱 그들 세력을 확장하려 할 수 있기 때문이다."[52]

1943년, 중국은 열강들이 전후 한국의 독립을 승인할 수 있도록 끊임없이 노력하였다. 2월 25일, 외교부장 쑹쯔원은 미국 국무장관 홀과 만나 이렇게 말하였다. "중국은 그 어느 나라든 간에 새로운 땅을 탈취하려는 행위를 반대한다. 한국, 미얀마, 베트남 혹은 다른 지역일지라도 마찬가지이다. 소련 주재 중국대사 푸빙창傅秉常도 소련정부에 한국의 독립문제를 제기하였다. 소련은 중국의 제의에 아무런 반응도 보이지 않았다."

7월, 중국은 카이로회담 서류를 준비하였다. 9일, 장제스는 루스벨트 대통령과 회담할 때 마땅히 공동선언문이 있어야 한다고 생각하였다. 요점은 일곱 가지로 제4항은 '조선의 독립과 중남반도 각 나라의 지위' 였다. 11월 14일, 중국은 카이로회담에서 제기할 중대 제안을 준비했는데 대략 여섯 가지 내용 가운데 제2항에 '전후 조선독립' 에 관한 내용이 포함되어 있었다. 11월 23일 저녁, 장제스는 루스벨트와 장시간 담화하였고 루스벨트는 중·미 양국은 한국, 베트남, 타이 등의 장래에 대해 인식을 같이해야 한다고 하였다. 장제스는 조선의 독립을 도와야 한다고 강조하면서 동시에 베트남의 독립을 고무하고 협조해야 하며 아울러 타이의 독립적 지위를 회복해주어야 한다고 주장하였다. 루스벨트는 이에 완전 동의하였다. 그러나 극동에 수많은 식민지를 두었던 영국은 다른 입장을 표명하였다. 11월 26일 오후, 중·미·영 3국의 회의참가자들은 '카이로회담 선언문' 에 대해 토론하였다. 영국 외교부차관 제드건은 강경한 어조로 조선의 독립문제를 거론하지 말자고 주장하였다. 그러나 중국대표 왕충후이는 도리를 따졌고 미국 대표의 도움을 받아 끝내 선언문 초안을 통과시켰다. 1943년 12월 1일에 발표한 '카이로선언' 은 정중하게 "우리 3대 동맹국은 조선인민들이 받았던 노예적인 대우를 깊이 사려하고 적당한 시기에 조선이 자유와 독립을 하게 하기로 결정하였다."[53]고 성명을 발표하였다. 이어서 소집된 소·미·영 정상의 테헤란 회의에서 소련의 스탈린은 '카이로선언' 에서의 조선독립에 관한 보장에 완전히 동의한다고 하였다. 조선독립은 결국 4대 동맹국으로부터 승인을 받아냈다. 하지만 영국이 '조선의 자유와 독립' 앞에 기어코 '적당한 시일 내에' 라는 말을 넣자고 하는 통에 조선은 전후에도 곧바로 독립을 할 수 없었고 한동안의 과도기를 거쳐야만 하였다. 이는 중·한 양국의 염원에 위배되는 것이었다.

한국의 전후 독립을 보장한다는 것이 한국 임시정부를 외교적으로 승인한다는 것을 의미하지는 않았다. 만약 나라의 주권과 민족의 의지를 대변하는 정부가 국제적 승인을 받지 못한다면 국가의 독립은 실현되기 어렵다. 한국 임시정부는 수립된 그날부터 줄곧 외교적 승인을 얻기 위해 끊임없이 노력하였다.

한국 임시정부에 대해 최초로 외교적 승인을 한 것은 쑨원이 이끄는 호법군정부였다. 국민정부는 사실상 오래전부터 이미 한국 임시정부를 승인하였지만 정식으로 그것을 인정하고, 미·영·소 등 여러 동맹국의 승인을 이끌어내기 위해 끊임없이 노력해왔다.

1942년 1월, 외교부장 궈타이치郭泰祺는 김구와 김약산을 회견하고 한국 임시정부를 승인하려는 중국 국민정부의 뜻을 전달하였다. 그러면서 한국 각 당파들이 단결하는 것은 국제외교에서 한국 임시정부를 승인하는 것과 밀접한 관계를 지닌다고 알려주었다.

3월 22일, 쑨커는 동방문화협회에서 주최한 한국 문제와 관련한 강좌에서 연설하면서 "우리가 지금 한국의 독립을 원조하려면 가장 중요한 것은 한국 임시정부를 승인하는 것이다."라고 명확히 지적하였다. 쑨커는 한국 임시정부를 승인하는 이유를 이렇게 논증하였다. "주지하듯이 한국 임시정부는 23년간의 혁명 분투사를 자랑하고 있어 유럽의 망명정부와는 차원이 다르다. 성립될 때부터 한국민족을 대표하였으며 지금도 여전히 한국민족을 대표하고 있다. 한국 국내에 비록 당파가 수두룩하지만 아직까지 제2의 임시정부가 나타나지는 않았다. 미국의 수만에 이르는 한국교포들은 최근에 회의를 열고 충칭의 한국 임시정부를 옹호하였다. 소련의 수십만 한인들과 동북의 수백만의 한인들도 모두 한국 임시정부를 옹호하고 있다. 이는 한국 수천만 인민들의 의지를 증명해준다. 그들이 이 임시정부를 승인했으니 우리도 정식으로 승인해줘야 한다. 우리가 승인해주면 영·미도 반드시 승인해줄 것이다. 장차 소련에서도 승인할 것이다. 그러면 임시정부는 힘이 더 커지고 한국 인민들을 인솔하여 차근차근 복국의 사업을 완수해나갈 것이다."[54]

8월, 중국국민당 중앙집행위원회는 '한국부흥운동을 돕는 지도방안(扶助韓國復興運動指導方案)'을 제기하였다. "적절한 시기에 다른 나라보다 먼저 한국 임시정부를 승인한다. 국제법 수속과 유리한 시기 선택은 책임지도자가 총재께 올려 결재를 받고 그 지시에 따라 외교부에서 처리하게 한다".[55]

카이로회담 후 한국문제는 새로운 단계에 들어섰다. 미국은 계속 한국 임시정부에 대한 승인을 거절하였고 소련은 다른 계산을 하고 있었다. 미·소 양국이 전후의 한반도를 지배하려는 경향은 점점 분명해졌다. 한국 임시정부의 국제적 승인을 쟁취하려는 중국은 계속 고군분투하였다. 그러나 중국은 국력 하락과 국제적 지위 강하로 전후의 한국문제 처리에서 미·소 양국으로부터 배척받아 발언권을 상실하였다. 이에 따라 한국 임시정부에 대한 국제적 승인을 이끌어내는 일은 결국 물거품이 되었다.

1944년 4월, 새로운 임시정부가 탄생되었다. 김구가 주석으로, 민족혁명당의 김규식이 부주석으로 당선되었다. 국무위원 14명 가운데 한국독립당이 8석, 민족혁명당이 4석, 나머지 2석은 2개의 작은 정당이 차지하였다. 6월 29일, 임시정부는 국민당중앙에 비망록을 올렸다. 7월 3일, 김구 및 임시정부의 전체 국무위원과 부장들은 연명으로 장제스 주석에게 편지를 써 중국정부에서 먼저 단독으로 임시정부를 승인해줄 것을 요구하였다. 8월 3일, 외교부장 쑹쯔원은 장제스에게 이렇게 보고하였다. "카이로회담 이후 우리나라는 한국 임시정부를 승인하는 문제에서 미·영 두 나라와 일치한 행보를 취해야 할 것 같습니다. 지금 이 문제에 대해 여전히 두 가지 우려가 있습니다. 첫째, 미·영은 한국 임시정부가 진정으로 조선인민들의 뜻을 대변할 수 있는지에 대해 아직 의혹이 있는 듯합니다. 카이로회담에서는 적절한 시기에 승인한다고 했는데 이는 장래 조선의 독립을 승인한다는 말이 됩니다. 최근에 충칭에 있는 한국 임시정부에 대한 승인은 별개의 문제입니다. 미·영 양국은 아직 시기가 무르익지 않았다고 보고 곧바로 결정내리는 것을 꺼리는 것입니다. 둘째는 소련의 태도입니다. 소련은 카이로회담에 참석하지 않았고 한국 독립에 대해 아무런 표시도 하지 않았습니다. 소련이 태평양전쟁에 참가하지 않은 현지 중·미·영 3개국이 한국 임시정부를 승인한다고 해도 소련에게 오해를 살 수 있습니다. 영·미 또한 이 점을 고려하고 있을 것입니다. 우리 나라는 지금 소련과의 관계에서 신중을 기할 필요가 있을 듯합니다. 이상 두 가지 원인으로 우리 나라는 한국 임시정부를 승인하는 문제에 관해 아직 좀더 기다려 보는 것이 좋을 듯합니다. 지금부터 각 부에서는 여전히 기존의 지시대로 시기를 봐가면서 수시로 미·영과 연락을 취해야 합니다."[56]

동시에 우테청도 장제스에게 보고서를 올려 쑹쯔원의 견해에 동의를 표시하였다. 보고서의 부본은 1944년 4월에 작성한 것인데, 국민당중앙집행위원회의 '한국문제 처리원칙'[57]이었다. 거기에는 다음의 네 가지 요점이 담겨 있었다.

첫째, 한국문제에 대해 구체적 방안을 결정하고 수시로 미국과 협상해서 진행해야 한다.

둘째, 한국 임시정부에 대해 그 내부의 단결을 촉진하며 그들에게 적극적으로 협조한다.

셋째, 경비 지원은 차관의 명의로 내주되 그 실제 용도를 확인해야 한다.

넷째, 한국광복군은 그 역량을 충실하게 다지고 적의 후방공작을 펼쳐야 한다.

국민당 중앙에서는 한국문제를 처리하는 기구를 확대하기로 결정하고 중앙사무처, 중앙조직부, 군사위원회, 외교부, 시종실에서 책임자를 지정하여 회보하고 연계하게 하였다.

1944년 9월 5일, 김구는 장제스를 만나 다시 한번 중국정부에서 한국 임시정부에 대한 외교승인을 해줄 것을 요구하였다. 당시 미·영과 소련은 각자 폴란드, 유고슬라비아 등의 망명정부를 지지하다가 서로간에 얼굴을 붉

혔던 터였고, 전후에 강대국들 간에 조선반도를 분할하려는 기미가 이미 두드러지게 나타났다. 9월 13일, 우톄청은 김구를 만난 자리에서 이렇게 말하였다. "임시정부를 승인하는 문제에 대해 우리 나라는 이미 방침을 확정하였다. 시기가 무르익으면 가장 먼저 승인해줄 것이다." 그러나 미·영 양국은 그 시각 이미 한국의 독립과 한국 임시정부를 희생시키면서 동맹군을 지휘해 조선반도를 점령하고 국제적 감독기구를 세우기로 정하였다.

3장 중국 해방구의 한국 지사들

8년의 항일전쟁 기간에 중국공산당이 이끄는 옌안과 적후방의 항일근거지에도 한국공산주의자와 민족주의자들이 있었다. 그들은 팔로군八路軍과 어깨를 나란히 하고 싸웠으며 중화민족의 해방사업과 한국독립운동을 위해 위대한 업적을 쌓았다.

중국공산당과 한국공산주의자

중국공산당과 한국공산주의자의 관계는 20세기 1920년대로 거슬러 올라간다. 상하이는 중국공산당이 탄생한 곳이지만 한국공산주의운동의 발원지 가운데 한 곳이기도 하다. 1928년 공산국제는 조선공산당을 해산시켰다. 이후 조선공산당 상하이지부의 성원들은 중국공산당에 가입하여 중공 장쑤성 홍난구위원회 한인지부를 세웠는데 그 외곽조직에는 상하이의 한국독립운동동맹과 상하이한인청년동맹 등이 있었다. 1932년 상하이 1·28사변 발발 이후 그들은 국민혁명군 제19로군의 항전을 적극 지원하였다. 나중에 지부의 구성원 일부는 체포되었고 일부는 장쑤소비에트지역으로 가서 활동하였다. 1933년 상하이 한인지부가 재건되어 한인반제동맹과 호제회互濟會 분회의 활동을 재개하고 동북의용군을 지원하는 활동을 전개해나갔다. 1937년 이후, 상하이의 조선공산주의자들은 점차 옌안에 모이기 시작하였다.

일부 조선공산주의자들은 대혁명, 난창봉기, 광저우봉기, 장시江西소비에트정권과 홍군에 참가하여 중국공산당과 시종 함께하였다. 양림楊林과 무정

武亭이 대표 인물이다.

양림의 본명은 김훈金勛이며 양녕楊寧 또는 필사제畢士悌라고도 불렀다. 그는 1901년 조선 평안북도에서 태어났다. 아버지는 3·1운동 과정에서 일본 경찰에게 살해되었다. 그는 중국으로 도망하였고 1921년 윈난강무당의 포병학부에서 공부하였다. 1924년에 우수한 성적으로 졸업한 뒤 1925년에는 황푸군관학교에서 교관과 제3기 학생대의 상위대장으로 있었다. 혁명군의 동정과 반란군 소탕작전에 참가하였다. 1925년 11월, 예팅독립연대 제3대대 대대장을 맡았고 1927년 12월 광저우봉기에 참가하였으며 1928년에는 소련으로 유학을 떠났다. 1930년에는 중공 만주성위원회에서 일하였으며, 동만특위 위원 겸 만주성군사위원회 서기로 있으면서 옌볜지구의 항일무장투쟁을 조직하고 지도하였다. 9·18사변 이후 중·한 민중이 참여한 판스노농의용군을 창건하였다. 1934년에는 중공 중앙 장시소비에트정권으로 파견되어 홍군 제1방면군 보충사단 사단장이 되었다. 장정 시기에는 중공 중앙 군사위원회 간부연대의 참모장을 맡았다. 1935년에는 75사 참모장을 맡았고 홍군을 지휘하여 황하를 건너다가 장렬히 전사하였다.[58]

무정은 1905년 조선 함경북도에서 태어났다. 1923년 중국으로 건너갔고 이듬해 바오딩군관학교에 포병학부에 입학하였다. 졸업 후 중국군의 포병대위로 있었다. 1925년에 중국공산당에 가입하였고 제1차 대혁명에 참가하고 한커우와 상하이 등지에서 활동하였다. 1930년, 중앙소비에트구역에 도착하여 홍군 중대장, 대대장, 연대장을 맡았다. 무정은 홍군의 장정에 참가하였고 1936년에는 다시 홍군대학에서 공부하였다. 항일전쟁이 시작되자 팔로군 총사령부에서 작전참모로 있었고 또한 팔로군 포병부대를 창건하였다.[59]

홍군의 장정에 참가했던 조선공산주의자들은 이들 외에도 10여 명이나 된다.

조선청년연합회

항일전쟁이 시작된 뒤 우한에서 활약하던 조선민족혁명당, 조선청년전위동맹, 조선민족해방동맹 등의 단체는 중국공산당과 밀접한 관계를 유지하였다. 저우언라이의 건의에 따라 팔로군 우한 주재 사무처는 조선민족전선연맹의 창건과 관련된 연락과 협상 등의 과정에 참여하였다. 1938년 7월 초, 조선청년전선봉사단이 수립되었고, 10월에는 조선의용대가 수립되었다. 국민정부 군사위원회 정치부 부부장을 맡고 있던 저우언라이와 3청의 궈모뤄郭沫若 청장은 이들 조선항일조직을 강력하게 지지하였다. 1938년 우한이 함락된 뒤 조선민족전선연맹은 해체되었다. 일부 구성원들은 뤄양洛陽으로 북상하여 화북의 각 적후항일근거지로 향하였다.

1940년 3월, 조선의용대 제3지대의 대원 50명이 뤄양에 도착하였고 1941년 5월, 제3지대의 대원 30명은 화북에 도착하였다. 6월, 뤄양과 라오허거우의 제1지대와 제2지대도 황하를 건너 팔로군 군영에 도착하였다. 원 조선의용대 소속의 주력대원들은 김약산과 갈라져 나온 뒤 몰래 중국공산당이 이끄는 화북의 적후항일근거지로 이동하였다. 윤세주尹世冑(일명 석정石正)와 황푸군관학교 4기생 박효삼朴孝三 같은 중요한 군사간부도 속속 화북에 도착하였다.

이밖에 적후항일근거지에는 일본군과 일본군 점령지역에서 탈주하여 중국공산당의 항일구국운동에 참가한 조선의 지사들이 있었다.

조선의 혁명가들을 조직하여 좀더 유력하게 일본을 타격하기 위해 팔로군 총부에서는 조선인항일조직을 세우기로 하였다. 1941년 1월 10일, 팔로군 총부 소재지인 산시 퉁위桐峪에서 화북조선청년연합회가 수립되고 회장에 무정, 조직부장에 이유민李維民, 선전부장에 장진관張振光, 경제부장에 한득지韓得志, 위원에 최창익崔昌益 등을 선출하였다. 연합회의 강령은 다음과 같았다.

① "화북지역에 망명하고 있는 조선청년들을 단결시켜 조국광복사업에

참가하게 해 조선에서 일본제국주의의 통치를 뒤엎고 독립적이고 자유로운 조선민족공화국을 건립한다.

② 조선민족의 모든 반일전선을 옹호하고 조선민족 전체의 해방전쟁을 일으킨다.

③ 공동으로 노력하여 화북 각지의 조선인들을 보호하며 특히 청년들에게 정치, 경제, 문화 등 측면에서 이익을 준다.

④ 중국에 있는 적군 점령지역에서 고통 받는 조선인민, 특히 청년들을 보호한다. 안정된 생활을 할 수 있는 일을 해야 한다.

⑤ 일본제국주의의 중국침략을 반대하여 중국의 항일전쟁에 적극 참가한다.

⑥ 타이완의 민족해방운동을 지지하고 일본인민의 혁명적 반전운동을 찬송함으로써 조선·타이완·일본 인민들의 반일연합전선을 구축한다."[60]

연합회는 지회 또는 분회를 두었다. 산간닝陝甘寧(산시陝西·간쑤甘肅·닝샤寧夏) 변경지역 지회는 1941년 7월 8일 옌안에서 수립되었는데 저명한 조선인 음악가 정율성鄭律成이 회장을 맡았다. 진차지晉察冀 지회는 12월 10일에 수립되었다. 이밖에도 팔로군과 신사군의 기타 근거지에서도 연합회 분회와 지회가 성립되었다.

화북조선청년연합회의 무장조직은 조선의용대 화북지대라고 불렀는데 1941년 6월 산시 퉁위에서 창건되었다. 박효삼이 지대장, 이익민이 부지대장을 맡았고 김학무가 정치지도원을 맡았다. 화북지대는 휘하에 1, 2, 3대와 수비대를 두었는데 수비대 대장에는 여운길呂運吉, 제1대 대장에는 이익성李益星, 제2대 대장에는 김세광金世光, 제3대 대장에는 왕쯔런王子仁을 각각 임명하였다. 일부 대원들은 비밀리에 상하이, 한커우, 베이징, 스자좡石家庄, 장더彰德, 칭다오 등 적군 점령지역에 파견되어 정보수집과 파괴공작을 하였다.

1941년 8월, 조선의용대 간부훈련반이 퉁위에서 수립되었는데, 무정이 교장, 진광화陳光華가 부교장을 맡았다. 교사로는 최창익, 윤세주, 박무朴茂, 박효삼, 왕지연 등이 있었다.

7·7사변 이후 일본은 한국인을 대거 동원하여 중국의 점령구로 이주시켰다. 1940년까지 화북에는 한인이 20여만 명이나 거주하고 있었는데, 이 가운데 베이징과 톈진에 10만여 명, 스자좡에 3만여 명, 신샹新鄕에 8천 명, 타이위안太原에 5천 명, 칭다오와 지난濟南에 각각 1만 명이 있었다.[61] 1939년 일본은 조선에서 지원병을 모집하기 시작하였고 무려 9만 6,000명의 한국인이 일본군에 반강제적으로 입대하였다. 1944년부터 일본은 정식으로 조선에서 징병하였다. 그해 4월, 제1진의 입영병만 20만 명 이상이었다.[62] 한국인 병사들이 일본침략자의 총알받이가 되어 일부는 중국전선으로 내몰렸는데, 약 10만 명 정도였다. 어떻게 하면 수십 만 한국 이주민과 한국인 병사를 항일역량으로 변화시킬 수 있을지는 중·한 양국의 지사들이 함께 사고하고 고민할 문제였다. 중공 중앙에서도 항일전쟁에서 조선민족의 역할을 아주 중시하였다. 더 많은 조선청년들을 항일전쟁으로 끌어들이기 위해 1941년 11월 4일, 옌안의 『해방일보』는 진지루위晋冀魯豫(산시·허베이·산둥·허난) 해방구정부에서 반포한 '조선인민을 우대하는 규정'을 게재하였다.

1941년, 산간닝 해방구 제2기 참의회 제1차 대회에서는 '조선혁명인사들을 단결시키고 지원하는 데 관한 제의'를 통과시켰고, 1943년 3월, 산시 서북행정서에서는 '조선교민을 협조하여 항일하는 열 가지 방법'을 발표하였으며, 1943년 5월 산둥 해방구에서는 '조선인민을 우대하는 조례'를 반포하였다. 이 모든 것은 중국공산당이 일관되게 주창하던 국제주의정신의 발로였다.

조선독립동맹

1942년 8월 15일, 화북조선청년연합회 제2차 대표대회에서는 조선독립동맹과 조선의용군을 창설하기로 결의하였다.

무정을 조선독립동맹의 회장으로 추대하였고 김두봉金抖奉(김백연金白淵), 무정, 최창익, 박효삼, 김학무, 채야화蔡野火, 김창만金昌滿, 왕지연, 이유민, 진한중陳漢中, 이춘암李春岩 등 11명을 집행위원으로 선출하였다. 조선독립동맹 총부는 처음에 퉁위에 있었지만 이동을 거듭하다가 1944년에 옌안에 정착하였다. 1945년 일본이 투항하기 직전, 조선독립동맹 옌안총부의 주석은 김두봉이었고 부주석은 최창익과 한빈韓斌이었으며 집행위원으로는 무정, 허정숙許貞淑, 이유민, 박효삼, 박일우朴一禹, 김창만, 양명산楊明山, 주춘길朱春吉, 방우용方禹鏞, 하앙천河仰天, 이춘암, 장진광張振光, 김호金浩 등이 있었다.[63]

조선독립동맹은 각지에 분회를 세웠다. 1945년 5월, 무정의 보고에 따르면 근거지에 세워진 분회는 산둥 군구, 신쓰新四 군구, 지루冀魯豫 군구, 타이항太行 군구, 타이웨太岳 군구, 진차지晉察冀 군구, 지둥冀東 군구, 산시 서북 군구, 옌안, 태항군정학교 등 10개가 있었고, 적군점령지에 세워진 분회는 톈진, 베이징, 하얼빈, 조선의 서울에 있었다. 또한 적군점령지인 카이펑開封, 쉬저우徐州, 지난, 민취안民權, 청더承德, 린펀, 위츠楡次, 훠셴霍縣, 타이위안, 스자좡, 쑨더順德, 신샹新鄕 등에 거점을 두고 각 거점에 서너 명의 공작인원을 두었고 화북의 조선농장에도 거점을 두었다. 1944년 2월까지 근거지의 조선독립동맹 회원은 663명이었다.[64]

조선독립동맹의 김두봉 주석은 저명한 독립운동가이다. 1889년 경상남도에서 태어났고 1919년에 상하이로 망명하여 김규식이 조직한 신한청년당에 가입하였고 1921년에는 이동휘가 창립한 고려공산당에 가입하였다. 1938년 대한독립촉진회에 가입하였다가 다시 혁명이론비교연구회에 가입하였다. 1935년 김약산의 조선민족혁명당에 가입하고 중앙당무위원을 맡았으며 1942년 4월에 충칭을 떠나 타이항산太行山으로 갔으며 10월에 옌안에 도착하였다. 김두봉은 또한 언어학자이며 교육가이기도 한데, 일찍이 『정해조선어사전精解朝鮮語辭典』을 출판하기도 하였다.

조선의용군은 조선독립동맹과 동시에 창립되었는데 조선의용대 화북지대가 그 핵심이었다. 조선의용군의 총사령관은 무정이었고 부사령관은 박효삼, 박일우였다.

조선족 출신의 군정간부를 양성하고 조선독립에 헌신할 인재를 육성하기 위해 1924년 12월 1일 조선독립동맹은 타이항에서 화북조선청년혁명학교를 꾸렸다. 무정이 교장을 맡았고 김학무가 교무주임을 맡았다. 1945년 2월 5일, 옌안에서 조선혁명군정학교가 성립되었는데 김두봉이 교장을, 박일우가 부교장을 맡았다. 4월 7일, 조선청년혁명학교는 타이항에서 옌안으로 이주하고 조선혁명군정학교와 통합하였다.

조선독립동맹과 조선의용군은 중국공산당 지도하의 조선혁명조직과 혁명무장세력이었다. 그 조직과 활동은 해방구 건설의 여러 측면에 완전 융합되어 있었다.

군사활동에서 팔로군 총부는 조선동지들의 희생을 최소화하기 위해 항상 작전부대를 보내 그들의 안전을 보호해주었고 그들에게는 가급적 전투임무를 주지 않았다. 조선의용대가 참가하였던 두 차례 큰 전투도 돌발적 상황에서 발생한 것이었다.

1941년 12월, 김세광 대장이 이끄는 29명의 조선무장선전대원들은 스자좡 부근의 후자좡胡家庄에서 숙영하다가 500명의 일본군에게 포위되었다. 조선전사들은 적군과 용감하게 맞서 싸웠고 마침 인근지역에 있던 팔로군의 구원으로 포위망을 뚫을 수 있었다. 5명이 전사했고 2명이 중상을 입었으며 1명이 적군에 생포되었다.

1942년 5월, 항일근거지에 대한 일본군의 대대적인 소탕작전 과정에서 팔로군 총부, 중공 중앙 북방국 기관이 일본군에 포위되었다. 아주 위급한 상황에서 조선의용대원 100명과 팔로군 385여단이 공동으로 저격임무를 맡았다. 그들은 즉시 고지대를 점령하고 적군의 공격을 완강하게 저지하였다. 팔로군 총부가 포위를 뚫고 안전한 방향으로 이전한 뒤에야 조선의용대는 팔로군 후속부대의 증원으로 적들의 포위망에서 벗어날 수 있었다. 이번 전투에서 3명의 조선전우가 장렬히 전사하였다. 또한 팔로군 부총참모장 줘취안左權과 수많은 전사들도 희생되었다.

중국공산당 기관지 『신화일보新華日報』와 『해방일보解放日報』는 조선열사들의 영웅사적을 상세하게 보도하였고 옌안과 각 해방구에서는 열사들을 위한 대규모 추도회를 열었다.

조선독립동맹과 조선의용군은 주로 적군에 대한 선전활동과 정보수집을 하였고, 적군점령지의 한인교포와 일본군 가운데 한국 국적의 사병을 쟁취하여 항일하게 하는 임무를 수행하였다.

선전의 대상은 화북, 동북의 조선대중이었다. 적들의 파시스트적 침략본성과 야만적인 만행을 폭로하고 독립동맹의 강령을 선전함으로써 민족을 일깨워 승리할 수 있다는 믿음을 높이는 것을 선전의 종지로 삼았다. 그들은 선전물 배포, 신문 출판하기, 적진을 향해 큰소리로 외치기, 표어 쓰기, 가무나 연극 공연하기, 일본군 가운데 한국 사병들에게 탈주노선과 방법을 제공하는 등의 활동을 전개하였다. 또한 톈진, 베이징 지역의 조선인 광부, 도로노동자, 농장직원들 속으로 들어가 선전과 조직사업을 펼쳤다. 그 결과 수많은 조선병사들이 팔로군에 가입하고 조선독립동맹에 가입하였다. 창리昌黎의 일본농장에서 일하던 조선노동자들은 "적극적으로 항일정부에 공출미를 바쳤고 또한 팔로군이 교대한 일들을 성실히 완수하였다. 팔로군이 그들에게 전기자재나 무선전자재 그리고 약품과 같은 물품의 구입을 부탁할 때마다 위험도 무릅쓰고 톈진으로 가서 물건을 구입한 뒤 팔로군에 건네주었다."[65]

조선독립동맹의 정보·반간첩 조직망은 화북의 대도시로부터 동북과 조선 국내에까지 뻗쳐 있어 일본군 점령지역의 군사와 경제 및 사회동향에 대한 대량의 정보를 수집하였다. 또한 일본영사관과 헌병대 그리고 특고과特高課에서 파견한 간첩들도 적발해냈다.

충칭에 있던 임시정부 계통의 군대, 정부관원, 한국교포들은 나름의 체계를 형성하고 시종 중국사회에서 유리되어 있었다. 하지만 옌안과 적후항일 근거지의 한국인들은 완전히 중국사회에 융합되어 중국인들과 함께 근거지의 생산노동에 참가하였고 정풍운동과 정권 및 군대건설에도 참여하였다.

1943년 일본군의 잔혹한 소탕작전과 불가항력의 천재지변으로 화북지역에 대기근이 닥쳤다. 중국공산당은 근거지의 장병과 백성들에게 자체생산을 함으로써 난관을 극복할 것을 호소하였다. 조선인들도 대규모 생산운동에 뛰어들었다. 팔로군 노병 중 한 명은 이렇게 회고하였다. "그 시절의 조선동지들은 우리와 함께 야외로 나가 느릅나무 잎을 훑고 산나물을 캐는 등 아주 고된 생활을 하였다. 적군의 봉쇄와 자연재해로 닥친 어려움을 극복하기 위해 우리 부대는 전투와 동시에 틈틈이 생산운동을 벌였다. 조선동지들도 우리와 함께 야산에 올라 황무지를 개간했고 곡식과 채소를 심었다. 그들은 또한 방직공장, 신발공장, 민중병원과 운수판매합작사 등을 꾸렸다. 조선동지들은 아주 부지런하였다. 특히 평소에 별로 일해보지 못했을 그들도 생산노동에서 아주 적극적이었다."[66] 무정의 보고 중 제4절은 경제에 관한 것이었다. 조선독립동맹 총부의 기업경영에는 대중병원, 3·1상점, 타이항이발소, 3·1방사공장, 2개의 솜 타는 공장, 그리고 운수대가 있었다. 농업경영으로는 자체로 채소와 솜을 재배했고 306무의 황무지를 개간하여 콩과 감자를 심었다.

조선독립동맹과 조선의용대는 근거지의 정풍운동에도 참가하였고 짬짬이 중공의 『정풍문헌』, 『연공당사』, 『레닌주의 기초』, 마오쩌둥의 『신민주주의론』과 『연합정부를 논함』 등을 학습하였다. 또한 정풍운동과 조선혁명의 실천을 결합하여 조선민족해방운동 과정에서의 중대한 이론문제에 대한 인식을 심화하였다.

해방구의 당·정·군 모든 계통에서 조선인들은 지도자 직무를 맡았다. 각 근거지의 임시참의회에는 조선 국적의 참의원들이 적잖이 있었다. 조선공산주의자 대표는 중국공산당 제7차 전국대표대회에도 출석하였다.

4장 개선가를 부르며 귀국하는 한국 지사들

좌절된 동맹국 승인을 위한 노력

중·한 양국이 천신만고 끝에 승리의 서광을 맞이하고 있을 때 미·소 등 강대국은 서둘러 전후세계를 분할하기 위한 더러운 뒷거래를 시작하였다. 1943년 11월 29일, 스탈린은 테헤란에서 루스벨트에게 이렇게 말하였다. "침략 재발을 방지하기 위해 반드시 가장 중요한 전략거점을 점령하여 그것이 독일의 손아귀에 들어가지 못하게 해야 한다. 유럽에서뿐만 아니라 극동에서도 이런 거점들을 점령함으로써 일본이 다시는 침략을 감행하지 못하게 해야 한다. 이제 곧 성립될 이 기구는 마땅히 중요한 전략거점을 점령할 권한을 가져야 한다. 독일과 일본이 침략할 위험성이 보이면 마땅히 이런 거점들을 즉각 점령하여 독일과 일본을 포위함으로써 그들을 섬멸해야 한다." 루스벨트는 "스탈린 원수의 의견에 전적으로 동의한다."라고 화답하였다.[67] 이리하여 미·소 양국은 각자의 탐욕을 충족시키기 위해 전후의 평화를 수호한다는 미명 아래 세계를 분할하는 데 인식을 같이하였다. 이른바 일본 주위의 전략거점에는 당연히 한반도와 중국의 동북 그리고 타이완이 포함되었다. 11월 30일, 루스벨트와 처칠 그리고 스탈린이 3자회담을 가졌다. 처칠은 소련의 부동항에 대한 수요를 충족시켜야 한다고 여겼다. 스탈린은 미·영 양국이 극동지역에서 소련을 위해 무엇을 할 수 있는지를 물었다. 루스벨트는 자유항 주장은 극동지역에도 적용된다면서 다롄이 이런 가능성을 지닌다고 하였다. 같은 날 미국의 홉킨스는 영국의 에이든과 소련의 모로토프에게 미국은 필리핀과 중국 타이완에 해군·공군기지를 세울 것이라고 하면서 3

대 강국은 이러한 전략기지와 누가 이런 전략기지를 장악해야 하는지 등 기본문제에 대해 결정해야 한다고 말하였다. 또한 전략거점문제는 전후 가장 중요한 문제 중에 하나라고 하였다.

중·한 양국이 가장 관심을 가진 한국 독립에 대해 미국과 영국은 '카이로 선언'에서 이미 승낙하였고, 스탈린도 테헤란회의에서 "조선의 독립은 당연한 것이다. 만주와 타이완 그리고 펑후澎湖 열도는 마땅히 중국에 돌려줘야 한다."[68]고 하였다. 그러나 그들은 이내 자신들의 승낙을 거둬들였다.

1944년 9월, 영·미 정부는 선후로 중국정부에 동일한 내용이 담긴 '한국문제 연구강요' 초안을 제기하고 군사적으로 조선을 점령한 뒤 임시국제감독기구를 세우자고 건의하였다. 9월 말, 미국 국무원에서는 또다시 중국에 각서를 보내 "미국의 대한국정책은 전후에 먼저 미·영·중·소 4강의 신탁통치조직을 세우는 것으로 이미 영국과 소련의 동의를 구하였다."[69]라고 설명하였다. 10월 27일, 장제스는 미국과 영국을 방문하고 있던 쑹쯔원 외교부장에게 전보를 보내 한국의 신속한 독립을 지지하는 중국의 일관된 정책은 변할 수 없으며 전후에 한국에 대해 국제신탁통치를 실시한다는 방법에는 더구나 동의할 수 없다"라고 하였다. 1945년 1월 영·미·소 3국은 모스크바에서 회의를 열고 먼저 미·영·중·소 4국이 한국에 대해 5년 동안 신탁통치하기로 결정한 뒤 그 결과를 중국에 알렸다.

1945년 2월, 영·미·소 3국의 '얄타정상회담'에서 중국과 한국은 또 한 번 강대국 강권정치의 희생물이 되었다. 2월 8일, 루스벨트는 스탈린과의 단독회담에서 카이로선언에서 정한 조선에 관한 조항을 어떻게 실시할 것인지에 관해 회담하였다. 루스벨트는 미·소·중 3국이 조선에 대해 연합으로 관리하되 그 기간을 20~30년으로 하여 조선이 자치정부를 구성할 수 있도록 하는 게 어떻겠냐고 하였다. 스탈린은 그 기간은 짧을수록 좋다고 대답하였다. 스탈린은 다시 외국군대가 조선에 진주하느냐고 물었다. 루스벨트는 아니라고 답하였다. 그러자 스탈린은 이에 찬성을 표하였다. 루스벨트는 영국

인들이 불쾌해할 수 있겠지만 조선에 대한 신탁통치에서 영국은 빼자고 하였다.[70]

2월 11일, 소·미·영 3국 정상은 비밀리에 '얄타협정'을 맺었다. 소련의 대일전쟁 참가를 이끌어내기 위해 미국은 중국 영토인 외몽골과 중동로中東路 및 다롄, 뤼순을 교역의 카드로 활용하였다.

'얄타협정'은 소련이 전후에 전개할 영토확장계획의 일부분만 충족시켰다. 스탈린의 목표는 일러전쟁 이전 러시아가 극동지역에서 영위하였던 모든 세력 범위를 회복하고 한반도까지 진입하는 것이었다. 1945년 8월 8일, 소련은 일본에 선전포고를 하였다. 소련 홍군은 홍수처럼 한반도로 밀고 들어와 반도 남단까지 쳐들어갔다. 8월 13일, 미국은 일본정부로 보낼 '총명령 1호'를 각 동맹국에 통보했는데 거기에 이렇게 규정하였다. "중국 동북, 조선 북위 38도 이북과 사할린지역은 소련 극동군 최고사령관 바실레프스키가 투항받기로 한다. 일본, 필리핀 및 조선 북위 38선 이남지역은 미국 태평양 육군부대 최고사령관 맥아더가 투항받기로 한다."[71] 소련은 미국의 한반도 내 세력범위 할당에 동의하고 38선 이남의 개성, 서울, 인천에 있던 소련군을 38선 이북으로 철수시켰다. 9월 8일, 미군은 인천으로 상륙하고 38선 이남지역의 한국영토에 대해 군사점령을 실시하였다.

조선독립동맹의 귀국

1945년 8월 11일 12시, 팔로군의 주더朱德 총사령이 옌안총부의 명령 제6호를 발표하였다.

"소련 홍군이 중국 및 조선 경내로 진입하여 작전을 펼침으로써 조선 인민을 해방하는 데 협조하기 위해 아래와 같이 명령한다. 현재 화북에서 대일작전을 펼치고 있는 조선의용대 무정 사령과 박효삼, 박일우 부사령은 즉시 부대를 거느리고 팔로군과 원 동북군 소속부대를 따라 동북으로 진격하여 일본군과 위만주군을 섬멸하라. 아울러 동북의 조선 인민들을 조직하여 조선을 해방하는 임무를 완수하도록 하라."[72]

옌안의 조선독립동맹 총부는 즉시 조선혁명군정학교를 그만두고 모든 학생들을 조선의용군으로 편입시키고 동북을 거쳐 귀국할 준비를 하였다. 동시에 재중국 일본군 가운데 조선사병과 조선거주민에게 통전을 보내 즉시 팔로군과 신사군 및 화남항일유격종대에 투항하고 조선독립동맹과 조선의용군에 가입하여 조선에 돌아가 조선민주공화국을 창건하자고 촉구하였다.

8월 15일, 조선독립동맹의 김두봉 주석은 옌안에 있던 회원과 의용군을 거느리고 귀국길에 올랐다. 그날 『해방일보』에는 그의 담화문이 게재되었다. "조선의용대는 재중 항일부대의 하나로 1938년에 창건된 이래 중국의 각 전쟁터에서, 특히 적후 해방구로 옮겨가 중국공산당과 팔로군, 신사군의 도움으로 그 세력이 크게 발전하였고 장비도 제고되었다. 수년래 적군과의 전투와 적군 가운데 조선 국적 사병들과 조선거주민들을 쟁취하고 교육하는 사업에서 뛰어난 성적을 거두었다. 이번에 내려진 출발임무의 목적은 소련 홍군이 조선 경내로 들어가 작전하는 데 협조하여 일본 파시스트를 섬멸하고 조선인민을 해방하려는 데 있다. 동북에서는 2백만 조선인민이 조직될 것이다. 화북 각지에도 20여 만 조선인민이 있기에 연도에서 부분적 역량으로 사업을 전개할 것이며 일본군 및 위만주군의 저항에 부딪힌다면 전투를 통해 견결히 소멸할 것이다. 조선 인민은 자신의 이익에 맞는 정권형식을 자유롭게 선택할 것이다. 새로운 조선은 35년간 망국의 고난을 거쳐 곧 중국과 비슷한 신민주주의공화국으로 탄생할 것이다.[73]

일본투항 이후 화북과 동북의 혼란국면은 조선독립동맹의 진군속도를 방해하였다. 독립동맹은 먼저 걸어서 타이위안으로 가서 기차를 타고 스자좡으로 간 뒤 베한선(베이징~한커우), 베친선(베이징~친양), 안평선(안둥~펑텐)을 갈아타고 안둥을 거쳐 압록강을 건너기로 계획하였다. 그들은 팔로군과 연계하여 화북에 있던 조선 교민들의 생명과 재산을 보호하는 한편, 각지의 조선 교민 가운데 청년들을 의용군에 편입시켜 조선을 향해 함께 진군하였다. 11월, 조선의용군 선발대는 압록강가에 도착하였지만 소련군의 저지로 조선에 들어갈 수 없었다.

한국 임시정부 요원들의 귀국

1945년에 들어 한국 임시정부와 한국광복군도 승리를 맞이하기 위해 긴박하게 움직였다. 한반도의 해방을 위해서는 한차례 대규모 혈전이 벌어질 것이 틀림없었으므로 군사준비가 가장 먼저 요구되었다. 전략적 공세에 필요한 간부를 육성하기 위해 중·한·미 3국은 합작하여 푸양, 시안, 청두에 광복군훈련소를 꾸렸다.

1945년 5월 28일, 김구는 장제스에게 편지를 보내 "지금까지 국내의 사업은 이미 상당한 효과를 거두었다. 국내 청년들이 끊임없이 들어와 푸양 일대에서 애타게 기다리고 있는데 그 수를 헤아리기 어렵다. 시안과 푸양 두 곳에서는 이미 훈련소를 세울 준비를 하고 있는데 이제 곧 개시될 것이다. 동맹국과 미국에 있는 교포들 가운데 저명한 군사교원들을 초청해 적극적으로 훈도하여 하루빨리 성공을 거둘 수 있도록 할 것이다."라고 하였다. 편지에는 또한 "(장제스가) 전보를 보내어 시안과 푸양의 군정당국에 수시로 협조하도록 해주기를 바란다. 청두의 훈련소는 귀국 군사위원회에서 주최하되 준비 중에 있다니 감사하게 생각한다."라고 하였다.[74] 6월 11일, 장제스는 우톄청에게 편지를 보내 "한국 임시정부의 김구 주석이 5월 28일 편지에서 시양과 푸양 두 곳에 훈련소를 세우고 2지역 군정당국에서 수시로 협조해줄 것을 요청한 것은 그대로 처리해주기 바란다. 그들에게 이 사실을 통지하기 바란다."[75]라고 하였다.

안후이 푸양의 광복군훈련소는 제3지대 김학규 지대장이 지휘하였고 미국 교관이 교학을 맡았는데 기마다 50명씩 모집하기로 하였다.

시안훈련소는 제2지대 이범석 지대장이 지휘하였다. 1945년 3월 29일, 미국 총부의 대리참모장 그루스 소장은 장제스에게 편지를 보냈다. 그는 편지에서 "(미국의) 공군작전이 이미 동북 및 조선 내로 확장되었으니 미국 공군 지상구조대는 적군 점령지역을 자유롭게 왕래할 수 있는 한국 및 동북 인원을 약 10명 모집하려 하며, 그들을 시안 부근에 보내 훈련시킨 뒤 다시 조선 및 만주 경내에 보내 공작하게 할 생각이다. 나중에 필요하면 더 많은 인원과 장비를 필요한 구역에 보낼 예정이다."라고 하였다.[76] 4월 12일, 장제스는 미군 총부의 계획을 비준하고 우톄청에게 "잘 계획하여 조선 관련 공작을 피점령지역에서 추진하기 바란다."라고 지시하였다.[77] 5월 1일, 시안훈련소는 두취杜曲 싱자오쓰興教寺에서 개학하였다. 1기에는 50명이 훈련을 받았고 20명의 미국 육군특전사의 전술교관이 각종 과목의 강의를 맡았다. 학생들은 졸업 이후 낙하산 또는 잠수함으로 한반도에 진입하여 두 가지 임무를 수행하게 되었다. 첫째는 무선통신으로 날씨와 기타 공습에 관련된 정보를 청두에 있는 미국 공군 B29 폭격기 기지에 전송하는 것이었고, 둘째는 일본의 군사시설을 정찰하고 파괴하는 게릴라부대를 조직하여 활동을 전개하며 동맹군이 상륙작전을 벌일 때 동맹군과 함께 적을 섬멸하는 전투에 참가하는 것이었다.[78] 7월 말, 제1기 학생들이 졸업하고 8월 1일, 제2기의 학생 50명이 새로 입학하였다.

청두훈련소는 1944년 11월에 조직되었는데 군사위원회의 동의를 거쳐 청두중앙군사학교에 자리를 잡았다. 학기마다 학생수는 250~280명이고, 훈련기간은 6개월이며 중·한 양국 군사전문가를 초청하여 강의하기로 하였다. 학생들은 먼저 한국광복군 기본대원 가운데서 선발하고 다시 각지의 한국 교포 가운데 우수한 자를 모집하였다. 원래 3월 1일에 개학하려 하였다가 7월 1일까지 대원들을 모은 뒤 8월 1일에 개학하기로 하였다. 그러나 개학도 하기 전에 일본국이 투항을 하여 무산되었다.

한국 임시정부는 전쟁포로수용소에 갇혔던 한국 포로를 모두 석방하여 광복군에 넘길 것을 요구하였다. 5월 16일, 충칭의 난취안南泉 포로수용소에서 32명의 한국 포로를 광복군 총사령부에 넘겼다. 바오지寶鷄 수용소에서 석방된 20명의 한국 포로는 광복군 제2지대에 편입되었다. 한국 포로의 수가 너무 적어 광복군의 수요를 모두 충족시킬 수 없었다. 군사위원회의 통계에 따르면 일본이 투항할 때 중국 관내지역에 있던 한국 포로 및 한국 교포 수는 64,118명이었다고 한다.[79] 한국 포로 전원을 임시정부에 넘긴다면 광복군 3개 사단을 편성할 수 있었다. 그러나 일본과의 전쟁이 끝난 상황에서 이것이 실현될 가능성은 없었다.

전쟁 종료 직전까지도 중국정부와 한국 임시정부는 동맹국에게 한국독립을 보증하고 임시정부를 승인해줄 것을 지속적으로 요구하고 있었다. 1945년 2월 말, 한국 임시정부 외교부는 미·영·소·중 4국 정부에 연합국 샌프란시스코 제헌회의에 참가할 것을 신청하였다. 3월 23일, 『다궁바오』는 조소앙 임시정부 외교부장이 기자들과 나눴던 담화문을 실었다. "지금 중국정부에 다시 각서를 보내, 중국정부가 미·영·소 3국과 협상하여 한국이 샌프란시스코회의에 참가할 기회를 줄 것을 요청하도록 하려고 한다."[80] 임시정부 국무위원회는 어려움을 무릅쓰고 먼저 김규식 부주석과 조소앙 외교부장 그리고 비서 정박사鄭博士 등 샌프란시스코회의에 참석할 한국대표단을 파견하기로 하였다. 미국에 있던 임시정부의 외교위원이었던 이승만李承晩도 샌프란시스코회의의 미국계 사무총장 히스에게 편지를 보내 회의에 참석시켜 줄 것을 요청하였다. 5월 19일, 히스는 이승만에게 편지를 보내어 샌프란시스코회의에 출석한 대표들 가운데 비록 적잖은 사람들이 한국 지도자에게 동정심을 보이면서 비공식적인 접촉을 하고 있지만 한국 임시정부는 아직 정식으로 승인받지 못했기 때문에 회의에 참석할 수 없다고 하였다. 샌프란시스코회의에 참가한 중국대표단도 이승만을 돕기 위해 노력했으나 별로 효과가 없었다. 어쩔 수 없이 중·한 양국 대표는 손을 잡고 연합국 제헌대회 밖에서 민간외교를 전개할 수밖에 없었다. 한국 독립지도자들은 인쇄한 선전물을 나누어주고 각국 기자들과 회견하여 침통한 모습으로 성명을 발표하였다. 중국대표단의 장쥔리張君勱, 후정즈胡政之 두 대표까지 합세하여 그들을 도왔다. 민주국가에서 대중매체를 이용하는 것은 한국 독립문제가 시급히 해결해야 할 문제라는 점을 여러 사람들이 알 수 있게 하는 가장 효과적인 방법이었다.[81]

한국 임시정부가 국제적 승인을 쟁취하기 위해 진행했던 분투는 아주 비장하였다. 미국은 한국의 독립과 임시정부를 승인할 실력이 있었지만 얄타회의에서 한반도의 세력범위를 분할하는 소련과의 협의를 준수해야 했기에 임시정부의 요구를 매몰차게 거절하였다. 중국은 한국독립을 열정적으로 도와주었고 다른 나라보다 먼저 임시정부를 승인하려 했지만 워낙 힘이 없어 자신마저도 동맹국들의 분할대상이었기에 한국문제에서 자신들의 주장을 일관되게 관철할 수 없었다.

푸양훈련소와 시안훈련소의 졸업생들이 막 떠날 준비를 하고 있을 때 일본이 투항하였다는 소식이 전해졌다. 김구는 이렇게 회고하였다. "8월 10일 저녁, 산시성 주석 주사오저우祝紹周와 함께 저녁식사를 마치고 객실에서 수박을 먹으면서 이야기를 나누고 있는데 전화벨이 울렸다. 충칭에서 무슨 소식이 왔는지 모르겠다며 전화실로 들어갔다가 깜짝 놀라 나오면서 소리를 쳤다. '왜놈들이 투항하였다!' 그것은 분명 사람을 흥분시키는 소식이었다. 그러나 나는 하늘이 무너지는 것만 같았다. 몇 년간이나 온갖 어려움을 이겨내며 준비해왔던 것이 헛수고가 되었고, 미국 육군부와 협상하여 시안, 푸양에서 훈련한 우리의 청년들이 비밀무기를 소지하고 산둥에서 미군잠수함을 타고 귀국하여 전국의 요새를 파괴하거나 점령한 뒤 미국 비행기로 무기를 운송하려던 계획은 실행조차 해보지 못했는데 왜놈들이 투항하였으니 공든 탑이 무너진 듯이 너무나 아쉬웠다. 그보다 더 난감했던 것은 우리가 이번 전쟁에서 아무런 일도 해내지 못했기에 국제적으로 충분한 발언권도 얻을 수 없게 되었다는 점이다. 나는 더 앉아 있을 심정이 아니어서 인사를 하고 나왔다. 내 차가 거리로 나설 때 거리는 이미 인산인해를 이루었고 만세소리는 하늘을 찌르는 듯하였다. 나는 시안 각계에서 나를 위해 준비한 환영회를 사절하고 즉시 두취로 돌아갔다. 우리 광복군은 자기의 임무를 이행하지도 못하고 전쟁이 끝나게 되어 몹시 실망하였다. 모두 우울한 기분이었지만 미군 교관과 병사들은 기뻐서 펄쩍펄쩍 뛰었다."[82]

일본에 대한 전쟁이 끝난 뒤 미국과 소련에 거주하던 한국의 지도자들은 조국으로 돌아갔다. 그러나 임시정부요원들이 귀국하는 문제는 여전히 결론이 나지 않았다. 교통편이 부족했던 것도 하나의 원인이었지만 더 중요한 것은 미국인들의 정치적 타산 때문이었다.

김구는 임시정부를 해산하거나 총사퇴하는 것을 반대하면서 현상을 유지한 채 서울로 돌아갈 것을 주장하였다. 8월 22일, 그는 우톄청에게 두 가지 사항을 제안하였다. "첫째, 중국국민당과 한국독립당의 관계는 줄곧 우호적이었고 금후에도 진일보하기를 희망하며, 적극적으로 원조하여 공산당세력의 확장을 방지해야 한다. 둘째, 중국정부에서 즉시 한국 임시정부를 승인하기 바란다. 지금 즉시 승인하기 어렵다면 한국 임시정부가 귀국하여 각 계층의 지도자들을 소집하여 새로운 임시정부를 조직하기를 기다렸다가 그때 먼저 승인해주기를 바란다."[83] 9월 26일, 김구는 장제스에게 편지를 보내 일곱 가지 의견을 진술하였다. 첫 두 가지는 이렇다. "첫째, 국내 민중들은 갑작스레 해방을 맞았기에 각종 정당과 단체가 난립할 것이고 그렇게 되면 무리에 우두머리가 없어 질서가 혼란할 수밖에 없다. 그런데 소련은 이미 북한에서 인민위원회를 조직하고 있다. 따라서 국내외 다수 민중들은 우리 임시정부가 신속히 귀국하여 각종 세력을 통일할 것을 바라고 있다. 미국의 동의를 구하여 '형식과 명분에 구애받지 않고' 충칭에서 우리들이 비행기로 입국할 수 있게 해주기를 간절히 바란다. 이것이 어렵다면 먼저 비행기로 상하이까지 가서 다시 배로 입국할 수 있다(독립당원은 최우선 입국한다). 둘째, 우리 임시정부가 비록 국제의 승인을 얻지는 못하였지만 수년 동안 귀국이 사실상

정부로서 대우를 해준 데 대해 아주 고맙게 생각한다. 국내 정세가 몹시 급박한 시기이므로 미국정부와 협상하여 최소한 비공식혁명의 과도기정권으로 묵인해 주었으면 한다. 나는 입국하면 동맹국의 협조로 각계 대표들을 소집하고 과도정부를 확대 조직할 것이다. 이로써 민주선거를 통한 정식적 민주정부를 세우려 한다."[84]

한창 점령군이 지배하는 군정부를 준비 중이던 미국은 김구 등이 임시정부의 명의로 귀국하는 것에 반대하고 그들에게 개인 명의로 귀국할 것을 요구하였다. 10월 24일, 중국국민당 중앙당부는 임시정부 요원들을 환송하는 송별회를 열었다. 11월 4일, 장제스 부부는 다과회를 열고 난징에 있던 한국 각계 혁명지도자들의 귀국을 환송하였다. 김구 등 30명도 초청받고 연회에 참석하였다. 중국 측에서는 100여 명의 고관들이 배석하였다. 장제스는 즉석에서 환송사를 발표하고 양국의 역사가 유구하여 상호간 우의가 두터웠고 관계도 밀접했던 만큼 향후에도 우호관계를 더욱 증진해야 한다고 강조하였다. 그는 또한 중·한 양국의 공동의 적이 타도되었으니 충칭에 있던 한국의 혁명지도자들은 귀국한 뒤 역량을 집중하고 일치단결하여 자유롭고 독립적인 한국의 건국사업을 위해 노력하기를 바란다고 하였다. 아울러 동아시아 각국과 미·소·영 등 동맹국은 종족과 피부색을 가리지 말고 연합하여 함께 협력하여 인류평화와 행복한 새 세계를 건설하기에 힘쓸 것을 바랐다. 김구가 이에 답사를 하였고 중·한 양국의 지도자들은 서로 잔을 들고 건강을 축원하며 양국이 영원히 친선을 누리기를 기원하였다. 장제스 부부는 연회에 참석한 한국의 각계 지도자들과 일일이 악수하고 나서 귀국 후의 활동비 명목으로 김구에게 20만 달러를 주었다.

충칭 주재 중국공산당 대표 저우언라이, 둥비우董必武도 연회를 마련하고 김구 등 임시정부요원들을 환송하였다.

11월 5일, 김구 일행 29명은 장제스가 보낸 전용기 두 대에 나눠 타고 상하이로 향하였다. 11월 6일, 충칭 『다궁바오』는 한국 임시정부 주석 김구의

「중화민국 여야 인사들에게 보내는 고별서〔致中華民國朝野人士告別書〕」를 발표하였다. 그 내용은 다음과 같다.

“아시아 동쪽에서 우리 한국과 귀 중화민국은 수천 년 동안 형제처럼 사이좋은 이웃이었습니다. 입술과 이처럼 서로 의지하고 친밀하기 그지없었음이 역사에 남아 있습니다. 그런데 50년 전 흉포한 왜놈들은 우리가 실패한 기회를 이용하여 함부로 침략함으로써 우리는 나라까지 잃게 되었습니다. 우리 혁명지사들은 비통에 잠겨 나라의 원수를 갚기로 맹세하였습니다. 우리는 뜨거운 피와 목숨을 바쳐가며 앞사람이 쓰러지면 뒷사람이 이어가면서 시종 분투하여 수십 년을 하루같이 노력해왔습니다. 그 사이 귀국의 전임 대통령 쑨공孫公(쑨원), 오늘의 주석 장공蔣公(장제스)께서 오랜 우정을 잊지 않고 많이 보살펴주었고 여야 인사들도 여러모로 도움을 주었습니다. 더욱이 최근의 8년 항일전쟁 기간에 귀국 정부를 따라 임시정부도 충칭으로 옮겼는데 자금과 군비를 공급받으면서 교민생활까지 유지할 수 있었습니다. 경제가 극도로 어려운 상황에서도 의롭게 은혜를 베풀어주었습니다. 그리고 지난해 카이로회담에서 장공께서는 정의를 지켜 우선 한국의 독립을 보장해야 한다고 제기하여 동맹국의 찬성을 얻어냈습니다. 이처럼 하늘을 찌르는 의거를 나와 한국 3천만 민중들은 영원히 고맙게 생각하고 잊지 못할 것입니다. 오늘 동맹군은 승리하였고 왜놈은 투항하였습니다. 정의가 빛을 보았고 공리가 전승한 것입니다. 우리 한민족은 대동맹大同盟의 도움으로 해방을 맞이할 수 있었습니다. 이제 국내 사정이 시급하여 먼저 돌아가게 되었는데 이번에도 장공께서 부르시어 고맙게 자금까지 지원해주었고 또 전용기까지 내주셨습니다. 그리고 당·정·군·학계와 문화단체, 인민단체들의 열렬한 환송도 받았습니다. 그 두터운 우정에 매우 감사합니다. 시간이 급박하여 일일이 감사드리지 못해 미안합니다. 그러나 작별의 마음을 어찌 글로 다 할 수 있겠습니까? 저는 귀국 후 연합국 헌장에 따라 독립적이고 민주적인 국가를 건설하고 귀국과 영원히 밀접한 협력정신으로 동아평화를 수호하기 위해 노력할 것입니다. 우리 두 민족이 정성으로 친목을 다져 억만 년을 이어가기를 바랍니다. 이상으로 끝마치겠습니다. 위대한 중화민국 당·정·군·학계 및 문화인민 각 단체 여러 선생들의 건강을 기원합니다."

11월 23일, 김구와 한국 임시정부의 지도자를 태운 미군비행기는 창공을 가르면서 날아올라 고별한 지 오랜 조국을 향해 날아갔다. 충칭의 임시정부 요원 및 가족 수백 명은 국민정부에서 내준 배를 타고 동쪽으로 내려가 상하이를 거쳐 귀국하였다.

김구는 귀국 이전에 중국 주재 대표단을 조직하고 박찬익을 단장으로 임명하고 지청천, 민석린을 대표로 교민들의 뒤처리 및 국민정부와의 기타 사후처리 등을 책임지게 하였다. 항일전쟁 기간 한인 교포 가운데 일부는 일본인의 앞잡이가 되어 저들의 세력을 믿고 날뛰어 중국 각지 민중들의 강한 불만을 자아냈다. 국민정부와 중국 주재 대표단은 중·한우호를 수호하는 대세로부터 출발하여 지속적인 협상 끝에 한국 교포와 한국 포로문제를 적절하게 처리하였다. 이로써 64,118명의 한국 국민을 가장 짧은 시일 내에 조국으로 돌아가게 하였다.

공동 항일을 주요내용으로 한 근대 중한관계는 승리를 함께 경축하는 분위기 속에서 막을 내렸다. 그러나 내막을 잘 알고 있는 사람들은 중한관계의 미래에 우려를 나타냈다. 당시 미국과 소련은 이해타산을 앞세우고 한반도에서 서둘러 각자의 세력범위를 경영하면서 곳곳에서 중국을 배척하였다. 한반도의 남·북 두 진영 내에도 중·한 전통우호를 수호하자는 사람이 많았지만, 일부 지도자들은 한편으로는 중·한우호와 역사상의 사대주의를 같은 것으로 보면서도 다른 한편으로는 미·소 양대 강국에 대한 사대주의를 취하였다. 중국은 한국의 독립과 남북통일을 진정으로 지지하였지만 8년의 항전과정에서 백성이 가난해지고 재정이 바닥난 데다가 국공 양당의 내전이 그칠 새가 없었기에 한국문제에서 뜻대로 일처리를 할 수 없었다. 한마디로 중한관계의 전망은 그다지 낙관적이지 못하였다.

미주

제1부 일제의 조선 침략과 전통적인 중조관계의 변화

1 『清史稿』(48), 中華書局, 1977, 14594쪽.
2 위의 책, 14591~14592쪽.
3 위의 책, 14593쪽.
4 위의 책.
5 『籌辦夷務始末(咸豊朝)』(2), 中華書局, 1979, 446쪽.
6 『籌辦夷務始末(同治朝)』(42).
7 『清史稿』(16), 4583쪽.
8 (美) 馬士, 『中華帝國對外關係史』 第3卷, 商務印書館, 1960, 3~4쪽.
9 『清史稿』(16), 4584쪽.
10 朝鮮民主主義人民共和國科學院歷史研究所, 『朝鮮通史』(下卷), 吉林人民出版社, 1975, 27쪽.
11 『清史稿』(48), 14585쪽.
12 위의 책, 14595~14596쪽.
13 위의 책, 14596쪽.
14 王芸生, 『六十年來中國與日本』 第1卷, 三聯書店, 1979, 4쪽.
15 吉田常吉, 藤田省三 等 校注, 『日本思想大系』 第54卷, 岩波書店, 1978, 1193쪽.
16 日本外務省 編, 『大日本外交文書』 第3卷, 1938, 149쪽.
17 王芸生, 『六十年來中國與日本』 第1卷, 117쪽.
18 위의 책, 31쪽.
19 위의 책, 35쪽.
20 王鐵崖, 『中外舊約章匯編』(1), 三聯書店, 1957, 317쪽.
21 『李文忠公全集 · 譯署函稿』 卷1, 45쪽.
22 (朝) 『高宗實錄』 卷11, 高宗十一年甲戌元月二十九日.
23 『清光緒朝中日交涉史料』 卷1, 3쪽.
24 위의 책, 1쪽.
25 위의 책, 4쪽.
26 위의 책, 5쪽.
27 위의 책.
28 『李文忠公全集 · 譯署函稿』 卷4, 30~31쪽.
29 위의 책, 34~38쪽.
30 『清光緒朝中日交涉史料』 卷1, 4쪽.
31 中國近代史資料叢刊, 『中日戰爭』(1), 上海人民出版社, 1956, 305쪽.

32 王芸生,『六十年來中國與日本』第5卷, 137쪽.
33 위의 책, 135쪽.
34 『中日戰爭』(1), 311쪽.
35 위의 책, 312쪽.
36 『清季外交史料』卷16, 14～17쪽.
37 『韓國史料叢書』(9),「修信使記錄」, 160～171쪽.
38 曹中屛,『朝鮮近代史』, 東方出版社, 1993, 65～66쪽, 재인용.
39 『中日戰爭』(1), 313쪽.
40 『李文忠公全集 · 譯署函稿』卷13, 8～10쪽.
41 위의 책.
42 위의 책.
43 위의 책, 32쪽.
44 위의 책.
45 위의 책, 33쪽.
46 『清光緒朝中日交涉史料』卷3, 13쪽.
47 (朝) 金允植,『雲養集天津談草』卷15, 17쪽.
48 『李文忠公全集 · 譯署函稿』卷13, 33쪽.
49 『清光緒朝中日交涉史料』卷3, 10쪽.
50 위의 책, 11쪽.
51 馬建忠,『適可齋記言記行』, 卷4～5.
52 曹中屛,『朝鮮近代史』, 76쪽.
53 日本外務省,『日本外交文書』第15卷, 日本國際聯合協會, 1963, 161쪽.
54 위의 책, 226～229쪽.
55 曹中屛,『朝鮮近代史』, 85쪽.
56 위의 책, 86쪽.
57 『清季外交史料』卷28, 13쪽.
58 馬建忠,『適可齋記言記行』卷6, 2쪽.
59 『清季外交史料』卷28, 17쪽.
60 『清季外交史料』卷29, 7쪽.
61 위의 책, 10쪽.
62 『張季子九錄政聞錄』卷3.
63 張佩綸,『澗于集奏議』卷2, 63～65쪽.
64 『清季外交史料』卷29, 23쪽.
65 王鐵崖,『中外舊約章匯編』第1册, 404～405쪽.
66 위의 책, 418쪽.
67 위의 책, 444쪽.
68 『清季外交史料』卷30, 7쪽.
69 위의 책, 11쪽.
70 (韓) 姜萬吉,『韓國近代史』, 東方出版社, 1993, 35쪽.
71 曹中屛,『朝鮮近代史』, 95쪽.
72 『李文忠公全集 · 譯署函稿』卷16, 10～11쪽.
73 (朝) 金玉均,「甲申日記」· 王芸生,『六十年來中國與日本』第1卷, 223쪽에서 재인용.

74 (日) 市川正明, 『日韓外交史料』 第3卷, 原書房昭和 1954, 5쪽.(曹中屛, 『朝鮮近代史』, 113쪽에서 재인용.)
75 『淸光緖朝中日交涉史料』 卷6, 22쪽.
76 『淸季外交史料』 卷49, 26쪽.
77 『淸光緖朝中日交涉史料』 卷6, 17쪽.
78 (朝) 金玉均, 「甲申日記」, 王蕓生, 『六十年來中國與日本』 第1卷, 241쪽에서 재인용.
79 王蕓生, 『六十年來中國與日本』 第1卷, 226쪽.
80 『淸光緖朝中日交涉史料』 卷6, 22쪽.
81 王蕓生, 『六十年來中國與日本』 第1卷, 268~270쪽.
82 王鐵崖, 『中外舊約章匯編』 第1冊, 465쪽.
83 『李文忠公全集 · 譯署函稿』 卷17, 11쪽.
84 「朝鮮國王答書」, 『李文忠公全集 · 譯署函稿』 卷17, 15쪽.
85 王蕓生, 『六十年來中國與日本』 第1卷, 264쪽.
86 『李文忠公全集 · 奏稿』 卷53, 54쪽.
87 王蕓生, 『六十年來中國與日本』 第1卷, 286쪽.

제2부 갑오전쟁 전 십 년간의 중조 종번관계 강화

1 『淸光緖朝中日交涉史料』 卷6, 19쪽.
2 『淸季外交史料』 卷59, 25쪽.
3 『李文忠公全集 · 譯署函稿』 卷17, 42쪽.
4 『李文忠公全集 · 海軍函稿』 卷2, 6쪽.
5 위의 책, 3쪽.
6 위의 책, 14~15쪽.
7 (美) 馬士, 『中華帝國對外關係史』 第3卷, 18쪽.
8 蕭一山, 『淸代通史』 (3), 1144쪽.
9 위의 책.
10 姚錫光, 「東方兵事記略」, 『中日戰爭』 (1), 11쪽.
11 康有爲, 「保朝鮮策」, 『康有爲遺稿』, 上海人民出版社, 1986, 34쪽.
12 『淸光緖朝中日交涉史料』 卷8, 21~22쪽.
13 『李文忠公全集 · 譯署函稿』 卷17, 29~30쪽.
14 위의 책, 27~29쪽.
15 위의 책.
16 위의 책, 卷16, 13쪽.
17 『淸季外交史料』 卷59, 5쪽.
18 위의 책, 25쪽.
19 『李文忠公全集 · 譯署函稿』 卷17, 43쪽.
20 위의 책, 58~59쪽.
21 위의 책, 60쪽.
22 『李文忠公全集 · 奏稿』 卷55, 7쪽.
23 『李文忠公全集 · 譯署函稿』 卷18, 5쪽.

24 『李文忠公全集 · 海軍函稿』 卷2, 13～14쪽.
25 天津歷史博物館保管部, 『本館所藏袁世凱部分家信摘錄』, 27쪽.
26 『李文忠公全集 · 奏稿』 卷74, 46쪽.
27 『清季外交史料』 卷56, 4쪽.
28 위의 책, 10쪽.
29 王芸生, 『六十年來中國與日本』 第1卷, 294쪽.
30 『李鴻章全集 · 電稿』 (1), 491쪽.
31 위의 책, 492쪽.
32 위의 책, 493쪽.
33 王芸生, 『六十年來中國與日本』 第1卷, 294쪽.
34 위의 책, 295쪽.
35 『李文忠公全集 · 譯署函稿』 卷17, 12쪽.
36 위의 책.
37 위의 책, 20쪽.
38 위의 책, 23쪽.
39 위의 책, 22～23쪽.
40 王芸生, 『六十年來中國與日本』 第1卷, 297쪽.
41 『李文忠公全集 · 譯署函稿』 卷18, 40쪽.
42 위의 책, 42～44쪽.
43 위의 책, 45쪽.
44 위의 책.
45 『清季外交史料』 卷69, 14～15쪽.
46 위의 책, 27쪽.
47 위의 책, 34쪽.
48 王芸生, 『六十年來中國與日本』 第1卷, 304쪽.
49 曹中屛, 『朝鮮近代史』, 126쪽.
50 『清光緒朝中日交涉史料』 卷8, 31～34쪽.
51 『李文忠公全集 · 譯署函稿』 卷17, 27～29쪽.
52 王芸生, 『六十年來中國與日本』 第1卷, 315쪽.
53 위의 책, 315～316쪽.
54 위의 책, 317쪽.
55 『李文忠公全集 · 海軍函稿』 卷2, 7쪽.
56 위의 책, 3쪽.
57 위의 책, 9쪽.
58 위의 책, 13쪽.
59 『李鴻章全集 · 電稿』 (1), 855쪽.
60 위의 책, 859쪽.
61 위의 책, 861쪽.
62 위의 책.
63 위의 책, 833쪽.
64 위의 책, 912쪽.
65 위의 책, 917쪽.

66 『淸史稿』(48), 14599~14600쪽.
67 『淸季外交史料』卷27, 6쪽.
68 위의 책.
69 위의 책.
70 『淸季外交史料』卷30, 32쪽.
71 『淸史稿』(48), 14609쪽.
72 위의 책.
73 王鐵崖, 『中外舊約章匯編』第1冊, 406쪽.
74 위의 책, 469~470쪽.
75 『淸季外交史料』卷58, 17~18쪽.
76 『淸季外交史料』卷60, 15쪽.
77 王鐵崖, 『中外舊約章匯編』第1冊, 504~505쪽.
78 위의 책, 558~559쪽.
79 『李文忠公全集 · 電稿』卷12, 19쪽.
80 『李鴻章全集 · 電稿』卷2, 232쪽.
81 『李文忠公全集 · 電稿』卷75, 24쪽.
82 위의 책.
83 中央硏究院近代史硏究所, 『淸季中日韓關系史料』(3), 臺北, 1972, 1057~1058쪽 참고.
84 王鐵崖, 『中外舊約章匯編』第1冊, 419쪽.
85 張存武, 「淸韓宗藩貿易(1637~1894)」, 『中央硏究院近代史硏究所專刊』(39), 1978, 130~137쪽.
86 金允植, 『陰晴史』上冊, 112쪽.
87 張存武, 『淸韓宗藩貿易(1637~1894)』, 136~137쪽.
88 위의 책, 141~142쪽.
89 (韓) 姜萬吉, 『韓國近代史』, 254쪽.
90 위의 책, 253쪽.

제3부 갑오전쟁과 종번관계의 종결

1 梁啓超, 『朝鮮對于我國關係之變遷』, 『飮氷室專集之二十一』, 24쪽.
2 『淸光緖朝中日交涉史料』卷9, 25쪽.
3 「朝鮮檔選錄(1894年 5月)」, 中國近代史資料叢刊續 編, 『中日戰爭』(5), 中華書局, 1993, 6쪽.
4 위의 책.
5 王蕓生, 『六十年來中國與日本』第2卷, 14쪽.
6 『李文忠公全集 · 電稿』卷15, 30쪽.
7 王蕓生, 『六十年來中國與日本』第2卷, 14쪽.
8 『李文忠公全集 · 電稿』卷14, 28~29쪽.
9 王蕓生, 『六十年來中國與日本』第2卷, 19쪽.
10 『李文忠公全集 · 電稿』卷15, 32~33쪽.
11 위의 책, 33~34쪽.
12 『中日戰爭』(2), 548~549쪽.

13 『日本外交文書』 卷27 册2, 169쪽.

14 위의 책, 181쪽.

15 위의 책, 194쪽.

16 『中日戰爭』 (2), 556쪽.

17 『李文忠公全集 · 電稿』 卷15, 40쪽.

18 (日) 陸奥宗光, 『蹇蹇錄』, 商務印書館, 1963, 21쪽.

19 위의 책, 23쪽.

20 『日本外交文書』 卷27 册2, 215쪽.

21 위의 책, 234쪽.

22 『中日戰爭』 (2), 565쪽.

23 (日) 陸奥宗光, 『蹇蹇錄』, 26쪽.

24 위의 책, 29쪽.

25 『李文忠公全集 · 電稿』 卷16, 1~2쪽.

26 위의 책, 11쪽.

27 위의 책, 13쪽.

28 (日) 陸奥宗光, 『蹇蹇錄』, 34쪽.

29 『中日戰爭』 (2), 618쪽.

30 (日) 陸奥宗光, 『蹇蹇錄』, 35쪽.

31 王芸生, 『六十年來中國與日本』 第2卷, 68~69쪽.

32 위의 책, 69~70쪽.

33 위의 책, 70쪽.

34 (日) 陸奥宗光, 『蹇蹇錄』, 48쪽.

35 위의 책, 40쪽.

36 위의 책, 45쪽.

37 (朝) 『高宗實錄』 卷31, 333쪽.

38 『清光緒朝中日交涉史料』 卷6, 2~3쪽.

39 『日本外交文書』 卷27 册2, 264~265쪽.

40 『清光緒朝中日交涉史料』 卷13, 25쪽.

41 聶士成, 「東征日記」, 『中日戰爭』 (6), 2쪽.

42 『中日戰爭』 (6), 2~3쪽.

43 위의 책, 3쪽.

44 『李鴻章全集 · 電稿』 (2), 1702쪽.

45 『中日戰爭』 (6), 4쪽.

46 위의 책, 6쪽.

47 위의 책.

48 위의 책, 8쪽.

49 聶士成, 「東征日記」, 『中日戰爭』 (6), 11~12쪽.

50 陸奥宗光, 『蹇蹇錄』, 84~86쪽.

51 (朝) 『高宗實錄』 卷32, 24쪽.

52 (日) 陸奥宗光, 『蹇蹇錄』, 77쪽.

53 朝鮮民主主義人民共和國科學院歷史硏究所, 『朝鮮通史』 (下卷), 142쪽.

54 中國近代史資料叢刊續 編, 『中日戰爭』 (4), 99~100쪽.

55 中國近代史資料叢刊續 編,『中日戰爭』(6), 414~415쪽.
56 盛宣懷檔案資料選輯之三,『甲午中日戰爭』(下), 486쪽.
57 위의 책, 490쪽.
58 『李文忠公全集 · 電稿』卷16, 40~41쪽.
59 『中日戰爭』(3), 47쪽.
60 『中日戰爭』(4), 271쪽.
61 『中日戰爭』(3), 99쪽.
62 위의 책.
63 『中日戰爭』(4), 270쪽.
64 欒述善,『楚囚逸史』, 中國近代史資料叢刊續 編,『中日戰爭』(6), 179쪽.
65 王芸生,『六十年來中國與日本』第2卷, 97쪽 · 102쪽.
66 『中日戰爭』(4), 268쪽.
67 『中日戰爭』(3), 20쪽.
68 中國近代史資料叢刊續 編,『中日戰爭』(5), 61쪽.
69 위의 책, 64쪽.
70 朝鮮民主主義人民共和國科學院歷史硏究所,『朝鮮通史』(下卷), 134쪽.
71 『中日戰爭』(3), 86쪽.
72 中國近代史資料叢刊續 編,『中日戰爭』(5), 69쪽.
73 『中日戰爭』(3), 93쪽.
74 위의 책, 94쪽.
75 위의 책, 96쪽.
76 위의 책, 68쪽.
77 『中日戰爭』(4), 270쪽.
78 위의 책, 272쪽.
79 위의 책, 274쪽.
80 中國近代史資料叢刊續 編,『中日戰爭』(1), 315쪽.
81 위의 책, 315~316쪽.
82 中國近代史資料叢刊續 編,『中日戰爭』(2), 168쪽.
83 中國近代史資料叢刊續 編,『中日戰爭』(1), 130쪽.
84 위의 책, 132쪽.
85 中國近代史資料叢刊續 編,『中日戰爭』(4), 319~320쪽.
86 위의 책, 53쪽.
87 中國近代史資料叢刊續 編,『中日戰爭』(1), 605쪽.
88 中國近代史資料叢刊續 編,『中日戰爭』(5), 270~271쪽.
89 徐寅輝,「客韓筆記」, 中國近代史資料叢刊續 編,『中日戰爭』(6), 413쪽.
90 위의 책, 422쪽.
91 中國近代史資料叢刊續 編,『中日戰爭』(5), 270쪽.
92 위의 책, 271쪽.
93 張蓉初,『紅檔雜誌有關中國交涉史料選譯』, 三聯書店, 1957, 140쪽.
94 (日) 陸奧宗光,『蹇蹇錄』, 112쪽.
95 王芸生,『六十年來中國與日本』第3卷, 129쪽.
96 (日) 陸奧宗光,『蹇蹇錄』, 18쪽.

97 王芸生,『六十年來中國與日本』 第2卷, 251쪽.
98 위의 책, 257쪽.
99 위의 책, 268쪽.
100 위의 책. 274쪽.
101 위의 책, 283쪽.
102 王鐵崖,『中外舊約章匯編』 (1), 614쪽.

제4부 대청제국과 대한제국

1 中國近代史資料叢刊續 編,『中日戰爭』 (5), 67쪽.
2 王鐵崖,『中外舊約章匯編』 (1), 650쪽.
3 『中日戰爭』 (4), 238쪽.
4 위의 책, 239쪽.
5 위의 책, 236쪽.
6 中國近代史資料叢刊續 編,『中日戰爭』 (5), 539쪽.
7 위의 책, 546쪽.
8 위의 책, 559쪽.
9 위의 책.
10 『清光緒朝中日交涉史料』 卷52, 12쪽.
11 王鐵崖,『中外舊約章匯編』 (1), 909~913쪽.
12 王芸生,『六十年來中國與日本』 (5), 140쪽.
13 王鐵崖,『中外舊約章匯編』 (2), 281~282쪽.
14 王芸生,『六十年來中國與日本』 (4), 187쪽.
15 위의 책, 210쪽.
16 위의 책, 201쪽.
17 (韓) 愼鏞廈,「關于 1905年韓日締結乙巳條約之不成立與無效問題」, 北京大學韓國學研究所 編,『韓國學論文集』 第2輯, 1쪽.
18 (韓) 姜萬吉,『韓國近代史』, 209쪽.
19 王芸生,『六十年來中國與日本』 (4), 198쪽.
20 王鐵崖,『中外舊約章匯編』 (2), 339쪽.
21 위의 책, 340~341쪽.
22 王芸生,『六十年來中國與日本』 (5), 170쪽.
23 『日本外交文書』 第42卷, 375~376쪽.
24 『清宣統朝外交史料』 卷6, 28~29쪽.
25 위의 책.
26 『日本外交文書』 第42卷 第1册, 651쪽.
27 위의 책.
28 위의 책, 657쪽.
29 『清宣統朝外交史料』 卷13, 43쪽.
30 吉林省社會科學院,『滿洲鐵道史資料』 第2卷 2分册, 中華書局, 1979, 515쪽.
31 위의 책.

32 滿鐵調査部,『滿洲交通史稿』 第10章 第5節 第1項, 13쪽.

33 『淸宣統朝外交史料』(1), 17쪽.

34 王蕓生,『六十年來中國與日本』(5), 182쪽.

35 王鐵崖,『中外舊約章匯編』(2), 602쪽.

36 『淸宣統朝外交史料』 卷8, 42쪽.

37 위의 책, 47쪽.

38 王鐵崖,『中外舊約章匯編』(2), 648~650쪽.

39 『淸宣統朝外交史料』 卷3, 27쪽.

40 王蕓生,『六十年來中國與日本』(5), 106쪽.

41 『光緖朝中日交涉史料』 卷71, 10쪽.

42 위의 책, 18쪽.

43 王蕓生,『六十年來中國與日本』(5), 108쪽.

44 『光緖朝中日交涉史』 卷71, 10쪽.

45 王蕓生,『六十年來中國與日本』(5), 111쪽.

46 『淸宣統朝外交史料』 卷1, 17쪽.

47 위의 책, 22쪽.

48 위의 책, 29쪽.

49 위의 책, 53쪽.

50 『淸宣統朝外交史料』 卷2, 37쪽.

51 王鐵崖,『中外舊約章匯編』(2), 600~602쪽.

52 『淸宣統朝外交史料』 卷9, 8~9쪽.

53 『淸宣統朝外交史料』 卷12, 26쪽.

54 『淸宣統朝外交史料』 卷2, 32쪽.

55 『淸宣統朝外交史料』 卷3, 14쪽.

56 『淸宣統朝外交史料』 卷11, 19~20쪽.

57 『淸宣統朝外交史料』 卷1, 21쪽.

58 『淸宣統朝外交史料』 卷16, 23~24쪽.

59 위의 책, 25쪽.

60 (韓) 愼鏞廈,「關于 1905年韓日締結乙巳條約之不成立與無效問題」, 北京大學韓國學硏究所 編, 『韓國學論文集』 第2輯, 3쪽.

61 曹中屛,『朝鮮近代史』 275쪽.

62 (韓) 姜萬吉,『韓國近代史』, 212쪽.

63 위의 책.

64 위의 책.

65 『淸宣統朝外交史料』 卷15, 19~20쪽.

66 『淸宣統朝外交史料』 卷16, 18쪽.

67 위의 책, 23쪽.

68 위의 책, 23쪽.

69 위의 책, 26쪽.

70 王鐵崖,『中外舊約章匯編』(2), 958쪽.

71 丁文江 · 趙豊田 編,『梁啓超年譜長編』, 上海人民出版社, 1983, 535쪽.

72 梁啓超,『朝鮮滅亡之原因』,『飮氷室全集之二十』, 1~6쪽.

73 앞의 책, 1쪽.
74 위의 책, 1쪽.
75 梁啓超, 「日本併呑朝鮮記」, 『飮氷室全集之二十』 21쪽.

제5부 일한합병 초기의 중한관계

1 (朝) 崔昌益, 『朝鮮民族解放鬪爭史』, 東方書社, 1951, 21~22쪽.
2 朝鮮民主主義人民共和國科學院歷史硏究所, 『朝鮮通史』, 209쪽.
3 陣經, 『日本勢力下二十年來之滿蒙』, 8쪽.
4 孔經緯, 『東北經濟史』, 四川人民出版社, 1986, 437쪽.
5 위의 책, 532쪽.
6 滿洲鐵道經濟調査會, 『滿洲農業資源調査報告』, 154~155쪽.
7 『淸宣統朝外交史料』 卷17, 16쪽.
8 위의 책, 16~17쪽.
9 위의 책, 18쪽.
10 위의 책, 51쪽.
11 金正明, 『日韓外交資料集成』 第8卷, 367쪽.
12 『淸宣統朝外交史料』 卷1, 10~11쪽.
13 『日本外交文書』 第42卷, 第1冊, 180쪽.
14 王藝生, 『六十年來中國與日本』 (6), 74쪽.
15 위의 책, 165쪽.
16 위의 책, 168쪽.
17 王鐵崖, 『中外舊約章匯編』 (2), 1102쪽.
18 滿洲鐵道調査部, 『滿洲交通史稿』 第10章 第3節 第1項.
19 王藝生, 『六十年來中國與日本』 (6), 75쪽.
20 王鐵崖, 『中外舊約章匯編』 (2), 1101쪽.
21 위의 책, 1493쪽.
22 위의 책, 893~894쪽
23 위의 책, 1493쪽.
24 (韓) 金九, 『白凡逸志』, 民主與建設出版社, 1994, 34쪽.
25 위의 책, 39쪽.
26 위의 책, 45쪽.
27 위의 책, 108쪽.
28 『東方雜誌』 第6卷 第11期, 391쪽.
29 『淸宣統朝外交史料』 卷10, 90쪽.
30 范廷杰, 「伊藤亡韓及安重根行剌」, 『傳記文學』, 第25卷 5期, 27쪽.
31 (韓) 金俊燁, 『我的長征』, 東方出版社, 1995, 18쪽.
32 (韓) 金九, 『白凡逸志』, 133~134쪽.
33 (朝) 金日成, 『金日成回顧錄 : 與世紀同行』 (1-2), 中國社會科學出版社, 1994, 8쪽.
34 위의 책, 21쪽.
35 (韓) 朴殷植, 『韓國獨立運動血史』 (下), 1920, 52쪽.

36 「金澤榮」, 楊昭全 等編, 『關內地區朝鮮人反日獨立運動資料叢書』(下), 遼寧人民出版社, 1987, 1421～1424쪽.

第6部 중화민국과 대한민국임시정부

1 3·1절 27주년 기념일에 충칭에 거주하는 한국교포들이 발표한 『韓國 '三一' 獨立運動小史』, 1946.
2 위의 책.
3 (韓) 朴殷植, 『韓國獨立運動之血史』(下), 17쪽.
4 위의 책, 52쪽.
5 常城 外, 『現代東北史』, 黑龍江教育出版社, 1986, 39～40쪽.
6 (韓) 朴殷植, 『韓國獨立運動之血史』(下), 42쪽.
7 위의 책, 8쪽.
8 陳獨秀, 「人種差別待遇問題」, 『每週評論』 第12號, 1919.
9 陳獨秀, 「朝鮮獨立運動之感想」, 『每週評論』 第14號, 1919.
10 朴殷植, 『韓國獨立運動之血史』(下), 102쪽.
11 孫中山, 「與王正廷等的談話(1919年 1月 上旬)」, 『孫中山集外集補編』, 上海人民出版社, 1994, 229쪽.
12 孫中山, 「與日本記者大江的談話(1919年 4月)」, 『孫中山集外集補編』, 上海人民出版社, 1990, 237～238쪽.
13 陳獨秀, 「朝鮮獨立運動之感想」.
14 楊昭全 等編, 『關內地區朝鮮人反日運動資料彙編』(上), 123쪽.
15 위의 책, 123～124쪽.
16 (韓) 金俊燁, 『我的長征』, 293～294쪽.
17 위의 책, 293쪽.
18 (韓) 朴殷植, 『韓國獨立運動之血史』(下), 56쪽.
19 (韓) 趙琬九, 「韓國臨時政府奮鬪史略」, 『韓民』 第1卷 第5期, 1941.
20 (韓) 國史編纂委員會, 『韓國獨立運動史』(3), 361～367쪽.
21 (韓) 趙琬九, 「韓國臨時政府奮鬪史略」.
22 范廷杰, 「韓國臨時政府初期的政治與外交」, 『傳記文學』 第27卷 第4期, 87쪽.
23 『孫中山全集』 第5卷, 中華書局, 1985, 298쪽.
24 (韓) 金俊燁, 『我的長征』, 300쪽.
25 한국의 閔石麟은 쑨중산이 신규식을 회견한 날짜를 11월 3일이라고 하였다. 『孫中山年譜』(中華書局, 1980)에 따르면 1921년 10월 29일부터 1월 15일까지 쑨중산은 梧州에 있었다.
26 (韓) 閔石麟, 『中韓外交史話』, 重慶東方出版公司, 1942.
27 王子毅, 『韓國』, 商務印書館, 1945, 239～242쪽.
28 閔石麟, 「申圭植先生傳」, 『關內地區朝鮮人的反日獨立運動資料彙編』(下), 1406쪽.
29 위의 책.
30 『光明』 1卷 1號, 20쪽.
31 中國人民解放軍政治學院黨史教育研究室 編, 『中共黨史參考資料』 第2卷, 486쪽.
32 위의 책, 522쪽.

33 尼姆韋爾斯 · 金山, 『在中國革命隊伍里』, 香港南粤出版社, 1977, 76~79쪽.
34 廣東革命歷史博物館, 『黃埔軍校史料』, 1982, 537~587쪽.
35 楊昭全 等, 『關內地區朝鮮人反日獨立運動資料彙編』 (上), 342~344쪽.
36 尼姆韋爾斯 · 金山, 『在中國革命隊伍里』, 84쪽.
37 위의 책, 86쪽.
38 朴殷植, 『韓國獨立運動之血史』 (下), 192~130쪽.
39 위의 책, 165쪽.
40 위의 책, 165~166쪽.
41 위의 책, 166~172쪽.
42 청산리대첩 이후 동북에서 독립군의 활동은 金俊燁, 『我的長征』, 21~23쪽을 참조.
43 「韓國光復軍總司令李靑天發表談話」, 『新華日報』 1942년 9월 17일자.
44 王藝生, 『六十年來中國與日本』 第8卷, 21쪽.
45 위의 책, 25쪽.
46 「東北大事記」, 『吉林文史資料』 第7輯, 189~190쪽.
47 王藝生, 『六十年來中國與日本』 第8卷, 25쪽.
48 朴殷植, 『韓國獨立運動之血史』 (下), 149쪽.
49 위의 책, 182~183쪽.
50 金日成, 『金日成回顧錄 : 與世紀同行』 (1-2), 156쪽.
51 위의 책, 156쪽.
52 위의 책, 156쪽.
53 위의 책, 359쪽.
54 常城 外, 『現代東北史』, 75쪽.
55 『滿鐵史資料』 第2卷 第3分册, 862~863쪽.
56 위의 책. 866쪽.
57 위의 책, 871쪽.
58 王藝生, 『六十年來中國與日本』 (8), 146쪽.
59 秋憲樹, 「崔東旿履歷書」, 『韓國獨立運動』 (2), 434쪽.
60 王藝生, 『六十年來中國與日本』 (8), 208쪽.
61 위의 책, 212쪽.
62 위의 책, 148~149쪽.
63 위의 책, 227쪽.
64 위의 책, 227쪽.
65 汪榮寶, 「朝鮮排華慘案調查報告」, 王藝生, 『六十年來中國與日本』 (8), 401쪽.
66 위의 책, 407쪽.
67 楊昭全 等編, 『關內地區朝鮮人反日運動資料彙編』 (上), 751쪽.
68 (韓) 金九, 『白凡逸志』, 215쪽.
69 (朝) 金日成, 『金日成回顧錄 : 與世紀同行』 (1-2), 436쪽.

제7부 중한연합군과 동북항일유격전쟁

1 (朝) 金日成, 『金日成回顧錄 : 與世紀同行』 (1-2), 442쪽.

2 朝鮮民主主義人民共和國科學院歷史硏究所,『朝鮮通史』(下卷), 374쪽.
3 (朝) 金日成,『金日成回顧錄：與世紀同行』(1-2), 324쪽.
4 『關于東北抗日聯軍的史料』第1分卷, 中華書局, 1982, 58쪽.
5 (朝) 金日成,『金日成回顧錄：與世紀同行』(1-2), 426쪽.
6 위의 책, 444쪽.
7 위의 책, 463쪽.
8 潘公昭,『今日韓國』, 中國升學圖書儀器公司, 1945, 140쪽.
9 「韓國獨立軍與中國義勇軍聯合抗日記實」,『中華雜誌』第1卷 第4期, 1934.
10 『東北抗日義勇軍史料彙編』(吉林分册), 遼寧黨史委員會, 1988, 157쪽.
11 「韓國獨立軍與中國義勇軍聯合抗日記實」,『中華雜誌』第1卷 第4期.
12 (韓) 金俊燁,『我的長征』, 390쪽.
13 (韓) 陳國斌,『義烈團工作報告』, 秋憲樹,『韓國獨立運動』(3), 25～28쪽.
14 (韓) 趙素昂,「韓國獨立運動與臨時政府」,『新華日報』1942년 3월 1일자.
15 朴昌昱,「東北抗日武裝與朝鮮革命軍」, 潘石英 主編,『深厚的友誼－朝鮮抗日獨立運動論文及史料』, 世界知識出版社, 1992, 121쪽.
16 (朝) 金日成,『金日成回顧錄：與世紀同行』(1-2), 546～550쪽.
17 『周保中文選』, 19쪽.
18 日本帝國主義侵華檔案資料選,『東北"大討伐"』(4), 中華書局, 1991, 310쪽.
19 『東北抗日聯軍鬪爭史』, 人民出版社, 1991, 86쪽.
20 위의 책, 89쪽.
21 『周保中文選』, 雲南人民出版社, 1985, 39～40쪽.
22 (朝) 金日成,『金日成回顧錄：與世紀同行』(1-2), 498쪽.
23 『周保中文選』, 27쪽.
24 日本帝國主義侵華檔案資料選,『東北"大討伐"』(4), 367쪽.
25 中央檔案館,『中共中央文件選集』(8), 中共中央黨校出版社, 1985, 453～470쪽.
26 『東北抗日聯軍鬪爭史』, 125쪽.
27 葉忠輝,「李東光烈士」,『東北抗日烈士傳』第2輯, 黑龍江人民出版社, 1981, 31～32쪽.
28 魏胥奇,「抗日英雄李紅光」,『東北抗日烈士傳』第1輯, 黑龍江人民出版社, 1980, 69～82쪽.
29 『東北抗日聯軍鬪爭史』, 139쪽.
30 위의 책, 140쪽.
31 (朝) 金日成,『金日成回顧錄：與世紀同行』(3-4), 朝鮮社會科學出版社, 1995, 365～381쪽.
32 趙寧,「魏拯民烈士略傳」,『東北抗日烈士傳』第2輯, 19쪽.
33 趙寧,「王德態軍長」,『東北抗日烈士傳』第1輯, 115쪽.
34 元仁山,「哈東司令-李福林」,『東北抗日烈士傳』第1輯, 177～183쪽.
35 武尙文,「許亨植烈士傳略」,『東北抗日烈士傳』第2輯, 123～135쪽.
36 馬彦文,「李學福烈士傳略」,『東北抗日烈士傳』第2輯, 314쪽.
37 『東北抗日聯軍鬪爭史』, 211쪽.
38 『關于東北抗日聯軍的資料』第2卷, 中華書局, 1982, 333～335쪽.
39 위의 책, 337～339쪽.
40 日本帝國主義侵華檔案資料選,『東北"大討伐"』(4), 207～213쪽.
41 『周保中文選』, 40쪽.
42 于葆琳,「抗日民族英雄楊靖宇」,『東北抗日烈士傳』第1輯, 58쪽.

43 『東北抗日聯軍鬪爭史』, 260쪽.

44 위의 책, 334~335쪽.

45 日本關東軍憲兵司令部, 「滿洲共産抗日運動概況」, 『東北抗日聯軍鬪爭史』, 1939, 337쪽에서 재인용.

46 (朝) 金日成, 『金日成回顧錄 : 與世紀同行』, 464쪽.

47 馬彦文, 「李學福烈士傳略」, 『東北抗日烈士傳』 第2輯, 311~324쪽.

48 陳慶榮, 「黃玉淸烈士」, 『東北抗日烈士傳』 第2輯, 195·199쪽.

49 趙素芬, 『周保中將軍傳』, 解放軍出版社, 1988, 487쪽.

50 孫秉德, 「李光林烈士」, 『東北抗日烈士傳』 第1輯, 233~238쪽 ; 「林貞玉烈士」, 『東北抗日烈士傳』 第2輯, 266~270쪽.

51 趙亮, 「馬德山烈士」, 『東北抗日烈士傳』 第2輯, 293~298쪽.

52 武尙文, 「許亨植烈士傳略」, 『東北抗日烈士傳』 第2輯, 135쪽.

53 『東北抗日聯軍鬪爭史』, 443쪽.

54 위의 책, 449~450쪽.

55 周保中, 「關于留C(蘇)中共東北黨組織總結狀況及改組的報告」(1942. 9. 13), 『東北抗日聯軍鬪爭史』 448쪽에서 재인용.

56 『周保中日記』, 1942. 7. 22.

57 『東北抗日聯軍鬪爭史』, 458쪽.

58 위의 책, 467쪽.

제8부 중국 국민정부와 한국 임시정부

1 金正明 編, 『朝鮮獨立運動』 (2), 東京原書房, 1967, 356~357쪽.

2 楊昭全 等, 『關內地區朝鮮人反日獨立運動資料彙編』 (上), 307쪽.

3 金正明 編, 『朝鮮獨立運動』 (2), 357쪽.

4 (韓) 金九, 『白凡逸志』, 214쪽.

5 위의 책, 216쪽.

6 위의 책, 218~221쪽.

7 「尹奉吉烈士炸死白川案之眞相」, 『獨立評論』, 1944. 5. 1.

8 (韓) 閔石麟, 「韓國各政黨概略」, 秋憲樹, 『韓國獨立運動』 (1), 333쪽에서 재인용.

9 楊昭全 等, 『關內地區朝鮮人反日獨立運動資料彙編』 (上), 222쪽.

10 위의 책, 223쪽.

11 (韓) 金俊燁, 『我的長征』, 306쪽.

12 (韓) 金九, 『白凡逸志』, 232~233쪽.

13 (韓) 秋憲樹, 『韓國獨立運動』 (1), 603쪽.

14 金若山, 「朝鮮民族革命黨之創立與其發展經過」, 秋憲樹, 『韓國獨立運動』 (2), 228쪽.

15 胡春惠, 『中國境內的韓國獨立運動』, 52쪽.

16 「陳果夫致肖錚函」, 秋憲樹, 『韓國獨立運動』 (3), 268~269쪽.

17 胡春惠, 『中國境內的韓國獨立運動』, 52~53쪽.

18 金正明 編, 『朝鮮獨立運動』 (2), 549쪽.

19 楊昭全 等, 『關內地區朝鮮人反日獨立運動資料彙編』 (上), 716쪽.

20 (韓) 金九,『白凡逸志』, 240쪽.
21 (韓) 金俊燁,『我的長征』, 308쪽.
22 (韓) 秋憲樹,『韓國獨立運動』(2) 138쪽.
23 楊昭全 等,『關內地區朝鮮人反日獨立運動資料彙編』(下), 908쪽.
24 위의 책, 857쪽.
25 위의 책, 865~871쪽.
26 위의 책, 864쪽.
27 韓志成,「朝鮮義勇隊三年來工作的總結」,『朝鮮義勇隊通訊』第41期, 1941. 9. 29.
28 馬義,『朝鮮義勇隊勝利的四年』, 國際出版社, 1942, 12쪽.
29 (韓) 金九,「韓國獨立與東亞平和」,『韓民』第1卷 第1期, 1940. 3. 1.
30 「金九在光復軍總司令部成立典禮上的開幕詞」,『光復』1卷 1期, 1941. 2. 1.
31 楊昭全 等,『關內地區朝鮮人反日獨立運動資料彙編』(下), 1023쪽.
32 范廷杰,『韓國在華革命武力的統一』,『傳記文學』第29卷 第1期, 112쪽.
33 楊昭全 等,『關內地區朝鮮人反日獨立運動資料彙編』(下), 829~830쪽.
34 (韓) 秋憲樹,『韓國獨立運動』(3), 250쪽.
35 위의 책, 250쪽.
36 위의 책, 253쪽.
37 (韓) 秋憲樹邵毓麟,「韓國臨時政府成立與中國援韓」,『傳記文學』第30卷 第6期, 122쪽.
38 「何應欽致函金九」,『獨立新聞』1944년 8월 29일자.
39 (韓)「金九致吳鐵城函」, 秋憲樹,『韓國獨立運動』(3), 262쪽.
40 (韓) 金九,『白凡逸志』, 255쪽.
41 葛赤峰,『朝鮮革命記』, 商務印書館, 1945, 97~101쪽.
42 (韓) 秋憲樹,『韓國獨立運動』(1), 673~674쪽.
43 위의 책, 586쪽.
44 (韓) 金九,『白凡逸志』, 259쪽.
45 『中央日報』1942년 10월 12일자.
46 「中韓文協招待韓國議員」,『新華日報』1942년 11월 11일자.
47 「中韓文化協會擧行記念茶會」,『中央日報』1943년 10월 12일자.
48 (韓) 秋憲樹,『韓國獨立運動』(1), 531~536쪽.
49 吳相湘,『第二次中日戰爭史』(下), 綜合月刊社, 1974, 938쪽.
50 (韓) 秋憲樹,『韓國獨立運動』(1), 414~415쪽.
51 吳相湘,『第二次中日戰爭史』(下), 937쪽.
52 위의 책, 938쪽.
53 『反法西斯戰爭文獻』, 世界知識出版社, 1955, 163쪽.
54 楊昭全 等,『關內地區朝鮮人反日獨立運動資料彙編』(上), 676쪽.
55 위의 책, 694쪽.
56 (韓) 秋憲樹,『韓國獨立運動』(1), 454쪽.
57 위의 책, 688~690쪽.
58 賀磊,「楊林烈士傳略」,『東北抗日烈士傳』第1輯, 19~26쪽.
59 楊昭全 等,『關內地區朝鮮人反日獨立運動資料彙編』(下), 1336~1338쪽.
60 위의 책, 1100~1101쪽.
61 (韓) 韓志成,「目前環境與朝鮮義勇隊今後工作方向」,『朝鮮義勇隊』第34期.

62 葛赤峰,『朝鮮革命記』, 66～67쪽.

63 楊昭全 等,『關內地區朝鮮人反日獨立運動資料彙編』(下), 1113쪽.

64 위의 책, 1129～1133쪽.

65 武亭,「華北朝鮮獨立同盟一九四四年至一九四五年五月工作經過報告」, 楊昭全 等,『關內地區朝鮮人反日獨立運動資料彙編』(下) 1142쪽.

66 唐平鑄,「憶朝鮮戰友」,『星火燎原』(7), 戰士出版社, 1983.

67『德黑蘭, 雅爾塔, 波茨坦會議文件集』, 三聯書店, 1978, 72쪽.

68 위의 책, 97쪽.

69 邵毓麟,「韓國臨時政府成立與中國援韓」,『傳記文學』第30卷 第6期, 125쪽.

70『戰後世界歷史長編』第1編 第1分册, 上海人民出版社, 1975, 69쪽.

71 위의 책, 237쪽.

72 中央黨校黨史硏究室,『中共黨史參考資料』(5), 1979, 245쪽.

73「朝鮮革命軍政學校學員整裝待發」,『解放日報』1945년 8월 15일자.

74 (韓) 秋憲樹,『韓國獨立運動』(3), 232쪽.

75 위의 책, 233쪽.

76 위의 책, 385쪽.

77 위의 책, 385쪽.

78 (韓) 金俊燁,『我的長征』, 384쪽.

79 楊昭全 等,『關內地區朝鮮人反日獨立運動資料彙編』(上), 800쪽.

80「韓盼參加舊金山會議」,『大公報』, 1945년 3월 23일자.

81 邵毓麟,『韓國臨時政府成立與中國的援助』,『傳記文學』第30卷 第3期, 65쪽.

82 (韓) 金九,『白凡逸志』, 257쪽.

83 (韓) 秋憲樹,『韓國獨立運動』(1), 460쪽.

84 위의 책, 467～468쪽.

주요 연표

1860년	10월		영·프연합군 베이핑 침략, 함풍황제 러허로 피난, 조선국왕 사자를 파견하여 위문
1861년	8월		함풍황제가 병으로 사망, 6세 재순 즉위(동치황제)
	11월		자희태후가 베이징 정변을 일으키고 수렴청정을 선포
1863년	12월		조선의 철종이 병으로 사망, 12세 이희 즉위(고종), 부친 흥선대원군 이하응 집정
1866년			청정부가 프랑스를 조회하여 조선의 내치외교는 자주적이라고 알림, 프랑스함대의 조선침략 실패(병인양요)
1868년			일본 메이지유신, '정한론' 다시 등장
1869년			조선 난민 옌볜에 건너가 개간
1870년			리훙장을 직례총독 겸 북양대신으로 임명
1871년			미국함대의 조선침입 실패(신미양요)
1873년	5월		리훙장이 소에지마 다네오미를 만나 일본과 조선이 화목하게 지낼 것을 권고
	11월		조선의 고종이 친정함, 민비와 대원군을 밀어내고 정사에 관여
1876년	1월	14일	일본의 조선 출병
	2월	27일	일본이 조선을 협박하여 '강화도조약' 체결
1879년	8월	26일	리훙장이 이유원에게 편지를 보내 조선이 서양 각국과 조약을 맺을 것을 권고
1880년	9월	6일	황쭌셴이 『조선책략』을 김홍집에게 증정
1881년	9월		조선 청년들이 톈진에 와서 기계 제조법을 배움
1882년	5월		청정부에서 마젠중과 딩르창을 파견하여 조선과 미·영·독

			간에 조약 맺는 것을 주최하게 함
	8월		우창칭이 청군 6개 대대를 거느리고 조선 임오군란을 진압하고 대원군을 구속
	10월		'중조상민수륙무역장정' 체결
1884년	12월	4일	개화당이 일본공사와 결탁, 조선왕을 납치하고 대신들을 죽이고 국정을 개혁(갑신정변)
	12월	6일	위안스카이가 중 · 조 군대를 지휘하여 정변을 분쇄
1885년	4월	18일	리훙장과 이토 히로부미 '톈진회의 특별조항'을 협의 결정
	7월	17일	'중국대판조선육로전선합동' 체결
	7월	21일	조선 주재 청군 귀국
	11월	15일	조선 주재 총리교섭통상사의 위안스카이 한양에 도착하여 임직
1886년	7월	25일	위안스카이 '조러밀약'을 보고
	12월	24일	영국이 조선 거문도에서 물러가기를 허락
1887년	11월	9일	리훙장이 위안스카이에게 전보로 조선에서 각국에 파견하는 사신들은 중국과 내왕할 때 반드시 속국체제를 사용해야 한다고 알림
1892년	11월	2일	리훙장이 조선에 10만 냥을 빌려주어 독일 상인의 빚을 갚게 함
	12월	10일	리훙장 조선에 10만 냥을 빌려주어 미국과 일본의 빚을 갚게 함
1893년	6월		청정부가 조선에 3만 5천 엔을 빌려주어 일본 '방곡령' 배상금을 지불하게 함
1894년	5월		조선 갑오농민전쟁 폭발
	6월	3일	조선정부는 출병해 농민봉기군을 진압해줄 것을 중국에 요청
	6월	4일	리훙장이 조선에 진입할 것을 청군에 명령
	6월	7일	일본의 조선 출병 선포
	6월	21일	청정부가 일본에 각서를 보내 조선의 내정개혁에 대한 간섭을 거절, 중 · 일이 군대를 철수할 것을 건의
	7월	18일	청정부가 리훙장에게 알려 위안스카이를 귀국하게 함
	7월	23일	일본군이 조선왕궁을 공격, 국왕을 납치하고 친일정권을 세움
	7월	25일	일본해군 조선반도의 해면에서 중국 병사 운송선을 습격
	7월	26일	일본군 아산에 주둔하고 있던 청군을 공격
	8월	1일	중 · 일 두 나라 선전포고 발포
	8월	15일	조선정부는 모든 조중조약을 폐지한다고 선포
	8월	20일	평안도감사 민병석은 조선왕이 리훙장에게 보낸 원조를 바라

			는 비밀전보를 전함
	8월	26일	'조일동맹조약' 체결
	9월	11일	조선 축하사절단 베이징에 도착, 자희태후의 탄신 60주년 기념식에 참석
1895년	1월	7일	조선국왕 종묘를 참배하고 선서문을 선포
	4월	17일	'시모노세키조약' 체결, 조선독립을 중국이 승인
	12월	1일	북양대신 왕원사오는 탕샤오이를 조선 주재 상무총이사로 파견할 것을 요청
1896년	11월	18일	총리아문에서 탕샤오이를 조선 주재 총영사로 임명
1897년	10월	12일	조선왕이 황제로 즉위하고 조선의 국호를 대한제국이라고 고침
1898년	8월	13일	청정부 쉬서우펑을 한국 흠차대신으로 보냄
1899년	9월	11일	'중한통상조약' 체결
1901년	7월	17일	쉬타이선 대신을 한국 주재 공사로 임명
1904년	6월	15일	중 · 한 '신정획계방변조약' 체결
	12월	7일	쩡광취안을 한국 주재 공사로 임명
1906년	2월	1일	일본은 서울에 비합법적인 통감부를 설치, 이토 히로부미 일임 통감으로 부임
	2월	3일	청정부 한국 주재 공사 쩡광취안 철수시키고 마팅량을 한국 주재 총영사로 임명
	9월		한국신민회 성립, 부분적 회원을 중국 동북에 파견해 활동
1907년	8월	23일	일본은 중국 옌볜에 비합법적으로 통감부 파출소를 설치, 중국 정부에서 강력하게 반대함
1909년	9월	4일	'도문강중한계무조관' 체결
	10월	26일	안중근 하얼빈에서 침략원흉 이토 히로부미를 격살
1910년	4월	4일	'중일압록강철교가설협정' 체결
	8월	29일	일본, 불법적인 '일한합병조약'을 공포
	11월		한국신민회, 중국 동북에 독립군기지를 세우기로 결의
1912년	7월		신규식, 상하이에서 동제사를 건립
1913년			한국 애국자들, 왕칭현 나자구에 무관학교 건립

1917년 7월 상하이의 한국 독립운동 지도자는 중앙총부 설립 선언

1919년 1월 쑨중산은 파리회의에서 한국의 독립을 승인해야 한다고 주장
3월 1일 한국 3·1운동 발발
3월 6일 동북 한국교포들 3·1운동에 호응, 중국청년들도 참가함
3월 23일 천두슈「조선독립운동에 대한 감상」발표
4월 13일 대한민국임시정부 상하이에서 성립

1920년 7월 한국독립군, 왕칭 봉오동에서 일본군을 격파
10월 한국독립군, 옌지 칭산리대첩에서 승리를 거둠

1921년 11월 18일 광주 호법군정부, 대한민국임시정부를 승인

1922년 7월 중국공산당은 제2차 전국대표대회에서 선언을 발표하여 일본의 한국 침략을 통책

1925년 6월 한국 학생들 황푸군관학교에서 공부하기 시작

1925~1927년 한국 지사 약 800여 명이 중국대혁명에 참가

1927년 12월 11일 한국 지사 수백 명 광저우봉기에 참가

1928년 1월 28일 펑톈, 지린 상인들 류상칭에게 청원서를 제출하여 조선의 화교 배척 사건에 대해 일본과 교섭하게 함

1930년 조선공산당 만주총국 해산, 그 성원들 중국공산당에 가입

1931년 7월 1일 지린 완바오산에서 중·조 농민 분규 발생, 일본군경이 중국농민 여러 명을 살해하거나 부상 입힘(완바오산 참사)
7월 2일 일본은 조선에서 중국을 배척하도록 선동, 한국 주재 화교들의 생명과 재산에 막대한 손실이 생김
9월 18일 일본이 9·18사변을 일으킴
9월 19일 한국 임시정부 원화항일援華抗日을 결의
9월 20일 중국공산당 만주성위에서「만주전역의 조선노동자, 농민, 학생 및 근로대중들에게 알리는 글」발표
11월 통창룽이 동만특위서기가 됨, 조선족 집거구에서 항일유격대를 조직

1932년 1월 8일 한국 지사 이봉창이 도쿄에서 천황을 저격, 폭탄은 상하이 병기공장에서 가져옴
1월 28일 일본군 상하이에 대거 진공, 임시정부는 한국교포들을 동원하여 제19로군의 항전을 지원

	4월 21일	양세풍의 조선혁명군과 탕취우의 자위군 연합하여 항일
	4월 25일	김일성이 안도유격대를 창건
	4월 29일	한국 지사 윤봉길이 상하이 훙커우공원에서 일본군 장관 여러 명을 폭사시킴, 폭탄은 상하이 병기공장에서 가져옴
	6월 4일	중공 만주성위 군위서기 양림의 주최로 판스노농반일의용군 성립
	10월 20일	조선혁명간부학교 남경 탕산에서 개학
	12월 10일	장제스와 김구 회견하여 항일대계를 상의
1933년	4월 21일	요하 노농의용군 성립, 최석천을 대장으로 임명
	9월 18일	동북인민혁명군 제1군 독립사단 성립, 양징위가 사단장, 이홍광이 참모장을 맡음
	12월	낙양사관학교 한국학생대 학생 입학
1934년	2월 21일	동북항일연합군 총지휘부 성립, 양정우가 총참모, 이홍광이 참모장을 맡음
1935년	2월 27일	웨이정민이 중공 동만특위 확대회의를 사회하여 반민생단확대화 착오를 시정
1936년	3월	김일성을 항일연군 2군 3사단 사단장으로 임명
	8월	허형식을 항일연군 3군 1사단 정치부주임으로 임명
	9월 18일	김책 중공 북만성위 집행위원으로 당선
1937년	3월	최석천을 항일연군 7군 당위서기 겸 대리군단장으로 임명
	6월	항일연군 2군 6사단 사단장 김일성이 부대를 거느리고 압록강 대안의 보천보를 공략
	7월 7일	루거우차오 사건 발발
	11월	대한민국임시정부 서쪽으로 이동
1938년	10월 10일	한국의용대 우한에서 성립, 대장에 김약산
1939년	4월 12일	김책이 중공 북만성위 서기로, 허형식 항일연군 3군 군단장으로 임명됨
	5월 29일	허형식 항일연군 제3로군 총참모장으로, 장서우젠을 총지휘로 임명됨
	11월	김일성 항일연군 1로군 제2방면군 지휘로 임명됨
1940년	1월	최석천을 항일연군 2로군 총참모장으로, 저우바오중이 총지휘를 맡음

	9월 17일	한국광복군 총사령부가 중경에서 수립, 총사령에 지청천을 임명함
1941년	1월 10일	조선혁명가들 산시 퉁위에서 화북 혁명청년연합회를 세움
	6월	조선의용대 화북지대 산시 퉁위에서 성립
1942년	4월	군사위원회에서 '한국광복군 9개 행동준승'을 반포
	5월 15일	군사위원회에서 조선의용대를 한국광복군에 편입시키라고 명령
	8월 1일	동북항일연군 교도여단이 소련에서 성립
	8월 15일	조선독립동맹과 조선의용군 성립
	9월 13일	중공 동북 당위원회 성립, 최석천 서기로, 김일성·김경석 부서기로 임명됨
	10월 11일	중한문화협회 중경에서 성립
	12월 15일	국민당중앙에서 '한국복국운동을 보조하는 지도방안' 제정
1943년	12월 1일	중·미·영 3국이 '카이로선언'을 발표하여 "적당한 시일 내에 조선이 자유와 독립을 얻게 한다"고 규정
	7월 3일	김구, 장제스에게 편지를 보내어 '중한호조군사협정'으로 9개 준칙을 대체할 것을 요구
1944년	8월 23일	허잉친이 김구에게 편지를 보내 9개 준칙을 취소한다고 선포
1945년	2월 8일	루스벨트는 얄타회담에서 전후에 한국을 20년~30년 동안 위탁관리해야 한다고 제의
	3월 6일	우톄청이 장제스에게 한국광복군을 원조할 방법을 제기
	8월 8일	소련 일본에 선전포고
	8월 11일	주더가 조선의용군에게 동북으로 진군하여 조선해방의 임무를 완수하라고 명령
	8월 13일	미국에서 '총명령 제1호'를 발표하여 38선을 한반도 미·소 점령구의 군사변계선으로 한다고 규정
	8월 15일	조선독립동맹 주석 김두봉이 연안을 떠나 귀국
	9월 6일	김일성 소련에서 귀국
	10월 20일	최용건(최석천)은 주보중과 함께 중공 중앙 동북국에 항일연합군 및 동북 당위원회의 문서를 바치고 단둥을 통해 귀국
	11월 4일	장제스·송미령, 다과회를 열어 대한민국 임시정부 주석 김구의 귀국을 환송
	11월 6일	김구 「중화민국 여야 인사들에게 보내는 고별서」를 발표
	11월 23일	김구 주석과 임시정부 요원 상하이에서 미군 비행기로 귀국

참고문헌

1. 문서자료

賈楨,『咸豐朝籌辦夷務始末』, 中華書局, 1979.
古宮博物院,『清光緒朝中日交涉史料』, 北平, 1932.
顧廷龍·葉亞廉,『李鴻章全集』, 上海人民出版社, 1985.
郭廷以·李毓澍,『清季中日韓關系史料』, 臺北中央研究院近代史研究所, 1972.
金正明 編,『朝鮮獨立運動』, 東京原書房, 1967.
寶鋆,『同治朝籌辦夷務始末』, 北平, 1930.
邵循正 等, 中國近代史資料叢刊,『中日戰爭』, 上海人民出版社, 1956.
楊昭全,『關內地區朝鮮人反日獨立運動資料彙編』, 遼寧民族出版社, 1987.
吳汝綸,『李文忠公全集』, 南京, 1905.
吳晗,『朝鮮李朝實錄中的中國史料』, 中華書局, 1980.
王彦威·王亮,『清季外交史料』, 北平, 1934.
王芸生,『六十年來中國與,日本』, 三聯書店, 1979.
王鐵崖,『中外舊約章匯編』, 三聯書店, 1957.
于慧芝 等,『東北抗日義勇軍史料彙編』(吉林分册), 1988.
日本外務省 編,『日本外交文書』, 東京, 1938.
周保中,『周保中文選』, 雲南人民出版社, 1985.
中央檔案館·中國第二歷史檔案館·吉林省社會科學院 合編,『日本帝國主義侵華檔案資料選編一東北'大討伐'』, 中華書局, 1991.
中華民國史資料叢稿,『關于東北抗日聯軍的資料』, 中華書局, 1982.
戚其章, 中國近代史資料叢刊 續編,『中日戰爭』, 中華書局, 1989.
秋憲樹 編,『韓國獨立運動』, 漢城延世大學出版部, 1975.

2. 저작

葛赤峰,『朝鮮革命紀』, 商務印書館, 1945.
姜萬吉,『韓國近代史』, 東方出版社, 1993.

金九,『白凡逸志』, 民主與建設出版社, 1994.

金山·尼姆威爾士,『阿里郎之歌』, 新華出版社, 1993.

金日成,『金日成回憶錄—與世紀同行』(1～2·3～4), 中國社會科學出版社, 1994·1995.

金俊燁,『我的長征』, 東方出版社, 1995.

陸奧宗光,『蹇蹇錄』, 商務印書館, 1963.

馬士,『中華帝國對外關系史』(第二卷), 三聯書店, 1958.

馬士·宓亨利,『遠東國際關係史』, 商務印書館, 1975.

朴殷植,『韓國獨立運動의 血史』, 上海, 1920.

潘石英,『深厚的友誼—朝鮮抗日獨立運動論文與史料』, 世界知識出版社, 1992.

潘喜廷 等,『東北抗日義勇軍史』, 遼寧人民出版社, 1986.

石源華,『韓國獨立運動與中國』, 上海人民出版社, 1995.

劉文新·李毓卿,『周保中傳』, 黑龍江人民出版社, 1987.

李惠,『東北抗日聯軍鬪爭史簡編』, 解放軍出版社, 1987.

林明德,『袁世凱與朝鮮』, 臺北中央研究院, 1970.

張存武,『淸韓宗藩貿易(1637～1894)』,中央研究院近代史研究所 專刊(39), 臺北, 1978.

———,『淸代中韓關係論文集』, 臺灣商務印書館, 1987.

朝鮮民主主義人民共和國科學院歷史研究所,『朝鮮通史』(下卷), 吉林人民出版社, 1975.

趙素芬,『周保中將軍傳』, 解放軍出版社, 1988.

曹中屛,『朝鮮近代史』, 東方出版社, 1993.

周一良,『中朝人民的友誼關係與文化交流』, 開明書店, 1951.

崔昌益,『朝鮮民族解放鬪爭史』, 東方書社, 1951.

編寫組,『東北抗日聯軍鬪爭史』, 人民出版社, 1991.

黑龍江社會科學院地方黨史研究所, 東北烈士紀念館 編,『東北抗日烈士傳』(第1·2輯), 黑龍江人民出版社, 1980·1981.

용어_ 찾아보기

ㅊ

인명_ 찾아보기

ㅍ

ㅎ

근대편

중한관계사

1판 1쇄 펴낸날 2009년 3월 25일

지은이 | 쉬완민
옮긴이 | 전홍석 · 진전바오
펴낸이 | 김시연

펴낸곳 | (주)일조각
등록 | 1953년 9월 3일 제300-1953-1호(구 : 제1-298호)
주소 | 110-062 서울시 종로구 신문로 2가 1-335
전화 | 734-3545 / 733-8811(편집부)
733-5430 / 733-5431(영업부)
팩스 | 735-9994(편집부) / 738-5857(영업부)
이메일 | ilchokak@hanmail.net
홈페이지 | www.ilchokak.co.kr

ISBN 978-89-337-0561-2 93910
값 22,000원

* 이 도서의 국립중앙도서관 출판시도서목록(CIP)은 e-CIP 홈페이지
(http://www.nl.go.kr/ecip)에서 이용하실 수 있습니다.
(CIP제어번호 : CIP2009000839)